税理士 山形富夫 著

詳解 役員報酬・役員給与課税の

非違事例100選

清文社

はじめに

　今、インセンティブ報酬を利用した「攻めの経営を促す役員報酬」が話題となっています。役員給与に係る税制改正における法人税法の取扱いについては、平成28年度税制改正以降は、コーポレートガバナンスの観点から経営者にインセンティブを与える役員報酬体系の設計に、税制が障害とならないように整備するという傾向がみられます。

　様々な方法での役員給与の支給が可能となっている現在、税務上の役員給与制度のルールを理解し、自社にふさわしい役員報酬制度を検討することは必須の状況となっています。つまり、制度設計においては、①いつ役員報酬を改定したらよいか、②支給した役員報酬は損金に算入できるかなどが、考えるべき最も重要なポイントとなります。

　そこで、本書では、第1章の「法人税法における役員給与」においては基本的な事項を、また、第2章の「税制改正」においては平成27年度、28年度、29年度および令和元年度の税制改正を詳細に解説しています。さらに、第3章の「非違事例」においては役員の範囲、使用人兼務役員の範囲、経済的利益、定期同額給与、事前確定届出給与、業績連動給与および役員退職給与等について、裁決事例、裁判事例を踏まえた回答、解説等のほか、「税務上の留意点」を記載し、役員報酬制度のプランニングに役立つポイントや考え方を解説しています。

　本書が、法人税の実務に携わる税理士等の実務家はもとより、法人税に携わる方々や一般の納税者の皆様のお役に立つならば幸いです。

　最後になりますが、本書の出版に関し、多大なご尽力を頂きました、清文社編集第三部の藤本優子氏に心から御礼申し上げます。

2019年11月

税理士　山形　富夫

【目次】

法人税法における役員給与

1 役員、使用人兼務役員、執行役員の違い　*3*

1. 役員　*3*
   - （1）株式会社の機関　*3*
   - （2）役員の意義　*3*
   - （3）会社法上の役員と法人税法上の役員　*4*
2. 法人税法上の役員の範囲　*6*
   - （1）通常の役員　*6*
   - （2）みなす役員　*7*
3. 同族会社　*10*
   - （1）概要　*10*
   - （2）同族会社の判定基準　*11*
4. 使用人兼務役員の範囲　*16*
   - （1）使用人兼務役員の意義　*16*
   - （2）使用人兼務役員になれない役員　*17*
5. 執行役員　*23*
   - （1）設置の背景　*23*
   - （2）重要な使用人の役職　*23*
   - （3）取締役と執行役員の違い　*23*
   - （4）会社法・商業登記法の規定　*23*
   - （5）法人税法による取締役と執行役員の取扱い　*24*

2 役員給与 *26*

1. 法人の支払う給与	*26*
2. 役員と会社との関係	*26*
3. 使用人に対する給与	*27*
4. 役員に対する給与	*27*

（1）定期同額給与　*28*

（2）事前確定届出給与　*31*

（3）業績連動給与　*39*

5. 退職給与 *63*

6. 役員の死亡退職に係る弔慰金の税務上の取扱い *76*

（1）弔慰金および香典　*76*

（2）弔慰金の支給に関する社内の定め　*76*

（3）現行の税務における弔慰金等の取扱い　*77*

（4）削除された法人税における取扱通達　*84*

7. 過大な役員給与の損金不算入 *87*

（1）過大な役員給与の判定基準　*87*

（2）使用人兼務役員に係る給与の取扱い　*91*

8. 隠蔽、仮装経理等により支給する役員給与の損金不算入 *94*

9. 使用人給与 *95*

（1）過大な使用人給与の損金不算入　*95*

（2）使用人賞与の損金算入時期　*97*

10. 経済的利益 *99*

（1）経済的利益　*99*

（2）法人税法上の取扱い　*99*

（3）給与に含める経済的利益の範囲　*100*

（4）給与として取り扱われない経済的利益の範囲　*101*

11. 転籍、出向者に対する給与等 *103*

（1）出向先法人が支出する給与負担金　*103*

（2）出向先法人が支出する給与負担金に係る役員給与の取扱い　*105*

（3）出向者に対する給与の較差補填　*107*

（4）出向者に係る退職給与の取扱い　*108*

（5）転籍者に対する退職給与の取扱い　*110*

12. 譲渡制限付株式を対価とする費用の帰属事業年度の特例　*111*

（1）譲渡制限付株式を対価とする費用の帰属事業年度の特例　*111*

（2）適用対象となる特定譲渡制限付株式および承継譲渡制限付株式　*112*

（3）給与等課税額　*113*

（4）損金算入額　*113*

（5）書類添付　*113*

（6）適用時期　*114*

13. 新株予約権を対価とする費用の帰属事業年度の特例等　*115*

（1）ストック・オプション制度　*115*

（2）新株予約権を対価とする費用の帰属事業年度の特例　*116*

（3）給与等課税事由　*118*

（4）損金算入額　*119*

（5）書類添付　*120*

（6）新株予約権の発行に係る払込金額が過少もしくは無償または過大であった場合　*121*

# 最近の税制改正の変遷

❶ 平成27年度税制改正　　　　　　　　　　　　　　　125

● 役員給与の損金不算入

1. 改正前の制度の概要　　　　　　　　　　　　　　　125
   - （1）損金不算入となる役員給与および損金算入できる役員給与　125
   - （2）使用人兼務役員とされない役員　126
2. 改正の内容　　　　　　　　　　　　　　　　　　　127
   - （1）利益連動給与の要件における報酬委員会の決定に準ずる適正な手続の追加等　127
   - （2）使用人兼務役員とされない役員の追加等　128

❷ 平成28年度税制改正　　　　　　　　　　　　　　　130

Ⅰ　役員給与の損金不算入

1. 改正前の制度の概要　　　　　　　　　　　　　　　130
   - （1）定期同額給与　130
   - （2）事前確定届出給与　130
   - （3）利益連動給与　131
2. 改正の背景　　　　　　　　　　　　　　　　　　　132
3. 改正の趣旨　　　　　　　　　　　　　　　　　　　133
4. 改正の内容　　　　　　　　　　　　　　　　　　　135

（1）届出が不要となる事前確定届出給与への特定譲渡制限付株式による給与等の追加　*135*

（2）利益連動給与の算定の基礎となる「利益に関する指標」の範囲の明確化　*139*

5.　適用関係　*142*

Ⅱ 譲渡制限付株式を対価とする費用の帰属事業年度の特例（創設）

1.　制度創設の趣旨および背景　*143*

2.　措置の内容等　*145*

（1）措置の概要　*145*

（2）譲渡制限付株式　*145*

（3）特定譲渡制限付株式　*146*

（4）承継譲渡制限付株式　*147*

（5）給与等課税事由　*149*

（6）措置の内容　*150*

（7）特定譲渡制限付株式の交付が正常な取引条件で行われた場合におけるその特定譲渡制限付株式に係る役務の提供に係る費用の額等　*150*

（8）内国法人が個人から役務の提供を受ける場合において、その個人においてその役務の提供につき給与等課税事由が生じないとき　*152*

（9）明細書の添付　*153*

3.　適用関係　*153*

Ⅲ 特定譲渡制限付株式等に関する改正

1.　改正前の制度の概要　*156*

（1）有利な条件等で株式を取得できる権利を付与された場合の経済的利益の価額等　*156*

（2）権利行使により取得した有価証券の取得価額　*156*

2. 改正の内容   *157*

（1）特定譲渡制限付株式の交付を受けた場合　*157*

（2）承継譲渡制限付株式の交付を受けた場合　*160*

（3）特定譲渡制限付株式等の取得価額　*162*

3. 適用関係   *162*

❸ 平成29年度税制改正   *163*

1. 改正前の制度の概要   *163*

（1）役員給与の損金不算入　*163*

（2）譲渡制限付株式を対価とする費用の帰属事業年度の特例　*165*

（3）新株予約権を対価とする費用の帰属事業年度の特例等　*165*

2. 改正の背景   *166*

3. 改正の趣旨   *167*

4. 改正の内容   *168*

（1）定期同額給与の見直し　*168*

（2）事前確定届出給与の見直し　*168*

（3）利益連動給与（改正後：業績連動給与）の見直し　*174*

（4）退職給与および新株予約権による給与の見直し　*184*

（5）確定申告書の提出期限の延長の特例の改正に伴う見直し　*185*

（6）譲渡制限付株式を対価とする費用の帰属事業年度の特例の見直し　*188*

（7）新株予約権を対価とする費用の帰属事業年度の特例の見直し　*190*

5. 適用関係   *191*

4 令和元年度税制改正　*194*

● 役員給与の損金不算入

1. 改正前の制度の概要　*194*
   - (1) 定期同額給与　*194*
   - (2) 事前確定届出給与　*194*
   - (3) 一定の業績連動給与　*195*
2. 改正の趣旨および概要　*199*
3. 改正の内容　*200*
   - (1) 報酬委員会または報酬諮問委員会における決定等の手続の見直し　*200*
   - (2) 監査役会設置会社および監査等委員会設置会社における手続の見直し　*212*
4. 適用関係　*213*

第3章　非違事例

1 役員の範囲　*219*

1. 役員の範囲　*219*
2. 請求人の使用人について、経営に従事していたとは認められず、みなし役員に該当しないとして処分の全部を取り消した事例　*222*

2　使用人兼務役員の範囲　*224*

1. 相続財産に含まれる株式が未分割である場合の使用人兼務役員の判定の事例　*224*
2. 税理士法人の社員に係る使用人兼務役員への該当事例　*226*
3. 役員のうち使用人兼務役員になれない者　*229*

3　経済的利益の供与　*232*

1. 役員に対する経済的利益　*232*
2. 請求人が負担した代表者が青年会議所の会議等に出席するための交通費、宿泊費および日当は、代表者の給与に該当するとした事例　*237*
3. 役員への社宅貸与と経済的利益　*239*

4　過大役員報酬・過大役員給与の判定基準　*249*

1. 過大役員給与の判定基準　*249*
2. 請求人の代表取締役に対する役員給与の額のうち、同業類似法人の代表者に対する役員給与の額の最高額を超える部分の金額は不相当に高額な部分の金額であるとした事例　*251*

5　役員に対する給与　*254*

1. 役員に対する給与（平成 19 年 4 月 1 日から平成 28 年 3 月 31 日までの間に開始する事業年度分）　*254*
2. 役員に対する給与（平成 28 年 4 月 1 日以後に開始する事業年度分（平成 29 年 4 月 1 日前支給決議分））　*259*
3. 役員に対する給与（平成 29 年 4 月 1 日以後支給決議分）　*264*
4. 申告期限の延長に伴う役員給与の各種期限の延長について　*273*

6 定期同額給与 *277*

1. 定期給与の額を改定した場合の損金不算入額の算定 *277*

2. 役員の分掌変更に伴う増額改定 *281*

3. 定期給与の増額改定に伴う一括支給額 *284*

4. 役員に対する歩合給 *287*

5. 法人が役員の子の授業料を一括して支出した場合 *290*

6. 外貨で支払う役員報酬 *293*

7. 業績等の悪化により役員給与の額を減額する場合の取扱い *295*

8. 業績の著しい悪化が不可避と認められる場合の役員給与の減額 *300*

9. 役員給与の減額理由が業績悪化改定事由に該当しないから減額後の定期給与の額を超える部分は定期同額給与とはいえず損金の額に算入することができないとした事例（平成 23 年 1 月 25 日裁決） *303*

10. 定期給与を株主総会の翌月分から増額する場合の取扱い *305*

11. 複数回の改定が行われた場合の取扱い *311*

12. 役員給与の額の据置きを定時株主総会で決議せず、その後に減額した場合の取扱い *317*

13. 臨時改定事由の範囲
    ——病気のため職務が執行できない場合の取扱い *323*

14. 臨時株主総会決議により事業年度途中から支給を開始した役員報酬に係る定期同額給与としての損金算入の可否 *327*

15. 確定拠出年金に係る掛金と定期同額給与について *333*

16. 総会議事録がない場合の定期同額給与について *335*

7 事前確定届出給与 *337*

1. 「事前確定届出給与に関する届出書」を提出している法人が特定の役員にその届出書の記載額と異なる支給をした場合の取扱い *337*

2. 定めどおりに支給されたかどうかの判定 *340*

3. 職務執行期間の中途で支給した事前確定届出給与　*344*

4. 事前確定届出給与に関する届出書付表記載金額とその届出書に添付された株主総会議事録記載金額が相違していた場合の支給額等　*347*

5. 臨時株主総会において就任した役員に同総会で決議した賞与の支給を事前確定届出給与として届け出ることの可否　*354*

6. 事前確定届出給与としての株式報酬について　*361*

7. 事後交付型リストリクテッド・ストックについて　*365*

8　業績連動給与　*370*

1. 確定額を限度としている算定方法　*370*

2. 算定方法の内容の開示　*374*

3. 業績連動指標の数値が確定した日　*379*

4. 平成 29 年度税制改正が株式交付信託に与える影響について　*383*

5. 譲渡制限付株式報酬制度の活用と税務上の留意点について　*390*

6. 「攻めの経営」を促す役員給与等に係る税制の整備　*398*

7. 役員給与に関する平成 29 年度の税制改正の適用時期　*401*

8. 平成 29 年度税制改正において、退職給与およびストック・オプションについて損金算入が認められる場合　*403*

9. 平成 29 年度税制改正後における事前確定届出給与と業績連動給与について　*405*

10. 役員に対する株式報酬の損金算入について　*408*

11. 特定譲渡制限付株式の税制措置について　*412*

12. 特定譲渡制限付株式による給与の法人税法上の取扱い　*418*

13. 特定譲渡制限付株式による給与の所得税法上の取扱い　*425*

14. 特定譲渡制限付株式を導入した場合の会計・税務の処理について　*428*

15. 業績連動給与における算定指標について　*432*

16. 業績連動給与の損金算入要件について　*439*

17. パフォーマンス・シェアの損金算入要件について　*446*

18. 同一役員に対して定期同額給与と業績連動給与を支払っている場合の取扱い　*449*

9　役員賞与・賞与支払の事実　*451*

売上除外をして請求人の役員らの各預金口座に振り込まれた金員は、請求人からの役員給与に該当し、事後に請求人に対し役員らの返還債務が発生した場合であっても、その金員につき役員らが現実に取得している限り、その各預金口座に振り込まれた時点で役員らの給与に該当するとした事例　*451*

10　役員退職給与　*456*

1. 代表取締役から代表権のない取締役会長への分掌変更は、実質的に退職したと同様の事情にあるといえず、退職慰労金は法人税法上の損金算入することができる退職給与に該当しないとされた事例　*456*

2. 役員の分掌変更が行われた事業年度の翌事業年度に分割支給された役員退職給与が、分割支給年度における損金算入が認められた事例　*461*

3. 会社の解散に伴う清算人への役員退職給与の支給　*464*

4. 清算人への役員退職給与の支給等と詐害行為取消権　*471*

5. 功績倍率法と株式報酬　*478*

6. 使用人が役員へ昇格したときまたは役員が分掌変更したときの退職金　*480*

7. 課税庁の調査による平均功績倍率の数にその半数を加えた数を超えない数の功績倍率により算定された役員退職給与の額は、不相当に高額な金額には該当しないとした地裁判決を取り消した事例　*483*

8. 役員退職給与支給後の事業年度に分掌変更退職役員に係る報酬支給額を増額改定した場合の分掌変更退職給与の取扱い　*494*

9. 平均功績倍率等の算定のために抽出された同業類似法人における役員退

職給与の規程の定めと役員退職給与支給額　*500*

10. 同業類似法人の平均功績倍率に基づく役員退職給与更正後に同一退職給与に係る最終報酬月額の是正による再更正の可否　*507*

11. 役員退職給与を功績倍率法で算定する場合の「最終報酬月額」の意義　*514*

12. 権利行使期間が退職から 10 日間に限定されている新株予約権の権利行使益に係る所得区分および法人税法上の取扱いについて　*520*

13. 同族会社における法人税基本通達 9-2-32 の例示（3）の報酬減額事実該当性の判定　*526*

14. 黄金株保有役員に対する分掌変更による退職給与支給の可否　*532*

15. 分掌変更役員に係る「実質的に退職したと同様の事情」の存在時期　*539*

16. 分掌変更による退職給与支給後も建設業法上の経営業務の管理責任者として届け出ている取締役に対する退職給与支給額の損金算入の可否　*546*

17. 代表者相当の取締役に係る退職給与支給額の相当性判断のための比較法人選定基準　*553*

18. 同一年度中に退職と再就任をした役員に支給した退職給与の損金算入の可否　*558*

19. 功績倍率法による役員退職給与算定の重要な計算要素である功績倍率の意義　*565*

20. 過大な役員退職給与の支給と国税徴収法 39 条の第二次納税義務　*572*

21. 同業類似法人として選定された法人のうち算出された平均功績倍率を超える功績倍率で役員退職給与を支給している法人の扱い　*579*

22. 分掌変更に伴う役員退職給与に係る分割支払と支払時損金経理　*586*

23. 実際の退職に伴う役員退職給与を支給した事業年度の確定申告と税務調査　*592*

24. 民間調査データによる功績倍率を基に支給した役員退職給与支給額の相当性　*598*

25. 事業承継のために贈与する株式の価額引下げを目的とする役員退職給与

の支給　*604*

26. 外形標準課税における役員退職給与の取扱い　*611*

27. 社会保険料額の負担軽減のため役員の報酬月額を引き下げた場合の役員退職給与支給額および弔慰金額の計算　*619*

28. 法人成り後に役員となった青色事業専従者であった者に係る個人事業当時勤続期間に対応する役員退職給与の損金算入の可否　*627*

29. 退職後、みなし役員に該当する場合の役員退職時支給役員退職給与の取扱い　*634*

30. 合併無効判決の確定と合併時退職役員の地位および支給した役員退職給与　*641*

31. ストック・オプション制度の導入による過大役員退職給与問題の回避　*648*

32. 消費税の課税対象となることもある現物引渡しによる役員退職給与の支給　*657*

33. 社葬費用と認められない支出と役員退職給与等との関係　*664*

34. 更正処分における役員退職給与支給額の相当額の計算に係る理由附記の程度　*672*

35. 死亡退職役員が創業者である場合における相当な役員退職給与額　*678*

36. 逓増定期保険契約に関する権利を役員退職給与として支給した場合の取扱い　*685*

37. 譲渡制限期間の満了日を「退任日」とする場合の特定譲渡制限付株式の該当性および税務上の取扱い　*692*

11　役員の死亡退職に係る弔慰金　*700*

1. 弔慰金の支給に関する定めとしての適否　*700*

2. 弔慰金の支給に関する定めの整備等に当たっての留意事項　*705*

3. 法人税における相続税法基本通達 3-20 の定めの存在　*710*

4. 業務上の死亡か否かに関する税務における判断基準等　*716*

5. 相続税法基本通達 3-20 の定めによる弔慰金支給額の損金算入が否認される場合　*723*

6. 税務調査により弔慰金支給額が過大とされた場合の相続税と法人税の相互の関係　*732*

7. 弔慰金または退職給与名義での支給額のみの場合の取扱いと、社葬をしない場合の葬儀費用の一部負担の是非　*741*

◆　**参考文献**

◆　**索引**

＊　凡　例　＊

本文中、文末引用の略称は、次のとおりです。

法法……法人税法

法令……法人税法施行令

法規……法人税法施行規則

所法……所得税法

所令……所得税法施行令

所規……所得税法施行規則

通法……国税通則法

通令……国税通則法施行令

通規……国税通則法施行規則

相法……相続税法

相令……相続税法施行令

相規……相続税法施行規則

消法……消費税法

消令……消費税法施行令

消規……消費税法施行規則

徴法……国税徴収法

徴令……国税徴収法施行令

地法……地方税法

地令……地方税法施行令

取扱通知……地方税法の施行に関する取扱いについて（道府県税関係）（平成
　　　　　　22年4月1日総税都第16号各都道府県知事宛総務大臣通知）

措法……租税特別措置法

措令……租税特別措置法施行令

措規……租税特別措置法施行規則

法基通……法人税基本通達

所基通……所得税基本通達

通基通……国税通則法基本通達

相基通……相続税法基本通達

評基通……財産評価基本通達

消基通……消費税法基本通達

徴基通……国税徴収法基本通達

措通……租税特別措置法関係通達

耐用年数省令……減価償却資産の耐用年数等に関する省令

調査関係通達……国税通則法第7章の2（国税の調査）関係通達（法令解釈通
達）（平成24年9月12日付課総5-9ほか9課共同）

平19政83改正令附…………法人税法施行令等の一部を改正する政令
（平成19年3月30日政令第83号）附則

平28法15改正附…………所得税法等の一部を改正する法律
（平成28年3月31日法律第15号）附則

平28政145改正令附…………所得税法施行令等の一部を改正する政令
（平成28年3月31日政令第145号）附則

平29法4改正附…………所得税法等の一部を改正する法律
（平成29年3月31日法律第4号）附則

平29政106改正令附…………法人税法施行令等の一部を改正する政令
（平成29年3月31日政令第106号）附則

平29財務令17改正規附……法人税法施行規則の一部を改正する省令
（平成29年3月31日財務省令第17号）附則

平31法6改正附…………所得税法等の一部を改正する法律
（平成31年3月29日法律第6号）附則

平31政96改正令附…………法人税法施行令等の一部を改正する政令
（平成31年3月29日政令第96号）附則

※本書の内容は、令和元年 10 月末日現在の法令等によっています。

第 1 章

法人税法における
役員給与

役員、使用人兼務役員、執行役員の違い

1. 役員

(1) 株式会社の機関

　株式会社の機関とは、「会社の意思決定または行為をする者として法によって定められている自然人または合議体」をいいます。

　会社法において機関として定められているのは、株主総会、種類株主総会、取締役、取締役会、代表取締役、業務執行取締役、会計参与、監査役、監査役会、会計監査人、監査等委員会、指名委員会等、執行役および代表執行役です（会社法295〜430）。

(2) 役員の意義

　機関のうち、取締役、会計参与および監査役は、会社法上、役員と呼ばれていますが、会計監査人および執行役は役員とはされていません（会社法329①）。

　また、会社法では、役員のほかに、「役員等」という用語が使用されています（会社法423①）。

　法人税法においても、「役員」という用語が使用されていますが（法法2十五）、そこでいう役員も会社法上の役員とは異なっています。

（3）会社法上の役員と法人税法上の役員

	会社法上の役員	会社法上の役員等	会社法施行規則上の役員	法人税法上の役員
取締役	○	○	○	○
会計参与	○	○	○	○
監査役	○	○	○	○
執行役	—	○	○	○
会計監査人	—	○	—	—
理事			○	○
監事			○	○
清算人	—	—	—	○
その他	—	—	これらに準ずる者	（注2）
根拠条文	会社法329条1項（注1）	会社法423条1項	会社法施行規則2条3項3号	法人税法2条15号（注3）

（注1）会社法2編4章3節（役員及び会計監査人の選択及び解任）、会社法371条4項・394条3項に適用されます。

（注2）これら以外の者で法人の経営に従事している者のうち次に掲げるもの（法令7）

① 法人の使用人（職制上使用人としての地位のみを有するものに限ります。）以外の者でその法人の経営に従事しているもの

⇒ 相談役、顧問その他これらに類する者でその法人内における地位、その行う職務等からみて他の役員と同様に実質的に法人の経営に従事していると認められるものが含まれます（法基通9-2-1）。

（注）下記「2. 法人税法上の役員の範囲」(1)②に同じ。

② 同族会社の使用人（職制上使用人としての地位のみを有するものに限ります。）のうち、次の（ⅰ）ないし（ⅲ）に掲げる要件の全てを満たしている者で、その会社の経営に従事しているもの（法令71①五）

（注）下記「2. 法人税法上の役員の範囲」(2)に同じ。

（ⅰ）その会社の株主グループにつきその所有割合が最も大きいものから順次その順位を付し、その第1順位の株主グループ（同順位の株主グループが2以上ある場合には、その全ての株主グループ。以下同じ。）

の所有割合を算定し、またはこれに順次第 2 順位および第 3 順位の株主グループの所有割合を加算した場合において、その使用人が次に掲げる株主グループのいずれかに属していること。

　a　第 1 順位の株主グループの所有割合が 50％を超える場合におけるその株主グループ

　b　第 1 順位および第 2 順位の株主グループの所有割合を合計した場合にその所有割合がはじめて 50％を超えるときにおけるこれらの株主グループ

　c　第 1 順位から第 3 順位までの株主グループの所有割合を合計した場合にその所有割合がはじめて 50％を超えるときにおけるこれらの株主グループ

（ⅱ）その使用人の属する株主グループのその会社に係る所有割合が 10％を超えていること。

（ⅲ）その使用人（*）のその会社に係る所有割合が 5％を超えていること。

　　（＊）その配偶者およびこれらの者の所有割合が 50％を超える場合における他の会社を含みます。

（注 3）会計参与である監査法人または税理士法人および持分会社の社員である法人が含まれます（法基通 9-2-2）。

2. 法人税法上の役員の範囲

　法人税法上の役員の範囲は、取締役等で会社法その他の法令に基づき選任された役員よりも広く規定されています。

　したがって、法人税法上の役員には、株主総会等により選任され登記されている役員のほか、法形式上は役員になっていないが、実質的に法人の経営に従事して、その意思決定に大きな影響力を持つと認められる者が含まれます（法法2十五、法令7）。

　具体的には、次に掲げる者をいいます。

（1）通常の役員

① 　法人の取締役、執行役、会計参与、監査役、理事、監事および清算人（会社法等で定められた役員）

② 　会長、相談役、顧問等のように、登記上の役員ではないが、法人の使用人（職制上使用人としての地位のみを有する者に限られます。）以外の者で実質的に法人の経営に従事している（法人の主要な業務執行の意思決定に参画している）者[注1]（法令7一、法基通9-2-1）

③ 　会計参与である監査法人または税理士法人[注2]および持分会社の社員である法人（法基通9-2-2）

　（注1）法人の使用人以外の者でその法人の経営に従事している者は、たとえその法人の取締役、執行役、監査役、理事、監事または清算人としての地位にない者であっても、税法上は役員として取り扱われ（法令7一）、役員給与の損金不算入（法法34①）、過大な役員給与の損金不算入（法法34②）および隠蔽仮装により支給する役員給与の損金不算入（法法34③）の規定が適用されます。この法人税法上の役員とされる「使用人以外の者でその法人の経営に従事しているもの」には、支店長、営業所長、支配人、主任等法人の機構上定められている使用人である職制上の地位だけを有するものは含まれませんが、次に掲げるものは含まれます（法基通9-2-1）。

① 　取締役または理事となっていない総裁、副総裁、会長、副会長、理事長、副理事長、組合長、副組合長等の表見的な役員

　　② 　持分会社（合名会社、合資会社または合同会社）の業務執行役員

　　③ 　人格のない社団等における代表者または管理人

　　④ 　定款等において役員として定められた者

　　　　例えば、定款等において「役員として相談役1名を置く。」という定めがある場合のその相談役が該当します。

　　⑤ 　相談役、顧問その他これらに類する者で、その法人内における地位、その行う職務等からみて他の役員と同様に実質的にその法人の経営に従事していると認められる者

（注2）会社法においては、会社の機関として、会計参与が設けられており、取締役と共同して、計算書類およびその附属明細書、臨時計算書類ならびに連結計算書類を作成することとされています（会社法374①）。会計参与は、公認会計士、税理士のほか、監査法人または税理士法人でなければならないとされています（会社法333①）。法人税法上の役員の範囲には会計参与が含まれることから（法法2十五）、会社が監査法人または税理士法人を会計参与とした場合には、これらの法人はその会社の役員に該当することになります。

（2）みなす役員

　同族会社の使用人のうち、同族会社の判定の基礎となった特定の株主グループに属しているなど次の①から③までに掲げる要件の全てに該当している者で、その法人の経営に従事している者は役員とみなされます（法令7二・71①五）。

　　① 　その会社の株主グループ^(注1)について、その所有割合^(注2、3)の多い順に順位を付し、その第1順位の株主グループ（同順位の株主グループが2以上ある場合には、その全ての株主グループ）の所有割合を算定し、またはこれに順次第2順位および第3順位の株主グループの所有割合を加算した場合に、その使用人が次に掲げる株主グループのいずれかに属していること。

（イ）第1順位の株主グループの所有割合が50％を超える場合のその株主
グループ

（ロ）第1順位および第2順位の株主グループの所有割合を合計した場合
にその所有割合がはじめて50％を超えるときにおけるこれらの株主
グループ

（ハ）第1順位から第3順位までの株主グループの所有割合を合計した場
合にその所有割合がはじめて50％を超えるときにおけるこれらの株
主グループ

② その使用人の属する株主グループのその会社に係る所有割合が10％を
超えていること。

③ その使用人（その使用人の配偶者およびこれらの者の所有割合が50％を超え
る場合の他の会社を含みます。）のその会社に係る所有割合が5％を超えてい
ること

（注1）株主グループとは、その会社の一の株主等[*1]ならびにその株主等と法人
税法2条10号《同族会社の意義》に規定する特殊の関係のある個人[*2]
および法人をいいます（法令71②）。

（＊1）その会社が自己の株式または出資を有する場合のその会社を除き
ます。

（＊2）特殊の関係のある個人とは、次に掲げる者をいいます（法令4①）。

ⅰ　株主等の親族

ⅱ　株主等と婚姻の届出をしていないが事実上婚姻関係と同様の
事情にある者

ⅲ　株主等（個人である株主等に限られます。次のⅳにおいて同
じです。）の使用人

ⅳ　ⅰからⅲまでに掲げる者以外の者で株主等から受ける金銭そ
の他の資産によって生計を維持しているもの

ⅴ　ⅱからⅳまでに掲げる者と生計を一にするこれらの親族

（注2）所有割合とは、次に掲げる割合をいいます（法令71③）。

① その会社がその株主等の有する株式または出資の数または金額による判定により同族会社に該当する場合には、その株主グループの有する株式の数または出資の金額の合計額がその会社の発行済株式または出資[*]の総数または総額のうちに占める割合

（＊）その会社が有する自己の株式または出資を除きます。

② その会社が法人税法施行令4条3項2号イからニまで（同族関係者の範囲）に掲げる会社の一定の重要な事項に関する議決権による判定により同族会社に該当することとなる場合にはその株主グループの有する議決権の数がその会社の議決権の総数[*]のうちに占める割合

（＊）議決権を行使することができない株主等が有する議決権の数を除きます。

③ その会社が社員または業務を執行する社員の数による判定により同族会社に該当する場合にはその株主グループに属する社員または業務を執行する社員の数がその会社の社員または業務を執行する社員の総数のうちに占める割合

(注3) 個人または法人との間でその個人または法人の意思と同一の内容の議決権を行使することに同意している場合には、その者が有する議決権はその個人または法人が有するものとみなし、かつ、その個人または法人[*]はその議決権に係る会社の株主等であるものとみなして判定します（法令4⑥・71④）。

（＊）その議決権に係る会社の株主等であるものを除きます。

3. 同族会社

(1) 概要

　少数の出資者が、資本の多くの部分を保有している会社であれば、絶対多数の議決権を行使することにより、少数の出資者たる首脳の個人的意思でその会社を支配できることから、例えば、役員に対する臨時的な給与は損金の額に算入されないという取扱いに対して、実質的には役員である者を使用人とするなどの方法で、会社と役員を通じた全体の租税負担の不当な軽減を図ることが可能となります。

　そこで、法人税法は、法人のうち、少数の首脳の意思によってその企業活動を左右できる会社を「同族会社」として、役員に対する給与に関して特別に規定しています。

　具体的には、株主等の3人以下とこれらの株主等と特殊の関係にある個人および法人がその会社の株式の総数または出資金額の合計額の50%超を保有している会社を「同族会社」とし（法法2十）、非同族会社と区別して特別の規定を設けています。

　この場合、株主等とは、株主または合名会社、合資会社もしくは合同会社の社員その他法人の出資者をいいます（法法2十四）。

　なお、同族会社の課税上の特別規定として次のものがあります。

① 　同族会社の使用人のうち一定の株式を保有している者は、役員とみなされる場合があります（法令7二・71①五）。

　　また、同族会社の役員のうち一定の株式を保有している者は、使用人兼務役員とされない役員となります（法令71①五）。

② 　同族会社において、法人税の負担を不当に減少させる結果となる行為や計算が行われるときは、正常な取引に置き替えて所得金額が計算され、法人税の課税が行われます。これが「同族会社等の行為又は計算の否認」です（法法132）。

（2）同族会社の判定基準

　同族会社であるかどうかの判定に当たっては、その基礎となる株主等を単に株主等の頭数ではなく、ある株主等と特殊の関係のある者（同族関係者）の持分を全部合わせて1グループとし、これを株主1人の持株とみて、3グループまでの組み合わせにより資本金（発行済株式の総数または出資金額）の50％を超える場合に、その会社を同族会社と判定します[注1, 2, 3, 4, 5]（法法2十）。

　この場合、同族関係者となる個人は、株主等の配偶者や子供等の親族だけでなく次のような者が含まれます（法令4①）。

① 　株主等の親族（配偶者、6親等内の血族、3親等内の姻族（民法725））

② 　株主等と内縁関係（事実上婚姻関係と同様の事情）にある者

③ 　個人である株主等の使用人（法人株主の使用人は含みません。）

④ 　上記①から③以外の者で、個人株主等から受ける金銭等その他の資産によって生計を維持しているもの[*]

　　（＊）「株主等から受ける金銭その他の資産によって生計を維持しているもの」とは、その株主等から給付を受ける金銭その他の財産または給付を受けた金銭その他の財産の運用によって生ずる収入を日常生活の資の主要部分としている者をいいます（法基通1-3-3）。

⑤ 　上記②から④の者と生計を一にする[*]これらの者の親族

　　（＊）「生計を一にする」こととは、有無相助けて日常生活の資を共通にしていることをいうのであるから、必ずしも同居していることを必要としないとされています（法基通1-3-4）。

また、同族関係者となる法人とは、次に掲げる法人をいいます（法令4②）。

① 　株主等の1人（個人の場合は同族関係者を含みます。②および③において同じ。）が他の会社を支配している場合における当該他の会社

② 　株主等の1人と①の会社が他の会社を支配している場合における当該他の会社

③ 　株主等の1人と①および②の会社が他の会社を支配している場合における当該他の会社

なお、「他の会社を支配している場合」とは、次に掲げる場合のいずれかに該当するものをいいます（法令4③）。

① 他の会社の発行済株式または出資の総数または総額の50％を超える数または金額の株式または出資を有する場合

② 他の会社の次に掲げる議決権のいずれかにつき、その総数の50％を超える数を有する場合

　（イ）事業の全部もしくは重要な部分の譲渡、解散、継続、合併、分割、株式交換、株式移転または現物出資に関する決議に係る議決権

　（ロ）役員の選任および解任に関する決議に係る議決権

　（ハ）役員の報酬、賞与その他の職務執行の対価として会社が供与する財産上の利益に関する事項についての決議に係る議決権

　（ニ）剰余金の配当または利益の配当に関する決議に係る議決権

③ 他の会社の株主等（合名会社、合資会社および合同会社の社員に限ります。）の総数の半数を超える数を占める場合

　（注1）会社(*1)が法人税法2条10号《同族会社の意義》に規定する同族会社であるかどうかを判定する場合において、その株式(*2)または出資の数または金額による判定により同族会社に該当しないときであっても、例えば、議決権制限株式を発行しているときまたは法人税法施行令4条5項《同族会社の範囲》に規定する「当該議決権を行使することができない株主等」がいるときなどは、同項の議決権の判定を行う必要があることとされています（法基通1-3-1）。

　　　なお、法人税法2条10号に規定する「株式」および「発行済株式」には、譲渡制限付株式が含まれます。

　（*1）投資信託及び投資法人に関する法律2条《定義》12項に規定する投資法人（資産を主として特定資産に対する投資として使用することを目的として、この法律に基づき設立された社団をいいます。）を含みます。以下同じ。

　（*2）投資信託及び投資法人に関する法律2条《定義》14項に規定する

投資口（均等の割合的単位を細分化された投資法人の社員の地位をいいます。）を含みます。以下同じ。

（注2）法人税法2条10号《同族会社の意義》に規定する「株主等」は、株主名簿、社員名簿または定款に記載または記録されている株主等によるのであるが、その株主等が単なる名義人であって、その株主等以外の者が実際の権利者である場合には、その実際の権利者を株主等とすることとされています（法基通1-3-2）。

（注3）同族会社であるかどうかを判定する場合には、必ずしもその株式もしくは出資の所有割合または議決権の所有割合の大きいものから順にその判定の基礎となる株主等を選定する必要はないのであるから、例えば、その順に株主等を選定した場合には同族会社とならない場合であっても、その選定の仕方を変えて判定すれば同族会社となるときは、その会社は法人税法2条10号《同族会社の意義》に規定する同族会社に該当することとされています（法基通1-3-5）。

（注4）法人税法施行令4条3項2号《同族関係者の範囲》に規定する「議決権を行使することができない株主等が有する当該議決権」には、例えば、子会社の有する親会社株式など、その株式の設定としては議決権があるものの、その株主等が有することを理由に会社法308条1項《議決権の数》の規定その他の法令等の制限により議決権がない場合におけるその議決権がこれに該当することとされています（法基通1-3-6）。

　なお、法人税法施行令4条5項に規定する「議決権を行使することができない株主等が有する当該議決権」についても、同様とされています。

（注5）法人税法施行令4条6項《同族関係者の範囲》に規定する「同一の内容の議決権を行使することに同意している者」に当たるかどうかは、契約、合意等により、個人または法人との間でその個人または法人の意思と同一の内容の議決権を行使することに同意している事実があるかどうかにより判定することとされています（法基通1-3-7）。

　なお、単に過去の株主総会等において同一内容の議決権行使を行って

きた事実があることや、その個人または法人と出資、人事・雇用関係、資金、技術、取引等において緊密な関係があることのみをもっては、その個人または法人の意思と同一の内容の議決権を行使することに同意している者とはならないとされています。

(注6) 法人税法施行令4条6項《同族関係者の範囲》の規定によりその議決権に係る会社の株主等であるとみなされる個人または法人は、法人税法2条10号《同族会社の意義》の株式または出資の数または金額による同族関係者の判定の場合にあっては、株主等とみなされないこととされています（法基通1-3-8）。

なお、法人税法施行令4条3項1号《他の会社を支配している場合》の他の会社の判定に当たっても、同様とされています。

第1章　法人税法における役員給与

〔参考〕同族会社の判定の具体例

甲株式会社の株主とその持株数は、次のとおりです。

なお、株式の種類は全て普通株式であり、1株に1議決権を有します。

	株主名	持株数
A	代表取締役	180
B	専務取締役	150
C		120
D		60
E	Aの妻	20
F	Bの父	20
G	Cの兄	20
H	Cの甥	20
	その他41名で各自10株ずつ所有 （互いに同族関係なし）	410
計		1,000

判定結果は、次のとおりです。

・Aのグループ　A + E = 200株⇒20%

・Bのグループ　B + F = 170株⇒17%

・Cのグループ　C + G + H = 160株⇒16%

したがって、A、B及びCのグループの持株割合の合計は53%となり、甲株式会社は同族会社と判定されます。

15

4. 使用人兼務役員の範囲

　我が国の雇用慣行の下では、長年同じ法人に勤務して職制上の地位も上がった使用人は、雇用者側の配慮等から、使用人としての仕事を続ける一方で、取締役等の役員に昇格する場合があります。

　法人税法は、このような役員の地位と使用人としての職制上の地位とを併せ持っている者で、一定の要件に該当するものを「使用人兼務役員」と定義しています。

　この使用人兼務役員については、例えば、使用人兼務役員に対して支給される賞与のうち使用人部分として一定のものは損金の額に算入できるなど、税務上一般の役員とは異なる取扱いがされています（法法34①）。

（1）使用人兼務役員の意義

　使用人兼務役員とは、役員のうち、部長、課長その他法人の使用人としての職制上の地位[注1]を有し、かつ、常時使用人としての職務に従事している[注2]者をいいます（法法34⑥、法令71）。例えば、取締役営業部長、取締役工場長等がこれに該当します。

　（注1）「使用人としての職制上の地位」とは、部長、課長、支店長、工場長、営業所長、支配人、主任等法人の機構上定められている使用人たる職務上の地位をいいます。したがって、取締役等で総務担当、経理担当というように使用人としての職制上の地位でなく、法人の特定部門の職務を統括しているものは使用人兼務役員に該当しないことになります。例えば、総務担当重役、経理担当重役というように、特定の部門を統括しているだけでは、使用人兼務役員になりません（法基通9-2-5）。

　　　なお、事業内容が単純で使用人が少数である等の事情により、法人がその使用人について特に機構として職務上の地位を定めていない場合には、たとえその役員（下記(2)に定める役員を除きます。）が使用人としての職制上の地位が付与されていなくても、その常時従事している職務が他の使用人の職務の内容と同質であると認められれば、使用人兼務役員として取り扱

うことができるものとされています（法基通 9-2-6）。

（注 2）常時使用人としての職務に従事していること、つまり、使用人として常勤していることが前提となりますので、いわゆる非常勤役員は、使用人兼務役員には該当しないことになります。

（2）使用人兼務役員になれない役員

次に掲げる役員は、使用人兼務役員になれません（法法 34 ⑥、法令 71）。

① 社長、理事長、代表取締役、代表執行役、代表理事および清算人（法令 71 ①一）

② 副社長、専務、常務その他これらに準ずる職制上の地位を有する役員（法令 71 ①二）

「これらに準ずる職制上の地位を有する役員」とは、次の者をいいます。

（イ）会長、副会長、総裁、副総裁、頭取、副頭取、組合長、副組合長、理事長、副理事長その他これらに準ずる者で法人の業務を執行しているもの

（ロ）理事長、副理事長、専務理事、常務理事等の名称を有しない理事で代表権を有するもの

（ハ）人格のない社団等の代表者または管理人

なお、この場合の「職制上の地位を有する役員」とは、定款等の規定または総会もしくは取締役会の決議等によりその職制上の地位が付与された役員をいいます（法基通 9-2-4）。

また、このような副社長、専務、常務などが使用人兼務役員として認められないのは、これらの役員は、一般に法人内部で主要な地位を占め、対外的にはいわゆる「表見代表者」として代表権を有する役員とみなされることが多いという理由のよるものです。

③ 合名会社、合資会社および合同会社の業務を執行する社員

合名会社、合資会社および合同会社の業務を執行する社員については、業務執行権を有している（会社法 590）ことから、使用人兼務役員になれないこととされています（法令 71 ①三）。しかしながら、合名会社、合資会社

および合同会社の業務を執行する社員であっても業務執行権のないことを定款において定めることができることから、法人が定款において業務執行権がないことを定めた場合には、その社員は使用人兼務役員になることができます。

④　取締役、会計参与および監査役ならびに監事

この場合、使用人兼務役員になれない取締役は、指名委員会等設置会社の取締役および監査等委員である取締役とされています。

なお、取締役会非設置会社の取締役においては、定款、定款の定めに基づく取締役の互選または株主総会の決議により、取締役の中から代表取締役を定めることができることとされており（会社法348①・349①）、代表権を有しない取締役の存在を前提とした規定となっています。

したがって、会社法2条7号《定義》に規定する取締役会設置会社以外の株式会社の取締役が定款、定款の定めに基づく取締役の互選または株主総会の決議によって、取締役の中から代表取締役を定めたことにより代表権を有していないこととされている場合には、その取締役は、法人税法施行令71条1項各号《使用人兼務役員とされない役員》に掲げる役員のうち同項1号に掲げる者には該当しないことになり、使用人兼務役員として認められることになります（法基通9-2-3）。

また、株式会社以外の法人（例えば、医療法人など）の理事等で同様の事情にある者についても、その理事等は、使用人兼務役員になることができます。

⑤　①から④までに掲げる者のほか、同族会社の役員のうち、次の（イ）から（ハ）までに掲げる要件の全てに該当する者[注4、5]

（イ）その会社の株主グループ[注1]について、その所有割合[注2、3]の多い順に順位を付し、その第1順位の株主グループ（同順位の株主グループが2以上ある場合には、その全ての株主グループ）の所有割合を算定し、またはこれに順次第2順位および第3順位の株主グループの所有割合を加算した場合に、その使用人が次に掲げる株主グループのいずれかに属

していること。

イ．第1順位の株主グループの所有割合が50％を超える場合のその株主グループ

ロ．第1順位および第2順位の株主グループの所有割合を合計した場合にその所有割合がはじめて50％を超えるときにおけるこれらの株主グループ

ハ．第1順位から第3順位の株主グループの所有割合を合計した場合にその所有割合がはじめて50％を超えるときにおけるこれらの株主グループ

(ロ) その役員の属する株主グループのその会社に係る所有割合が10％を超えていること。

(ハ) その役員（その役員の配偶者およびこれらの者の所有割合が50％を超える場合の他の会社を含みます。）のその会社に係る所有割合が5％を超えていること

(注1) 株主グループとは、その会社の一の株主等[*1]ならびにその株主等と法人税法2条10号《同族会社の意義》に規定する特殊の関係のある個人[*2]および法人をいいます（法令71②）。

　(*1) その会社が自己の株式または出資を有する場合のその会社を除きます。

　(*2) 特殊の関係のある個人とは、次に掲げる者をいいます（法令4①）。

　　ⅰ　株主等の親族

　　ⅱ　株主等と婚姻の届出をしていないが事実上婚姻関係と同様の事情にある者

　　ⅲ　株主等（個人である株主等に限られます。次のⅳにおいて同じです。）の使用人

　　ⅳ　ⅰからⅲまでに掲げる者以外の者で株主等から受ける金銭その他の資産によって生計を維持しているもの

　　ⅴ　ⅱからⅳまでに掲げる者と生計を一にするこれらの親族

(注2) 所有割合とは、次に掲げる割合をいいます（法令71③）。

　　① 　その会社がその株主等の有する株式または出資の数または金額による判定により同族会社に該当する場合には、その株主グループの有する株式の数または出資の金額の合計額がその会社の発行済株式または出資^(*)の総数または総額のうちに占める割合

　　（＊）その会社が有する自己の株式または出資を除きます。

　　② 　その会社が法人税法施行令4条3項2号イからニまで（同族関係者の範囲）に掲げる会社の一定の重要な事項に関する議決権による判定により同族会社に該当することとなる場合にはその株主グループの有する議決権の数がその会社の議決権の総数^(*)のうちに占める割合

　　（＊）議決権を行使することができない株主等が有する議決権の数を除きます。

　　③ 　その会社が社員または業務を執行する社員の数による判定により同族会社に該当する場合にはその株主グループに属する社員または業務を執行する社員の数がその会社の社員または業務を執行する社員の総数のうちに占める割合

(注3) 個人または法人との間でその個人または法人の意思と同一の内容の議決権を行使することに同意している場合には、その者が有する議決権はその個人または法人が有するものとみなし、かつ、その個人または法人^(*)はその議決権に係る会社の株主等であるものとみなして判定します（法令4⑥・71④）。

　　（＊）その議決権に係る会社の株主等であるものを除きます。

(注4) 上記⑤の同族会社の役員には、次に掲げる役員が含まれることとされています（法基通9-2-7）。

　　（イ）自らはその会社の株式または出資を有しないが、その役員と法人税法2条10号《同族会社の定義》に規定する特殊の関係のある個人または法人（以下「同族関係者」）がその会社の株式または出資を有している場合におけるその役員

第1章　法人税法における役員給与

(ロ)　自らはその会社の法人税法施行令4条3項2号イからニまで《同族会社の範囲》に掲げる議決権を有しないが、その役員の同族関係者がその会社の議決権を有している場合におけるその役員

(ハ)　自らはその会社の社員または業務を執行する社員ではないが、その役員の同族関係者がその会社の社員または業務を執行する社員である場合におけるその社員

　これは、同族会社の大株主である役員は、一般にその会社の中枢にあって、肩書はともかくとして、実質的に専務取締役や常務取締役などのいわゆる役付役員と同様の地位にあると認められることが多いという実態を踏まえ、このような取扱いをすることとされています。

(注5)　上記⑤を適用する場合において、第1順位の株主グループと同順位の株主グループがあるときは、その同順位の株主グループを含めたものが第1順位の株主グループに該当し、これに続く株主グループが第2順位の株主グループに該当することになります（法基通9-2-8）。

　例えば、A株主グループおよびB株主グループの株式の所有割合がそれぞれ20％、C株主グループおよびD株主グループの株式の所有割合がそれぞれ15％の場合には、A株主グループおよびB株主グループが第1順位の株主グループに該当しその株式の所有割合は40％となり、C株主グループおよびD株主グループが第2順位の株主グループに該当しその株式の所有割合は30％となります。

　この場合、その役員が、A、B、C、Dの各株主グループのいずれかに属していれば、たとえ、平取締役であっても、使用人兼務役員に該当しないことになります。

　しかし、その役員（配偶者およびこれらの者の株式の所有割合が50％を超える他の会社を含みます。）の株式の所有割合が5％以下である場合には、上記の（ハ）の基準に該当しないことから、使用人兼務役員になることができます。

　なお、例えば、この場合、A、Bの各株主グループでそれぞれ26％ず

21

つの株式を有しているときは、第1順位の株主グループ（A、B）で既に50%超となるため、C、Dの各株主グループに属する役員は、他の要件を待つまでもなく、使用人兼務役員になることができます。

第1章　法人税法における役員給与

5. 執行役員

（1）設置の背景

　近年、取締役会の意思決定の迅速化と取締役の過大な責任の回避のため、取締役の数を絞る傾向があることから、取締役ではない役員待遇の幹部従業員に執行役員の地位を与えています。

　取締役への就任は株主総会の承認が必要ですが、執行役員の任用は株主総会の承認は必要ありません。

（2）重要な使用人の役職

　執行役員の役職や呼称があっても、「取締役」でない者は、会社法上の役員ではありません。

　会社の業務執行を行う重要な使用人の役職として執行役員があります。

　例えば、代表取締役兼執行役員社長など、取締役である者に付けることもあります。この場合は会社法上の役員となります。しかしながら、取締役でない執行役員、例えば、専務執行役員、常務執行役員などは会社法上の役員には該当しません。

（3）取締役と執行役員の違い

　取締役は、会社の重要事項や方針を決定する権限を持っています。

　これに対し、執行役員は、決定した重要事項を実行する役割を担い、重要事項や方針を決定する権限を持っていません。したがって。執行役員は、法律上の明確な位置付けはなく、単なる呼称であり、従業員ということになります。

（4）会社法・商業登記法の規定

　取締役という呼称は、会社法・商業登記法に定められた役職であり、取締役に任命したい場合は、法務局において登記し、登記簿に名前が記載されます。また、取締役は、株式会社を設立するに当たって最低1名は置くことが決められています。

　一方、執行役員は、会社法・商業登記法で定められていないところ、単なる呼称ですので、執行役員に任命しても、法務局において登記する必要はありま

23

せん。執行役員は役員という名前がついてはいますが、会社法・商業登記法では役員ではなく従業員にあたります。

なお、取締役会設置会社の業務執行について取締役でも執行役でもない執行役員に委任する場合、会社の重要な使用人（会社法362）として、取締役会が執行役員の選任および解任を行います。ただし、委員会設置会社の取締役会は、その決議によって、選任および解任を執行役に委任することができます（会社法416）。

（5）法人税法による取締役と執行役員の取扱い

① 法人税法でいう役員とは、会社法でいう「登記されている役員」とは異なり、会社法の役員よりも範囲が広くなります。

法人税法の役員の範囲は、①実質的に経営に従事していると認められる者および②同族会社の使用人のうち、一定の要件を全て満たす者（詳細は前記2.(2)みなす役員参照。）となっています。

実質的に経営に従事しているとは、主要な取引先との案件や金融機関との決定権を持っていたり、採用人事権を有していたりすることをいいます。

② 取締役として登記していない役員であっても、税法上は役員とみなされる可能性があります。これをみなし役員といいます。

③ 法人税法の役員の範囲に定められた者に支払われる報酬を「役員報酬」といいます。

④ 役員報酬と使用人給与の違いとして、役員報酬は1年間、原則として金額の増減ができませんし、役員に突発的に出る賞与は損金不算入となっています。一方、使用人給与は、毎月も賞与も損金算入できます。

役員報酬に比べて、使用人給与の方が損金に算入しやすいようになっています。

役員報酬が損金に算入しにくくなっているのは、法人の損益が期末に大きな黒字になった場合、例えば、社長に役員報酬を多く支払うことは利益操作と見られてしまうためです。

損金に算入できるかできないかでは、法人税等に大きな差が生まれるた

め、役員報酬をいくらに設定するかは経営者にとって重要になります。

⑤ 会社法の役員登記と異なり、誰を役員とみなすかは経営者が決めることではなく、法人税法で定められたものとなります。

2

役員給与

1. 法人の支払う給与

　法人が支払う給与は、使用人に対して支払うものと、役員に対して支払うものに大別されます。

　法人税法では、役員に対する給与については、法人の役員が使用人と異なり法人に対し特殊な地位に立つところから、使用人に対する給与とは異なる取扱いをしています。

2. 役員と会社との関係

　役員と会社の関係については、会社法の株式会社の例によれば、次のようになっています。

① 　役員は株主総会において選任され、会社と役員との間の関係は委任に関する規定に従います（会社法 329・330）。

② 　取締役は法令および定款の定めならびに総会の決議を遵守し、会社のため忠実にその職務を行わなければなりません（会社法 355）。

③ 　取締役の報酬、賞与その他の職務執行の対価として会社から受ける財産上の利益に関する一定の事項は、定款によってその額を定めなかったときは株主総会の決議をもってこれを定めます。

　したがって、会社の役員は、株主によって選任され、その株主の委任に基づいて会社の業務を執行する地位にあることになります。

　また、使用人の場合は、一般にその給料等は使用者との交渉において適正な額が決定されるのに対し、役員の場合はその報酬等をある程度自由に決定し得るという側面を持っています。

第1章　法人税法における役員給与

3. 使用人に対する給与

使用人に対する給与（給料・賞与・退職給与）については、法人と使用人との雇用契約（民法623）に基づいて、その労務の対価として支払われるものであるから、企業会計上費用となるものであり、法人税法上も原則としてその金額が損金に算入されます（法法22③二）。

ただし、次のような例外的な規定が設けられています。

① 過大な使用人給与の損金不算入（法法36、法令72・72の2）

② 使用人賞与の損金算入時期（法令72の3）

4. 役員に対する給与

役員に対する給与については、役員が会社の委任（会社法330）を受けて法人の経営に従事する者であり、法人の得た利益の分配に参与する地位にあるともいえることから、職務執行の対価として相当とされる金額を超える部分は損金の額に算入しないこととされています（法法34）。

具体的には、職務の執行の対価として支給される役員給与については、その外形的な支給形態のみに着目するのではなく、あらかじめ役員給与の支給時期・支給額が定められており、恣意性が排除されているかどうかにより損金算入の可否を判定することとしています。

法人税法上、法人がその役員に対して支給する給与[注]のうち、次に掲げる給与については、損金の額に算入することとされています（法法34①）。

① 定期同額給与（法法34①一）

② 事前確定届出給与（法法34①二）

③ 一定の業績連動給与（法法34①三）

なお、これらに該当する給与であっても、不相当に高額な部分の金額および隠蔽または仮装経理により支給した金額については損金の額に算入されないこととされています（法法34②③）。

また、退職給与で業績連動給与に該当しないものおよび使用人兼務役員に対

27

して支給する使用人分給与についても、不相当に高額な部分の金額および隠蔽
または仮装経理により支給した金額については損金の額に算入されないことと
されています（法法34②③）。

(注)退職給与で業績連動給与に該当しないものおよび使用人兼務役員に対して支
給する使用人分給与を除きます。

(1) 定期同額給与

定期同額給与とは、その支給時期が1月以下の一定の期間ごとである給与（以
下「定期給与」）で、その事業年度の各支給時期における支給額が同額[注1]である
ものをいい、これに準ずるものとして、次に掲げるものを含みます（法法34①
一、法令69①②）。

① 定期給与[注3]で、次に掲げる改定（以下「給与改定」）がされた場合におけ
るその事業年度開始の日または給与改定前の最後の支給時期の翌日から給
与改定後の最初の支給時期の前日またはその事業年度終了の日までの間の
各支給時期における支給額が同額であるもの

(イ) その事業年度開始の日の属する会計期間開始の日から3月[注4]を経過
する日まで[注5]にされた定期給与の額の改定

(ロ) その事業年度において役員の職制上の地位[注6]の変更、その役員の職
務の内容の重大な変更その他これらに類するやむを得ない事情（注7、
以下「臨時改定事由」）によりされたこれらの役員に係る定期給与の額
の改定（(イ) に掲げる改定を除きます。）

(ハ) その事業年度において経営の状況が著しく悪化したことその他これ
に類する理由（注8、以下「業績悪化改定事由」）によりされた定期給与
の改定（その定期給与の額が減額した改定に限ります。また、(イ) および
(ロ) に掲げる改定を除きます。）

(注1)源泉税等の額[注2]を控除した金額が同額である場合を含みます。

(注2)「源泉税等の額」とは、所得税の額、地方税の額、社会保険料の額その他
これらに類するものの合計額をいいます（法令69②）。

(注3)「定期給与」とは、あらかじめ定められた支給基準（慣習によるものを含

みます。）に基づいて、毎日、毎週、毎月のように月以下の期間を単位として規則的に反復または継続して支給されるものをいうのであるから、例えば、非常勤役員に対し年俸または事業年度の期間俸を年1回または年2回所定の時期に支給するようなものは、たとえその支給額が各月ごとの一定の金額を基礎として算定されているものであっても、定期同額給与に該当しないこととされています（法基通9-2-12）。

　なお、非常勤役員に対し所定の時期に確定した額の金銭を交付する旨の定めに基づいて支給する年俸または期間俸等の給与のうち、次に掲げるものは、法人税法34条1項2号《事前確定届出給与》に掲げる給与に該当することとされています。

イ．同族会社に該当しない法人が支給する給与

ロ．同族会社が支給する給与で法人税法施行令69条4項《事前確定届出給与》に定めるところに従って納税地の所轄税務署長に届出をしているもの

(注4) 法人税法75条の2第1項各号《確定申告書の提出期限の延長の特例》の指定を受けている内国法人にあっては、その会計期間開始日の日からその指定に係る月数に2を加えた月数を経過する日までとなります。

(注5) 定期給与の額の改定（継続して毎年所定の時期にされるものに限ります。）が3月経過日等後にされることについて特別の事情があると認められる場合にあっては、その改定の時期とされます。

　この「3月経過日等後にされることについて特別の事情があると認められる場合」とは、例えば、法人の役員給与の額がその親会社の役員給与の額を参酌して決定されるなどの常況にあるため、その親会社の定時株主総会の終了後でなければその法人の役員の定期給与（法人税法34条1項1号《定期同額給与》に規定する定期給与をいいます。）の額の改定に係る決議ができない等の事情により定期給与の額の改定が3月経過日等（法人税法施行令69条1項1号イに規定する3月経過日等をいいます。）後にされる場合をいいます（法基通9-2-12の2）。

（注6）役員の職制上の地位とは、定款等の規定または総会もしくは取締役会の決議等により付与されたものをいいます（法基通9-2-12の3（注））。

（注7）臨時改定事由とは、例えば、定時株主総会後、次の定時株主総会までの間において社長が退任したことに伴い臨時株主総会の決議により副社長が社長に就任する場合や、合併に伴いその役員の職務の内容が大幅に変更される場合をいいます（法基通9-2-12の3）。

（注8）業績悪化改定事由とは、経営状況が著しく悪化したことなどやむを得ず役員給与を減額せざるを得ない事情があることをいうのであるから、法人の一時的な資金繰りの都合や単に業績目標値に達しなかったことなどはこれに含まれません（法基通9-2-13）。

② 継続的に付与される経済的な利益のうち、その供与される利益の額が毎月おおむね一定であるもので、例えば、次に掲げるようなものが該当します（法基通9-2-9・9-2-11）。

（イ）次に掲げる金額でその額が毎月おおむね一定しているもの

　　イ．役員に対して物品その他の資産を贈与した場合におけるその資産の価額に相当する金額

　　ロ．役員に対して所有資産を低い価額で譲渡した場合におけるその資産の価額と譲渡価額との差額に相当する金額

　　ハ．役員に対して無償または低い対価で（ロ）のイ．およびロ．に掲げるもの以外の用役の提供をした場合における通常その用役の対価として収入すべき金額と実際に収入した対価の額との差額に相当する金額

（ロ）次に掲げる金額（その額が毎月著しく変動するものを除きます。）

　　イ．役員に対してその居住の用に供する土地または家屋を無償または低い価額で提供した場合における通常取得すべき賃貸料の額と実際徴収した賃貸料の額との差額に相当する金額

　　ロ．役員に対して金銭を無償または通常の利率よりも低い利率で貸し付けた場合における通常取得すべき利率により計算した利息の額と実際徴収した利息の額との差額に相当する金額

（ハ）役員に対して機密費、接待費、交際費、旅費等の名義で支給したもの
のうち、その法人の業務のために使用したことが明らかでないもので毎
月定額により支給される渡切交際費に係るもの

（ニ）役員が負担すべき毎月の住宅の光熱費、家事使用人給料等（その額が
毎月著しく変動するものを除きます。）を負担した場合におけるその費用の
額に相当する金額

（ホ）次に掲げる金額で経常的に負担するもの

イ．役員が社交団体等の会員となるためまたは会員となっているために
要するその社交団体の入会金、経常会費またはその社交団体の運営の
ために要する費用でその役員の負担すべきものを法人が負担した場合
におけるその負担した費用の額に相当する金額

ロ．法人が役員を被保険者および保険金受取人とする生命保険契約を締
結してその保険料の額の全部または一部を負担した場合におけるその
負担した保険料の額に相当する金額

（2）事前確定届出給与

① 事前確定届出給与の定義

事前確定届出給与とは、定期同額給与および業績連動給与のいずれにも
該当しない給与で、その役員の職務につき所定の時期に確定した額の金銭
または確定した数の株式（出資を含みます。）、新株予約権、確定した額の金
銭債権に係る特定譲渡制限付株式または特定新株予約権[注1]を交付する旨
の定めに基づいて支給する給与[注2]で、次の区分に応じてそれぞれ要件を
満たすものに限ります（法法34①二、法令69③④、法基通9-2-15の2）。

	区分[注3]	要件
①	同族会社以外の法人[注4]が定期給与を支給しない役員に対して金銭で支給する給与以外の給与（株式または新株予約権による給与で将来の役務の提供に係る一定のものを除きます[注5]。）である場合	届出期限[注6]までに所轄税務署長に交付する旨の定めの内容に関する届出[注7]をしていること

②	株式を交付する場合	株式が市場価格のある株式または市場価格のある株式と交換される株式（給与を支給する法人または関係法人^(注8)が発行したものに限ります。）（適格株式）であること^(注9)
③	新株予約権を交付する場合	新株予約権がその行使により市場価格のある株式が交付される新株予約権（給与を支給する法人または関係法人^(注8)が発行したものに限ります。）（適格新株予約権）であること^(注9)

（注1）法人税法 54 条 1 項に規定する特定譲渡制限付株式または同法 54 条の 2 第 1 項に規定する特定新株予約権をいいます（法法 34 ①二）。

（注2）株式もしくは特定譲渡制限付株式に係る法人税法 54 条 1 項に規定する承継譲渡制限付株式または新株予約権もしくは特定新株予約権に係る法人税法 54 条 2 第 1 項に規定する承継新株予約権による給与^(*)を含みます（法法 34 ①二）。

　　　なお、特定譲渡制限付株式の取扱いは、平成 28 年 4 月 1 日以後に開始する事業年度について適用されます（平 28 法 15 改正附 21）。

　　　また、特定新株予約権の取扱いは，平成 29 年 10 月 1 日以後に特定新株予約権の交付に係る決議または交付するその特定新株予約権について適用されます（平 29 法 4 改正附 14）。

　（*）特定譲渡制限付株式およびこれに係る承継譲渡制限付株式または特定新株予約権およびこれに係る承継新株予約権を対価とする費用の損金算入については、「譲渡制限付株式を対価とする費用の帰属事業年度の特例」（111 ページ）および「新株予約権を対価とする費用の帰属事業年度の特例等」（115 ページ）を参照。

（注3）事前確定届出給与の要件については、①から③までに掲げる場合に該当する場合には、それぞれに定める要件を満たすものに限るとされています。ちなみに、①では事前確定届出給与に関する届出が必要な給与について規定されており、②では株式を交付する場合に対象となる株式の範囲について、③では新株予約権を交付する場合に対象となる新株予約権の範囲について規定されています。この点、条文上、②または③に該当し

その要件を満たす場合には、①の要件を満たさない場合でも事前確定届出給与に該当するのではないかとの疑義が生ずることから、①および②（または①および③）の両方に該当する場合は、両方の要件を満たす必要があります（法基通9-2-15の4）。

(注4) 同族会社に該当するかどうかの判定は、その法人が定期給与を支給しない役員の職務につきその定めをした日（新たに設立した法人がその役員の設立の時に開始する職務についてした定めにあっては、その設立の日）の現況によります（法令69⑥）。

(注5) 一定のものとは、次の定めに基づいて交付される特定譲渡制限付株式もしくは特定新株予約権またはこれらに係る承継譲渡制限付株式もしくは承継新株予約権による給与であり、届出は不要とされます（法令69③）。

定めの内容
役員の職務について、株主総会、社員総会、その他これらに準ずるものの決議により定められたもので、次の要件を満たすもの
① 職務の執行の開始の日から1月を経過する日までにされる決議による定めであること
② 役員の職務について所定の時期に確定額等を支給する旨の定めであること
③ 決議の日から1月を経過する日までに、その職務についてその役員に生ずる債権の額に相当する特定譲渡制限付株式または特定新株予約権、もしくは確定した数の新株予約権を交付する旨の定めであること

(注6) 届出期限は、次のとおりとなります（法令69④）。

届出の区分	届出期限
① 株主総会、社員総会その他これらに準ずるものの決議により役員の職務につき所定の時期に確定額等を支給する旨を定めた場合	株主総会等の決議をした日（その日が職務の執行の開始の日(＊1)後である場合には、その開始をする日）から1月を経過する日。ただし、同日がその職務執行開始の日の属する会計期間開始の日から4月を経過する日（以下「4月経過日等」といいます。）後である場合にはその4月経過日等
② 新たに設立した内国法人がその役員のその設立の時に開始する職務につき所定の時期に確定額等を支給する旨の定めをした場合	その設立の日以後2月を経過する日

33

③	臨時改定事由により臨時改定事由に係る役員の職務につき所定の時期に確定額を支給する旨の定めをした場合(*2)	次に掲げる日のうちいずれか遅い日となります。 ⅰ）①または②に掲げる日 ⅱ）その臨時改定事由が生じた日から1月を経過する日

（＊1）「職務の執行の開始の日」とは、その役員がいつから就任するかなど個々の事情によりますが、例えば、定時株主総会において役員に選任された者で、その日に就任した者および役員に再任された者にあっては、その定時株主総会の開催日となります（法基通9-2-16）。

（＊2）その役員のその臨時改定事由が生ずる直前の職務につき所定の時期に確定額を支給する旨の定めがあった場合を除きます。

（注7）事前確定届出給与の届出に記載すべき事項は次のとおりとなります（法規22の3①）。

①　届出をする法人の名称、納税地および法人番号ならびに代表者の氏名

②　事前確定届出給与対象者の氏名および役職名

③　事前確定届出給与の支給時期ならびに各支給時期における支給額または交付する株式もしくは新株予約権の銘柄、次の（イ）または（ロ）に応じた事項等

（イ）確定数給与(*1)

　　その交付する数および交付決議時価額(*2)

（＊1）確定した数の株式または新株予約権を交付する旨の定めに基づいて支給する給与（定期同額給与または業績連動給与等を除きます。）をいいます（法令71の3①）。

（＊2）交付した株式（譲渡制限付株式を除きます。）または新株予約権（譲渡制限付新株予約権を除きます。）と銘柄を同じくする株式または新株予約権の交付する旨の定めをした日における1単位当たりの価額にその交付した数を乗じて計算した金額（役員から払い込まれた金銭等を除きます。）をいいます（法令71の3①）。

（ロ）確定した額の金銭債権に係る特定譲渡制限付株式または特定新株

予約権を交付する給与

その金銭債権の額

④　株主総会、社員総会その他これらに準ずるものの決議により③の支給時期および支給金額を定めた日ならびにその決議を行った機関等

⑤　事前確定届出給与に係る職務の執行の開始の日（臨時改定事由による届出である場合は、臨時改定事由の概要および臨時改定事由が生じた日）

⑥　事前確定届出給与につき定期同額給与による支給としない理由および事前確定届出給与の支給時期を③の支給時期とした理由

⑦　事前確定届出給与に係る職務を執行する期間内の日の属する会計期間において事前確定届出給与対象者に対して事前確定届出給与と事前確定届出給与以外の給与（（注5）の届出不要とされる給与を除きます。）とを支給する場合のその事前確定届出給与以外の給与の支給時期および各支給時期における支給額（業績連動給与または金銭以外の資産による給与についての概要）

⑧　その他参考となるべき事項

（注8）関係法人とは、株式または新株予約権による給与に係る株主総会等の決議日からその株式または新株予約権を交付する日までの間、内国法人と他の内国法人との間にその他の法人による支配関係が継続することが見込まれている場合のその他の法人をいいます（法法34⑦、法令71の2）。

（注9）確定した額に相当する適格株式または適格新株予約権を交付する旨の定めに基づいて支給する給与[*1]は、確定した額の金銭を交付する旨の定めに基づいて支給する給与に該当するものとされています（法令69⑧）。

したがって、適格株式または適格新株予約権の交付する数の算定に際して一に満たない端数から生じた場合において、適格株式または適格新株予約権とその一に満たない端数の適格株式または適格新株予約権の価額に相当する金銭を交付しないこととしたときは、確定した額を支給する給与に該当しないため、事前確定届出給与には該当しないことになり

ます[*2]（法基通 9-2-15 の 3）。

（＊1）確定した額の金銭債権に係る特定譲渡制限付株式または特定新株予約
権を交付する旨の定めに基づいて支給する給与を除きます。

（＊2）平成 29 年度税制改正により、所定の時期に確定した数の適格株式等（適
格株式または適株新株予約権をいいます。）を交付する旨の定めに基づ
いて支給する給与が事前確定届出給与の対象に追加されたことに伴い、
確定した額に相当する適格株式等を交付する旨の定めに基づいて支給
される給与については、確定した額の金銭を交付する旨の定めに基づい
て支給する給与に該当するものとされました（法令 69 ⑧）。

この規定が想定する給与の支給形態は、例えば、法人が支給対象とな
る役員に対してあらかじめ支給する金額（確定した額）を定め、その支
給時期にその確定した額に相当する数の適格株式を交付するという場
合があります。その交付される適格株式の数については、その確定した
額をその支給時期における適格株式の 1 株当たりの市場価格で除して
計算しますが、適格株式の市場価格によっては、1 株未満の端数株式に
相当する額が生ずることとなります。

そのような場合、その除して計算された数の適格株式と、計算上生じ
た 1 株未満の端数株式に相当する額の金銭を併せて支給することで、確
定した額の金銭を交付する旨の定めに基づいて支給する給与に該当す
ることとなるため、その 1 株未満の端数株式に相当する額を金銭で支給
しない場合には、確定した額を支給することにはならないということに
なります。

② 事前確定届出給与の適用に当たっての留意事項

（イ）事前確定届出給与は、所定の時期に確定した額の金銭等[*]を交付す
る旨の定めに基づいて支給される給与をいいますので、例えば、この
規定に基づき納税地の所轄税務署長へ届け出た支給額と実際の支給額
が異なる場合にはこれに該当しないこととなり、原則として、その支
給額の全額が損金不算入となります（法基通 9-2-14）。

（＊）確定した額の金銭または確定した数の株式もしくは新株予約権もしく
　　は確定した額の金銭債権に係る法人税法54条1項《譲渡制限付株式を
　　対価とする費用の帰属事業年度の特例》に規定する特定譲渡制限付株
　　式もしくは法人税法54条の2第1項《新株予約権を対価とする費用の
　　帰属事業年度の特例等》に規定する特定新株予約権をいいます。

（ロ）役員の過去の役務提供の対価として生ずる債権に係る債務を履行す
　るために譲渡制限付株式[＊1]または譲渡制限付新株予約権[＊2]が交付
　される給与は、法人税法施行令69条3項1号《事前確定届出給与》に
　掲げる給与に該当しないため、その譲渡制限付株式または譲渡制限付
　新株予約権による給与の額は、法人税法34条1項2号《事前確定届出
　給与》に掲げる給与として損金の額に算入されないことになります（法
　基通9-2-15の2）。

　（＊1）法人税法54条1項《譲渡制限付株式を対価とする費用の帰属事業年
　　　　度の特例》に規定する譲渡制限付株式をいいます。

　（＊2）法人税法54条の2第1項《新株予約権を対価とする費用の事業年度
　　　　の特例等》に規定する譲渡制限付新株予約権をいいます。

（ハ）法人がその役員に対して支給する給与について、業績指標[＊]その他
　の条件により、その全てを支給するか、またはその全てを支給しない
　かのいずれかとすることを定めた場合におけるその定めに従って支給
　する給与は、法人税法34条5項《業績連動給与》に規定する業績連動
　給与に該当せず、同条1項2号《事前確定届出給与》に掲げる給与の
　対象となることとされています（法基通9-2-15の5）。

　（＊）法人税法34条5項《業績連動給与》に規定する内国法人またはその内
　　　国法人との間に支配関係がある法人の業績を示す指標をいいます。

③　事前確定届出給与に関する変更届出

　事前確定届出給与につき、既に届出（変更に係る届出を含む。以下、「直前
届出」）をしている法人が、その直前届出に係る定めの内容を変更する場合
に、その変更が臨時改定事由または業績悪化改定事由に基因するものであ

るときは、その変更後の事前確定届出給与の定めの内容に関する届出書（事前確定届出給与に関する変更届出書^(注)）を、次に掲げる事由の区分に応じた変更届出期限までに、納税地の所轄税務署長に提出することとされています（法令69⑤、法規22の3②）。

	区分	届出期限
①	臨時改定事由により変更する場合	臨時改定事由が生じた日から1月を経過する日
②	業績悪化改定事由により変更する場合（直前届出の定めに基づく給与の額を減額し、または交付する株式（出資を含みます。）もしくは新株予約権の数を減少させる場合に限ります。）	次のうちいずれか早い日 ⅰ）業績悪化改定事由により事前確定届出給与の変更に関する株主総会等の決議をした日から1月を経過する日 ⅱ）ⅰの決議をした日以後最初に到来する直前届出に基づく支給の日の前日

(注)臨時改定事由および業績悪化改定事由により直前届出の内容を変更する場合の事前確定届出給与の届出に記載すべき事項は、支給対象者ごとに次のとおりとなります（法規22の3②）。

① 届出をする法人の名称、納税地および法人番号ならびに代表者の氏名

② 氏名および役職名（その事由により役職が変更された場合には、変更後の役職名）

③ 変更後の事前確定届出給与の支給時期ならびに各支給時期における支給額または交付する株式もしくは新株予約権の銘柄、次の（イ）または（ロ）に応じた事項等

（イ）確定数給与^(*1)

その交付する数および交付決議時価額^(*2)

（*1）確定した数の株式または新株予約権を交付する旨の定めに基づいて支給する給与（定期同額給与または業績連動給与等を除きます。）をいいます（法令71の3①）。

（*2）交付した株式（譲渡制限付株式を除きます。）または新株予約権（譲渡制限付新株予約権を除きます。）と銘柄を同じくする株式または新株予約権の交付する旨の定めをした日における1単位当たりの価額にその交付した数を乗じて計算した金額（役員から払い

込まれた金銭等を除きます。）をいいます（法令71の3①）。

　　（ロ）確定した額の金銭債権に係る特定譲渡制限付株式または特定新株
　　　　予約権を交付する給与

　　　　その金銭債権の額

　④　臨時改定事由による場合……臨時改定事由の概要および臨時改定事由
　　が生じた日

　　　業績悪化改定事由による場合……減額改定決議をした日および決議を
　　した日後最初に到来する直前届出に基づく支給の日

　⑤　変更を行った機関等

　⑥　事前確定届出給与の支給時期が変更前後で異なる場合には、変更後の
　　支給時期とした理由

　⑦　直前届出に係る届出書の提出をした日

　⑧　その他参考となるべき事項

（3）業績連動給与

　①　業績連動給与の定義

　　　業績連動給与とは、利益の状況を示す指標、株式の市場価格の状況を示
　　す指標等、内国法人またはその内国法人との間に支配関係がある法人の業
　　績を示す指標を基礎として算定される額または数で次のものをいいます
　　（法法34⑤）。

　（イ）金銭

　（ロ）株式もしくは新株予約権による給与

　（ハ）次に掲げるもので、無償で取得されまたは消滅する株式または新株予約
　　　権の数が役務の提供期間以外の事由により変動するもの

　　　イ．法人税法54条1項に規定する特定譲渡制限付株式または承継譲渡
　　　　制限付株式

　　　ロ．法人税法54条の2第1項に規定する特定新株予約権または承継新
　　　　株予約権

　　　なお、業績指標その他の条件により、その全てを支給するか、またはそ

の全てを支給しないかのいずれかとすることを定めた場合におけるその定めに従って支給する給与は、業績連動給与に該当せず、事前確定届出給与の対象となります[注1、2、3]（法基通9-2-15の5）。

（注1）平成29年度税制改正により、事前確定届出給与の範囲が拡大され、事前確定届出給与については、所定の時期に、確定した額の金銭、確定した数の適格株式等または確定した金銭債権の額に係る特定譲渡制限付株式等（特定譲渡制限付株式および特定新株予約権をいいます。）を交付する旨の定めに基づいて支給する給与で、定期同額給与および業績連動給与のいずれにも該当しないもののうち事前確定届出給与に関する届出書の提出など一定の要件を満たすものとされました（法法34①二）。

　　事前確定届出給与からは業績連動給与に該当する給与は除かれていることから、業績連動給与に該当する場合の損金算入の可否は業績連動給与の要件により判断することになります。

（注2）ところで、実務においては、役員にインセンティブ等を付与するための報酬制度を導入するに当たり、特定譲渡制限付株式と同様に、勤務実績が良好でない場合や法人の実績があらかじめ定められた基準に達しない場合には報酬を支給しないという条件を付すことがあります。

　　例えば、所定の時期に、あらかじめ定められた額または数の金銭または株式を交付する旨の定めに基づき支給する報酬制度を導入し、その支給条件として、役員が職務執行期間中に法令違反などの非違事項が生じた場合や、当期利益が前期利益の120％を超えない場合には、その定められた報酬を支給しないといった条件を付すような場合です。

　　この点、事前確定届出給与の対象となる確定した額、確定した数または確定した金銭債権の額（以下「確定した額等」）には、その上限を定めるものや額または数が変動するものは該当しませんが、こうした役員の勤務実績や法人の業績などにより支給しないという条件が付された場合に、その定めに基づく報酬が事前確定届出給与の対象となる確定した額等に該当するのかといった疑問や、業績によって支給の有無が変わることか

第1章　法人税法における役員給与

ら業績連動給与に該当するのではないかという疑問が生ずるところです。

（注3）しかしながら、これらの条件は所定の時期に確定した額等に係る金銭または株式等を支給する旨の定めに対して付された解除条件と考えられることから、それらの条件をもって確定した額等に該当しないということにはならず、また、業績連動給与との関係でいえば、一定の業績目標に達しない場合に支給しないこととする条件が付された給与は、法人の業績を示す指標を基礎として交付される金銭の額または株式もしくは新株予約権の数が算定されるものではないことから、業績連動給与にも該当しないことになります。

②　業績連動給与のうち損金の額に算入されるもの

業績連動給与のうち損金の額に算入されるものは、内国法人^(注1)が業務執行役員^(注2)に対して支給する給与^(注3)で、次の要件を満たすものとされています（法法34①三、法令69⑨〜㉑、法規22の3③〜⑥）

なお、他の業務執行役員の全てに対して次の要件を満たす業績連動給与を支給する場合に限られます。

（イ）交付される金銭の額、株式、新株予約権の数または新株予約権のうち無償で取得され、もしくは消滅する数の算定方法が、その給与に係る職務を執行する期間の開始の日（職務執行期間開始日）以後に終了する事業年度の利益の状況を示す指標、その他一定の指標^(注4、5、6、7、8)を基礎とした客観的なもので、次に掲げる要件を満たすものに限ります^(注9)。

①　金銭による給与は確定した額を、株式または新株予約権による給与は確定した数を、それぞれ限度としているもの^(注10)であり、かつ、他の業務執行役員に対して支給する業績連動給与に係る算定方法と同様のものであること。

②　職務執行期間開始日の属する会計期間開始の日から3月を経過する日^(注11)までに報酬委員会^(注12)が決定をしていることその他一定の適正な手続^(注13)を経ていること。

③　その内容が、②の一定の適正な手続の終了の日以後遅滞なく、有価

証券報告書に記載されていることその他の方法$^{(注14)}$により開示されていること$^{(注15)}$。

（ロ）次の給与の区分に応じてそれぞれ次に定める要件を満たすこと$^{(注16)}$。

① 金銭による給与が、その算定の基礎とした指標の数値が確定した日$^{(注17)}$の翌日から1月を経過する日までに交付され、または交付される見込みであること。

② 株式または新株予約権による給与が、その数の算定の基礎とした指標の数値が確定した日の翌日から2月を経過する日まで交付され、または交付される見込みであること。

③ 特定新株予約権による給与で、無償で取得され、または消滅するその数が役務の提供期間以外の事由により変動するものが（イ）②の手続の終了の日の翌日から1月を経過する日までに交付されること。

（ハ）損金経理をしていること$^{(注18)}$。

（注1）同族会社については、同族会社以外の法人との間にその法人による完全支配関係があるものに限ります$^{(*)}$。

（＊）同族会社である内国法人が同号の同族会社以外の法人との間にその法人による完全支配関係があるかどうかの判定は、上記（イ）②の手続の終了の日の現況によります（法令69⑳）。

（注2）業務執行役員とは、業務を執行する役員として上記要件（イ）の算定方法についての②の手続の終了の日において、その法人の次の役員に該当する者をいいます（法令69⑨）。

（ⅰ）会社法363条1項各号《取締役会設置会社の取締役の権限》に掲げる取締役

（ⅱ）会社法418条《執行役の権限》の執行役

（ⅲ）（ⅰ）および（ⅱ）に掲げる役員に準ずる役員

なお、法人の役員であっても、取締役会設置会社における代表取締役以外の取締役のうち業務を執行する取締役として選任されていない者、社外取締役、監査役および会計参与は、業務執行役員に含まれないこと

とされています（法基通 9-2-17）。

（注3）金銭以外の資産が交付されるものは、適格株式[＊1]または適格新株予約権[＊2]が交付されるものに限ります。

　（＊1）「適格株式」とは、その株式が市場価格のある株式または市場価格のある株式と交換される株式（その内国法人または関係法人が発行したものに限ります。）をいいます（法法 34 ①二ロ）。

　（＊2）「適格新株予約権」とは、その新株予約権がその行使により市場価格のある株式が交付される新株予約権（その内国法人または関係法人が発行したものに限ります。）をいいます（法法 34 ①二ハ）。

（注4）次に掲げる（1）および（2）の指標をいいます。

　（1）利益の状況を示す指標は次のとおりです（法法 34 ①三イ、法令 69 ⑩）。

　　ただし、金融商品取引法に規定する有価証券報告書に記載されるものに限ります。

　　また、次の②から⑤までに掲げる指標にあっては、利益に関するものに限ります。

　　①　職務執行期間開始日以後に終了する事業年度（対象事業年度）における有価証券報告書に記載されるべき利益の額

　　②　①の指標の数値に対象事業年度における減価償却費の額、支払利息の額その他の有価証券報告書に記載されるべき費用の額を加算し、またはその指標の数値から対象事業年度における受取利息の額その他の有価証券報告書に記載されるべき収益の額を減算して得た額

　　③　①および②の指標の数値の次に掲げる金額のうちに占める割合またはその指標の数値を対象事業年度における有価証券報告書に記載されるべき発行済株式（自己が有する自己の株式を除きます。）の総数で除して得た金額

　　　（イ）対象事業年度における売上高の額その他の有価証券報告書に記載されるべき収益の額または対象事業年度における支払利息の額その他の有価証券報告書に記載されるべき費用の額

（ロ）貸借対照表に計上されている総資産の帳簿価額

（ハ）（ロ）の金額から貸借対照表に計上されている総負債（新株予約権に係る義務を含みます。）の帳簿価額を控除した金額

④　①から③の指標の数値が対象事業年度前の事業年度のその指標に相当する指標の数値その他の対象事業年度において目標とする指標の数値であって既に確定しているもの（確定値）を上回る数値または①から③の指標の数値の確定値に対する比率

⑤　①から④の指標に準ずる指標

（2）一定の指標

次の①および②については、平成29年4月1日以後の支給に係る決議（決議がない場合には支給）をする給与について適用されます（平29法4改正附14①）。

①　次に掲げる市場価格の状況を示す指標（法法34①三イ、法令69⑪）

（イ）職務執行期間開始日の属する事業年度開始の日以後の所定の期間または職務執行期間開始日以後の所定の日における株式（その法人またはその法人との間に完全支配関係がある法人の株式に限ります。）の市場価格またはその平均値

（ロ）（イ）の指標の数値が確定値(*)を上回る数値または（イ）の指標の数値の確定値に対する比率

（*）確定値は、（イ）の期間または日以前の期間または日における次の指標の数値その他の目標とする指標の数値で既に確定しているものをいいます。

（ⅰ）（イ）の指標に相当する指標の数値

（ⅱ）金融商品取引法2条16項《定義》の金融商品取引所に上場されている株式について多数の銘柄の価格の水準を総合的に表した指標の数値

（ハ）（イ）の指標の数値に（イ）の期間または日の属する事業年度ける有価証券報告書に記載されるべき発行済株式の総数を乗じて

44

得た額

（ニ）（イ）の期間または日における株式の市場価格またはその平均値が確定値[*]を上回る数値とその期間開始の日またはその日以後に終了する事業年度の有価証券報告書に記載されるべき支払配当の額を発行済株式の総数で除して得た額とを合計した数値のその確定値に対する比率

（＊）確定値は、（イ）の期間または日以前の期間または日におけるその株式の数値で既に確定しているものをいいます。

（ホ）（イ）から（ニ）に準ずる指標

② 次に掲げる職務執行期間開始日以後に終了する事業年度の売上高の状況を示す指標（法法34①三イ、法令69⑫）

ただし、利益の状況を示す指標または株式の市場価格の状況を示す指標と同時に用いられるもので、有価証券報告書に記載されるものに限ります。

（イ）対象事業年度における有価証券報告書に記載されるべき売上高の額

（ロ）（イ）の指標の数値から対象事業年度における有価証券報告書に記載されるべき費用の額を減算して得た額

（ハ）（イ）および（ロ）の指標の数値が対象事業年度前の事業年度のその指標に相当する指標の数値その他の対象事業年度において目標とする指標の数値で既に確定しているもの（確定値）を上回る数値または（イ）および（ロ）の指標の数値の確定値に対する比率

（ニ）（イ）から（ハ）の指標に準ずる指標

（注5）法人税法施行令69条10項2号から5号まで、11項2号から5号までおよび12項2号から4号まで《損金の額に算入される業績連動給与》に掲げる指標については、利益もしくは株式の市場価格に関するものまたはこれらと同時に用いられる売上高に関するものに限られていることから、例えば、配当（同条11項4号に掲げる指標に用いられるも

のを除きます。）およびキャッシュ・フローは、同条10項2号から5号まで、11項2号から5号までおよび12項2号から4号までに掲げる指標には該当しないこととされています（法基通9-2-17の2）。

(注6) 法人税法34条1項3号イ《損金の額に算入される業績連動給与》の利益の状況を示す指標、株式の市場価格の状況を示す指標または売上高の状況を示す指標には、有価証券報告書（同号イに規定する「有価証券報告書」）に記載される連結財務諸表（連結財務諸表の用語、様式及び作成方法に関する規則1条1項《適用の一般原則》に規定する連結財務諸表）に記載されるべき金額等から算定される指標が含まれることとされています[※1、2、3、4]（法基通9-2-17の3）。

　なお、同号に規定する同族会社が支給する業績連動給与に係る指標については、法人税法施行規則22条の3第4項《損金の額に算入される業績連動給与》に規定する完全支配関係法人の有価証券報告書に記載される連結財務諸表に記載されるべき金額等から算定される指標が含まれることとされています。

(※1) 平成29年度税制改正により、損金算入される業績連動給与として交付する金銭の額や株式の数等（以下「業績連動給与の支給額等」）の算定方法の基礎とすることができる指標については、利益の状況を示す指標のほか、株式の市場価格の状況を示す指標および売上高の状況を示す指標が追加されました。これらの指標（株式の市場価格に関する指標として一定のものを除きます。）については、有価証券報告書に記載されるべき金額等であることが要件とされています（法法34①三イ、法令69⑩〜⑫）。

　なお、この有価証券報告書には、主要な経営指標等の推移、沿革、事業の内容、関係会社の状況、従業員の状況、業務等の内容などの様々な項目について記載されるほか、連結財務諸表や個別財務諸表も記載することとされています（企業内容等の開示に関する内閣府令15）。

(※2) 業績連動給与の支給額等の算定方法の基礎となる各指標については、役

第1章　法人税法における役員給与

員給与を支給する法人の個別財務諸表に記載されるべき事項だけでな
く、その法人の連結財務諸表に記載されるべき金額等を算定方法の基礎
となる指標として用いてよいかという疑問があり、例えば、連結グルー
プの親法人がその親法人の役員へのインセンティブを付与するために
連結グループ全体の利益の額および売上高の額を指標として株式を交
付する業績連動給与を導入しようとしても、その親法人の個別財務諸表
に記載されるべき利益の額および売上高の額の指標しか認められない
のではないかという疑問です。

　この点、法令上は有価証券報告書に記載されるべき金額等とされてお
り、また、連結財務諸表は、親法人およびその連結子法人の業務内容が
反映されたそれぞれの個別財務諸表に基づき作成されるものであり、そ
の子法人の経営に影響力を有する親法人がグループ全体の業績の指標
として連結財務諸表に記載されるべき金額等を指標とすることは業績
の測定指標として合理性があると考えられることから、連結財務諸表に
記載されるべき金額等についても算定方法の基礎となる指標に含まれ
ることとされています。

（＊3）さらに、平成29年度税制改正により、損金算入される業績連動給与の
　　　対象に同族会社以外の法人との間にその法人による完全支配関係があ
　　　る同族会社が支給する業績連動給与が追加されています（以下、その同
　　　族会社との間に同族会社以外の法人による完全支配関係がある場合に
　　　おけるその法人を「完全支配関係法人」）。その同族会社が株式による給
　　　与を支給する場合には、市場価格のある株式を交付することが要件とさ
　　　れていることから、市場価格のある株式を発行しているその同族会社の
　　　親法人である完全支配関係法人の株式を交付することとなります。

　　　　また、その同族会社が支給する業績連動給与の支給額等の算定方法の
　　　内容の開示は完全支配関係法人の有価証券報告書等により行うことと
　　　されています（法規22の3④）。

　　　　このような場合に用いられる業績連動給与の支給額等の算定方法の

47

基礎となる指標については、完全支配関係法人の有価証券報告書に記載されるべき金額等を用いることとなるため、その完全支配関係法人の連結財務諸表に記載されるべき金額等についても指標として用いることができます。

(＊4) 損金算入される業績連動給与の支給額等の算定方法の基礎とされる指標は法人税法34条1項3号に掲げる指標に限定されていますが、法人によってはその損金算入要件として規定された指標に加えて、損金算入要件として規定されていない指標を用いて支給額等を算定する場合があります。例えば、環境への影響や従業員満足度といった業績以外の事項を算定方法の指標に組み入れているような場合です。

この場合には、損金算入要件を満たさない指標を基礎として支給額等が算定されることから、一義的にはその支給額等は損金の額に算入されないことになると考えます。

ただし、算定方法の定め方によっては、損金算入要件を満たす指標を基礎として計算される金額等と、損金算入要件を満たさない指標を基礎として計算される金額等とを明確に区分することができるのであれば、損金算入要件を満たす指標を基礎として計算した部分の金額等については、その他の損金算入要件を満たすのであれば損金の額に算入して差し支えないと考えられます。

(注7) 次に掲げる指標は、法人税法施行令69条10項5号《損金の額に算入される業績連動給与》に掲げる「前各号に掲げる指標に準ずる指標」に含まれることとされています（法基通9-2-17の4）。

① 同項1号から3号までの有価証券報告書に記載されるべき事項を連結財務諸表の用語、様式及び作成方法に関する規則の規定により有価証券報告書に記載することができることとされている事項（以下「任意的記載事項」）とした場合における同項1号から4号までに掲げる指標

② 有価証券報告書に記載されるべき利益（任意的記載事項を含みます。）の額に有価証券報告書に記載されるべき費用（任意的記載事項を含み

ます。）の額を加算し、かつ、有価証券報告書に記載されるべき収益（任意的記載事項を含みます。）の額を減算して得た額

なお、同条 11 項 3 号または 4 号の有価証券報告書に記載されるべき事項を任意的記載事項とした場合におけるこれらの号に掲げる指標は同項 5 号に掲げる「前各号に掲げる指標に準ずる指標」に、同条 12 項 1 号または 2 号の有価証券報告書に記載されるべき事項を任意的記載事項とした場合における同項 1 号から 3 号までに掲げる指標は同項 4 号に掲げる「前三号に掲げる指標に準ずる指標」に、それぞれ含まれることとされています。

(注8) 法人税法 34 条 1 項 3 号イ《損金の額に算入される業績連動給与》に規定する「職務を執行する期間の開始の日」については、その役員がいつから就任するかなど個々の事情によりますが、例えば、定時株主総会において役員に選任された者で、その日に就任した者および役員に再任された者にあっては、その定時株主総会の開催日となります[*1、2]（法基通 9-2-17 の 5・9-2-16）。

（＊1） 平成 29 年度税制改正において、法人によっては中期経営計画の期間に応じて業績連動給与の支給対象期間を設定する場合があるといった実態を踏まえ、利益の状況を示す指標および売上高の状況を示す指標については、役員給与に係る職務を執行する期間の開始の日以後に終了する事業年度のものを基礎とした算定方法を認めることとされ、また、所定の日における株式の市場価格の状況を示す指標についても、職務を執行する期間の開始の日以後の所定の期間または所定の日における指標を用いることができることとされました（法法 34 ①三イ）。これにより、複数年度の指標を用いた業績連動給与についても損金算入の対象とされています。

（＊2） ここでいう「職務を執行する期間の開始の日」とは、その役員がいつから就任するかなど個々の事情に応じて判断することになりますが、例えば、定時株主総会において、役員に選任された者で、その日に就任した

者および選任された者にあっては、その定時株主総会の開催日となります。これは、事前確定届出給与における届出が不要となる特定譲渡制限付株式等（特定譲渡制限付株式および特定新株予約権をいいます。）について、職務の執行の開始の日から1月を経過する日までに株主総会等の決議を行うこととする要件の「職務の執行を開始する日」と同義であることから、法人税基本通達9-2-16《職務の執行の開始の日》の取扱いを準用することとされています。

（注9）譲渡制限付株式による給与で、法人税法施行令111条の2第1項2号《譲渡制限付株式の範囲等》の無償で取得する株式の数が業績指標に応じて変動するものは、法人税法34条1項各号《役員給与の損金不算入》に掲げる給与に該当せず、損金の額に算入されないこととされています[1,2]（法基通9-2-16の2）。

（＊1）平成29年度税制改正により、特定譲渡制限付株式による給与で無償で取得される株式の数が役務提供期間以外の事由により変動するものは業績連動給与に該当することとされました（法法34⑤）。

この特定譲渡制限付株式とは、法人が個人から提供を受ける役務の対価として、その個人に生ずる債権の給付と引き換えにその個人に給付されるなど一定の要件を満たす譲渡制限付株式とされています（法法54①、法令111の2①）。この譲渡制限付株式は、譲渡が制限されており、かつ、その譲渡の制限に係る期間が設けられていることおよび、所定の勤務期間を継続しないこと、勤務実績が良好でないこと、法人の実績があらかじめ定めた基準に達しないことなどの事由により法人が株式を無償で取得することが定められている株式をいいます。

（＊2）一方で、業績連動給与が損金の額に算入されるためには、その算定方法の内容が一定の要件を満たす客観的なものであること、支給する金銭の額または株式もしくは新株予約権の数の上限を定めること、適正な手続を経て決定されていることなど、所定の要件を満たす必要があることとされています（法法34①三イ）。

第1章　法人税法における役員給与

　　　　そして、その算定方法の内容の定めには、譲渡制限付株式による給与
　　　で交付される株式の数のうち無償で取得される数が役務提供期間以外
　　　の事由により変動するものは含まれないこととされています（法法34
　　　①三イ）。

　　　　すなわち、譲渡制限付株式による給与で無償で取得される数が変動す
　　　るものは、損金の額に算入するための要件を満たすことができないこと
　　　となります。

　　　　また、業績連動給与に該当する給与は事前確定届出給与から除外され
　　　ていることから（法法34①二）、結果的に譲渡制限付株式による給与で業
　　　績連動給与に該当するものは、損金の額に算入されないこととなります。

(注10)「金銭による給与にあっては確定した額を、株式または新株予約権によ
　　　る給与にあっては確定した数を、それぞれ限度としている」とは、「○○
　　　万円を上限とする。」や「○株を上限とする。」というように、その支給
　　　する金銭の額または適格株式または適格新株予約権の数の上限が具体的
　　　な金額または数をもって定められていることを要することから、例えば、
　　　「経常利益の○○％に相当する金額を限度として支給する。」といった支
　　　給額の上限が金額または数によらないものはこの要件を満たさないこと
　　　になります（法基通9-2-18）。

　　　　なお、株式交付分と金額交付分を区分して算定方法等を定めることは
　　　可能です。

　　　　また、株式を交付する業績連動給与において計算上交付する株式に端
　　　数が生じて金銭を交付する場合については、株式交付分のみの算定方法
　　　等を定めることで足りると考えられます。

(注11) 確定申告書の提出期限の延長の特例（法法75の2①）の指定法人は、指
　　　定月数に2を加えた月数を経過する日とされています。

(注12) 会社法404条3項《指名委員会等の権限等》の報酬委員会をいい、その
　　　法人の業務執行役員またはその業務執行役員の親族等（以下「業務執行
　　　役員関連者」）が委員になっているものを除きます（法法34①三イ(2)）。

51

(注13) 一定の適正な手続とは、内国法人の種類によりそれぞれ次の手続をいいます（法法34 ①三イ(2)、法令69 ⑭〜⑱）。

(1) 同族会社以外の内国法人

① 会社法404条3項《指名委員会等の権限等》の報酬委員会（以下「報酬委員会」）の決定であって、次に掲げる要件を満たすもの

（イ）報酬委員会の委員の過半数がその法人の独立社外取締役[*1]であること

（ロ）業務執行役員の特殊関係者（その業務執行役員の親族等をいいます。以下同じ。）が報酬委員会の委員でないこと

（ハ）報酬委員会の役員である独立社外取締役の全員がその決定に係る報酬委員会の決議に賛成していること

② 株主総会の決議による決定（指名委員会等設置会社を除きます。）

③ 報酬諮問委員会[*2]に対する諮問等の手続を経た取締役会の決議による決定で、次に掲げる要件を満たすもの（指名委員会等設置会社を除きます。）

（イ）報酬諮問委員会の委員の過半数が独立社外取締役等（独立社外取締役および会社法2条16号に規定する社外監査役である独立職務執行者[*1]をいいます。）であること

（ロ）業務執行役員の特殊関係者が報酬諮問委員会の委員でないこと

（ハ）報酬諮問委員会の委員である独立社外取締役等の全員がその決議に賛成していること

（ニ）その決定に係る給与の支給を受ける業務執行役員がその決議に参加していないこと

④ ①〜③に準ずる手続

（*1）独立社外取締役とは、会社法2条15号に規定する社外取締役である独立職務執行者をいい（法法34 ①三イ(2)）、独立職務執行者とは、報酬委員会または報酬諮問委員会を置く法人（以下「設置法人」）の取締役または監査役のうち、次に掲げる者のいずれにも該

当しない者をいいます（法令69⑱）。

① 業績連動給与の算定方法についての手続の終了の日の属する
会計期間開始の日の1年前の日からその手続の終了の日までの
期間内において次に掲げる者に該当する者。ただし、（ニ）に掲
げる者については、その終了の日においてその設置法人の監査
役である者に限ります。

（イ）その設置法人の主要な取引先である者またはその業務執行
者（会社法施行規則2条3項6号に規定する業務執行者をい
います。以下同じ。）

（ロ）その設置法人を主要な取引先とする者またはその業務執行
者

（ハ）その設置法人とその設置法人以外の法人との間にその法人
による支配関係がある場合のその法人（以下「親法人」）の業
務執行者または業務執行者以外の取締役

（ニ）親法人の監査役

（ホ）その設置法人との間に支配関係がある法人（親法人および
その設置法人による支配関係がある法人を除きます。）の業
務執行者

② ①の者（①（イ）～（ハ）または（ホ）の業務執行者について
は重要な使用人以外の使用人を除きます。）の配偶者または二親
等以内の親族

③ ①の期間内において次に掲げる者に該当する者の配偶者また
は二親等以内の親族。ただし、（ロ）または（ニ）に掲げる者につ
いては、①の手続の終了の日においてその設置法人の監査役で
ある者に限ります。

（イ）その設置法人の業務執行者（重要な使用人以外の使用人を
除きます。（ハ）において同じ。）

（ロ）その設置法人の業務執行者以外の取締役または会計参与（法

人である場合はその職務を行う社員をいいます。（ニ）において同じ。）

（ハ）その設置法人による支配関係がある法人の業務執行者

（ニ）その設置法人による支配関係がある法人の業務執行者以外の取締役または会計参与

（＊2）報酬諮問委員会とは、取締役会の諮問に応じ、業務執行役員の個人別の給与の内容を調査審議し、およびこれに関し必要と認める意見を取締役会に述べることができる3以上の委員から構成される合議体をいいます。以下同じ。

(2) 同族会社である内国法人

① 株主総会または取締役会の決議による決定。ただし、完全支配関係がある同族会社以外の法人（以下「完全支配関係法人」）の報酬委員会の決定に従ってするもので、次に掲げる要件を満たすものに限ります。

（イ）報酬委員会の委員の過半数が完全支配関係法人の独立社外取締役であること

（ロ）次に掲げる者（完全支配関係法人の業務執行役員を除きます。）がその報酬委員会の委員でないこと

イ．その内国法人の業務執行役員

ロ．その内国法人または完全支配関係法人の業務執行役員の特殊関係者

（ハ）報酬委員会の委員である完全支配関係法人の独立社外取締役の全員がその決議に賛成していること

② 株主総会または取締役会の決議による決定。ただし、完全支配関係法人の上記(1)③と同様の報酬諮問委員会の審議等を経た完全支配関係法人の取締役会の決議による決定に従ってするもので、次に掲げる要件を満たすものに限ります（指名委員会等設置会社を除きます。）。

第1章　法人税法における役員給与

　　　（イ）報酬諮問委員会の委員の過半数が完全支配関係法人の独立社外
　　　　　取締役等であること

　　　（ロ）次に掲げる者（完全支配関係法人の業務執行役員を除きます。）
　　　　　がその報酬諮問委員会の委員でないこと

　　　　イ．その内国法人の業務執行役員

　　　　ロ．その内国法人または完全支配関係法人の業務執行役員の特殊
　　　　　関係者

　　　（ハ）報酬諮問委員会の委員である完全支配関係法人の独立社外取締
　　　　　役の全員がその決議に賛成していること

　　　（ニ）その決定に係る給与の支給を受ける業務執行役員がその決議に
　　　　　参加していないこと

　③　①および②に準ずる手続

〔参考〕平成31年4月1日前に終了する手続

　　　一定の適正な手続とは、内国法人の種類によりそれぞれ次の手続を
　　いいます（旧法法34①三イ(2)、旧法令69⑭～⑯）。

（1）同族会社以外の内国法人

　①　報酬委員会の決議による決定（業務執行役員または業務執行役員
　　　関連者（その業務執行役員の親族等をいいます。）が委員になってい
　　　るものを除きます。）

　②　株主総会の決議による決定（指名委員会等設置会社を除きます。）

　③　取締役会の決議による決定（取締役会の諮問に応じて、業務執行
　　　役員の給与につき意見を述べる3以上の外部の委員から構成される
　　　報酬諮問委員会(*)の審議等を経たものに限ります。なお、指名委員
　　　会等設置会社を除きます。）

　　　（*）業務執行役員または業務執行役員関連者が委員となっているものを
　　　　　除き、委員の過半数がその法人の業務執行役員または使用人になった
　　　　　ことがない者であるものに限ります。

　④　取締役会の決議による決定（監査役会設置会社(*)であって、監査

55

役の過半数が算定方法につき適正と認められる旨の書面を提出した
ものに限ります。）

（＊）業務執行役員関連者が監査役となっている会社を除きます。

⑤　取締役会の決議による決定（監査等委員会設置会社^(＊)であって、
監査等委員である取締役の過半数がその決議に賛成しているものに
限ります。）

（＊）業務執行役員関連者が監査等委員である取締役になっている会社を
除きます。

⑥　①から⑤に準ずる手続

(2) 同族会社である内国法人

①　株主総会または取締役会の決議による決定（完全支配関係がある
同族会社以外の法人（以下「完全支配関係法人」）の報酬委員会^(＊)の
決定に従ってするものに限ります。）

（＊）内国法人または完全支配関係法人の業務執行役員または業務執行役
員関連者が委員になっているものを除きます。

②　株主総会または取締役会の決議による決定（完全支配関係法人が
(1)③と同様の報酬諮問委員会^(＊)の審議等を経た完全支配関係法人
の取締役会の決議による決定に従ってするものに限ります。）

（＊）委員の過半数が内国法人または完全支配関係法人の業務執行役員ま
たは使用人になったことのない者であるものに限ります。

③　株主総会または取締役会の決議による決定（完全支配関係法人が
(1)④と同様の監査役会設置会社であって、(1)④と同様の書面が提
出されている場合の完全支配関係法人の取締役会の決議による決定
に従ってするものに限ります。）

④　株主総会または取締役会の決議による決定（完全支配関係法人が
(1)⑤と同様の監査等委員会設置会社であって、(1)⑤と同様の賛成
がされている場合の完全支配関係法人の取締役会の決議による決定
に従ってするものに限ります。）

第1章　法人税法における役員給与

　　⑤　①から④に準ずる手続

（注14）その他の方法とは、次の方法をいいます（法規22の3⑤⑥）。

　　　　なお、内国法人が同族会社である場合には、前記②（イ）③の有価証券報告書または①から③の報告書は完全支配関係法人が提出するこれらの報告書とし、④の開示は完全支配関係法人が行う開示となります。

　　①　金融商品取引法24条の4の7第1項《四半期報告書の提出》に規定する四半期報告書に記載する方法

　　②　金融商品取引法24条の5第1項《半期報告書及び臨時報告書の提出》に規定する半期報告書に記載する方法

　　③　金融商品取引法24条の5第4項に規定する臨時報告書に記載する方法

　　④　金融商品取引所等に関する内閣府令63条2項3号《認可を要する業務規程に係る事項》に掲げる事項を定めた金融商品取引法2条16項《定義》に規定する金融商品取引所の業務規程またはその細則を委ねた規則に規定する方法に基づいて行うその事項に係る開示による方法

（注15）客観的な算定方法の内容の開示とは、業務執行役員の全てについて、その業務執行役員ごとに次のとおり開示することをいいます。

　　①　法人税法34条5項《業績連動給与》に規定する業績連動給与の算定の基礎となる業績連動指標

　　②　支給の限度としている確定した額（適格株式または適格新株予約権による給与の場合は確定した数）

　　③　客観的な算定方法の内容

　　　　なお、算定方法の内容の開示に当たっては、個々の業務執行役員ごとに算定方法の内容が明らかになるものであれば、同様の算定方法を採る業績連動給与について包括的に開示することも差し支えありません[*1]（法基通9-2-19）。

　　　　また、適格株式と一に満たない端数の適格株式の価額に相当する金銭

57

を併せて交付することを定めている業績連動給与については、法人税法34条1項3号イ（3）《損金の額に算入されない業績連動給与》の開示は、交付する適格株式の数の算定方法の内容のみの開示で差し支えないとされています[*2, 3]（法基通9-2-19の2）。そして、適格新株予約権を交付する場合の開示についても、同様とされています。

（*1）損金の額に算入することができる業績連動給与は、その法人の業務執行役員の全てに対して支給するもので、かつ、個々の業務執行役員に支給する業績連動給与がそれぞれの法令の要件を満たすものでなければならないこととされています（法法34①三）。

したがって、その算定方法の内容の開示についても、業務執行役員の全てについてそれぞれ行うことになります（法法34①三イ(3)）。具体的には、その法人の業務執行役員ごとに、①業績連動給与の算定の基礎となる業績連動指標、②限度としている確定値（適格株式または適格新株予約権による給与にあっては確定数）および③客観的な算定方法の内容を開示する必要があります。

ただし、個々の業務執行役員に支給する業績連動給与の算定方法の内容が結果的に明らかになるものであれば要件を満たすこととなります。したがって、算定方法が同様の業績連動給与について算定方法の内容を包括的に開示することを妨げるものではないし、開示の対象はあくまで業績連動給与の算定方法の内容であり、役員の個人名の開示を求めるものではなく、その肩書き別に業績連動給与の算定方法の内容が明らかにされていれば足りることになります。

（*2）業績連動給与については、その算定方法の内容を有価証券報告書等により開示することが損金算入要件の一つとされています（法法34①三イ(3)）。

平成29年度税制改正により、業績連動給与の対象に株式による給与が追加されていますが、その交付する株式数は利益の状況や株価の状況などの指標を基礎として計算することから、計算された株式数に1株未

満の端数が生ずる場合があります。

　例えば、法人の利益の状況に関する指標を基礎として算定される数の適格株式を交付する場合において、あらかじめ定められた株式数（基礎株式数）に利益の状況に応じて変動する割合を乗じて交付する株式数を計算する際に、その割合の設定の仕方によっては、計算上は1株未満の端数株式が生ずる場合があります。

　この場合、法人が定める株式交付規程などの内規において、株式の交付に併せて、その計算上生ずる1株未満の端数株式に相当する額の金銭を交付する旨を定めることもあるようです。

（＊3）このように、交付する株式数の計算の結果生ずる1株未満の端数株式に相当する額の金銭を交付することとしている場合、有価証券報告書等による開示ではどこまで記載すればよいのかという疑問が生ずるところ、有価証券報告書等による開示について求めているのは、どのようにして金銭による支給額や交付される株式数が算定されるのかという算定方法の内容であり、その算定結果として1株未満の端数が生じたとしても、その価額に相当する額の金銭支給の有無についてまで開示を求めるものではないとされています。

（注16）同一の職務執行期間について（ロ）①②の2以上の給与が合わせて支給される場合の要件は、それぞれの給与に係る（ロ）①②の要件のうち最も遅い日となります（法令69⑲一イ）。

（注17）法人税法施行令69条19項1号イ（1）に規定する業績連動指標(＊1)の数値が確定した日とは、例えば、株式会社であれば、その法人が会社法438条2項《計算書類等の定時株主総会への提出等》の規定により定時株主総会において計算書類の承認を受けた日をいいます。

　なお、法人が会社法439条《会計監査人設置会社の特則》の規定の適用を受ける場合には、取締役が計算書類の内容を定時株主総会へ報告した日となります。

　また、業績連動指標の数値が連結計算書類のものである場合には、取

59

締役が会社法 444 条 7 項《連結計算書類》の規定により連結計算書類の内容を定時株主総会へ報告した日となります(*2、3、4)（法基通 9-2-20）。

（＊1）法人税法 34 条 1 項 3 号イ《損金の額に算入される業績連動給与》に規定する株式の市場価格の状況を示す指標を除きます。

（＊2）損金の額に算入することができる業績連動給与は、その事業年度の利益の状況を示す指標、株式の市場価格の状況を示す指標または売上高の状況を示す指標（「業績連動指標」）の数値が確定した後 1 月以内に支払われ、または支払われる見込みであることが要件の一つとされています（法令 69 ⑲一イ(1)）。この場合の「業績連動指標の数値が確定した」日がいつであるかが明らかにされています。

（＊3）会社法においては、取締役は貸借対照表、損益計算書等の計算書類を定時株主総会に提出しまたは提供し、その承認を受けなければならないこととされています（会社法 438）。

　　　このような会社法の規定からすれば、「業績連動指標の数値が確定した」日とは、定時株主総会によりその法人の計算書類の承認を受けた日をいうことになります。

（＊4）なお、会計監査人設置会社であって会社法 439 条《会計監査人設置会社の特則》の規定の適用を受ける場合には、取締役は計算書類の内容につき取締役会の承認を受ければ足り、定時株主総会における承認を受ける必要はないこととされています。

　　　この場合であっても、取締役は、その計算書類の内容を定時株主総会に報告しなければならないこととされており、計算書類の内容の定時株主総会への報告により一連の手続を了することとなることから、この定時株主総会に報告した日を「業績連動指標の数値が確定した」日と解することが相当であるとされています。

(注 18) 給与の見込額として損金経理により引当金勘定に繰り入れた金額を取り崩す方法により経理していることを含みます。

　　　なお、引当金勘定に繰り入れた場合の損金算入額の算定に当たっては、

第1章　法人税法における役員給与

　法人が業績連動給与として適格株式を交付する場合において、法人税法施行令 69 条 19 項 2 号括弧書《損金の額に算入される業績連動給与》に規定する方法により経理しているときの損金算入の対象となる給与の額は、給与の見込額として計上した金額にかかわらず、その適格株式の交付時の市場価格を基礎として算定される金額となります[*1,2,3]（法基通 9-2-20 の 2）。

（＊1）　株式が交付される業績連動給与について損金算入できるものは、その交付される株式が市場価格のある株式または市場価格のある株式に交換される株式（適格株式）に限られています（法法 34 ①二ロ）。

　　　　また、業績連動給与は損金経理が損金算入要件の一つとされているところ、この給与は複数の事業年度を支給対象期間とすることができることから、この損金経理要件には、給与の見込額として損金経理により引当金勘定に繰り入れた金額を取り崩す方法により経理していることも含まれています（法令 69 ⑲二）。

　　　　この引当金勘定に繰り入れた金額を取り崩す方法により経理する例として、株式交付信託を利用して 3 事業年度分の利益の額（業績）に連動した数の株式を 3 事業年度経過後に交付する株式報酬制度を導入するケースが挙げられます。

　　　　このケースの場合、会計上は、支給対象期間（3 事業年度）の経過に応じ、交付すべき株式を信託により取得した時の市場価格を基礎として計算した金額を引当金として繰り入れ、株式の交付時に引当金として繰り入れた金額を取り崩して経理することが一般的と考えられます（実務対応報告 30 号「従業員等に信託を通じて自社の株式を交付する取引に関する実務上の取扱い」12・13 等）。

　　　　一方、法人税法上の損金の額に算入される金額は、株式の交付時における適格株式の市場価格を基礎として算定した金額となることから、この通達においては、適格株式を交付する業績連動給与について引当金勘定に繰り入れた金額を取り崩す方法により経理した場合の損金算入額

61

は、適格株式の交付時の市場価格を基礎として算定される金額となることを明らかにしています。

（＊2）このように、複数事業年度分の業績連動給与を適格株式により支給する場合、各事業年度の引当金勘定へ繰り入れ、株式の交付時に取り崩して経理した金額と、債務確定した日の属する事業年度における損金算入額とに差異が生じることが考えられます。

　　　この場合、業績連動給与として損金経理をした金額（役員給与として引当金勘定に繰り入れた金額を取り崩して経理した金額）と損金算入額が異なることから、損金経理要件を満たさないのではないかといった疑問が生じます。

（＊3）この点、この損金経理要件はその対象となる役員給与が会計上も費用として経理されていること（引当金勘定に繰り入れて取り崩す方法を含みます。）を求めるものであり、税務上の損金算入額そのものが損金経理されていることまで求めるものではないことから、会計上の損金経理をした金額が税務上の損金算入額と異なる場合であっても、損金経理要件を満たさないことにはならない点に注意が必要となります。

第1章　法人税法における役員給与

5. 退職給与

　退職給与とは、役員に対して退職という事実により支払われる一切の給与を
いい、退職給与規程に基づいて支給されるものであるかどうか、およびその支
出の名義がどのようになっているかなどは問わないこととされています。

① 　退職所得の意義

　（イ）所得税法30条1項は、退職所得について、「退職手当、一時恩給その他
　　　の退職により一時に受ける給与」および「これらの性質を有する給与」
　　　に係る所得と定義しています。

　（ロ）退職所得の意義について、判例（最判昭和58年9月9日（民集37巻7号
　　　962頁））は、「退職手当、一時恩給その他の退職により一時に受ける給与」
　　　にあたるというためには、①退職すなわち勤務関係の終了という事実に
　　　よってはじめて給付されること、②従来の継続的な勤務に対する報償な
　　　いしその間の労務の対価の一部の後払の性質を有すること、③一時金と
　　　して支払われること、の要件を備えることが必要であるとし、また、「こ
　　　れらの性質を有する給与」にあたるというためには、それが形式的には
　　　上記各要件のすべてを備えていなくても、実質的にみてこれらの要件の
　　　要求するところに適合し、課税上、「退職により一時に受ける給与」と同
　　　一に取り扱うことを相当とするものであることを必要とするとしていま
　　　す。

② 　退職給与の範囲

　　退職給与は上記①のとおり退職に際して支給されるものですが、退職によ
　り支給されるものであっても、その性質が福利厚生費、慰謝料その他これら
　に準ずるもの（注）は退職給与となりません。

　(注)退職給与と認められないものとして次のものがあります。

　　　① 　遺族補償金

　　　② 　遺族手当

　　　③ 　葬祭料

63

④　香典

⑤　結婚祝金品

⑥　帰郷旅費

⑦　①から⑥に準ずるもの

　　なお、これらは損金の額に算入されます。

③　退職給与で業績連動給与に該当する場合の損金算入の要件

（イ）退職給与で業績連動給与に該当するものは、損金算入の要件を満たさない場合（41ページ）には、損金の額に算入されないこととされています（法法34①）。

（ロ）いわゆる功績倍率法^(注1)に基づいて支給する退職給与は、法人税法34条5項《業績連動給与》に該当しないのであるから、同条1項《役員給与の損金不算入》の規定の適用はないこととされています^(注2、3、4)（法基通9-2-27の2）。

（注1）功績倍率法とは、役員の退職の直前に支給した給与の額を基礎として、役員の法人の業務に従事した期間および役員の職責に応じた倍率を乗ずる方法により支給する金額が算定される方法をいいます（法基通9-2-27の2（注））。

（注2）平成29年度税制改正前の役員に対する退職給与については、法人税法34条1項の対象から除外されていたことから、不相当に高額な部分の金額や事実を隠蔽し、または仮装して経理をすることにより支給する給与に該当するものを除き、損金の額に算入することとされていました。

　　　　平成29年度税制改正において役員給与の支給形態の多様化に伴う整合性の確保という観点から、役員に対する退職給与についても、業績連動給与に該当する場合には、業績連動給与の損金算入要件を満たすときに限り損金の額に算入することとされています。

（注3）退職給与については、従来から役員の退職の直前に支給した給与の額（最終月額報酬）を基礎として、その役員の業務に従事した期間（勤続

年数）および役員の職責に応じて定められた倍率（功績倍率）を乗じて
退職給与の額を算定する方法（いわゆる功績倍率法）により支給され
ているという実態があります。

この功績倍率法による功績倍率が、業績連動給与に該当すること
となる給与の算定の基礎となる利益の状況を示す指標、株式の市場価格
の状況を示す指標等に含まれるのかといった疑問が生じます。この
点、功績倍率は一般的に退職する役員のこれまでの法人に対する功績
や法人の退職給与支払能力など、最終報酬月額および勤続年数以外の
退職給与の額に影響を及ぼす一切の事情を総合評価した係数と考えら
れることから、功績倍率を乗じて算定される退職給与は業績連動給与
に該当しないことになります。

(注4) 功績倍率法にいう「職責」については、慣例的に定められている場合や
経済状況等によって変動する場合もあるなど、その決め方は幅広いも
のと考えられます。

このため、仮に法人が用いている功績倍率が業績連動給与に該当す
ることとなる利益の状況を示す指標、株式の市場価格の状況を示す指
標等を基礎として算定されるものである場合、業績連動給与に該当す
る場合も考えられます。

したがって、その退職給与が業績連動給与に該当する場合には、業
績連動給与の損金算入要件を満たすものでなければ損金の額に算入さ
れないことになります。

なお、功績倍率による退職給与であっても、不相当に高額な部分の
金額や、事実を隠蔽しまたは仮装して経理することにより支給する給
与に該当するものは、損金の額に算入されないことになります。

(ハ) 業績連動給与に係る取扱いは、平成29年10月1日以後に支給に係る
決議（決議がない場合には支給）をする給与について適用されます（平
29法4改正附14②)。

④ 役員の分掌変更等の場合の退職給与

法人が役員の分掌変更または改選による再任等に際しその役員に対し退職給与として支給した給与^(注1)については、その支給が、例えば次に掲げるような事実があったことによるものであるなど、その分掌変更等によりその役員としての地位または職務の内容が激変し、実質的に退職したと同様の事情にあると認められることによるものである場合には、これを退職給与として取り扱うことができることとされています^(注2、3)（法基通9-2-32）

（イ）常勤役員が非常勤役員^(*)になったこと。

　　（*）常時勤務していないものであっても代表権を有する者および代表権は有しないが実質的にその法人の経営上主要な地位を占めていると認められる者を除きます。

（ロ）取締役が監査役^(*)になったこと。

　　（*）監査役でありながら実質的にその法人の経営上主要な地位を占めていると認められる者およびその法人の株主等で法人税法施行令71条1項5号《使用人兼務役員とされない役員》に掲げる要件の全てを満たしている者を除きます。

（ハ）分掌変更等の後におけるその役員^(*)の給与が激減（おおむね50%以上の減少）したこと。

　　（*）その分掌変更等の後においてもその法人の経営上主要な地位を占めていると認められる者を除きます。

　（注1）「退職給与として支給した給与」には、原則として、法人が未払金等に計上した場合のその未払金等の額は含まれないこととされています。

　　　　退職給与は、本来「退職に因り」支給されるものであるところ、この④の取扱いは引き続き在職する場合の一種の特例として打切支給を認めているものであり、あくまでも法人が分掌変更等により「実質的に退職したと同様の事情にあると認められる」役員に対して支給した臨時的な給与を退職給与として認める趣旨となっています。したがって、この④の取扱いにより退職給与とされるものは、法人が実際に支払ったものに限られ、未払金等に計上したものは含まれないこととなります。

66

ただし、役員退職給与という性格上、その法人の資金繰り等の理由による一時的な未払金等への計上まで排除することは適当ではないことから、「原則として」という文言が付されています。このような場合であっても、その未払の期間が長期にわたったり、長期間の分割支払となっているような場合にはこの取扱いの適用はないと考えられます。

　　なお、このように、原則としては未払金等への計上を認めないとしていることとの関係上、退職金を分割して支払いその都度、損金算入するといったことも認められないのではないかとも考えられます。この点、役員の分掌変更等が実質的に退職したと同様の事情にあることが前提であることは言うまでもないが、分割支払に至った事情に一定の合理性があり、かつ、分掌変更の段階において退職金の総額や支払の時期（特に終期）が明確に定められている場合には、恣意的に退職金の額の分割計上を行ったと見ることは適当ではないことから、支払の都度損金算入することは認められると考えられます。

（注2）　（イ）から（ハ）は、あくまでも例示であり、たとえ形式的に報酬が激変したという事実があったとしても実質的に退職したと同様の事情にない場合には、その支給した臨時的な給与を退職給与として損金算入できる余地はないと考えられます。

（注3）　昭和49年の監査役の権限強化に関する商法改正に伴い、いわゆる「大物監査役」の出現が喧伝されたため、取締役が常任監査役になっても役員としての地位、職務内容の激変があったとは考えず、報酬が50%以上減少しない限り退職したと同様の事情があったとは認められないという考え方がありました。しかし、その後の実態を見ますと、実質的に、地位の低下であると考えられていることから、その実情に合うよう取締役が監査役になった場合にも実質的に退職したと同様の事情にあると認めることとされています。

　　ただし、同族会社等における悪用が考えられることから、実質経営者やオーナー株主については適用しないこととし、課税上の弊害を防ぐこと

としています。

　なお、この④の取扱いは、地位の低下を前提としていることから、監査役が取締役になるようなケースが考えられていません。

⑤　被合併法人の役員に対する退職給与の損金算入

　合併に際し退職した当該合併に係る被合併法人の役員に支給する退職給与の額が合併承認総会等において確定されない場合において、被合併法人が退職給与として支給すべき金額を合理的に計算し、合併の日の前日の日の属する事業年度において未払金として損金経理をしたときは、これを認めることとしています[注1、2、3]（法基通9-2-33）。

　なお、上記の定めは、被合併法人の役員であると同時に合併法人の役員を兼ねている者または被合併法人の役員から合併法人の役員となった者に対し、合併により支給する退職給与について準用することとしています[注4]（法基通9-2-34）。

（注1）合併に際して退職した被合併法人の役員に支給する退職給与については、その退職給与の額が合併の日の前日までに具体的に確定されない場合でも、その退職給与の額を合理的に計算して被合併法人の合併の日の前日の属する事業年度において未払金として損金経理したときは、これを認めることとしています。

（注2）被合併法人の合併の日の前日の属する事業年度、すなわち最後事業年度の末日までに確定しない退職役員に対する退職給与をその最後事業年度の損金とすることについては、費用の債務確定との関連において問題なしとはしないが、合併の性質上、被合併法人の役員に対する退職給与は、被合併法人において負担する方が適当であると考えられることから、合理的に見積計上すべきこととされたものです。

（注3）なお、合併に際し退職する使用人の退職給与については、退職により債務として確定することから、全て被合併法人の合併の日の前日の属する事業年度の損金の額に算入されることになります。

（注4）被合併法人の役員であると同時に合併法人の役員を兼ねている者または被

合併法人の役員から合併法人の役員となった者に対する退職給与について
も、合併により退職給与を支給することは、その打切支給について合理的理
由があると認められます。このため、法人税基本通達9-2-33《被合併法人
の役員に対する退職給与の損金算入》に定める退職役員に対する取扱いと
同様に、その退職給与の額が合併の日の前日までに具体的に確定されない
場合でも、その退職給与の額を合理的に計算して被合併法人の合併の日の
前日の属する事業年度において未払金として損金経理したときは、これを
認めることとしています。

⑥　役員が使用人兼務役員に該当しなくなった場合の退職給与

　使用人兼務役員であった役員が法人税法34条1項《役員給与の損金不算
入》に規定する使用人としての職務を有する役員に該当しないこととなった
場合において、その使用人兼務役員であった期間に係る退職給与として支給
した金額があるときは、たとえその額がその使用人としての職務に対する退
職給与の額として計算されているときであっても、その支給した金額は、そ
の役員に対する給与（退職給与を除きます。）としています（法基通9-2-37）。

　ただし、その退職給与として支給した給与が次の全てに該当するときは、
その支給した金額は使用人としての退職給与として取り扱うものとしていま
す。

（イ）その給与の支給の対象となった者が既往に使用人から使用人兼務役員
　　に昇格した者(*)であり、かつ、その者に対しその昇格をした時にその使
　　用人であった期間に係る退職給与の支給をしていないこと。

　　（*）その使用人であった期間が相当の期間であるものに限ります。

（ロ）その給与の額が、使用人としての退職給与規程に基づき、その使用人で
　　あった期間および使用人兼務役員であった期間を通算してその使用人と
　　しての職務に対する退職給与として計算されており、かつ、その退職給
　　与として相当であると認められる金額であること。

⑦　使用人から役員となった者に対する退職給与の特例

　法人が、新たに退職給与規程を制定しまたは従来の退職給与規程を改正し

て使用人から役員となった者に対して退職給与を支給することとした場合において、その制定等の時にすでに使用人から役員になっている者の全員に対してそれぞれの使用人であった期間に係る退職給与として計算される金額をその制定等の時に支給し、これを損金の額に算入したときは、その支給が次のいずれにも該当するものについては、これを認めることとしています（法基通9-2-38）。

(イ) 既往において、これらの者に対し使用人であった期間に係る退職給与の支給(*)をしたことがないこと。

(＊) 法人税基本通達9-2-35《退職給与の打切支給》に該当するものを除きます。

(ロ) 支給した退職給与の額が、その役員が役員となった直前に受けていた給与の額を基礎とし、その後のベースアップの状況等を参酌して計算されるその退職給与の額として相当な額であること。

⑧　個人事業当時の在職期間に対応する退職給与の損金算入

個人事業を引き継いで設立された法人が個人事業当時から引き続き在職する使用人(注1)に退職により退職給与を支給した場合において、その退職が設立後相当期間経過後(注2)に行われたものであるときは、その支給した退職給与の額を損金の額に算入することとされています(注3)（法基通9-2-39）。

(注1)「使用人」には、個人事業に係る事業主は含まれないことから、仮に法人設立後、個人事業主であった者がその法人から退職した場合には、この取扱いの適用はないことになります。

(注2)「相当期間経過後」という意味は、課税上弊害のない限り、一般的に個人所得税の最終年分の減額更正との関連において理解しても差し支えないと考えます。その理由は、この場合の使用人に対する退職給与については、個人または法人のいずれかの段階において必要経費なり損金なりに算入されるべき機会が与えられるべきであると考えられるからです。

(注3) その使用人が法人設立後さほど期間を経過していない時において退職したような場合には、個人負担分と法人負担分とを区分し、個人負担分について

は個人所得税の最終年分の必要経費とし（この場合には、一般的にはその最終年分について減額更正を行うべきと考えます。）、法人負担分についてはその退職した事業年度の損金の額に算入すべきところ、このような場合を除いては、その支給した退職給与の全額が法人の損金として取り扱われることになります。

⑨ 損金算入の時期

（イ）役員に対する退職給与の損金算入の時期

退職した役員に対する退職給与の額の損金算入時期は、株主総会の決議等[注1]によりその額が具体的に確定した日の属する事業年度となります。ただし、その退職給与の額を支払った日の属する事業年度においてその支払った額につき損金経理をした場合には、その事業年度の損金の額に算入することが認められます[注2, 3]（法基通9-2-28）。

（注1）「株主総会の決議等」とは、株主総会、社員総会その他これに準ずるものの決議またはその委任を受けた取締役会の決議をいいます。

（注2）この取扱いの前段においては、役員に対する退職給与の損金算入時期について原則的な取扱いが定められており、株主総会の決議等によりその支給すべき退職給与の額が具体的に確定した日の属する事業年度において、損金の額に算入することとされています。

（注3）期中に病気または死亡等により役員が退職したため取締役会等で内定した退職給与を支払うことがあります。

この場合に、その退職給与に関する株主総会の決議等が翌期になるときは、原則的な取扱いによれば、当期においてはその支払った退職給与の額について損金の額に算入することができないことになります。

しかしながら、例えば、社内的に役員退職給与規程等の内規を有する法人が、取締役会等の決議によりその規程等に基づいて退職給与を支払い、これを費用として計上しているような場合についてまで、原則的な取扱いにより支払時の損金算入を認めないとすることは、役員に対する退職給与の支給の実態から見てあまりに頑なであると言わざるを得ないと考

えられます。

　さらに、その退職給与の支払時に所得税の源泉徴収またはみなし相続財産としての相続税課税がされているにもかかわらず、株主総会の決議等を経ていないということのみをもって、法人税法上、支払時の損金算入を認めないとすることについては、会社法上はともかくとして、税務上は必ずしも実態に即していないと考えられます。

　他方、株主総会の決議等により退職給与の額を定めた場合においても、役員であるという理由で、短期的な資金繰りがつくまでは実際の支払をしないということも、企業の実態として十分あり得ることと考えられます。

　このような場合においても、原則的な取扱いしか認めないとすれば、その退職給与の額が不相当に高額でもともと損金として認め得ないようなものであるときやその退職給与の支払が大幅に遅れるなどその確定自体に疑義があるときは格別、実態として損金として認めてよいようなものであるときは、やや実情に反するべきであろうと考えます。

　そこで、この取扱いの後段において、法人が役員に対する退職給与の額につき、これを実際に支払った日の属する事業年度で損金経理することとした場合には、税務上もこれを認めることとされています。

　これにより、退職給与に対する所得税等の課税時期と支払った法人の側における損金算入時期が一致することとなります。

（ロ）退職年金の損金算入の時期

　退職した役員または使用人に対して支給する退職年金の損金算入時期は、その年金を支給すべき日の属する事業年度となります。したがって、その退職した役員または使用人に係る年金の総額を計算して未払金等を計上した場合においても、退職の際に退職給与引当金勘定の金額を取り崩しているといないとにかかわらず、その未払金等に相当する金額を損金の額に算入することはできないこととされています(注)（法基通9-2-29）。

第1章　法人税法における役員給与

（注）法人が自己積立ての退職年金制度を実施している場合のその支給する退職年金は、その年金の支給時期において損金の額に算入されます。

これは、その年金制度が有期年金であると終身年金であるとを問わないことになっています。

したがって、その年金制度の対象となる役員または使用人が退職した場合に、その退職時において計算される年金総額を未払金等に計上しても、その未払金等の額を損金の額に算入することはできないことになります。

退職一時金の分割払いについてはその未払部分を含めて一括して損金の額に算入することはできますが、退職年金においては、その年金は10年、20年という長期間にわたって支給されるものであることから、退職時において計算される年金総額は、費用の発生というよりはむしろ費用の引当て的な面が多分にあるので、支給期到来基準によることとされています。

（ハ）退職給与を打切支給した場合の損金算入の時期

法人が、中小企業退職金共済制度または確定拠出年金制度への移行、定年の延長等に伴い退職給与規程を制定または改正し、使用人[注1]に対して退職給与を打切支給した場合において、その支給したことにつき相当の理由があり、かつ、その後は既往の在職年数を加味しないこととしているときは、その支給した退職給与の額は、その支給した日の属する事業年度の損金の額に算入することとされています[注2、3]（法基通9-2-35）。

この場合の打切支給には、法人が退職給与を打切支給したこととしてこれを未払金等に計上した場合は含まれないこととされています。

（注1）定年延長の場合にあっては、旧定年に達した使用人をいいます。

（注2）法人が中小企業退職金共済制度または確定拠出年金制度への移行等のため退職給与規程の制定または改正をし、使用人に対して退職給与の打切支給をした場合に、その打切支給をしたことについて相当の理由があり、

73

かつ、その後は既往の在職年数を加味しないこととしているときは、その打切支給をした退職給与の額の損金算入が認められます。

また、定年延長に伴い退職給与を打切支給する事例があり、例えば、定年を 60 歳から 65 歳に延長するが、退職給与については、従来どおりの計算による 60 歳までの退職給与の要支給額を 60 歳到達時に支給し、60 歳から新定年である 65 歳までの期間については別に定める支給基準に基づく支給額とすることを約するような例が見受けられます。

この場合、退職給与とは「退職に因り」支給するものであるから、60 歳で支給した金額は、その者がなお在職する以上、退職給与の前払とも考えられるところ、所得税法上それを退職給与としないとして課税しないと非常に酷な扱いとなること、その打切支給が労使双方の合意によるものであること等から、その支給に相当の理由があると考えられるので、他の打切支給と同様に、旧定年に到達した使用人に支給する打切支給退職給与についても、同様の条件に適合するものは、退職給与としての損金算入を認めることとされています。

なお、例えば、5 年ごと等の退職給与の打切支給は、従来どおり所得税、法人税とも退職給与として認められないこととされています。

(注3) この取扱いにおいて注意すべき点は、この場合の退職給与の打切支給については、法人が退職給与を打切り支給したこととしてこれを未払金等に計上した場合には、この取扱いの適用はないこととされています。

これは、退職給与は本来使用人の退職の事実に基づいて損金算入の当否が判断されるべきものであるため、打切支給をした退職給与の損金算入を特例的に認める場合には、あたかもその使用人が退職したと同様に、現実に金銭の支給が行われていることを適用上の要件とすることが適当であると考えられていることによります。

(ニ) 使用人が役員となった場合の退職給与の損金算入の時期

使用人が役員となった場合、その定める退職給与規程に基づいてその役員に対してその役員となった時に使用人であった期間に係る退職給与

として計算される金額を支給したときは、退職給与としてその支給をした日の属する事業年度の損金の額に算入されることになります^(注1、2、3)（法基通9-2-36）。

なお、この場合の退職給与には、法人が未払金等に計上した場合のその未払金等の額は含まれないこととされています。

(注1) 法人の使用人が役員に昇格した場合には、たとえ勤務関係は継続しているとしても、法律上は従来の雇用関係が解消して新たに委任関係になったということであるから、いわば使用人としての地位をいったん退職し、改めて役員に就任したということであり、法人が、その昇格時点で退職給与規程に定めるところに基づき、使用人であった期間に対応する退職給与を支給した場合には、税務上もこれを認めざるを得ないということになります。

(注2) 支給額について、使用人（役員と特殊の関係にある使用人を除きます。）に対する退職給与であれば、通常はその支給額の当否は問題とされないところ、この場合は役員となった者に対して支給するものであるから、計算の恣意性を排除するために「退職給与規程に基づき……計算される金額」という条件が付されています。

(注3) なお書の未払金計上を禁止する取扱いは、役員昇格時における退職給与は、資金繰りの都合等でやむを得ず短期間その支給が遅れるといった個別事情がある場合はともかくとして、現実に支給するものでなければならないということになります。

これは、仮に漫然と未払金計上を認めることとすると、いわば退職給与引当金の全額積立てを認めることと同じ結果となり、課税上弊害があるからという理由によるものです。

6. 役員の死亡退職に係る弔慰金の税務上の取扱い

（1）弔慰金および香典

　弔慰金および香典については、現行の税務に関する法令や通達において特に定義したものはないところ、審査請求事案において、審判所は、弔慰金について「弔慰金とは、従業員等の死亡の際に、雇用主等が弔意を表し、遺族を慰めるために好意的、恩恵的に支給する金品をいうものと解されている。」とし、香典については「香典とは、人の死に際して、親類や知人が喪家へ送る金銭その他の財物を指していうものであり、その本質は喪家の葬儀その他の出費を軽くするために、いわゆる喪主（葬儀主宰者）に贈られたものと解されている。」としています（平成9年12月10日裁決、裁決事例集 No. 54 － 141 頁）。

（2）弔慰金の支給に関する社内の定め

　役員が死亡退職した場合に弔慰金を支給することについては、通常の場合、役員退職給与規程等において定められた弔慰金の支給に関する定めによることとなります。

　この弔慰金の支給に関しての定め方については、具体的にどのように定めなければならないというようなことはないことから、要は社内の取り決めとしてきちんとしたものであればよいということになります。

　具体的には、次のような定め方があり、これらの中のいずれかによっているようです。

　①　弔慰金の支給を定める社内規程

　　弔慰金の支給に関する定めは、次のような社内規程により行われています。

　（イ）役員退職給与規程、役員退職慰労金規程

　（ロ）役員慶弔見舞金規程

　（ハ）役員弔慰金支給規程

　②　弔慰金の支給金額についての定め

　　弔慰金の支給金額については、次のような定め方がされています。

第1章　法人税法における役員給与

なお、いずれの場合もその範囲内の金額とするという定め方もあります。

（イ）死亡事由を業務上と業務外に区分し、業務上死亡の場合は死亡時報酬月額の3年分、業務外死亡の場合は死亡時報酬月額の6か月分と定める。

（ロ）死亡事由を業務上と業務外に区分し、それぞれに具体的な金額を定める。

（ハ）役員の地位や常勤・非常勤別に死亡事由を業務上と業務外に区分し、それぞれに具体的な金額を定める。

③　弔慰金の受取人の範囲等の定め

弔慰金の受取人等については、次のような定め方がされています。

（イ）遺族に支給するとだけ定める。

（ロ）労働基準法施行規則42条から45条の規定を準用する旨定める。

（ハ）受取人について特に定めない。

上記のような社内規程の定めがなければ弔慰金を支給することができないということではないところ、他の会社内の諸規程と同様に整備しておくことが望ましいものであり、次項における税務の取扱いとの関係からすれば整備しておくべきものということになります。

（3）現行の税務における弔慰金等の取扱い

弔慰金や香典等の税務上の取扱いについては、法令には特にそのことについて規定したものはなく、実体法ごとの通達において定められているものがあるのみです。

①　相続税法基本通達における弔慰金に関する定め

（イ）被相続人（死亡退職役員）の死亡により「被相続人に支給されるべきであった退職手当金、功労金その他これらに準ずる給与」（以下「退職手当金等」）で被相続人の死亡後3年以内に支給が確定した金品に限って、その相続人その他の者が相続または遺贈により取得したものとみなされ相続税の課税対象とされます（相法3①二、相基通3-30）。

（ロ）その支給される金品が退職手当金等に該当するか否かについては、

77

その支給される金品の名義如何にかかわらず、実質上退職手当金等であるかどうかによることとされ（相基通 3-18）、その判定に当たっては、①その金品が退職給与規程その他これに準ずるものの定めに基づいて受けるものである場合においてはそれにより、②その他の場合、すなわち、退職給与規程等の定めがない場合においては、その被相続人の地位、功労等を考慮し、その被相続人の雇用主等（会社等の法人）が営む事業と類似する事業におけるその被相続人と同様な地位にある者が受け、または受けると認められる額等を勘案して判定することとされています（相基通 3-19）。

　したがって、上記①の場合は退職給与規程等の定めに基づくものでありさえすれば退職手当金等に該当すると容易に判定することができるものの、上記②の場合には、どのように考慮し、勘案して判定するのか明確ではないところ、上記②の定めの文言からして、この場合の具体的な判定方法等としては、法人税法施行令 70 条 2 号《過大な役員給与の額》の規定による法人税における相当な役員退職給与額の算定方法と同じ方法によることになるものと考えられます。

（ハ）　相続税法基本通達 3-20《弔慰金等の取扱い》の定めは、次のとおりです。

> 　被相続人の死亡により相続人その他の者が受ける弔慰金、花輪代、葬祭料等（以下「弔慰金等」という。）については、3-18 及び 3-19 に該当するものと認められるものを除き、次に掲げる金額を弔慰金等に該当する金額として取り扱い、当該金額を超える部分の金額があるときは、その超える部分に相当する金額は退職手当等に該当するものとして取り扱うものとする。
>
> （1）被相続人の死亡が業務上の死亡であるときは、その雇用主等から受ける弔慰金等のうち、当該被相続人の死亡当時における賞与以外の普通給与（俸給、給料、賃金、扶養手当、勤務地手当、特殊勤務地手当等の

第1章 法人税法における役員給与

> 合計額をいう。以下同じ。）の3年分（遺族の受ける弔慰金等の合計額
> のうち3-23に掲げるものからなる部分の金額が3年分を超えるときは
> その金額）に相当する金額
>
> （2）被相続人の死亡が業務上の死亡でないときは、その雇用主等から受け
> る弔慰金等ののうち、当該被相続人の死亡当時における賞与以外の普
> 通給与の半年分（遺族の受ける弔慰金等の合計額のうち3-23に掲げる
> ものからなる部分の金額が半年分を超えるときはその金額）に相当す
> る金額

　この相続税法基本通達3-20については、上記（イ）および（ロ）の定め
を受けて、相続人等が弔慰金等として支給を受けた金額について、その支
給が被相続人の業務上の死亡による場合には、その被相続人の死亡当時に
おける普通給与（死亡時の役員報酬月額）の3年分に相当する金額を、業務
上の死亡でない場合には半年分に相当する金額を弔慰金等に相当する金額
として取り扱い、退職手当金等には該当しないものとして相続税の課税対
象としないことが定められています。

② 相続税法基本通達における香典に関する定め

（イ）相続税法基本通達21の3-9《社交上必要と認められる香典等の非課
　　税の取扱い》の定めは、次のとおりです。

> 　個人から受ける香典、花輪代、年末年始の贈答、祝物又は見舞い等のた
> めの金品で、法律上贈与に該当するものであっても、社交上の必要による
> もので贈与者と受贈者との関係等に照らして社会通念上相当と認められ
> るものについては、贈与税を課税しないことに取り扱うものとする。

（ロ）上記通達の定めでは、個人から受ける社交上必要な香典については、
　　法律上は贈与に該当するものではあるものの、その贈与は社会的慣習
　　や地域のしきたり等により相互扶助的なものとして行われるものであ
　　り、課税するということにはなじまない性質のものであることから、
　　贈与税を課税しないとするものです。

79

ただし、香典ということであれば無条件ということではなく、贈与税を課税しないという非課税の取扱いを受けることができる香典の金額は、贈与者と受贈者との関係等に照らして社会通念上相当と認められる範囲のものであるとされています。

　　この場合の社会通念上相当と認められる範囲のものということについては、いわゆる不確定概念による定めであり、上記①（ハ）の相続税法基本通達3-20の弔慰金に関する定めのように明確な基準が定められてはいないところ、要はその地域社会やその人的関係性において常識的な香典の金額としてコンセンサスの得られている金額の範囲内ということになるものと考えられます。

（ハ）この通達には、弔慰金が例示されておらず、また、この通達の適用対象とされるものは、「社交上の必要によるもの」であることが条件とされています。

　　したがって、上記①（ハ）の相続税法基本通達3-20の定めにより弔慰金等に該当する金額として相続税の課税対象とされない金額については、遺族に対する金銭の贈与である上、その弔慰金が個人からのものである場合には贈与税の課税対象とされることになると考えられ、その弔慰金が法人からのものである場合には、法人からの贈与ということで一時所得とされて（所基通34-1(5)）、所得税の課税対象とされることになるものと考えられます。

③　所得税基本通達における香典に関する定め

（イ）所得税法は、その発生原因を問うことなく、その納税義務者に帰属する全ての所得に対して課税することを原則としているところ、社会政策的な見地等の理由から所得税を課税しないとする非課税所得を法定し、各種所得のうち非課税所得とされるものの具体的取扱いを所得税基本通達において定めています。

　　その所得税基本通達の中で、下記9-23の定めは、心身に加えられた損害につき支払を受ける慰謝料その他の損害賠償金など非課税所得と

第1章　法人税法における役員給与

されるものの一つとして定めているものです。

（ロ）所得税基本通達 9-23《葬祭料、香典等》の定めは次のとおりです。

> 　葬祭料、香典又は災害等の見舞金で、その金額がその受贈者の社会的地
> 位、贈与者との関係等に照らして社会通念上相当と認められるものについ
> ては、令第 30 条の規定により課税しないものとする。

　この通達においては、所得税を非課税とする香典について、上記②の
贈与税を非課税とする香典と同様に、その金額は、その受贈者の社会
的地位、贈与者との関係等に照らして社会通念上相当なものでなけれ
ばならないということが定められています。

（ハ）弔慰金については、この通達においても明記されていないことから、
上記②（ハ）で触れたとおり、上記①（ハ）の相続税法基本通達 3-20
の定めにより弔慰金等に該当するとされたもので法人から贈与された
ものについては、一時所得として所得税の課税対象とされることにな
ります。

　しかしながら、この点について、国税庁ホームページの所得税の質
疑応答事例の「贈与税の対象とならない弔慰金等」の回答要旨に「相
続税法基本通達 3-20 により弔慰金等に相当する金額として取り扱わ
れたものについては、個人からのものにあっては相続税法基本通達 21
の 3-9《社交上必要と認められる香典等の非課税の取扱い》により、ま
た、法人からのものにあっては、所得税基本通達 9-23《葬祭料、香典
等》により、課税されないと解して差し支えありません。」とあって、
贈与税も所得税もともに非課税とされることが国税庁の公式見解とし
て明らかにされています。

④　法人税基本通達における香典に関する定め

（イ）弔慰金、香典に関する贈与税および所得税の取扱いについては、上記
②および③の通達の定め等により、その金額が社会通念上相当な金額
であれば、贈与税も所得税も課税されないことが明らかにされている

81

ところ、法人税の取扱いについては、弔慰金の文言をもって定めたものはなく、香典の文言が明示されているとしては、下記通達の注書において触れたものがあるのみということになります。

（ロ）法人税基本通達9-7-19《社葬費用》の定めは次のとおりです。

> 法人が、その役員又は使用人が死亡したため社葬を行い、その費用を負担した場合において、その社葬を行うことが社会通念上相当と認められるときは、その負担した金額のうち社葬のために通常要すると認められる部分の金額は、その支出した日の属する事業年度の損金の額に算入することができるものとする。
>
> （注）会葬者が持参した香典等を法人の収入としないで遺族の収入としたときは、これを認める。

この通達の注書における香典についての定めの内容は、社葬を行った場合において会葬者が持参した香典の損金算入に関するものであり、その社葬のために通常要する費用については福利厚生費等として損金算入される一方で、会葬の取引先等から受領した香典については雑収入等として法人の益金に算入せずに遺族の収入とすることを認めるということになります。

この取扱いは、香典はあくまでも遺族が受け取るものという考え方によるものと考えられ、これを受け取って収入とする遺族は、この香典についても上記②および③の通達の定め等により課税されることにはならないということになります。

⑤　租税特別措置法関係通達における関係する定め

（イ）租税特別措置法関係通達61の4（1）-10《福利厚生費と交際費等との区分》の定めは次のとおりです。

> 社内の行事に際して支出される金額等で、次のようなものは交際費等に含まれないものとする。

第1章　法人税法における役員給与

　　(1)　省略

　　(2)　従業員等（従業員等であった者を含む。）又はその親族等の慶弔、禍
　　　　福に際し一定の基準に従って支給される金品に要する費用

　(ロ)　一般に法人が弔慰金、香典を支出した場合の経理処理としては、福利
　　　厚生費や雑費勘定において費用処理されることなると考えられるとこ
　　　ろ、法人税法上この支出額が損金算入に関して問題とされる一つの場
　　　面として、交際費等に該当しないかどうかということがあります。

　　　この点について、上記通達においては、交際費等に含めない費用の
　　　例示として「従業員等（従業員等であった者を含む。）又はその親族等の
　　　慶弔、禍福に際し一定の基準に従って支給される金品に要する費用」
　　　を掲げ、慶弔、禍福に際し支出される弔慰金、香典については、それ
　　　が慶弔見舞金規程等に定める基準によるものであれば交際費等に含ま
　　　れないものとして単純損金算入できることを定めています。この場合
　　　の「従業員等」には、役員が含まれますので（措通61の4(1)-7（注）
　　　かっこ書）、一定の基準によっている限り、役員であるということでの
　　　特別な取扱いはないことになっています。

⑥　消費税法基本通達における関係する定め

　(イ)　消費税法基本通達5-2-14《寄附金、祝金、見舞金等》の定めは次のと
　　　おりです。

　　　　寄附金、祝金、見舞金等は原則として資産の譲渡等に係る対価に該当し
　　　ないのであるが、例えば、資産の譲渡等を行った事業者がその譲渡等に係
　　　る対価を受領するとともに別途寄附金等の名目で金銭を受領している場
　　　合において、当該寄附金等として受領した金銭が実質的に当該資産の譲
　　　渡等の対価を構成すべきものと認められるときは、その受領した金銭は
　　　その資産の譲渡等の対価に該当する。

　(ロ)　消費税においては、収入、支出のいずれであっても、それが資産の譲

83

渡等の対価に当たるかどうかが問題とされるところ、例示されている「寄附金、祝金、見舞金等」は、いずれも反対給付の対価として支出されるものではないことから、上記通達においては、まず原則として資産の譲渡等に係る対価に該当しないことが明記され、例外的に「実質的に当該資産の譲渡等の対価を構成すべきもの」のある場合のことが定められています。

（ハ）この通達には、弔慰金、香典の文言はありませんが、弔慰金、香典は、寄附金、祝金、見舞金などと同じ現金の贈与であることから、資産の譲渡等の対価に該当しないことは明らかであり、課税売上げ、課税仕入れのいずれにも含まれないことになります。

　　また、この通達に「例えば」として記載される例外的に資産の譲渡等の対価を構成するような支出には、意図的にそのような名義をもって支出する場合はともかく、通常の場合は、弔慰金、香典として支出されるものが資産の譲渡等の対価に該当することはないと考えられます。

（4）削除された法人税における取扱通達

①　弔慰金、香典に関する取扱いの現行通達上の定めについては、前述**(3)**のとおりであるが、法人税に関する通達において、昭和 44 年に削除された取扱通達の中に弔慰金の文言による定めがありました。

　　具体的には、現行の法人税基本通達（昭和 44 年 5 月 1 日付直審（法）25（例規））の制定に伴い改正された昭和 34 年 8 月 24 日付直法 1-150「改正法人税法（昭和 34 年 3 月改正）等の施行に伴う法人税の取扱いについて」（以下「昭和 34 年 8 月通達」）通達に弔慰金について次のような定めがありました。

五一　適正な弔慰金等の退職給付金からの除外

　法人が死亡退職した役員の遺族に対して葬祭料又は弔慰金を支給した場合においては、当該葬祭料又は弔慰金の額のうち適正な金額は、これを退職給付金として取り扱わないことができるものとする。

この昭和34年8月通達五一の定めについては、上記のとおり、現行法人税基本通達に取り込まれることなく、同通達の制定により削除されたところ、その削除の理由として「法令に規定されており、または法令の解釈上疑義がなく、もしくは条理上明らかであるため、特に通達として定める必要がないと認めたことによるもの」とされています。

　すなわち、弔慰金の額のうち適正な金額を退職給与金として取り扱わないという当たり前のことを定めたということから、「条理上明らかであるため、特に通達として定める必要がない」とされ、削除されたものと考えられます。

②　また、同様に昭和44年に現行の法人税基本通達の制定に伴い廃止された昭和31年6月13日付直法1-102「改正法人税法施行規則（昭和31年3月改正）の施行に伴う法人税の取扱いについて」通達（以下「昭和31年6月通達」）の「二　退職給与金の範囲」には、弔慰金という文言はないところ、葬祭料および香典に関して、その実質が退職給与金の一部と認められるものを除いて退職給与金に含めない旨の定めがあり、その内容は次のとおりとなっていました。

（二）退職給与金とは、退職給与規程に基づいて支給されるものであるかどうかを問わず、又その支出の名義いかんにかかわらず、従業員の退職に因り支給される一切の給与をいうものであるから、所得税法上退職給与所得として取り扱われるもの及び相続税法上相続財産とみなされる退職手当金等はもち論、退職に因り支給される退職年金も含まれることに留意する。

　　なお、次に掲げるものは、その実質が退職給与金の一部と認められるものを除いては退職給与金に含まれないものであるから留意する。

1　遺族補償料及び遺族手当

2　葬祭料及び香典

3　結婚祝金品

4　帰郷旅費

5　1から4までに準ずるもの

この定めは、現行の前記相続税法基本通達 3-18 と同趣旨の定めということができるところ、この昭和 31 年 6 月通達も上記昭和 34 年 8 月通達の弔慰金に関する定めと同じ理由により法人税基本通達には取り込まれていません。

③　昭和 31 年 6 月通達、昭和 34 年 8 月通達などの旧法人税取扱通達については、その多くのものが現行の法人税基本通達として定められているところ、現在目にすることのできない定めも多くあり、それらの定めについては、その定めごとに、前述①の理由のほか「一般に公正妥当と認められる会計処理に従うこととし、税法上の立場からは通達として定めないこととしたもの」、「執行上の問題であって法人税基本通達に定めることを適当としないことによるもの」などの廃止または削除の理由が明らかにされています。

　それらの理由のうち、前述①の「法令に規定されており、または法令の解釈上疑義がなく、もしくは条理上あきらかであるため、特に通達として定める必要がないと認めたことによるもの」という理由により廃止または削除された定め、取扱いについては、現行通達になくても「条理上明らか」なわけですから、そのようなものもあるということを踏まえて社会通念に即した対応が望まれると考えます。

第1章　法人税法における役員給与

7. 過大な役員給与の損金不算入

　法人がその役員に対して支給する定期同額給与、事前確定届出給与および業績連動給与、退職給与で業績連動給与に該当しないものならびに使用人兼務役員に対して支給する使用人部分給与（事実を隠蔽しまたは仮装して経理をすることにより役員に対して支給する給与を除きます。）は原則として損金の額に算入されますが、不相当に高額な部分の金額は、損金の額に算入しないこととされています（法法34②）。

(1) 過大な役員給与の判定基準

　過大な役員給与とされる金額は、次の金額の合計額となります（法令70）。

①　退職給与以外の給与については、役員給与が不相当に高額かどうかは、次の「(イ) 実質基準」および「(ロ) 形式基準」によりそれぞれ不相当に高額な部分の金額を算出し、いずれか多い金額が損金の額に算入されない金額となります（法令70一）。

(イ) 実質基準

　　その役員に対して支給した給与の額[注1]（後述③に該当する金額に相当する金額を除きます。）が、その役員の職務の内容、その内国法人の収益およびその使用人に対する給与の支給状況、その内国法人と同種の事業を営む法人でその事業規模が類似するものの役員に対する給与の支給の状況等に照らし、その役員の職務に対する対価として相当であると認められる金額を超える場合におけるその超える部分の金額[注2]（法令70一イ）

(注1) その役員が使用人兼務役員である場合、その支給した給与の額が過大であるかどうかにつき実質的判断をするときの役員給与の額には、いわゆる使用人分の給料、手当等を含めることとされています（法基通9-2-21）。したがって、実質基準では、使用人兼務役員の使用人分給与も含めて、支給限度額を超過するか否かを判定することになります。

　　　また、各役員に支給した給与の額の合計額が定款等に定めた給与の

87

支給限度額の範囲内であっても、個々の役員について判定した結果、過大給与額があった場合にはその額は損金の額に算入されないこととなります。

（注2）その役員の数が2以上である場合には、これらの役員に係るその超える部分の金額の合計額

（ロ）形式基準

定款の規定または株主総会、社員総会もしくはこれらに準ずるものの決議により役員に対する給与して支給することができる金額の額の限度額もしくは算定方法または金銭以外の資産（以下「支給対象資産」）の内容（以下「限度額等」）を定めている内国法人が、各事業年度においてその役員[注1]に対して支給した給与の額[注2]の合計額がその事業年度に係る限度額および算定方法により算定された金額ならびに支給対象資産[注3]の支給の時における価額[注4]に相当する金額の合計額を超える場合におけるその超える部分の金額[注5、6、7、8]（法令70一ロ）

（注1）限度額等が定められた給与の支給の対象となるものに限ります。

（注2）法人税法34条6項に規定する使用人としての職務を有する役員（使用人兼務役員）に対して支給する給与のうちその使用人としての職務に対するものを含めないでその限度額等を定めている内国法人[*]については、その事業年度においてその職務に対する給与として支給した金額（③に掲げる金額に相当する金額を除きます。）のうち、その内国法人の他の使用人に対する給与の支給状況に照らし、その職務に対する給与として相当であると認められる金額を除きます。したがって、形式基準では、定款等で定めれば使用人兼務役員の使用人給与を除外して、支給限度額を超過するか否かを判定することになります。

（＊）使用人としての職務に対するものを含めないで役員給与の限度額等を定めている法人とは、定款または株主総会、社員総会もしくはこれらに準ずるものにおいて役員給与の限度額等に使用人兼務役員の使用人分の給与を含めない旨を定めまたは決議している法人をいいます（法基通

9-2-22)。すなわち、単に取締役会で決議しただけでは、このような法人に該当しないことになります。

(注3) その事業年度に支給されたものに限ります。

(注4) 法人税法施行令71条の3第1項《確定した数の株式を交付する旨の定めに基づいて支給する給与に係る費用の額等》に規定する確定数給与については「交付決議時価額」となります。

(注5) ③に掲げる金額がある場合には、その超える部分の金額から③に掲げる金額に相当する金額を控除した金額となります。

(注6) 会社法361条《取締役の報酬等》において、取締役の報酬、賞与その他の職務執行の対価として株式会社から受けた財産上の利益についての一定の事項は、定款にその事項を定めていないときは、株主総会の決議によって定める旨規定されていることから、税務上も役員給与のうち定款等で定めた支給限度額を超える金額は、過大役員給与の額として損金の額に算入されないこととなっています。

　　　この場合における役員とは、役員給与の支給限度額が定められている者に限られますので、税務上の特別の要請から役員とみなしているいわゆるみなし役員については、支給限度額の定めがないことから、この形式基準の適用はないことになります。

(注7) 形式基準による過大役員給与となる金額があるか否かは、法人の定款等の定めに基づいて判定します。

　　　具体的には、役員給与について定款等でその支給限度額が総額により定められている場合には、各役員に支給した役員給与の総額がその支給限度額を超えているかどうかにより判定します。

　　　また、その支給限度額が個々の役員ごとに定められている場合には、その個々の役員ごとにその役員に支給した役員給与の総額が支給限度額を超えているかどうかにより判定することとされています。

　　　この場合、実際に各役員に支給した役員給与の支給総額が定款等で定められた支給限度額の総額以下であっても、特定の役員に支給した

役員給与がその役員の支給限度額を超えている場合には、その超えている部分の金額は過大役員給与として損金の額に算入されないことになります。

〔事例〕

	株主総会等で定めた支給限度額	実際の支給額	過大役員給与の額
代表取締役A（年額）	1,200万円	1,200万円	―
専務取締役B（年額）	1,000万円	1,080万円	80万円
常務取締役C（年額）	1,000万円	900万円	―
取締役D（年額）	800万円	820万円	20万円
計	4,000万円	4,000万円	100万円

＊　実際の支給額の総額（4,000万円）は、株主総会等で定めた支給限度額の総額（4,000万円）と同じ額ですが、専務取締役Bに支給した役員給与のうちBについて定められている支給限度額1,000万円を超える80万円と、取締役Dに支給した役員給与のうちDについて定められている支給限度額800万円を超える20万円との合計額100万円は、過大役員給与となり損金の額に算入されないこととなります。

（注8）法人が海外にある支店、出張所等に勤務する役員に対して支給する滞在手当等の金額を法人税法施行令70条1号ロ《限度額を超える役員給与の額》に定める役員給与の限度額等に含めていない場合には、この規定の適用については、その滞在手当等の金額のうち相当と認められる金額は、これをその役員に対する給与の額に含めないものとされています（法基通9-2-25）。

　すなわち、法人が海外に勤務している役員に対して支給する滞在手当等の金額を役員給与の限度額等に含めていない場合には、海外勤務の特殊事情に鑑み、これを役員給与の額に含めないで限度額等を超えるかどうかを判定することになります。

第1章　法人税法における役員給与

② 　内国法人が各事業年度においてその退職した役員に対して支給した退職給与[注]の額が、その役員のその内国法人の業務に従事した期間、その退職の事情、その内国法人と同種の事業を営む法人でその事業規模が類似するものの役員に対する退職給与の支給の状況等に照らし、その退職した役員に対する退職給与として相当であると認められる金額を超える場合におけるその超える部分の金額

　　　(注)定期同額給与、事前確定届出給与、一定の業績連動給与および隠蔽または仮装経理により支給する給与の適用があるものを除きます。

③ 　使用人兼務役員の使用人としての職務に対する賞与で、他の使用人に対する賞与の支給時期と異なる時期に支給したものの額（法令70三）

（2）使用人兼務役員に係る給与の取扱い

① 　使用人分の給与の適正額

　　　使用人兼務役員に対する使用人分の給与を法人税法施行令70条1号ロ《限度額等を超える役員給与の額》に定める役員給与の限度額等に含めていない法人が、使用人兼務役員に対して使用人分の給与を支給した場合には、その使用人分の給与の額のうちその使用人兼務役員が現に従事している使用人の職務とおおむね類似する職務に従事する使用人に対して支給した給与の額に相当する金額は、原則として、これを使用人分の給与として適正な金額とされています。

　　　この場合、類似する職務に従事する使用人に対して支給した給与の額が特別の事情により他の使用人に比して著しく多額の支給が行われたものである場合には、その特別の事情がないものと仮定したときにおいて通常支給される額に相当する金額をもって、原則として、その使用人兼務役員の使用人分の適正給与額とされています。

　　　また、その使用人兼務役員が現に従事している使用人の職務の内容等からみて比準すべき使用人として適当な者がいないときは、その使用人兼務役員が役員となる直前に受けていた給与の額、その後のベースアップ等の状況、使用人のうち最上位にある者に対して支給した給与の額等が参酌し

91

て適正に見積もった金額によることができます（法基通9-2-23）。

② 使用人兼務役員に対する経済的な利益

法人が使用人兼務役員に対して供与した経済的な利益[注]が他の使用人に対して供与されている程度のものである場合には、その経済的な利益は使用人としての職務の係るものとされています（法基通9-2-24）。

（注）住宅等の貸与をした場合の経済的な利益を除きます。

③ 使用人兼務役員に支給した退職給与

法人が退職した使用人兼務役員に対して支給すべき退職給与について、役員分と使用人分とに区分して支給した場合においても、法人税法34条2項《役員給与の損金不算入》の規定の適用に当たり、その支給額が不相当に高額（過大）であるかどうかの判定は、その合計額により行うことになります（法基通9-2-30）。

④ 厚生年金基金からの給付等がある場合

退職した役員が、その退職した法人から退職給与を受けるほか、次に掲げる給付を受ける場合には、その給付を受ける金額[注]をも勘案してその退職給与の額が不相当に高額であるかどうかの判定を行うこととされています（法基通9-2-31）。

（イ）既往における使用人兼務役員としての勤務に応ずる厚生年金基金からの給付

（ロ）確定給付企業年金法3条1項《確定給付企業年金の実施》に規定する確定給付企業年金に係る規約（以下「確定給付企業年金規約」）に基づく給付

（ハ）確定拠出年金法4条3項《承認の基準等》に規定する企業型年金規約（以下「確定拠出企業型年金規約」）に基づく給付

（ニ）適格退職年金契約に基づく給付

（注）厚生年金基金からの給付額については、公的年金制度の健全性及び信頼性の確保のための厚生年金保険法等の一部を改正する法律（平成25年法律63号）附則5条1項《存続厚生年金基金に係る改正前厚生年金保険法

第1章　法人税法における役員給与

等の効力等》の規定によりなおその効力を有するものとされる同法1条
《厚生年金保険法の一部改正》の規定による改正前の厚生年金保険法（以
下「旧効力厚生年金保険法」）132条2項《年金給付の基準》に掲げる額を
超える部分の金額に限ります。

⑤　使用人兼務役員の使用人分賞与の損金不算入

使用人兼務役員の使用人としての職務に対する賞与であっても、他の使
用人に対する賞与の時期と異なる時期に支給したものは、過大役員給与と
して損金の額に算入されないこととなっています（法法34②、法令70三）。

なお、法人が使用人兼務役員の使用人としての職務に対する賞与につい
て、他の使用人に対する賞与の支給時期に未払金として経理し、他の役員
への給与の支給時期に支払ったような場合には、その賞与は、法人税法施
行令70条3号《過大な役員給与の額》に規定する「他の使用人に対する賞
与の支給時期と異なる時期に支給したもの」に該当し、その支払った金額
は不相当に高額な部分の金額として損金の額に算入されないこととなりま
す（法基通9-2-26）。

⑥　使用人が役員となった直後に支給される賞与等

使用人であった者が役員となった場合または使用人兼務役員であった者
が法人税法施行令71条1項各号《使用人兼務役員とされない役員》に掲げ
る役員となった場合において、その直後にその者に対して支給した賞与の
額のうちその使用人または使用人兼務役員であった期間に係る賞与の額と
して相当であると認められる部分の金額は、使用人または使用人兼務役員
に対して支給した賞与の額として認めることとしています（法基通
9-2-27）。

93

8. 隠蔽、仮装経理等により支給する役員給与の損金不算入

　役員給与のうち、法人が事実を隠蔽し、または仮装して経理をすることによりその役員に対して支給する給与の額は、損金の額に算入されないこととなっています（法法34③）。

　したがって、仮装経理等により捻出した資金により役員に対して定時定額により役員給与を支給したとしても、損金の額に算入されないことになります。

　なお、この場合において、役員給与のうちの不相当に高額な部分の金額の判定は、これらの金額を除いたところで行うこととされています（法法34②）。

第1章　法人税法における役員給与

9. 使用人給与

（1）過大な使用人給与の損金不算入

　使用人に対する給与（給料、賞与、退職給与）は、原則として各事業年度の所得の金額の計算上、損金の額に算入されます。

　しかし、企業経営者がその配偶者や子供に多額の給与を支払い、法人税の負担軽減を図っているといった問題の指摘があることから、使用人であっても、役員の親族等に対して支給する過大な給与については、損金の額に算入しない措置が講じられています。

　すなわち、法人がその役員と特殊の関係のある使用人（以下「特殊関係使用人」）に対して支給する給与の額のうち、不相当に高額な部分の金額については、損金の額に算入しないこととされています（法法36）。

①　給与の範囲

　　対象となる給与は、給料、賃金、賞与および退職給与のほか、債務の免除による利益その他の経済的な利益が含まれます（法法36）。

②　特殊関係使用人の範囲

　　特殊関係使用人とは、次に掲げる者をいいます（法令72）。

（イ）役員の親族

（ロ）役員と事実上婚姻関係と同様の関係のある者

（ハ）（イ）および（ロ）以外の者で役員から生計の支援を受けているもの

　　　この「役員から生計の支援を受けているもの」とは、その役員から給付を受ける金銭その他の財産または給付を受けた金銭その他の財産の運用によって生ずる収入を生活費に充てている者をいいます（法基通9-2-40）。

（ニ）（ロ）および（ハ）に掲げる者と生計を一にするこれらの者の親族

　　　この「生計を一にする」とは、有無相助けて日常生活の資を共通にしていることをいうのであるから、必ずしも同居していることを必要としないこととされています（法基通9-2-41・1-3-4）。

95

③ 不相当に高額な部分の金額の判定

（イ）給与のうち不相当に高額な部分の金額の判定

　　使用人に対して支給した給与の額のうち不相当に高額な部分の金額は、その使用人の職務の内容、その法人の収益および他の使用人に対する給与の支給の状況、その法人と同種の事業を営む法人でその事業規模が類似するものの使用人に対する給与の支給状況等に照らし、その使用人の職務に対する対価として相当であると認められる金額を超える場合におけるその超える部分の金額とされています（法令 72 の 2）。

（ロ）退職給与のうち不相当に高額な部分の金額の判定

　　退職した使用人に対して支給した退職給与の額のうち不相当に高額な部分の金額は、その使用人のその法人の業務に従事した期間、その退職の事情、その法人と同種の事業を営む法人でその事業規模が類似するものの使用人に対する退職給与の支給状況等に照らし、その退職した使用人に対する退職給与として相当であると認められる金額を超える場合におけるその超える部分の金額とされています（法令 72 の 2）。

（ハ）厚生年金基金からの給付等がある場合の不相当に高額な部分の金額の判定

　　法人が法人税法 36 条《過大な使用人給与の損金不算入》の規定により特殊関係使用人に対して支給する退職給与の額のうち不相当に高額な部分の金額を判定する場合において、退職した特殊関係使用人が、その退職した法人から退職給与の支給を受けるほか、次に掲げる給付等を受ける場合には、この給付を受ける金額[注]をも勘案して法人税法 36 条に規定する不相当に高額な部分の金額であるかどうかの判定を行うこととされています（法基通 9-2-42）。

　イ．厚生年金基金からの給付

　ロ．確定給付企業年金規約に基づく給付

　　　　ハ．確定拠出企業型年金規約に基づく給付

　　　　ニ．適格退職年金契約に基づく給付

　　　　ホ．独立行政法人勤労者退職金共済機構もしくは所得税法施行令 74
　　　　　　条 5 項《特定退職金共済団体》に規定する特定退職金共済団体が行
　　　　　　う退職金共済契約に基づく給付等

　（注）厚生年金基金からの給付額については、旧効力厚生年金保険法 132 条 2 項
　　　　《年金給付の基準》に掲げる額を超える部分の金額に限ります。

（2）使用人賞与の損金算入時期

　法人が各事業年度において使用人に対して支給する賞与の損金算入時期は、
賞与の支給形態によって定められた事業年度で損金の額に算入することとされ
ています（法令 72 の 3）。

　①　使用人賞与の意義

　　ここでいう賞与とは、給与のうち臨時的なもの[注1、2]で次に掲げる以外の
　ものをいいます。

　（イ）退職給与

　（ロ）他に定期の給与を受けていない者に対し継続して毎年所定の時期に
　　　　定額を支給する旨の定めに基づいて支給されるもの

　（ハ）法人税法 54 条 1 項《譲渡制限付株式を対価とする費用の帰属事業年
　　　　度の特例》に規定する特定譲渡制限付株式または承継譲渡制限付株式
　　　　によるもの

　（ニ）法人税法 54 条の 2 第 1 項《新株予約権を対価とする費用の帰属事業
　　　　年度の特例等》に規定する特定新株予約権または承継新株予約権によ
　　　　るもの

　（注 1）債務の免除による利益その他の経済的な利益を含みます。

　（注 2）法人税法 34 条 6 項《役員給与の損金不算入》に規定する使用人兼務役員
　　　　　に対して支給する使用人としての職務に対する賞与を含みます。

　②　使用人賞与の損金算入時期

　　法人がその使用人に対して賞与を支給する場合には、その賞与の額につ

いて、次に掲げる賞与の区分に応じ、その事業年度において支給されたものとして、所得の金額を計算することになります。

（イ）労働協約または就業規則により定められる支給予定日が到来している賞与[注] ⇒ その支給予定日またはその通知をした日のいずれか遅い日の属する事業年度

　　　（注） 使用人にその支給額が通知されているもので、かつ、その支給予定日またはその通知をした日の属する事業年度においてその支給額につき損金経理をしているものに限ります。

（ロ）次に掲げる要件の全てを満たす賞与 ⇒ 使用人にその支給額の通知をした日の属する事業年度

　　イ．その支給額について、各人別に、かつ、同時期に支給を受ける全ての使用人に対して通知をしていること[注]。

　　ロ．イ.の通知をした金額について、その通知をした全ての使用人に対しその通知をした日の属する事業年度終了の日の翌日から1月以内に支払っていること。

　　ハ．その支給額について、イ.の通知をした日の属する事業年度において損金経理をしていること。

　　（注） 支給日に在職する使用人のみに賞与を支給することとしている場合のその支給額の通知は、この要件を満たしたことにはなりません（法基通9-2-43）。

　　　　また、その使用人に対する賞与の支給について、いわゆるパートタイマーまたは臨時雇い等の身分で雇用している者[*]とその他の使用人を区分している場合には、その区分ごとに、法人税法施行令72条の3第2号イの支給額の通知を行ったかどうかを判定することができることとされています（法基通9-2-44）。

　　　（＊） 雇用関係が継続的なものであって、他の使用人と同様に賞与の支給の対象としている者を除きます。

第1章　法人税法における役員給与

10. 経済的利益

（1）経済的利益

　役員または使用人（以下「役員等」）に対して支払う給与は、現金で支払われるのが通常であるところ、法人が役員等に対して有する貸付金等の債権を放棄する場合、あるいは、法人が所有している土地、建物を役員等に対して無償や低い価額で賃貸する場合のように、金銭以外の物または権利その他の経済的利益の供与をした場合、その経済的利益の供与は、現金は支払われないが実質的にその役員等に対して給与を支給したのと同様の経済的効果をもたらすことから、原則として給与として取り扱われます（法法34④、法基通9-2-9）。

（2）法人税法上の取扱い

①　法人税法上、このような経済的利益については、役員であれば、その実態に応じ、定期同額給与、臨時的な給与、退職給与に区分し、これを実際に支給した給与の額に含めそれぞれの金額が過大であるか否かを判断することとなります。

②　使用人兼務役員に供与した経済的な利益（住宅等の貸与をした場合の経済的な利益を除きます。）が他の使用人に対する程度のものである場合には、その経済的な利益は使用人としての職務に係るものとされています（法基通9-2-24）。

③　海外にある支店、出張所等に勤務する役員に対して支給する滞在手当て等を役員給与の支給限度額に含めていない場合には、その滞在手当て等のうち相当と認められる金額は、これをその役員に対する給与の額に含めないこととされています（法基通9-2-25）。

④　使用人の場合は、役員と特殊な関係のある使用人について、経済的利益をその実態に応じ給料、賞与、退職給与に区分し、これを実際に支給した給与の額に含めそれぞれの金額が過大であるか否かを判断することとなります。

99

〔参考〕役員等に係る経済的利益とその取扱い

経済的利益となるものの例示と、その取扱いをまとめると次のとおりです。

	経済的利益	取扱い
①	役員等に法人の資産を無償または低い価額で譲渡した場合 （時価－譲渡価額＝差額）	その差額が毎月おおむね一定している場合は定期同額給与
②	役員等に社宅等を無償または低い価額で提供した場合 （通常の賃料－徴収賃料＝差額）	全て定期同額給与
③	役員等に金銭を低い利率で貸し付けた場合 （通常の利息－徴収利息＝差額）	全て定期同額給与
④	役員等に機密費、接待費、交際費等の名義で支給した金額で費途不明、会社業務に関係がないもの	毎月定額で支給している場合（渡切交際費）は定期同額給与
⑤	役員等の個人的費用を負担した場合	毎月負担する住宅の光熱費、家事手伝いの給料等は定期同額給与

（3）給与に含める経済的利益の範囲

　給与に含めることとなる債務の免除による利益その他の経済的な利益は、次に掲げるもののように、法人がこれらの行為をしたことにより実質的にその役員および特殊関係使用人（役員等）に対して支給したと同様の経済的効果をもたらすもの^(注1)をいいます（法基通9-2-9）。

①　役員等に対して物品その他の資産を贈与した場合における資産の価額に相当する金額

②　役員等に対して所有資産を低い価額で譲渡した場合におけるその資産の価額と譲渡価額との差額に相当する金額

③　役員等から高い価額で資産を買い入れた場合におけるその資産の価額と買入価額との差額に相当する金額

④　役員等に対して有する債権を放棄しまたは免除した場合（貸倒れに該当する場合を除きます。）におけるその放棄しまたは免除した債権の額に相当する金額

⑤　役員等から債務を無償で引き受けた場合におけるその引き受けた債務の額に相当する金額

⑥　役員等に対してその居住の用に供する土地または家屋を無償または低い

価額で提供した場合における通常取得すべき賃貸料の額と実際徴収した賃
貸料の額との差額に相当する金額

⑦　役員等に対して金銭を無償または通常の利率よりも低い利率で貸付けを
した場合における通常取得すべき利率(注2)により計算した利息の額と実際
徴収した利息の額との差額に相当する金額

⑧　役員等に対して無償または低い対価で⑥および⑦に掲げるもの以外の用
役の提供をした場合における通常その用役の対価として収入すべき金額と
実際に収入した対価の額との差額に相当する金額

⑨　役員等に対して機密費、接待費、交際費、旅費等の名義で支給したもの
のうち、その法人の業務のために使用したことが明らかでないもの

⑩　役員等のために個人的費用を負担した場合におけるその費用に相当する
金額

⑪　役員等が社交団体の会員となるためまたは会員となっているために要す
るその社交団体の入会金、経常会費その他その社交団体の運営のために要
する費用でその役員等の負担すべきものを法人が負担した場合におけるそ
の負担した費用相当額

⑫　役員等を被保険者および保険金受取人とする生命保険契約を締結してそ
の保険料の額の全部または一部を負担した場合におけるその負担した保険
料相当額

（注1）明らかに株主等の地位に基づいて取得したと認められるものおよび病気
見舞、災害見舞等のような純然たる贈与と認められるものを除きます。

（注2）通常取得すべき利率は、原則として貸付けを行った日の属する年の租税
特別措置法93条2項《利子税の割合の特例》に規定する特例基準割合に
よる利率によるところ（所基通36-49）、災害、疾病など臨時的に多額な生
活資金を要する場合の利息および年5,000円以下の利息については所得
税を課さないこととされています（所基通36-28）。

（4）給与として取り扱われない経済的利益の範囲

法人が役員等に対し法人税基本通達9-2-9に掲げる経済的な利益（上記(3)）

の供与をした場合において、それが所得税法上経済的な利益として課税されないものであり、かつ、その法人がその役員等に対する給与として経理しなかったものであるときは給与として取り扱われないものとされています（法基通9-2-10）。

　なお、給与として取り扱われない経済的利益には、次のようなものがあります。

① 　葬祭料、香典等（所基通9-23）

② 　結婚、出産等の祝金品（所基通28-5）

③ 　永年勤続者の記念品等（所基通36-21）

④ 　創業記念品等（所基通36-22）

⑤ 　用役の提供等（所基通36-29）

⑥ 　商品、製品等の値引販売（所基通36-23）

⑦ 　学資金（所法9①十五、所基通9-14～16）

⑧ 　金銭の無利息貸付け等（所基通36-28）

⑨ 　役員、使用人全員を対象とする生命保険料、損害保険料等で一定のもの（所基通36-31～31の8、36-32）

第1章　法人税法における役員給与

11. 転籍、出向者に対する給与等

　企業の系列化等に伴い、親子会社間または関係会社間においては、自社の使用人を他の法人に転籍または出向させる例が多く見受けられます。

　転籍[注1]と出向[注2]の違いは、転籍の場合には転籍前の法人と転籍者との雇用関係が転籍により終結しますが、出向の場合には出向者を出向させている法人（以下「出向元法人」）と出向した使用人（以下「出向者」）との雇用関係は依然として継続しているという点にあります。

　使用人が転籍または出向した場合、税務上、その転籍者または出向者に対する定期の給与、賞与および退職金の負担等の処理が問題となります。例えば、出向元法人と出向先法人（出向元法人から出向者を受けている法人）との間の給与条件等の較差補填等の問題もこの一例ですが、この転籍、出向に関しては法人税法上特に規定されていません。

　そこで、法人税法の取扱いについては、通達により、独立した法人の存在を前提としながら、転籍および出向が企業間の人事異動である特殊性等に考慮し、実態に即した取扱いをすることとしています。

　なお、転籍者または出向者に対する給与等については、上記のとおり、主に使用人の負担等の処理が問題となりますが、出向者が出向先法人において役員となっている場合の取扱いもあることから、説明することとしています。

　（注1）出向とは、親会社等が使用人との雇用契約を維持しながら、一時的に子会社等に使用人を派遣する場合をいいます。したがって、その使用人の身分はあくまでも出向元法人である親会社等にあることになります。

　（注2）転籍とは、親会社等の使用人としての身分を離れ、子会社等の使用人となることです。したがって、転籍使用人は転籍前の親会社等との雇用契約を解消し、転籍先の子会社等と新たに雇用契約等を結ぶことになります。

（1）出向先法人が支出する給与負担金

　法人の使用人が他の法人に出向した場合において、その出向した使用人に対する給与を出向元法人が支給することとしているため、出向先法人が自己の負

103

担すべき給与（退職給与を除きます。）に相当する金額を出向元法人に支出した
ときは、その給与負担金の額は、出向先法人におけるその出向者に対する給与
（退職給与を除きます。）として取り扱われます。この取扱いは、その出向先法人
が実質的に給与負担金の性質を有する金額を経営指導料等の名義で支出される
場合においても適用があります^(注1、2、3)（法基通9-2-45）。

（注1）これは、法人の使用人が他の法人へ出向した場合のその出向者に対する給
　　　　与は、出向元法人から支給される場合と、出向先法人から支給される場合が
　　　　あります。

　　　　まず、出向元法人から支給される場合には、その出向者は出向元法人との
　　　　間において雇用関係が維持されていても、現実にはその労務は出向先法人
　　　　に提供されているので、出向元法人において支給する出向者に対する給与
　　　　相当額は、負担金等の名目で出向先法人から出向元法人に支給されている
　　　　事例が多いという状況にあります。

　　　　この場合の出向先法人から出向元法人に対して支給される出向者の給与
　　　　相当額は、たとえ負担金等の名目で支出されていても、出向先法人の段階
　　　　においては、その出向者の労務の提供に対する実質的な対価とみるべきもの
　　　　ですから、出向先法人がその出向者に対して給与を支給したものとして、そ
　　　　の出向先法人の課税所得が計算されるべきものとされ、出向先法人におい
　　　　て負担する給与相当額が賃金、給料、手当等の定期的なものか、または賞与
　　　　のような臨時的なものであるかは問わないものと考えます。

（注2）このように、出向先法人が出向者の給与相当額を出向元法人に支出してい
　　　　る場合であっても、その支出した金額は、出向先法人においてその出向者に
　　　　対して給与を支給したものとして取り扱われるべきであるとされています。

　　　　この結果、例えば、その出向者が出向元法人では使用人であっても、出向
　　　　先法人では役員である場合には、出向先法人の負担する給与相当額のうち、
　　　　過大給与と認められる部分の金額は、出向先法人において損金算入が認め
　　　　られないということになります。

　　　　また、その出向者が出向先法人における使用人兼務役員である場合には、

一般の例により、使用人部分の給与相当額は損金に算入することができます。

（注3）ところで、出向者の給与を出向元法人が支給することとしている場合の出向先法人が出向元法人に支出する金額は、必ずしも実費精算という形で行われているとは限らず、例えば、売上高の何％という基準で計算され、経営指導料等の名目で負担金が授受されている事例もありますが、このような場合には、その経営指導料等の内容を給与相当部分、福利厚生部分等に区分したうえでこの通達の取扱いが適用されることになります。

（2）出向先法人が支出する給与負担金に係る役員給与の取扱い

① 出向者が出向先法人において役員となっている場合において、次のいずれにも該当するときは、出向先法人が支出するその役員に係る給与負担金の支出を出向先法人におけるその役員に対する給与の支給として、法人税法34条《役員給与の損金不算入》の規定が適用されることになります（法基通9-2-46）。

（イ）その役員に係る給与負担金の額につきその役員に対する給与として出向先法人の株主総会、社員総会またはこれに準ずるものの決議がされていること(注1、3)。

（ロ）出向契約等においてその出向者に係る出向期間および給与負担金の額があらかじめ定められていること(注2、3)。

（注1）出向先法人において、給与負担金を役員としての職務執行の対価として認識しているものについては、出向元法人における支給形態にかかわらず、給与負担金の支出そのものを役員給与の支給とみなして法人税法34条1項各号の適用要件をあてはめることが合理的と考えられることから、給与負担金が出向先法人において役員給与として認識されて支出されているということの判断基準として、出向先法人において他の役員給与と同様の手続により出向役員の給与の額についても株主総会等における決議を経ることを要件としているものです。

なお、「株主総会、社員総会またはこれに準ずるものの決議」には、

例えば、総代会などの決議のほか、株主総会では役員給与の総額を決議し、各人別の具体的金額は取締役会に委任することを決議している場合のその決議が含まれます。

(注2) これは、法人税法において損金の額に算入されることとなる定期同額給与、事前確定届出給与または業績連動給与は、いずれもあらかじめ定められたところに従って支給される給与が前提とされていることに鑑み、給与負担金についてあらかじめ定められていることの判断基準として、出向契約等においてその出向者に係る出向期間および給与負担金の額が定められていることを要件としているものです。

したがって、出向契約書、協定書、覚書などにより法人間で取り交わされる合意の内容を明らかにしておく必要があります。

(注3) (イ)および(ロ)の要件を満たす給与負担金については、法人税法34条の規定が適用されることになりますが、例えば、給与負担金を四半期ごとまたは半年ごと等に支払うこととしている場合や、出向元法人における賞与相当額を賞与支給月の給与負担金として支出することとしている場合等には、法人税法34条1項2号に定める事前確定届出給与の届出を期限までに行うことにより(*)損金の額に算入されることになります。

(*) 同族会社に該当しない法人が支出する給与負担金で、その出向者に係る給与負担金の支出を毎月払とはしていない出向者に係る給与負担金を支出する場合を除きます。

② ①の適用を受ける給与負担金について、原則として、定期同額給与、事前確定届出給与および一定の業績連動給与に該当しないもの、不相当に高額な部分の金額や隠蔽または仮装経理により支給した金額等については、損金の額に算入されないことになります。したがって、事前確定届出給与の届出は、出向先法人がその納税地の所轄税務署長にその出向契約等に基づき支出する給与負担金に係る定めの内容について行うことになります（法基通9-2-46（注）1）。

第1章　法人税法における役員給与

③　一定の期間内に出向先法人が給与負担金として支出した金額の合計額が、出向元法人がその出向者に支給する給与の額の合計額を超える場合のその超える部分の金額については、出向先法人にとって給与負担金としての性格はないことになります（法基通9-2-46（注）2）。

④　出向元法人における使用人給与のベースアップ等に伴い、事業年度の途中に給与負担金の改定が行われる場合には、この給与負担金の額の改定は、一般的には、法人税法施行令69条1項1号イの「3月経過日等後にされることについて特別の事情があると認められる場合」の改定または同号ロの「臨時改定事由」による改定に該当するものと考えます。

（3）出向者に対する給与の較差補塡

①　出向元法人が出向者との間において雇用契約が維持されている以上、出向者としては、その出向後においても従来どおりの労働条件を保証するよう出向元法人に対して要求する権利が保留されているといえることから、出向先法人が自己の給与ベース等に基づいて出向者に対する給与相当額を計算し、これを出向元法人に対して負担金等として支出し、または出向者に直接支給する場合には、必然的に出向元法人においてその給与の較差部分に相当する金額を負担しなければならないことになります。

この場合、出向元法人における給与の較差部分の負担は、出向元法人と出向者との間の雇用契約に基づくものであって、単なる贈与的性格のものではなく、また、その出向者の労務が出向先法人に提供されていても、その給与の較差部分の負担を当然にその出向先法人に対して強制できる性質のものではなく、出向先法人においてこれを負担し得ない事情があれば、出向元法人においてこれを支給しなければならないという性質のものということになります。

すなわち、給与条件の較差補塡のために出向元法人からその出向者に対して支給される金額は、本来の雇用契約に基づくものであり、また、その出向は出向元法人の業務の遂行に関連して行われるのが通常であることから、その支給した金額は、出向元法人において損金の額に算入されること

になります。これは、その格差部分を出向元法人が直接に出向者に対して支給し、または出向先法人を経て支給した場合のいずれであっても同様の取扱いとなります（法基通9-2-47）。

② 前述①のとおり、出向元法人が、出向先法人との給与条件の較差を補填するために出向者に対して支給する給与については、出向元法人の損金として認める旨が明らかにされていますが、「給与条件の較差補填のための支給」として認められる事例として次の2事例が示されています（法基通9-2-47（注））。

（イ）出向先法人が経営不振等で出向者に賞与を支給することができないため、出向元法人がその出向者に対して賞与を支給するときは、その賞与は給与条件の較差補填のための支給として認められています。これは、特に出向者が出向先法人において役員となっている場合に実益のある取扱いと考えられます。

（ロ）出向先法人が海外にある子会社等であるため、出向元法人がいわゆる「留守宅手当」を支給した場合には、その留守宅手当の額も同じく給与条件の較差補填のための支給として認められています。

（4）出向者に係る退職給与の取扱い

① 出向先法人が支出する退職給与の負担金

退職給与は、本来役員または使用人に対して退職の事実により支給されるものであることから、出向先法人が出向者の出向期間に係る退職給与の負担として毎月出向元法人に支出する金額は、その出向者が現に勤務している以上、形式的には損金の額には算入されないと考えられます。

しかしながら、出向という特殊な人事異動の性格を考慮すると、このように形式的に処理することは必ずしも実態に即したものとはいえないことから、税務上は、出向先法人が、出向者に対して出向元法人が支給すべき退職給与の額に充てるため、あらかじめ定めた負担区分に基づき、その出向者の出向期間に対応する退職給与の額として合理的に計算された金額を定期的に出向元法人に支出している場合には、その支出する金額は、たと

えその出向者が出向先法人において役員となっているときであっても、その支出をした日の属する事業年度の損金の額に算入することとされています（法基通9-2-48）。

② 出向者が出向元法人を退職した場合の退職給与の負担金

（イ）出向元法人である親会社等において使用人である者が、その出向期間中に親会社等を定年等で退職し、身分的には出向先法人の身分のみを有することとなる例があります。この場合、親会社は退職した出向者に対して退職給与規程に基づき退職までの勤続年数に応じた退職給与を支給しますが、その際、一般的に、出向先法人が親会社の支給する退職給与のうち、出向期間に係る部分を負担しています。

そこで、出向者が出向元法人を退職した場合において、出向先法人がその退職した出向者に対して出向元法人が支給する退職給与の額のうちその出向期間に係る部分の金額を出向元法人に支出したときは、その支出した金額は、たとえその出向者が出向先法人において引き続き役員または使用人として勤務するときであっても、その支出をした日の属する事業年度の損金の額に算入することとされています（法基通9-2-49）。

なお、その支出した金額は、その出向期間に係る退職給与の負担金として合理的に計算されたものでなければなりません。

（ロ）出向者に係る退職給与については、常に出向期間に係る金額を出向先法人が負担すべきであると一方的に決めつけることには問題があることから、出向者について出向先法人が出向期間に係る退職給与の全部または一部を負担しない場合でも、その負担しないことについて相当な理由があるときは、税務上これを認めることとしています（法基通9-2-50）。

③ 出向者に係る適格退職年金契約の掛金等

出向先法人が適格退職年金契約を締結している出向元法人のその契約の受益者となっている使用人を出向者として受け入れた場合において、

出向先法人があらかじめ定めた負担区分に基づきその出向者に係る掛金
または保険料[注]の額を出向元法人に支出したときは、その支出した金額
は、その支出をした日の属する事業年度の損金の額に算入されます（法
基通9-2-51）。

(注)過去勤務債務等に係る掛金または保険料を含みます。

(5) 転籍者に対する退職給与の取扱い

転籍者に係る退職給与について転籍前の法人における在職年数を通算して支
給することとしている場合において、転籍前の法人および転籍後の法人がその
転籍者に対して支給した退職給与の額[注]については、それぞれの法人における
退職給与として取り扱われます（法基通9-2-52）。

ただし、転籍前の法人および転籍後の法人が支給した退職給与の額のうちに
これらの法人の他の使用人に対する退職給与の支給状況、それぞれの法人にお
ける在職期間等からみて明らかに相手方である法人の支給すべき退職給与の額
の全部または一部を負担したと認められる部分の金額は、相手方である法人に
贈与したものとして取り扱われます（法基通9-2-52）。

(注)相手方である法人を経て支給した金額を含みます。

第1章　法人税法における役員給与

12. 譲渡制限付株式を対価とする費用の帰属事業年度の特例

「特定譲渡制限付株式（いわゆるリストリクテッド・ストック）による給与」の支給として、特定譲渡制限付株式を交付された個人（役員または使用人）の所得税におけるその交付された特定譲渡制限付株式に係る総収入金額等に算入すべき経済的な利益の価額は、譲渡制限期間中はその譲渡制限付株式の処分ができないこと等を踏まえ、その譲渡についての制限が解除された日における価額とされ、所得税の課税時期が、その特定譲渡制限付株式が交付された日ではなく、その譲渡制限付株式の譲渡についての制限が解除された日となることとされました（所令84、所規19の4）。

この所得税における課税時期が明確にされたことに伴い、法人税においても、既に講じられている「新株予約権を対価とする費用の帰属事業年度の特例」と同様に、法人が個人から役務の提供を受ける場合において、その役務の提供に係る費用の額についてその対価として特定譲渡制限付株式が交付されたとき[注]は、その役務の提供を受ける法人は、その個人においてその役務の提供について給与等課税事由が生じた日においてその役務の提供を受けたものとして、法人税法の規定を適用することとされました。

(注) 承継譲渡制限付株式が交付されたときを含みます。

(1) 譲渡制限付株式を対価とする費用の帰属事業年度の特例

法人が個人から役務の提供を受ける場合において、その役務の提供に係る費用の額についてその対価として特定譲渡制限付株式が交付されたとき[注1]は、その個人においてその役務の提供について所得税法その他所得税に関する法令の規定によりその個人の給与所得その他の一定の所得の金額に係る収入金額とすべき金額または総収入金額に算入すべき金額（以下「給与等課税額」）が生ずることが確定した日[注2]においてその役務の提供を受けたものとして、法人税法の規定を適用することとされました（法法54①）。

なお、この上記の規定は、損金の額に算入する旨の規定ではないことから、損金の額に算入するかどうかは、役員給与の損金不算入制度（法法34）等の各

111

制度の規定により別途判断することになります。

(注 1) 承継譲渡制限付株式が交付されたときを含みます。

(注 2) 平成 29 年 10 月 1 日前に譲渡制限付株式の交付に係る決議（決議がない場合には交付）がされた譲渡制限付株式については、給与等課税事由が生じた日とされています（旧法法 54 ①、平 29 法 4 改正附 15）。

(2) 適用対象となる特定譲渡制限付株式および承継譲渡制限付株式

① 適用対象となる特定譲渡制限付株式

適用対象となる特定譲渡制限付株式とは、法人が個人から役務の提供を受ける場合においてその役務の提供に係る費用の額について譲渡制限付株式[注1]であってその役務の提供の対価としてその個人に生ずる債権の給付と引換えにその個人に交付されるものその他その個人に給付されることに伴ってその債権が消滅する場合のその譲渡制限付株式[注2]をいいます（法法 54 ①）。

(注 1) 譲渡制限付株式とは、次の要件に該当する株式をいいます（法令 111 の 2 ①）。

① 譲渡[*]についての制限がされており、かつ、その譲渡についての制限に係る期間（譲渡制限期間といいます。）が設けられていること。

（＊）担保権の設定その他の処分を含みます。

② 法人税法 54 条 1 項《譲渡制限付株式を対価とする費用の帰属事業年度の特例》の個人から役務の提供を受ける法人またはその株式を発行し、もしくは同項の個人に交付した法人がその株式を無償で取得することとなる一定の事由[*]が定められていること。

（＊）一定の事由とは、次の事由に限ります。

（ⅰ）その株式の交付を受けた個人が譲渡制限期間内の所定の期間勤務を継続しないことまたはその個人の勤務実績が良好でないことその他のその個人の勤務の状況に基づく事由

（ⅱ）②に掲げる法人の業績があらかじめ定めた基準に達しないことその他のこれらの法人の業績その他の指標の状況に基づく事由

(注 2) 平成 29 年 10 月 1 日前に譲渡制限付株式の交付に係る決議（決議がない

場合には交付) がされた譲渡制限付株式については、役務の提供を受けた法人またはその法人との間に一定の関係がある法人が交付したものに限定されています (旧法法 54 ①、平 29 法 4 改正附 15)。

②　適用対象となる承継譲渡制限付株式

　　適用対象となる承継譲渡制限付株式とは、合併または分割型分割に際しその合併または分割型分割に係る被合併法人または分割法人のその特定譲渡制限付株式を有する者に対し交付されるその合併または分割型分割に係る合併法人または分割承継法人の譲渡制限付株式その他の一定の譲渡制限付株式をいいます (法法 54 ①、法令 111 の 2 ②)。

(3) 給与等課税額

　給与等課税額については、その個人においてその役務の提供について所得税法その他の所得税に関する法令の規定によりその個人の同法に規定する給与所得、事業所得、退職所得および雑所得の金額に係る収入金額とすべき金額または総収入金額に算入すべき金額とされており (法法 54 ①、法令 111 の 2 ③)、その金額はその特定譲渡制限付株式または承継譲渡制限付株式の譲渡についての制限が解除された日における価額となります (所令 84、所規 19 の 4)。

　なお、個人においてその役務の提供について給与等課税額が生じないときは、その役務の提供を受ける法人のその役務の提供を受けたことによる費用の額またはその役務の全部もしくは一部の提供を受けられなかったことによる損失の額は、損金の額に算入されないことになります (法法 54 ②)。

(4) 損金算入額

　損金の額に算入する金額については、特定譲渡制限付株式の交付が正常な取引条件で行なわれた場合には、その特定譲渡制限付株式の交付について給付され、または消滅した債権[注]に相当する金額されています (法法 54 ④、法令 111 の 2 ④)。

　(注)その役務の提供の対価としてその個人に生ずる債権に限ります。

(5) 書類添付

　個人から役務の提供を受ける法人は、特定譲渡制限付株式の 1 株当たりの交

付の時の時価、交付数、その事業年度において給与等課税額が生ずることまたは生じないことが確定した数その他その特定譲渡制限付株式または承継譲渡制限付株式の状況に関する明細書別表14(3)をその事業年度の確定申告書に添付しなければならないこととされています（法法54③）。

（6）適用時期

　この特例は、平成28年4月1日以後にその交付に係る決議（その決議が行われない場合には、その交付）をする特定譲渡制限付株式および承継譲渡制限付株式について適用されます（平28法15改正附24）。

13. 新株予約権を対価とする費用の帰属事業年度の特例等

(1) ストック・オプション制度

① 会計処理

　役員または使用人に対して新株予約権（いわゆるストック・オプション(注)）を付与する場合等の会計処理については、企業会計基準委員会により、平成17年12月に「ストック・オプション等に関する会計基準」（企業会計基準8号）および「ストック・オプション等に関する会計基準の適用指針」が公表され、次のとおり示されています。

(注) ストック・オプションとは、法人が役員または使用人等に対し、一定の期間（権利行使期間）中にあらかじめ定められた価額（権利行使価額）で自社の株式を取得することができる権利を付与するものであり、株価が上昇すれば、役員または使用人等は、その値上がり分の利益を得ることができます。

(イ) 権利確定日以前

　ストック・オプションを付与しこれに応じて企業が役員等から取得するサービスは、その取得に応じて費用として計上し、対応する金額を、ストック・オプションの権利の行使または失効が確定するまでの間、貸借対照表の純資産の部に新株予約権として計上することとされています。

(ロ) 権利確定日後

　ストック・オプションが権利行使され、これに対して新株を発行した場合には、新株予約権として計上した額のうち、その権利行使に対応する部分を払込資本に振り替えることとされています。

② 会社法の取扱い

　会社法では、新株予約権と引換えにする金銭の払込みに代えて役務の提供により発生する報酬債権で相殺するという法律構成をとることによって、労務出資規制との関係を解決し、会計上費用計上するに当たっての対応が図られています。

なお、労務出資とは、労務を提供するという方法による出資で、財産出資・信用出資に対するものです。民法上の組合の組合員と合名会社・合資会社の無限責任社員に認められています。

③　所得税法上の取扱い

新株予約権者の所得税法上の課税は、権利行使時に払込金額と取得した株式の時価との差額について給与所得等として課税されることが原則となっています（所法36、所令84）。いわゆる税制適格ストック・オプション（措法29の2）に該当するものについては、付与時および権利行使時には課税されず、権利行使により所得した株式を譲渡した時に譲渡所得として課税されることとされています。

④　法人税法の取扱い

法人税法では、役員等から取得するサービスの対価が自己の新株予約権である場合にも、法人は何らかの対価を支払うべき債務を負うのであるから、基本的には損金性があるものと考えられる一方、新株予約権者において所得税課税される時点が、支給時ではなく権利行使時や譲渡時に繰り延べられており、権利行使日前の事業年度の損金の額に算入することとすると、損金計上が先行して事実上の課税の繰延べになること等から、役員等において所得税法上の給与所得その他の勤労性の所得として課税される場合に限り、その課税される事由が発生する時点で損金算入を認めることとされています。

（2）新株予約権を対価とする費用の帰属事業年度の特例

①　特例の概要

法人が、個人から役務の提供を受ける場合において、その役務の提供に係る費用の額について譲渡制限付新株予約権[注1]であって、一定の要件に該当する特定新株予約権[注2]が交付されたとき[注3]は、その個人においてその役務の提供について所得税法その他所得税に関する法令の規定によりその個人の給与所得等の所得の金額に係る収入金額とすべき金額または総収入金額に算入すべき金額を生ずべき事由（以下「給与等課税事由」）が生じた

第1章　法人税法における役員給与

日においてその役務の提供を受けたものとして、法人税法の規定を適用することとされています（法法 54 の 2 ①）。

　したがって、その役務の提供に係る費用の額は、会計上が権利確定日以前に費用計上するのに対して、税務上はその新株予約権が行使された日の属する事業年度に損金として認識することになります。

(注 1) 譲渡制限付新株予約権とは、所得税法施行令 84 条 2 項《譲渡制限株式の価額等》に規定する権利の譲渡についての制限その他特別の条件が付されているものをいいます（法令 111 の 3 ①）。

(注 2) 特定新株予約権とは、次の要件に該当する譲渡制限付新株予約権をいいます（法法 54 の 2 ①）。

　① 　交付される譲渡制限付新株予約権と引換えにする払込みに代えて役務の提供の対価としてその個人に生ずる債権と相殺されること。

　② 　①のもののほか、交付される譲渡制限付新株予約権が実質的にその役務の提供の対価として認められるものであること。

(注 3) 平成 29 年度税制改正により、この特例対象となる新株予約権が役務の提供を受けた法人が発行した新株予約権に限定されないこととなり、譲渡制限付新株予約権であって、一定の要件に該当する特定新株予約権が交付された場合に特例の対象とされることとなりました。

　この改正は、平成 29 年 10 月 1 日以後に譲渡制限付新株予約権の交付に係る決議（決議がない場合は交付）をするその譲渡制限付新株予約権について適用されます（平 29 法 4 改正附 15）。

　なお、特定新株予約権が交付されたときには、合併、分割、株式交換または株式移転（以下「合併等」といいます。）に際しその合併等に係る被合併法人、分割法人、株式交換完全子法人または株式移転完全子法人のその特定新株予約権を有する者に対し交付されるその合併等に係る合併法人、分割承継法人、株式交換完全親法人または株式移転完全親法人の譲渡制限付新株予約権（以下「承継新株予約権」）が交付されたときを含みます（法法 54 の 2 ①）。

117

② 役員給与の損金不算入制度の適用

上記①の法人税法 54 条の 2 第 1 項《新株予約権を対価とする費用の帰属事業年度の特例等》の規定は、損金の額に算入する旨の規定ではないことから、損金の額に算入できるかどうかは、役員給与の損金不算入制度（法法 34）等の各制度の規定により別途判断することになります。

③ 譲渡制限付新株予約権の交付が役務の提供の対価でない場合の取扱い

「その譲渡制限付新株予約権と引換えにする払込みに代えてその役務の提供の対価としてその個人に生ずる債権をもって相殺されること」、すなわち、この制度の適用に当たっては、譲渡制限付新株予約権の交付を役務提供の対価とすることが前提となっていることから、その交付が役務の提供の対価でない場合には、そもそも当然に損金の額に算入されないこととなります（法法 54 の 2 ①一）。

④ 特定新株予約権が消滅したときの取扱い

特定新株予約権が消滅したときは、その消滅による利益の額は、発行法人の益金の額に算入しないこととされています（法法 54 の 2 ③）。

（3）給与等課税事由

① 給与等課税事由の定義

給与等課税事由とは、特定新株予約権者においてその役務の提供について所得税法その他所得税に関する法令の規定によりその個人の給与所得等の所得の金額に係る収入金額とすべき金額または総収入金額に算入すべき金額を生ずべき事由をいいます。

上記の給与所得等とは、給与所得、事業所得、退職所得および雑所得(注)といった勤労性の所得のみが対象となります（法令 111 の 3 ②）。

また、法人が発行する譲渡制限付新株予約権が所得税法施行令 84 条 2 項《譲渡制限付株式の価額等》に規定する権利の譲渡についての制限その他特別の条件が付されている権利に該当しない場合には、その譲渡制限付新株予約権については、上記の適用がないこととされています（法令 111 の 3 ①）。

なお、上記の給与等課税事由が生じる時とは、通常は権利行使時となります（所令84②）。

(注) 個人が所得税法2条1項5号《定義》に規定する非居住者である場合には、その個人が同項3号に規定する居住者であるとしたときにおけるこれらの所得をいいます。

② 給与等課税事由が生じない場合の取扱い

特定新株予約権者である個人においてその役務の提供につき給与等課税事由が生じないときは、その役務の提供を受ける法人のその役務の提供を受けたことによる費用の額またはその役務の全部もしくは一部の提供を受けられなかったことによる損失の額は、その発行法人の各事業年度の所得の金額の計算上、損金の額に算入されないこととされています（法法54の2②）。

したがって、付与した譲渡制限付新株予約権がいわゆる税制適格ストック・オプション（措法29の2）のようにその行使による株式の取得に係る経済的利益に所得税が課税されない新株予約権である場合等については、損金算入の額はないことになります。

なお、行使時の株価が行使価額を下回っていることにより所得税の課税対象額が零となる場合にも、給与等課税事由は生じたことになります。

(4) 損金算入額

損金の額に算入する金額については、特定新株予約権の交付が正常な取引条件で行われた場合には、役務の提供に係る費用の額は、その特定新株予約権の交付の時の時価に相当する金額とされています。

なお、法人税法上の損金算入額は上記のとおり特定新株予約権の交付時の価額に相当する金額となりますが、所得税法上この課税の基礎となる金額は権利行使時の株式の時価と払込金額との差額であることから、これらの金額は一致しないことになります。

また、損金算入額については、次に掲げる新株予約権の区分に応じ、それぞれ次に定める金額とされています（法令111の3③）。

① 合併または分割に係る承継新株予約権

⇒ その承継新株予約権に係る特定新株予約権の法人税法 54 条 2 第 1 項
の個人に交付された時の時価に相当する金額

② 株式交換または株式移転に係る承継新株予約権

⇒ 次の計算式により計算される金額

$$A \times \frac{B}{C}$$

> A：その承継新株予約権に係る特定新株予約権の法人税法 54 の 2 第 1 項の
> 個人に交付された時の価額に相当する金額
>
> B：その株式交換または株式移転の日からその行使が可能となる日までの期
> 間の月数[注]
>
> C：その交付の日からその承継新株予約権の行使が可能となる日までの期間
> の月数[注]

③ 株式交換または株式移転により消滅した特定新株予約権（その新株予約
権の行使が可能となる日前に消滅した場合に限ります。）

⇒ 次の計算式により計算される金額

$$D \times \frac{E}{F}$$

> D：その特定新株予約権の法人税法 54 の 2 第 1 項の個人に交付された時の
> 価額に相当する金額
>
> E：その交付の日からその株式交換または株式移転の日の前日までの期間の
> 月数[注]
>
> F：その交付の日からその特定新株予約権の行使が可能となる日までの期間
> の月数[注]

（注）暦に従って計算し、1 月に満たない端数が生じたときは、1 月とします（法令
111 の 3 ④）。

（5）書類添付

個人から役務の提供を受ける法人は、確定申告書に特定新株予約権の 1 個当
たりの交付の時の価額、交付数、その事業年度において行使された数その他そ

の特定新株予約権または承継新株予約権の状況に関する明細書（別表14(4)）の添付をしなければならないこととされています（法法54の2④）。

なお、この書類添付は、その新株予約権の発行による役務提供費用が損金算入可能であるかどうかにかかわらず必要となりますが、上記譲渡制限等特別の条件が付されている権利に該当しないことにより制度の対象外となる新株予約権については書類添付は不要となります。

（6）新株予約権の発行に係る払込金額が過少もしくは無償または過大であった場合

① 新株予約権の発行に係る払込金額が過少であった場合

法人が新株予約権を発行する場合において、その新株予約権と引換えに払い込まれる金銭の額がその新株予約権のその発行の時の価額に満たないときは、その満たない部分の金額に相当する金額は、その法人の各事業年度の所得の金額の計算上、損金の額に算入しないこととされています（法法54の2⑤）。

なお、その新株予約権と引換えに払い込まれる金銭の額には、金銭の払込みに代えて給付される金銭以外の資産の価額および相殺される債権の額を含みます（以下、③において同じ。）

② 新株予約権を無償で発行した場合

法人が新株予約権を発行する場合において、その新株予約権を無償で発行したときは、その発行の時の価額に相当する金額は、その法人の各事業年度の所得の金額の計算上、損金の額に算入しないこととされています（法法54の2⑤）。

③ 新株予約権の発行に係る払込金額が過大であった場合

法人が新株予約権を発行する場合において、その新株予約権と引換えに払い込まれる金銭の額がその新株予約権のその発行の時の価額を超えるときは、その超える部分の金額に相当する金額は、その法人の各事業年度の所得の金額の計算上、益金の額に算入しないこととされています（法法54の2⑤）。

121

第 2 章

最近の税制改正の変遷

1

平成 27 年度税制改正

●役員給与の損金不算入

1. 改正前の制度の概要

（1）損金不算入となる役員給与および損金算入できる役員給与

　内国法人がその役員に対して支給する給与（退職給与、新株予約権によるものおよび使用人兼務役員に対する使用人としての職務に対するものを除きます。）のうち、定期同額給与、事前確定届出給与および利益連動給与以外のものの額は、その内国法人の各事業年度の所得の金額の計算上、損金の額に算入しないこととされています（法法 34 ①）。

　なお、その内国法人の各事業年度の所得の金額の計算上損金の額に算入できる定期同額給与、事前確定届出給与および利益連動給与の額のうち利益連動給与は、次の要件を満たすものとされています（法法 34 ①三、法令 69 ⑦～⑩、法規 22 の 3 ③）。

① 　その算定方法がその事業年度の利益に関する指標を基礎とした客観的なもので、次の要件を満たすものであること。

(a) 確定額を限度としているものであり、かつ、他の業務執行役員に対して支給する利益連動給与に係る算定方法と同様のものであること。

(b) その事業年度開始の日の属する会計期間の開始の日から 3 月を経過する日までに、報酬委員会が決定をしていることその他これに準ずる次のいずれかの適正な手続を経ていること。

a. その内国法人の株主総会の決議による決定

b. その内国法人の報酬諮問委員会に対する諮問その他の手続を経た取締役会の決議による決定

c. その内国法人が監査役会設置会社である場合の取締役会の決議による決定

d. a. からc. までの手続に準ずる手続

（c）その内容が、上記（b）の決定または手続の終了の日以後遅滞なく、有価証券報告書に記載されていることその他の方法により開示されていること。

② 上記①の利益に関する指標の数値が確定した後1月以内に支払われ、または支払われる見込みであること。

③ 損金経理をしていること。

（2）使用人兼務役員とされない役員

使用人兼務役員とされない役員は、次の役員とされています（法法34①⑤、法令71）。

① 社長、理事長、代表取締役、代表執行役、代表理事および清算人

② 副社長、専務、常務その他これらに準ずる職制上の地位を有する役員

③ 合名会社、合資会社および合同会社の業務を執行する社員

④ 取締役（委員会設置会社の取締役に限ります。）、会計参与および監査役ならびに監事

⑤ 同族会社の役員のうち次の要件の全てを満たしている者

（a）その会社の株主グループにつきその所有割合が最も大きいものから順次第1順位から第3順位までその順位を付した場合に、その役員が次の株主グループのいずれかに属していること。

a. 第1順位の株主グループの所有割合が50％を超える場合におけるその株主グループ

b. 第1順位および第2順位の株主グループの所有割合を合計した場合にその所有割合がはじめて50％を超えるときにおけるこれらの株主グループ

第2章　最近の税制改正の変遷

c. 第1順位から第3順位までの株主グループの所有割合を合計した場合にその所有割合がはじめて50%を超えるときにおけるこれらの株主グループ

(b) その役員の属する株主グループのその会社に係る所有割合が10%を超えていること。

(c) その役員のその会社に係る所有割合が5%を超えていること。

2. 改正の内容

会社法の一部を改正する法律（平成26年法律90号）における会社法の改正による監査等委員会設置会社制度の創設および「委員会設置会社」を「指名委員会等設置会社」とする名称変更に伴い、次の見直しが行われました。

なお、次の(1)および(2)の改正は、平成26年度税制改正事項ですが、平成27年度税制改正で措置されています。

(1) 利益連動給与の要件における報酬委員会の決定に準ずる適正な手続の追加等

利益連動給与の要件のうち、その算定方法がその事業年度の利益に関する指標を基礎とした客観的なものであることとする要件における「その事業年度開始の日の属する会計期間開始の日から3月を経過する日までに、報酬委員会が決定をしていることその他これに準ずる次のいずれかの適正な手続を経ていることとする要件（上記1.(1)①(b)）」について、次の見直しが行われました（法令69⑨）。

① 報酬委員会の決定に準ずる適正な手続にその内国法人が監査等委員会設置会社である場合の取締役会の決議による決定が追加されました（法令69⑨二・四・五）。

なお、監査等委員会設置会社からは、業務執行役員関連者が監査等委員である取締役になっている会社を除くこととされています。

また、取締役会の決議による決定は、監査等委員である取締役の過半数

127

がその決議に賛成している場合におけるその決定に限ることとされています。

② 報酬委員会の決定に準ずる適正な手続のうち、株主総会の決議による決定（上記1.(1)①(b)a.）および報酬諮問委員会に対する諮問その他の手続を経た取締役会の決議による決定（上記1.(1)①(b)b.）における内国法人から除外される「委員会設置会社」を「指名委員会等設置会社」とする名称変更が行われました（法令69⑨一・二）。

（2）使用人兼務役員とされない役員の追加等

使用人兼務役員とされない役員のうち取締役（上記1.(2)④）について、次の見直しが行われました（法令71①四）。

① 対象に監査等委員である取締役が追加されました。

なお、監査等委員（監査等委員会の委員）である取締役については、使用人を兼ねることはできないこととされています（会社法331③）。

② 対象となる委員会設置会社の取締役について、「委員会設置会社」を「指名委員会等設置会社」とする名称変更が行われました。

〈参考〉

会社法（平成 17 年法律 86 号）

（定義）

第 2 条　この法律において、次の各号に掲げる用語の意義は、当該各号に定める
　　ところによる。

　　一～十一　省略

　　十一の二　監査等委員会設置会社　監査等委員会を置く株式会社をいう。

　　十二　指名委員会等設置会社　指名委員会、監査委員会及び報酬委員会（以下
　　　「指名委員会等」という。）を置く株式会社をいう。

　　十三～三十四　省略

（取締役の資格等）

第 331 条　省略

2　省略

3　監査等委員である取締役は、監査等委員会設置会社若しくはその子会社の業
　　務執行取締役若しくは支配人その他の使用人又は当該子会社の会計参与（会計
　　参与が法人であるときは、その職務を行うべき社員）若しくは執行役を兼ねる
　　ことができない。

4　指名委員会等設置会社の取締役は、当該指名委員会等設置会社の支配人その
　　他の使用人を兼ねることができない。

5・6　省略

（参考文献：「平成 27 年度税制改正の解説」（財務省）363 頁～365 頁）

2

平成 28 年度税制改正

Ⅰ 役員給与の損金不算入

1. 改正前の制度の概要

　内国法人がその役員に対して支給する給与^(注)のうち、次の(1)から(3)までの給与のいずれにも該当しないものの額は、その内国法人の各事業年度の所得の金額の計算上、損金の額に算入しないこととされています（法法 34 ①）。

　　（注）退職給与、新株予約権によるものおよび使用人兼務役員に対して支給する
　　　　　使用人としての職務に対するものを除きます。

（1）定期同額給与（法法 34 ①一、法令 69 ①）

　その支給時期が 1 月以下の一定の期間ごとである給与（以下「定期給与」といいます。）でその事業年度の各支給時期における支給額が同額であるものその他これに準ずるもの

（2）事前確定届出給与（法法 34 ①二、法令 69 ②～⑤、法規 22 の 3 ①②）

　その役員の職務につき所定の時期に確定額を支給する旨の定めに基づいて支給する給与

　ただし、定期同額給与および利益連動給与を除くものとし、定期給与を支給しない役員に対して支給する給与^(注1)以外の給与にあっては株主総会、社員総会またはこれに準ずるもの（以下「株主総会等」といいます。）の決議によりその定めをした場合におけるその決議の日^(注2)から 1 月を経過する日（以下「届出期限」）までに、納税地の所轄税務署長にその定めの内容に関する届出をしている

場合におけるその給与に限ります。したがって、定期給与を支給しない役員に対して支給する給与は「届出が不要となる事前確定届出給与」となります。

(注1) 同族会社に該当しない内国法人が支給するものに限ります。以下同じ。

(注2) その決議の日がその職務の執行の開始の日後である場合にあっては、その開始の日となります。

(3) 利益連動給与（法法34①三、法令69⑥〜⑩、法規22の3③）

同族会社に該当しない内国法人がその業務執行役員に対して支給する利益に関する指標を基礎として算定される給与で次の要件を満たすもの

ただし、他の業務執行役員の全てに対して次の要件を満たす利益連動給与を支給する場合に限ります。

① その算定方法がその事業年度の利益に関する指標（有価証券報告書に記載されるものに限ります。）を基礎とした客観的なもので次の要件を満たすものに限ります。

(a) 確定額を限度としているものであり、かつ、他の業務執行役員に対して支給する利益連動給与に係る算定方法と同様のものであること。

(b) その事業年度開始の日の属する会計期間開始の日から3月を経過する日までに、報酬委員会が決定していることその他これに準ずる次の適正な手続を経ていること。

　a. その内国法人の株主総会の決議による決定

　b. その内国法人の報酬諮問委員会に対する諮問その他の手続を経た取締役会の決議による決定

　c. その内国法人が監査役会設置会社である場合の取締役会の決議による決定

　d. その内国法人が監査等委員会設置会社である場合の取締役会の決議による決定

　e. a. からd. までの手続に準ずる手続

(c) その内容が、上記(b)の決定または手続の終了の日以後遅滞なく、有価証

券報告書に記載されていることその他の方法により開示されていること。

② 上記①の利益に関する指標の数値が確定した日後1月以内に支払われ、または支払われる見込みであること。

③ 損金経理をしていること。

2. 改正の背景

(1) 『「日本再興戦略」改訂 2015 −未来への投資・生産性革命−（平成27年6月30日閣議決定）』においては、「昨年2月に策定・公表された「スチュワードシップ・コード」及び本年6月に適用が開始された「コーポレートガバナンス・コード」が車の両輪となって、投資家側と会社側双方から企業の持続的な成長が促されるよう、積極的にその普及・定着を図る必要がある。（中略）中長期的な企業価値を向上させるため、会社法の改正やコーポレートガバナンス・コードの策定といった近年の制度整備等を踏まえ、コーポレートガバナンスの実践を後押しする環境整備を行うことが重要である。このため、社外取締役が行った場合に社外性を失う「業務執行」の範囲等に関する会社法の解釈指針（具体的な事例集を含む。）を作成し、公表する。あわせて、経営陣に中長期の企業価値創造を引き出すためのインセンティブを付与することができるよう金銭ではなく株式による報酬、業績に連動した報酬等の柔軟な活用を可能とするための仕組みの整備を図る。（後略）」とされています。

(2) また、『コーポレートガバナンス・コード〜会社の持続的な成長と中長期的な企業価値の向上のために〜（平成27年6月1日適用開始）』においては、「（前略）経営陣の報酬については、中長期的な会社の業績や潜在的リスクを反映させ、健全な起業家精神の発揮に資するようなインセンティブ付けを行うべきである（原則4−2. 取締役会の役割・責務(2) 経営陣報酬へのインセンティブ付け）。」および「経営陣の報酬は、持続的な成長に向けた健全なインセンティブの一つとして機能するよう、中長期的な業績と連動する報酬の割合や、現金報酬と自社株報酬との割合を適切に設定すべきである（補充原則4−2① 中長期の業績に連動する報酬・株式報酬の活用促進）。」と規定されています。

第2章　最近の税制改正の変遷

3. 改正の趣旨

(1) これらを受けて、『コーポレート・ガバナンス・システムの在り方に関する研究会報告書（コーポレート・ガバナンスの実践～企業価値向上に向けたインセンティブと改革～）（平成 27 年 7 月 24 日とりまとめ)』においては、「我が国では株式報酬型ストックオプション（権利行使価格を 1 円等の極めて低廉な価格とするストックオプション）という株式保有と類似した状態の実現を意図するストックオプションは既に存在する。欧米においては中長期のインセンティブとして普及している Performance Share や Restricted Stock と同様の仕組みを我が国で導入するため、信託を用いた新しい株式報酬が導入され始めている。さらに、企業報酬債権を現物出資する方法を用いて株式報酬を導入する場合についても、その法的論点を整理する。」とされ、別紙 3 として『法的論点に関する解釈指針』が示されました。

(2) すなわち、株式報酬については、近年、「株式交付信託」を用いて、欧米で導入されている「リストリクテッド・ストック」等に類似した効果を実現する制度の導入が始まっているものの、その導入のための仕組みが十分に整備されておらず、普及していない状況を踏まえ、上記の『法的論点に関する解釈指針』において、実務的に簡易な手法である「企業報酬債権を現物出資する方法」を用いて「いわゆるリストリクテッド・ストック」等を導入するための手続の整理・明確化が行われたため、今後は、この手法によって、「いわゆるリストリクテッド・ストックによる役員報酬」の支払が見込まれることとなったことから、次の 4. (1)の改正が行われました。

(3) 具体的には、「特定譲渡制限付株式（いわゆるリストリクテッド・ストック）による給与」は、役員の職務につき株主総会等の決議により所定の時期に確定額（金銭報酬債権の額）を支給する旨の定めがされるものであることから、その届出期限までにその定めの内容に関する届出をしていれば、事前確定届出給与となりますが、通常は、その所定の時期がその決議の日の翌日から 2 週間を経過した日とされ、かつ、その日にその定めに基づいてその金銭報酬

債権の額に相当する特定譲渡制限付株式が交付されるものとなることが見込まれており、その届出期限とその特定譲渡制限付株式の交付時期とが近接することが見込まれている状況においては、届出をさせること意義が乏しいと考えられるため、「特定譲渡制限付株式による給与」および「その特定譲渡制限付株式に係る承継譲渡制限付株式による給与」を「届出が不要となる事前確定届出給与」の対象となる給与に追加するというものです。

(4) また、平成18年度税制改正で導入された利益連動給与は、「利益に関する指標を基礎として算定される給与」と規定されているものの、その「利益に関する指標」の範囲については、条文上「利益に関する」と規定されていることもあり、導入当初から単なる「利益」だけではなく「利益に一定の調整を加えたもの」も含まれるとの考え方が採られていますが、具体的な規定がなされていないことから、実務上、「利益に一定の調整を加えたもの」として含まれるものの範囲について疑義があったようです。

(5) そこで、「利益に関する指標」の範囲について、上記の考え方に変更はないものの、立法趣旨および利益連動給与が導入されてから10年が経過し、実態として様々な「利益に一定の調整を加えたもの」が指標として存在することを踏まえ、「利益に関する指標」を「利益の状況を示す指標」とし、その指標の範囲について規定の明確化を行う次の4.(2)の改正が行われました。この改正によって、今後は、「利益に一定の調整を加えたもの」の範囲がこの明確化後のものになります。

(6) なお、平成18年度税制改正による導入当初から変更はありませんが、利益連動給与について、近年における実態等を踏まえ、参考までに明らかにすることが有意義であると思われる考え方を示すと、次のとおりです。

　　利益連動給与の「その支給額の算定方法がその事業年度の利益の状況を示す指標（有価証券報告書に記載されるものに限ります。）を基礎とした客観的なものであること」とする要件について、その支給額の算定方法に、その事業年度の利益の状況を示す指標を基礎とせずに、その指標にかかわらず支給される部分（その要件を満たさない部分）がある場合において、その要件を満た

す部分とその要件を満たさない部分とが明確に区分できるときは、その区分したその要件を満たす部分については、利益連動給与として取り扱われると考えられます。

(7) また、その支給額の算定方法の要件の一つに、「他の業務執行役員に対して支給する利益連動給与に係る算定方法と同様のものであること」がありますが、この要件は、役員の職務の内容等に応じて合理的に定められている場合には、役員ごとにその算定の基礎となる指標が異なることを妨げるものではないと解されます。

4. 改正の内容

(1) 届出が不要となる事前確定届出給与への特定譲渡制限付株式による給与等の追加

届出が不要となる事前確定届出給与（上記1.(2)）の対象となる給与に、役員の職務につき株主総会等の決議[注1]により所定の時期に確定額を支給する旨の定め[注2]をした場合におけるその定めに基づいて交付される特定譲渡制限付株式[注3]による給与[注4, 5]およびその特定譲渡制限付株式に係る承継譲渡制限付株式[注6]による給与が追加されました（法法34①二、法令69②）。

- (注1) その職務の執行の開始の日から1月を経過する日までにされるものに限ります。以下同じ。
- (注2) その決議の日から1月を経過する日までにその職務につきその役員に生ずる債権の額に相当する特定譲渡制限付株式を交付する旨の定めに限ります。以下同じ。
- (注3) 「特定譲渡制限付株式」は、内国法人が個人から役務の提供を受ける場合において、その内国法人または譲渡制限付株式の交付の直前にその内国法人とその内国法人以外の法人との間にその法人がその内国法人の発行済株式または出資（自己が有する自己株式を除きます。以下「発行済株式等」）の全部を保有する関係があり、かつ、その交付の時からその譲渡制限付株式に

係る譲渡制限期間終了の時までその内国法人とその法人との間にその関係が継続することが見込まれている場合におけるその内国法人とその法人との間の関係があるその法人の譲渡制限付株式であって、その役務の提供の対価としてその個人に生ずる債権の給付と引換えにその個人に交付されるものその他その個人に給付されることに伴ってその債権が消滅する場合のその譲渡制限付株式とされています（法法 54 ①、法令 111 の 2 ①）。

（注 4）「特定譲渡制限付株式による給与」は、役員の職務につき株主総会等の決議により所定の時期に確定額（金銭報酬債権の額）を支給する旨の定めがされるものであり、その定めに基づいて特定譲渡制限付株式を交付できないこととなる場合(*)には、「届出が不要となる事前確定届出給与」には該当しないものとなりますが、その届出期限までにその定めの内容に関する届出をすることによって、事前確定届出給与に該当することになります。

また、事前に職務の執行のための期間を定め、その期間に属する職務執行の対価に相当する特定譲渡制限付株式が交付されるものであるため、通常はその期間はその特定譲渡制限付株式に係る譲渡が制限されることからすると、その譲渡制限期間の末日は確定日になるものと考えられます。

なお、届出期限については、例えば、その役員の任期が 3 年である場合において、3 年をその職務の執行のための期間と捉えたときはその職務の執行の開始の日は 1 年目のみとなり、届出期限も 1 年目しかないことになりますが、3 年の各年をそれぞれその職務の執行のための期間と捉えたときはその職務の執行の開始の日は毎年到来することが可能と考えられており、そのときは届出期限も毎年あると解することが可能と考えられます。毎年の定時株主総会等の決議の日をその職務の執行の開始の日と解することによって、上記の所定の要件を満たしている場合には、その役員の給与について、例えば、2 年目から事前確定届出給与に該当する「特定譲渡制限付株式による給与」として支給することが可能になると考えられます。

（＊）その交付に係る手続等に時間を要し、その決議の日から 1 月を経過する日までに特定譲渡制限付株式を交付できない見込みとなった場合を

いいます。

（注5）「特定譲渡制限付株式による給与」として自社の普通株式による特定譲渡制限付株式を交付する場合の会社法の取扱いを踏まえて行われる手続の流れは、次のとおりになると考えられます。

　イ．株主総会等における役員全体に対する報酬総額に関する決議

　ロ．取締役会等における各役員に対する金銭報酬債権額の確定（付与）に関する決議

　ハ．取締役会等における株式の第三者割当て（新株の発行または自己株式の処分（交付））に関する決議

　ニ．会社と役員との間における特定譲渡制限付株式の割当てに関する契約の締結

　ホ．払込期日において、各役員による上記ロ．の金銭報酬債権の現物出資と引換えに、その役員に特定譲渡制限付株式を交付

　　　したがって、「特定譲渡制限付株式による給与」が事前確定届出給与に該当するものとなるためには、その役員の職務につき株主総会等の決議により所定の時期に確定額（金銭報酬債権の額）を支給する旨の定めがされるものであることが要件とされており、その確定額を支給する旨の定めに係る決議は上記ロ．となることから、その確定額の算定に当たっては、その決議の日の前取引日の終値等の株価を参照することが考えられます。上記ロ．の金銭報酬債権額の算定に係る株価の参照時点と上記ハ．の払込金額・現物出資財産の価額の算定に係る参照時点が異なると、事前確定届出給与の要件を満たさなくなるため、上記ロ．およびハ．の株価の参照時点を一致させる対応が必要となると考えられます。

（注6）「承継譲渡制限付株式」は、次の譲渡制限付株式とされています（法法54①、法令111の2③）。

　イ．合併によりその合併に係る被合併法人の特定譲渡制限付株式を有する者に対し交付される譲渡制限付株式で、次の場合の区分に応じそれぞれ次のもの（法令111の2③一）

（a）その被合併法人がその特定譲渡制限付株式に係る役務の提供を受ける内国法人である場合

⇒　その合併に係る合併法人の譲渡制限付株式またはその合併の直前にその合併に係る合併法人とその合併法人以外の法人との間にその法人がその合併法人の発行済株式等の全部を保有する関係があり、かつ、その合併の時からその合併により交付される譲渡制限付株式に係る譲渡制限期間終了の時までその合併法人とその法人との間にその関係が継続することが見込まれている場合におけるその合併法人とその法人との間の関係があるその法人の譲渡制限付株式（法令111の2③一イ、法規25の9①）

（b）その被合併法人がその特定譲渡制限付株式の交付の直前にその特定譲渡制限付株式に係る役務の提供を受ける内国法人とその内国法人以外の法人との間にその法人がその内国法人の発行済株式等の全部を保有する関係があり、かつ、その交付の時からその特定譲渡制限付株式に係る譲渡制限期間終了の時までその内国法人とその法人との間にその関係が継続することが見込まれている場合におけるその内国法人とその法人との間の関係があるその法人である場合

⇒　その合併の時からその譲渡制限付株式に係る譲渡制限期間終了の時までその内国法人とその合併に係る合併法人との間にその合併法人がその内国法人の発行済株式等の全部を保有する関係が継続することが見込まれている場合におけるその合併法人の譲渡制限付株式（法令111の2③一ロ）

ロ．分割型分割によりその分割型分割に係る分割法人の特定譲渡制限付株式を有する者に対し交付される譲渡制限付株式で、次の場合の区分に応じそれぞれ次のもの（法令111の2③二）

（a）その分割法人がその特定譲渡制限付株式に係る役務の提供を受ける内国法人である場合

⇒　その分割型分割に係る分割承継法人の譲渡制限付株式またはその

分割型分割の直前にその分割型分割に係る分割承継法人とその分割承継法人以外の法人との間にその法人がその分割承継法人の発行済株式等の全部を保有する関係があり、かつ、その分割型分割の時からその分割型分割により交付される譲渡制限付株式に係る譲渡制限期間終了の時までその分割承継法人とその法人との間にその関係が継続することが見込まれている場合におけるその分割承継法人とその法人との間の関係があるその法人の譲渡制限付株式（法令111の2③二イ、法規25の9②）

(b) その分割法人がその特定譲渡制限付株式の交付の直前にその特定譲渡制限付株式に係る役務の提供を受ける内国法人とその内国法人以外の法人との間にその法人がその内国法人の発行済株式等の全部を保有する関係があり、かつ、その交付の時からその特定譲渡制限付株式に係る譲渡制限期間終了の時までその内国法人とその法人との間にその関係が継続することが見込まれている場合におけるその内国法人とその法人との間の関係があるその法人である場合

⇒ その分割型分割の時からその譲渡制限付株式に係る譲渡制限期間終了の時までその内国法人とその分割型分割に係る分割承継法人との間にその分割承継法人がその内国法人の発行済株式等の全部を保有する関係が継続することが見込まれている場合におけるその分割承継法人の譲渡制限付株式（法令111の2③二ロ）

（2）利益連動給与の算定の基礎となる「利益に関する指標」の範囲の明確化

利益連動給与（上記1.(3)）の算定の基礎となる「利益に関する指標」が「利益の状況を示す指標」とされ、利益連動給与が「利益の状況を示す指標を基礎として算定される額を支給する給与」とされるとともに、その指標の範囲が「利益の額、利益の額に有価証券報告書に記載されるべき事項による調整を加えた指標その他の利益に関する指標」であることについて、規定の明確化が図られ

ました（法法34①二・三イ、法令69⑫一）。

　具体的には、次の指標とされています。ただし、次の②から⑤の指標にあっては、利益に関するものに限ります（法令69⑧）。

①　その事業年度における有価証券報告書に記載されるべき利益の額[注]

　〔具体例〕営業利益の額、経常利益の額、税引前当期純利益の額、当期純利益の額

　(注)利益の額は、支給総額が確定していない利益連動給与の場合には、循環計算となることを避ける必要があることから、その利益連動給与を減算する前の段階の利益の額が該当することになります。

②　上記①の指標の数値にその事業年度における減価償却費の額、支払利息の額その他の有価証券報告書に記載されるべき費用の額を加算し、またはその指標の数値からその事業年度における受取利息の額その他の有価証券報告書に記載されるべき収益の額を減算して得た額

　〔具体例〕EBITDA（税引前当期純利益の額＋減価償却費の額＋支払利息の額）、修正当期純利益の額（当期純利益の額±過年度調整損益の額）

③　上記①および②の指標の数値の次の（a）から（c）までの金額のうちに占める割合またはその指標の数値をその事業年度における有価証券報告書に記載されるべき発行済株式の総数で除して得た額

　なお、上記の発行済株式からは、自己が有する自己の株式を除くこととされています。

(a)　その事業年度における売上高の額[注]その他の有価証券報告書に記載されるべき収益の額またはその事業年度における支払利息の額その他の有価証券報告書に記載されるべき費用の額

　〔具体例〕売上高営業利益率（営業利益の額÷売上高の額）、売上高経常利益率（経常利益の額÷売上高の額）、売上高当期純利益率（当期純利益の額÷売上高の額）、インスタント・カバレッジ・レシオ（営業利益の額÷支払利息の額）

　(注)「売上高の額」は、「売上総利益の額（その事業年度における有価証券報告書

に記載されるべき利益の額）に売上原価の額（その事業年度における有価証券報告書に記載されるべき費用の額）を加算して得た額」ではあるが、売上高そのものであり、利益に関するものではないため、上記②の対象とはなりません。また、キャッシュ・フロー等も利益に関するものではないため、当然に上記②の対象とはなりません。

(b) 貸借対照表に計上されている総資産の帳簿価額

　〔具体例〕ROA（総資産利益率＝当期純利益の額÷総資産の帳簿価額）

(c) 上記（b）の金額から貸借対照表に計上されている総負債の帳簿価額を控除した金額

　　なお、上記の総負債には、新株予約権に係る義務を含むこととされています。

　〔具体例〕ROE（自己資本利益率＝当期純利益の額÷自己資本額（総資産の帳簿価額−総負債の帳簿価額））、修正ROE（修正自己資本利益率＝（当期純利益の額±過年度調整損益の額）÷自己資本額（総資産の帳簿価額−総負債の帳簿価額））

〔上記（a）から（c）以外の具体例〕

　　EPS（1株当たり当期純利益＝当期純利益の額÷発行済株式の総数）

④ 上記①から③の指標の数値がその事業年度前の事業年度のその指標に相当する指標の数値その他のその事業年度において目標とする指標の数値であって既に確定しているもの（以下「確定値」）を上回る数値または上記①から③の指標の数値の確定値に対する比率

　　確定値は、具体的には、有価証券報告書への記載等により開示されている自社または他社の利益の額や事前に定めた計画値が該当することになります。

　〔具体例〕過年度比（利益の額−過年度の自社の利益の額）、他社比（利益の額−過年度または当年度（確定値に限ります。）の他社の利益の額）、計画比ROE（（当期純利益の額÷自己資本額）÷事前に定めた計画値）、計画比当期純利益率（当期純利益の額÷事前に定めた計画値）

⑤ 上記①から④までの指標に準ずる指標

上記①から④までの指標を組み合わせて算出したもの、上記①から③までの有価証券報告書に記載されるべき事項（以下「有価証券報告書義務的記載事項」）を有価証券報告書義務的記載事項に準ずる客観性のあるもの（有価証券報告書任意的記載事項）に置き換えて算出したもの等が該当するものと考えられます。

〔具体例〕EBIT（税引前当期純利益の額＋支払利息の額－受取利息の額）、平準化 EBITDA（営業利益の額＋減価償却費の額＋のれん償却費の額＋持分法適用関連会社からの受取配当金の額）、ROCE（使用資本利益率＝当期純利益の額÷（総資産の額－短期負債の額））、ROIC（投下資本利益率＝営業利益の額×（1－実効税率）÷（自己資本額＋他人資本額（有利子負債の額））、ROI（投下収益率＝営業利益の額×（1－実効税率）÷自己資本額）、平準化 EPS（（当期純利益の額＋のれん等償却費の額±税金等調整後特別損益の額）÷発行済株式の総数）、業務純益（（営業利益の額±本業以外の損益の額）－（一般貸倒引当金繰入額＋経費（臨時的な経費を除きます。）の額））、保険引受利益（保険業務に係る利益の額±その他の収支の額）

5. 適用関係

上記 4. の改正は、法人の平成 28 年 4 月 1 日以後に開始する事業年度の所得に対する法人税について適用し、法人の同日前に開始した事業年度の所得に対する法人税について、従前どおりとされています（平 28 法 15 改正附 21）。

(参考文献：「平成 28 年度税制改正の解説」（財務省）330 頁～336 頁)

第2章　最近の税制改正の変遷

II　譲渡制限付株式を対価とする費用の帰属事業年度の特例（創設）

1. 制度創設の趣旨および背景

（1）上記の「I　役員給与の損金不算入」の 3. のとおり、『コーポレート・ガ
バナンス・システムの在り方に関する研究会報告書（コーポレート・ガバナ
ンスの実践～企業価値向上に向けたインセンティブと改革～）（平成 27 年 7 月
24 日とりまとめ）』の別紙 3 として示された『法的論点に関する解釈指針』
において、実務的に簡易な手法である「金銭報酬債権を現物出資する方法」
を用いて「いわゆるリストリクテッド・ストック」等を導入するための手
続の整理・明確化が行われたため、今後は、この手法によって、「いわゆる
リストリクテッド・ストックによる給与」の支給が見込まれることとなり
ました。

（2）今般の改正において、この「特定譲渡制限付株式（いわゆるリストリクテッ
ド・ストック）による給与」の支給として、特定譲渡制限付株式を交付され
た個人（役員または従業員）の所得税におけるその交付された特定譲渡制限
付株式に係る総収入金額等に算入すべき経済的な利益の価額は、譲渡制限
期間中はその特定譲渡制限付株式の処分ができないこと等を踏まえ、その
譲渡についての制限が解除された日における価額とされ、所得税の課税時
期が、その特定譲渡制限付株式が交付された日ではなく、その特定譲渡制
限付株式の譲渡についての制限が解除された日となることが明確化[注]さ
れました（所令 84 ①、所規 19 の 4）。

すなわち、特定譲渡制限付株式について、現行の新株予約権（いわゆる税
制非適格ストック・オプション）について講じられている「新株予約権を付
与された個人の所得税におけるその新株予約権の価額をその新株予約権が
付与された日ではなく、その新株予約権を行使した日における価額とする
措置」と同様の措置が講じられました。

（3）この所得税における課税時期の明確化に伴い、法人税においても、特定

143

譲渡制限付株式を対価とする費用について、現行の新株予約権について講じられている「新株予約権を発行した内国法人がその新株予約権を発行した日ではなく、その新株予約権を付与された個人に給与等課税事由が生じた日（その個人がその新株予約権を行使した日）においてその個人から役務の提供を受けたものとして、その内国法人のその新株予約権を対価とする費用の額の損金算入事業年度を同日の属する事業年度とする「新株予約権を対価とする費用の帰属事業年度の特例」」と同様の次の2.の措置を講ずることとされました。

(注) 所得税の課税時期の明確化等に係る改正については、後記「Ⅲ　特定譲渡制限付株式等に関する改正」の2.を参照。

〈参考〉所得税における課税時期と法人税における損金算入時期

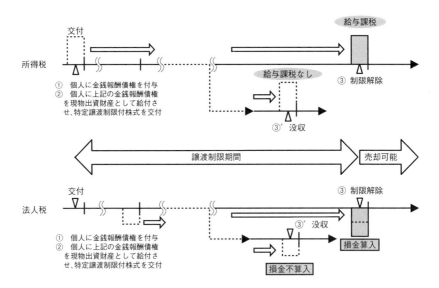

2. 措置の内容等

(1) 措置の概要

　この措置は、内国法人が個人から役務の提供を受ける場合において、その役務の提供に係る費用の額につきその対価として特定譲渡制限付株式が交付されたとき（承継譲渡制限付株式が交付されたときを含みます。）は、その役務の提供を受ける内国法人は、その個人においてその役務の提供につき給与等課税事由が生じた日においてその役務の提供を受けたものとして、法人税法の規定を適用するというものです（法法54①）。

(2) 譲渡制限付株式

　譲渡制限付株式は、次の要件に該当する株式（出資を含みます。以下同じ。）とされています（法法54①、法令111の2②）。

① 　譲渡(注1)についての制限がされており、かつ、その譲渡についての制限(注2)に係る期間（以下「譲渡制限期間」）が設けられていること。

（注1）「譲渡」には、「担保権の設定その他の処分」を含むこととされています。

（注2）「譲渡についての制限」をする方法としては、種類株式を用いるほか、普通株式を用いた上で、その普通株式を交付する法人とその普通株式の交付を受ける個人との間における契約によることが考えられます。

② 　その個人から役務の提供を受ける内国法人またはその株式を発行し、もしくはその個人に交付した法人がその株式を無償で取得することとなる事由(注)が定められていること。

（注）「その株式を無償で取得することとなる事由」は、「その株式の交付を受けたその個人が譲渡制限期間内の所定の期間勤務を継続しないこともしくはその個人の勤務実績が良好でないことその他のその個人の勤務の状況に基づく事由またはこれらの法人の業績があらかじめ定めた基準に達しないことその他のこれらの法人の業績その他の指標の状況に基づく事由」に限る

こととされています。

（3）特定譲渡制限付株式

　特定譲渡制限付株式は、内国法人が個人から役務の提供を受ける場合におい
て、その内国法人または譲渡制限付株式の交付の直前にその内国法人とその内
国法人以外の法人との間にその法人がその内国法人の発行済株式または出資
（自己が有する自己株式を除きます。以下「発行済株式等」）の全部を保有する関係
があり、かつ、その交付の時からその譲渡制限付株式に係る譲渡制限期間終了
の時までその内国法人とその法人との間にその関係が継続すること(注1)が見込
まれている場合におけるその内国法人とその法人との間の関係があるその法人
の譲渡制限付株式であって、その役務の提供の対価としてその個人に生ずる債
権の給付と引換えにその個人に交付されるもの(注2)その他その個人に給付され
ることに伴ってその債権が消滅する場合のその譲渡制限付株式(注3)とされてい
ます（法法54①、法令111の2①）。

　　（注1）「その交付の時からその譲渡制限付株式に係る譲渡制限期間終了の時ま
　　　　　でその内国法人とその法人との間にその関係が継続すること」は、その譲
　　　　　渡制限期間内においてその法人を被合併法人または分割法人とする合併
　　　　　または分割型分割（以下「合併等」）により次の株式が交付されることが
　　　　　見込まれている場合には、「その譲渡制限付株式の交付の時からその合併
　　　　　等の直前の時までその内国法人とその法人との間にその関係が継続する
　　　　　こと」とされています。

　　　　①　その合併によりその法人の譲渡制限付株式を有する者に対し交付さ
　　　　　れるその合併に係る合併法人の譲渡制限付株式で、その合併の時から
　　　　　その譲渡制限付株式に係る譲渡制限期間終了の時までその内国法人と
　　　　　その合併法人との間にその合併法人がその内国法人の発行済株式等の
　　　　　全部を保有する関係が継続することが見込まれている場合におけるそ
　　　　　の譲渡制限付株式（法令111の2①一）。

　　　　②　その分割型分割によりその法人の譲渡制限付株式を有する者に対し

交付されるその分割型分割に係る分割承継法人の譲渡制限付株式で、
その分割型分割の時からその譲渡制限付株式に係る譲渡制限期間終了
の時までその内国法人とその分割承継法人との間にその分割承継法人
がその内国法人の発行済株式等の全部を保有する関係が継続すること
が見込まれている場合におけるその譲渡制限付株式（法令111の2①
二）

(注2)　「その役務の提供の対価としてその個人に生ずる債権の給付と引換えに
その個人に交付されるもの」は、具体的には、「その個人によるその債権
の現物出資と引換えに、その役務の提供を受ける内国法人によってその
個人に交付されるその内国法人の譲渡制限付株式またはその内国法人の
親法人によってその個人に交付されるその親法人の譲渡制限付株式」と
なります。

　　　なお、親法人は、譲渡制限付株式の交付の直前に内国法人とその内国法
人以外の法人との間にその法人がその内国法人の発行済株式等の全部を
保有する関係があり、かつ、その交付の時からその譲渡制限付株式に係る
譲渡制限期間終了の時までその内国法人とその法人との間にその関係が
継続することが見込まれている場合におけるその法人とされています。

(注3)　「その他その個人に給付されることに伴ってその債権が消滅する場合の
その譲渡制限付株式」は、具体的には、「その役務の提供を受ける内国法
人によってその個人に交付されるその内国法人が有していたその内国法
人の親法人の譲渡制限付株式」となります。

(4) 承継譲渡制限付株式

　承継譲渡制限付株式は、次の譲渡制限付株式とされています（法法54①、法
令111の2③）。

①　合併によりその合併に係る被合併法人の特定譲渡制限付株式を有する者
に対し交付される譲渡制限付株式で、次の場合の区分に応じそれぞれ次の
もの（法令111の2③一）

(a) その被合併法人がその特定譲渡制限付株式に係る役務の提供を受ける
　内国法人である場合

　⇒　その合併に係る合併法人の譲渡制限付株式またはその合併の直前に
　　その合併に係る合併法人とその合併法人以外の法人との間にその法人
　　がその合併法人の発行済株式等の全部を保有する関係があり、かつ、
　　その合併の時からその合併により交付される譲渡制限付株式に係る譲
　　渡制限期間終了の時までその合併法人とその法人との間にその関係が
　　継続することが見込まれている場合におけるその合併法人とその法人
　　との間の関係があるその法人の譲渡制限付株式（法令111の2③一イ、
　　法規25の9①）

(b) その被合併法人がその特定譲渡制限付株式の交付の直前にその特定譲
　渡制限付株式に係る役務の提供を受ける内国法人とその内国法人以外の
　法人との間にその法人がその内国法人の発行済株式等の全部を保有する
　関係があり、かつ、その交付の時からその特定譲渡制限付株式に係る譲
　渡制限期間終了の時までその内国法人とその法人との間にその関係が継
　続することが見込まれている場合におけるその内国法人とその法人との
　間の関係があるその法人である場合

　⇒　その合併の時からその譲渡制限付株式に係る譲渡制限期間終了の時
　　までその内国法人とその合併に係る合併法人との間にその合併法人が
　　その内国法人の発行済株式等の全部を保有する関係が継続することが
　　見込まれている場合におけるその合併法人の譲渡制限付株式（法令
　　111の2③一ロ）

② 分割型分割によりその分割型分割に係る分割法人の特定譲渡制限付株式
　を有する者に対し交付される譲渡制限付株式で、次の場合の区分に応じそ
　れぞれ次のもの（法令111の2③二）

(a) その分割法人がその特定譲渡制限付株式に係る役務の提供を受ける内
　国法人である場合

　⇒　その分割型分割に係る分割承継法人の譲渡制限付株式またはその分

割型分割の直前にその分割型分割に係る分割承継法人とその分割承継
法人以外の法人との間にその法人がその分割承継法人の発行済株式等
の全部を保有する関係があり、かつ、その分割型分割の時からその分
割型分割により交付される譲渡制限付株式に係る譲渡制限期間終了の
時までその分割承継法人とその法人との間にその関係が継続すること
が見込まれている場合におけるその分割承継法人とその法人との間の
関係があるその法人の譲渡制限付株式（法令111の2③二イ、法規25の
9②）

(b) その分割法人がその特定譲渡制限付株式の交付の直前にその特定譲渡
制限付株式に係る役務の提供を受ける内国法人とその内国法人以外の法
人との間にその法人がその内国法人の発行済株式等の全部を保有する関
係があり、かつ、その交付の時からその特定譲渡制限付株式に係る譲渡
制限期間終了の時までその内国法人とその法人との間にその関係が継続
することが見込まれている場合におけるその内国法人とその法人との間
の関係があるその法人である場合

⇒ その分割型分割の時からその譲渡制限付株式に係る譲渡制限期間終
了の時までその内国法人とその分割型分割に係る分割承継法人との間
にその分割承継法人がその内国法人の発行済株式等の全部を保有する
関係が継続することが見込まれている場合におけるその分割承継法人
の譲渡制限付株式（法令111の2③二ロ）

（5）給与等課税事由

　給与等課税事由は、その個人においてその役務の提供につき所得税法その他
所得税に関する法令の規定によりその個人の同法に規定する給与所得、事業所
得、退職所得および雑所得の金額に係る収入金額とすべき金額または総収入金
額に算入すべき金額を生ずべき事由とされています（法法54①、法令111の2
④）。

（6）措置の内容

　この措置は、内国法人が個人から役務の提供を受ける場合において、その役務の提供に係る費用の額につきその対価として特定譲渡制限付株式を交付されたとき^(注1)に、その内国法人は、その個人においてその役務の提供につき給与等課税事由が生じた日^(注2)においてその役務の提供を受けたものとして、法人税法の規定を適用するというものです（法法54①）。

　すなわち、その役務の提供に係る費用の額については、その役務の提供を受ける内国法人のその役務の提供に係る特定譲渡制限付株式または承継譲渡制限付株式の交付の日の属する事業年度ではなく、その役務の提供を受ける内国法人のその特定譲渡制限付株式または承継譲渡制限付株式を交付された個人においてその役務の提供につき給与等課税事由が生じた日^(注3)の属する事業年度において、損金の額に算入することとする措置が講じられました。

（注1）「特定譲渡制限付株式を交付されたとき」には、「承継譲渡制限付株式が交付されたとき」を含むこととされています。

（注2）「その個人においてその役務の提供につき給与等課税事由が生じた日」は、具体的には、「その役務の提供の対価としてその個人に交付された特定譲渡制限付株式または承継譲渡制限付株式の譲渡についての制限が解除された日」となります。

（注3）その特定譲渡制限付株式または承継譲渡制限付株式の譲渡についての制限が解除された日となります。

（7）特定譲渡制限付株式の交付が正常な取引条件で行われた場合におけるその特定譲渡制限付株式に係る役務の提供に係る費用の額等

　特定譲渡制限付株式の交付が正常な取引条件で行われた場合におけるその特定譲渡制限付株式に係る役務の提供に係る費用の額は、その特定譲渡制限付株式の交付につき給付され、または消滅した債権（役務の提供の対価としてその個人に生ずる債権に限ります。）の額に相当する金額とされています（法法54④、法

令111の2⑤)。

ただし、その特定譲渡制限付株式につき次の譲渡制限付株式が交付された場合には、その譲渡制限付株式の区分に応じそれぞれ次の金額に相当する金額とされています。

① 上記(4)①の譲渡制限付株式

⇒ 上記(4)①の特定譲渡制限付株式(その譲渡制限付株式に係るものに限ります。)の交付につき給付され、または消滅した債権の額

② 上記(4)②の譲渡制限付株式

⇒ 上記(4)②の特定譲渡制限付株式(その譲渡制限付株式に係るものに限ります。)の交付につき給付され、または消滅した債権の額

なお、上記(4)②の分割型分割(承継譲渡制限付株式が交付されるものに限ります。)に伴い、その分割型分割に係る分割法人の特定譲渡制限付株式につき給与等課税事由が生ずる場合には、その特定譲渡制限付株式に係る役務の提供に係る費用の額は、その特定譲渡制限付株式の交付につき給付され、または消滅した債権の額に相当する金額に次の③に割合を乗じて計算した金額とその相当する金額からその計算した金額を控除した金額に次の④の割合を乗じて計算した金額との合計額その他の合理的な方法により計算した金額とし、その承継譲渡制限付株式に係る役務の提供に係る費用の額は、その債権の額に相当する金額からその合理的な方法により計算した金額を控除した金額とすることとされています(法法54④、法令111の2⑥、法規25の9③)。

③ 1からその分割型分割に係る法人税法施行令23条《所有株式に対応する資本金等の額又は連結個別資本金等の額の計算方法等》1項2号に規定する割合を控除した割合

④ その特定譲渡制限付株式の交付の日からその承継譲渡制限付株式に係る譲渡制限期間終了の日までの期間の日数のうちにその交付の日からその分割型分割の日の前日までの期間の日数の占める割合

（8）内国法人が個人から役務の提供を受ける場合において、その個人においてその役務の提供につき給与等課税事由が生じないとき

　内国法人が個人から役務の提供を受ける場合において、その役務の提供に係る費用に額につきその対価として特定譲渡制限付株式が交付されたときに、その個人においてその役務の提供につき給与等課税事由が生じないとき(注1)は、その役務の提供を受ける内国法人のその役務の提供を受けたことによる費用の額(注2)またはその役務の全部もしくは一部の提供を受けられなかったことによる損失の額(注3)は、その内国法人の各事業年度の所得の金額の計算上、損金の額に算入しないこととされています（法法54②）。

（注1）「その個人においてその役務の提供につき給与等課税事由が生じないとき」は、具体的には、例えば、次のような場合等が考えられます。

　　① その個人がその特定譲渡制限付株式に係る譲渡制限期間の途中で非居住者となった場合

　　② その内国法人がその個人から受けた役務の提供に係る特定譲渡制限付株式を無償で取得（いわゆる没収）した場合

　　③ その内国法人がその特定譲渡制限付株式に係る譲渡制限期間開始の日（その個人から役務の提供を受ける前）にその特定譲渡制限付株式を無償で取得した場合

　　④ その内国法人がその特定譲渡制限付株式に係る譲渡制限期間の途中でその個人から今後受ける（まだ受けていない）役務の提供に係る特定譲渡制限付株式を無償で取得した場合

（注2）「その役務の提供を受けたことによる費用の額」が生ずる場合としては、上記（注1）の①または②の場合が考えられます。

（注3）「その役務の全部もしくは一部の提供を受けられなかったことによる損失の額」が生ずる場合としては、上記（注1）の③または④の場合が考えられます。

（9）明細書の添付

　個人から役務の提供を受ける内国法人は、特定譲渡制限付株式の1株当たりの交付の時の価額、交付数、その事業年度において譲渡についての制限が解除された数その他その特定譲渡制限付株式または承継譲渡制限付株式の状況に関する明細書をその事業年度の確定申告書に添付しなければならないこととされています（法法 54 ③）。

3. 適用関係

　上記 **2.** の措置は、法人が平成 28 年 4 月 1 日以後にその交付に係る決議（その決議が行われない場合には、その交付）をする特定譲渡制限付株式および承継譲渡制限付株式について適用することとされています（平 28 法 15 改正附 24）。

　なお、上記の承継譲渡制限付株式は、承継譲渡制限付株式が合併に係る被合併法人または分割型分割に係る分割法人の特定譲渡制限付株式を有する者に対し交付される譲渡制限株式とされていることから（法法 54 ①、法令 111 の 2 ③、法規 25 の 9 ①②）、法人が平成 28 年 4 月 1 日以後にその交付に係る決議（その決議が行われない場合には、その交付）をする特定譲渡制限付株式に係る承継譲渡制限付株式となります。

〈参考〉

　譲渡制限付株式に関して、以下のような会計処理がとられた場合の税務処理例（譲渡制限期間が株式交付から譲渡制限解除までの2年間とされており、同期間の勤務条件が付されているケース）

1　役務提供を受ける内国法人の譲渡制限付株式が、その内国法人から交付されるケース

時　点	会計処理	税務処理	申告調整
交付時	前払費用　200 　／報酬債務　200 報酬債務　200 　／資本金等　200	同　左	－
役務提供時 （1年目）	役員報酬　100 　／前払費用　100	－	（別表4　所得の金額の計算に関する明細書） 役員給与等の損金不算入　100（加算・留保） （別表5(1)　利益積立金額の計算に関する明細書） 前払費用　100（当期の増）
譲渡制限解除前無償取得時（1年分を譲渡制限解除、残余を無償取得）	雑損失等　100 　／前払費用　100	役員報酬　100 その他流出　100 　／前払費用　200	（別表4　所得の金額の計算に関する明細書） 雑損失等の損金不算入　100（加算・流出） 役員給与等の認容　100（減算・留保） （別表5(1)　利益積立金額の計算に関する明細書） 前払費用　100（当期の減）
譲渡制限解除時（2年目役務提供時）	役員報酬　100 　／前払費用　100	役員報酬　200 　／前払費用　200	（別表4　所得の金額の計算に関する明細書） 役員給与等の認容　100（減算・留保） （別表5(1)　利益積立金額の計算に関する明細書） 前払費用　100（当期の減）

2　役務提供を受ける内国法人の親法人の譲渡制限付株式が、その親法人から交付されるケース（注）

時　点	会計処理		税務処理	申告調整
債務引受・交付時	親法人	現金　200 　／報酬債務　200 報酬債務　200 　／資本金等　200	同　左	－
	子法人	前払費用　200 　／報酬債務　200 報酬債務　200 　／現金　200	同　左	－

154

第2章　最近の税制改正の変遷

以下は子法人のみ

役務提供時 （1年目）	役員報酬　100 ／前払費用　100	－	（別表4　所得の金額の計算に関する明細書） 役員給与等の損金不算入　100（加算・留保） （別表5(1)　利益積立金額の計算に関する明細書） 前払費用　100（当期の増）
譲渡制限解除前無償取得時（1年分を譲渡制限解除、残余を無償取得）	親法人株式　100 ／前払費用　100	親法人株式　100 ／前払費用　100 役員報酬　100 ／前払費用　100	（別表4　所得の金額の計算に関する明細書） 役員給与等の認容　100（減算・留保） （別表5(1)　利益積立金額の計算に関する明細書） 前払費用　100（当期の減）
譲渡制限解除時（2年目役務提供時）	役員報酬　100 ／前払費用　100	役員報酬　200 ／前払費用　200	（別表4　所得の金額の計算に関する明細書） 役員給与等の認容　100（減算・留保） （別表5(1)　利益積立金額の計算に関する明細書） 前払費用　100（当期の減）

（注）　このケースは、役務提供を受ける内国法人（以下「子法人」）がその役員に対して負う金銭報酬債務について、その親法人が債務引受けをした上で、その債務引受けにより親法人が負うこととなった金銭報酬債務（子法人の役員からみると金銭報酬債権）について、子法人の役員からその親法人が現物出資による給付を受け、その給付を受けた金銭報酬債権と引換えにその親法人からその親法人の譲渡制限付株式が交付されるものを想定しています（なお、その役員が勤務条件を満たさなかった場合等におけるその譲渡制限付株式の無償取得は子法人が行うこととしています。）。このケースにおいて、親法人が直接的に子法人の役員から役務の提供を受けるわけではありませんが、子法人がその役員から役務の提供を受けることに起因して、その対価として子法人の役員に生ずる債権の給付と引換えにその親法人の譲渡制限付株式が交付されるものであるため、この譲渡制限付株式を対価とする費用の帰属事業年度の特例の対象となります。

（参考文献：「平成28年度税制改正の解説」（財務省）341頁〜348頁）

III 特定譲渡制限付株式等に関する改正

1. 改正前の制度の概要

(1) 有利な条件等で株式を取得できる権利を付与された場合の経済的利益の価額等

その年分の各種所得の金額の計算上収入金額とすべき金額または総収入金額に算入すべき金額は、別段の定め[注1]があるものを除き、その年において収入すべき金額（金銭以外の物または権利その他経済的な利益をもって収入する場合には、その金銭以外の物または権利その他経済的な利益の価額[注2]）とされています（所法 36 ①）。

(注1) この別段の定めとして、発行法人から有利な条件等により発行された新株予約権でその権利の譲渡についての制限その他特別の条件が付されているものを与えられた場合[*]におけるその権利に係る経済的な利益の額は、その権利の行使により取得した株式（これに準ずるものを含みます。）のその行使の日における価額から、その新株予約権の行使に係るその新株予約権の取得価額にその行使に際し払い込むべき額を加算した金額等を控除した金額によることとされています（旧所令 84 四）。

(*) 株主等として与えられた場合（その発行法人の他の株主等に損害を及ぼすおそれがないと認められる場合に限ります。）を除きます。

(注2) 「金銭以外の物または権利その他経済的な利益の価額」とは、その物もしくは権利を取得し、またはその利益を享受する時における価額とされています（所法 36 ②）。

(2) 権利行使により取得した有価証券の取得価額

発行法人から与えられた有利な条件等により発行された新株予約権等の行使により取得した有価証券の取得価額は、その有価証券のその権利の行使の日に

おける価額とされています（旧所令 109 ①二）。

2. 改正の内容

　外国法人の役員や従業員が、一定期間にわたって譲渡制限が付された株式（リストリクテッド・ストック）を報酬として交付されたことによる経済的利益の課税時期は、これまでの裁判例（東京地裁平成 15 年（行ウ）第 427 号　平成 17 年 12 月 16 日判決など）を踏まえ、その株式が交付された日ではなく、その株式の譲渡制限が解除された日に総収入金額に算入することとして取り扱われています。

　この譲渡制限が付された株式を報酬として交付する方法は、欧米では一般的に利用されているところ、これを我が国の企業においても導入することを促進すべく、その導入に当たっての会社法や労働法規に関する法的な論点やその発行手続について、経済産業省の「コーポレート・ガバナンス・システムの在り方に関する研究会（平成 27 年 7 月 24 日報告書とりまとめ）」において整理が行われました。

　なお、この研究会の報告書では、リストリクテッド・ストックを交付する手法として、役員に付与された金銭報酬債権を現物出資財産として法人に払い込むことによって株式を取得する方法が報告されています。

　このような動きを踏まえ、今後我が国においても現物株式を報酬として付与するケースが生じてくることが見込まれることから、個人が報酬として譲渡制限付株式を交付された場合の総収入金額への算入時期等について法令上明確化が図られました。

（1）特定譲渡制限付株式の交付を受けた場合

　個人が法人に対して役務の提供をした場合において、その役務の提供の対価として譲渡制限付株式であってその役務の提供の対価としてその個人に生ずる債権の給付と引換えにその個人に交付されるものその他一定の要件を満たすもの（以下「特定譲渡制限付株式」）が交付されたときにおけるその特定譲渡制限付

157

株式の交付に係る経済的利益は、その特定譲渡制限付株式の譲渡についての制限が解除された日にその日における価額により課税することが定められました（所令84①）。

① 譲渡制限付株式の意義

譲渡制限付株式は、次の要件に該当する株式とされています（所令84①）。

(a) 譲渡（担保権の設定その他の処分を含みます。）についての制限がされており、かつ、その譲渡についての制限に係る期間（以下「譲渡制限期間」）が設けられていること。

なお、譲渡についての制限の方法としては、種類株式を用いる方法や、普通株式を用いてその普通株式を交付する法人とその普通株式の交付を受ける個人との間における契約による方法が考えられます。

また、上記の株式には、出資および投資法人の投資口を含みます。

(b) その個人から役務の提供を受ける法人またはその株式を発行し、もしくはその個人に交付した法人がその株式を無償で取得することとなる事由^(注)が定められていること。

(注)「その株式を無償で取得することとなる事由」は、その株式の交付を受けた個人が譲渡制限期間内の所定の期間勤務を継続しないこともしくはその個人の勤務実績が良好でないことその他のその個人の勤務の状況に基づく事由または上記の法人の業績があらかじめ定めた基準に達しないことその他の上記の法人の業績その他の指標の状況に基づく事由に限られます。

② 特定譲渡制限付株式の意義

特定譲渡制限付株式とは、個人から役務の提供を受けた法人（以下「特定法人」）またはその親法人の譲渡制限付株式であって、その役務の提供の対価としてその個人に生ずる債権の給付と引換えにその個人に交付されるものその他その個人に給付されることに伴ってその債権が消滅する場合のその譲渡制限付株式をいいます（所令84①）。

(a) 上記の親法人とは、その譲渡制限付株式の交付の直前にその特定法人とその特定法人以外の法人との間にその法人がその特定法人の発行済株

式または出資（自己が有する自己の株式を除きます。以下「発行済株式等」）の全部を保有する関係があり、かつ、その交付の時からその譲渡制限付株式に係る譲渡制限期間終了の時までその特定法人とその法人との間にその関係が継続することが見込まれている場合におけるその特定法人とその法人との間の関係があるその法人をいいます（所規19の4①）。

この場合に、その譲渡制限期間内においてその法人を被合併法人または分割法人とする合併または分割型分割（以下「合併等」）により次の株式が交付されることが見込まれている場合には、譲渡制限付株式の交付の時からその合併等の直前の時までその特定法人とその法人との間にその関係が継続することにより、上記の「その交付の時からその譲渡制限付株式に係る譲渡制限期間終了の時までその特定法人とその法人との間にその関係が継続すること」という要件に代えることができます（所規19の4①各号）。

a. その合併によりその法人の譲渡制限付株式を有する者に対し交付されるその合併に係る合併法人の譲渡制限付株式で、その合併の時からその譲渡制限付株式に係る譲渡制限期間終了の時までその特定法人とその合併法人との間にその合併法人がその特定法人の発行済株式等の全部を保有する関係が継続することが見込まれている場合におけるその譲渡制限付株式

b. その分割型分割によりその法人の譲渡制限付株式を有する者に対し交付されるその分割型分割に係る分割承継法人の譲渡制限付株式で、その分割型分割の時からその譲渡制限付株式に係る譲渡制限期間終了の時までその特定法人とその分割承継法人との間にその分割承継法人がその特定法人の発行済株式等の全部を保有する関係が継続することが見込まれている場合におけるその譲渡制限付株式

(b) 上記の「その役務の提供の対価としてその個人に生ずる債権の給付と引換えにその個人に交付されるもの（譲渡制限付株式）」は、具体的には、「役務の提供をした個人によるその金銭報酬債権の現物出資により、そ

の役務の提供を受けた法人（特定法人）によってその個人に交付される
その特定法人の譲渡制限付株式または親法人によってその個人に交付さ
れるその親法人の譲渡制限付株式」が該当します。

　他方、「その他その個人に給付されることに伴ってその債権が消滅す
る場合のその譲渡制限付株式」は、具体的には、「その役務の提供を受け
る法人（特定法人）によってその個人に交付されるその特定法人が有し
ていた親法人の譲渡制限付株式」が該当します。

（2）承継譲渡制限付株式の交付を受けた場合

　合併や分割型分割により被合併法人または分割法人の特定譲渡制限付株式を
有する者に対して交付される合併法人または分割承継法人の譲渡制限付株式で
一定の要件を満たすもの（承継譲渡制限付株式）についても、上記(1)と同様に、
その承継譲渡制限付株式の交付に係る経済的利益は、その承継譲渡制限付株式
の譲渡についての制限が解除された日にその日における価額により課税されま
す（所令84①）。

　この承継譲渡制限付株式とは、次の譲渡制限付株式をいいます（所規19の4②）。

①　合併によりその合併に係る被合併法人の特定譲渡制限付株式を有する者
　に対し交付される譲渡制限付株式で、次の場合の区分に応じそれぞれ次に
　定めるもの

　(a) その被合併法人がその特定譲渡制限付株式に係る特定法人である場合
　　⇒　次に掲げる譲渡制限付株式

　　a. その合併に係る合併法人の譲渡制限付株式

　　b. その合併の直前にその合併に係る合併法人とその合併法人以外の
　　　法人との間にその法人がその合併法人の発行済株式等の全部を保有
　　　する関係があり、かつ、その合併の時からその合併により交付され
　　　るその法人の譲渡制限付株式に係る譲渡制限期間終了の時までその
　　　合併法人とその法人との間にその関係が継続することが見込まれて
　　　いる場合におけるその法人の譲渡制限付株式

（b）その被合併法人がその特定譲渡制限付株式の交付の直前にその特定譲渡制限付株式に係る特定法人とその特定法人以外の法人との間にその法人がその特定法人の発行済株式等の全部を保有する関係があり、かつ、その交付の時からその特定譲渡制限付株式に係る譲渡制限期間終了の時までその特定法人とその法人との間にその関係が継続することが見込まれている場合におけるその特定法人とその法人との間に関係があるその法人である場合

⇒　その合併の時からその譲渡制限付株式に係る譲渡制限期間終了の時までその特定法人とその合併に係る合併法人との間にその合併法人がその特定法人の発行済株式等の全部を保有する関係が継続することが見込まれている場合におけるその合併法人の譲渡制限付株式

② 分割型分割により分割型分割に係る分割法人の特定譲渡制限付株式を有する者に対し交付される譲渡制限付株式で、次の場合の区分に応じそれぞれ次に定めるもの

（a）その分割法人がその特定譲渡制限付株式に係る特定法人である場合

⇒　次に掲げる譲渡制限付株式

a．その分割型分割に係る分割承継法人の譲渡制限付株式

b．その分割型分割の直前にその分割型分割に係る分割承継法人とその分割承継法人以外の法人との間にその法人がその分割承継法人の発行済株式等の全部を保有する関係があり、かつ、その分割型分割の時からその分割型分割により交付されるその譲渡制限付株式に係る譲渡制限期間終了の時までその分割承継法人とその法人との間にその関係が継続することが見込まれている場合におけるその法人の譲渡制限付株式

（b）その分割法人がその特定譲渡制限付株式の交付の直前にその特定譲渡制限付株式に係る特定法人とその特定法人以外の法人との間にその法人がその特定法人の発行済株式等の全部を保有する関係があり、かつ、その交付の時からその特定譲渡制限付株式に係る譲渡制限期間終了の時ま

でその特定法人とその法人との間にその関係が継続することが見込まれ
ている場合におけるその特定法人とその法人との間に関係があるその法
人である場合

⇒　その分割型分割の時からその譲渡制限付株式に係る譲渡制限期間終
　　了の時までその特定法人とその分割型分割に係る分割承継法人との間
　　にその分割承継法人がその特定法人の発行済株式等の全部を保有する
　　関係が継続することが見込まれている場合におけるその分割承継法人
　　の譲渡制限付株式

（3）特定譲渡制限付株式等の取得価額

　上記(1)および(2)のとおり、特定譲渡制限付株式および承継譲渡制限付株
式の交付を受けたことにより生じる経済的利益については、その譲渡制限が解
除された日の価額によって課税がされるため、これらの株式の取得価額は、そ
の特定譲渡制限付株式または承継譲渡制限付株式の譲渡制限が解除された日に
おける価額とすることとされました（所令 109 ①二）。

3. 適用関係

　上記 2. の改正は、平成 28 年分以後の所得税について適用されます（平 28 政
145 改正令附 5）。

（参考文献：「平成 28 年度税制改正の解説」（財務省）125 頁〜129 頁）

3

平成 29 年度税制改正

---

1. 改正前の制度の概要

（1）役員給与の損金不算入

　内国法人がその役員に対して支給する給与^(注)のうち、次の①から③までの給与のいずれにも該当しないものの額は、その内国法人の各事業年度の所得の金額の計算上、損金の額に算入しないこととされています（法法 34 ①）。

（注）退職給与、新株予約権によるものおよび使用人兼務役員に対して支給する使用人としての職務に対するものを除きます。

① **定期同額給与（法法 34 ①一、法令 69 ①）**

　その支給時期が 1 月以下の一定の期間ごとである給与（以下「定期給与」）でその事業年度の各支給時期における支給額が同額であるものその他これに準ずるもの

② **事前確定届出給与（法法 34 ①二、法令 69 ②～⑥、法規 22 の 3 ①②）**

　その役員の職務につき所定の時期に確定額を支給する旨の定めに基づいて支給する給与

　ただし、定期同額給与および利益連動給与を除くものとし、次の給与以外の給与にあっては株主総会、社員総会その他これに準ずるものの決議によりその定めをした場合におけるその決議の日^(注)から 1 月を経過する日までに、納税地の所轄税務署長にその定めの内容に関する届出をしている場合におけるその給与に限ります。

（注）その決議の日がその職務の執行の開始の日後である場合にあっては、その開始の日となります。

163

(a) 定期給与を支給しない役員に対して支給する給与（同族会社に該当しない
内国法人が支給するものに限ります。）

(b) 特定譲渡制限付株式（将来の役務の提供に係るものとして一定の要件に該
当するものに限ります。）およびその特定譲渡制限付株式に係る承継譲渡制
限付株式による給与

③ **利益連動給与（法法34①三、法令69⑦～⑫、法規22の3③）**

同族会社に該当しない内国法人がその業務執行役員に対して支給する利
益の状況を示す指標を基礎として算定される給付で次の要件を満たすもの
ただし、他の業務執行役員の全てに対して次の要件を満たす利益連動給
与を支給する場合に限ります。

(a) その算定方法がその事業年度の利益の状況を示す指標（有価証券報告書に
記載されるものに限ります。）を基礎とした客観的なもので次の要件を満た
すものに限ります。

a. 確定額を限度としているものであり、かつ、他の業務執行役員に対して
支給する利益連動給与に係る算定方法と同様のものであること。

b. その事業年度開始の日の属する会計期間開始の日から3月を経過する
日までに、報酬委員会が決定していることその他これに準ずる次の適正
な手続を経ていること。

ⓐ　その内国法人の株主総会の決議による決定

ⓑ　その内国法人の報酬諮問委員会に対する諮問その他の手続を経た取
締役会の決議による決定

ⓒ　その内国法人が監査役会設置会社である場合の取締役会の決議によ
る決定

ⓓ　その内国法人が監査等委員会設置会社である場合の取締役会の決議
による決定

ⓔ　ⓐからⓓまでの手続に準ずる手続

c. その内容が、上記b.の決定または手続の終了の日以後遅滞なく、有価証
券報告書に記載されていることその他の方法により開示されていること。

(b) 上記(a)の利益に関する指標の数値が確定した日後1月以内に支払われ、
　　または支払われる見込みであること。

　(c) 損金経理をしていること。

(2) 譲渡制限付株式を対価とする費用の帰属事業年度の特例

　内国法人が個人から役務の提供を受ける場合において、その役務の提供に係
る費用の額につきその対価として特定譲渡制限付株式が交付されたとき（承継
譲渡制限付株式が交付されたときを含みます。）は、その役務の提供を受ける内国
法人は、その個人においてその役務の提供につき給与等課税事由(注)が生じた日
においてその役務の提供を受けたものとして、法人税法の規定を適用すること
とされています（法法54①）。

　(注)「給与等課税事由」は、その個人においてその役務の提供につき所得税法その
　　　他所得税に関する法令の規定によりその個人の同法に規定する給与所得、事
　　　業所得、退職所得および雑所得の金額に係る収入金額とすべき金額または総
　　　収入金額に算入すべき金額を生ずべき事由とされています（法法54①、法令
　　　111の2④）。

(3) 新株予約権を対価とする費用の帰属事業年度の特例等

　内国法人が個人から役務の提供を受ける場合において、その役務の提供に係
る費用の額につきその対価として新株予約権を発行したとき（承継新株予約権
を交付したときを含みます。）は、その個人においてその役務の提供につき給与等
課税事由(注)が生じた日においてその役務の提供を受けたものとして、法人税法
の規定を適用することとされています（法法54の2①）。

　(注)「給与等課税事由」は、その個人においてその役務の提供につき所得税法その
　　　他所得税に関する法令の規定によりその個人の同法に規定する給与所得、事
　　　業所得、退職所得および雑所得の金額に係る収入金額とすべき金額または総
　　　収入金額に算入すべき金額を生ずべき事由とされています（法法54の2①、
　　　法令111の3①）。

2. 改正の背景

(1) 『「日本再興戦略」改訂 2015 －未来への投資・生産性革命－（平成 27 年 6 月 30 日閣議決定）』においては、「昨年 2 月に策定・公表された「スチュワードシップ・コード」及び本年 6 月に適用が開始された「コーポレートガバナンス・コード」が車の両輪となって、投資家側と会社側双方から企業の持続的な成長が促されるよう、積極的にその普及・定着を図る必要がある。（中略）あわせて、経営陣に中長期の企業価値創造を引き出すためのインセンティブを付与することができるよう金銭ではなく株式による報酬、業績に連動した報酬等の柔軟な活用を可能とするための仕組みの整備を図る。（後略）」とされています。

(2) また、『コーポレートガバナンス・コード～会社の持続的な成長と中長期的な企業価値の向上のために～（平成 27 年 6 月 1 日適用開始）』においては、「（前略）経営陣の報酬については、中長期的な会社の業績や潜在的リスクを反映させ、健全な起業家精神の発揮に資するようなインセンティブ付けを行うべきである（原則 4 － 2. 取締役会の役割・責務(2) 経営陣報酬へのインセンティブ付け）。」および「経営陣の報酬は、持続的な成長に向けた健全なインセンティブの一つとして機能するよう、中長期的な業績と連動する報酬の割合や、現金報酬と自社株報酬との割合を適切に設定すべきである（補充原則 4 － 2 ① 中長期の業績に連動する報酬・株式報酬の活用促進）。」と規定されています。

(3) 我が国の上場企業は、諸外国に比べ、役員報酬に占める固定報酬の割合が高く、業績連動報酬の割合が低い傾向にあります。業績連動報酬にも、長期と短期があり、また、現金報酬と株式報酬とがあり、各企業の状況に合わせてこれらを適切に組み合わせるべきであるというのが、上記のコーポレートガバナンス・コードの記載です。株式報酬としては、諸外国では、株価の上昇分を経済的利益として享受でき、株価の上昇が見込まれる企業において用いられるストック・オプション（新株予約権：SO）、役員に対するリテンション効果を期待して用いられるリストリクテッド・ストック（譲渡制限付株式：

RS)、業績目標の設定と組み合わせて株価の騰落による利益および不利益を反映できるパフォーマンス・シェア（PS）等が、それぞれの性質に応じて用いられています。

3. 改正の趣旨

(1) 近年、我が国でも、上記のコーポレートガバナンス・コードの要請等を背景に、法人がその役員に中長期的なインセンティブ効果またはリテンション効果を持たせること等を目的として、多様な形態の給与等を支給する事例が増加しつつあります。

　　しかしながら、例えば次に掲げるように、経済的効果が同様と考えられる給与等であっても支給形態が異な場合には税制上異なる取扱いとなるなど、役員給与等の実態と税制上の損金算入要件との乖離や役員給与等の類型間での不整合が生じていたところです。

① 　同銘柄・同数であっても事前交付された譲渡制限付株式は損金算入の対象となるが事後交付された譲渡制限付株式は対象とならないこと

② 　利益に連動する給与は損金算入の対象となるが株価に連動する給与は対象とならないこと

③ 　1事業年度の利益連動指標は損金算入の対象となるが中長期の利益連動指標は対象とならないこと

④ 　業績に連動して没収数が変動する譲渡制限付株式による給与が事前確定届出給与となっているといわれていること

⑤ 　退職給与やストック・オプションによる給与は、利益に連動するものであっても厳格な要件を満たさずとも損金算入できること等

(2) 他方で、役員給与等については、お手盛り的な支給が懸念されることから、支給の恣意性を排除することが適正な課税を実現する観点から不可欠であるとの考えの下、平成18年度税制改正において、定期に定額を支給する役員給与ほか、「事前の定めにより役員給与の支給時期や支給額に対する恣意性が排除されているものについて損金算入を認める」、「利益と連動する役員給与

について、適正性や透明性が担保されていることを条件に損金算入を認める」
との整理がなされているところであり、この整理は維持すべきものと考えら
れます。

(3) 以上により、適正な手続等を経ていることとの要件を維持した上で、短期
業績連動と長期業績連動、現金報酬と株式報酬など、各種の役員給与等につ
いて全体的に整合的な制度となるように税制の整備が行われました。

4. 改正の内容

(1) 定期同額給与の見直し

定期給与の各支給時期における支給額から源泉税等の額[注]を控除した金額
が同額である場合には、その定期給与のその各支給時期における支給額は、同
額であるものとみなすこととされました（法令69②)。

(注)源泉税等の額とは、定期給与について源泉徴収をされる所得税の額、定期給与
について特別徴収をされる地方税の額、健康保険法167条1項その他の法令
の規定により定期給与の額から控除される社会保険料（所得税法74条2項に
規定する社会保険料）の額その他これらに類するものの額の合計額をいうこ
ととされています（法令69②)。

(2) 事前確定届出給与の見直し

①　株式または新株予約権を交付する給与の追加

事前確定届出給与の範囲に、所定の時期に確定した数の株式または新株
予約権を交付する旨の定めに基づいて支給する給与が追加されました（法
法34①二)。

これにより、対象期間経過後に確定数の株式を交付するいわゆるリスト
リクテッド・ストック・ユニット（RSU）が損金算入の対象となります。ま
た、事前に株式を交付する特定譲渡制限付株式による給与についても、確
定した額の金銭債権をあらかじめ定めるものだけでなく、確定した株式の

数をあらかじめ定めるものが損金算入の対象となります。

これに伴い、事前確定届出給与の対象となる給与が、Ⅰ確定した額の金銭、Ⅱ確定した数の株式または新株予約権およびⅢ確定した額の金銭債権に係る特定譲渡制限付株式または特定新株予約権の3類型とされました。

この場合、Ⅱの株式もしくは新株予約権またはⅢの特定譲渡制限付株式もしくは特定新株予約権に係る承継譲渡制限付株式または承継新株予約権による給与についても、事前確定届出給与として損金算入の対象とされています（法法34①二）。

また、この3類型化に伴い、確定した額に相当する適格株式または適格新株予約権（下記(a)b.参照）を交付する旨の定めに基づいて支給する給与（確定した額の金銭債権に係る特定譲渡制限付株式または特定新株予約権を交付する旨の定めに基づいて支給する給与を除きます。）は、Ⅰの確定した額の金銭を交付する旨の定めに基づいて支給する給与に該当するものとされています（法令69⑧）。

なお、株式の場合、確定した額を交付直前の所定の時期の株価で除して適格株式の交付数を算定することになると考えられますが、除した結果1に満たない端数が生じた場合には、その適格株式とその端数に相当する金銭とを併せて支給する給与が全体として「確定した額に相当する適格株式を交付する旨の定めに基づいて支給する給与」に該当します。

（a）損金算入の要件

所定の時期に確定した数の株式または新株予約権を交付する給与は、次の要件の全てを満たすものが事前確定届出給与として損金の額に算入されることになります。

a. 税務署長に届出をしていること

この届出の期限[注1]は、従前の事前確定届出給与と同様であり、原則として、株主総会、社員総会その他これらに準ずるもの（以下「株主総会等」）の決議をした日から1月を経過する日とされています（法令69④）。

そして、特定新株予約権（後記）による給与については、従前の特定譲

渡制限付株式による事前確定届出給与の届出不要となる要件と同様に、将来の役務の提供に係るものとして一定の要件を満たすものは届出が不要とされています。

具体的には、その役員の職務につき、株主総会等の決議[注2]により所定の時期に確定した数の特定新株予約権を交付する旨の定め[注3]をした場合におけるその定めに基づいて交付されるものが、届出不要とされています（法法34①二イ、法令69③一）。

また、この届出不要の要件に該当した特定新株予約権に係る承継新株予約権による給与および届出に関する要件を満たした特定新株予約権に係る承継新株予約権による給与についても、届出不要とされています（法令69③三）。

なお、特定譲渡制限付株式による事前確定届出給与の届出不要となる要件は、内容の変更を伴う改正はされていません。また、届出に関する要件を満たした特定譲渡制限付株式に係る承継譲渡制限付株式による給与について届出が不要であることが明確化されています（法令69③二）。

> （注1）届出の期限については、確定申告書の提出期限の延長の特例の改正に伴い、所要の見直しが行われています。詳細は下記(5)を参照。また、届出書の記載事項については、所要の見直しが行われています。詳細は下記(e)および③を参照。
>
> （注2）その職務の執行の開始の日から1月を経過する日までにされるものに限ります。
>
> （注3）その決議の日から1月を経過する日までに特定新株予約権を交付する旨の定めに限ります。

b. 交付される株式または新株予約権が適格株式または適格新株予約権であること

適格株式とは市場価格のある株式または市場価格のある株式と交換される株式[注1]でその内国法人またはその内国法人との間に支配関係がある法人[注2]が発行したものを、適格新株予約権とはその行使により市場

価格のある株式が交付される新株予約権でその内国法人またはその内国法人との間に支配関係がある法人が発行したものを、それぞれいうこととされています（法法34①ニロハ）。

(注1)「市場価格のある株式と交換される株式」とは、種類株式を使用する方式による特定譲渡制限付株式で、その取得の対価として市場価格のある株式が交付されるものを想定しています。

(注2)「支配関係がある法人」とは、その給与に係る株主総会等の決議をする日において、その日からその株式または新株予約権を交付する日(＊)までの間、その内国法人と他の法人との間に当該他の法人による支配関係が継続することが見込まれている場合における当該他の法人とされています（法法34⑦、法令71の2）。

(＊) 関係を継続すべき期間の終期である「株式または新株予約権を交付する日」は、特定譲渡制限付株式にあっては譲渡についての制限が解除される日とされ、特定新株予約権にあってはその行使が可能となる日とされています（法令71の2）。

(b) 損金算入額

内国法人の役員の職務につき、所定の時期に、確定した数の株式または新株予約権を交付する旨の定めに基づいて支給する給与（定期同額給与、業績連動給与および届出不要とされる給与を除きます。以下「確定数給与」）に係る費用の額は、特定譲渡制限付株式もしくは承継譲渡制限付株式または特定新株予約権もしくは承継新株予約権による給与を除き、その交付した株式または新株予約権と銘柄を同じくする株式または新株予約権のその定めをした日における1単位当たりの価額にその交付した数を乗じて計算した金額（以下「交付決議時価額」）(注1、2、3)に相当する金額とされています（法令71の3①）。

これは、役員退職給与についても適用されます。

(注1) 交付決議時価額からは、その交付に際してその役員から払い込まれる金銭の額および給付を受ける金銭以外の資産（その職務につきその役

員に生ずる債権を除きます。）の額を除くこととされています（法令71の3①）。

(注2) 確定数給付の支給として他の法人の株式または新株予約権を交付した場合の譲渡損益の計算の基礎となる譲渡対価の額は、交付決議時価額に相当する金額とされ、確定数給与の支給として自己の株式を交付した場合の増加する資本金等の額となる対価の額は、交付決議時価額に相当する金額とされています（法令71の3②）。

(注3) これに伴い、過大な役員給与の損金不算入制度のうち形式基準による損金不算入措置の適用上、確定数給与については、交付決議時価額を超える部分の金額を損金不算入とすることとされました（法令70一ロ）。

(c) 特定譲渡制限付株式による給与

確定した額の金銭債権に係る特定譲渡制限付株式による給与について、特定譲渡制限付株式が適格株式に限定されました（法法34①二）。

(d) 業績悪化改定事由の整備

業績悪化改定事由による事前確定届出給与に係る定めの内容の変更について、支給額を減額するもののほか、交付する株式または新株予約権の数を減少させるものも、その変更の届出をすることによりその変更後の給与が事前確定届出給与に該当することとされました（法令69⑤）。

(e) 届出書の記載事項の整備

株式または新株予約権による給与に係る当初届出および変更届出に係る届出書の記載事項については、支給額に代えて、交付する株式または新株予約権の銘柄、次の事項および条件その他の内容とされました（法規22の3①三②三）。

a. 確定数給与に該当する場合には、その交付する数および交付決議時価額

b. 内国法人の役員の職務につき、所定の時期に、確定した額の金銭債権に係る特定譲渡制限付株式または特定新株予約権を交付する旨の定めに基づいて支給する給与に該当する場合には、その金銭債権の額

② 除外される利益連動給与の範囲の見直し

下記(3)の改正に伴い、事前確定届出給与から、業績連動給与[注1]（改正前：利益の状況を示す指標を基礎として算定される額を支給する給与）を除外することとされました（法法34①二）。

これにより、特定譲渡制限付株式による給与[注2]で無償で取得される株式の数が役務の提供期間以外の事由により変動するものが、事前確定届出給与に該当しないこととなります。

（注1）業績連動給与については、下記(3)を参照。

（注2）特定譲渡制限付株式による給与については、平成28年度税制改正において、全ての譲渡制限が解除されるのが通常であるという前提で事前確定届出給与として整理されたものです。

また、特定譲渡制限付株式または承継譲渡制限付株式による給与で無償で取得される株式の数が役務の提供期間以外の事由により変動するものについては、譲渡制限が解除されず無償取得されると見込まれる数の期待値を確率論的に算出してこれに相当する部分を割り引いた金額を現物出資される金銭債権の額とすることが考えられますが、見積りの要素が大きく入る場合にそもそも「確定した額」といえるのかという解釈上の疑問が呈されていたのみならず、事前確定届出給与の趣旨に合致しないとの指摘もありました。

そこで、実質的に同様の効果を得ることができる株式による後払いの業績連動給与を損金算入できることとする下記(3)の改正に合わせ、適正化されたものです。

③ 届出書の記載事項の整備

届出書の記載事項については、上記①(e)のほか、次の整備が行われています。

(a) 当初届出における事前確定届出給与以外の給与に関する事項について、下記(3)の改正等に伴い、記載の対象となる給与をその届出の対象となる事前確定届出給与に係る職務を執行する期間内の日の属する会計期間にお

いて支給する事前確定届出給与以外の給与とされ、業績連動給与または金銭以外の資産による給与にあっては、各支給時期における支給額に代えてその概要が記載事項とされました（法規22の3①七）。

(b) 届出をする内国法人の名称、納税地および法人番号ならびに代表者の氏名が当初届出および変更届出における記載事項であることが法令上明記されました（法規22の3①一②一）。

(3) 利益連動給与（改正後：業績連動給与）の見直し

① 支給額の算定方法の基礎とすることができる指標の改正

(a) 株式の市場価格の状況を示す指標の追加

給与の支給額の算定方法の基礎とすることができる指標に、株式の市場価格の状況を示す指標が追加されました（法法34①三イ）。

具体的には、次のとおりです（法令69⑪）。

a. その給与に係る職務を執行する期間の開始の日（以下「職務執行期間開始日」）の属する事業年度開始の日以後の所定の期間または職務執行期間開始日以後の所定の日における株式[注1、2]の市場価格またはその平均値

（注1）株式は、給与を支給する内国法人またはその内国法人との間に完全支配関係がある法人の株式に限ることとされています（法法34①三イ、法令69⑪一）。

（注2）株式には、出資を含むこととされています。以下同じ。

〔具体例〕将来の株価相当の金銭（ファントム・ストック）

b. 上記 a. の指標の数値が職務執行期間開始日の属する事業年度開始の日以後の所定の期間以前の期間または職務執行期間開始日以後の所定の日以前の日における次の指標の数値その他の目標とする指標の数値であって既に確定しているもの（以下「株価等の確定値」）を上回る数値または上記 a. の指標の数値の株価等の確定値に対する比率

ⓐ 上記 a. の指標に相当する指標の数値

ⓑ 金融商品取引所に上場されている株式について多数の銘柄の価格の

水準を総合的に表した指標の数値

〔具体例〕株価の上昇幅（ストック・アプリシエーション・ライト（SAR）、インデックス（TOPIX、日経平均など）比

c. 上記a.の指標の数値に職務執行期間開始日の属する事業年度開始の日以後の所定の期間または職務執行期間開始日以後の所定の日の属する事業年度における有価証券報告書に記載されるべき発行済株式⁽注⁾の総数を乗じて得た額（すなわち時価総額）

（注）発行済株式は、自己が有する自己の株式を除きます（法令69⑩三）。

d. 職務執行期間開始日の属する事業年度開始の日以後の所定の期間または職務執行期間開始日以後の所定の日におけるその株式の市場価格またはその平均値がその所定の期間以前の期間またはその所定の日以前の日におけるその株式の市場価格の数値で既に確定しているもの（以下「株価の確定値」）を上回る数値とその所定の期間開始の日またはその所定の日以後に終了する事業年度の有価証券報告書に記載されるべき支払配当の額を発行済株式⁽注⁾の総数で除して得た数値とを合計した数値の株価の確定値に対する比率

なお、計算式で示すと次のようになります。

〔(A － B) ＋ (C ÷ D)〕÷ B

A：職務執行期間開始日の属する事業年度開始の日以後の所定の期間または職務執行期間開始日以後の所定の日におけるその株式の市場価格またはその平均値

B：その所定の期間以前の期間またはその所定の日以前の日におけるその株式の市場価格の数値で既に確定しているもの（以下「株価の確定値」）

C：その所定の期間開始の日またはその所定の日以後に終了する事業年度の有価証券報告書に記載されるべき支払配当の額

D：発行済株式の総数

（注）発行済株式は、自己が有する自己の株式を除きます（法令69⑩三）。

〔**具体例**〕株主総利回り（TSR）

e. 上記 a. から d. までの指標に準ずる指標

上記 a. から d. までの指標を組み合わせて算出したものであり、上記 a. から d. までの指標そのものではないが類似するもの等が該当すると考えられます。

(b) 売上高の状況を示す指標の追加

給与の支給額の算定方法の基礎とすることができる指標に、売上高の状況を示す指標が追加されました（法法 34 ①三イ）。

ただし、利益の状況を示す指標または株式の市場価格の状況を示す指標と同時に用いられるもの^(注)で、有価証券報告書に記載されるものに限ることとされています（法 34 ①三イ）。

具体的には、次のとおりです（法令 69 ⑫）。

a. 職務執行期間開始日以後に終了する事業年度（以下「対象事業年度」）における有価証券報告書に記載されるべき売上高の額

b. 上記 a. の指標の数値から対象事業年度における有価証券報告書に記載されるべき費用の額を減算して得た額

なお、売上高から、これに対応する特定の費用を減算した数値が該当することになりますが、営業費用全体を減算するものは、利益の状況を示す指標に該当します。

c. 上記 a. または b. の指標の数値が対象事業年度前の事業年度のこれらの指標に相当する指標の数値その他の対象事業年度において目標とする指標の数値であって既に確定しているもの（以下「売上高等の確定値」）を上回る数値または上記 a. または b. の指標の数値の売上高等の確定値に対する比率

d. 上記 a. から c. までの指標に準ずる指標

上記 a. から c. までの指標を組み合わせたもの、上記 a. から c. までの指標そのものではないが類似するもの、上記 b. の有価証券報告書に記載されるべき事項（義務的記載事項）をこれに準ずるもの（任意的記載事項）

に置き換えたもの等が該当すると考えられます。

(注) 売上高に関する指標が利益の状況を示す指標または株式の市場価格に関する指標と同時に用いられるものに限られているのは、売上高のみを追求する結果、会社全体の利益や企業価値が低下する場合には、職務執行の対価としての合理性に欠けることによるものです。

(c) 利益の状況を示す指標の要素となる指標の算出期間の見直し

利益の状況を示す指標の要素となる利益の額、費用の額等の算出期間について、職務執行期間開始日以後に終了する事業年度とされました（法法34①三イ、法令69⑩）。

これにより、複数年度の指標を用いることが可能となります。

これは、近年、中長期的な業績に連動する給与を支給する事例が広く見受けられ、短期的な業績よりもむしろ中長期的な業績に連動する給与の方が望ましいとの考え方が一般的となる中、税制上も、客観的な算定方法が適正な手続を経てあらかじめ定められている限りにおいては，複数年度の指標が用いられていても単年度の指標を用いる場合と同様に恣意性が排除されていると考えることができることによるものです。なお、職務を執行する期間の終了後の期間を含めることも可能となります。

(d) 損金経理要件の見直し

上記(a)から(c)までの改正により複数年度の指標に連動する給与が損金算入の対象になることに伴い、損金経理要件について、給与の見込額として損金経理により引当金勘定に繰り入れた金額を取り崩す方法により経理していることとの要件を満たす場合にも損金算入できることとされました（法令69⑰二）。

損金算入時期は、法人税法54条または54条の2の適用があるものを除き、通常の債務確定原則によります。

なお、交付する資産や交付の方法によっては、会計上費用計上すべき金額と損金算入額が一致しないこともありますが、損金経理額を損金算入の上限とする要件ではないことから、適正に費用計上することを要件

として税務上の損金算入額が損金算入されます。

② 株式または新株予約権による給与の追加

(a) 株式または新株予約権による給与が業績連動給与の範囲に追加

　　株式または新株予約権による給与が、損金算入できる業績連動給与(注1、2、3、4、5)の範囲に追加されました。

　　具体的には、交付される株式もしくは新株予約権の数または交付される新株予約権のうち無償で取得され、もしくは消滅する数の算定方法が業績連動指標を基礎とした客観的なもので確定した数を限度としているものであることの要件を満たす業績連動給与が、損金算入できる業績連動給与の範囲に追加されました（法法34①三イ）。

(注1) 業績連動指標とは、職務執行期間開始日以後に終了する事業年度の利益の状況を示す指標（上記①(c)の改正後の利益の状況を示す指標）、上記①(a)の株式の市場価格の状況を示す指標および上記①(b)の売上高の状況を示す指標をいい、金銭による給与の場合と同様です。また、他の業務執行役員に係る算定方法と同様のものであること、一定の日までに報酬委員会の決定等の適正な手続を経ていること、その内容がその手続の終了後遅滞なく有価証券報告書等により開示されていること等の他の要件も、金銭による給与の場合と同様です。

(注2) 業績連動給与とは、利益の状況を示す指標、株式の市場価格の状況を示す指標その他の内国法人またはその内国法人との間に支配関係がある法人の業績を示す指標を基礎として算定される額または数の金銭または株式もしくは新株予約権による給与および特定譲渡制限付株式もしくは承継譲渡制限付株式または特定新株予約権もしくは承継新株予約権による給与で無償で取得され、または消滅する株式または新株予約権の数が役務の提供期間以外の事由により変動するものをいうこととされています（法法34⑤）。この業績連動給与は、事前確定届出給与から除外される給与であるとともに、業績連動給与として損金算入の対象となる給与となり得る給与として規定されているため、業績連

動給与であっても上記の要件を満たさないものは損金算入の対象となりません。

（注3）無償で取得される数が業績に関する指標等により変動する譲渡制限付株式による給与については、会社法の資本規制との関係では、その譲渡制限付株式の交付と引換えに現物出資される金銭債権の額の算定に当たり、譲渡制限が解除されず無償取得されると見込まれる数の期待値を確率論的に算出してこれに相当する部分を割り引くことが考えられますが、割り引かない方法も採用されているようであるなどその評価の方法や実務が確立していないこと、また、会計上の取扱いも明らかにされていないことから、税法上積極的にこれを規定して損金算入可能とするには時期尚早と考えられ、当面の対応として対象外とされたものです。

（注4）株式による給与については、具体的には、業績連動指標に応じて交付する株式数を変動させる給与を指標の確定後に支給する、いわゆるパフォーマンス・シェアがこれに該当します。法人から役員に直接支給する場合には、会社法との関係上、役員に金銭債権を付与し、これを現物出資させることにより株式を付与する必要があります。また、信託（受益者等課税信託）を設定してその信託を経由して役員に株式を交付する方法による場合も、この「株式による給与」となります。

（注5）一定の要件を満たせば確定数が支給される（または一切消滅しないもしくは一切無償取得されない）が、要件を満たさない場合には一切支給されない（または全部消滅するもしくは全部無償取得される）などの要件が設定されている給与は、業績連動給与には該当しません。しかし、この場合、事前確定届出給与の要件を満たせば、その確定数が支給される場合に損金算入されることになります。

(b) 株式および新株予約権の要件

a. 株式は、市場価格のある株式または市場価格のある株式と交換される株式で、その内国法人またはその内国法人との間に支配関係がある法人

が発行したもの（適格株式）に、新株予約権は、その行使により市場価格のある株式が交付される新株予約権でその内国法人またはその内国法人との間に支配関係がある法人が発行したもの（適格新株予約権）に、それぞれ限ることとされています（法法34①ニロハ・三）。

この「支配関係がある法人」とは、報酬委員会の決定等の適正な手続の終了の日において、その日からその株式または新株予約権を交付する日（下記の特定新株予約権にあっては、その行使が可能となる日）までの間、その内国法人と他の法人との間に当該他の法人による支配関係が継続することが見込まれている場合における当該他の法人とされています（法法34⑦、法令71の2）。

なお、株式または新株予約権による給与について、算定方法によって算定した結果交付すべき数に1に満たない端数が生じた場合にその端数に相当する金額を交付する場合にも、全体が「株式または新株予約権による給与」に該当します。

b. 株式または新株予約権による給与の追加に伴い、指標の数値が確定した後1月以内に支払われ、または支払われる見込みであることとの要件について、次の給与の区分に応じそれぞれ次の要件とされました（法令69⑰一）。

　　ⓐ　下記ⓑの給与以外の給与については、次の給与の区分に応じそれぞれ次の日（次の給与で2以上のもの（その給与に係る職務を執行する期間が同一であるものに限ります。）が合わせて支給される場合には、それぞれの給与に係る次の日のうち最も遅い日）までに交付され、または交付される見込みであること。

　　　　㋑　金銭による給与については、その金銭の額の算定の基礎とした業績連動指標の数値が確定した日の翌日から1月を経過する日

　　　　㋺　株式または新株予約権による給与については、その株式または新株予約権の数の算定の基礎とした業績連動指標の数値が確定した日の翌日から2月を経過する日

ⓑ　特定新株予約権または承継新株予約権による給与で、無償で取得され、または消滅する新株予約権の数が役務の提供期間以外の事由により変動するものについては、その特定新株予約権またはその承継新株予約権に係る特定新株予約権が報酬委員会の決定等の適正な手続の終了の日の翌日から1月を経過する日までに交付されること。

c.　特定新株予約権による給与に係る算定方法が報酬委員会の決定等の適正な手続を経ていることの要件およびその内容が有価証券報告書等により開示されていることとの要件を満たす場合には、その特定新株予約権に係る承継新株予約権による給与に係る算定方法は、これらの要件を満たすものとされています（法令69⑲）。

③　一定の同族会社が支給する給与の追加

(a)　同族会社のうち同族会社以外の法人との間にその法人による完全支配関係がある法人(注1)が支給する給与が、損金算入できる業績連動給与(注2、3)の範囲に追加されました（法法34①三）。

　　この場合の要件は、報酬委員会の決定等の適正な手続に関する要件および有価証券報告書等による開示に関する要件以外は、同族会社以外の法人と同様とされています。

(注1)　同族会社以外の法人との間にその法人による完全支配関係がある法人に該当するかどうかの判定は、報酬委員会の決定等の適正な手続の終了の日の現況によるものとされています（法令69⑱）。

(注2)　株式または新株予約権による給与の場合、損金算入可能となるのは上記②で市場価格のある株式またはその行使により市場価格のある株式が交付される新株予約権を交付するものに限られますので、その同族会社が発行する株式または新株予約権による給与は損金算入の対象外となり、市場価格のある株式を発行している親会社の株式または新株予約権を交付する必要があります。株式の市場価格の状況を示す指標を基礎とする場合も、同様に、市場価格のある株式を発行する親会社の株式の市場価格を基礎とする必要があります。

（注3）利益の状況を示す指標または売上高の状況を示す指標を基礎とする場合には、その同族会社の利益または売上高のほか、その同族会社を含む会計上の連結グループの連結財務諸表の利益または売上高を用いることも可能です。なお、その同族会社の利益または売上高を基礎とする場合には、親会社の有価証券報告書にその同族会社の利益または売上高等を任意開示する必要があります。

（b）報酬委員会の決定等の適正な手続に関する要件は、次のとおりとされています（法令69⑯）。

a．その内国法人との間に完全支配関係がある法人（同族会社を除きます。以下「完全支配関係法人」）の報酬委員会^(注1)の決定に従ってするその内国法人の株主総会または取締役会の決議による決定

（注1）報酬委員会とは、会社法404条3項の報酬委員会をいい、その内国法人もしくはその完全支配関係法人の業務執行役員^(注2)またはその業務執行役員と特殊の関係のある者^(注3)（以下「業務執行役員関連者」）がその委員となっているものを除きます。

（注2）業務執行役員とは、この手続の終了の日において次のいずれかに該当する者をいうこととされています（法令69⑨）。

① 代表取締役および代表取締役以外の取締役であって取締役会の決議によって取締役会設置会社の業務を執行する取締役として選定されたもの

② 執行役

③ 上記①または②に準ずる役員

（注3）特殊の関係のある者とは、次の者をいうこととされています（法令69⑭）。

① 業務執行役員の親族

② 業務執行役員と婚姻の届出をしていないが事実上婚姻関係と同様の事情にある者

③ 業務執行役員（個人である業務執行役員に限ります。④において

同じ）の使用人

④　上記①から③までの者以外の者で業務執行役員から受ける金銭その他の資産によって生計を維持しているもの

⑤　上記②から④までの者と生計を一にするこれらの者の親族

b.　完全支配関係法人^(注1)の報酬諮問委員会^(注2)に対する諮問その他の手続を経たその完全支配関係法人の取締役会の決議による決定に従ってするその内国法人の株主総会または取締役会の決議による決定

（注1）指名委員会等設置会社を除きます。

（注2）報酬諮問委員会とは、取締役会の諮問に応じ、その完全支配関係法人およびその内国法人の業務執行役員の個人別の給与の内容を調査審議し、およびこれに関し必要と認める意見を取締役会に述べることができる3以上の外部の委員から構成される合議体（その委員の過半数がその内国法人またはその完全支配関係法人の上記a.（注2）①から③までの役員または使用人となったことがない者であるものに限ります。）をいい、その業務執行役員または業務執行役員関連者がその委員となっているものを除きます。

c.　完全支配関係法人が監査役会設置会社^(注1)である場合のその完全支配関係法人の取締役会の決議による決定^(注2)に従ってするその内国法人の株主総会または取締役会の決議による決定

（注1）業務執行役員関連者が監査役になっている会社を除きます。

（注2）監査役の過半数がその算定方法につき適正であると認められる旨を記載した書面をその完全支配関係法人に対し提出している場合におけるその決定に限ります。

d.　完全支配関係法人が監査等委員会設置会社^(注1)である場合のその完全支配関係法人の取締役会の決議による決定^(注2)に従ってするその内国法人の株主総会または取締役会の決議による決定

（注1）業務執行役員関連者が監査等委員である取締役になっている会社を除きます。

（注2）監査等委員である取締役の過半数がその決議に賛成している場合にお
けるその決定に限ります。

e. 上記 a. から d. までの手続に準ずる手続

(c) 有価証券報告書等による開示に関する要件について、有価証券報告書、
四半期報告書、半期報告書または臨時報告書に記載する方法による開示の
場合にはこれらの報告書は完全支配関係法人が提出するこれらの報告書と
され、TDnet による開示の場合には完全支配関係法人が行う開示とされて
います（法規 22 の 3 ④）。

これは、グループ経営の進展に対応した改正ですが、同族会社に該当す
る子会社は、通常、親会社が報酬を含めた意思決定権を有しており、多数
の株主の監視が働くものではないことから、同族会社でない親会社の報酬
委員会の決定等を要件とし、子会社の役員の報酬を親会社の株主の監視下
のものとすることで、客観性を保つものです。

なお、完全支配関係がある法人に限定されているのは、少数株主が存す
る子会社においては，親会社の株主は少数株主の利益を考慮する義務がな
く、我が国の会社法は少数株主の保護において必ずしも十分な対応がされ
ているとはいえないとの議論が法制審議会においてされている状況を踏ま
えたものです。

（4）退職給与および新株予約権による給与の見直し

退職給与で業績連動給与に該当するものおよび新株予約権による役員給与に
ついて、法人税法 34 条 1 項の損金算入要件を満たさないものは、損金不算入と
されました（法法 34 ①）。

① 役員に対する退職給与

役員に対する退職給与については、近年、業績に連動した指標を基礎と
して支給されるものが散見されるところ、退職を基因として支給するか否
かで損金算入要件が大きく異なるのは制度として不整合ともいえるため、
業績連動給与の損金算入要件を満たさないものは損金不算入とされたので

す。

なお、最終報酬月額に勤務期間月数を乗じてこれに功績倍率を乗ずる方法により支給額が算定される退職給与は、業績連動給与に該当しないため、従前どおり、法人税法34条1項の対象外となります。

また、退職給与で業績連動給与に該当するものについては、条文上、法人税法34条1項各号のいずれかに該当すれば、他の損金不算入規定に抵触しない範囲で損金算入されることになりますが、定期同額給与や事前確定届出給与として損金算入されるものは想定されていません。

② 新株予約権による給与

新株予約権による給与については、従前は定期同額給与や事前確定届出給与に類するものとして法人税法34条1項の対象外とされていたところ、交付数そのものが業績に連動した指標を基礎として算定されるものや、行使可能数が業績に連動した指標を基礎として算定されるものが散見されることから、株式による給与を法人税法34条1項の対象とする改正に伴い、交付資産の違いによって損金算入要件に大きな差が生じないようにするため、事前確定届出給与または業績連動給与の損金算入要件を満たさないものは損金不算入とされたものです。

なお、新株予約権による給与であっても、退職給与に該当し、かつ、業績連動給与に該当しないものは、従前どおり、法人税法34条1項の対象外となります。

また、新株予約権による給与について、定期同額給与として損金算入されるものは想定されていません。

（5）確定申告書の提出期限の延長の特例の改正に伴う見直し

「確定申告書の提出期限の延長の特例」（法法71、75の2、81の19、81の24、144の3、144の8）の改正に伴い、次の見直しが行われました。

① 定期同額給与の改定（臨時改定事由および業績悪化改定事由により行われる改定を除きます。）の期限については、原則として、その事業年度開始の日

の属する会計期間開始の日から3月を経過する日とされていますが、確定申告書の提出期限の延長の特例の延長期間の指定を受けている内国法人にあっては、その会計期間開始の日からその指定に係る月数に2を加えた月数を経過する日とされました[注1、2]（法令69①一イ）。

(注1) これに伴い、保険会社については、確定申告書の提出期限の延長の特例の延長期間の指定を受けている場合には上記のとおりとなりますが、その指定を受けていない場合には、原則どおり上記の会計期間開始の日から3月を経過する日とされました。

(注2) 連結納税制度の場合には、連結親法人が連結確定申告書の提出期限の延長の特例の延長期間の指定を受けている場合には上記のとおりとなりますが、その指定を受けていない場合であっても、次の場合に該当する場合には、上記の会計期間開始の日から4月を経過する日とされています（法令155、法規36の5①）。

　(a) その連結法人が会計監査人を置いている場合で、かつ、定款、寄附行為、規則、規約その他これらに準ずるもの（以下「定款等」）の定めにより各連結事業年度終了の日の翌日から3月以内にその連結法人の決算についての定時総会が招集されない常況にあると認められる場合

　(b) その連結法人に特別の事情があることにより各連結事業年度終了の日の翌日から3月以内にその連結法人の決算についての定時総会が召集されない常況にあることその他やむを得ない事情があると認められる場合

② 事前確定届出給与の当初届出の期限については、原則として、株主総会等の決議をした日（その日が役員の職務の執行の開始の日後である場合には、その開始の日）から1月を経過する日がその職務の執行の開始の日の属する会計期間開始の日から4月を経過する日後である場合にはその4月を経過する日とされていますが、確定申告書の提出期限の延長の特例の延長期間の指定を受けている内国法人にあっては、その1月を経過する日がその職務の執行の開始の日の属する会計期間開始の日からその指定に係る月数

に 3 を加えた月数を経過する日後である場合にはその 3 を加えた月数を経過する日とされました[注1、2]（法令 69 ④一）。

(注1) これに伴い、保険会社については、確定申告書の提出期限の延長の特例の延長期間の指定を受けている場合には上記のとおりとなりますが、その指定を受けていない場合には、原則どおり上記の 1 月を経過する日が上記の会計期間開始の日から 4 月を経過する日後である場合にはその 4 月を経過する日とされました。

(注2) 連結納税制度の場合には、連結親法人が連結確定申告書の提出期限の延長の特例の延長期間の指定を受けている場合には上記のとおりとなりますが、その指定を受けていない場合であっても、次の場合に該当する場合には、上記の会計期間開始の日から 5 月を経過する日とされています（法令 155、法規 36 の 5 ①）。この場合には、事前確定届出給与の当初届出に係る届出書の記載事項として、定款等の定めまたは特別の事情もしくはやむを得ない事情の内容を記載することとされています（法規 36 の 5 ②）。

 (a) その連結法人が会計監査人を置いている場合で、かつ、定款、寄附行為、規則、規約その他これらに準ずるもの（以下「定款等」）の定めにより各連結事業年度終了の日の翌日から 3 月以内にその連結法人の決算についての定時総会が招集されない常況にあると認められる場合

 (b) その連結法人に特別の事情があることにより各連結事業年度終了の日の翌日から 3 月以内にその連結法人の決算についての定時総会が召集されない常況にあることその他やむを得ない事情があると認められる場合

③ 業績連動給与の報酬委員会の決定等の手続の期限については、原則として、職務執行期間開始日の属する会計期間開始の日から 3 月を経過する日とされていますが、確定申告書の提出期限の延長の特例の延長期間の指定を受けている内国法人にあっては、その会計期間開始の日からその指定に係る月数に 2 を加えた月数を経過する日とされました[注1、2]（法令 69 ⑬）。

（注1）これに伴い、保険会社については、確定申告書の提出期限の延長の特例の延長期間の指定を受けている場合には上記のとおりとなりますが、その指定を受けていない場合には、原則どおり上記の会計期間開始の日から3月を経過する日とされました。

（注2）連結納税制度の場合には、連結親法人が連結確定申告書の提出期限の延長の特例の延長期間の指定を受けている場合には上記のとおりとなりますが、その指定を受けていない場合であっても、次の場合に該当する場合には、上記の会計期間開始の日から4月を経過する日とされています（法令155、法規36の5①）。

　（a）その連結法人が会計監査人を置いている場合で、かつ、定款、寄附行為、規則、規約その他これらに準ずるもの（以下「定款等」）の定めにより各連結事業年度終了の日の翌日から3月以内にその連結法人の決算についての定時総会が招集されない常況にあると認められる場合

　（b）その連結法人に特別の事情があることにより各連結事業年度終了の日の翌日から3月以内にその連結法人の決算についての定時総会が召集されない常況にあることその他やむを得ない事情があると認められる場合

（6）譲渡制限付株式を対価とする費用の帰属事業年度の特例の見直し

①　役務を受ける法人と発行法人との関係の見直し

　個人から役務の提供を受ける法人以外の法人が発行した特定譲渡制限付株式が交付される場合に、その役務の提供を受ける法人とその発行した法人との間に特定の関係がない場合にも本特例の特定譲渡制限付株式とされました（法法54①）。

　なお、役員に対し給与として特定譲渡制限付株式が交付された場合に損金の額に算入されるためには、上記(2)①(a)bで述べたとおり、譲渡制限が解除されるまでの間役務の提供を受ける法人との間に支配関係が継続することが見込まれる必要があります。

また、これに伴い、特定譲渡制限付株式を発行した法人を被合併法人または分割法人とする合併または分割型分割が行われた場合において、その被合併法人の特定譲渡制限付株式を有する者に交付されるその合併に係る合併法人もしくはその合併の直前にその合併に係る合併法人との間にその合併法人の発行済株式もしくは出資（自己が有する自己の株式または出資を除きます。以下「発行済株式等」）の全部を保有する関係がある法人の譲渡制限付株式またはその分割法人の特定譲渡制限付株式を有する者に交付されるその分割型分割に係る分割承継法人もしくはその分割型分割の直前にその分割型分割に係る分割承継法人との間にその分割承継法人の発行済株式等の全部を保有する関係がある法人の譲渡制限付株式が、承継譲渡制限付株式とされ、株式の保有関係の継続見込みは不要とされました（法法54①、法令111の2②）。

② 役務提供時期とされる時期の見直し

　特定譲渡制限付株式について、給与等課税額^(注)が生ずることが確定した日（改正前：給与等課税事由が生じた日）において役務の提供を受けたものとすることとされました（法法54①）。

　これは、譲渡制限が解除されていなくても、無償で取得される可能性がなくなった場合には、その時点において権利が確定したといえるので、そのなくなった日において役務の提供を受けたものとすることとされたものです。

（注）「給与等課税額」とは、給与所得、事業所得、退職所得又は雑所得に係る収入金額とすべき金額または総収入金額に算入すべき金額をいいます（法法54①、法令111の2③）。

③ 非居住者に対する特定譲渡制限付株式の取扱いの見直し

　非居住者に対して交付されている特定譲渡制限付株式または承継譲渡制限付株式については、その非居住者が居住者であるとしたときにおける給与所得、事業所得、退職所得又は雑所得に係る収入金額とすべき金額または総収入金額に算入すべき金額が生ずることが確定した日に役務の提供を

受けたものとすることとされました（法令111の2③）。

これにより、非居住者に対する特定譲渡制限付株式による給与が、損金算入可能となります。

④　確定数給与に該当する場合の役務提供額の整備

特定譲渡制限付株式による給与が確定数給与に該当する場合には、その特定譲渡制限付株式の交付が正常な取引条件で行われた場合におけるその役務の提供に係る費用の額は、交付決議時価額に相当する金額とされました（法令111の2④）。

（7）新株予約権を対価とする費用の帰属事業年度の特例の見直し

①　新株予約権の範囲の明確化

権利の譲渡についての制限その他特別の条件が付されている新株予約権（以下「譲渡制限付新株予約権」）で次のいずれかに該当するものが本特例の対象となる特定新株予約権とされ、無償発行決議によるものが本特例の対象となることが明確化されました（法法54の2①）。

(a) その譲渡制限付新株予約権と引換えにする払込みに代えて役務の提供の対価としてその交付を受ける個人に生ずる債権をもって相殺されること。

(b) 上記(a)のほか、その譲渡制限付新株予約権が実質的に役務の提供の対価と認められるものであること。

なお、この中には、有償発行された新株予約権も定義上は該当することになりますが、特定新株予約権が交付された場合の役務の提供に係る費用の額の計算上、新株予約権の交付された時の価額から、役務の提供をした個人から払い込まれた金銭の額および給付を受けた金銭以外の資産（上記(a)の債権を除きます。）の価額を含まないこととされる（法令111の3⑤）ため、新株予約権が有償発行された場合には従前どおり費用とされる金額はないこととなります。

②　役務を受ける法人と発行法人の関係の見直し

第2章　最近の税制改正の変遷

個人から役務の提供を受ける法人以外の法人が発行した特定新株予約権が交付される場合にも本特例の対象となる特定新株予約権とされました（法法54の2①）。

なお、役員に対して給与として特定新株予約権が交付された場合に損金の額に算入されるためには、上記(2)①(a)bおよび(3)②で述べたとおり、役務の提供を受ける法人との間にその行使が可能となるまでの間支配関係が継続することが見込まれる必要があります。

③　非居住者に対する特定新株予約権の取扱いの見直し

非居住者に対して交付されている特定新株予約権または承継新株予約権については、その非居住者が居住者であるとしたときにおける給与所得、事業所得、退職所得又は雑所得に係る収入金額とすべき金額または総収入金額に算入すべき金額が生じた日に役務の提供を受けたものとすることとされました（法令111の2②）。

これにより、非居住者に対する特定新株予約権による給与が、損金算入可能となります。

なお、特定新株予約権は、特定譲渡制限付株式と異なり、権利行使が可能となったとしても株価次第では行使されずに消滅する可能性が残るため、従前どおり給与等課税事由が生じた日に役務の提供を受けたものとすることとされています。

④　確定数給与に該当する場合の役務提供額の整備

特定新株予約権による給与が確定数給与に該当する場合には、その特定新株予約権の交付が正常な取引条件で行われた場合におけるその役務の提供に係る費用の額は、交付決議時価額に相当する金額とされました（法令111の3③）。

5. 適用関係

（1）上記4.(3)①、②（新株予約権に係る部分を除きます。）および③、(2)①（新株予約権に係る部分、(a)b.のうち特定譲渡制限付株式および承継譲渡制限付株

式に係る部分、(b)のうち退職給与に係る部分ならびに(c)に係る部分を除きます。)、②（特定譲渡制限付株式または承継譲渡制限付株式による給与で無償で取得される株式の数が役務の提供期間以外の事由により変動するものを除外する部分を除きます。）および③、(1)、(5)ならびに(6)④の改正は、法人が平成29年4月1日以後にその支給に係る決議（その決議が行われない場合には、その支給）をする給与について適用し、法人が同日前にその支給に係る決議（その決議が行われない場合には、その支給）をした給与については、従前どおりとされています（平29法4改正附14①③、平29政106改正令附9①③）。

(2) 上記4.(3)②（新株予約権に係る部分を除きます。）、(4)ならびに(2)①（新株予約権に係る部分、(a)b.のうち特定譲渡制限付株式および承継譲渡制限付株式に係る部分、(b)のうち退職給与に係る部分ならびに(c)に係る部分を除きます。）および②（特定譲渡制限付株式または承継譲渡制限付株式による給与で無償で取得される株式の数が役務の提供期間以外の事由により変動するものを除外する部分を限ります。）の改正は、法人が平成29年10月1日以後にその支給に係る決議（その決議が行われない場合には、その支給）をする給与について適用し、法人が同日前にその支給に係る決議（その決議が行われない場合には、その支給）をした給与については、従前どおりとされています（平29法4改正附14②③、平29政106改正令附9②③）。

(3) 上記4.(6)（④を除きます。）および(7)の改正は、法人が平成29年10月1日以後にその交付に係る決議（その決議が行われない場合には、その交付）をする特定譲渡制限付株式および特定譲渡制限付株式に係る承継譲渡制限付株式ならびに特定新株予約権およびその特定新株予約権に係る承継新株予約権について適用し、法人が同日前にその交付に係る決議（その決議が行われない場合には、その交付）をした特定譲渡制限付株式およびその特定譲渡制限付株式に係る承継譲渡制限付株式ならびに新株予約権およびその新株予約権に係る承継新株予約権給与については、従前どおりとされています（平29法4改正附15、平29政106改正令附10）。

（4）平成 29 年 4 月 1 日または 10 月 1 日前に行われた給与の支給に係る決議に基づきこれらの日以後に交付する給与については改正前の制度が適用されるところ、その決議の内容が具体的な個別の者の給与額を定めず役位等により定められているものである場合において、これらの日以後に新たに役員に就任した者があるときは、その者の給与の支給に係る決議が形式的には一切されないことも考えられますが、その選任の決議がされたことをもってその者の給与の支給に係る決議がされたといえるため、改正後の制度が適用されると考えられます。

（参考文献：「平成 29 年度税制改正の解説」（財務省）299 頁〜315 頁）

令和元年度税制改正

●役員給与の損金不算入

1. 改正前の制度の概要

　内国法人がその役員に対して支給する給与（退職給与で業績連動給与に該当しないものおよび使用人兼務役員に対して支給する使用人としての職務に対するものを除きます。）のうち次の(1)から(3)までの給与のいずれにも該当しないものの額は、その内国法人の各事業年度の所得の金額の計算上損金の額に算入しないこととされています（法法 34 ①）。

(1) 定期同額給与（法法 34 ①一、法令 69 ①②）

　その支給時期が 1 月以下の一定の期間ごとである給与でその事業年度の各支給時期における支給額が同額であるものその他これに準ずるもの

(2) 事前確定届出給与（法法 34 ①二、法令 69 ③〜⑧、法規 22 の 3 ①②）

　その役員の職務につき所定の時期に、確定額の金銭または確定数の株式もしくは新株予約権もしくは確定額の金銭債権に係る特定譲渡制限付株式もしくは特定新株予約権を交付する旨の定めに基づいて支給する給与で、定期同額給与および業績連動給与に該当しないもの

　ただし、次の場合に該当する場合には、それぞれ次の要件を満たすものに限ります。

　①　その給与が定期給与を支給しない役員に対して支給する給与以外の給与である場合……納税地の所轄税務署長にその定めの内容に関する届出をし

ていること。

② 株式を交付する場合……その株式が適格株式であること。

③ 新株予約権を交付する場合……その新株予約権が適格新株予約権であること。

(3) 一定の業績連動給与（法法 34 ① 三、法令 69 ⑨〜⑲、法規 22 の 3 ③④）

内国法人（同族会社にあっては、同族会社以外の法人との間にその法人による完全支配関係があるものに限ります。）がその業務執行役員に対して支給する給与で次の要件を満たすもの

ただし、他の業務執行役員の全てに対して次の要件を満たす業績連動給与を支給する場合に限ります。

① その金額等の算定方法がその事業年度の利益の状況を示す指標、株式の市場価格の状況を示す指標または売上高の状況を示す指標を基礎とした客観的なものであること。

ただし、次の要件を満たすものに限ります。

(a) 金銭による給与にあっては確定額を、株式または新株予約権による給与にあっては確定数を、それぞれ限度としているものであり、かつ、他の業務執行役員に対して支給する業績連動給与に係る算定方法と同様のものであること。

(b) 職務執行期間開始の日の属する会計期間開始の日から 3 月（確定申告書の提出期限の延長の特例の延長期間の指定を受けている内国法人にあっては、その指定に係る月数に 2 を加えた月数）を経過する日までに、次の場合の区分に応じそれぞれ次の適正な手続を経ていること。

a. その内国法人が同族会社でない場合は次の手続によります。

ⓐ その内国法人の報酬委員会（その内国法人の業務執行役員[注1]または業務執行役員関連者[注2]がその委員になっているものを除きます。）の決定

（注1）業務執行役員とは、手続の終了の日において次のいずれかに該当する者をいいます（法令69⑨）。

① 代表取締役および代表取締役以外の取締役であって取締役会の決議によって取締役会設置会社の業務を執行する取締役として選定されたもの

② 執行役

③ 上記①または②に準ずる役員

（注2）業務執行役員関連者とは、その内国法人の業務執行役員と特殊の関係のある者^(*)をいいます（法令69⑮一）。

（＊）特殊の関係のある者とは、次の者をいいます（法令69⑭）。

① 業務執行役員の親族

② 業務執行役員と婚姻の届出をしていないが事実上婚姻関係と同様の事情にある者

③ 業務執行役員（個人である業務執行役員に限ります。④においても同じ。）の使用人

④ 上記①から③までの者以外の者で業務執行役員から受ける金銭その他の資産によって生計を維持しているもの

⑤ 上記②から④までの者と生計を一にするこれらの者の親族

ⓑ その内国法人の株主総会の決議による決定

ⓒ その内国法人の報酬諮問委員会^(注)に対する諮問その他の手続を経た取締役会の決議による決定

（注）報酬諮問委員会とは、取締役会の諮問に応じ、その内国法人の業務執行役員の個人別の給与の内容を調査審議し、およびこれに関し必要と認める意見を取締役会に述べることができる3以上の外部の委員から構成される合議体^(*)をいい、その業務執行役員または業務執行役員関連者がその委員となっているものを除きます（法令69⑮三）。

（＊）その委員の過半数が上記ⓐ（注1）の①から③までの役員または使用人となったことがない者であるものに限ります。

ⓓ　その内国法人が監査役会設置会社[注1]である場合の取締役会の決議による決定[注2]

（注1）業務執行役員関連者が監査役になっている会社を除きます。

（注2）監査役の過半数がその算定方法につき適正であると認められる旨を記載した書面をその内国法人に対し提出している場合におけるその決定に限ります。

ⓔ　その内国法人が監査等委員会設置会社[注1]である場合の取締役会の決議による決定[注2]

（注1）業務執行役員関連者が監査等委員である取締役になっている会社を除きます。

（注2）監査等委員である取締役の過半数がその決議に賛成している場合におけるその決定に限ります。

ⓕ　上記ⓐからⓔまでの手続に準ずる手続

b．その内国法人が同族会社以外の法人との間にその法人による完全支配関係がある同族会社である場合は、次の手続によります。

ⓐ　その内国法人との間に完全支配関係がある法人（同族会社を除きます。以下「完全支配関係法人」）の報酬委員会[注]の決定に従って行うその内国法人の株主総会または取締役会の決議による決定

（注）その内国法人もしくはその完全支配関係法人の業務執行役員または業務執行役員関連者[*]がその委員になっているものを除きます。

（＊）業務執行役員関連者とは、その内国法人またはその完全支配関係法人の業務執行役員と特殊の関係のある者をいいます（法令69⑯一）。

ⓑ　完全支配関係法人の報酬諮問委員会[注]に対する諮問その他の手続を経たその完全支配関係法人の取締役会の決議による決定に従って行うその内国法人の株主総会または取締役会の決議による決定

（注）報酬諮問委員会とは、取締役会の諮問に応じ、その完全支配関係法人およびその内国法人の業務執行役員の個人別の給与の内容を調査審議し、ならびにこれに関し必要と認める意見を取締役会に述べることが

できる 3 以上の外部の委員から構成される合議体^(*)をいい、その業務執行役員または業務執行役員関連者がその委員となっているものを除きます（法令 69 ⑯二）。

（＊）その委員の過半数がその内国法人またはその完全支配関係法人の上記 a.ⓐ（注 1）の①から③までの役員または使用人となったことがない者であるものに限ります。

ⓒ　完全支配関係法人が監査役会設置会社^(注1)である場合のその完全支配関係法人の取締役会の決議による決定^(注2)に従って行うその内国法人の株主総会または取締役会の決議による決定

（注1） 業務執行役員関連者が監査役になっている会社を除きます。

（注2） 監査役の過半数がその算定方法につき適正であると認められる旨を記載した書面をその完全支配関係法人に対し提出している場合におけるその決定に限ります。

ⓓ　完全支配関係法人が監査等委員会設置会社^(注1)である場合のその完全支配関係法人の取締役会の決議による決定^(注2)に従って行うその内国法人の株主総会または取締役会の決議による決定

（注1） 業務執行役員関連者が監査等委員である取締役になっている会社を除きます。

（注2） 監査等委員である取締役の過半数がその決議に賛成している場合におけるその決定に限ります。

ⓔ　上記ⓐからⓓまでの手続に準ずる手続

(c) その内容が、上記(b)の手続の終了の日以後遅滞なく、有価証券報告書に記載されていることその他の方法により開示されていること。

② 　一定の日までに交付されること。

③ 　損金経理をしていること。

2. 改正の趣旨および概要

(1) 役員の業績連動給与については、平成 29 年度税制改正において、損金算入要件の大幅な見直しが行われたものの、適正な手続に関する要件は平成 18 年度税制改正以来ほとんど見直されていない状況であるとされています。

(2) 改正前の業績連動給与の損金算入要件のうち適正な手続に関する要件においては、業務執行役員が報酬委員会・報酬諮問委員会の委員となっていないことが要件とされていたところ、近年、経営陣の報酬については、会社の経営戦略、経営計画、業績、財務状態、将来の業績見込み、対象者である社内人材に関する情報などが重要な考慮要素となることから、このような情報が報酬委員会に十分に提供されることが不可欠であり、社外取締役の人数や就任期間等によっては、このような事情に精通する社内者が委員に加わることには一定の合理性がある場合もあるとの考えも一般的となってきました。

また、報酬委員会や報酬諮問委員会の構成についても、外部有識者（専門家）については役員のように株主総会で選任されていない点で社外取締役や社外監査役と比べて法的な位置づけがないという課題があるとの問題提起がされているほか、社外役員を中心とすることが望ましいとの考えが一般的となってきました。

(3) 一方、「コーポレートガバナンス・コード～会社の持続的成長と中長期的な企業価値の向上のために～（平成 27 年 6 月 1 日適用開始）」が平成 30 年 6 月に改訂され、報酬諮問委員会の設置が原則化されています。

これを受けて、「未来投資戦略 2018（平成 30 年 6 月 15 日閣議決定）」においては、「昨年 5 月のスチュワードシップ・コードの改訂に続き、本年 6 月に、コーポレートガバナンス・コードを改訂した。また、あわせて、両コードの附属文書として、機関投資家と企業との対話において重点的に議論することが期待される事項を取りまとめた「投資家と企業の対話ガイドライ

ン」(対話ガイドライン)を策定した」と述べられており、これらの取組を受け、コーポレートガバナンスの強化や、果敢な経営判断、大胆な事業再編等を促進すべく、取組を進めることとされています。

(4) このような状況を踏まえ、業績連動給与の損金算入要件のうち適正な手続に関する要件について、業務執行役員が報酬委員会・報酬諮問委員会の委員となっていても要件を満たし得ることとされるとともに、監査役会設置会社における取締役会の決議による決定で監査役の過半数が給与の算定方法につき適正であると認められる旨を記載した書面を提出しているものおよび監査等委員会設置会社における取締役会の決議による決定で監査等委員である取締役の過半数がその決議に賛成しているものが除外されました。

(5) なお、業績連動給与に係る適正手続要件について、改正前及び改正後の内容を、「非同族会社」と「非同族会社との間に完全支配関係がある法人」に分けて、図示すると、201ページ・202ページのようになります。

3. 改正の内容

(1) 報酬委員会または報酬諮問委員会における決定等の手続の見直し

一定の業績連動給与の損金算入要件のうち適正な手続に関する要件について、報酬委員会または報酬諮問委員会における決定等の手続（上記1.(3)①(b) a.ⓐおよびⓒならびにb.ⓐおよびⓑ）が次のとおり見直されました。

① 業務執行役員が委員でないこととの要件の除外

その内国法人もしくは完全支配関係法人の業務執行役員または業務執行役員関連者が報酬委員会または報酬諮問委員会の委員となっていないこととの要件について、その委員となっている場合にこの要件を満たさないこととなる者から業務執行役員が除外されました（法法34①三イ(2)、旧法令69⑮一・三⑯一・三）。

具体的には、次のとおりとなります。

200

第2章　最近の税制改正の変遷

業績連動給与に係る適正手続要件【非同族会社】

《改正前》

(1)　指名委員会等設置会社の報酬委員会の決定であって次の要件を満たすもの

・業務執行役員又はその特殊関係者が委員でないこと。

(2)　指名委員会等設置会社以外の法人の株主総会の決議による決定

(3)　指名委員会等設置会社以外の法人の報酬諮問委員会の諮問等を経た取締役会の決議による決定であって次の要件を満たすもの

・委員の過半数が当該法人の役員又は使用人となったことがない者であること。
・業務執行役員又はその特殊関係者が委員でないこと。

(4)　監査役会設置会社における当該法人の取締役会の決議による決定（監査役の過半数が計算方法について適正書面を提出している場合に限る。）

(5)　監査等委員会設置会社における当該法人の取締役会の決議による決定（監査等委員の過半数が決議に賛成している場合に限る。）

(6)　上記(1)～(5)に準ずる手続

《改正後》

(1)　指名委員会等設置会社の報酬委員会の決定であって次の要件を満たすもの
・委員の過半数が当該法人の独立社外取締役であること。
・業務執行役員の特殊関係者が委員でないこと。
・委員である当該法人の独立社外取締役の全員が決議に賛成していること。

(2)　指名委員会等設置会社以外の法人の株主総会の決議による決定

(3)　指名委員会等設置会社以外の法人の報酬諮問委員会の諮問等を経た取締役会の決議による決定であって次の要件を満たすもの

・委員の過半数が当該法人の独立社外取締役又は独立社外監査役であること。
・業務執行役員の特殊関係者が委員でないこと。
・委員である当該法人の独立社外取締役又は独立社外監査役の全員が決議に賛成していること。
・支給決議の対象役員が自己の業績連動給与の決定等に係る決議に参加していないこと。

(除外)

(除外)

(4)　上記(1)～(3)に準ずる手続

業績連動給与に係る適正手続要件【非同族会社との間に完全支配関係がある法人】

《改正前》

○　次の(1)～(4)の決定に従ってする当該法人の株主総会又は取締役会の決議による決定
(1)　指名委員会等設置会社である100％親法人の報酬委員会の決定であって次の要件を満たすもの

・次の者が委員でないこと。
　　① 100％親法人の業務執行役員
　　② 当該法人の業務執行役員
　　③ 100％親法人又は当該法人の業務執行役員の特殊関係者

(2)　指名委員会等設置会社でない100％親法人の報酬諮問委員会の諮問等を経た取締役会の決議による決定であって次の要件を満たすもの

・委員の過半数が100％親法人又は当該法人の役員又は使用人となったことがない者であること。
・次の者が委員でないこと。
　　① 100％親法人の業務執行役員
　　② 当該法人の業務執行役員
　　③ 100％親法人又は当該法人の業務執行役員の特殊関係者

(3)　監査役会設置会社である100％親法人の取締役会の決議による決定（監査役の過半数が計算方法について適正書面を提出している場合に限る。）

(4)　監査等委員会設置会社である100％親法人の取締役会の決議による決定（監査等委員の過半数が決議に賛成している場合に限る。）

○　上記に準ずる手続

《改正後》

○　次の(1)・(2)の決定に従ってする当該法人の株主総会又は取締役会の決議による決定
(1)　指名委員会等設置会社である100％親法人の報酬委員会の決定であって次の要件を満たすもの

・委員の過半数が100％親法人の独立社外取締役であること。
・次の者（100％親法人の業務執行役員兼務者を除く。）が委員でないこと。
　　① （除外）
　　② 当該法人の業務執行役員
　　③ 100％親法人又は当該法人の業務執行役員の特殊関係者
・委員である100％親法人の独立社外取締役の全員が決議に賛成していること。

(2)　指名委員会等設置会社でない100％親法人の報酬諮問委員会の諮問等を経た取締役会の決議による決定であって次の要件を満たすもの

・委員の過半数が100％親法人の独立社外取締役又は独立社外監査役であること。
・次の者（100％親法人の業務執行役員兼務者を除く。）が委員でないこと。
　　① （除外）
　　② 当該法人の業務執行役員
　　③ 100％親法人又は当該法人の業務執行役員の特殊関係者
・委員である100％親法人の独立社外取締役又は独立社外監査役の全員が決議に賛成していること。
・支給決議の対象役員が自己の業績連動給与の決定等に係る決議に参加していないこと。

（除外）

（除外）

○　上記に準ずる手続

（a）同族会社でない内国法人の報酬委員会（上記1.(3)①(b)a.ⓐ）

その内国法人の業務執行役員に係る特殊の関係のある者（以下「特殊関係者」）がその報酬委員会の委員でないこととの要件とされました（法令69⑯一ロ）。

（b）同族会社でない内国法人の報酬諮問委員会（上記1.(3)①(b)a.ⓒ）

その内国法人の業務執行役員に係る特殊関係者がその報酬諮問委員会の委員でないこととの要件とされました（法令69⑯三ロ）。

（c）完全支配関係法人の報酬委員会（上記1.(3)①(b)b.ⓐ）

次の者（その完全支配関係法人の業務執行役員を除きます。）がその報酬委員会の委員でないこととの要件とされました（法令69⑰一ロ）。

a. その内国法人の業務執行役員

b. その内国法人または完全支配関係法人の業務執行役員に係る特殊関係者

（d）完全支配関係法人の報酬諮問委員会（上記1.(3)①(b)b.ⓑ）

次の者（その完全支配関係法人の業務執行役員を除きます。）がその報酬諮問委員会の委員でないこととの要件とされました（法令69⑰二ロ）。

a. その内国法人の業務執行役員

b. その内国法人または完全支配関係法人の業務執行役員に係る特殊関係者

　（注）上記(c)a.およびb.の者ならびに(d)a.およびb.の者からは「完全支配関係法人の業務執行役員」が除かれていることから、上記(c)a.およびb.の者ならびに(d)a.およびb.の者が報酬委員会または報酬諮問委員会の委員であっても、その者が完全支配関係法人の業務執行役員を兼務している者である場合は、この要件を満たすこととなります。

②　委員の過半数が独立社外役員であることとの要件の追加

報酬委員会または報酬諮問委員会の委員の過半数が独立社外役員であることとの要件が追加されました（法法34①三イ(2)、法令69⑯一イ・三イ⑰一イ・二イ）。

具体的には、次のとおりとなります。

(a) 同族会社でない内国法人の報酬委員会（上記 1.(3)①(b)a.ⓐ）

　　その報酬委員会の委員の過半数がその内国法人の独立社外取締役であることとの要件が追加されました（法令 69 ⑯一イ）。

　　この独立社外取締役とは、会社法 2 条《定義》15 号に規定する社外取締役のうち、次の者のいずれにも該当しない取締役（独立取締役）であるものをいいます（法法 34 ①三イ(2)、法令 69 ⑭⑱、法規 22 の 3 ③④）。

a. その業績連動給与の算定方法についての手続の終了の日の属するその内国法人の会計期間開始の日の 1 年前の日からその手続の終了の日までの期間内のいずれかの時において次の者に該当する者

ⓐ　その内国法人の主要な取引先である者[注1]またはその者の業務執行者[注2]

ⓑ　その内国法人を主要な取引先とする者[注3]またはその者の業務執行者

ⓒ　親法人[注4]の業務執行者または業務執行者以外の取締役

ⓓ　その内国法人との間に支配関係がある法人[注5]の業務執行者

（注1）「主要な取引先である者」とは、具体的には、ある者との取引による売上高等がその法人の売上高等の相当部分を占めている場合におけるその者や、その法人の事業活動に欠くことのできないような商品・役務の提供を行っている相手、いわゆるメインバンクなどが考えられます。

（注2）「業務執行者」とは、会社法施行規則 2 条《定義》3 項 6 号に規定する業務執行者をいいます（法規 22 の 3 ③）。以下同じです。なお、関係法令は参考 2（216 ページ）を参照。

（注3）「主要な取引をする者」とは、典型的には、その法人との取引による売上高等が、ある者の売上高等の相当部分を占めている場合のその者、いわゆる下請企業などが考えられます。

（注4）「親法人」とは、その内国法人とその内国法人以外の法人との間にそ

の法人による支配関係がある場合のその法人をいいます（法令69 ⑱一ハ）。

（注5）親法人およびその内国法人による支配関係がある法人を除きます。

b. その業績連動給与の算定方法についての手続の終了の日の属するその内国法人の会計期間開始の日の1年前の日からその手続の終了の日までの期間内のいずれかの時において次の者に該当する者の配偶者または2親等以内の親族

ⓐ　上記 a. ⓐからⓓまでの者[注1]

ⓑ　その内国法人の業務執行者[注2]

ⓒ　その内国法人による支配関係がある法人の業務執行者[注2]

（注1）業務執行者にあっては、使用人のうち重要な使用人[*]でないものを除きます。

（＊）「重要な使用人」とは、会社法においてその選解任につき取締役会の決定事項とされている重要な使用人（会社法362 ④三）と同様のものであり、具体的には、個別に総合的に判断することになるところ、通常、支店長、本店部長、執行役員といった者が該当するものと考えられます。以下同じです。

（注2）使用人のうち重要な使用人でないものを除きます。

なお、独立社外取締役および独立社外監査役等については、次の諸点に留意する必要があります。

• 独立社外取締役に該当するかどうかの判定は、その業績連動給与の算定方法についての手続の終了の日の現況によるものとされています（法令69 ⑳）。

• 条文上は、(a)から下記(d)までの独立取締役ならびに下記(b)および(d)の独立監査役をまとめて「独立職務執行者」として定義されています（法令69 ⑱）。

• 独立社外取締役および独立社外監査役は、東京証券取引所の有価証券上場規程436条の2《独立役員の確保》および上場管理等に関するガイド

ラインを基礎として、課税の安定性の観点から、「当該会社から役員報酬
以外に多額の金銭その他の財産を得ている者」を判定要素から除外する、
「最近において」の期間を明示する、関係法人の判定を株式数による判定
のみとするという点について変更を加えて設けられています。

- 証券取引所に提出した「独立役員届出書」に記載された役員は、税法上
の独立社外取締役または独立社外監査役に該当すると推定されるものと
考えられます。

- 関係法令は、参考 1（214・215 ページ）を参照。

(b) 同族会社でない内国法人の報酬諮問委員会（上記 1.(3)①(b) a.ⓒ）

　　その報酬諮問委員会^(注)の委員の過半数がその内国法人の独立社外取
締役（上記(a)）または独立社外監査役であることとの要件が追加されま
した（法令 69 ⑯三イ）。

(注) 報酬諮問委員会の「3 以上の外部の委員から構成される合議体で、その委
　　員の過半数が役員又は使用人となったことがない者であるものであるこ
　　と」との要件は、その委員の過半数が独立社外取締役または独立社外監査
　　役であることとの要件が追加されたことに伴い、「3 以上の委員から構成
　　される合議体であること」で足りることとされました（法令 69 ⑯三）。下
　　記(d)についても同様です（法令 69 ⑰二）。

　　この独立社外監査役とは、会社法 2 条 16 号に規定する社外監査役の
うち、次の者のいずれにも該当しない監査役（独立監査役）であるもの
をいいます（法令 69 ⑯三イ⑱、法規 22 の 3 ③④）。

a. その業績連動給与の算定方法についての手続の終了の日の属するその
内国法人の会計期間開始の日の 1 年前の日からその手続の終了の日まで
の期間内のいずれかの時において次の者に該当する者

ⓐ　その内国法人の主要な取引先である者またはその者の業務執行者

ⓑ　その内国法人を主要な取引先とする者またはその者の業務執行者

ⓒ　親法人^(注1)の業務執行者または業務執行者以外の取締役

ⓓ　親法人^(注1)の監査役

ⓔ　その内国法人との間に支配関係がある法人^(注2)の業務執行者

（注1）「親法人」とは、その内国法人とその内国法人以外の法人との間にその法人による支配関係がある場合のその法人をいいます（法令69⑱一ハ）。

（注2）親法人およびその内国法人による支配関係がある法人を除きます。

b.　その業績連動給与の算定方法についての手続の終了の日の属するその内国法人の会計期間開始の日の1年前の日からその手続の終了の日までの期間内のいずれかの時において次の者に該当する者の配偶者または2親等以内の親族

ⓐ　上記 a.　ⓐからⓔまでの者^(注1)

ⓑ　その内国法人の業務執行者^(注2)

ⓒ　その内国法人の業務執行者以外の取締役または会計参与^(注3)

ⓓ　その内国法人による支配関係がある法人の業務執行者^(注2)

ⓔ　その内国法人による支配関係がある法人の業務執行者以外の取締役または会計参与^(注3)

（注1）業務執行者にあっては、使用人のうち重要な使用人でないものを除きます。

（注2）使用人のうち重要な使用人でないものを除きます。

（注3）会計参与が法人である場合には、その職務を行うべき社員となります。

なお、独立社外取締役または独立社外監査役に該当するかどうかの判定は、その業績連動給与の算定方法についての手続の終了の日の現況によるものとされています（法令69⑳）。

また、関係法令は、参考1（214・215ページ）を参照。

(c) 完全支配関係法人の報酬委員会（上記1.(3)①(b)b.　ⓐ）

その報酬委員会の委員の過半数がその完全支配関係法人の独立社外取締役であることとの要件が追加されました（法令69⑰一イ）。

この独立社外取締役とは、会社法2条15号に規定する社外取締役の

うち、次の者のいずれにも該当しない取締役（独立取締役）であるものを
いいます（法令69⑱、法規22の3③④）。

a. その業績連動給与の算定方法についての手続の終了の日の属するその
内国法人の会計期間開始の日の1年前の日からその手続の終了の日まで
の期間内のいずれかの時において次の者に該当する者

ⓐ その完全支配関係法人の主要な取引先である者またはその者の業務
執行者

ⓑ その完全支配関係法人を主要な取引先とする者またはその者の業務
執行者

ⓒ 親法人^(注1)の業務執行者または業務執行者以外の取締役

ⓓ その完全支配関係法人との間に支配関係がある法人^(注2)の業務執行
者

（注1）「親法人」とは、その完全支配関係法人とその完全支配関係法人以外
の法人との間にその法人による支配関係がある場合のその法人をい
います（法令69⑱一ハ）。

（注2）親法人およびその完全支配関係法人による支配関係がある法人を除
きます。

b. その業績連動給与の算定方法についての手続の終了の日の属するその
内国法人の会計期間開始の日の1年前の日からその手続の終了の日まで
の期間内のいずれかの時において次の者に該当する者の配偶者または2
親等以内の親族

ⓐ 上記a.ⓐからⓓまでの者^(注1)

ⓑ その完全支配関係法人の業務執行者^(注2)

ⓒ その完全支配関係法人による支配関係がある法人の業務執行者^(注2)

（注1）業務執行者にあっては、使用人のうち重要な使用人でないものを除
きます。

（注2）使用人のうち重要な使用人でないものを除きます。

なお、独立社外取締役に該当するかどうかの判定は、その業績連動給

与の算定方法についての手続の終了の日の現況によるものとされています（法令 69 ⑳）。

(d) 完全支配関係法人の報酬諮問委員会（上記 1.(3)①(b)b.ⓑ）

その報酬諮問委員会の委員の過半数がその完全支配関係法人の独立社外取締役（上記(c)）または独立社外監査役であることとの要件が追加されました（法令 69 ⑰二イ）。

この独立社外監査役とは、会社法 2 条 16 号に規定する社外監査役のうち、次の者のいずれにも該当しない監査役（独立監査役）であるものをいいます（法令 69 ⑰二イ⑱、法規 22 の 3 ③④）。

a. その業績連動給与の算定方法についての手続の終了の日の属するその内国法人の会計期間開始の日の 1 年前の日からその手続の終了の日までの期間内のいずれかの時において次の者に該当する者

ⓐ その完全支配関係法人の主要な取引先である者またはその者の業務執行者

ⓑ その完全支配関係法人を主要な取引先とする者またはその者の業務執行者

ⓒ 親法人⁽注1⁾の業務執行者または業務執行者以外の取締役

ⓓ 親法人⁽注1⁾の監査役

ⓔ その完全支配関係法人との間に支配関係がある法人⁽注2⁾の業務執行者

（注 1）「親法人」とは、その完全支配関係法人とその完全支配関係法人以外の法人との間にその法人による支配関係がある場合のその法人をいいます（法令 69 ⑱一ハ）。

（注 2）親法人およびその完全支配関係法人による支配関係がある法人を除きます。

b. その業績連動給与の算定方法についての手続の終了の日の属するその内国法人の会計期間開始の日の 1 年前の日からその手続の終了の日までの期間内のいずれかの時において次の者に該当する者の配偶者または 2

親等以内の親族

ⓐ 上記 a.ⓐからⓔまでの者[注1]

ⓑ その完全支配関係法人の業務執行者[注2]

ⓒ その完全支配関係法人の業務執行者以外の取締役または会計参与[注3]

ⓓ その完全支配関係法人による支配関係がある法人の業務執行者[注2]

ⓔ その完全支配関係法人による支配関係がある法人の業務執行者以外の取締役または会計参与[注3]

（注1）業務執行者にあっては、使用人のうち重要な使用人でないものを除きます。

（注2）使用人のうち重要な使用人でないものを除きます。

（注3）会計参与が法人である場合には、その職務を行うべき社員となります。

なお、独立社外取締役または独立社外監査役に該当するかどうかの判定は、その業績連動給与の算定方法についての手続の終了の日の現況によるものとされています（法令69⑳）。

③ 委員である独立社外役員の全員が業績連動給与の決定に賛成していることとの要件の追加

報酬委員会または報酬諮問委員会の委員である独立社外役員の全員が業績連動給与の決定に賛成していることとの要件の追加されました（法法34①三イ(2)、法令69⑯一ハ・三ハ⑰一ハ・二ハ）。

具体的には、次のとおりとなります。

(a) 同族会社でない内国法人の報酬委員会（上記 1.(3)①(b)a.ⓐ)

その報酬委員会の委員である独立社外取締役の全員がその決定に係るその報酬委員会の決議に賛成していることとの要件が追加されました（法令69⑯一ハ）。

(b) 同族会社でない内国法人の報酬諮問委員会（上記 1.(3)①(b)a.ⓒ)

その報酬委員会の委員である独立社外取締役および独立社外監査役の全員がその諮問に対するその報酬諮問委員会の意見に係る決議[注]に賛成していることとの要件が追加されました（法令69⑯三ハ）。

（注）報酬諮問委員会の意見に係る決議とは、報酬諮問委員会が諮問に対する意見を決定する際に行われる報酬諮問委員会の決議のことになります。下記(d)においても同様になります。

(c) 完全支配関係法人の報酬委員会（上記 1.(3)①(b)b.ⓐ）

　その報酬委員会の委員であるその完全支配関係法人の独立社外取締役の全員がその報酬委員会の決議に賛成していることとの要件が追加されました（法令 69⑰一ハ）。

(d) 完全支配関係法人の報酬諮問委員会（上記 1.(3)①(b)b.ⓑ）

　その報酬委員会の委員であるその完全支配関係法人の独立社外取締役および独立社外監査役の全員がその諮問に対するその報酬諮問委員会の意見に係る決議に賛成していることとの要件が追加されました（法令 69⑰二ハ）。

　なお、独立社外取締役または独立社外監査役に該当するかどうかの判定は、その業績連動給与の算定方法についての手続の終了の日の現況によるものとされています（法令 69⑳）。

④　業務執行役員が自己の業績連動給与の決定等に係る決議に参加していないこととの要件の追加

　業務執行役員が自己の業績連動給与の決定等に係る報酬諮問委員会の決議に参加していないこととの要件が追加されました（法令 69⑯三ニ⑰二ニ）。

　具体的には、次のとおりとなります。

(a) 同族会社でない内国法人の報酬諮問委員会（上記 1.(3)①(b)a.ⓒ）

　その内国法人の取締役会の決議による決定に係る給与の支給を受ける業務執行役員が上記③(b)の決議に参加していないこととの要件が追加されました（法令 69⑯三ニ）。

(b) 完全支配関係法人の報酬諮問委員会（上記 1.(3)①(b)b.ⓑ）

　その完全支配関係法人の取締役会の決議による決定に係る給与の支給を受ける業務執行役員が上記③(d)の決議に参加していないこととの要

件が追加されました（法令 69 ⑰二ニ）。

　なお、同族会社でない内国法人の報酬委員会（上記 1.（3）①（b）a.ⓐ）および完全支配関係法人の報酬委員会（上記 1.（3）①（b）b.ⓐ）については、同様の要件は追加されていません。これは、会社法 412 条《指名委員会等の決議》2 項において報酬委員会の決議について特別の利害関係を有する委員は決議に加わることができないこととされており、上記③（a）および（c）の決定に係る給与の支給を受ける業務執行役員は上記③（a）および（c）の決議について特別の利害関係を有することにより議決に参加できないことから、税法において追加的に要件を課す必要がないためとされています。

（2）監査役会設置会社および監査等委員会設置会社における手続の見直し

　一定の業績連動給与の損金算入要件のうち適正な手続に関する要件（上記 1.（3）①（b））について、監査役会設置会社および監査等委員会設置会社における次の手続が除外されました（旧法令 69 ⑮四・五⑯三・四）。

　なお、改正前と同様、監査役会設置会社および監査等委員会設置会社においても他の適正な手続を経れば要件を満たすこととなります。

① 　その内国法人が監査役会設置会社[注1]である場合の取締役会の決議による決定[注2]（上記 1.（3）①（b）a.ⓓ）

（注 1）業務執行役員関連者が監査役になっている会社を除きます。

（注 2）監査役の過半数がその算定方法につき適正であると認められる旨を記載した書面をその内国法人に対し提出している場合におけるその決定に限ります。

② 　その内国法人が監査等委員会設置会社[注1]である場合の取締役会の決議による決定[注2]（上記 1.（3）①（b）a.ⓔ）

（注 1）業務執行役員関連者が監査等委員である取締役になっている会社を除きます。

（注 2）監査等委員である取締役の過半数がその決議に賛成している場合におけ

るその決定に限ります。

③　完全支配関係法人が監査役会設置会社[注1]である場合のその完全支配関係法人の取締役会の決議による決定[注2]に従って行うその内国法人の株主総会または取締役会の決議による決定（上記 1. (3)①(b)b. ⓒ）

（注1）業務執行役員関連者が監査役になっている会社を除きます。

（注2）監査役の過半数がその算定方法につき適正であると認められる旨を記載した書面をその完全支配関係法人に対し提出している場合におけるその決定に限ります。

④　完全支配関係法人が監査等委員会設置会社[注1]である場合のその完全支配関係法人の取締役会の決議による決定[注2]に従って行うその内国法人の株主総会または取締役会の決議による決定（上記 1. (3)①(b)b. ⓓ）

（注1）業務執行役員関連者が監査等委員である取締役になっている会社を除きます。

（注2）監査等委員である取締役の過半数がその決議に賛成している場合におけるその決定に限ります。

4. 適用関係

上記 3. の改正は、平成 31 年 4 月 1 日以後に終了する手続に係る給与について適用することとされています（平 31 法 6 改正附 17 ①）。

ただし、令和 2 年 3 月 31 日以前に終了する手続に係る給与については、改正前の規定を従来どおり適用できることとされています（平 31 法 6 改正附 17 ②、平 31 政 96 改正令附 5）。

すなわち、適正な手続に関する要件以外の要件を満たす業績連動給与については、その算定方法に係る手続が平成 31 年 4 月 1 日から令和 2 年 3 月 31 日までの間に終了する場合には、改正後の適正な手続または改正前の適正な手続のいずれかに該当すれば損金算入の対象となります。

なお、改正後の適正な手続または改正前の適正な手続のいずれかに該当するかどうかの判定は、支給する給与ごとに行います。

〈参考1〉

会社法（平成17年法律86号）

（定義）

第2条　この法律において、次の各号に掲げる用語の意義は、当該各号に定めるところによる。

一～十四　省　略

十五　社外取締役　株式会社の取締役であって、次に掲げる要件のいずれにも該当するものをいう。

　　イ　当該株式会社又はその子会社の業務執行取締役（株式会社の第363条第1項各号に掲げる取締役及び当該株式会社の業務を執行したその他の取締役をいう。以下同じ。）若しくは執行役又は支配人その他の使用人（以下「業務執行取締役等」という。）でなく、かつ、その就任の前10年間当該株式会社又はその子会社の業務執行取締役等であったことがないこと。

　　ロ　その就任の前10年内のいずれかの時において当該株式会社又はその子会社の取締役、会計参与（会計参与が法人であるときは、その職務を行うべき社員）又は監査役であったことがある者（業務執行取締役等であったことがあるものを除く。）にあっては、当該取締役、会計参与又は監査役への就任の前10年間当該株式会社又はその子会社の業務執行取締役等であったことがないこと。

　　ハ　当該株式会社の親会社等（自然人であるものに限る。）又は親会社等の取締役若しくは執行役若しくは支配人その他の使用人でないこと。

　　ニ　当該株式会社の親会社等の子会社等（当該株式会社及びその子会社を除く。）の業務執行取締役等でないこと。

　　ホ　当該株式会社の取締役若しくは執行役若しくは支配人その他の重要な使用人又は親会社等（自然人であるものに限る。）の配偶者又は二親等内の親族であること。

十六　社外監査役　株式会社の監査役であって、次に掲げる要件のいずれにも該当するものをいう。

イ　その就任の前10年間当該株式会社又はその子会社の取締役、会計参与（会計参与が法人であるときは、その職務を行うべき社員。ロにおいて同じ。）若しくは執行役又は支配人その他の使用人であったことがないこと。

ロ　その就任の前10年以内のいずれかの時において当該株式会社又はその子会社の監査役であったことがある者にあっては、当該監査役への就任の前10年間当該株式会社又はその子会社の取締役、会計参与若しくは執行役又は支配人その他の使用人であったことがないこと。

ハ　当該株式会社の親会社等（自然人であるものに限る。）又は親会社等の取締役、監査役若しくは執行役若しくは支配人その他の使用人でないこと。

ニ　当該株式会社の親会社等の子会社等（当該株式会社及びその子会社を除く。）の業務執行取締役等でないこと。

ホ　当該株式会社の取締役若しくは支配人その他の重要な使用人又は親会社等（自然人であるものに限る。）の配偶者又は二親等内の親族であること。

十七～三十四　省　略

〈参考 2〉

> **会社法施行規則（平成 18 年法務省令 12 号）**
>
> （定義）
>
> 第 2 条　省　略
>
> 2　省　略
>
> 3　この省令において、次の各号に掲げる用語の意義は、当該各号に定めるところによる。
>
> 　一～五　省　略
>
> 　六　業務執行者　次に掲げる者をいう。
>
> 　　イ　業務執行取締役、執行役その他の法人等の業務を執行する役員
>
> 　　ロ　業務を執行する社員、法第 598 条第 1 項の職務を行うべき者その他これに相当する者
>
> 　　ハ　使用人
>
> 　七～二十三　省　略

参考文献：「令和元年度税制改正の解説」（財務省）266 頁～277 頁

　　　　：令和元年 5 月 27 日付国税速報第 6560 号 14 頁～15 頁

第 3 章

非違事例

1

役員の範囲

1. 役員の範囲

《質問要旨》

役員の範囲について、教えてください。

回答要旨

役員とは、次の者をいいます。

1. 法人の取締役、執行役、会計参与、監査役、理事および清算人

2. 上記1以外の者で次のいずれかに該当するもの

(1) 法人の使用人（職制上使用人としての地位のみを有する者に限ります。）以外の者で、その法人の経営に従事しているもの

　なお、「使用人以外の者で、その法人の経営に従事しているもの」には、例えば、①取締役または理事となっていない総裁、副総裁、会長、副会長、理事長、副理事長、組合長等、②合名会社、合資会社および合同会社の業務執行役員、③人格のない社団等の代表者または管理人、または④法定役員ではないが、法人が定款等において役員として定めている者のほか、⑤相談役、顧問その他これらに類する者で、その法人内における地位、職務等からみて他の役員と同様に実質的に法人の経営に従事していると認められるものも含まれます。

(2) 同族会社の使用人（職制上使用人としての地位のみを有する者に限ります。）のうち、次に掲げる全ての要件を満たす者で、その会社の経営に従事しているもの

① その会社の株主グループ^(注1)をその所有割合^(注2)の大きいものから順に並べた場合に、その使用人が所有割合50%を超える第一順位の株主グループに属しているか、または第一順位と第二順位の株主グループの所有割合を合計したときに初めて50%を超える場合のこれらのグループに属しているか、あるいは第一順位から第三順位までの株主グループの所有割合を合計したときに初めて50%を超える場合のこれらの株主グループに属していること。

② その使用人の属する株主グループの所有割合が10%を超えていること。

③ その使用人（その配偶者およびこれらの者の所有割合が50%を超える場合における他の会社を含みます。）の所有割合が5%を超えていること。

(注1)「株主グループ」とは、その会社の一の株主等およびその株主等と親族関係など特殊な関係のある個人や法人をいいます。

(注2)「所有割合」とは、次に掲げる場合に応じて、それぞれ次に掲げる割合をいいます。

　① その会社がその株主等の有する株式または出資の数または金額による判定により同族会社に該当する場合

　　⇒ その株主グループの有する株式の数または出資の金額の合計額がその会社の発行済株式または出資（その会社が有する自己の株式または出資を除きます。）の総数または総額のうちに占める割合

　② その会社が一定の議決権による判定により同族会社に該当することとなる場合

　　⇒ その株主グループの有する議決権の数がその会社の議決権の総数（議決権を行使することができない株主等が有するその議決権を除きます。）のうちに占める割合

　③ その会社が社員または業務執行社員の数による判定により同族会社に該当する場合

　　⇒ その株主グループに属する社員または業務執行社員の数がその会社

第3章　非違事例

の社員または業務執行社員の総数のうちに占める割合

税務上の留意点

　法人税法上の役員は、会社法等の役員よりも範囲が広く、会社法等の規定による取締役、執行役、会計参与、監査役、理事、清算人のほか、①法人の使用人以外の者でその法人の経営に従事している者および②同族会社の使用人のうち、一定の要件を満たしている者で、その法人の経営に従事している者も含まれることを踏まえ、役員の範囲については、役員給与の損金不算入（法法34）等の規定を適用する際、役員に該当するかどうかの判定が重要となることから、基本的なこととして理解しておく必要があります。

参照条文等

　法人税法2条《定義》・34条《役員給与の損金不算入》
　法人税法施行令7条《役員の範囲》・71条《使用人兼務役員とされない役員》
　法人税基本通達9-2-1《役員の範囲》

参考

　国税庁ホームページ　タックスアンサー法人税No. 5200「役員の範囲」

221

**2. 請求人の使用人について、経営に従事していたとは認められず、みな
し役員に該当しないとして処分の全部を取り消した事例**

（①平成 22 年 4 月 1 日から平成 24 年 3 月 31 日の各事業年度の法人税の各更正処

分、②平成 22 年 4 月 1 日から平成 23 年 3 月 31 日の法人税に係る過少申告加算税

の賦課決定処分、③平成 23 年 4 月 1 日から平成 24 年 3 月 31 日の法人税に係る過

少申告加算税の賦課決定処分、④平成 23 年 4 月 1 日から平成 24 年 3 月 31 日の課

税期間の消費税および地方消費税の更正の請求に対してされた更正をすべき理由がない

旨の通知処分（過少申告加算税の賦課決定処分をあわせ審理）、⑤平成 22 年 7 月から

平成 23 年 12 月の各期間分の源泉徴収に係る所得税の各納税告知処分および不納付加

算税の各賦課決定処分、⑥平成 24 年 4 月 1 日から平成 25 年 3 月 31 日の事業年度

の法人税の更正処分および過少申告加算税の賦課決定処分ほか、・②⑤全部取消し、①③

④一部取消し、⑥棄却・平成 28 年 3 月 31 日裁決）

―――――《争点》―――――

請求人の使用人について、法人税法上の役員に該当するか否か。

裁決要旨

　原処分庁は、現代表者（A）が代表取締役に就任する前において、請求人の発
行済株式の 50％を超える株式を保有していたところ、A が代表取締役として署
名押印している契約書面があり、本件調査時に請求人から提出された文書の記
載内容や A の申述からすれば、A は法人税法施行令 7 条《役員の範囲》2 号に規
定する経営に従事しているものに該当し、法人税法 2 条《定義》15 号の役員に
該当する旨主張する。

　しかしながら、代表取締役でなかった A が代表取締役として署名押印してい
る契約書面があるからといって、代表者でない者が契約当事者になっているに
すぎず、その内容も重要な業務に係るものとはいえないことから、経営に従事
していたことを裏付けるものとまでは認められず、また、本件調査時に請求人
から提出された文書および A の申述内容からでは、A が人事や資金計画に関

わっていたことについて、いつの時点においていかなる役割を担っていたのか明らかでなく、これを具体的に裏付ける証拠収集がなされていない。さらに、Aが請求人の経営に従事していたかどうかについて、役員や従業員に確認しておらず、経営に従事していたとする具体的な事実関係が証拠資料上明らかではない。したがって、原処分庁が主張する事実をもって、Aが請求人の経営に従事していたと認めるに足りないといわざるを得ないから、代表取締役に就任する前においてAが法人税法上の役員に該当するとはいえない。

税務上の留意点

法人税法上の役員には、会社法等の規定による取締役、執行役、会計参与、監査役、理事、監事および清算人のほか、法人の使用人以外の者でその法人の経営に従事している者等も含まれます。この場合、その法人の経営に従事している者とは、法人の主要な業務執行の意思決定に参画することをいい、具体的には、経営方針に参画して、職制の決定、販売計画、仕入計画、製造計画、人事計画（任免、給料、賞与の決定）、資金計画（借入れの決定、増資の決定）および設備計画などのような計画・決定に自己の意思を表明し反映させることをいうのであるから、その使用人が役員に該当するか否かの判定に当たっては、具体的な事実関係を示す証拠資料で明らかにする必要があります。

参照条文等

法人税法 2 条 15 号、法人税法施行令 7 条 2 号

参考

平成 28 年 3 月 31 日裁決（裁決事例集 No. 102）

2 使用人兼務役員の範囲

1. 相続財産に含まれる株式が未分割である場合の使用人兼務役員の判定の事例

―――《照会要旨》―――

　発行済株式の98％を有していた代表者が死亡しましたが、その遺産相続に関して紛争が生じたため、相続財産の中に含まれるその株式が未分割の状態となっています。

　その株式が未分割の状態で、当社の取締役である長男、長女、次男および次女（いずれも代表者の相続人であり、代表者死亡までは持株はありません。）に賞与を支給しましたが、これらの者が使用人兼務役員であるかどうかの判定に当たってその持株割合はどのように計算したらよいでしょうか。教示願います。

回答要旨

　各人の相続分に応じた持株数により判定することになります。

解説

　相続人が数人あるときは、相続財産は、その共有に属するものとされており（民法898）、相続の放棄、限定承認等がされない限り、法定又は法定相続分に応じて持分を有することになることから、その相続分に応じた持分に基づいて持株割合を計算することになります。

　なお、民法909条では、遺産分割に遡及効を認めていますが、この規定自体、遡及的に共有状態の存在の事実までも否定するものではありませんので、現実

の分割が相続分と異なったとしても、後日、その持株割合を修正する必要はないと考えます。

税務上の留意点

同族会社のいわゆる平取締役等である役員が使用人兼務役員に該当するかどうかの判定に当たっては、使用人としての職制上の地位を有し、かつ、使用人として常勤するほか、その役員のその同族会社における持株割合がその判定に影響することから、本件のような事例は、参考になると考えます。

参照条文等

法人税法施行令 71 条《使用人兼務役員とされない役員》

民法 898 条《共同相続の効力》・909 条《遺産の分割の効力》

参考

国税庁ホームページ　質疑応答事例法人税「相続財産に含まれる株式が未分割である場合の使用人兼務役員の判定」

2. 税理士法人の社員に係る使用人兼務役員への該当事例

《照会要旨》

甲税理士法人は、社員の互選によって代表社員および理事を選任し、その代表社員（理事長）と理事を構成員とする理事会を設置し、その理事会において甲税理士法人の経営に関する重要な事項（各社員の報酬額・定款事項・決算の作成等）の決定をすることを予定しています。

また、理事長および理事以外の社員の一部について、従たる事務所の所長、部長など、法人の機構上、使用人としての職制上の地位に就かせることとしています。

このように、甲税理士法人が理事長および理事を構成員とする理事会において法人の経営に関する重要な事項の決定をしている場合であっても、税理士法上、社員はすべて業務を執行する権限を有し義務を負うこととされていることから、理事長および理事以外の社員も使用人兼務役員とはなれないのでしょうか。

なお、この場合の理事長、理事および理事会は、甲税理士法人が任意に選任しているものであり、税理士法上に根拠のある地位ではありません。

回答要旨

理事長および理事をはじめとする甲税理士法人のすべての社員は、使用人兼務役員となることはできません。

解説

1 税理士法人の社員に係る役員への該当性

(1) 法人税法上の役員は、法人税法2条15号の定義では「法人の取締役、執行役、会計参与、監査役、理事、監事および清算人ならびにこれら以外の者で法人の経営に従事しているもののうち政令で定めるものをいう。」と

されており、税理士法上の社員がこれに該当しているかどうかは、同号後段の「法人の経営に従事しているもののうち政令で定めるもの」に該当しているかどうかによることとなります。

(2) この「政令で定めるもの」は、法人税法施行令7条《役員の範囲》1号において「法人の使用人（職制上使用人としての地位のみを有する者に限る。）以外の者でその法人の経営に従事しているもの」と規定されており、税理士法人の「社員」が明示的に規定されたものではありません。

(3) この点について、税理士法人においては、

① 　社員は、すべて業務を執行する権利を有し、義務を負うこととされており、この社員の業務を執行する権限は、定款によっても制限することはできないこと。

② 　①の業務の執行とは、定款に定める業務のほか、税理士法人の経営に関する契約締結等の法律行為および帳簿の作成、使用人の管理・監督等の事実行為も含まれること。

と解されていることからすれば、税理士法人の社員は、「職制上使用人としての地位のみを有する者」とはなり得ず、かつ、税理士法人の社員のすべてが、経営に関する法律行為を含む業務執行を行う者であり、法人の経営に従事しているものと認められますので、法人税法上の役員に該当します。

2　税理士法人の社員に係る使用人兼務役員への該当性

(1) 法人税法上の使用人兼務役員とは、法人税法34条《役員給与の損金不算入》6項の規定によれば、「役員（社長、理事長その他政令で定めるものを除く。）のうち、部長、課長その他法人の使用人としての職制上の地位を有し、かつ、常時使用人としての職務に従事するものをいう。」とされており、「政令で定めるもの」とは、法人税法施行令71条《使用人兼務役員とされない役員》1項各号において、代表取締役、代表執行役および合名会社、合資会社ならびに合同会社の業務を執行する役員などが規定されています。

この規定は、会社法等の規定上、法人税法34条6項の「法人の使用人としての職制上の地位を有し、かつ、常時使用人としての職務に従事するも

の」に該当しえない者を例示的に列挙した規定ということができます。

(2) 税理士法人の社員は、その権利義務について合名会社の社員と同様とされているところ、合名会社の社員と異なり、業務を執行する権限を定款で制限できないこととされていますので、税理士法人の社員はすべて、法人税法施行令71条1項3号において使用人兼務役員になれない役員として明示されている合名会社の業務を執行する社員と同様に、業務執行を行うことになります。

(3) (1) および (2) からすれば、税理士法人の社員は、法人税法施行令71条1項各号に列挙されてはいないものの、「法人の使用人としての職制上の地位を有し、かつ、常時使用人としての職務に従事するもの」に該当せず、使用人兼務役員になることはできないことになります。

税務上の留意点

　税理士法人の社員については、法人税法施行令71条1項各号に列挙されていないが、法人税法上の役員に該当することから、使用人兼務役員には該当しないことに留意する必要があります。

参照条文等

　法人税法2条15号・34条6項

　法人税法施行令7条1号・71条1項3号

　税理士法2条《税理士の業務》・48条の2《設立》・48条の5《業務の範囲》・48条の6・48条の11《業務を執行する権限》

　会社法590条《業務の執行》

参考

　国税庁ホームページ　質疑応答事例法人税「税理士法人の社員に係る使用人兼務役員への該当性」

3. 役員のうち使用人兼務役員になれない者

《質問要旨》

役員のうち使用人兼務役員になれない者について、教えてください。

回答要旨

使用人兼務役員とは、役員のうち部長、課長、その他法人の使用人としての職制上の地位を有し、かつ、常時使用人としての職務に従事する者をいいますが、次のような役員は、使用人兼務役員となりません。

なお、同族会社の使用人のうち税務上みなし役員とされる者も使用人兼務役員となりません。

1. 代表取締役、代表執行役、代表理事および清算人

2. 副社長、専務、常務その他これらに準ずる職制上の地位を有する役員

3. 合名会社、合資会社および合同会社の業務執行社員

4. 取締役(委員会設置会社の取締役に限ります。)、会計参与および監査役ならびに監事

5. 上記 1. から 4. までのほか、同族会社の役員のうち所有割合[注1]によって判定した結果、次の全ての要件を満たす役員

   具体的には、次の全ての要件を満たしている役員が該当します。

(1) その会社の株主グループ[注2]をその所有割合の大きいものから順に並べた場合に、その役員が所有割合50%を超える第一順位の株主グループに属しているか、または第一順位と第二順位の株主グループの所有割合を合計したときに初めて50%を超える場合のこれらのグループに属しているか、あるいは第一順位から第三順位までの株主グループの所有割合を合計したときに初めて50%を超える場合のこれらの株主グループに属していること。

(2) その役員の属する株主グループの所有割合が10%を超えていること。

(3) その役員（その配偶者およびこれらの者の所有割合が 50% を超える場合にお
　　ける他の会社を含みます。）の所有割合が 5% を超えていること。

（注 1）「所有割合」とは、次に掲げる場合に応じて、それぞれ次に掲げる割合を
　　　いいます。

　① その会社がその株主等の有する株式または出資の数または金額による判
　　　定により同族会社に該当する場合

　　⇒ その株主グループの有する株式の数または出資の金額の合計額がその
　　　会社の発行済株式または出資（その会社が有する自己の株式または出資を
　　　除きます。）の総数または総額のうちに占める割合

　② その会社が一定の議決権による判定により同族会社に該当することとな
　　　る場合

　　⇒ その株主グループの有する議決権の数がその会社の議決権の総数（議決
　　　権を行使することができない株主等が有するその議決権を除きます。）の
　　　うちに占める割合

　③ その会社が社員または業務執行社員の数による判定により同族会社に該
　　　当する場合

　　⇒ その株主グループに属する社員または業務執行社員の数がその会社の
　　　社員または業務執行社員の総数のうちに占める割合

（注 2）「株主グループ」とは、その会社の一の株主等およびその株主等と親族関
　　　係など特殊な関係のある個人や法人をいいます。

税務上の留意点

　法人税法 34 条《役員給与の損金不算入》の規定の適用に当たっては、使用人
兼務役員に該当するかどうかの判定が重要であることから、本件を参考に的確
に判定する必要があります。

参照条文等

法人税法 34 条《役員の損金不算入》

法人税法施行令 71 条《使用人兼務役員とされない役員》

参考

国税庁ホームページ　タックスアンサー法人税 No. 5205「役員のうち使用人兼務役員になれない人」

3

経済的利益の供与

1. 役員に対する経済的利益

───《質問要旨》───

役員に対する経済的な利益の内容について、教えてください。

回答要旨

1 経済的な利益

　法人が役員に支給する給与には、金銭によるもののほか、債務の免除による利益その他の経済的な利益も含まれます。

　この経済的な利益とは、例えば、次のような法人の行った行為が実質的にその役員に対して給与を支給したと同様の経済的効果をもたらすものをいいます。ただし、明らかに株主等の地位に基づいて取得したと認められるものおよび病気見舞、災害見舞等のような純然たる贈与と認められるものを除きます。

① 役員に対して物品その他の資産を贈与した場合におけるその資産の価額に相当する金額（創業記念品等の支給が含まれます。）

② 役員に対して所有資産を低額で譲渡した場合におけるその資産の価額と譲渡価額との差額に相当する金額

③ 役員から高額で資産を買い入れた場合におけるその資産の価額と買入価額との差額に相当する金額

④ 役員に対して有する債権を放棄しまたは免除した場合（貸倒れに該当する場合を除きます。）におけるその放棄しまたは免除した債権の額に相当す

る金額

⑤　役員から債務を無償で引き受けた場合におけるその引き受けた債務の額
　に相当する金額

⑥　役員に対してその居住の用に供する土地または家屋を無償または低額で
　提供をした場合における通常収受すべき賃貸料の額と実際に徴収した賃貸
　料の額との差額に相当する金額

⑦　役員に対して金銭を無利息または低率で金銭の貸付けをした場合におけ
　る通常収受すべき利息と実際に徴収した利息との差額に相当する金額

⑧　役員に対して無償または低い対価で⑥および⑦に掲げるもの以外の用役
　の提供をした場合における通常その用役の対価として収入すべき金額と実
　際に収入した対価の額との差額に相当する金額

⑨　役員に対して機密費、接待費、交際費、旅費等の名義で支給したものの
　うち、その法人の業務のために使用したことが明らかでないもの（いわゆ
　る渡切交際費等で使途不明のもの）

⑩　役員のために個人的費用を負担した場合におけるその費用の額に相当す
　る金額

⑪　役員が社交団体等の会員となるためまたは会員となっているために要す
　るその社交団体の入会金、経常会費その他その社交団体の運営のために要
　する費用でその役員の負担すべきものを法人が負担した場合におけるその
　負担した費用の額に相当する金額

⑫　法人が役員等を被保険者および保険金受取人とする生命保険契約を締結
　してその保険料の全部または一部を負担した場合におけるその負担した保
　険料の額に相当する金額

　なお、法人が役員等に対し経済的な利益を供与した場合において、それが
所得税法上経済的な利益として課税されないものであり、かつ、法人がその
役員等に対する給与として経理しなかったものであるときは、給与として扱
われません。

2 会社法上の役員報酬

(1) 会社法上の役員報酬は、「報酬、賞与その他の職務執行の対価として株式会社から受ける財産上利益」（会社法361）と定義されていることから、金銭以外のものでも会社法の規制の対象となります。

そのため、役員としての職務執行の対価として受け取るものであれば、金銭以外のもの、例えば、株式、自動車、住宅なども役員報酬となります。ただし、例えば、同じ自動車でも、社長の業務に必要な社用車であれば、役員報酬にはならないと考えます。

(2) 役員報酬か否かの線引きは、一律に決められているのではなく、社会通念や個々の会社の実態に照らして、業務に必要なものか否かで判断されます。

したがって、社長専用のポルシェは、社会通念に照らせば業務に不必要な高級車なので役員報酬に該当するところ、その会社がポルシェの販売店であれば、広告宣伝等で業務に必要なものとして、役員報酬に該当しない可能性があります。

(3) 以上のように、株主と役員との間には、エージェンシー問題(注)があることから、役員報酬は会社法で厳格に規制されています。

　(注)　通常、依頼された側（代理人）は依頼した側の利益のための行動をすることが求められ期待されますが、必ずしも代理人がその期待等に沿って行動しない可能性があり、株式会社では、依頼した側の株主の利益最大化のために代理人である経営者が行動しないリスクがあることをいいます。

3 経済的な利益の法人税法上の取扱い

(1) 役員に対する給与の額とされる経済的な利益の額が毎月おおむね一定している場合には定期同額給与に該当し、損金の額に算入されますが、その他の場合には、経済的な利益に相当する金額は損金の額に算入されません。

(2) 法人が使用人兼務役員に対して供与した経済的な利益の額（住宅等の貸与をした場合の経済的な利益を除きます。）が他の使用人に対して供与される程度のものである場合には、その経済的な利益の額は使用人としての職務に

係るものとされ、損金の額に算入されます。

(3) 役員に対する経済的な利益の額（使用人兼務役員に対する使用人部分を除きます。）が不相当に高額である場合や法人が事実を隠蔽しまたは仮装して経理することにより、その役員に対して供与した経済的な利益の額は損金の額に算入されません。

4 金銭以外の役員報酬の典型例

(1) 金銭以外の役員報酬として、近年導入するケースが増加しているのが「株式報酬」ということになっています。

役員に対して金銭の代わりに自社の株式を付与すれば、役員は株主になることから、他の役員報酬とは異なって、既存株主と利害が一致することになります。

(2) 役員は、株主としての地位を濫用して、株主の価値を毀損させる意思決定をする恐れがあるところ、株式報酬には、そのような不適切な役員の行動を抑止する効果があります。

(3) 株式報酬には、特定譲渡制限付株式[注1]、株式交付信託[注2]、株式報酬型ストック・オプションなどがあります。

ちなみに従前多く利用されていたストック・オプションに関しては、株価が低迷する時期には、報酬としての価値がなくなるケースが散見されたことから、現在では利用が減少しているといわれています。

(注1) 法人への役務の提供に対して通常は現金報酬（給与等）で支払われるところ、これを一定の条件下で法人の株式を対価とするものを譲渡制限付株式といい、この譲渡制限付株式のうち、税法上の一定の要件を満たしたものを特定譲渡制限付株式といいます（所令84、法法54、法令111の2）。

(注2) 法人が受託者に一定の金銭を信託し、受託者はその金銭でその企業の株式を取得します。従業員等（受益者）は社内規程等に基づき付与されたポイント等に応じて、株式の交付を受けることができる仕組みとなっています。

税務上の留意点

役員に対する経済的利益に当たるかどうかの判定に当たっては、次の諸点に留意する必要があります。

1. 法人が役員に支給する給与には、金銭によるもののほか、債務の免除による利益その他の経済的な利益も含まれます。

   この経済的な利益とは、法人の行った行為が実質的にその役員に対して給与を支給したと同様の経済的効果をもたらすものをいいます。

2. 役員に対する給与の額とされる経済的な利益の額が毎月おおむね一定している場合には定期同額給与に該当し、損金の額に算入されますが、その他の場合には、経済的な利益に相当する金額は損金の額に算入されません。

参照条文等

法人税法 22 条・34 条《役員給与の損金不算入》・54 条《譲渡制限付株式を対価とする費用の帰属事業年度の特例》

法人税法施行令 69 条《定期同額給与の範囲等》・111 の 2《譲渡制限付株式の範囲等》

所得税法施行令 84 条《譲渡制限付株式の価額等》

法人税基本通達 9-2-9《債務の免除による利益その他の経済的な利益》・9-2-10《給与としない経済的な利益》・9-2-11《継続的に供与される経済的利益の意義》・9-2-24《使用人兼務役員に対する経済的な利益》

参考

国税庁ホームページ　タックスアンサー法人税「No. 5202　役員に対する経済的利益」

令和元年 5 月 27 日付週刊税務通信 No. 3557　23〜25 頁

第3章　非違事例

2. 請求人が負担した代表者が青年会議所の会議等に出席するための交通費、宿泊費および日当は、代表者の給与に該当するとした事例

（①平成 21 年 11 月、平成 22 年 10 月、平成 22 年 11 月および平成 23 年 1 月の各月分の源泉徴収に係る所得税の各納税告知処分、平成 24 年 5 月、平成 24 年 7 月および平成 25 年 7 月の各月分の源泉徴収に係る不納付加算税の各賦課決定処分・全部取消し、②平 20. 8. 1～平 22. 7. 31 の各事業年度の法人税の各更正処分、平 23. 8. 1～平 24. 7. 31 の事業年度の法人税の更正処分および過少申告加算税の賦課決定処分、平成 21 年 10 月、平成 22 年 6 月、平成 23 年 5 月、平成 23 年 7 月、平成 23 年 10 月、平成 23 年 11 月、平成 24 年 1 月～7 月および平成 24 年 12 月の各月分の源泉徴収に係る所得税の各納税告知処分、平成 25 年 7 月分の源泉徴収に係る所得税および復興特別所得税の納税告知処分・一部取消し、③平 22. 8. 1～平 23. 7. 31 の事業年度の法人税の更正処分および過少申告加算税の賦課決定処分ほか・棄却・平成 27 年 7 月 28 日裁決）

―――《争点》―――

本件旅費交通費は、本件代表者に対する給与に該当するか否か。

要旨

　請求人は、代表者が青年会議所の会議等（本件各会議等）に出席するための交通費、宿泊費および日当（本件旅費交通費）は、本件各会議等を含む青年会議所の活動が経営者に対する教育費用、請求人の受注活動費用および新規事業開拓費用としての性質を有していることなどからすると、請求人の事業の遂行上必要な費用であり、代表者が負担すべきものではないことから、代表者に対する給与に該当しない旨主張する。

　しかしながら、本件会議等は、特定の個人または法人の利益を目的として行われるものではなく、青年会議所の定款に掲げられた公益的な目的および事業の内容に則した活動が行われ、代表者は、そのプログラムに沿った活動を行っており、代表者が本件会議等に出席したことが取引先の確保や代表者の経営者

237

としての能力の向上、新規事業の開拓に寄与することになったとしても、それは青年会議所の活動に付随する副次的な効果にすぎないことなどからすると、本件旅費交通費は、社会通念に照らし客観的にみて、請求人の事業遂行上必要な費用ではなく、代表者が個人的に負担すべきものであるから、代表者に対する給与に該当する。

税務上の留意点

　法人税法34条《役員給与の損金不算入》1項および4項は、法人がその役員の活動について負担した費用が、その法人の事業遂行上必要なものではなく、その役員が個人的に負担すべきものと認められる場合には、その法人がその役員に対し経済的な利益を供与したものであり、その費用はその役員に対する給与に当たると解するのが相当とされています。

　そして、その費用がその法人の事業遂行上必要なものではなく、その役員が個人的に負担すべきものであるか否かの判断は、単にその法人の主観的な意図・判断によるのではなく、その役員の活動の内容やその費用を支出した趣旨・目的等の諸般の事情を総合的に考慮し、社会通念に照らして客観的に行わなければならないと解されています。

参照条文等

　法人税法22条・34条

参考

　平成27年7月28裁決（裁決事例集 No. 100）

　平成15年2月13裁決（裁決事例集 No. 65）

　平成26年3月6日裁決（裁決事例集 No. 94）

第3章　非違事例

3.　役員への社宅貸与と経済的利益

《質問要旨》

　社宅貸与については、税務調査において、経済的利益は問題視されやすく、個人の支出を法人に付け替えて否認されたという話を聞きました。

また、役員に社宅を貸与する場合、役員から1か月当たり一定額の賃貸料相当額（家賃）を受け取っていれば、給与として課税されないと聞いていますが、具体的な取扱いについて、教えてください。

回答要旨

1　法人等の資産の専属的利用による経済的利益の額

　使用者の事業の用に供する資産を専属的に利用することにより役員または使用人が受ける経済的利益の額は、その資産の利用につき通常支払うべき使用料その他その利用の対価に相当する額[注]とされています（所令84の2）。

　（注）その利用者がその利用の対価として支払っている金額があるときは、これを控除した額となります。

2　住宅等の貸与による経済的利益

　いわゆる社宅の貸与による経済的利益について、その社宅につき通常支払うべき賃貸料の額を基として計算しているところ、所得税基本通達では、この場合の「社宅につき通常支払うべき賃貸料の額」について、役員に貸与した社宅であるか使用人に貸与した社宅であるかの別に応じ、また役員に貸与した社宅についてはその床面積の広狭の別に応じ、それぞれ具体的な計算方法を定めています。

　（1）役員に貸与した住宅等に係る通常の賃貸料の額の計算

　　①　使用者[注1]がその役員に対して貸与した住宅等[注2]に係る通常の賃貸料の額（月額）の計算方法について次の②のとおり定めています（所基通36-40）。

（注1）国、地方公共団体その他これらに準ずる法人を除きます。

（注2）その役員の居住の用に供する家屋またはその敷地の用に供する土地もしくは土地の上に存する権利をいいます。

② 具体的には、役員に貸与した社宅のうち、家屋の床面積が132平方メートル（木造家屋以外の家屋については99平方メートル）を超えるものについて、その「通常の賃貸料の額」（月額）の具体的な計算方法を定めています。

なお、この「社宅につき通常支払うべき賃貸料の額」については税務上の経済的利益の評価額であり、使用者が実際に徴収すべき社宅の賃貸料の額を示しているものではありません。

（イ）使用者が所有する社宅等

通常の賃貸料の額（月額）は、次の算式により計算します。

$$[A × 12\%（B：10\%）+ C × 6\%] × 1／12$$

> A：その年度の家屋の固定資産税の課税標準額[*1]
>
> B：木造家屋以外の家屋[*2]の場合
>
> C：その年度の敷地の固定資産税の課税標準額[*1]
>
> （*1）「固定資産税の課税標準額」は、1月1日における固定資産の価格として固定資産課税台帳に登録されているものをいうとされています（以下（3）において同じ）。
>
> （*2）「木造家屋以外の家屋」とは、耐用年数省令別表第1に規定する耐用年数が30年を超える住宅用の建物をいい、木造家屋とは、その耐用年数が30年以下の住宅用の建物をいいます（以下（3）において同じ）。

（ロ）使用者が他から借り受けて貸与した社宅等

使用者が支払う賃貸料の50％相当額と仮りにその社宅等を使用者が所有しているとした場合に（イ）の算式により計算される通常の賃貸料の額とのいずれか多い金額が、その住宅等の通常の賃貸料とされています。

なお、役員の所有する土地の上に使用者が住宅を建築し、その役員に貸与する場合は、家屋だけを貸与したことになり、その家屋だけについて上記（イ）および（ロ）の取扱いが適用されることになります。

(2) 小規模住宅等に係る通常の賃貸料の額の計算

① 上記(1)の住宅等のうち、その貸与した家屋の床面積[注]が132平方メートル（木造家屋以外の家屋については99平方メートル）以下であるものに係る通常の賃貸料の額（月額）は、所得税基本通達36-40にかかわらず、次に掲げる算式により計算します（所基通36-41）。

$A \times 0.2\% + 12$ 円 $\times B ／ 3.3$（㎡）$+ C \times 0.22\%$

> A：その年度の家屋の固定資産税の課税標準額
> B：当該家屋の総床面積（㎡）
> C：その年度の敷地の固定資産税の課税標準額

なお、この算式は、その使用者が所有しているものか他から借り受けて貸与したものかにかかわらず適用されます。

(注)マンションなどのように2以上の世帯を収容する構造の家屋の床面積が132平方メートルまたは99平方メートル以下であるかどうかは、1世帯として使用する部分の床面積により判定することから、専用部分の床面積だけでなく、共用部分の床面積についても、使用部分を適宜見積もって含める必要があります。

② 敷地だけを貸与した場合については、上記①の取扱いは適用せず、家屋の床面積の広狭にかかわらず、次の算式により計算した金額が、その敷地の通常の賃貸料とされます。

その年度の敷地の固定資産税の課税標準額 $\times 6\% \times 1 ／ 12$

(3) 通常の賃貸料の額の計算に関する細目

役員に貸与した社宅について、所得税基本通達36-40または36-41により「通常の賃貸料の額」を計算する場合における細部の取扱いは、次の①から④のとおりです（所基通36-42）。

① 固定資産税の課税標準額がその貸与した家屋または敷地以外の部分を
含めて決定されている場合

　　例えば、アパートの一室のようにその貸与した家屋が1棟の建物の一
部である場合や一筆の土地の一部が建物の敷地となっている場合または
同一の敷地に2棟以上の建物がある場合のように、固定資産税の課税標
準額がその貸与した家屋または敷地以外の部分を含めて決定されている
場合には、その家屋または敷地についての固定資産税の課税標準額を基
として求めた賃貸料相当額、純家賃相当額または地代相当額をその建物
または敷地の状況に応じて合理的にあん分するなどにより、その貸与し
た家屋または敷地に対応する通常の賃貸料相当額を計算します。

　　具体的な評価方法の一例として次のような方法が考えられます。

（イ）アパートの一室のように建物の一部についての賃貸料相当額は、
　　例えば、アパートの1棟について計算した賃貸料相当額に、その建物
　　全部の専用面積に対する個々の専用面積の比率を乗じて計算した金額
　　とします。

　　　この場合、その建物の各部屋の採光、通風、その他利用上の便利性
　　などの状況によって、専用面積によるあん分のみにより難いようなと
　　きは、そのアパート全体の賃貸料相当額を各部屋の採光、通風その他
　　の利用上の便利性等を勘案して各専用部分にあん分します。

　　　なお、専用面積とは、建物全体の床面積から、廊下、階段、便所、
　　洗面所などの共用部分の面積を除いた床面積をいいます。

（ロ）建物の固定資産税の課税標準額が2棟以上の建物について一括し
　　て決定されている場合の各棟の家賃相当額は、その一括して決定され
　　ている課税標準額に基づいて計算した全部の建物の家賃相当額を各棟
　　の建物の状況に応じてあん分して求めた金額とします。

（ハ）一筆の土地の一部が建物の敷地となっている場合や同一の敷地に
　　2棟以上の建物がある場合の地代相当額は、その土地の全部について
　　計算した地代相当額をその建物の敷地となっている面積、敷地の位置

の良否等を勘案してあん分して求めた額とします。

（ニ）2棟以上の建物について敷地の共通部分がある場合の各棟ごとの地代相当額は、その共用部分となっている土地の地代相当額を各棟ごとの延面積に応じてあん分して求めた額と、その建物が専用する敷地の地代相当額との合計額とします。

② 固定資産税の課税標準額が改訂された場合

土地または建物の固定資産税の課税標準額が改訂された場合は、その改訂後の課税標準額に係る固定資産税の第1期の納期限の翌月分から、その改訂後の課税標準額を基として通常の賃貸料相当額を計算します。

例えば、社宅や寮等の通常の賃貸料相当額は固定資産税の課税標準額を基として計算することになっていることから、それが改訂されれば、社宅や寮等の通常の賃貸料相当額は当然に変わってきますが、その改訂の都度賃貸料相当額を計算し直すことは大変な手間となります。

そこで、使用人の社宅や寮等については、固定資産税の課税標準額が改訂された場合であっても、その改訂された課税標準額が現に通常の賃貸料相当額の計算の基礎となっている課税標準額に比し20％以内の増減にとどまっているときは、強いて通常の賃貸料相当額の改算をしなくて差し支えないこととされています（所基通36-46）。

この場合、徴収する家賃等をプール計算によって定めているときは、そのプール計算の単位となっているグループに含まれている社宅等の課税標準額の合計額によって、上記の20％以内であるかどうかを判定して差し支えないこととなっています。

なお、役員社宅については、このような省略は認められていないことから、固定資産税の課税標準額が改訂されれば、その都度通常の課税標準額を改算しなければならないことになります。

③ 年の中途で新築した社宅の場合

年の中途で新築した社宅のように固定資産税の課税標準額が定められていないものである場合の通常の賃貸料相当額は、その社宅等と状況の

類似する社宅等の固定資産税の課税標準額に比準する価額を基として所定の方法で計算します。

なお、固定資産税の課税標準額が決定されたら、その第1期の固定資産税の納期限の翌月分からその新しい課税標準額を基として計算した通常の賃貸料相当額に切り換えることになります。

④　月の中途で役員または使用人社宅とされた場合

社宅等が月の中途で役員または使用人の居住の用に供されたものである場合には、その居住の用に供された日の翌月分から、役員または使用人に貸与した社宅等として、それぞれの評価方法により通常の賃貸料相当額を計算します。

(4)　通常の賃貸料の額の計算の特例

役員に貸与した社宅については、個人的生活の場であるというだけでなく、例えば役員の社宅で打合せ会を催すとか、得意先を招待するとか、使用者の業務のために使用することも比較的多いと考えられ、また単身赴任者が広い社宅の貸与を受けても実際に使用しているのはその一部にすぎないということも少なくないと考えられます。

このような場合には、その実際の使用状況を考慮して「社宅について通常支払うべき賃貸料の額」を定めるのが原則であるところ、実務上の手数を省略するため、使用者がこれらの社宅について、それぞれ次に掲げる金額をその賃貸料として徴収していることを条件として、その徴収している金額を「社宅について通常支払うべき賃貸料の額」として差し支えないこととしています（所基通36-43）。

①　公的使用に充てられる部分がある住宅等

⇒　所得税基本通達36-40または36-41により計算した「社宅について通常支払うべき賃貸料の額」の70％以上に相当する金額

②　単身赴任者のような者が一部を使用しているにすぎない住宅等

⇒　所得税基本通達36-40または36-41により計算した「社宅について通常支払うべき賃貸料の額」のうち床面積が50平方メートルに対応

する金額以上の金額

　なお、これらの社宅について、全く賃貸料を徴収していない場合または上記の金額に満たない賃貸料しか徴収していない場合には、原則どおり、個々に使用の実情を確認のうえ、それぞれ「社宅について通常支払うべき賃貸料の額」を定めることになります。

　また、いわゆる豪華役員社宅（後述（6））については、上記のような70％または50平方メートルといった実務上の手数を省略する観点からの特例計算は認められないことになっています。

(5)　住宅等の貸与による経済的利益の有無の判定上のプール計算

　使用者が住宅等を貸与した全ての役員[注]からその貸与した住宅等の状況に応じてバランスのとれた賃貸料を徴収している場合において、その徴収している賃貸料の額の合計額が役員に貸与した全ての住宅等につき所得税基本通達36-40から36-43までにより計算した通常の賃貸料の額の合計額以上であるときは、これらの全ての役員について住宅等の貸与による経済的利益はないものとされています（所基通36-44）。

　なお、これは、所得税基本通達36-40または36-41のような一定の算式によって計算した「社宅について通常支払うべき賃貸料の額」は、家屋の建築年次の新旧、構造等の違いにより、その利用価値を反映しないことから、その法人の内部の問題として、その徴収すべき賃貸料の額を合理的に調整することを認めようとする趣旨によるものであるから、特定の役員だけに限って賃貸料を全く徴収しないような場合には、その取扱いは認められないことになります。

　また、いわゆる豪華役員社宅（後述（6））や使用人に貸与した社宅を含めてプール計算することはできないことになっています。

(注)所得税法施行令21条4号《非課税とされる職務上必要な給付》に規定する者を除きます。

(6)　いわゆる豪華社宅を貸与している場合

①　使用者が役員に貸与した住宅等に係る通常の賃貸料の額の計算に当

245

たっては、所得税基本通達 36-40 または 36-41 により通常の賃貸料の額の計算を行うのであるが、その住宅等が社会通念上一般に貸与されている住宅等と認められない住宅等である場合には、これらの取扱いの適用はなく、次の②と③により取り扱うこととされています（平7・4・3課法8-1（例規）課所 4-4）。

② 使用者[注1]がその役員に対して貸与した住宅等[注2]のうち、家屋の床面積[注3]が 240 平方メートルを超えるものについては、その住宅等の取得価額、支払賃貸料の額、内外装その他の設備の状況等を総合勘案してその住宅等が社会通念上一般に貸与されているものかどうかを判定します。

なお、その住宅等が社会通念上一般に貸与されている住宅等と認められない場合の通常の賃貸料の額の計算に当たっては、所得税基本通達 36-40 または 36-41 に掲げる算式は適用しないものとされています。

(注1) 国、地方公共団体その他これらに準ずる法人を除きます。

(注2) その役員の居住の用に供する家屋またはその敷地の用に供する土地もしくは土地の上に存する権利をいいます。

(注3) 公的使用に充てられる部分がある場合のその部分を除きます。

③ 判定に当たっての留意すべき事項は次のとおりです。

(イ) 社会通念上一般に貸与されている住宅等と認められない場合の通常の賃貸料の額は、所得税法施行令 84 条の 2《法人等の資産の専属的利用による経済的利益の額》の規定が適用されます。

(ロ) 一般に貸与されている住宅等に設置されていないプール等のような設備もしくは施設または役員個人の嗜好等を著しく反映した設備もしくは施設を有する住宅等については、家屋の床面積が 240 平方メートル以下であっても、社会通念上一般に貸与されている住宅等に該当しないものとします。

(ハ) 家屋の床面積が 240 平方メートルを超えていることのみをもって、社会通念上一般に貸与されている住宅等と認められないものとして取り扱うことのないようにします。

3 経済的な利益の法人税法上の取扱い

(1) 役員に対する給与の額とされる経済的な利益の額が毎月おおむね一定している場合には定期同額給与に該当し、損金の額に算入されますが、その他の場合には、経済的な利益に相当する金額は損金の額に算入されません。

(2) 法人が使用人兼務役員に対して供与した経済的な利益の額（住宅等の貸与をした場合の経済的な利益を除きます。）が他の使用人に対して供与される程度のものである場合には、その経済的な利益の額は使用人としての職務に係るものとされ、損金の額に算入されます。

(3) 役員に対する経済的な利益の額（使用人兼務役員に対する使用人部分を除きます。）が不相当に高額である場合や法人が事実を隠蔽しまたは仮装して経理することにより、その役員に対して供与した経済的な利益の額は損金の額に算入されません。

税務上の留意点

1. 役員に社宅を貸与する場合、原則として、役員から1か月当たり一定額の賃貸料相当額（家賃）を受け取っていれば、給与として課税されないことになります。

その計算は、社宅の床面積により、次の2つに区分されます。

① 小規模な住宅（法定耐用年数が30年以下の場合には床面積が132平方メートル以下、法定耐用年数が30年超の場合には床面積が99平方メートル以下）

② 豪華住宅（床面積が240平方メートル超かつ、取得価額や支払賃貸料の額、内外装の状況等各種の要素を総合勘案）

①は算式がありますが、②は通常支払うべき家賃がそのまま賃貸料相当額となります。

2. 法人税上の取扱いについては、回答要旨3のとおりですが、役員に対する給与の額とされる経済的な利益の額が毎月おおむね一定している場合には定期同額給与に該当し、損金の額に算入されます。

参照条文等

法人税法 22 条・34 条《役員給与の損金不算入》

法人税法施行令 69 条《定期同額給与の範囲等》

法人税基本通達 9-2-9《債務の免除による利益その他の経済的な利益》・9-2-11《継続的に供与される経済的利益の意義》

平成 7 年 4 月 3 日付課法 8-1（例規）課所 4-4「使用者が役員に貸与した住宅等に係る通常の賃貸料の額の計算に当たっての取扱いについて」

所得税法施行令 21 条《非課税とされる職務上必要な給付》4 号・84 条の 2《法人等の資産の専属的利用による経済的利益の額》

所得税基本通達 36-40《役員に貸与した住宅等に係る通常の賃貸料の額の計算》・36-41《小規模住宅等に係る通常の賃貸料の額の計算》・36-42《通常の賃貸料の額の計算に関する細目》・36-43《通常の賃貸料の額の計算の特例》・36-44《住宅等の貸与による経済的利益の有無の判定上のプール計算》・36-46《通常の賃貸料の額の改算を要しない場合》

参考

平成 31 年 4 月 8 日付週刊税務通信 No. 3551　55 頁

平成 29 年版所得税基本通達逐条解説（（一財）大蔵財務協会）349〜356 頁

4

過大役員報酬・過大役員給与の判定基準

1. 過大役員給与の判定基準

―――《照会要旨》―――

　A社は、その創立総会において、役員給与の年額を総額1億円とすることとし、その各人別内訳は役員会で決定する旨を決議しました。

　この決議に伴い、役員会において、甲取締役（代表者）は月額100万円以内、乙および丙取締役（いずれも非常勤）は月額10万円以内と定めました。

　その後、役員給与の年額（総額1億円）を改訂せずに甲に対する支給額を増額したため、甲については支給額が1,200万円を超えることとなっていますが、甲、乙、丙の合計額では1億円を超えていません。

　この場合、役員給与が過大であるか否かは、次のいずれによることになるのでしょうか。

　なお、A社の常勤役員は甲取締役（代表者）のみです。

　①　創立総会決定の1億円を基準として判定する。

　②　役員会決定の1,200万円（月額100万円）を基準として、個別で判定する。

回答要旨

　創立総会においては支給額の総枠を定め、各人ごとの支給限度額の決定を役員会に一任したところ、創立総会において各人ごとの支給限度額を定めたものと解されることから、役員会決定による各人ごとの支給限度額を基準として②により判定することになります。

249

税務上の留意点

役員報酬については、次の手続により決定することことから、役員報酬の支給限度額を決定するに当たって留意する必要があります。

1. 会社法 361 条《取締役の報酬等》の規定により、役員報酬の決定には定款があればそれに従い、定款の規程がなければ株主総会の決議によって定めるものとされています。

   実務上は、定款に役員報酬が規定されることは稀であり、ほとんどは、株主総会の決議によって定められます。

2. また、一般に、株主総会では、取締役の個人別の報酬額について明らかになることを避けるため、総額の上限のみを定めることも行われています。

   その上で、株主総会の決議によって、個人への配分については取締役会の決定に委ねています。

参照条文等

法人税法 34 条《役員給与の損金不算入》2 項

法人税法施行令 70 条《過大な役員給与の額》1 号

参考

国税庁ホームページ　質疑応答事例法人税「過大役員給与の判定基準」

第3章　非違事例

2. 請求人の代表取締役に対する役員給与の額のうち、同業類似法人の代表者に対する役員給与の額の最高額を超える部分の金額は不相当に高額な部分の金額であるとした事例

（①平成25年8月1日から平成27年7月31日までの各事業年度の法人税の各更正処分及び過少申告加算税の各賦課決定処分並びに平成25年8月1日から平成26年7月31日までの課税事業年度の復興特別法人税の更正処分及び過少申告加算税の賦課決定処分、②平成22年8月1日から平成25年7月31日までの各事業年度の法人税の各更正処分及び過少申告加算税の各賦課決定処分ほか・①一部取消し、②棄却・平成29年4月25日裁決）

《争点》

　本件役員給与の額には、不相当に高額な部分の金額として損金の額に算入されない金額があるか否か。

要旨

　原処分庁は、請求人の同業類似法人における代表者に対する役員給与の最高額と比較すると、請求人の代表取締役（本件代表者）に対する役員給与（本件役員給与）の額は、極めて高額であり、明らかに不相当に高額な部分があるから、その最高額を本件代表者に対する役員給与相当額とし、本件役員給与の額のうち役員給与相当額を超える部分の金額は、不相当に高額な部分の金額として損金の額に算入されない旨主張し、請求人は、本件代表者の職務は格別であり、原処分庁が採用した同業類似法人の抽出基準は合理性を有するものではないから、本件役員給与の額について不相当に高額な部分の金額はない旨主張する。

　しかしながら、審判所の調査の結果、本件代表者の職務の内容が特別に高額な役員給与を支給すべきほどのものとは評価し難く、原処分庁が採用した同業類似法人の抽出基準は合理性があるものと認められる。そして、本件代表者の職務内容に大きな変化はなく、請求人の収益の状況及び使用人給与の支給状況もおおむね一定であるところ、本件役員給与の額は同業類似法人の代表者に対

する役員給与の額の最高額を上回るものであり、しかもその最高額を支給する法人は、請求人よりも相当に経営状況が良好と評価される点を鑑みれば、本件役員給与の額のうちその最高額を超える部分の金額は不相当に高額な部分の金額であるといえる。ただし、原処分庁が抽出した同業類似法人の中に、請求人とは業種の異なる法人が認められることから、同社を同業類似法人から除外した上で役員給与相当額を算定し、不相当に高額な部分の金額として損金の額に算入されない金額を計算すると、原処分の額を下回ることから、原処分の一部を取り消すのが相当である。

税務上の留意点

　法人税法 34 条《役員給与の損金不算入》2 項は、内国法人がその役員に対して支給する給与の額のうち不相当に高額な部分の金額として政令で定める金額は、その内国法人の各事業年度の所得の金額の計算上、損金の額に算入しない旨規定しています。この規定の趣旨は、課税の公平性を確保する観点から、職務執行の対価としての相当性を確保し、役員給与の金額の決定の背後にある恣意性の排除を図るという考え方によるものと解されています。

　そして、法人税法施行令 70 条《過大な役員給与の額》1 号は、上記の規定を受けて、「不相当に高額な部分の金額」を、役員に対して支給した給与の額のうち、①その役員の職務の内容、内国法人の収益およびその使用人に対する給与の支給の状況、同業類似法人の役員に対する給与の支給の状況等に照らし、役員給与相当額を超える部分の金額（同号イ）、②定款の規定または株主総会の決議により定められている役員給与の支給限度額を超える部分の金額（同号ロ）のいずれか多い金額である旨規定しています。

　したがって、役員給与について、損金不算入とならないためには、上記の「不相当に高額な部分の金額」の判定基準に留意する必要があります。

参照条文等

　法人税法 34 条 2 項

法人税法施行令70条1号

平成29年4月25日裁決（裁決事例集 No.107）

5 役員に対する給与

1. 役員に対する給与（平成19年4月1日から平成28年3月31日までの間に開始する事業年度分）

―――《質問要旨》―――

　役員に対する給与について、平成19年4月1日から平成28年3月31日までの間に開始する事業年度分の取扱いを教えてください。

回答要旨

　平成19年4月1日から平成28年3月31日までの間に開始する事業年度において、法人が役員に対して支給する給与[注]の額のうち、次に掲げる定期同額給与、事前確定届出給与または利益連動給与のいずれにも該当しないものの額は、損金の額に算入されません。

　ただし、次に掲げる給与のいずれかに該当するものであっても、不相当に高額な部分の金額は、損金の額に算入されません。

（注）この給与から、①退職給与、②法人税法54条1項《譲渡制限付株式を対価とする費用の帰属事業年度の特例》に規定する新株予約権によるもの、③①および②以外のもので使用人兼務役員に対して支給する使用人としての職務に対するものならびに④法人が事実を隠ぺいしまたは仮装して経理することによりその役員に対して支給するものは除かれます。

1　定期同額給与

　定期同額給与とは、次に掲げる給与です。

(1) その支給時期が1か月以下の一定の期間ごとである給与（以下「定期給与」）で、その事業年度の各支給時期における支給額が同額であるもの

第3章　非違事例

(2) 定期給与の額について、次に掲げる改定（以下「給与改定」）がされた場合における、その事業年度開始の日または給与改定前の最後の支給時期の翌日から、給与改定後の最初の支給時期の前日またはその事業年度終了の日までの間の各支給時期における支給額が同額であるもの

① その事業年度開始の日の属する会計期間開始の日から3か月を経過する日までに継続して毎年所定の時期にされる定期給与の額の改定。

　　ただし、その3か月を経過する日後にされることについて特別の事情があると認められる場合にはその改定の時期にされたもの。

② その事業年度において、その法人の職制上の地位の変更、その役員の職務の内容の重大な変更その他これらに類するやむを得ない事情（以下「臨時改定事由」）によりされたその役員に係る定期給与の額の改定（①に掲げる改定を除きます。）

③ その事業年度において、その法人の経営状況が著しく悪化したことその他これに類する理由（以下「業績悪化改定事由」）によりされた定期給与の額の改定（その定期給与の額を減額した改定に限られ、①および②に掲げる改定を除きます。）

(3) 継続的に供与される経済的利益のうち、その供与される利益の額が毎月おおむね一定であるもの

2　事前確定届出給与

事前確定届出給与とは、その役員の職務について、所定の時期に確定額を支給する旨の定め（以下「事前確定届出給与に関する定め」）に基づいて支給する給与（1の定期同額給与および3の利益連動給与を除きます。）で、次に掲げる場合に応じてそれぞれ次に定める届出期限までに納税地の所轄税務署長にその事前確定届出給与に関する定めの内容に関する届出をしているものです。

なお、同族会社以外の法人^(注)が定期給与を支給しない役員に対して支給する給与については、その届出をする必要はありません。

(注) 同族会社に該当するかどうかの判定は、その法人が定期給与を支給しない役員の職務について、その定めをした日（新設法人にあっては設立の日）の現況

によります。

（1）原則

事前確定届出給与に関する定めをした場合は、原則として、次の①または②のうちいずれか早い日（注1）が届出期限です。

① 株主総会、社員総会またはこれらに準ずるもの（以下「株主総会等」）の決議によりその定めをした場合におけるその決議をした日（注2）から1か月を経過する日

② その会計期間の開始の日から4か月を経過する日

（注1）新設法人がその役員のその設立の時に開始する職務についてその定めをした場合にはその設立の日以後2か月を経過する日をいいます。

（注2）その決議をした日が職務の執行を開始する日後である場合にはその開始する日をいいます。

（2）臨時改定事由による定めをした場合

臨時改定事由により臨時改定事由に係る役員の職務について、事前確定届出給与に関する定めをした場合（注1）は、次に掲げる日のうちいずれか遅い日が届出期限です。

① 上記（1）の①または②のうちいずれか早い日（注2）

② 臨時改定事由が生じた日から1か月を経過する日

（注1）その役員のその臨時改定事由が生ずる直前の職務について、事前確定届出給与に関する定めがある場合を除きます。

（注2）新設法人にあっては、その設立の日以後2か月を経過する日をいいます。

（3）事前確定届出給与に関する定めを変更する場合

既に上記（1）または（2）の届出をしている法人が、その届出をした事前確定届出給与に関する定めの内容を変更する場合において、その変更が次に掲げる事由に基因するものであるときのその変更後の定めの内容に関する届出の提出期限は、次に掲げる事由の区分に応じてそれぞれ次に掲げる日です。

① 臨時改定事由

その事由が生じた日から1か月を経過する日

② 業績悪化改定事由（給与の額を減額する場合に限ります。）

その事由によりその定めの内容の変更に関する株主総会等の決議をした日から1か月を経過する日（変更前の直前の届出に係る定めに基づく給与の支給の日が1か月を経過する日前にある場合には、その支給の日の前日）

3 利益連動給与

同族会社以外の法人が業務を執行する役員に対して支給する利益連動給与（利益に関する指標を基礎として算定される給与）で次の（1）から（3）までの全ての要件を満たすもの

なお、他の業務を執行する役員の全てに対しても次の（1）から（3）の全ての要件を満たす利益連動給与を支給する場合に限られます。

（1）その算定方法が、有価証券報告書に記載されるその事業年度の利益に関する指標を基礎とした客観的なもので、次の要件を満たすものであること。

① 確定額を限度としているものであり、かつ、他の業務を執行する役員に対して支給する利益連動給与に係る算定方法と同様のものであること。

② その事業年度開始の日の属する会計期間開始の日から3か月を経過する日までに一定の報酬委員会が決定していることその他これに準ずる一定の適正な手続を経ていること。

③ その内容が上記②の決定または手続終了の日以後遅滞なく有価証券報告書に記載されていることその他一定の方法により開示されていること。

（2）有価証券報告書に記載されるその事業年度の利益に関する指標の数値が確定した後1か月以内に支払われ、または支払われる見込みであること。

（3）損金経理をしていること。

税務上の留意点

　平成 19 年 4 月 1 日から平成 28 年 3 月 31 日までの間に開始する事業年度において、法人が役員に対して支給する給与の額については、上記回答要旨に掲げる定期同額給与、事前確定届出給与または利益連動給与のいずれにも該当しないものの額は、損金の額に算入されないことから、該当年度において役員給与を支給する場合は、留意する必要があります。

参照条文等

　旧法人税法 34 条

　旧法人税法施行令 69 条

　旧法人税法施行規則 22 条の 3

　平 19 政 83 改正令附 12

参考

　国税庁ホームページタックスアンサー法人税 No. 5209「役員に対する給与（平成 19 年 4 月 1 日から平成 28 年 3 月 31 日までの間に開始する事業年度分）」

第3章　非違事例

2. 役員に対する給与（平成28年4月1日以後に開始する事業年度分（平成29年4月1日前支給決議分））

《質問要旨》

　役員に対する給与について、平成28年4月1日以後に開始する事業年度分（平成29年4月1日前支給決議分）の取扱いを教えてください。

回答要旨

　平成28年4月1日以後に開始する事業年度において、法人が役員に対して支給する給与[注]の額のうち、次に掲げる定期同額給与、事前確定届出給与または利益連動給与のいずれにも該当しないものの額は、損金の額に算入されません。

　ただし、次に掲げる給与のいずれかに該当するものであっても、不相当に高額な部分の金額は、損金の額に算入されません。

（注）平成29年4月1日前に支給決議がされたものに限ります。なお、上記の給与から、①退職給与、②法人税法54条1項《譲渡制限付株式を対価とする費用の帰属事業年度の特例》に規定する新株予約権によるもの、③①および②以外のもので使用人兼務役員に対して支給する使用人としての職務に対するものならびに④法人が事実を隠蔽しまたは仮装して経理することによりその役員に対して支給するものは除かれます。

1　定期同額給与

　定期同額給与とは、次に掲げる給与です。

（1）その支給時期が1か月以下の一定の期間ごとである給与（以下「定期給与」）で、その事業年度の各支給時期における支給額が同額であるもの

（2）定期給与の額について、次に掲げる改定（以下「給与改定」）がされた場合における、その事業年度開始の日または給与改定前の最後の支給時期の翌日から、給与改定後の最初の支給時期の前日またはその事業年度終了の日までの間の各支給時期における支給額が同額であるもの

①　その事業年度開始の日の属する会計期間開始の日から3か月を経過する

259

日までに継続して毎年所定の時期にされる定期給与の額の改定。

　　ただし、その3か月を経過する日後にされることについて特別の事情があると認められる場合にはその改定の時期にされたもの。

②　その事業年度において、その法人の職制上の地位の変更、その役員の職務の内容の重大な変更その他これらに類するやむを得ない事情（以下「臨時改定事由」）によりされたその役員に係る定期給与の額の改定（①に掲げる改定を除きます。）

③　その事業年度において、その法人の経営状況が著しく悪化したことその他これに類する理由（以下「業績悪化改定事由」）によりされた定期給与の額の改定（その定期給与の額を減額した改定に限られ、①および②に掲げる改定を除きます。）

(3) 継続的に供与される経済的利益のうち、その供与される利益の額が毎月おおむね一定であるもの

2　事前確定届出給与

　　事前確定届出給与とは、その役員の職務について、所定の時期に確定額を支給する旨の定め（以下「事前確定届出給与に関する定め」）に基づいて支給する給与（1の定期同額給与および3の利益連動給与を除きます。）で、次に掲げる場合に応じてそれぞれ次に定める届出期限までに納税地の所轄税務署長にその事前確定届出給与に関する定めの内容に関する届出をしているものです。

　　なお、同族会社以外の法人（注1）が定期給与を支給しない役員に対して支給する給与については、その届出をする必要はありません。

　　また、役員から受ける将来の役務の提供の対価として交付する特定譲渡制限付株式（注2）およびその特定譲渡制限付株式に係る承認譲渡制限付株式も、事前確定の届出は不要となります。

　（注1）同族会社に該当するかどうかの判定は、その法人が定期給与を支給しない役員の職務について、その定めをした日（新設法人にあっては設立の日）の現況によります。

　（注2）特定譲渡制限付株式とは、役員の職務について、株主総会の決議（*1）によ

りその職務につき所定の時期に確定額を支給する旨の定め[*2]をした場合のその定めに基づいて交付される特定譲渡制限付株式とされています。

（＊1）その職務の執行の開始の日から1か月を経過する日までにされるものに限ります。

（＊2）その決議の日から1か月を経過する日までに、その職務につきその役員に生ずる債権の額に相当する特定譲渡制限付株式を交付する旨の定めに限ります。

(1) 原則

事前確定届出給与に関する定めをした場合は、原則として、次の①または②のうちいずれか早い日[注1]が届出期限です。

①　株主総会、社員総会またはこれらに準ずるもの（以下「株主総会等」といいます。）の決議によりその定めをした場合におけるその決議をした日[注2]から1か月を経過する日

②　その会計期間の開始の日から4か月を経過する日

（注1）新設法人がその役員のその設立の時に開始する職務についてその定めをした場合にはその設立の日以後2か月を経過する日をいいます。

（注2）その決議をした日が職務の執行を開始する日後である場合にはその開始する日をいいます。

(2) 臨時改定事由による定めをした場合

臨時改定事由により臨時改定事由に係る役員の職務について、事前確定届出給与に関する定めをした場合[注1]は、次に掲げる日のうちいずれか遅い日が届出期限です。

①　上記（1）の①または②のうちいずれか早い日[注2]

②　臨時改定事由が生じた日から1か月を経過する日

（注1）その役員のその臨時改定事由が生ずる直前の職務について、事前確定届出給与に関する定めがある場合を除きます。

（注2）新設法人にあっては、その設立の日以後2か月を経過する日をいいます。

（3）事前確定届出給与に関する定めを変更する場合

　　既に上記（1）または（2）の届出をしている法人が、その届出をした事前確定届出給与に関する定めの内容を変更する場合において、その変更が次に掲げる事由に基因するものであるときのその変更後の定めの内容に関する届出の提出期限は、次に掲げる事由の区分に応じてそれぞれ次に掲げる日です。

　①　臨時改定事由

　　　⇒　その事由が生じた日から1か月を経過する日

　②　業績悪化改定事由（給与の額を減額する場合に限ります。）

　　　⇒　その事由によりその定めの内容の変更に関する株主総会等の決議をした日から1か月を経過する日（変更前の直前の届出に係る定めに基づく給与の支給の日が1か月を経過する日前にある場合には、その支給の日の前日）

3　利益連動給与

　同族会社以外の法人が業務を執行する役員に対して支給する利益連動給与（利益に関する指標を基礎として算定される給与）で次の（1）から（3）までの全ての要件を満たすもの

　なお、他の業務を執行する役員の全てに対しても次の（1）から（3）の全ての要件を満たす利益連動給与を支給する場合に限られます。

（1）その支給額の算定方法が、利益の額、利益の額に有価証券報告書に記載されるべき事項の調整を加えた指標等その事業年度の利益の状況を示す指標を基礎とした客観的なもので、次の要件を満たすものであること。

　①　確定額を限度としているものであり、かつ、他の業務を執行する役員に対して支給する利益連動給与に係る算定方法と同様のものであること。

　②　その事業年度開始の日の属する会計期間開始の日から3か月を経過する日までに一定の報酬委員会が決定していることその他これに準ずる一定の適正な手続を経ていること。

③　その内容が上記②の決定または手続終了の日以後遅滞なく有価証券報
告書に記載されていることその他一定の方法により開示されていること。
(2) 有価証券報告書に記載されるその事業年度の利益の状況を示す指標の数値
が確定した後 1 か月以内に支払われ、または支払われる見込みであること。
(3) 損金経理をしていること。

税務上の留意点

　平成 28 年 4 月 1 日以後に開始する事業年度において、法人が役員に対して
支給する給与の額については、上記回答要旨に掲げる定期同額給与、事前確定
届出給与または利益連動給与のいずれにも該当しないものの額は、損金の額に
算入されないことから、該当年度において役員給与を支給する場合は、留意す
る必要があります。

参照条文等

　法人税法 34 条《役員給与の損金不算入》・54 条《譲渡制限付株式を対価とす
る費用の帰属事業年度の特例》
　法人税法施行令 69 条《定期同額給与の範囲等》
　法人税法施行規則 22 条の 3
　平 28 法 15 改正附 24

参考

　国税庁ホームページタックスアンサー法人税 No. 5210「役員に対する給与(平
成 28 年 4 月 1 日以後に開始する事業年度分（平成 29 年 4 月 1 日前支給決議分))」

3. 役員に対する給与（平成29年4月1日以後支給決議分）

《質問要旨》

役員に対する給与について、平成29年4月1日以後支給決議分の取扱いを教えてください。

回答要旨

平成29年度税制改正により、平成29年4月1日以後に役員給与の支給に係る決議（その決議が行われない場合にはその支給）が行われる役員給与[注1]の取扱いは、以下のとおりとなります。

法人が役員に対して支給する給与[注2]の額のうち、次に掲げる定期同額給与、事前確定届出給与または業績連動給与のいずれにも該当しないものの額は、損金の額に算入されません。

ただし、次に掲げる給与のいずれかに該当するものであっても、不相当に高額な部分の金額は、損金の額に算入されません。

（注1）新株予約権による給与および退職給与については、平成29年10月1日以後の役員給与の支給に係る決議（その決議が行われない場合にはその支給）が行われる役員給与から適用されることとされています。

（注2）上記の給与からは、①退職給与で業績連動給与に該当しないもの、②①以外のもので使用人兼務役員に対して支給する使用人としての職務に対するものおよび③法人が事実を隠蔽しまたは仮装して経理することによりその役員に対して支給するものは除かれます。

1　定期同額給与

定期同額給与とは、次に掲げる給与です。

(1) その支給時期が1か月以下の一定の期間ごとである給与（以下「定期給与」）で、その事業年度の各支給時期における支給額または支給額から源泉税等の額[注]を控除した金額が同額であるもの

（注）源泉税等の額とは、源泉徴収をされる所得税の額、特別徴収をされる地方税の額、定期給与の額から控除される社会保険料の額その他これらに類するものの額の合計額をいいます。

(2) 定期給与の額について、次に掲げる改定（以下「給与改定」）がされた場合における、その事業年度開始の日または給与改定前の最後の支給時期の翌日から、給与改定後の最初の支給時期の前日またはその事業年度終了の日までの間の各支給時期における支給額または支給額から社会保険料および源泉所得税等の額を控除した金額が同額であるもの

① その事業年度開始の日の属する会計期間開始の日から3か月^(注)を経過する日（以下「3月経過日等」）までに継続して毎年所定の時期にされる定期給与の額の改定。

　ただし、その3月経過日等後にされることについて特別の事情があると認められる場合にはその改定の時期にされたもの。

② その事業年度において、その法人の職制上の地位の変更、その役員の職務の内容の重大な変更その他これらに類するやむを得ない事情（以下「臨時改定事由」）によりされたその役員に係る定期給与の額の改定（①に掲げる改定を除きます。）

③ その事業年度において、その法人の経営状況が著しく悪化したことその他これに類する理由（以下「業績悪化改定事由」）によりされた定期給与の額の改定（その定期給与の額を減額した改定に限られ、①および②に掲げる改定を除きます。）

（注）確定申告書の提出期限の特例に係る税務署長の指定を受けた場合にはその指定に係る月数に2を加えた月数となります。

(2) 継続的に供与される経済的利益のうち、その供与される利益の額が毎月おおむね一定であるもの

2 事前確定届出給与

(1) 事前確定届出給与とは、その役員の職務について、所定の時期に、①確定した額の金銭、②確定した数の株式（出資を含みます。）もしくは新株予約

権または③確定した額の金銭債権に係る特定譲渡制限付株式^(注1)もしくは
特定新株予約権^(注2)を交付する旨の定め（以下「事前確定届出給与に関する定
め」）に基づいて支給する給与で、1の定期同額給与および3の業績連動給
与のいずれにも該当しないものをいいますが、承継譲渡制限付株式または
承継新株予約権による給与を含み、次のいずれかに該当する場合には、該
当するそれぞれの要件を満たすものに限られます。

① その給与が次のいずれにも該当しない場合

⇒ 事前確定届出給与に関する届出をしていること

（イ）定期給与を支給しない役員に対して同族会社に該当しない法人が
支給する金銭による給与

（ロ）株式または新株予約権による給与で、将来の役務の提供に係る一
定の給与^(注3)

なお、（イ）または（ロ）に該当する給与については、事前確定届出
給与に関する届出は必要ありません。

② 株式を交付する場合

⇒ その株式が市場価格のある株式または市場価格のある株式と交換さ
れる株式（その法人または関係法人^(注4)が発行したものに限ります。以下
「適格株式」）であること。

③ 新株予約権を交付する場合

⇒ その新株予約権がその行使により市場価格のある株式が交付される
株式新株予約権（その法人または関係法人^(注4)が発行したものに限ります。
以下「適格新株予約権」）であること。

（注1）特定譲渡制限付株式とは、譲渡制限付株式^(*)であって役務の提供の対価
として個人に生ずる債権の給付と引換えにその個人に交付されるものそ
の他その個人に交付されることに伴ってその債権が消滅する場合のその
譲渡制限付株式をいいます。

（＊）譲渡制限付株式とは、次の要件に該当する株式をいいます。

① 譲渡（担保権の設定その他の処分を含みます。）についての制限

がされており、かつ、譲渡制限期間が儲けられていること。

② 個人から役務提供を受ける法人またはその株式を発行し、もしくはその個人に交付した法人がその株式を無償で取得することとなる事由^(*)が定められていること。

（＊）その株式の交付を受けた個人が譲渡制限期間内の所定の期間勤務を継続しないこともしくはその個人の勤務実績が良好でないことその他のその個人の勤務の状況に基づく事由またはこれらの法人の業績があらかじめ定めた基準に達しないことその他のこれらの法人の業績その他の指標の状況に基づく事由に限ります。

(注2) 特定新株予約権とは、譲渡制限付新株予約権^(*)であって次に掲げる要件に該当するものをいいます。

① その譲渡制限付新株予約権と引換えにする払込みに代えてその役務の提供の対価としてその個人に生ずる債権をもって相殺されること。

② ①に掲げるもののほか、その譲渡制限付新株予約権が実質的にその役務の提供の対価と認められるものであること。

（＊）譲渡制限付新株予約権とは、発行法人から一定の権利の譲渡についての制限その他特別の条件が付されているものをいいます。

(注3) 将来の役務の提供に係る一定の給与とは、役員の職務について、株主総会、社員総会またはこれらに準ずるもの（以下「株主総会等」）の決議^(*1)により事前確定届出給与に関する定め^(*2)をした場合のその定めに基づいて交付される特定譲渡制限付株式または特定新株予約権による給与をいいます。

（＊1）その職務の執行の開始の日から1か月を経過する日までにされるものに限ります。

（＊2）その決議の日から1か月を経過する日までに、特定譲渡制限付株式または特定新株予約権を交付する旨の定めに限ります。

(注4) 関係法人とは、その法人の役員の職務について、支給する給与（株式また

は新株予約権によるものに限ります。）に係る株主総会等の決議日からその株式または新株予約権を交付する日までの間、その法人と他の法人との間に他の法人による支配関係が継続することが見込まれている場合の他の法人をいいます。

(2) 役員の職務について、確定した額に相当する適格株式または適格新株予約権を交付する旨の定めに基づいて支給する給与(注)は、確定した額の金銭を交付する旨の定めに基づいて支給する給与に該当するものとして取り扱われます。

(注) 確定した額の金銭債権に係る特定譲渡制限付株式または特定新株予約権を交付する旨の定めに基づいて支給する給与を除きます。

(3) 事前確定届出給与は、次に掲げる場合に応じてそれぞれ次に定める期限までに納税地の所轄税務署長にその事前確定届出給与に関する定めの内容に関する届出をする必要があります。

① 原則

事前確定届出給与に関する定めをした場合は、原則として、次の（イ）または（ロ）のうちいずれか早い日(注1)までに所定の届出書を提出する必要があります。

（イ）株主総会等の決議によりその定めをした場合におけるその決議をした日(注2)から1か月を経過する日

（ロ）その会計期間開始の日から4か月(注3)を経過する日

(注1) 新設法人がその役員のその設立の時に開始する職務についてその定めをした場合にはその設立の日以後2か月を経過する日をいいます。

(注2) その決議をした日が職務の執行を開始する日後である場合にはその開始する日をいいます。

(注3) 確定申告書の提出期限の延長の特例に係る税務署長の指定を受けている法人はその指定に係る月数に3を加えた月数とします。

② 臨時改定事由が生じたことにより事前確定届出給与に関する定めをした場合

臨時改定事由が生じたことによりその臨時改定事由に係る役員の職務について、事前確定届出給与に関する定めをした場合には、次に掲げる日のうちいずれか遅い日が提出期限です。

（イ）上記①の（イ）または（ロ）のうちいずれか早い日[注]

（ロ）臨時改定事由が生じた日から1か月を経過する日

（注）新設法人にあっては、その設立の日以後2か月を経過する日をいいます。

③　事前確定届出給与に関する定めを変更した場合

既に上記①または②の届出をしている法人が、その届出をした事前確定届出給与に関する定めの内容を変更する場合において、その変更が次に掲げる事由に基因するものであるときのその変更後の定めの内容に関する届出の届出期限は、次に掲げる事由の区分に応じてそれぞれ次に掲げる日です。

（イ）臨時改定事由

⇒　その事由が生じた日から1か月を経過する日

（ロ）業績悪化改定事由（給与の額を減額する場合に限ります。）

⇒　その事由によりその定めの内容の変更に関する株主総会等の決議をした日から1か月を経過する日（変更前の直前の届出に係る定めに基づく給与の支給の日が1か月を経過する日前にある場合には、その支給の日の前日）

④　やむを得ない事情がある場合

上記①から③までの届出期限までに届出がなかった場合においても、その届出がなかったことについてやむを得ない事情があると認めるときは、それらの届出期限までに届出があったものとして事前確定届出給与を損金算入することができます。

3　業績連動給与

（1）業績連動給与とは、次のいずれかに該当する給与をいいます。

①　利益の状況を示す指標、株式の市場価格の状況を示す指標その他の同項の内国法人またはその内国法人との間に支配関係がある法人の業績を

示す指標を基礎として算定される額または数の金額または株式もしくは
新株予約権による給与

② 特定譲渡制限付株式もしくは承継譲渡制限付株式または特定新株予約
権もしくは承継新株予約権による給与で無償で取得され、または消滅す
る株式または新株予約権の数が役務の提供期間以外の事由により変動す
る給与

(2) 損金算入となる業績連動給与は、法人^(注1)が、業務執行役員に対して支給
する業績連動給与^(注2)で、次の①から③の全ての要件を満たすものとなり
ます。

なお、他の業務を執行する役員の全てに対しても次の①から③の全ての
要件を満たす利益連動給与を支給する場合に限られます。

(注1) 同族会社にあっては、同族会社以外の法人との間にその法人による完
全支配関係があるものに限ります。

(注2) 金銭以外の資産が交付されるものにあっては、適格株式または適格新
株予約権が交付されるものに限ります。

① 交付される金銭の額もしくは株式もしくは新株予約権の数または交付
される新株予約権のうち無償で取得され、もしくは消滅する数の算定方
法が、利益の状況を示す指標、株式の市場価格の状況を示す指標または
売上高の状況を示す指標を基礎とした客観的なもので、次の要件を満た
すものであること。

(イ) 確定額または確定数を限度としているものであり、かつ、他の業務
を執行する役員に対して支給する業績連動給与に係る算定方法と同様
のものであること。

(ロ) その事業年度開始の日の属する会計期間開始の日から3か月^(注)を
経過する日までに一定の報酬委員会等がその算定方法を決定している
ことその他これに準ずる一定の適正な手続を経ていること。

(ハ) その内容が上記(ロ)の適正手続終了の日以後遅滞なく、有価証券
報告書に記載されていることその他一定の方法により開示されている

こと。

(注)確定申告書の提出期限の延長の特例に係る税務署長の指定を受けた法人はその指定に係る月数に2を加えた月数とします。

② 次に掲げる給与の区分に応じそれぞれ次の要件を満たすものであること。

（イ）（ロ）に掲げる給与以外の給与

次に掲げる給与の区分に応じてそれぞれ次に定める日までに交付され、または交付される見込みであること。

① 金銭による給与

⇒ その金銭の額の算定の基礎とした利益の状況を示す指標、株式の市場価格の状況を示す指標または売上高の状況を示す指標の数値が確定した日の翌日から1か月を経過する日

② 株式または新株予約権による給与

⇒ その株式または新株予約権の数の算定の基礎とした業績連動指標の数値が確定した日の翌日から2か月を経過する日

（ロ）特定新株予約権または承継新株予約権による給与で、無償で取得され、または消滅する新株予約権の数が役務の提供期間以外の事由により変動するもの

⇒ その特定新株予約権または承継新株予約権に係る特定新株予約権が業績連動給与の算定方法について適正な手続の終了の日の翌日から1か月を経過する日までに交付されること。

③ 損金経理をしていること（給与の見込額として損金経理により引当金勘定に繰り入れた金額を取り崩す方法により経理していることを含みます。）。

(3) この制度の詳細については、経済産業省ホームページに「「攻めの経営」を促す役員報酬－企業の持続的成長のためのインセンティブプランの導入の手引－」等が掲載されていますので、参照してください。

税務上の留意点

　平成 29 年 4 月 1 日以後に役員給与の支給に係る決議（その決議が行われない場合にはその支給）が行われる役員給与の取扱いに当たっては、上記回答要旨に掲げる定期同額給与、事前確定届出給与または業績連動給与のいずれにも該当しないものの額は、損金の額に算入されないことから、該当年度において役員給与を支給する場合は、留意する必要があります。

参照条文等

　法人税法 34 条《役員給与の損金不算入》・54 条《譲渡制限付株式を対価とする費用の帰属事業年度の特例》
　法人税法施行令 69 条《定期同額給与の範囲等》・71 条の 2《関係法人の範囲》・71 条の 3《確定した数の株式を交付する旨の定めに基づいて支給する給与に係る費用の額等》
　法人税法施行規則 22 条の 3
　平 29 法 4 改正附 14・15、平 29 政 106 改正令附 9・10、平 29 財務令 17 改正規附 3・4

参考

　国税庁ホームページタックスアンサー法人税 No. 5211「役員に対する給与（平成 29 年 4 月 1 日以後支給決議分）」

第3章　非違事例

4.　申告期限の延長に伴う役員給与の各種期限の延長について

─《質問要旨》─

　法人税の申告期限の延長特例の見直しに伴い、申告期限が延長された法人の役員給与の損金不算入制度（法法34）に係る各種期限について、見直しが行われたと聞いていますが、具体的にどの時点が各種期限になるのか教えてください。

回答要旨

　平成29年度税制改正により見直しが行われた法人税の申告期限の延長特例（法法75の2）により申告期限が延長された法人については、①定期同額給与の通常改定の改定期限、②事前確定届出給与の届出期限、③業績連動給与における報酬委員会の決定等の手続期限についても、それぞれ延長されることになっており、次の図表のとおりです。

	原　則	申告期限の延長
定期同額給与の通常改定の改定期限	会計期間開始日から3か月を経過する日	会計期間開始日から延長月数＋2か月を経過する日
事前確定届出給与の届出期限（いずれか早い日）	(1) 株主総会等における事前確定届出給与に係る定めの決議をした日（同日が職務執行開始日後である場合には、職務執行開始日）から1か月を経過する日 (2) 会計期間開始日から4か月を経過する日	(1) 株主総会等における事前確定届出給与に係る定めの決議をした日（同日が職務執行開始日後である場合には、職務執行開始日）から1か月を経過する日 (3) 会計期間開始日から延長月数＋3か月を経過する日
業績連動給与における報酬委員会の決定等の手続期限	会計期間開始日から3か月を経過する日	会計期間開始日から延長月数＋2か月を経過する日

273

> **解説**

1 定期同額給与

(1) 定期同額給与の通常改定の改定期限は、原則、会計期間開始日から「3か月」を経過する日までであるところ、申告期限が延長された法人の通常改定の改定期限は、会計期間開始日から「延長月数＋2か月」（税務署長の指定に係る月数に2を加えた月数）を経過する日までとなります（法令69①一イ）。

あくまで「会計期間開始日」を起算日として、通常改定の改定期限を判定することになります。

(2) 例えば、3月決算法人が株主総会を後ろ倒しし、7月末日が申告期限となった場合には、次の図のとおり、起算日となる会計期間開始日から「延長月数（2か月、6・7）＋2か月（4・5月）」の計4か月を経過する日である「7月末日」が、通常改定の改定期限となります。

すなわち、申告期限が延長された場合には、結果として、「延長された申告期限」と「定期同額給与の通常改定の改定期限」が一致することになります。

【定期同額給与の通常改定の改定期限】

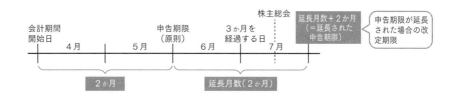

2 事前確定届出給与

事前確定届出給与の届出期限は、原則、上記 **回答要旨** の図表のとおり(1)と(2)のいずれか早い日であるところ、申告期限が延長された法人は、上記 **回答要旨** の図表の(1)と(3)の会計期間開始日から「延長月数＋3か月」（税務署長の指定に係る月数に3を加えた月数）を経過する日のいずれか早い日となります（法令69④一）。

例えば、3月決算法人が株主総会を後ろ倒しし、7月末日が申告期限となった

場合には、次の図のとおり、(3) 延長月数＋3か月を経過する日は、起算日となる会計期間開始日から「延長月数（2か月、6・7月）＋3か月（4・5・8月）の計5か月を経過する日である「8月末日」となります（延長された申告期限＋1か月）。

すなわち、申告期限が延長された場合には、(3) よりも (1) の方は早く到来するため、(1) が届出期限となります。

【事前確定届出給与の届出期限】
(8月の取締役会で「所定の時期に確定額を支給する旨の定め」を決議)

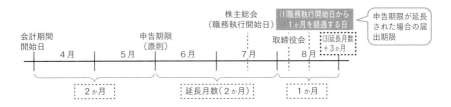

3 業績連動給与

業績連動給与の損金算入要件の一つとして、「算定方法等を会計期間開始日から「3か月」を経過する日までに報酬委員会で決定等すること」があるところ、申告期限が延長された法人については、会計期間開始日から「延長月数＋2か月」（税務署長の指定に係る月数に2を加えた月数）を経過する日までに決定等の手続をする必要があります（法令69⑬）。

例えば、3月決算法人が株主総会を後ろ倒しし、7月末日が申告期限となった場合には、次の図のとおり、会計期間開始日から「延長月数（2か月、6・7月）＋2か月（4・5月）」の計4か月を経過する日である「7月末日」が決定等の手続期限となります。

すなわち、申告期限が延長された場合には、結果として、「延長された申告期限」と「報酬委員会での決定等の手続期限」が一致することになります。

【業績連動給与における報酬委員会の決定等の手続期限】

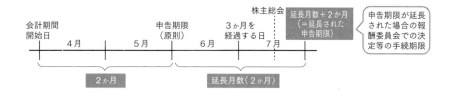

税務上の留意点

　法人税の申告期限の延長特例の見直しに伴い、申告期限が延長された法人の役員給与の損金不算入制度（法法34）に係る各種期限についても見直しが行われていることから、改正政令（法令69）の内容を踏まえ、申告期限が延長された法人は役員給与に係る各種期限を確認しておく必要があります。

参照条文等

　法人税法34条《役員給与の損金不算入》・75条の2《確定申告書の提出期限の延長の特例》
　法人税法施行令69条《定期同額給与の範囲等》1項1号イ・4項1号・13項

参考

　平成29年5月29日付週刊税務通信 No.3459　8～9頁

6

定期同額給与

1. 定期給与の額を改定した場合の損金不算入額の算定

《質問要旨》

当社（年1回3月決算）は、x年5月25日に開催した定時株主総会において、前年から引き続き甲取締役に対し毎月20日に月額50万円の役員給与を支給することを決議しているところ、甲の統括する営業部門の業績が好調であることから、x＋1年2月10日に臨時株主総会を開催し、同月分の給与から月額20万円ずつ増額して支給することを決議しました。

x＋1年2月の増額改定は、臨時改定事由による改定に該当しない改定であるところ、①事業年度開始の日から定時株主総会による給与改定の前までの定期給与（4月および5月の給与）、②定時株主総会による給与改定後から事業年度終了の日までの定期給与（6月から翌年3月までの給与）について、それぞれ定期同額給与に該当しますか。

また、定期同額給与に該当しない場合、損金不算入額の算定はどのように行えばよいでしょうか。

回答要旨

甲取締役に支給する4月および5月の給与は定期同額給与に該当します。

また、6月以降の給与について、増額改定後の期間（翌年2月および3月の2か月間）においては増額改定前の支給額である50万円に20万円を上乗せして支給することとしたものであるともみることができることから、その増額改定前の定期給与の額（50万円）に相当する部分が引き続き定期同額給与として支給

277

されているものと考えられます。したがって、損金不算入額は、増額改定後の定期給与の額のうち増額改定前の支給額に上乗せして支給した部分の金額40万円（20万円×翌年2月および3月の2か月分）となります。

解説

1. 定期給与の額の改定（法人税法施行令69条《定期同額給与の範囲等》1項1号イからハまでに掲げる改定に限ります。）があった場合において、その事業年度開始の日または給与改定前の最後の支給時期の翌日から給与改定後の最初の支給時期の前日またはその事業年度終了の日までの間の各支給時期における支給額が同額であるものは、定期同額給与に該当することとされています（法令69①一）。

　　すなわち、一事業年度中に複数回の改定（法人税法施行令69条1項1号イからハまでに掲げる改定に限ります。）が行われた場合には、改定の前後で期間を区分し、それぞれの期間ごとに、その期間中の各支給時期において支給される定期給与の額が同額であるかを判定することとなります。

　　たとえば、年1回3月決算の法人が毎月20日役員給与を支給することとしている場合において、5月25日に開催した定時株主総会において定期給与の額は前年の定時株主総会において決議された額と同額とすること（以下「同額改定」）を決議した後、翌年2月10日に法人税法施行令69条1項1号ロに掲げる臨時改定事由による改定を行ったときには、次の①から③までに掲げる各支給時期における支給額がそれぞれごとに同額である場合には、それぞれが定期同額給与に該当し、それぞれ損金算入の対象となることとなります。

① 　その事業年度開始の日（4/1）から同額改定後の最初の支給時期の前日（6/19）までの間の各支給時期

　　⇒ 　4月20日、5月20日

② 　同額改定前の最後の支給時期の翌日（5/21）から臨時改定事由による給与改定後の最初の支給時期の前日（2/19）までの間の各支給時期

　　⇒ 　6月20日、7月20日、……、1月20日

③　臨時改定事由による給与改定前の最後の支給時期の翌日（1/21）からその事業年度終了の日（3/31）までの間の各支給時期

　　⇒　2月20日、3月20日

2.　本件質問の場合には、翌年2月に行われた改定が法人税法施行令69条1項1号に掲げるいずれの改定にも該当しないことから、定時株主総会の決議による同額改定の前後で期間を区分し、それぞれの期間ごとに、その期間中の各支給時期において支給される定期給与の額が同額であるかどうかを判定することになります。

　　具体的には、次の①または②に掲げる各支給時期における支給額が同額である場合には、それぞれが定期同額給与に該当することとなります。

①　その事業年度開始の日（4/1）から同額改定後の最初の支給時期の前日（6/19）までの間の各支給時期

　　⇒　4月20日、5月20日

②　同額改定前の最後の支給時期の翌日（5/21）からその事業年度終了の日（3/31）までの間の各支給時期

　　⇒　6月20日、7月20日、……、3月20日

　　ただし、定期給与の額について、質問のように、法人税法施行令69条1項1号に掲げる改定以外の増額改定後（翌年2月以降）の各支給時期における支給額が同額であるときなどは、増額改定後の期間（翌年2月および3月の2か月間）において増額改定前の支給額に改定による増額分を上乗せして支給することとしたものであるともみることができると考えられます。

　　したがって、ご質問の場合は、①に掲げる各支給時期における支給額は同額となっているため、①に掲げる各支給時期における定期給与は定期同額給与に該当し、損金算入の対象となります。また、②に掲げる各支給時期における支給額は、翌年2月に行われた改定後の各支給時期における支給額が同額であるため、増額改定後の期間（翌年2月および3月の2か月間）において増額改定前の支給額である50万円に20万円を上乗せして支給することとしたものであるともみることができることから、その増額改定前の定期給与の額

279

（50万円）に相当する部分が引き続き定期同額給与として支給されているものと考えられます。これにより、損金不算入額は、増額改定後の定期給与の額のうち増額改定前の支給額に上乗せして支給した部分の金額40万円（20万円×翌年2月および3月の2か月分）となります。

　なお、この質問は、役員給与の額を株主総会で決議することとしているところ、たとえば、株主総会で役員給与の支給限度額を定め、各人別の支給額は取締役会で決議するなど、会社法等の法令の規定に従って役員給与の額を決議するものは、この事例における株主総会での決議と同様に取り扱って差し支えないとされています。

税務上の留意点

　定期給与の額を増額した場合、増額改定後の期間は、増額改定前の支給額に上乗せして支給することとしたものであるともみることができるところ、その増額改定前の定期給与の額に相当する部分が引き続き定期同額給与として支給されているものと考えられることから、損金不算入額は、増額改定後の定期給与の額のうち増額改定前の支給額に上乗せして支給した部分の金額となることに留意する必要があります。

参照条文等

　法人税法34条《役員給与の損金不算入》1項1号
　法人税法施行令69条1項1号

参考

　国税庁ホームページ質疑応答事例法人税「定期同額給与の額を改定した場合の損金不算入額（定期同額給与）」

2. 役員の分掌変更に伴う増額改定

―――《質問要旨》―――

　当社（年1回3月決算）では、甲代表取締役が急逝したことから、急きょ、10月1日に臨時株主総会を開催し、乙取締役を代表取締役に選任するとともに、乙の役員給与を月額50万円から前任者甲と同額の月額100万円に増額改定する旨の決議を行いました。この場合、当社が乙に支給する役員給与は法人税法34条《役員給与の損金不算入》1項1号に規定する定期同額給与に該当しないことになるのでしょうか。

　なお、この改定前の定期給与（その支給時期が1月以下の一定の期間ごとであるものをいいます。）は、前事業年度の定期給与と同額であったため、本年の定時株主総会では前年の定時株主総会において決議された額と同額とすることを決議しておりません。

回答要旨

　ご質問の場合は、増額改定前の定期給与と増額改定後の定期給与とのそれぞれが、定期同額給与として取り扱われます。

解説

1. 役員に対して支給する定期給与のうち次に掲げるものは、定期同額給与として、これを支給する法人の各事業年度の所得の金額の計算上、損金の額に算入されます（法法34①一、法令69①一）。

   (1) その事業年度の各支給時期における支給額が同額であるもの

   (2) 次に掲げる改定が行われた場合におけるその事業年度開始の日または給与改定前の最後の支給時期の翌日から給与改定後の最初の支給時期の前日またはその事業年度終了の日までの各支給時期における支給額が同額であるもの

① その事業年度開始の日の属する会計期間開始の日から3月^(注)を経過
する日（以下「3月経過日等」）までにされた定期給与の額の改定

なお、定期給与の額の改定（継続して毎年所定の時期にされるものに限り
ます。）が3月経過日等後にされることにつき特別の事情があると認めら
れる場合に、その所定の時期に行われる定期給与の額の改定を含みます。

(注) 確定申告書の提出期限の延長の特例の指定を受けている法人にあっては、
その指定に係る月数に2を加えた月数となります。

② その事業年度において法人の役員の職制上の地位^(注)の変更、その役員
の職務の内容の重大な変更その他これらに類するやむを得ない事情（以
下「臨時改定事由」）によりされたこれらの役員に係る定期給与の額の改
定（①の改定を除きます。）

(注) 役員の職制上の地位とは、定款等の規定または総会もしくは取締役会の
決議等により付与されたものをいいます。

③ その事業年度において法人の経営の状況が著しく悪化したことその他
これに類する理由（業績悪化改定事由）によりされた定期給与の額の改定
（その定期給与の額を減額した改定に限ります。また、①および②に掲げる改
定を除きます。）

2. ご質問の場合は、代表者の急逝に伴う役員乙の職制上の地位の変更により、
事業年度の中途に行ったその役員乙に係る定期給与の額の改定であることか
ら、上記②の臨時改定事由によりされた対象となる役員に係る定期給与の額
の改定に該当します。

したがって、その事業年度開始の日から改定後の最初の支給時期の前日ま
での間の各支給時期における役員乙に係る定期給与の額が同額（50万円）で
あり、かつ、改定前の最後の支給時期の翌日からその事業年度終了の日まで
の間の各支給時期における役員乙に係る定期給与の額が同額（100万円）であ
れば、増額改定前の定期給与と増額改定後の定期給与とのそれぞれが、定期
同額給与に該当することになります。

第3章　非違事例

税務上の留意点

　当社（年1回3月決算）において、甲代表取締役が急逝したことから、急きょ、10月1日に臨時株主総会を開催し、乙取締役を代表取締役に選任するとともに、乙の役員給与を月額50万円から前任者甲と同額の月額100万円に増額改定する旨の決議を行いました。この場合、その事業年度開始の日から改定後の最初の支給時期の前日までの間の各支給時期における役員乙に係る定期給与の額が同額（50万円）であり、かつ、改定前の最後の支給時期の翌日からその事業年度終了の日までの間の各支給時期における役員乙に係る定期給与の額が同額（100万円）であれば、増額改定前の定期給与と増額改定後の定期給与とのそれぞれが、定期同額給与に該当することになります。

　したがって、本件のような役員の分掌変更に伴う増額改定に係る役員給与については、法人税法34条1項1号に規定する定期同額給与に該当することになります。

参照条文等

　法人税法34条1項1号

　法人税法施行令69条《定期同額給与の範囲等》1項1号

　法人税基本通達9-2-12の3《職制上の地位の変更等》

参考

　国税庁ホームページ質疑応答事例法人税「役員の分掌変更に伴う増額改定（定期同額給与）」

283

3. 定期給与の増額改定に伴う一括支給額

――――――《質問要旨》――――――

　当社（年1回3月決算）は、6月末の定時株主総会において役員に対して支給する定期給与（その支給時期が1月以上の一定の期間ごとであるものをいいます。）について増額改定を決議することとしています。増額改定に当たっては、期首の4月に遡及して増額することとし、4月分から6月分までの給与の増額分は7月に一括支給することとしています。

　このような支給形態であっても、7月に一括支給する分を含め、法人税法34条《役員給与の損金不算入》1項1号に規定する定期同額給与としてその事業年度の損金の額に算入することができますか。

回答要旨

　7月に一括支給する増額分は、定期同額給与に該当しないため、損金の額に算入されません。

解説

1. 法人が役員に対して支給する給与（一定の給与を除きます。）のうち損金の額に算入されるものの範囲は、次に掲げるものとされています（法法34①）。

　① 定期同額給与（法法34①一）

　② 所定の時期に確定した金額または確定した数の株式（出資を含みます。）、新株予約権、確定した金銭債権の額に係る特定譲渡制限付株式または特定新株予約権[注1]を交付する旨の定めに基づいて支給する給与で一定の要件を満たすもの（法法34①二）。

　③ 業績連動給与で一定の要件を満たすもの（法法34①三）。

2. これらの役員給与は、いずれもその役員の職務執行期間開始前にその職務に対する給与の支給時期、支給する金銭の額または株式の数等について「事

前」に定められているものに限られています。

　したがって、ご質問の場合のように既に終了した職務に対して、「事後」に
給与の額を増額して支給したものは、上記①から③までのいずれにも該当し
ないことから、その事業年度の損金の額に算入されないこととなります。

(注1) 法人税法54条1項に規定する特定譲渡制限付株式または同法54条の2
　　　第1項に規定する特定新株予約権で一定の要件(注2)に基づいて交付され
　　　るものまたはこれらに係る同項に規定する承継譲渡制限付株式または承
　　　継新株予約権による給与による給与をいいます（法法34①二）。

　　　　なお、特定譲渡制限付株式の取扱いは、平成28年4月1日以後に開始
　　　する事業年度について適用されます。

　　　　また、特定新株予約権の取扱いは、平成29年10月1日以後に特定新株
　　　予約権の交付に係る決議または交付をするその特定新株予約権について
　　　適用されます。

(注2) 役員の職務につき、株主総会、社員総会その他これらに準ずるものの決議
　　　により定められたもので、次の要件を満たすものをいいます。

　　　①　職務の執行の開始の日から1月を経過する日までにされる決議によ
　　　　る定めであること

　　　②　役員の職務につき所定の時期に確定額を支給する旨の定めであるこ
　　　　と

　　　③　決議の日から1月を経過する日までに、その職務につきその役員に
　　　　生ずる債権の額に相当する特定譲渡制限付株式または特定新株予約権
　　　　を交付する旨の定めであること

税務上の留意点

　法人が役員に対して支給する給与のうち損金算入されるものの範囲は、上記
解説1.の①から③までのとおりであり、これらの役員給与は、いずれもその役
員の職務執行期間開始前にその職務に対する給与の支給時期、支給する金銭の
額または株式の数等について「事前」に定められているものに限られています。

285

したがって、ご質問のように、既に終了した職務に対して、「事後」に給与の額を増額して支給したものは、上記解説 1. の①から③までのいずれにも該当しないことから、その事業年度の損金の額に算入されないこととなります。

参照条文等

法人税法 34 条 1 項 1 号

参考

国税庁ホームページ質疑応答事例法人税「定期給与の増額改定に伴う一括支給額（定期同額給与）」

4. 役員に対する歩合給

《質問要旨》

　美容業を営む当社の甲専務取締役は、役員としての職務のほか、使用人と同様に美容師としても従事しています。当社は、甲に対して、月額の固定給のほか、月々の各人別の施術収入（指名料・物販売上等を含む。）に応じた歩合給を支給することとしていますが、この歩合給は法人税法34条《役員給与の損金不算入》1項1号に規定する定期同額給与に該当しますか。

　なお、甲に対する歩合給の支給基準は、使用人に対する支給基準と同一です。

回答要旨

ご質問の場合の歩合給は定期同額給与に該当しません。

解説

1. 役員に対して支給する定期給与（その支給時期が1月以下の一定の期間ごとであるものをいいます。）のうち次に掲げるものは、定期同額給与として、これを支給する法人の各事業年度の所得の金額の計算上、損金の額に算入されます（法法34①一、法令69①一）。

　① 　その事業年度の各支給時期における支給額が同額であるもの

　② 　一定の改定がされた場合におけるその事業年度開始の日または給与改定前の最後の支給時期の翌日から給与改定後の最初の支給時期の前日またはその事業年度終了の日まで間の各支給時期における支給額が同額であるもの

2. 上記1.のとおり、損金算入の対象となる定期同額給与は、定期給与のうちその事業年度の各支給時期（一定の改正があった場合には改定前の各支給時期および改定後の各支給時期）における支給額が同額である給与をいうことから、

たとえ一定の算定基準に基づき、規則的に継続して支給されるものであって
も、その支給額が同額でない給与は、定期同額給与に該当しないこととなり
ます（法法34①一）。

　したがって、各月の支給額が異なることとなる歩合給や能率給等は、法人
税法34条1項3号に規定する業績連動給与のうち一定の要件に該当するも
のを除き、損金の額に算入されません。

3.　ご質問のように、固定給の部分と歩合給の部分とがあらかじめ明らかとなっ
ている場合は、固定給の部分については、定期同額給与の要件を満たす限り、
損金の額に算入されます（法法34①一）。

　なお、ご質問の場合とは異なりますが、歩合給や能率給等は、一般には、
使用人兼務役員に対して支給されるケースが多いものと思われ、使用人兼務
役員に支給する使用人としての職務に対する給与について歩合制を採用して
いる場合には、不相当に高額なものに該当しない限り、原則として、損金の
額に算入されることになります（法法34①②）。

税務上の留意点

1.　損金算入の対象となる定期同額給与は、定期給与のうちその事業年度の各
支給時期（一定の改正があった場合には改定前の各支給時期および改定後の各支
給時期）における支給額が同額である給与をいうことから、たとえ一定の算
定基準に基づき、規則的に継続して支給されるものであっても、その支給額
が同額でない給与は、定期同額給与に該当しないこととなります。

2.　また、固定給の部分と歩合給の部分とがあらかじめ明らかとなっている場
合は、固定給の部分については、定期同額給与の要件を満たす限り、損金の
額に算入されます。

3.　歩合給や能率給等は、一般には、使用人兼務役員に対して支給されるケース
が多いものと思われ、使用人兼務役員に支給する使用人としての職務に対す
る給与について歩合制を採用している場合には、不相当に高額なものに該当
しない限り、原則として、損金の額に算入されることになります。

第3章　非違事例

参照条文等

法人税法 34 条 1 項 1 号

法人税法施行令 69 条《定期同額給与の範囲等》1 項 1 号

参考

国税庁ホームページ質疑応答事例法人税「役員に対する歩合給（定期同額給与）」

5. 法人が役員の子の授業料を一括して支出した場合

《質問要旨》

　当社は、役員に対して毎月同額の給与を支給するほか諸手当として、この役員の子が通う学校の授業料を負担することとし、1年分の授業料を一括して学校に支払っています。この諸手当は、定期同額給与に該当しますか。

　なお、この諸手当は、所得税の課税対象とされる経済的な利益に該当することを前提とします。

回答要旨

ご照会の場合の諸手当は定期同額給与に該当します。

解説

1. 役員に対して継続的に供与される経済的利益のうち、その供与される利益の額が毎月おおむね一定であるものは、定期同額給与として、法人の各事業年度の所得の金額の計算上、損金の額に算入されます（法法34①一・④、法令69①二）。

　　この「継続的に供与される経済的利益のうち、その供与される利益の額が毎月おおむね一定であるもの」とは、その役員が受ける経済的利益の額が毎月おおむね一定であるものをいい（法基通9-2-11）、負担した費用の支払形態や購入形態によりその該当性を判定するものではないと考えられます。

2. ご質問の授業料については、一般に、在学契約に基づく学校側から学生に対する教育役務の提供等の対価と考えられており、授業料を支払うことにより、学生は在学期間中、継続的に教育役務の提供を受けることになります。

　　このような授業料の性質からすれば、本来であれば貴社の役員が負担すべき授業料を貴社が学校に支払うことによって、実質的にその役員に対して給与を支給したのと同様の経済的効果が継続的にもたらされていると考えられ

ます。

　また、この場合の継続的に供与される経済的な利益の額とは、役員の子が継続的に（毎月）受ける教育役務の提供等の対価に相当する額と考えられますので、その額はおおむね一定であると考えられます。

　したがって、ご質問のように、貴社が学校に対して一括で授業料を支払う場合であっても、その支払いにより供与される経済的利益は定期同額給与に該当することになります。

税務上の留意点

1. 役員に対して継続的に供与される経済的利益のうち、その供与される利益の額が毎月おおむね一定であるものは、定期同額給与として、法人の各事業年度の所得の金額の計算上、損金の額に算入されます。

　この「継続的に供与される経済的利益のうち、その供与される利益の額が毎月おおむね一定であるもの」とは、その役員が受ける経済的利益の額が毎月おおむね一定であるものをいい、負担した費用の支払形態や購入形態によりその該当性を判定するものではないと考えられます。

2. 本件の授業料については、上記解説 2. の授業料の性質からして、役員の子が継続的に（毎月）受ける教育役務の提供等の対価に相当する額と考えられ、その額はおおむね一定であることから、法人が学校に対して一括で授業料を支払う場合であっても、その支払いにより供与される経済的利益は定期同額給与に該当することになります。

参照条文等

法人税法 34 条《役員給与の損金不算入》1 項 1 号・4 項
法人税法施行令 69 条《定期同額給与の範囲等》1 項 2 号
法人税基本通達 9-2-9《債務の免除による利益その他の経済的な利益》・9-2-11《継続的に供与される経済的利益の意義》

国税庁ホームページ質疑応答事例法人税「法人が役員の子の授業料を一括して支出した場合（定期同額給与）」

第3章　非違事例

6.　外貨で支払う役員報酬

――――――《質問要旨》――――――

　当社は、米国人の役員に対して、米ドル建てで給与を支給することとしており（毎月10,000米ドル）、その役員に対して毎月10,000米ドルを支払っています。

　毎月の給与を外貨建てで支給することとしている場合、為替レートの変動により、円換算した毎月の支給額は同額とならないため、その役員に対する給与は、定期同額給与に該当しないこととなりますか。

回答要旨

　ご質問の場合の給与は定期同額給与に該当します。

解説

1.　役員に対して支給する定期給与（その支給時期が1月以下の一定の期間ごとであるものをいいます。）で各支給時期における支給額が同額であるものは、定期同額給与として、これを支給する法人の各事業年度の所得の金額の計算上、損金の額に算入されます（法法34①一）。

2.　このように定期同額給与に該当するためには、各支給時期における支給額が同額であることが必要となりますが、ここでいう同額とは、支給額を円換算した金額が同額であることまで求めるものではありません。

　ご質問の場合、毎月の給与を米ドル建てで支給することとし（毎月10,000米ドル）、毎月、そのとおりに同額（10,000米ドル）の給与を支給していますので、ご照会の給与は定期同額給与に該当することになります。

税務上の留意点

1.　役員に対して支給する定期給与（その支給時期が1月以下の一定の期間ごとで

293

あるものをいいます。) で各支給時期における支給額が同額であるものは、定期同額給与として、これを支給する法人の各事業年度の所得の金額の計算上、損金の額に算入されます。

2. 定期同額給与に該当するためには、上記 1. のとおり、各支給時期における支給額が同額であることが必要となるところ、ここでいう同額とは、支給額を円換算した金額が同額であることまで求めるものではありません。

参照条文等

法人税法 34 条《役員給与の損金不算入》1 項 1 号

参考

国税庁ホームページ質疑応答事例法人税「外貨で支払う役員報酬（定期同額給与)」

第3章　非違事例

7. 業績等の悪化により役員給与の額を減額する場合の取扱い

――――――《質問要旨》――――――

　当社（年1回3月決算）は、役員に対して支給する給与について、定時株主総会で支給限度額の決議をし、その範囲内で、定時株主総会後に開催する取締役会において各人別の支給額を決定しています。

　ところで、本年度は、会社の上半期の業績が予想以上に悪化したため、年度の中途ではあるが、株主との関係上、役員としての経営上の責任から役員が自らの定期給与の額を減額することとし、その旨、取締役会で決議しました。

　このような年度中途の減額改定は、「経営の状況が著しく悪化したことその他これに類する理由」（業績悪化改定事由）による改定に該当しますか。

　なお、減額改定前の各支給時期における支給額および減額改定後の各支給時期における支給額は、それぞれ同額です。

回答要旨

　ご質問の改定は、経営状況の悪化に伴い、第三者である利害関係者（株主、債権者、取引先等）との関係上、役員給与の額を減額せざるを得ない事情が生じたため行ったものであり、業績悪化改定事由に該当するものと考えられます。

　したがって、このような事情によって減額改定をした場合の改定前に支給する役員給与と改定後に支給する役員給与は、それぞれ定期同額給与に該当します。

解説

1. 定期同額給与とは、次に掲げる給与をいいます。
   (1) その支給時期が1月以下の一定の期間ごとである給与（以下「定期給与」）でその事業年度の各支給時期における支給額が同額であるもの（法法34①一）
   (2) 定期給与で、次に掲げる改定がされた場合において、その事業年度開始

295

の日または給与改定前の最後の支給時期の翌日から給与改定後の最初の支
給時期の前日またはその事業年度終了の日までの間の各支給時期における
支給額が同額であるもの（法令69①一）。

① その事業年度開始の日の属する会計期間開始の日から3月を経過する
 日（以下「3月経過日等」）まで^(*)にされた定期給与の額の改定（法令69①
 一イ）

 （＊）継続して毎年所定の時期にされる定期給与の額の改定が3月経過日等後
  にされることについて特別の事情があると認められる場合にあっては、
  その改定の時期とします。

② その事業年度においてその内国法人の役員の職制上の地位の変更、
 その役員の職務の内容の重大な変更その他これらに類するやむを得ない
 事情（臨時改定事由）によりされたこれらの役員に係る定期給与の額の改
 定（①に掲げる改定を除きます。）（法令69①一ロ）。

③ その事業年度においてその内国法人の経営の状況が著しく悪化したこ
 とその他これに類する理由（業績悪化改定事由）によりされた定期給与の
 額の改定（その定期給与の額を減額した改定に限ります。①および②に掲げ
 る改定を除きます。）（法令69①一ハ）

(3) 継続的に供与される経済的な利益のうち、その供与される利益の額が毎
 月おおむね一定であるもの（法令69①二）

2. ご質問は、会社の上半期の業績が予想以上に悪化したため、株主との関係上、
 役員としての経営上の責任から役員の定期給与の額を減額したところ、この
 ような改定が上記1.(2)③の業績悪化改定事由による改定に該当するかどう
 かということです。

 この「経営の状況が著しく悪化したことその他これに類する理由」につい
ては、法人税基本通達9-2-13において、経営状況が著しく悪化したことなど
やむを得ず役員給与を減額せざるを得ない事情があることをいうとされてい
ます。

 これに当たるかどうかは、会社の経営上、役員給与を減額せざるを得ない

客観的な事情があるかどうかにより判定することとなりますが、ご質問の場合にもこのような事情があると考えられますので、業績悪化改定事由による減額改定として、この改定をした場合の改定前に支給する役員給与と改定後に支給する役員給与は、それぞれ定期同額給与に該当することとなります。

3. ところで、業績悪化改定事由については、「経営の状況が著しく悪化したことその他これに類する理由」と規定されていることから、経営状況が相当程度悪化しているような場合でなければこれに該当せず、対象となる事例は限定されているのではないかといった疑問があるところです。

　これについては、法人税基本通達9-2-13《経営の状況の著しい悪化に類する理由》のとおり、「経営の状況が著しく悪化したことその他これに類する理由」とは、経営の状況が著しく悪化したことなどやむを得ず役員給与を減額せざるを得ない事情があることをいいますので、財務諸表の数値が相当程度悪化したことや倒産の危機に瀕したことだけでなく、経営状況の悪化に伴い、第三者である利害関係者（株主、債権者、取引先等）との関係上、役員給与の額を減額せざるを得ない事情が生じていれば、これも含まれることになります。

4. このため、例えば、次のような場合の減額改定は、通常、業績悪化改定事由による改定に該当することになると考えられます。

(1) 株主との関係上、業績や財務状況の悪化についての役員としての経営上の責任から役員給与を減額せざるを得ない場合

　　⇒　株主が不特定多数の者からなる法人であれば、業績等の悪化が直ちに役員の評価に影響を与えるのが一般的であると思われますので、通常はこのような法人が業績等の悪化に対応して行う減額改定に該当するものと考えられます。

　　　一方、同族会社のように株主が少数の者で占められ、かつ、役員の一部の者が株主である場合や株主と役員が親族関係にあるような会社についても、これに該当するケースがないわけではありませんが、そのような場合には、役員給与の額を減額せざるを得ない客観的かつ特別の事情を具体的に説明できるようにしておく必要があります。

(2) 取引銀行との間で行われる借入金返済のリスケジュールの協議におい
て、役員給与の額を減額せざるを得ない場合

⇒　取引銀行との協議状況等により、これに該当することが判断できる
ものと考えられます。

(3) 業績や財務状況または資金繰りが悪化したため、取引先等の利害関係者
からの信用を維持・確保する必要性から、経営状況の改善を図るための計
画が策定され、これに役員給与の額の減額が盛り込まれた場合

⇒　これに該当するかどうかについては、その策定された経営状況の改
善を図るための計画によって判断できるものと考えられます。

この場合、その計画は取引先等の利害関係者からの信用を維持・確
保することを目的として策定されるものですので、利害関係者からの
開示等の求めがあればこれに応じられるものということになります。

(4) 今後、著しく悪化することが予測され不可避と認められる場合

⇒　上記 (1) ～ (3) は、会社の存続自体が相当危険な状況と考えられる
ため、ある意味当然といえば当然のことですが、この (4) はもう一歩
踏み込んで、将来起こり得る危険な状態を回避する場合も含まれると
しています。仮にこの (4) の理由で報酬を減額する場合には、その予
測される数値を試算し、意思決定の証拠書類を保存しておく必要があ
ります。

5.　上記 4. に掲げた 4 事例以外の場合であっても、経営状況の悪化に伴い、第
三者である利害関係者との関係上、役員給与の額を減額せざるを得ない事情
があるときには、減額改定をしたことにより支給する役員給与は定期同額給
与に該当すると考えられます。

この場合にも、役員給与の額を減額せざるを得ない客観的な事情を具体的
に説明できるようにしておく必要があります。

なお、業績や財務状況、資金繰りの悪化といった事実が生じていたとして
も、利益調整のみを目的として減額改定を行う場合には、やむを得ず役員給
与の額を減額したとはいえないことから、業績悪化改定事由による改定に該

当しないことになります。

6. この取扱いは、事前確定届出給与（法法34①二）に係る業績悪化改定事由（法令69③二）についても、同様の取扱いとなります。

税務上の留意点

1. 経営状況の悪化に伴う本件のような役員給与の改定については、第三者である利害関係者（株主、債権者、取引先等）との関係上、役員給与の額を減額せざるを得ない事情が生じたため行ったものであり、業績悪化改定事由に該当するものと考えられます。

   したがって、このような事情によって減額改定をした場合の改定前に支給する役員給与と改定後に支給する役員給与は、それぞれ定期同額給与に該当します。

2. なお、「経営の状況が著しく悪化したことその他これに類する理由」とは、経営の状況が著しく悪化したことなどやむを得ず役員給与を減額せざるを得ない事情があることをいうところ、財務諸表の数値が相当程度悪化したことや倒産の危機に瀕したことだけでなく、経営状況の悪化に伴い、第三者である利害関係者（株主、債権者、取引先等）との関係上、役員給与の額を減額せざるを得ない事情が生じていれば、これも含まれることになります。

参照条文等

法人税法34条《役員給与の損金不算入》1項1号

法人税法施行令69条《定期同額給与の範囲等》1項1号

法人税基本通達9-2-13

参考

国税庁ホームページその他法令解釈に関する情報・法人税「役員給与に関するQ＆A」平成20年12月（平成24年4月改訂）1～3頁

令和元年9月16日付週刊税務通信No.3572　14～18頁

8. 業績の著しい悪化が不可避と認められる場合の役員給与の減額

《質問要旨》

当社（年1回3月決算）は、ここ数年の不況の中でも何とか経営を維持してきましたが、当期において、売上の大半を占める主要な得意先が1回目の手形の不渡りを出したため、その事情を調べたところ、得意先の経営は悪化していてその事業規模を縮小せざるを得ない状況にあることが判明し、数か月後には当社の売上激減を避けられない状況となりました。

そこで、役員給与の減額を含む経営改善計画を策定し、今月から役員給与を減額する旨を取締役会で決議しました。

ところで、年度中途で役員給与を減額した場合にその損金算入が認められるためには、その改定が「経営の状況が著しく悪化したことその他これに類する理由」（業績悪化改定事由）による改定が必要とのことですが、当社のように、現状ではまだ売上が減少しておらず、数値的指標が悪化しているとまではいえない場合には、業績悪化改定事由による改定に該当しないのでしょうか。

回答要旨

貴社の場合、ご質問の改定は、現状では売上などの数値的指標が悪化しているとまではいえませんが、役員給与の減額などの経営改善策を講じなければ、客観的な状況から今後著しく悪化することが不可避と認められますので、業績悪化改定事由による改定に該当するものと考えられます。

解説

1. 定期給与（その支給時期が1月以下の一定の期間ごとである給与）で、業績悪化改定事由により減額改定された場合において、減額改定前の各支給時期における支給額および減額改定後の各支給時期における支給額が同額であるもの

は、それぞれ定期同額給与として損金の額に算入されます。

　この場合の業績悪化改定事由による改定とは、「経営の状況が著しく悪化したことその他これに類する理由」をいいます。

　この業績悪化改定事由は、経営状況が著しく悪化したことなどやむを得ず役員給与を減額せざるを得ない事情があることをいい、通常は売上や経常利益などの会社経営上の数値的指標が既に悪化している場合が多いものと思われますが、ご質問の場合のように、現状ではこれらの指標が悪化しているとまではいえない場合にも業績悪化改定事由に該当するかどうか疑問が生じます。

2. この点、ご質問は、売上の大半を占める主要な得意先が1回目の手形の不渡りを出したという客観的な状況があり、得意先の経営状況を踏まえれば数か月後には売上が激減することが避けられない状況となったため、役員給与の減額を含む経営改善計画を策定したとのことです。

　このように、現状では数値的指標が悪化しているとまではいえないものの、役員給与の減額などの経営改善策を講じなければ、客観的な状況から今後著しく悪化することが不可避と認められる場合には、業績悪化改定事由に該当するものと考えられます。

　また、今後著しく悪化することが不可避と認められる場合であって、これらの経営改善策を講じたことにより、結果として著しく悪化することを予防的に回避できたときも、業績悪化改定事由に該当するものと考えられます。

3. ご質問の場合以外にも、たとえば、主力製品に瑕疵があることが判明して、今後、多額の損害賠償金やリコール費用の支出が避けられない場合なども業績悪化改定事由に該当するものと考えられますが、あくまでも客観的な状況によって判断することになりますから、客観的な状況がない単なる将来の見込みにより役員給与を減額した場合は業績悪化改定事由による減額改定に該当しないことになります。

4. なお、ご質問のような場合には、役員給与を減額するに当たり、会社経営上の数値的指標の著しい悪化が不可避と判断される客観的な状況としてどのよ

うな事情があったのか、経営改善策を講じなかった場合のこれらの指標を改善するために具体的にどのような計画を策定したのか、といったことを説明できるようにしておく必要があります。

5. この取扱いは、事前確定届出給与（法法34①二）に係る業績悪化改定事由（法令69③二）についても、同様の取扱いとなります。

税務上の留意点

1. 業績悪化改定事由については、経営状況が著しく悪化したことなどやむを得ず役員給与を減額せざるを得ない事情があることをいい、通常は売上や経常利益などの会社経営上の数値的指標が既に悪化している場合が多いものと考えられるところ、現状では数値的指標が悪化しているとまではいえないものの、役員給与の減額などの経営改善策を講じなければ、客観的な状況から今後著しく悪化することが不可避と認められる場合には、業績悪化改定事由に該当するものと考えられます。

2. なお、役員給与を減額するに当たっては、会社経営上の数値的指標の著しい悪化が不可避と判断される客観的な状況としてどのような事情があったのか、経営改善策を講じなかった場合のこれらの指標を改善するために具体的にどのような計画を策定したのか、といったことを説明できるようにしておく必要があります。

参照条文等

法人税法34条《役員給与の損金不算入》1項1号

法人税法施行令69条《定期同額給与の範囲等》1項1号

法人税基本通達9-2-13《経営の状況の著しい悪化に類する理由》

参考

国税庁ホームページその他法令解釈に関する情報・法人税「役員給与に関するQ&A」平成20年12月（平成24年4月改訂）4～5頁

第3章　非違事例

9. 役員給与の減額理由が業績悪化改定事由に該当しないから減額後の定期給与の額を超える部分は定期同額給与とはいえず損金の額に算入することができないとした事例（平成23年1月25日裁決）

――――《争点》――――

　本件減額改定決議の理由（経常利益が対前年比で6％減少したこと）が業績悪化改定事由に該当するか否か。

要旨

　請求人は、決算月（平成20年7月）の2か月前において、経常利益が対前年比で6％減少している状況から、代表取締役の給与を減額改定したことは、法人税法施行令69条《定期同額給与の範囲等》1項1号ハに規定する役員給与の減額に係る業績悪化改定事由に該当する旨主張する。

　しかしながら、法人税法施行令69条1項1号ハに規定する業績悪化改定事由とは、法人の経営状況の著しい悪化その他これに類する理由によりやむを得ず役員給与の額を減額せざるを得ない事情があることをいうのであり、本件は、①本件事業年度の売上高、経常利益は過去の業績と比べて何らそん色がないこと、②請求人が設定して業務目標を達成できなかったことが減額の理由であること等からすれば、業績悪化改定事由があるとは認められず、また、上記理由以外に役員給与を減額せざるを得ない特段の事情が生じていたと認めるに足る事実はない。

税務上の留意点

　法人税法34条《役員給与の損金不算入》1項1号は、定期同額給与を損金不算入となる役員給与から除いているところ、定期同額給与には、法人税法施行令69条1項1号ハで規定する事業年度の中途において業績悪化改定事由による給与改定が行われた場合のその給与改定の前後それぞれの期間において各支給時期の支給額が同額である定期給与が含まれます。

303

これは、役員給与のように支給される者が支給額を決定できるような性質の経費について、損金算入を安易に認め、結果として法人の税負担の減少を容認することは課税の公平の観点から問題があることなどから、法人税法においては、従来から役員給与の支給の恣意性を排除することが適正な課税を実現する観点から不可欠であると考えられており、損金算入される役員給与の範囲を制限するため、外形基準として定期同額給与が定められているのであるが、定期同額給与について、事業年度の中途で給与改定がされた場合であっても、それが業績悪化改定事由によるものである場合には、その給与改定の前後それぞれの期間における各支給時期の支給額が同額である限り、その給与改定にはやむを得ない理由があり、恣意性はないと考えられることから、役員給与の損金不算入の規定を適用しないことにしたものと解されています。

　したがって、業績悪化改定事由に該当するか否かについては、定額で支給されている役員給与の額を減額せざるを得ない事情が存するかどうかにより判定することとなると解されるところ、法人税基本通達 9-2-13《経営の状況の著しい悪化に類する理由》が、経営の状況の著しい悪化に類する理由について「やむを得ず役員給与を減額せざるを得ない事情がある」かどうかという客観的な事情の有無などにより判断することとし、「一時的な資金繰りの都合や単に業績目標値に達しなかったことなどはこれに含まれない」としていることは、法人税法における役員給与の恣意的な支給を排除するという趣旨に沿うものとされています。

参照条文等

　法人税法 34 条 1 項 1 号

　法人税法施行令 69 条 1 項 1 号ハ

　法人税基本通達 9-2-13

参考

　平成 23 年 1 月 25 日裁決（裁決事例集 No. 82）

10. 定期給与を株主総会の翌月分から増額する場合の取扱い

《質問要旨》

当社（年1回3月決算）は、定時株主総会をx1年6月25日に開催し、役員に対する定期給与の額につき従来の50万円から60万円に増額改定することを決議しました。

当社の役員に対する定期給与の支給日は毎月末日となっていますが、その増額改定は6月30日支給分からではなく、定時株主総会の日から1か月経過後最初に到来する給与の支給日である7月31日支給分から適用することとしています。

この場合、定期同額給与の要件とされている「改定前後の各支給時期における支給額が同額であるもの」という要件は満たさないこととなりますか。

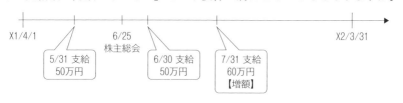

回答要旨

4月から6月までの支給額または7月から翌年3月までの支給額が同額である場合には、「改定前後の各支給時期における支給額が同額であるもの」という要件は満たし、それぞれが定期同額給与に該当します。

解説

1. 定期同額給与とは、次に掲げる給与をいいます。
   (1) その支給時期が1月以下の一定の期間ごとである給与（以下「定期給与」）でその事業年度の各支給時期における支給額が同額であるもの（法法34①一）

(2) 定期給与で、次に掲げる改定がされた場合において、その事業年度開始の日または給与改定前の最後の支給時期の翌日から給与改定後の最初の支給時期の前日またはその事業年度終了の日までの間の各支給時期における支給額が同額であるもの（法令69①一）。

① その事業年度開始の日の属する会計期間開始の日から3月を経過する日（以下「3月経過日等」）まで^(*)にされた定期給与の額の改定（法令69①一イ）

（＊）継続して毎年所定の時期にされる定期給与の額の改定が3月経過日等後にされることについて特別の事情があると認められる場合にあっては、その改定の時期とします。

② その事業年度においてその内国法人の役員の職制上の地位の変更、その役員の職務の内容の重大な変更その他これらに類するやむを得ない事情（臨時改定事由）によりされたこれらの役員に係る定期給与の額の改定（①に掲げる改定を除きます。）（法令69①一ロ）。

③ その事業年度においてその内国法人の経営の状況が著しく悪化したことその他これに類する理由（業績悪化改定事由）によりされた定期給与の額の改定（その定期給与の額を減額した改定に限ります。①および②に掲げる改定を除きます。）（法令69①一ハ）

(3) 継続的に供与される経済的な利益のうち、その供与される利益の額が毎月おおむね一定であるもの（法令69①二）

2. 例えば、年1回3月決算の法人が毎月20日に役員給与を支給することとしている場合において、6月25日に開催した定時株主総会において定期給与の額の改定を決議したときには、次の(1)または(2)に掲げる各支給時期における支給額が同額である場合には、それぞれが定期同額給与に該当することになります。

(1) その事業年度開始の日（4/1）から給与改定後の最初の支給時期の前日（7/19）までの間の各支給時期

⇒ 4月20日、5月20日、6月20日

(2) 給与改定前の最後の支給時期の翌日（6/21）からその事業年度終了の日（3/31）までの間の各支給時期

　　⇒　7月20日、8月20日、……、3月20日

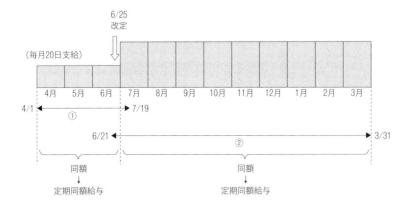

3. ご質問は、上記の例で役員給与の支給日を毎月末日としている場合でありますが、6月25日に開催した定時株主総会において定期給与の増額改定を決議した後、同月末日（6/30）に給与の支給日が到来することから、給与改定後の最初の支給時期が6月30日となり、「当該事業年度開始の日から給与改定後の最初の支給時期の前日まで」を4月1日から6月29日までと、「給与改定前の最後の支給時期の翌日から当該事業年度終了の日まで」を6月1日から翌年3月31日までとみれば、7月31日支給分から給与の額を増額した場合は、定期同額給与に該当しないのではないかとの質問です（次ページの図参照）。

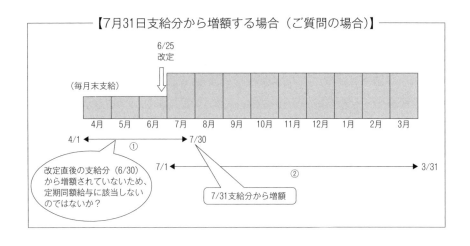

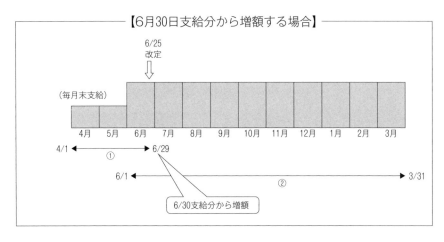

4. この点、役員の職務執行期間は、一般に定時株主総会の開催日から翌年の定時株主総会の開催日までの期間であると解され、定時株主総会における定期給与の額の改定は、その定時株主総会の開催日から開始する新たな職務執行期間（以下「翌職務執行期間」）に係る給与の額を定めるものであると考えられます。

ご質問の場合、定時株主総会において翌職務執行期間に係る給与の額を定めたものであると思われますが、6月25日から開始する翌職務執行期間に係

る最初の給与の支給時期を、定時株主総会直後に到来する6月30日ではなく、その翌月の7月31日であるとする定めも一般的と考えられます。

したがって、次の（1）または（2）に掲げる各支給時期における支給額が同額である場合には、それぞれが定期同額給与に該当することとなります。

（1）その事業年度開始の日（4/1）から給与改定後の最後の支給時期の前日（7/30）までの間の各支給時期

  ⇒　4月30日、5月31日、6月30日

（2）給与改定前の最後の支給時期の翌日（7/1）からその事業年度終了の日（3/31）までの間の各支給時期

  ⇒　7月31日、8月31日、……、3月31日

なお、定時株主総会の決議に基づき6月30日支給分から増額することとしている場合において、4月および5月の支給額ならびに6月から翌年3月までの支給額が同額であるときは、それぞれが定期同額給与に該当することとなります。

5. この事例は、役員給与の額を株主総会で決議することとしていますが、例えば、株主総会で役員給与の支給限度額を定め、各人別の支給額は取締役会で決議するなど、会社法等の法令の規定に従って役員給与の額を決議するものは、この事例における株主総会での決議と同様に取り扱って差し支えないと考えます。

税務上の留意点

1. 役員の職務執行期間は、一般に定時株主総会の開催日から翌年の定時株主総会の開催日までの期間であると解され、定時株主総会における定期給与の額の改定は、その定時株主総会の開催日から開始する新たな職務執行期間（以下「翌職務執行期間」）に係る給与の額を定めるものであると考えられます。

2. 本件の場合、定時株主総会において翌職務執行期間に係る給与の額を定めたものであると思われるところ、6月25日から開始する翌職務執行期間に係る最初の給与の支給時期を、定時株主総会直後に到来する6月30日ではな

く、その翌月の 7 月 31 日であるとする定めも一般的と考えられます。

　したがって、各支給時期における支給額が同額である場合には、それぞれが定期同額給与に該当することとなります。

参照条文等

法人税法 34 条《役員給与の損金不算入》1 項 1 号
法人税法施行令 69 条《定期同額給与の範囲等》1 項 1 号

参考

国税庁ホームページその他法令解釈に関する情報・法人税「役員給与に関するＱ＆Ａ」平成 20 年 12 月（平成 24 年 4 月改訂）6〜9 頁

11. 複数回の改定が行われた場合の取扱い

《質問要旨》

当社（年1回3月決算）は、取締役Aに対し、毎月20日に、月額40万円の役員給与を支給することとしていましたが、x1年5月25日に開催した定時株主総会において、6月支給分の給与から20万円増額し月額60万円を支給することを決議しました。

その後、Aの統括する部署の業績が好調であることから、同年9月1日に臨時株主総会を開催し、同月支給分の給与から更に10万円増額し月額70万円とすることを決議しました。

x1年9月の増額改定は、臨時改定事由による改定に該当しない改定ですが、①事業年度開始の日から定時株主総会による給与改定の前までの定期給与（4月および5月の給与）、②定時株主総会による給与改定後から事業年度終了の日までの定期給与（6月から翌年3月までの給与）について、それぞれ定期同額給与に該当しますか。

また、定期同額給与に該当しない場合、損金不算入額の算定はどのように行えばよいですか。

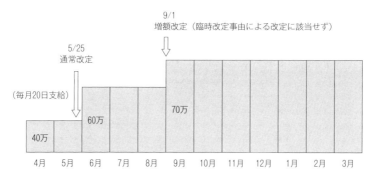

回答要旨

貴社がAに支給する4月および5月の給与は定期同額給与に該当します。

また、6月以降の給与は、増額改定後の期間（9月分から翌年3月分までの7か月間）において増額改定前の支給額である60万円に10万円を上乗せして支給することとしたものであるともみることができることから、その増額改定前の定期給与の額（60万円）に相当する部分が引き続き定期同額給与として支給されているものと考えられます。したがって、損金不算入額は、増額改定後の定期給与の額のうち増額改定前の支給額に上乗せして支給した部分の金額70万円（10万円×9月から翌年3月までの7か月分）となります。

解説

1. 定期給与の額の改定（法人税法施行令69条《定期同額給与の範囲等》1項1号イからハまでに掲げる改定に限ります。）があった場合において、その事業年度開始の日または給与改定前の最後の支給時期の翌日から給与改定後の最初の支給時期の前日またはその事業年度終了の日までの間の各支給時期における支給額が同額であるものは、定期同額給与に該当することとされています（法令69①一）。

   すなわち、一事業年度中に複数回の改定（法人税法施行令69条1項1号イからハまでに掲げる改定に限ります。）が行われた場合には、改定の前後で期間を区分し、それぞれの期間ごとに、その期間中の各支給時期において支給される定期給与の額が同額であるかを判定することになります。

2. 例えば、年1回3月決算の法人が毎月20日に役員給与を支給することとしている場合において、5月25日に開催した定時株主総会において定期給与の額の改定（以下「通常改定」）を決議した後、9月1日に法人税法施行令69条1項1号ロに掲げる臨時改定事由による改定を行ったときには、次の①から③までに掲げる各支給時期における支給額が同額である場合には、それぞれが定期同額給与に該当し、それぞれ損金算入の対象となることとなります（次ページの図参照）。

① その事業年度開始の日（4/1）から通常改定後の最後の支給時期の前日（6/19）までの間の各支給時期

⇒ 4月20日、5月20日

② 通常改定前の最後の支給時期の翌日（5/21）から臨時改定事由による給与改定後の最初の支給時期の前日（9/19）までの間の各支給時期

⇒ 6月20日、7月20日、8月20日

③ 臨時改定事由による給与改定前の最後の支給時期の翌日（8/21）からその事業年度終了の日（3/31）までの間の各支給時期

⇒ 9月20日、10月20日、……、3月20日

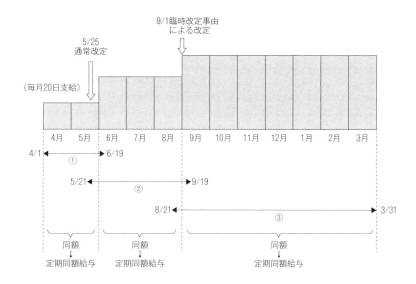

3. ご質問の場合には、9月に行われた改定が法人税法施行令69条1項1号に掲げるいずれの改定にも該当しないことから、定時株主総会の決議による通常改定の前後で期間を区分し、それぞれの期間ごとに、その期間中の各支給時期において支給される定期給与の額が同額であるかどうかを判定することになります。

具体的には、次の①または②に掲げる各支給時期における支給額が同額で

ある場合には、それぞれが定期同額給与に該当することとなります。

① その事業年度開始の日（4/1）から通常改定後の最初の支給時期の前日（6/19）までの間の各支給時期

⇒ 4月20日、5月20日

② 通常改定前の最後の支給時期の翌日（5/21）からその事業年度終了の日（3/31）までの各支給時期

⇒ 6月20日、7月20日、……、3月20日

ただし、定期給与の額について、ご質問のように法人税法施行令69条1項1号に掲げる改定以外の増額改定後（9月以降）の各支給時期における支給額が同額であるときなどは、増額改定後の期間（9月分から翌年3月分までの7か月間）において増額改定前の支給額に改定による増額分を上乗せして支給することとしたものであるともみることができると考えられます。

4. したがって、ご質問の場合は、①に掲げる各支給時期における支給額は同額となっているため、①に掲げる各支給時期における定期給与は定期同額給与に該当し、損金算入の対象となります。

また、②に掲げる各支給時期における支給額は、9月に行われた改定後の各支給時期における支給額が同額であるため、増額改定後の期間（9月分から翌年3月分までの7か月間）において増額改定前の支給額である60万円に10万円を上乗せして支給することとしたものであるともみることができることから、その増額改定前の定期給与の額（60万円）に相当する部分が引き続き定期同額給与として支給されているものと考えられます。

これにより、損金不算入額は、増額改定後の定期給与の額のうち増額改定前の支給額に上乗せして支給した部分の金額70万円（10万円×9月から翌年3月までの7か月分）となります（次ページの図参照）。

第3章 非違事例

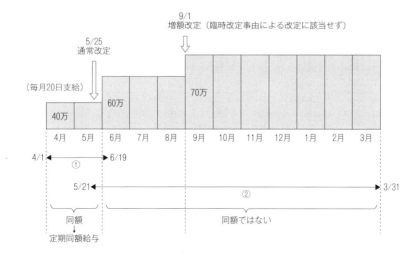

5. この事例は、役員給与の額を株主総会で決議することとしていますが、例えば、株主総会で役員給与の支給限度額を定め、各人別の支給額は取締役会で決議するなど、会社法等の法令の規定に従って役員給与の額を決議するものは、この事例における株主総会での決議と同様に取り扱って差し支えないと考えます。

税務上の留意点

1. 定期給与の額の改定(法人税法施行令69条1項1号イからハまでに掲げる改定に限ります。)があった場合において、その事業年度開始の日または給与改定前の最後の支給時期の翌日から給与改定後の最初の支給時期の前日またはその事業年度終了の日までの間の各支給時期における支給額が同額であるものは、定期同額給与に該当することとされています(法令69①一)。

2. したがって、一事業年度中に複数回の改定(法人税法施行令69条1項1号イからハまでに掲げる改定に限ります。)が行われた場合には、改定の前後で期間を区分し、それぞれの期間ごとに、その期間中の各支給時期において支給される定期給与の額が同額であるかを判定することになります。

参照条文等

法人税法 34 条《役員給与の損金不算入》1 項 1 号

法人税法施行令 69 条 1 項 1 号

参考

国税庁ホームページその他法令解釈に関する情報・法人税「役員給与に関する Q & A」平成 20 年 12 月（平成 24 年 4 月改訂）10〜12 頁

第3章　非違事例

12. 役員給与の額の据置きを定時株主総会で決議せず、その後に減額した場合の取扱い

―《質問要旨》―

　当社（年1回3月決算）は、代表取締役Aに対し、毎月20日に、月額50万円の役員給与を支給することとしていました。

　当社は、通常、役員給与の額の改定を5月に開催する定時株主総会で決議していますが、x1年5月25日に開催した定時株主総会においては、任期の中途である役員の給与の額は前年の定時株主総会において決議された額を据え置くこととしたことから、定時株主総会の議案には役員給与の額に関する事項を盛り込まず、これまでと同額の給与を継続して支給してきたところです。

　その後、会社の営業利益を確保することのみを目的として、x1年11月25日に臨時株主総会を開催し、Aの12月支給分の給与から10万円減額して月額40万円とすることを決議しました。

　x1年11月25日の減額改定は、臨時改定事由や業績悪化改定事由に該当しないものと考えますが、①事業年度開始の日から定時株主総会までに支給した定期給与（4月および5月の給与）、②定時株主総会後に支給した定期給与（6月から翌年3月までの給与）について、それぞれ定期同額給与に該当しますか。

　また、定期同額給与に該当しない場合、損金不算入額の算定はどのように行えばよいですか。

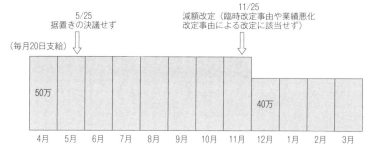

317

回答要旨

　貴社がAに支給する4月および5月の給与は定期同額給与に該当するものとして取り扱って差し支えありません。

　また、6月以降の給与は、減額改定後の定期給与の額（40万円）を当年の定時株主総会から開始する新たな職務執行期間において継続して支給するともに、減額改定前の期間（6月分から11月分までの6ヵ月間）においてはその継続して支給している定期給与の額（40万円）に10万円を上乗せして支給していたものとみることができることから、その減額改定後の定期給与の額（40万円）に相当する部分が定期同額給与となるものと考えられます。したがって、損金不算入額は、減額改定前の定期給与の額のうち減額改定後の定期給与の額を超える部分の金額60万円（10万円×6月分）となります。

解説

1.　定期給与の額の改定（法人税法施行令69条《定期同額給与の範囲等》1項1号イからハまでに掲げる改定に限ります。）があった場合において、その事業年度開始の日または給与改定前の最後の支給時期の翌日から給与改定後の最初の支給時期の前日またはその事業年度終了の日までの間の各支給時期における支給額が同額であるものは、定期同額給与に該当することとされています（法令69①一）。

2.　例えば、年1回3月決算の法人が毎月20日に役員給与を支給することにしている場合において、5月25日に開催した定時株主総会において定期給与の額は前年の定時株主総会において決議された額と同額とすること（以下「同額改定」）を決議した後、11月25日に臨時改定事由や業績悪化改定事由による改定に該当しない減額改定を行ったときには、次の①に掲げる各支給時期における定期給与は定期同額給与に該当しますが、②に掲げる各支給時期における支給額は同額となっていないことから、原則として、②に掲げる各支給時期における定期給与のすべてが定期同額給与には該当しないことになります（次ページ図1参照）。

① その事業年度開始の日（4/1）から同額改定後の最初の支給時期の前日（6/19）までの間の各支給時期

⇒ 4月20日、5月20日

② 同額改定前の最後の支給時期の翌日（5/21）からその事業年度終了の日（3/31）までの間の各支給時期

⇒ 6月20日、7月20日、……、3月20日

【図1】

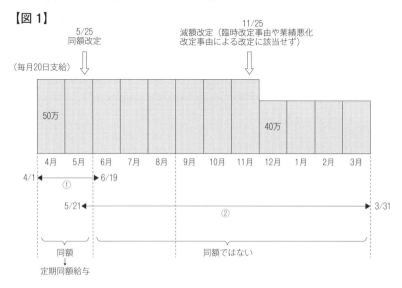

3. ところで、ご質問の場合には、①5月25日に開催した定時株主総会において、任期の中途である役員の給与の額は前年の定時株主総会において決議された額を据え置くこととしたといった事情により、当年の定時株主総会の議案に役員給与の額に関する事項を盛り込まなかったものであり、これは、法人税法施行令69条1項1号イの通常改定が行われていないともみられること、②11月25日の減額改定は臨時改定事由や業績悪化改定事由に該当しないことから、定期同額給与の判定は12か月分の支給額で行うこととなり、その結果、12か月間の各支給時期における支給額が同額ではないため、当期においてAに支給した12か月分の役員給与の全てが定期同額給与に該当しな

いのではないかというお尋ねです（図2参照）。

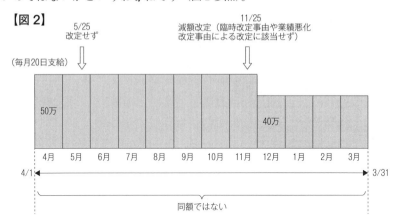

4. 会社法においては、取締役の報酬、賞与その他の職務執行の対価として会社から受ける財産上の利益については、定款または株主総会の決議によって定めることと規定されており、会社が支給する役員給与もこの規定の適用を受けることになります。

　このため、一般的には、定時株主総会において、その開催日から開始する新たな職務執行期間に係る給与の額を定めることになり、これを前提として法人税法の規定が置かれていると考えられます。

5. ところで、任期中である役員に対して前年の定時株主総会で決議された支給額を引き続き支給することとする場合には、当年の定時株主総会から開始する新たな職務執行期間（以下「当職務執行期間」）の開始に当たり、改めて当職務執行期間に係る支給額についての決議を経ないといった企業慣行も見受けられるところであり、貴社においても、任期の中途である役員の給与の額を据え置くこととしたことから、当年の定時株主総会の議案に役員給与の額に関する事項を盛り込まなかったとのことです。

　また、貴社は、通常、役員給与の額の改定を5月に開催する定時株主総会において決議することとしているとのことであり、本年の4月および5月に支給した金額は前年の定時株主総会で確定していたということになります。

第3章 非違事例

その上で、当職務執行期間の中途で臨時改定事由や業績悪化改定事由に該当しない減額改定がされたわけですが、その事実をもって、前年の定時株主総会で確定していた前年の定時株主総会から開始する職務執行期間に係る給与（前年6月分から当年5月分までの給与）についてまで定期同額給与に該当しないと解することは相当ではないと考えられます。

このように過去の改定実態等その法人の慣行等からその法人の通常改定の時期が確認できる場合には、前年の通常改定（例えば、定時株主総会）で決議された支給額を当年も引き続き支給することとしたため、改めて当職務執行期間に係る支給額についての決議を経ないといったようなときであっても、当年の通常改定において、同額改定の決議があったときと同様に取り扱うことが相当と考えられます。

その結果、ご質問の場合には、【図1】と同様の状態となることから、4月および5月の給与は定期同額給与に該当するものと取り扱って差し支えありません。

6. また、6月以降の給与は、ご質問のように臨時改定事由や業績悪化改定事由による改定に該当しない減額改定によって、各支給時期における支給額が同額となっていませんが、その減額改定後（12月以降）の各支給時期における支給額が同額であるときなどは、減額改定後の定期給与の額（40万円）を当職務執行期間において継続して支給するとともに、減額改定前の期間（6月分から11月分までの6か月間）においてはその継続して支給している定期給与の額（40万円）に10万円を上乗せして支給していたものともみることができることから、その減額改定後の定期給与の額（40万円）に相当する部分が定期同額給与となるものと考えられます。

したがって、損金不算入額は、減額改定前の定期給与の額のうち減額改定後の定期給与の額を超える部分の金額60万円（10万円×6か月分）となります。

7. この事例は、役員給与の額を株主総会で決議することとしていますが、例えば、株主総会で役員給与の支給限度額を定め、各人別の支給額は取締役会で決議するなど、会社法等の法令の規定に従って役員給与の額を決議するもの

321

は、この事例における株主総会での決議と同様に取り扱って差し支えないと
考えます。

税務上の留意点

1. 過去の改定実態等その法人の慣行等からその法人の通常改定の時期が確認
   できる場合には、前年の通常改定（例えば、定時株主総会）で決議された支給
   額を当年も引き続き支給することとしたため、改めて当職務執行期間に係る
   支給額についての決議を経ないといったようなときであっても、当年の通常
   改定において、同額改定の決議があったときと同様に取り扱うことが相当と
   考え、定期同額給与に該当するかどうかの判定をします。

2. また、臨時改定事由や業績悪化改定事由による改定に該当しない減額改定
   によって、各支給時期における支給額が同額となっていないが、その減額改
   定後の各支給時期における支給額が同額であるときなどは、減額改定後の定
   期給与の額を当職務執行期間において継続して支給するとともに、減額改定
   前の期間においてはその継続して支給している定期給与の額に上乗せして支
   給していたものともみることができることから、その減額改定後の定期給与
   の額に相当する部分が定期同額給与となるものと考えられます。

   この場合、損金不算入額は、減額改定前の定期給与の額のうち減額改定後
   の定期給与の額を超える部分の金額となります。

参照条文等

法人税法 34 条 1 項 1 号

法人税法施行令 69 条《定期同額給与の範囲等》1 項 1 号

参考

国税庁ホームページその他法令解釈に関する情報・法人税「役員給与に関す
る Q & A」平成 20 年 12 月（平成 24 年 4 月改訂）13〜16 頁

第3章　非違事例

13. 臨時改定事由の範囲─病気のため職務が執行できない場合の取扱い

───《質問要旨》───

　当社（年1回3月決算）の代表取締役Aは、病気のため2か月間の入院が必要となり、当初予定されていた職務の執行が一部できない状態になったため、取締役会を開催し、Aの役員給与の額を減額することを決議しました。

　また、退院後において、従前と同様の職務の執行が可能となったことから、取締役会の決議を経て、入院前の給与と同額の給与を支給することとする改定をしています。

　この場合、当社がAに支給する役員給与は、定期同額給与に該当しますか。

　なお、入院期間中、Aには別途、社会保険から傷病手当金が給付される予定です。

　　x1年8月まで　　　　　　　　　　月額60万円
　　x1年9月～10月（入院期間）　　月額20万円
　　x1年11月（職務再開）以降　　　月額60万円

回答要旨

　ご質問のように、役員が病気で入院したことにより当初予定されていた職務の執行が一部できないこととなった場合に、役員給与の額を減額することは臨時改定事由による改定と認められます。

　また、従前と同様の職務の執行が可能となった場合に、入院前の給与と同額の給与を支給することとする改定も臨時改定事由による改定と認められます。

　したがって、Aに支給する給与はいずれも定期同額給与に該当します。

解説

1. 定期同額給与とは、次に掲げる給与をいいます。

(1) その支給時期が1月以下の一定の期間ごとである給与（以下「定期給与」）でその事業年度の各支給時期における支給額が同額であるもの（法法34①一）

(2) 定期給与で、次に掲げる改定がされた場合において、その事業年度開始の日または給与改定前の最後の支給時期の翌日から給与改定後の最初の支給時期の前日またはその事業年度終了の日までの間の各支給時期における支給額が同額であるもの（法令69①一）。

① その事業年度開始の日の属する会計期間開始の日から3月を経過する日（以下「3月経過日等」）まで(*)にされた定期給与の額の改定（法令69①一イ）

（*）継続して毎年所定の時期にされる定期給与の額の改定が3月経過日等後にされることについて特別の事情があると認められる場合にあっては、その改定の時期とします。

② その事業年度においてその内国法人の役員の職制上の地位の変更、その役員の職務の内容の重大な変更その他これらに類するやむを得ない事情（臨時改定事由）によりされたこれらの役員に係る定期給与の額の改定（①に掲げる改定を除きます。）（法令69①一ロ）。

③ その事業年度においてその内国法人の経営の状況が著しく悪化したことその他これに類する理由（業績悪化改定事由）によりされた定期給与の額の改定（その定期給与の額を減額した改定に限ります。①および②に掲げる改定を除きます。）（法令69①一ハ）

(3) 継続的に供与される経済的な利益のうち、その供与される利益の額が毎月おおむね一定であるもの（法令69①二）

2. ご質問は、役員（代表取締役）が病気で入院したことにより当初予定されていた職務の執行が一部できないことになり、これにより役員給与の額を減額して支給した場合に、この減額改定が上記1.(2)②の臨時改定事由による改

定に該当するかとどいうかというお尋ねであります。

　この点については、ご質問の場合には、代表取締役Aの職制上の地位の変更はないものの、これまで行ってきた役員としての職務の一部を遂行することができなくなったという事実が生じており、職務の内容の重大な変更その他これに類するやむを得ない事情があったものと考えられますので、臨時改定事由による改定に当たり、定期同額給与に該当することとなります。

3. この臨時改定事由による改定は、事業年度開始の日から3か月までにされた定期給与の額の改定時には予測しがたい偶発的な事情等による定期給与の額の改定で、利益調整等の恣意性があるとはいえないものについても、定期同額給与とされる定期給与の額の改定として取り扱うこととしているものです。

　どのような事情が生じた場合が臨時改定事由に当たるかは、役員の職務内容など個々の実態に即し、予め定められていた役員給与の額を改定せざるを得ないやむを得ない事情があるかどうかにより判断することになりますが、ご質問のように、役員が病気で入院したことその他の事由により、当初予定されていた職務の一部または全部の執行ができないこととなった場合には、役員の職務の内容の重大な変更その他これに類するやむを得ない事情があると認められることから、これにより役員給与の額を減額して支給をするまたは支給をしないことは、臨時改定事由による改定と認められます。

4. また、退院後、従前と同様の職務の執行が可能となったことにより、取締役会の決議を経て入院前の給与と同額の給与を支給することとする改定についても、「役員の職務の内容の重大な変更その他これに類するやむを得ない事情」に該当することになります。

5. この取扱いは、事前確定届出給与（法法34①二）に係る業績悪化改定事由（法令69③二）についても、同様の取扱いとなります。

税務上の留意点

1. 臨時改定事由による改定は、事業年度開始の日から3か月までにされた定期給与の額の改定時には予測しがたい偶発的な事情等による定期給与の額の

改定で、利益調整等の恣意性があるとはいえないものについても、定期同額給与とされる定期給与の額の改定として取り扱うこととしているものです。

2. どのような事情が生じた場合が臨時改定事由に当たるかは、役員の職務内容など個々の実態に即し、予め定められていた役員給与の額を改定せざるを得ないやむを得ない事情があるかどうかにより判断することになります。

3. したがって、本件のように、役員が病気で入院したことその他の事由により、当初予定されていた職務の一部または全部の執行ができないこととなった場合には、役員の職務の内容の重大な変更その他これに類するやむを得ない事情があると認められることから、これにより役員給与の額を減額して支給をするまたは支給をしないことは、臨時改定事由による改定と認められます。

参照条文等

法人税法 34 条《役員給与の損金不算入》1 項 1 号

法人税法施行令 69 条《定期同額給与の範囲等》1 項 1 号

参考

国税庁ホームページその他法令解釈に関する情報・法人税「役員給与に関するQ＆A」平成 20 年 12 月（平成 24 年 4 月改訂）17〜18 頁

第3章　非違事例

14. 臨時株主総会決議により事業年度途中から支給を開始した役員報酬に係る定期同額給与としての損金算入の可否

――――――《質問要旨》――――――

1. 当社は、現在設立2期目です。

   今期は事業も軌道に乗って決算も黒字になることが見込まれています。

   そこで、この際、設立当初から支給していない役員報酬について、定款に役員報酬の定めをしていないことから、臨時株主総会を開催して具体的な金額を決め、是非とも支給することとしたいと考えています。

2. 役員報酬については、設立当初の株主総会において、支給できる総額を3,000万円以内と定めているところ、1期目は赤字決算になることが明らかであったことから、個々の役員に対する具体的支給額については定めず、報酬は支給しないこととしました。

3. 2期目に入って開催した最初の定時株主総会においても、特に個々の役員報酬に関しては定めることはしなかったところ、半年経過後あたりから黒字決算が見込めることになったことから、初めて報酬を支給することを考えました。

4. 会社法上の手続をして、支給することになることから、今後当事業年度末までに毎月支給する金額が同額であれば、定期同額給与として損金算入できるのではないかと考えているところ、役員給与について平成29年度に大きな改正があり、定期同額給与についても改正されたと聞いています。定期同額給与としての損金算入は問題なくできるのでしょうか。

回答要旨

1. 設立2期目の事業年度途中に臨時株主総会を開催して個々の役員に対する報酬金額を具体的に定めたということについて、法人税法上のその行為のとらえ方としては、役員給与について増額改定を行ったことになるものと考え

327

ます。

2. そうすると、事業年度途中の増額改定について、臨時改定事由に該当するか否かによるところ、ご質問の場合には、黒字決算が見込まれることになったことを理由に、無報酬としていた役員の役務提供について報酬を支給することにしたというにすぎないことから、臨時改定事由に該当するものではないと考えます。

　したがって、ご質問の場合、支給を開始して以後事業年度末までの毎月の支給額が同額であったとしても、定期同額給与として損金算入されず、その支給額の全額が損金不算入になることになるものと考えます。

　なお、平成29年度改正は質問の件に関しては関係ないと考えます。

解説

1　平成29年度税制改正後の定期同額給与

　次の定期給与（その支給時期が1月以下の一定の期間ごとである給与）について、支給額が同額である場合だけでなく、その支給額から源泉徴収される所得税の額、特別徴収される地方税の額および控除される社会保険料の額を控除した後の金額（いわゆる手取額）が同額である場合には、その支給額は同額であるとみなされ損金の額に算入されます（法法34①一、法令69①②）。

(1) 同一事業年度内同額定期給与

　⇒　その事業年度の各支給時期における支給額が同額であるもの

(2) 改定前後各期間内同額定期給与

　⇒　事業年度途中において給与改定された場合に、改定前、改定後のそれぞれの期間内の各支給時期における支給額が同額であるもの

　なお、この場合の改定については、次の3に記載のとおり改定され、限定されています。

(3) 継続的経済的利益定期同額給与

　⇒　継続的に供与される経済的利益で供与される利益の額が毎月おおむね一定であるもの

第3章　非違事例

2　定期同額給与とされる役員に係る株主総会決議

(1) 株主総会決議という会社法上の手続を経ていなくても、その事業年度の期首から期末までの各支給時期における実際の支給額が同額である場合には、その役員給与支給額については、会社法上の適否の問題はともかくとして、法人税法上は定期同額給与として損金算入が認められることになります。

　このことは、会社法上の手続を経ることなく支給される継続的経済的利益が定期同額給与とされることと基本的に同じことになります。

(2) 一方、上記（1）と異なり、法人税法上も株主総会決議という会社法上の手続を必ず経ることが求められる場合があります。

　それは、事業年度途中において役員給与支給額を変更する場合、つまり、定期同額給与支給額の改定をする場合になります。

(3) ご質問の場合は、1期目は株主総会において支給できる役員報酬額の総額を定めただけで、個々の役員に対する具体的な支給金額については定めず、2期目の株主総会でも、個々の役員報酬について定めないままにしておいたところ、このように個々の役員の具体的な支給金額について定めなかった場合の法人税法上のとらえ方としては、個々の役員について役員給与を支給しない、つまり無報酬とすることを暗黙のうちに定めたことになるものと考えます。

(4) そうすると、定時株主総会後の事業年度途中において臨時株主総会を開催して個々の役員に対する具体的な支給金額を定めるとなれば、そのことは、法人税法上は定期同額給与とされることになる役員給与を改定することになり、零円としていた給与の金額を増額改定することになります。

3　法定されている役員給与の改定事由等

(1) 上記2のとおり、定期同額給与とされる役員給与について株主総会決議を要するという会社法上の手続が関係してくるのは、その支給額を事業年度の途中において改定する場合ということになります。

　法人税法においては、この改定について法定し、改定できる事由を次の

329

3つに限定していることから、この法定されている改定事由に該当しない
給与改定を行った場合には、その支給額の全額または一部について損金不
算入とされる金額が生じることになります。

① 事業年度開始から3月等以内の定時株主総会等における通常改定

⇒ 改定理由について制約のない増額または減額の改定

② 臨時改定事由による改定

⇒ 役員の職制上の地位の変更等の臨時改定事由に該当する場合の増額
または減額の改定

③ 業績悪化改定事由による改定

⇒ 経営の状況が著しく悪化したこと等の業績悪化改定事由に該当する
場合の減額の改定

(2) ご質問の場合、法人税法上役員給与の改定に該当することについて、異
論のないところだと思います。

そうすると、事業年度開始から半年経過後に黒字決算が見込まれること
になったことから改定するということが、上記（1）の3つの改定（①ない
し③）のうちのどの改定に該当するかというところ、半年経過後に増額す
るということですので、ご質問の場合関係してくるのは、②の臨時改定事
由による改定以外はないことから、その改定事由に該当する改定といえる
かどうかが問題となります。

4 臨時改定事由による改定

(1) 臨時改定事由による改定については、法人税法施行令69条《定期同額給
与の範囲等》1項1号ロに次のように規定されています。

> 当該事業年度において当該内国法人の役員の職制上の地位の変更、そ
> の役員の職務の内容の重大な変更その他これらに類するやむを得ない
> 事情

また、その具体的例示として法人税基本通達9-2-12の3《職制上の地位
の変更等》に次のように定められています。

第3章　非違事例

> 定時株主総会後、次の定時株主総会までの間において社長が退任した
> ことに伴い臨時株主総会の決議により副社長が社長に就任する場合
> や、合併に伴いその役員の職務の内容が大幅に変更される場合をいう。

(2) この臨時改定事由については、平成19年度税制改正において役員給与の
改定の範囲に追加されたものであり、その改正の趣旨は、事業年度開始か
ら「3月経過後までには予測しがたい偶発的な事情によるもので、利益調
整等の恣意性がないものについても定期同額給与とされる定期給与の額の
改定として取り扱うことを法令上明らかにしたもの」とされています（平
成19年12月7日付課法2-17ほか1課共同「法人税基本通達の一部改正につい
て」（法令解釈通達）の趣旨説明について）。

　また、「どのような事情が生じたときにこれに該当するかについては、
個々の実態に即し、事前に定められていた役員給与の額を改定せざるを得
ないやむを得ない事情が存するかどうかにより判定することになると解さ
れる。」とあり、上記法人税基本通達においては、役員の分掌変更の場合と
組織再編成の場合が臨時改定事由に該当することが例示され、さらに上記
趣旨説明の解説において「そのほか、会社やその役員が不祥事等を起こし
た場合」の「役員給与の一定期間の減額が社会通念上相当と認められる範
囲のものであるとき」の減額改定および増額改定も臨時改定事由に当たる
ことが示されています。

(3) ご質問の場合の改定については、臨時改定事由による改定に該当しない
ことになり、改定前支給額と増額改定後支給額との差額について損金不算
入とされることになりますので（役員給与に関するQ＆A（平成20年12月
（平成24年4月改訂）国税庁）Q3［複数回の改定が行われた場合の取扱い］の回
答及び解説（**6**定期同額給与の事例11（311ページ）参照）、ご質問のとおり実
施した場合には、増額改定後支給額の全額が損金不算入とされることにな
ると考えます。

税務上の留意点

1. 事業年度途中の増額改定について、臨時改定事由に該当するか否かによるところ、本件の場合には、黒字決算が見込まれることになったことを理由に、無報酬としていた役員の役務提供について報酬を支給することにしたというにすぎないことから、臨時改定事由に該当するものではないと考えます。

   したがって、本件の場合、支給を開始して以後事業年度末までの毎月の支給額が同額であったとしても、定期同額給与として損金算入されず、その支給額の全額が損金不算入になることになるものと考えます。

2. なお、損金算入が認められる給与改定とする方法については、臨時改定事由に該当する事実があれば問題がないということであり、法人税基本通達9-2-12の3に例示されている「定時株主総会後、次の定時株主総会までの間において社長が退任したことに伴い臨時株主総会の決議により副社長が社長に就任する場合」のようにすればよいことになることから、臨時株主総会において現代表取締役が平取締役となり、現平取締役が代表取締役になることで報酬の支給が開始するということにすれば、登記費用等はかかりますが、少なくともその新たに代表取締役となる1名分の報酬支給額については、損金算入が可能となることになると考えます。

参照条文等

法人税法34条《役員給与の損金不算入》1項1号

法人税法施行令69条1項・2項

法人税基本通達9-2-12の3

参考

平成30年4月23日付国税速報第6507号25〜28頁

第3章　非違事例

15. 確定拠出年金に係る掛金と定期同額給与について

――――《質問要旨》――――

　確定拠出年金制度は、公的年金に上乗せされる部分の選択肢のひとつで、役員や従業員が各々運用先を選べることから、当社にとっては、将来の運用リスクを回避できると考えています。

　また、この制度のメリットとして、掛金相当額に係る所得税、社会保険料の節約効果が挙げられています。

　そこで、役員が期中において確定拠出年金制度に加入した場合の注意点について教えてください。

回答要旨

1. 法人税法上の定期同額給与の規定では、所得税が課税される部分の金額だけで判定するとはされていないが、所得税が非課税とされる経済的利益は、法人税基本通達9-2-10《給与としない経済的利益》において役員給与から除くとされています。

2. 確定拠出年金制度の掛金については、所得税法施行令64条《確定給付企業年金規約等に基づく掛金等の取扱い》1項4号により、給与所得に係る収入金額に含まれないものとされています。

3. 確定拠出年金制度の掛金については、法人税法施行令135条《確定給付企業年金等の掛金等の損金算入》3号により、法人税の所得金額の計算上損金の額に算入されます。

　つまり、この掛金については、法人税法施行令69条《定期同額給与の範囲等》に規定されている定期同額給与に該当することなく、損金性が認められています。

　確定拠出年金制度の掛金については、役員給与の規定ではなく、別の規定が根拠となっていることから、事業年度開始の日から3月を経過する日以後

333

に確定拠出年金制度に加入して、掛金相当額を導入前の役員給与から控除したとすると、定期同額給与の要件を一部欠くことになってしまいます。

4. 確定拠出年金制度に加入することが、臨時改定事由になる可能性はないだろうから、導入のタイミングに注意する必要があります。

　　したがって、役員給与を変更しないで、掛金を上乗せするのであれば、定期同額給与は問題ないことになります。

　　役員給与の改定は、事業年度開始の日から3月を経過する日までという認識はあるものの、公の制度に加入することで、役員給与の改定につながる可能性があることに留意する必要があります。

税務上の留意点

　定期同額給与は、所得税が課税される部分で判定します。

　また、確定拠出年金の掛金は、役員給与の規定ではない規定によって損金算入が認められています。

参照条文等

　法人税法施行令69条・135条

　所得税法施行令64条

　法人税基本通達9-2-10

参考

　平成31年2月4日付週刊税務通信 No. 3542　46〜47頁

第3章　非違事例

16. 総会議事録がない場合の定期同額給与について

《質問要旨》

　役員報酬について、事業年度の最初の月から増額しましたが、増額に関して株主総会の議事録を作成していませんでした。

　期中には変更がないことから定期同額給与として全額損金算入していたところ、知人から、議事録がないため役員報酬のうち前期よりも増額された部分は損金に算入できないと言われました。

　期中に報酬の額が変わらなくても議事録がなかったら損金算入が認められないのでしょうか教示願います。

回答要旨

1.　会社法においては取締役の報酬、賞与等については、定款、または株主総会の決議によって定めることとされています（会社法361）。

　　また、株主総会の議事録を作成し10年間本店に備え置くことも定められています（会社法371）。

　　法人税法の規定もこれらを前提として作成されています。

2.　しかし、定期同額給与について、法人税法では「その支給時期が1月以下の一定の期間ごとである給与で当該事業年度の各支給時期における支給額が同額であるものその他これに準ずるもの」とされており、通達では「あらかじめ定められた支給基準に基づいて、毎日、毎週、毎月のように月以下の期間を単位として規則的に反復または継続して支給されるものをいう」となっています。

3.　議事録を作成していないことは、会社法には違反しているかもしれませんが、「会社法に違反していれば損金に算入しない」との規定はありません。

　　したがって、たとえ、会社法上は問題があるとしても、法人税法上の定期同額給与の規定に合致していれば損金に算入できると考えます。

335

すなわち、議事録を失念したからと言って役員報酬の損金計上まで否認されるものではないと考えられます。

4. しかしながら、無用な争いを避けるためにも会社法の定めに従って株主総会の議事録をきちんと作成・保管しておくことが必要と考えます。

税務上の留意点

会社法に違反して株主総会の議事録がなくても、法人税法の定期同額給与の規定に合致していれば、損金に算入することができます。

しかし、無用の争いを避けるためにも、会社法の定めに従ってきちんと株主総会の議事録を作成することが必要となります。

参照条文等

法人税法 34 条《役員給与の損金不算入》1 項

法人税法施行令 69 条《定期同額給与の範囲等》

法人税法施行規則 22 の 3《役員の給与等》

法人税基本通達 9-2-12《定期同額給与の意義》

会社法 361《取締役の報酬等》・371《議事録等》

参考

2019 年 5 月税研 Vol. 35-No. 1　110 頁

7

事前確定届出給与

1. 「事前確定届出給与に関する届出書」を提出している法人が特定の役員にその届出書の記載額と異なる支給をした場合の取扱い

――――《質問要旨》――――

当社は、所轄税務署に「事前確定届出給与に関する届出書」を提出期限内に提出しているが、役員甲に対してのみその届出書の記載額と異なる金額を支給しました。

この場合、役員甲に支払った役員給与は損金算入できなくなると考えられるが、役員甲以外の他の役員に係る役員給与についても同様に法人税法34条1項2号に該当しなくなり、損金算入できなくなるのでしょうか。

回答要旨

「事前確定届出給与に関する届出書」の記載額と同額を支給した役員甲以外の他の役員に係る役員給与については、法人税法34条1項2号に該当し、損金算入することができます。

解説

法人税法34条《役員給与の損金不算入》1項2号では、「その役員の職務につき所定の時期に確定した金額または確定した数の株式（出資を含みます。）、新株予約権、確定した額の金銭債権に係る特定譲渡制限付株式または特定新株予約権(注1)を交付する旨の定めに基づいて支給する給与」と規定しており、個々の役員に係る給与について規定しているものであることから、役員甲（＝「その役員」）以外の他の役員に対する給与に影響を与えるものとはなっていません。

したがって、役員甲に対してその届出書の記載額と異なる金額の役員給与を支給したとしても、そのことを理由として、役員甲以外の他の役員に対して支給した役員給与が損金不算入になることはないことになります。

（注1）法人税法 54 条《譲渡制限付株式を対価とする費用の帰属事業年度の特例》1
　　　項に規定する特定譲渡制限付株式または同法 54 条の 2《新株予約権を対価
　　　とする費用の帰属事業年度の特例》第 1 項に規定する特定新株予約権で一
　　　定の要件（注2）に基づいて交付されるものまたはこれらに係る同項に規定す
　　　る承継譲渡制限付株式または承継新株予約権による給与による給与をいい
　　　ます（法法 34 ①二、法令 69 ③）。
　　　　なお、特定譲渡制限付株式の取扱いは、平成 28 年 4 月 1 日以後に開始す
　　　る事業年度について適用されます。
　　　　また、特定新株予約権の取扱いは、平成 29 年 10 月 1 日以後に特定新株予
　　　約権の交付に係る決議または交付をするその特定新株予約権について適用
　　　されます。
（注2）役員の職務につき、株主総会、社員総会その他これらに準ずるものの決議に
　　　より定められたもので、次の要件を満たすものをいいます。
　　　①　職務の執行の開始の日から 1 月を経過する日までにされる決議による
　　　　定めであること
　　　②　役員の職務につき所定の時期に確定額を支給する旨の定めであること
　　　③　決議の日から 1 月を経過する日までに、その職務につきその役員に生
　　　　ずる債権の額に相当する特定譲渡制限付株式または特定新株予約権を交
　　　　付する旨の定めであること

税務上の留意点

　法人税法 34 条 1 項 2 号では、「その役員の職務につき所定の時期に確定した金額または確定した数の株式（出資を含みます。）、新株予約権、確定した額の金銭債権に係る特定譲渡制限付株式または特定新株予約権を交付する旨の定めに基づいて支給する給与」と規定しており、個々の役員に係る給与について規定

しているものであることから、本件役員以外の他の役員に対する給与に影響を
与えるものとはなっておりません。

したがって、本件役員に対してその届出書の記載額と異なる金額の役員給与
を支給したとしても、そのことを理由として、本件役員以外の他の役員に対し
て支給した役員給与が損金不算入になることはないことになります。

参照条文等

　法人税法 34 条 1 項 2 号・54 条 1 項・54 の 2 第 1 項

　法人税法施行令 69 条 1 項 3 号

参考

　国税庁ホームページ質疑応答事例法人税「『事前確定届出給与に関する届出
　書』を提出している法人が特定の役員に当該届出書の記載額と異なる支給を
　した場合の取扱い（事前確定届出給与）」

2. 定めどおりに支給されたかどうかの判定

―――――《照会要旨》―――――

　当社（年1回3月決算の同族会社）では、x年6月26日の定時株主総会において、甲取締役に対して、定期同額給与のほかに、同年12月25日およびx＋1年6月25日にそれぞれ300万円の金銭を支給する旨の定めを決議し、届出期限までに所轄税務署長へ届け出ました。

　この定めに従い、当社は、x年12月25日に300万円を支給しましたが、x＋1年6月25日には、資金繰りの都合がつかなくなったため、50万円しか支給しませんでした。

　この場合、x年12月25日に届出どおり支給した役員給与についても、損金の額に算入されないことになるのでしょうか。

回答要旨

　ご質問の場合は、x年12月25日に届出どおり支給した役員給与については、損金の額に算入して差し支えありません。

解説

1. 役員の職務について所定の時期に確定した額の金銭等を交付する旨の定めに基づいて支給する給与のうち、次の要件を満たしている場合のその給与（以下「事前確定届出給与」）は、その法人の所得の金額の計算上、損金の額に算入することができます（法法34①二）。

① 定期給与を支給しない役員に対して支給する給与[注1]以外の給与[注2]である場合には、届出期限までに納税地の所轄税務署長にその定めの内容に関する届出をしていること

（注1）同族会社に該当しない法人が支給する給与で金銭によるものに限ります。

（注2）株式または新株予約権による給与で、将来の役務の提供に係るものとし

て一定の要件を満たすものを除きます。

② 株式を交付する場合には、その株式が市場価格のある株式または市場価格の株式と交換される株式（適格株式）であること

③ 新株予約権を交付する場合には、その新株予約権がその行使により市場価格のある株式が交付される新株予約権（適格新株予約権）であること[注]

(注) これは平成29年10月1日以後に支給に係る決議（その決議が行われない場合には、その支給）をする給与について適用されます（平29法4改正附1三・14、平29政106改正令附9、平29財務令17改正規附3）。

2. この事前確定届出給与は、所定の時期に確定した額の金銭等を支給する旨の定めに基づいて支給するもの、すなわち、支給時期、支給金額または株式数等が事前に確定し、実際にもその定めのとおりに支給される給与に限られるところ（法基通9-2-14）、所轄税務署長へ届け出た支給額または株式数等と実際の支給額または株式数等が異なる場合には、事前確定届出給与に該当しないことになります。

しかしながら、ご質問のように、2回以上の支給がある場合にその定めのとおりに支給されたかどうかについて、どのように判定するのか、というのが質問の趣旨かと思われます。

この点については、一般的に、役員給与は定時株主総会から次の定時株主総会までの間の職務執行の対価であると解されることから、その支給が複数回にわたる場合であっても、定めどおりに行われたかどうかはその職務執行期間を一つの単位として判定すべきであると考えられます。

3. したがって、複数回の支給がある場合には、原則として、その職務執行期間に係るその事業年度および翌事業年度における支給について、その全ての支給が定めどおりに行われたかどうかにより、事前確定届出給与に該当するかどうかを判定することとなります。

例えば、3月決算法人が、x年6月26日からx＋1年6月25日までを職務執行期間とする役員に対し、x年12月およびx＋1年6月にそれぞれ200万円の給与を支給することを定め、所轄税務署長に届け出た場合において、

x 年 12 月には 100 万円しか支給せず、x + 1 年 6 月には満額の 200 万円を支給したときは、その職務執行期間に係る支給のすべてが定めどおりに行われたとはいえないため、その支給額の全額（300 万円）が事前確定届出給与には該当せず、損金不算入となります。

ただし、ご質問のように、3 月決算法人がその事業年度（x + 1 年 3 月期）中は定めどおりに支給したものの、よく事業年度（x + 2 年 3 月期）において定めどおりに支給しなかった場合は、その支給しなかったことにより直前の事業年度（x + 1 年 3 月期）の課税所得に影響を与えるようなものではないことから、翌事業年度（x + 2 年 3 月期）に支給した給与の額のみについて損金不算入として取り扱っても差し支えないものと考えられます。

税務上の留意点

事前確定届出給与において 2 回以上の支給がある場合にその定めのとおりに支給されたかどうかの判定については、一般的に、役員給与は定時株主総会から次の定時株主総会までの間の職務執行の対価であると解されることから、その支給が複数回にわたる場合であっても、定めどおりに行われたかどうかはその職務執行期間を一つの単位として判定すべきであると考えられます。

したがって、複数回の支給がある場合には、原則として、その職務執行期間に係るその事業年度および翌事業年度における支給について、その全ての支給が定めどおりに行われたかどうかにより、事前確定届出給与に該当するかどうかを判定することとなります。

参照条文等

法人税法 34 条《役員給与の損金不算入》1 項 2 号

法人税法施行令 69 条《定期同額給与の範囲等》3 項〜8 項

法人税法施行規則 22 条の 3《役員の給与等》第 1 項・2 項

法人税基本通達 9-2-14《事前確定届出給与の意義》

第3章　非違事例

参考

国税庁ホームページ質疑応答事例法人税「定めどおりに支給されたかどうか
の判定（事前確定届出給与)」

3. 職務執行期間の中途で支給した事前確定届出給与

《質問要旨》

当社（年1回3月決算）は、x年5月26日の定時株主総会において、甲取締役に対して、定期同額給与のほかに、「x年5月26日からx＋1年5月25日までの役員給与としてx年6月30日および同年12月25日にそれぞれ300万円を支給する」旨の定めを決議し、届出期限までに所轄税務署長に届け出ました。

この定めに従って支給したx年6月30日および同年12月25日の役員給与は、法人税法34条1項2号《役員給与の損金不算入》に規定する所定の時期に確定した額の金銭を交付する旨の定めに基づいて支給する給与として、当期（x＋1年3月期）において損金の額に算入して差し支えないでしょうか。

回答要旨

貴社が、役員への賞与の支給時期を使用人への盆暮れの賞与と同じ時期とし、かつ、毎期継続して同時期に賞与の支給を行っているなど、支給時期が一般的に合理的に定められているような場合であれば、ご質問のような支給形態を採るからといって、その損金算入をすることができないということはありません。

解説

1. 役員の職務について所定の時期に確定した額の金銭等を交付する旨の定めに基づいて支給する給与のうち、次の要件を満たしている場合のその給与（以下「事前確定届出給与」）は、その法人の所得の金額の計算上、損金の額に算入することができます（法法34①二）。

① 定期給与を支給しない役員に対して支給する給与[注1]以外の給与[注2]である場合には、届出期限までに納税地の所轄税務署長にその定めの内容に

344

関する届出をしていること

（注1）同族会社に該当しない法人が支給する給与で金銭によるものに限ります。

（注2）株式または新株予約権による給与で、将来の役務の提供に係るものとして一定の要件を満たすものを除きます。

② 株式を交付する場合には、その株式が市場価格のある株式または市場価格の株式と交換される株式（適格株式）であること

③ 新株予約権を交付する場合には、その新株予約権がその行使により市場価格のある株式が交付される新株予約権（適格新株予約権）であること[注]

（注）これは平成29年10月1日以後に支給に係る決議（その決議が行われない場合には、その支給）をする給与について適用されます（平29法4改正附1三・14、平29政106改正令附9、平29財務令17改正規附3）。

2. 給与に係る役員の職務執行期間は一般的には定時株主総会から次の定時株主総会までの1年間であると解されることからすれば、貴社が6月に支給した給与も12月に支給した給与も翌年5月25日までの1年間の職務執行の対価の一部となるものであり、また、民法上委任の報酬は後払いが原則とされていることを考えると、ご質問のような支給形態を採ることについて、税務上問題があるのではないかと考えることもあるようです。

しかしながら、使用人への賞与が盆暮れの時期に支給されているのが一般の企業慣行であることを考えると、役員に対して同時期に賞与を支給することはあながち不自然なことではないともいえます。

3. ご質問の場合において、法人が、役員への賞与の支給時期を使用人への盆暮れの賞与と同じ時期とし、かつ、毎期継続して同時期に賞与の支給を行っているなど、支給時期が一般的に合理的に定められているような場合で、事前確定届出給与に係る一定の要件を満たしていれば、これを事前確定届出給与としてその事業年度の損金の額に算入することとして差し支えないと考えます。

税務上の留意点

法人が、役員への賞与の支給時期を使用人への盆暮れの賞与と同じ時期とし、

かつ、毎期継続して同時期に賞与の支給を行っているなど、支給時期が一般的に合理的に定められているような場合で、事前確定届出給与に係る一定の要件を満たしていれば、これを事前確定届出給与としてその事業年度の損金の額に算入することとして差し支えありません。

参照条文等

法人税法 34 条《役員給与の損金不算入》1 項 2 号

法人税法施行令 69 条《定期同額給与の範囲等》3 項〜8 項

法人税法施行規則 22 条の 3《役員の給与等》第 1 項・2 項

参考

国税庁ホームページ質疑応答事例法人税「職務執行期間の中途で支給した事前確定届出給与（事前確定届出給与）」

第3章　非違事例

4. 事前確定届出給与に関する届出書付表記載金額とその届出書に添付された株主総会議事録記載金額が相違していた場合の支給額等

《質問要旨》

1. 当社は、7年ほど前から毎年役員に対して夏冬とも50万円の賞与を支給しています。

　その支給額については、事前確定届出給与として届出をし、届出どおりに支給してきました。

　先日開催の定時株主総会において例年どおり賞与を支給することとされ支給額も決定されたことから、担当者が当期の事前確定届出給与に関する届出書を作成し、その議事録を添付して期限内に提出しました。

2. ところが、夏の賞与を支給する直前になって、今年は例年よりも引き上げられて60万円と決議されていたにもかかわらず、担当者が手元にあった前期の事前確定届出給与に関する届出書の控えを基に当期の届出書を作成したことから、当期の事前確定届出給与に関する届出書の付表に前期の金額50万円を記載しており、記載金額が誤りであることがわかりました。

3. しかし、その届出書提出後税務署からは何も言ってきませんし、支給額として決議された金額が60万円であることはその届出書に添付した議事録から明らかであり、付表の記載金額の50万円は記載ミスということも容易に判断されることから、今回の場合は、議事録記載の60万円を支給しても問題はないだろうと考えていますが、一方、社内には届出書記載金額の50万円で支給しておいた方がよいのではという意見もあり、迷っています。どのように対処したらよいでしょうか。

回答要旨

1. 支給する金額をいくらにするのかということであれば、それは会社と役員の関係ですから、事前確定届出給与に関する届出書の提出の有無に関係なく、

347

当然のことながら定時株主総会で決議された支給金額である 60 万円ということになります。

　一方、税務との関係については、こちらは損金算入の可否の問題ですから、直ちに事前確定届出給与に関する届出書の記載誤りについて申し出ることです。

　ご質問の場合、記載ミスであることが添付された株主総会議事録から明らかですから、誤った記載金額の訂正をすることによって株主総会決議どおりの金額の届出となり、決議どおりに支給さえすれば損金算入についても問題ないと考えます。

2. なお、事前確定届出給与に関する届出書の記載誤りの申出と記載金額の訂正については、支給前あるいは支給後のいずれの場合であっても、記載誤りに気がついた時点で直ちにすべきです。

　ただし、このようにすることができるのは、ご質問の場合のように、事前確定届出給与に関する届出書に具体的支給額を定めた株主総会議事録あるいは取締役会議事録が添付されていることによって、単なる記載ミスであることをその届出書のみで主張立証することができる場合ということになることから、法令上の義務とはされていませんが届出書には株主総会議事録等は必ず添付しておいた方がよいということになります。

解説

1. 行政手続法に規定する届出書の意義

(1) 納税者が税務署に提出するものとしては、申告書、申請書、届出書等があるところ、このうち届出書については、行政手続法 2 条《定義》7 号に次のとおり定義されています。

> 届出　行政庁に対し一定の事項を通知する行為（申請に該当するものを除く。）であって、法令により直接に当該通知が義務付けられているもの（自己の期待する一定の法律上の効果を発生させるためには当該通

知をすべきこととされているものを含む。）をいう。

　一方、上記の定義の中で除くとされている申請の定義については、同条
3号に次のとおり定義されています。

> 申請　法令に基づき、行政庁の許可、認可、免許その他の自己に対し
> 何らかの利益を付与する処分（以下「許認可等」という。）を求める行
> 為であって、当該行為に対して行政庁が許諾の応答をすべきことと
> されているものをいう。

　上記に定義されているところからして、要するに、届出は一方的に単に
通知するだけのものであり、申請は行政庁に諾否等の何らかの応答行為を
求めるものというように区別することができます。

(2)　この届出については、行政手続法 37 条《届出》において、次のとおり規
　　定されています。

> 　届出が届出書の記載事項に不備がないこと、届出書に必要な書類が
> 添付されていることその他の法令に定められた届出の形式上の要件に
> 適合している場合は、当該届出が法令により当該届出の提出先とされ
> ている機関の事務所に到達したときに、当該届出をすべき手続上の義
> 務が履行されたものとする。

2.　事前確定届出給与に関する届出書

(1)　ご質問にある事前確定届出給与に関する届出書については、その様式が
　　「法人課税関係の申請、届出等の様式の制定について」（法令解釈通達）（平成
　　13 年 7 月 5 日付課法 3-57 ほか 11 課共同）通達に定められているもの（ただし、
　　届出書様式の創設は同通達の平成 18 年 6 月 28 日付改正によります。）であり、
　　法人が、役員の職務につき「所定の時期に確定した額の金銭又は確定した
　　数の株式若しくは新株予約権若しくは確定した額の金銭債権に係る法人税
　　法第 54 条第 1 項に規定する特定譲渡制限付株式若しくは同法第 54 条の 2

349

第1項に規定する特定新株予約権を交付する旨の定め」（以下「定め」）に基づいて法人税法34条1項2号に規定する事前確定届出給与を支給するに当たり、その定めの内容に関して所轄税務署長に対して届け出る場合に使用するものです。

(2) この届出には期限があり、株主総会等においてその定めをした場合には、原則としてその定めに係る決議をした日から1月を経過する日までにしなければならないこととされています。

(3) この届出書は、届出期限内に届出をし、その届け出たとおりの支給時期に届け出たとおりの支給額等を支給した場合にのみその支給額について損金算入が認められることになることから、前記1.(1)の行政手続法2条7号の定義にあるとおり、この届出は、支給額の損金算入という「自己の期待する一定の法律上の効果を発生させるために」するものに該当します。

3. 事前確定届出給与に関する届出書の収受等

この事前確定届出給与に関する届出書が税務署に提出された場合、届出書は、署内において、おおむね次のような流れをたどっていくことになります。

(1) 収受は、その提出が郵送の場合には総務課において、窓口提出の場合には管理運営部門においてそれぞれ収受印が押され、行政手続法37条のとおり、法人税法令に規定された届出の形式要件に適合しているかどうか等の形式審査が行われ、その届出書は所管する法人課税部門に回付されることになります。

(2) 法人課税部門においては、その届出の届出事績を事務整理簿に記録した上でその提出法人の調査担当部門に届出書を交付しますので、届出内容の審査・審理は調査担当部門において行われることになります。

通常の場合、調査担当担当部門の審査・審理は、調査対象法人を選定する際か、または調査対象選定の際に抽出されない法人は6月の事務年度末に一括して行われることになることから、ご質問のような記載ミスのある届出書について、税務署側から提出後直ちにその記載事項について確認等の連絡があることはないといってよいと考えます。

4. 事前確定届出給与に関する届出書の訂正

ご質問のようにミスが明らかとなった場合の対応です。

回答要旨に記載のとおり、とにかく直ちに届出の記載ミスについて申し出て、記載ミスの訂正をすることです。

(1) 届出書に株主総会議事録等が添付されている場合には、その届出書だけで税務署側も記載ミスであることが確認できますので、訂正の申出を拒むことはないと思います。

(2) 届出書に株主総会議事録等が添付されていない場合の対応は次のとおりとなります。

① 前記2.に記載のとおり、事前確定届出給与に関する届出書の様式は、平成18年6月に創設され、その時から設けられている「その他参考となるべき事項」欄については、様式の欄ごとに明らかにされている記載要領において、新設法人が届出をする場合に設立年月日を記載するほかこの届出給与について参考となるべき事項を記載するよう求めた後に、定めの内容を具体的に記載するには紙幅が狭いことからか、「この届出に係る「所定の時期に確定した額の金銭等を交付する旨の定め」の内容に関する事項の記載に当たっては、その事項の記載に代えて、その「定め」の写しを添付するようにしてください。」とあります（平成29年6月30日付通達改正後のものです。）。

② ここでいう「定め」の写しが具体的に何を想定されたものであるか明らかではありませんが、写しという以上は書面ということでしょうから、定款や役員報酬規程、役員賞与規程等が考えられるところ、定款には具体的な金額等を定めることはないと考えられますし、役員報酬規程等を定めていても実際支給するには株主総会等の決議を要するわけですから、結局のところ添付することとなるのは株主総会議事録等ということになります。ただし、この記載要領によって添付を求めていますが、添付を義務付けるものではありません。

③ したがって、株主総会議事録等を添付されていない届出でもかまわな

いわけですから、添付のない届出書において記載ミスがある場合もある
わけで、この場合も記載ミスに気が付いた時点で直ちに訂正を申し出る
べきところ、その際には、その定めを行った時に作成された株主総会議
事録等の提示あるいは任意での提出をすることが必要でしょうし、税務
署側も当然その提示を求めるはずです。

その場合に定めを行った時に作成された株主総会議事録等がないとい
うことになりますと、そもそも届出書の記載ミスという申出をすること
自体できないことになると思われますので、損金算入という観点からす
れば届出どおりに支給することとし、役員との関係を重視する観点から
すれば、株主総会等において決議した金額を支給することとせざるを得
ないのではないかと考えます。

いずれにしても、事前確定届出給与に関する届出をする場合もさるこ
とながら、そもそも会社法上は作成・備付けが罰則をもって義務付けら
れているわけですから、株主総会議事録等の作成をその都度きちんとし
ておくことが肝要と考えます。

④　なお、平成19年度税制改正において創設された事前確定届出給与に
関する変更届出制度に係る変更届出書の「その他参考となるべき事項」
欄の記載要領では、「参考となるべき事項のうち直前届出に係る「所定の
時期に確定した額の金銭等を交付する旨の定め」の内容の変更に関する
事項の記載に当たっては、その事項の記載に代えて、その変更を行った
株主総会等の議事録等の写しを添付するようにしてください。」と記載
されています。

税務上の留意点

1. 事前確定届出給与に関する届出書付表記載金額とその届出書に添付された
株主総会議事録記載金額が相違していた場合、税務との関係については、損
金算入の可否の問題ですから、直ちに事前確定届出給与に関する届出書の記
載誤りについて申し出る必要があります。

この場合、事前確定届出給与に関する届出書の記載誤りの申出と記載金額の訂正は、支給前あるいは支給後のいずれの場合であっても、記載誤りに気がついた時点で直ちにすべきです。

2.　ただし、このようにすることができるのは、本件の場合のように、事前確定届出給与に関する届出書に具体的支給額を定めた株主総会議事録あるいは取締役会議事録が添付されていることによって、単なる記載ミスであることをその届出書のみで主張立証することができる場合ということになることから、法令上の義務とはされていませんが届出書には株主総会議事録等は必ず添付しておいた方がよいということになります。

参照条文等

法人税法 34 条《役員給与の損金不算入》1 項 2 号・54 条《譲渡制限付株式を対価とする費用の帰属事業年度の特例》1 項・54 条の 2《新株予約権を対価とする費用の帰属事業年度の特例等》第 1 項

「法人課税関係の申請、届出等の様式の制定について」（法令解釈通達）（平成13 年 7 月 5 日付 3-57 ほか 11 課共同）通達

行政手続法 2 条 3 号 7 号・37 条

参考

平成 30 年 10 月 22 日付国税速報第 6531 号 9〜12 頁

5. 臨時株主総会において就任した役員に同総会で決議した賞与の支給を事前確定届出給与として届け出ることの可否

―――――《質問要旨》―――――

1. 当社は、従来から使用人の賞与支給時期に合わせて役員に対しても賞与を支給することとしており、定時株主総会においてその具体的な支給時期および支給金額を決議し、期限内に事前確定届出給与として届出をした上で、その届出どおりに支給してきました。
2. 今般役員の一人が健康上の理由により当期の途中で退職することになったことから、臨時株主総会を開催してその退職の承認と退職給与の支給を決議し、併せて新たな役員の就任とその新役員に対する報酬額や賞与支給について決議して、この新役員に対する賞与についても事前確定届出給与として届出をしたいと考えています。
3. しかし、このような場合の事前確定届出給与の届出については、平成29年度税制改正後の法人税法令や法人税基本通達においても何ら規定等されていないようですが、その届出をすることについては認められないということなのでしょうか。

回答要旨

1. 事業年度途中に臨時株主総会において就任した役員に対する事前確定届出給与の届出に関しては、平成29年度税制改正後においても法人税法令の規定および法人税基本通達の定めは設けられていないことから、その臨時株主総会においてその役員の職務につき所定の時期に確定した額の金銭を交付する旨の定めをしたとしても、法人税法の規定からすれば、その新役員に対して支給する賞与を事前確定届出給与として届け出ることは認められないと考えます。
2. しかしながら、解説3に記載のとおり、課税庁の示す取扱いにおいては、新たな役員の就任は、臨時改定事由による改定に当たるとされていることから、

その役員について事前確定届出給与に係る定めをした場合には、当初届出用の事前確定届出給与に関する届出書に所定の事項を記載して、その新役員就任の日から1ヵ月を経過する日までに所轄税務署長に提出することにより、事前確定届出給与として取り扱われることになります。

解説

1　平成 29 年度税制改正後の事前確定届出給与

（1）事前確定届出給与に関する平成 29 年度税制改正

　　事前確定届出給与については、その支給に係る手続等に誤りがなく、適用要件を満たし、その支給額がその役員に対する支給額として相当であり（法法 34 ②）、不正計算によるものでない場合（法法 34 ③）に損金の額に算入されるところ、平成 29 年度税制改正においては、確定した数の株式または新株予約権による給与なども対象となる給与とされたこと（法法 34 ①二）から、改正後は、次の（2）以下のとおりとなります。

（2）対象となる給与（法法 34 ①二）

　　定期同額給与および業績連動給与に該当しないもので、その役員の職務につき所定の時期に交付する旨の定めに基づいて給付される次の給与が対象となります。

①　確定した額の金銭の交付

②　確定した数の株式（出資を含みます。）または新株予約権の交付（＝確定数給与）

③　確定した額の金銭債権に係る特定譲渡制限付株式または特定新株予約権の交付

　　なお、特定譲渡制限付株式のうち、業績連動指標を基礎として解除数が算定されるものは事前確定届出給与から除かれています。

（3）損金算入要件（法令 69 ③④、法規 22 の 3 ①）

　　次の要件を満たす上記（2）の給与について、損金の額に算入されます。

①　届出期限である株主総会等の決議をした日から 1 月を経過する日まで

に所轄税務署長に対して所定の届出^(注)をしていること。

　　ただし、非同族会社の内国法人が定期給与を支給しない役員に対して支給する金銭による給与および特定譲渡制限付株式または特定新株予約権による給与で一定の要件を満たすものについては届出の必要はありません。

　(注)「事前確定届出給与に関する届出書」、「付表1（事前確定届出給与等の状況（金銭交付用））」および「付表2（事前確定届出給与等の状況（株式交付用））」の提出をいいます。

②　交付する株式は適格株式^(注1)および交付する新株予約権は適格新株予約権^(注2)であること。

　(注1) 市場価格のある株式または市場価格のある株式と交換される株式でその内国法人またはその内国法人との間に支配関係のある法人が発行したもの

　(注2) その行使により市場価格のある株式が交付される新株予約権でその内国法人またはその内国法人との間に支配関係のある法人が発行したもの

(4) 損金算入額

　　金銭によるものはその交付した金額が、上記（2）②の確定数給付については、その交付した株式または新株予約権と同銘柄の株式または新株予約権の定めをした日における1単位当たりの価額に交付数を乗じて計算した金額（＝交付決議時価額）に相当する金額が損金算入額とされます（法令71の3）。

2　法人税法令の規定上の取扱い

(1) 平成29年度税制改正においては役員給与税制に関して平成18年度税制改正以来最大ともいえる税制改正が行われ、事前確定届出給与についても上記1のとおりであるところ、ご質問の回答に関わる改正はないことから、従来どおり事業年度の途中に開催された臨時株主総会において就任した新役員に対して支給することとした賞与を事前確定届出給与として届け出る

ことの可否について検討します。

(2) 新役員に対して支給されることとなる定期の給与の支給に関しては税務署長への届出等は一切必要ないことから、就任後その事業年度末までの各支給時期における支給額が同額でありさえすれば定期同額給与としての損金算入について問題はありません。

　仮に事業年度末までの間に法定の改定事由に該当する給与改定が行われた場合においても、その改定について届出等は必要ないことから、その改定によって生じた各支給期間においてそれぞれ期間内定期同額要件が満たされてさえいれば損金算入について問題はないと考えます。

　ただし、いずれの場合もその支給額がその役員に対する給与として相当な金額であることが前提となります。

(3) 一方、新役員に対して賞与を支給することについては、臨時株主総会において決議するという会社法の手続さえ踏めばよいところ、その賞与支給額を損金の額に算入することに関しては法人税法によることになることから、回答要旨1に記載したとおり、そのような場合の届出に関して法人税法令の規定および法人税基本通達の定めがない以上は、当然の理解として認められないものと考えます。

(4) しかしながら、次の3に記載のとおり、ご質問のような場合にも所定の届出を行えばよいことが課税庁によって明らかにされていることから、実務的には事前確定届出給与として認められることになります。

3　課税庁の示す取扱い

(1) 平成29年6月30日付課法7-6ほか4課共同の「法人課税関係の申請、届出等の様式の制定について」の一部改正について（法令解釈通達）通達の「63　事前確定届出給与に関する届出書」の「事前確定届出給与に関する届出書の記載要領等」に、次のように記載されています。

①　改正後の記載要領「1」の「区分」と「届出期限」の表の区分欄の③「臨時改定事由（法人税法施行令第69条第1項第1号ロ（定期同額給与の範囲等）に規定する役員の職制上の地位の変更、職務の内容の重大な変更その

他これらに類するやむを得ない事情をいいます。以下同じ。）により当該臨時改定事由に係る役員の職務につき「所定の時期に確定した額の金銭等を交付する旨の定め」をした場合（当該役員の当該臨時改定事由が生ずる直前の職務につき「定め」があった場合を除きます。）

（注）当該役員の当該臨時改定事由が生ずる直前の職務につき「定め」があり、当該「定め」に係る届出をしている場合は、変更届出となります。」

② 改正後の記載要領「2」の作成と通数に関する記載のただし書

「ただし、例えば、当該職務執行期間に係る届出書を提出した場合において、新たな役員が就任するなどの臨時改定事由が生じ、当該役員について事前確定届出給与に係る「所定の時期に確定した額の金銭等を交付する旨の定め」を定めた場合には、その「定め」については、別途この届出書を作成して提出してください。」

(2) 上記（1）の①および②に記載の内容は、平成29年度税制改正を踏まえた一部改正後のものであるところ、この上記②のように記載要領において、臨時改定事由に「新たな役員が就任する」ことが該当する旨記載されたのは、平成19年6月29日付課法4-31ほか4課共同の「「法人課税関係の申請、届出等の様式の制定について」の一部改正について（法令解釈通達）」通達においてです。

平成19年度税制改正に対応して「法人税基本通達の一部改正について」（法令解釈通達）通達が平成19年12月7日付で発出され、役員給与等についての改正も行われているところ、その中には定めておらずに事前確定届出給与に関する届出書の記載要領においてこのような重要なことを記載することについては、どうかと思いますが、法人課税関係の申請、届出等の様式を定めた通達も法人税基本通達と同じ「法令解釈通達」ですからこれでも十分と考えられます。

ただ、仮にそうだとしても、上記（1）①にあるとおり「臨時改定事由（法人税法施行令第69条第1項第1号ロ（定期同額給与の範囲等）に規定する役員の職制上の地位の変更、職務の内容の重大な変更その他これらに類するやむを得

第3章　非違事例

ない事情をいいます。以下同じ。)」と言っているわけですから、上記平成19
年12月7日付の一部改正通達において新設された法人税基本通達9-2-12
の3《職制上の地位の変更等》の定めおよび同定めに係る趣旨説明との関
係において、臨時改定事由に「新たな役員が就任する」ことが該当するこ
とには違和感を覚えますが、結果として、納税者有利に働くことですから、
取扱いの根拠となる公式見解として承知しておく必要があります。

4　「事前確定届出給与に関する届出書」の新設および改正の経緯（参考）

① 平成18年6月28日付課法4-35ほか4課共同通達

　⇒　新設

② 平成19年6月29日付課法4-31ほか3課共同通達

　⇒　改定が可能とされたこと等による一部改正

③ 平成20年6月30日付課法4-42ほか4課共同通達

　⇒　法人課税信託の場合の名称の併記について一部改正

④ 平成21年6月18日付課法4-27ほか4課共同通達

　⇒　付表2の廃止等による一部改正

⑤ 平成27年6月30日付課法7-24ほか4課共同通達

　⇒　平成28年1月1日以後の法人番号記入に関する一部改正

⑥ 平成29年6月30日付課法7-6ほか4課共同通達

　⇒　確定した数の株式等が対象給与とされたことによる付表1、付表2
　　を定める一部改正

税務上の留意点

　新たな役員の就任は、臨時改定事由による改定に当たるとされていることか
ら、その役員について事前確定届出給与に係る定めをした場合には、当初届出
用の事前確定届出給与に関する届出書に所定の事項を記載して、その新役員就
任の日から1か月を経過する日までに所轄税務署長に提出することにより、事
前確定届出給与として取り扱われることになります。

参照条文等

法人税法 34 条《役員給与の損金不算入》1 項 2 号・2 項・3 項

法人税法施行令 69 条《定期同額給与の範囲等》3 項・4 項・71 条の 3

法人税法施行規則 22 条の 3《役員の給与等》第 1 項

法人税基本通達 9-2-12 の 3

参考

平成 30 年 3 月 12 日付国税速報第 6501 号 12〜15 頁

第3章　非違事例

6. 事前確定届出給与としての株式報酬について

―――《質問要旨》―――

　平成 29 年度税制改正では、所定の時期に確定数の株式を交付する役員給与も事前確定届出給与の対象とされたと聞いています。

　次の 2 点について教えてください。

1. 事前確定届出給与としてどのような株式報酬が対象となりますか。

2. 事前確定届出給与である株式報酬に相当する金銭報酬（ファントム・ストック）を非居住者の役員に交付する場合、損金算入することは可能ですか。

回答要旨

1　《質問要旨 1》について

（1）平成 29 年度税制改正では、所定の時期に確定数の株式を交付する役員給与も事前確定届出給与の対象とされたことにより、事前交付型リストリクテッド・ストックとして平成 28 年度税制改正において事前確定届出給与の対象となった特定譲渡制限付株式に加えて、次の株式報酬も損金算入の対象となります。

　① 　他の手法による事前交付型リストリクテッド・ストック

　② 　将来の一定の時期に金銭債権の現物出資や株式交付信託（業績連動がないもの）の手法を用いて確定数の株式を交付するもの、いわゆる事後交付型リストリクテッド・ストックによる株式報酬

　　また、次の株式報酬も、事前確定届出給与の対象となります。

　③ 　事前に報酬額が確定していて、交付直前の株価を参照して交付株式数を決定するような報酬で、端数部分を金銭交付するもの（法令 69 ⑧）

　④ 　法人がその役員に対して支給する給与について、業績指標その他の条件により、その全てを支給するのか、またはその全てを支給しないのか

361

のいずれかとすることを定めた場合におけるその定めに従って支給する給与（法基通 9-2-15 の 5）。

(2) 株式交付信託では、役員に交付する株式の一部を役員に交付する時期に換価処分をして株式と金銭を交付する場合があるところ、このような場合についても、導入される株式報酬制度が全体として株式を交付することが目的の給与として株主総会議案において明らかにされ、その換価処分が源泉徴収等の納税資金確保のためであることが役員報酬規程により明らかにされ、換価処分される株式の一部が納税資金確保のための合理的な割合によっているのであれば、全体として確定した数の株式として、損金算入が可能であると考えられます。

この場合の譲渡損益の帰属については、受益権確定日前の株式売却（換価処分）であれば、税務上は委託者が自己株式を処分したものとして、会計上の処分損益等は、税務上は資本等取引として委託者に帰属し、受益者には譲渡損益は生じないものと考えられます。

他方、受益権確定日当日以後の株式売却についてはその譲渡損益は受益者に帰属し、受益者に譲渡損益が生じると考えられます。

なお、株式交付信託による役員給与の損金算入時期は、株式の売却に関係なく債務確定日（受益権確定日）の属する事業年度となります。

(3) 株式と金銭を区分した上で、確定数の株式（事前確定届出給与）と株価連動の金銭（業績連動給与）を組み合わせて交付することも可能と考えます。

2 《質問要旨 2》について

(1) 業務執行役員全員に対し、特定譲渡制限付株式、事後交付型リストリクテッド・ストック（以下、これらをあわせて「事前確定型株式報酬」）を交付しようとする場合、非居住者の業務執行役員については、居住者の業務執行役員に交付する株式の金銭を交付する制度を導入することが考えられます。

(2) この金銭報酬は業績連動給与（ファントム・ストック）に該当することから、損金の額に算入するためには、業績連動給与の損金算入要件を満たす必要があります。

第3章　非違事例

　このような場合の「他の業務執行役員に対して支給する業績連動給与に係る算定方法と同様のもの」であるかどうかの要件判定については、有価証券報告書等において、居住者役員に付与する職位別の事前確定型株式報酬の数を記載し、非居住者役員への金銭報酬は居住者役員に付与する株式報酬に相当するものである旨、および居住者役員に付与する株数と同じ株数に交付時点（特定譲渡制限付株式については権利確定時点）の株価を乗じた金額の金銭を交付する旨を記載した上で、交付時点等においてその金銭を非居住者役員全員に交付するものであれば、この要件を充足するものと考えられます。

(3)　なお、居住者役員に交付する株式については、事前確定届出給与の対象となることから、損金の額に算入するためには、届出書の提出など事前確定届出給与の損金算入要件を満たす必要があります。

(4)　非居住者のファントム・ストックに関する開示例

　当社は、●年●月●日開催の定時株主総会において、当社の企業価値の持続的な向上を図るインセンティブを与えるとともに、株主の皆様との一層の価値共有を進めることを目的として、取締役（社外取締役を除く。）に対する中長期的なインセンティブ報酬の導入を決議しており、非居住者の取締役に対して、居住者である場合に付与される［譲渡制限付株式／事後交付型リストリクテッド・ストック］と同等の株価連動型金銭報酬（以下「ファントムストック」）を付与いたします。ファントムストックの具体的な算出方法は以下の通りです。

(1) 対象役員
　　非居住者の取締役（法人税法第34条第1項に定める「業務執行役員」）

(2) 対象役員に対するファントムストックの算定基準
　　在任期間の終了時において、以下の算式により算出する（※1、5）。
　　ファントムストックの金額（※6）＝「①取締役に付与される［譲渡制限付株式／事前交付
　　　　　　　　　　　　　　　　　　　　　型リストリクテッド・ストック］の職位ごとの株式数」
　　　　　　　　　　　　　　　　　　　　　×「②在任期間比率」×「③権利確定日の株価」

①取締役に付与される［譲渡制限付株式／事前交付型リストリクテッド・ストック］の職位ごとの株式数（※2、※3）

職位	株式数
取締役社長	●●株
専務取締役	●●株
・・・	●●株

②在任期間比率

363

●年●月●日から●年●月●日までの期間（以下「役務提供予定期間」）に対する実際に勤務した期間（以下「在任期間」）（※4）の比率（※6）。

③権利確定日の株価

権利確定日（在任期間の最終の日）の東京証券取引所における当社株式の普通取引の終値（同日に取引が成立していない場合には、それに先立つ直近の取引日の終値）（注）

- ※1　ファントムストックの交付金額は、取締役一人当たり●億円、取締役全員で●億円を上限とする。
- ※2　役務提供予定期間開始時（途中就任の場合は就任時）の職位の株数。
- ※3　在任期間中に株式分割・株式併合等が生じた場合には、当社株式の分割比率・併合比率等に応じて株式数を調整する。
- ※4　役務提供予定期間中の就任から退任までの期間を在任期間とする。月の途中で新たに就任又は退任した場合は1月在任したものとみなす。一定の組織再編時（・・・）には当該組織再編に係る株主総会の承認決議より●日以内の日を退任日とみなす。
- ※5　報酬規程に定める権利喪失事由が生じた場合（非違行為があった場合、正当な理由なく退任した場合等）、権利を取得しない。
- ※6　1円未満切捨て。役務提供期間比率は小数第三位以下切り捨て。

（注）一定の日ではなく、直近1ヶ月等の一定期間の平均とすることも考えられる。

税務上の留意点

　事前確定届出給与としてどのような株式報酬が対象となるか、および事前確定届出給与である株式報酬に相当する金銭報酬（ファントム・ストック）を非居住者の役員への交付する場合において損金算入が可能かどうか、の判断に当たっては、上記《回答要旨》を踏まえて対応する必要があります。

参照条文等

法人税法施行令69条《定期同額給与の範囲等》8項

法人税基本通達9-2-15の5《業績指標その他の条件により全てが支給されない給与》

参考

「「攻めの経営」を促す役員報酬～企業の持続的成長のためのインセンティブプラン導入の手引～」（2019年3月時版）（Q17・18）（経済産業省産業組織課）39～41頁

第3章　非違事例

7.　事後交付型リストリクテッド・ストックについて

――――――《質問要旨》――――――

　事後交付型リストリクテッド・ストックに関して、次の諸点について教えてください。

1.　事前確定届出給与として事後交付型リストリクテッド・ストックが損金に算入されるためには、どのような要件を満たす必要がありますか。

2.　事前確定届出給与として事後交付型リストリクテッド・ストックが損金に算入されるためには、予め決定している所定の時期に予め定めた数の株式を交付することが必要とのことですが、この「所定の時期」はどのように定めますか。

3.　「所定の時期に……確定した数の株式……を交付する旨の定めに基づいて支給する」（法法34①二）とありますが、何をどのように定めておく必要がありますか。

4.　事後交付型リストリクテッド・ストックにおける損金算入時期と損金算入額はどのようになりますか。

5.　対象勤務期間が複数年度に及ぶ事後交付型リストリクテッド・ストックの損金算入時期はどのようになりますか。

6.　事後交付型リストリクテッド・ストックにおいて、確定した数の株式を複数年に渡って毎年所定の時期に交付する旨を決議し、それに基づいて交付する場合、「事前確定届出給与に関する届出書」の届出時期はどのようになりますか。

回答要旨

1　《質問要旨1》について

（1）事前確定届出給与として事後交付型リストリクテッド・ストックが損金に算入されるためには、報酬内容の決定に係る株主総会等の決議をした日

365

または役員選任決議のあった株主総会日等の職務執行開始日のいずれか早い日から1月以内に報酬内容を決定し、所轄税務署長へ届出を行うとともに、予め決定している所定の時期に予め定めた数の株式を交付することが必要となります（法法34①二、法令69④^(注)）。

(注) 法人税法施行令69条《定期同額給与の範囲等》4項1号の「株主総会等の決議をした日」とは、取締役会の決議等において確定数の株式を交付する旨の定めをした日^(*)となります。ただし、その取締役会の決議等においてその後の株主総会での役員選任決議案の決議を停止条件としている場合には、その役員選任議案の決議により確定数の株式を交付する旨の定めが確定することから、その株主総会の決議日が「株主総会等の決議をした日」となると考えられます。

（＊）株式交付信託においてその旨を役員報酬規程に定める場合には、原則として取締役会においてその規程を決議した日となります。

(2) 対象となる株式は適格株式（市場価格のある株式（役員の所属する法人に加え関係法人の発行する株式を含みます。）のみが対象となります。

なお、交付する株式としてインセンティブ効果の継続等の観点から譲渡制限付株式を交付することも考えられます。

この場合、法人の損金算入は給与等課税額が生ずることが確定した日まで繰り延べられ（法法54①）、役員に対する課税については、譲渡制限解除時に給与所得等となります（所令84①）。

(3) 役員への報酬の決定方法としては、社長、専務等の役位ごとに定めた場合であっても、事前確定届出給与に係る届出においては、役員個人ごとに報酬の内容として届出を行うことが必要となります。

なお、届出後に、その役員個人の役位の変更に伴い報酬内容が変更した場合には、臨時改定事由に該当することから、「事前確定届出給与に関する変更届出書」を、臨時改定事由が生じた日から1月を経過する日までに、財務省令で定める事項を記載した書類を税務署に提出しなければならないことになります。

また、職務執行期間中に役員が途中で退任する場合や、昇格等の職位の変更が生じる場合を想定して、その役位における在任期間に応じて交付株式数を調整する算定方法を、役員報酬規程により定めておくことが考えられます。

(4) このほか、予め決定している所定の時期に予め定めた額の金銭を交付する旨の届出をして、その所定の時期の株価をもって交付株式数を算出して適格株式と端数の金銭を交付することもできることとなっています（法令69⑧）。

この場合、交付手続を行う上で、合理的な株式交付直前の時期の株価を参照して株数および端数部分の金銭を算出し、適格株式および金銭を交付することが認められると考えられます。

2 《質問要旨2》について

(1) 所定の時期については、将来の一定の日[注]を定めます。

複数年度に渡る場合は、インセンティブ報酬の趣旨と照らし合わせて、中期経営計画で示されている期間であるなど、役員に対するインセンティブとして合理的な期間であることが想定されます。

(注)1日ではなく実務上必要な期間とすることも可能となります。

(2) また、この支給時期である将来の一定の日について、例えば「○○年度の定時株主総会の開催日の○○日後」といったように、確定日に限らず客観的に定まる日とすることも考えられます。

なお、業績連動給与における指標の参照時点である「所定の日」や「所定の期間」についても同様の取扱いとなります。

3 《質問要旨3》について

事前確定届出給与の支給が届出のとおりにされたかどうかの判定は、役員個人単位で行われることから、事前確定届出給与に係る届出においては、役員個人ごとに支給時期、確定した報酬額または確定した交付株式数を予め定めておく必要があります。

4 《質問要旨4》について

(1) 事後交付型リストリクテッド・ストックの損金算入時期は、役員の報酬債務が確定する日[注]の属する事業年度となります。

(注) 株式交付信託では、通常、役員報酬規程における株式の交付を受ける権利を取得する日（債務確定日）と信託契約における受益権を取得する日（受益権確定日）とを同一の日としています。

なお、実務上、受益権確定日から実際に株式の交付を受けるまでにはタイムラグが生じますが、税務上損金算入時期は、受益権確定日の属する事業年度になると考えられます。

(2) 事後交付型リストリクテッド・ストックの損金算入額は、原則として、交付される株式数に当初報酬内容を決議した時点の株価を乗じた額となります（法令71の3）。

5 《質問要旨5》について

税務においては、各事業年度において債務の確定しない費用の額は損金算入できません（法法22③）。このため、対象勤務期間に属する各事業年度において役務提供を受ける都度、その各事業年度に帰属する部分の株式を交付することが確定する場合には、その帰属する部分に相当する金額[注]を損金の額に算入することができますが、例えば、対象勤務期間内において退任をしたり、一定の非違行為があったりした場合に株式の全てを交付しないこととする条件等が付されている場合には、その条件等が失われるまでの間は債務が確定しているとはいえないことから、損金の額に算入することはできないことに留意する必要があります。

なお、確定額の金銭を支給する場合も同様の取扱いとなります。

(注) 当初報酬内容について決定した時点の株価に交付する株式数を乗じて計算した金額を対象勤務期間の各事業年度に按分した金額とすることが考えられます。

6 《質問要旨6》について

事後交付型リストリクテッド・ストックにおいて、確定した数の株式を複数

年に渡って毎年所定の時期に交付する旨を決議し、それに基づいて交付する場合、「事前確定届出給与に関する届出書」の届出時期については、当初決議時に係る届出期限までに、複数年分をまとめて提出することになります。

税務上の留意点

事後交付型リストリクテッド・ストックを導入するに当たっては、上記《回答要旨》の取扱いに留意する必要があります。

参照条文等

法人税法22条3項・34条《役員給与の損金不算入》1項2号・54条《譲渡制限付株式を対価とする費用の帰属事業年度の特例》1項

法人税法施行令69条4項9項・71条の3《確定した数の株式を交付する旨の定めに基づいて支給する給与に係る費用の額等》

所得税法施行令84条《譲渡制限付株式の価額等》1項

参考

「「攻めの経営」を促す役員報酬～企業の持続的成長のためのインセンティブプラン導入の手引～」（2019年3月時版）（Q51・52・53・54・55・56・57）（経済産業省産業組織課）60～62頁

8

業績連動給与

1. 確定額を限度としている算定方法

《質問要旨》

法人税法 34 条《役員給与の損金不算入》1 項 3 号に規定する業績連動給与の算定方法が、例えば、「経常利益の〇〇％に相当する金額を限度とする」といったものであっても、同号（1）に規定する損金算入要件の一つである「確定した額を限度としているもの」に該当しますか。

回答要旨

ご質問の「経常利益の〇〇％に相当する金額を限度とする」といった支給額の上限が具体的な金額によらない算定方法は、「確定した額を限度としているもの」に該当しないことから、この算定方法によって支給された給与の額は、損金の額に算入することができません。

解説

1. 損金の額に算入することができる業績連動給与[注1]とは、法人[注2]が業務執行役員に対して支給する業績連動給与[注3]で、次に掲げる要件を満たすもの（他の業務執行役員の全てに対して次に掲げる要件を満たす業績連動給与を支給する場合に限ります。）をいいます（法法 34 ①三・⑤、法令 69 ⑨〜⑲）。

(1) 交付される金銭の額または株式もしくは新株予約権の数[*]の算定方法が、次のものを基礎とした客観的なものであること。

① 職務執行期間開始日以後に終了する事業年度の利益の状況を示す指標

370

② 職務執行期間開始日の属する事業年度開始の日以後の所定の期間また
は職務執行期間開始日以後の所定の日における株式の市場価格の状況を
示す指標

③ 職務執行期間開始日以後に終了する事業年度の売上高の状況を示す指標

（＊）新株予約権にあっては、無償で取得され、または消滅する数を含みます。

(2) 上記（1）の算定方法が、次の要件を満たすものであること。

① 確定した額または確定した数を限度としているものであり、かつ、他
の業務執行役員に対して支給する業績連動給与に係る算定方法と同様の
ものであること。

② 所定の日までに報酬委員会^(＊)の決定その他適正な手続を経ていること。

③ その内容が、上記②の手続の終了の日以後遅滞なく、有価証券報告書
に記載されていることなどの方法により開示されていること。

（＊）その法人の業務執行役員またはその業務執行役員と特殊の関係のある者が
委員となっているものを除きます。

(3) 次の要件を満たすものであること。

① 金銭による給与

⇒ 上記（1）の①から③に掲げる指標（以下「業績連動指標」）の数値が
確定した日の翌日から1月を経過する日までに交付され、または交付
される見込みであること。

② 株式または新株予約権（下記③の新株予約権を除きます。）による給与

⇒ 業績連動指標の数値が確定した日の翌日から2月を経過する日まで
に交付され、または交付される見込みであること。

③ 法人税法54条の2《新株予約権を対価とする費用の帰属事業年度の特
例等》1項に規定する特定新株予約権等による給与で、無償で取得され、
または消滅する新株予約権の数が役務の提供期間以外の事由により変動
するもの

⇒ 上記（2）の②の手続の終了の日の翌日から1月を経過する日までに
交付されること。

(4) 損金経理をしていること（損金経理により引当金勘定に繰り入れた金額を取り崩す方法により経理していることを含みます。）

（注1）業績連動給与とは、次の給与をいいます。

① 利益の状況を示す指標、株式の市場価格の状況を示す指標その他のその法人またはその法人との間に支配関係がある法人の業績を示す指標を基礎として算定される額または数の金銭または株式もしくは新株予約権による給与

② 法人税法54条《譲渡制限付株式を対価とする費用の帰属事業年度の特例》1項に規定する特定譲渡制限付株式等による給与で無償で取得される株式の数が役務の提供期間以外の事由により変動するもの

③ 法人税法54条の2第1項に規定する特定新株予約権等による給与で無償で取得され、または消滅する新株予約権の数が役務の提供期間以外の事由により変動するもの

なお、業績連動指標を基礎として算定される数の適格新株予約権を交付する給与で確定した数を限度とするものおよび業績連動指標を基礎として行使できる数が算定される適格新株予約権による給与については、平成29年10月1日以後に支給に係る決議（その決議が行われない場合には、その支給）をする給与について適用されます（平29法4改正附1三・14、平29政106改正令附9、平29財務令17改正規附3）。

（注2）同族会社にあっては、非同族会社の100％子会社に限ります。

（注3）金銭以外の資産が交付されるもにあっては、適格株式または適格新株予約権が交付されるものに限ります。

2. 上記要件のうち、(2)の①に記載している「確定した額を限度としている」とは、支給額の上限が具体的な金額をもって定められていることをいうのであるから、ご質問のように「経常利益の○○％に相当する金額を限度とする」といった支給額の上限が具体的な金額によらないものはこの要件を満たさないこととなります（法基通9-2-18）。

第 3 章　非違事例

税務上の留意点

「経常利益の○○％に相当する金額を限度とする」といった支給額の上限が
具体的な金額によらない算定方法は、損金の額に算入することができないこと
に留意する必要があります。

参照条文等

法人税法 34 条 1 項 3 号・5 項、54 条、54 条の 2

法人税法施行令 69 条《定期同額給与の範囲等》9 項〜19 項

法人税基本通達 9-2-18《確定した額等を限度としている算定方法の意義》

参考

国税庁ホームページ質疑応答事例法人税「確定額を限度としている算定方法
（業績連動給与）」

2. 算定方法の内容の開示

《照会要旨》

法人税法34条《役員給与の損金不算入》1項3号に規定する業績連動給与のうち損金の額に算入することができるものについては、その算定方法の内容が、報酬委員会のその算定方法の決定等の日以後遅滞なく、有価証券報告書に記載されていることその他の方法により開示されていることが要件とされていますが、この開示は、業務執行役員のそれぞれについて行わなければならないのでしょうか。

回答要旨

ご質問の開示については、業務執行役員の全てについてそれぞれ行う必要があります。

なお、開示の対象はあくまで業績連動給与の算定方法の内容であり、役員の個人名の開示を求めるものではなく、その肩書き別に業績連動給与の算定方法の内容が明らかにされていれば足りることになります。

解説

1. 損金の額に算入することができる業績連動給与^(注1)とは、法人^(注2)が業務執行役員に対して支給する業績連動給与^(注3)で、次に掲げる要件を満たすもの（他の業務執行役員の全てに対して次に掲げる要件を満たす業績連動給与を支給する場合に限ります。）をいいます（法法34①三・⑤、法令69⑨～⑲）。

(1) 交付される金銭の額または株式もしくは新株予約権の数^(*)の算定方法が、次のものを基礎とした客観的なものであること。

① 職務執行期間開始日以後に終了する事業年度の利益の状況を示す指標

② 職務執行期間開始日の属する事業年度開始の日以後の所定の期間または職務執行期間開始日以後の所定の日における株式の市場価格の状況を

示す指標

③　職務執行期間開始日以後に終了する事業年度の売上高の状況を示す指標

（＊）新株予約権にあっては、無償で取得され、または消滅する数を含みます。

(2)　上記（1）の算定方法が、次の要件を満たすものであること。

①　確定した額または確定した数を限度としているものであり、かつ、他の業務執行役員に対して支給する業績連動給与に係る算定方法と同様のものであること。

②　所定の日までに報酬委員会[＊]の決定その他適正な手続を経ていること。

③　その内容が、上記②の手続の終了の日以後遅滞なく、有価証券報告書に記載されていることなどの方法により開示されていること。

（＊）その法人の業務執行役員またはその業務執行役員と特殊の関係のある者が委員となっているものを除きます。

(3)　次の要件を満たすものであること。

①　金銭による給与

⇒　上記（1）の①から③に掲げる指標（以下「業績連動指標」）の数値が確定した日の翌日から1月を経過する日までに交付され、または交付される見込みであること。

②　株式または新株予約権（下記③の新株予約権を除きます。）による給与

⇒　業績連動指標の数値が確定した日の翌日から2月を経過する日までに交付され、または交付される見込みであること。

③　法人税法54条の2《新株予約権を対価とする費用の帰属事業年度の特例等》1項に規定する特定新株予約権等による給与で、無償で取得され、または消滅する新株予約権の数が役務の提供期間以外の事由により変動するもの

⇒　上記（2）の②の手続の終了の日の翌日から1月を経過する日までに交付されること。

(4)　損金経理をしていること（損金経理により引当金勘定に繰り入れた金額を取り崩す方法により経理していることを含みます。）

（注1）業績連動給与とは、次の給与をいいます。

① 利益の状況を示す指標、株式の市場価格の状況を示す指標その他のその法人またはその法人との間に支配関係がある法人の業績を示す指標を基礎として算定される額または数の金銭または株式もしくは新株予約権による給与

② 法人税法54条《譲渡制限付株式を対価とする費用の帰属事業年度の特例》1項に規定する特定譲渡制限付株式等による給与で無償で取得される株式の数が役務の提供期間以外の事由により変動するもの

③ 法人税法54条の2第1項に規定する特定新株予約権等による給与で無償で取得され、または消滅する新株予約権の数が役務の提供期間以外の事由により変動するもの

なお、業績連動指標を基礎として算定される数の適格新株予約権を交付する給与で確定した数を限度とするものおよび業績連動指標を基礎として行使できる数が算定される適格新株予約権による給与については、平成29年10月1日以後に支給に係る決議（その決議が行われない場合には、その支給）をする給与について適用されます（平29法4改正附1三・14、平29政106改正令附9、平29財務令17改正規附3）。

（注2）同族会社にあっては、非同族会社の100％子会社に限ります。

（注3）金銭以外の資産が交付されるもにあっては、適格株式または適格新株予約権が交付されるものに限ります。

2. 業績連動給与を損金の額に算入するためには、その法人の業務執行役員の全てに対して支給するもので、かつ、個々の業務執行役員に支給する業績連動給与がそれぞれ法令の要件を満たすものである必要があります（法法34①三）。

したがって、上記要件のうち、(2)の③に記載している「開示されていること」についても、業務執行役員の全てについて行うことになり、ご質問の開示についても、その要件を満たす必要があります（法法34①三イ（3））。

具体的には、その法人の業務執行役員ごとに、①業績連動給与の算定の基

礎となる業績連動指標、②限度としている確定した額または確定した数および③客観的な算定方法の内容を開示する必要があります。

ただし、個々の業務執行役員に支給する業績連動給与の算定方法の内容が結果的に明らかになるものであればよく、算定方法が同様の業績連動給与について算定方法の内容を包括的に開示することを妨げるものではありません。

また、開示の対象はあくまで業績連動給与の算定方法の内容であり、役員の個人名の開示を求めるものではなく、その肩書き別に業績連動給与の算定方法の内容が明らかにされていれば足りることになります（法基通9-2-19）。

税務上の留意点

1. 業績連動給与を損金の額に算入するためには、その法人の業務執行役員の全てに対して支給するもので、かつ、個々の業務執行役員に支給する業績連動給与がそれぞれ法令の要件を満たすものである必要があります。

   したがって、本件の開示についても、業務執行役員の全てについて行うことになります。

2. 具体的には、その法人の業務執行役員ごとに、①業績連動給与の算定の基礎となる業績連動指標、②限度としている確定した額または確定した数および③客観的な算定方法の内容を開示する必要があります。

3. 個々の業務執行役員に支給する業績連動給与の算定方法の内容が結果的に明らかになるものであればよく、算定方法が同様の業績連動給与について算定方法の内容を包括的に開示することを妨げるものではありません。

4. 開示の対象はあくまで業績連動給与の算定方法の内容であり、役員の個人名の開示を求めるものではなく、その肩書き別に業績連動給与の算定方法の内容が明らかにされていれば足りることになります。

参照条文等

法人税法 34 条 1 項 3 号・5 項、54 条 1 項、54 条の 2 第 1 項

法人税法施行令 69 条《定期同額給与の範囲等》9 項〜19 項

法人税基本通達 9-2-19《算定方法の内容の開示》

参考

国税庁ホームページ質疑応答事例法人税「算定方法の内容の開示（業績連動給与）」

第3章　非違事例

3.　業績連動指標の数値が確定した日

《照会要旨》

　法人税法 34 条《役員給与の損金不算入》1 項 3 号に規定する業績連動給与のうち損金の額に算入することができるものについての要件である「業績連動指標の数値が確定した日」とはいつのことをいうのですか。

回答要旨

　「業績連動指標（株式の市場価格の状況を示す指標を除きます。）の数値が確定した日」とは、定時株主総会により計算書類が承認された日をいいます。

　なお、会計監査人設置会社において会社法 439 条《会計監査人設置会社の特則》の規定の適用を受ける場合には、取締役がその計算書類の内容を定時株主総会に報告した日が「業績連動指標の数値が確定した日」となります。

解説

1.　損金の額に算入することができる業績連動給与(注1)とは、法人(注2)が業務執行役員に対して支給する業績連動給与(注3)で、次に掲げる要件を満たすもの（他の業務執行役員の全てに対して次に掲げる要件を満たす業績連動給与を支給する場合に限ります。）をいいます（法法 34 ①三・⑤、法令 69 ⑨〜⑲）。

(1)　交付される金銭の額または株式もしくは新株予約権の数(*)の算定方法が、次のものを基礎とした客観的なものであること。

　①　職務執行期間開始日以後に終了する事業年度の利益の状況を示す指標

　②　職務執行期間開始日の属する事業年度開始の日以後の所定の期間または職務執行期間開始日以後の所定の日における株式の市場価格の状況を示す指標

　③　職務執行期間開始日以後に終了する事業年度の売上高の状況を示す指標

　(*)新株予約権にあっては、無償で取得され、または消滅する数を含みます。

379

（2）上記（1）の算定方法が、次の要件を満たすものであること。

　①　確定した額または確定した数を限度としているものであり、かつ、他の業務執行役員に対して支給する業績連動給与に係る算定方法と同様のものであること。

　②　所定の日までに報酬委員会^{（＊）}の決定その他適正な手続を経ていること。

　③　その内容が、上記②の手続の終了の日以後遅滞なく、有価証券報告書に記載されていることなどの方法により開示されていること。

　（＊）その法人の業務執行役員またはその業務執行役員と特殊の関係のある者が委員となっているものを除きます。

（3）次の要件を満たすものであること。

　①　金銭による給与

　　⇒　上記（1）の①から③に掲げる指標（以下「業績連動指標」）の数値が確定した日の翌日から1月を経過する日までに交付され、または交付される見込みであること。

　②　株式または新株予約権（下記③の新株予約権を除きます。）による給与

　　⇒　業績連動指標の数値が確定した日の翌日から2月を経過する日までに交付され、または交付される見込みであること。

　③　法人税法54条の2《新株予約権を対価とする費用の帰属事業年度の特例等》1項に規定する特定新株予約権等による給与で、無償で取得され、または消滅する新株予約権の数が役務の提供期間以外の事由により変動するもの

　　⇒　上記（2）の②の手続の終了の日の翌日から1月を経過する日までに交付されること。

（4）損金経理をしていること（損金経理により引当金勘定に繰り入れた金額を取り崩す方法により経理していることを含みます。）

　（注1）業績連動給与とは、次の給与をいいます。

　①　利益の状況を示す指標、株式の市場価格の状況を示す指標その他のその法人またはその法人との間に支配関係がある法人の業績を示す指標を基礎と

して算定される額または数の金銭または株式もしくは新株予約権による給与

②　法人税法 54 条《譲渡制限付株式を対価とする費用の帰属事業年度の特例》1 項に規定する特定譲渡制限付株式等による給与で無償で取得される株式の数が役務の提供期間以外の事由により変動するもの

③　法人税法 54 条の 2 第 1 項に規定する特定新株予約権等による給与で無償で取得され、または消滅する新株予約権の数が役務の提供期間以外の事由により変動するもの

　なお、業績連動指標を基礎として算定される数の適格新株予約権を交付する給与で確定した数を限度とするものおよび業績連動指標を基礎として行使できる数が算定される適格新株予約権による給与については、平成 29 年 10 月 1 日以後に支給に係る決議(その決議が行われない場合には、その支給)をする給与について適用されます(平 29 法 4 改正附 1 三・14、平 29 政 106 改正令附 9、平 29 財務令 17 改正規附 3)。

(注 2) 同族会社にあっては、非同族会社の 100％子会社に限ります。

(注 3) 金銭以外の資産が交付されるもにあっては、適格株式または適格新株予約権が交付されるものに限ります。

2.　会社法においては、原則として、取締役は貸借対照表、損益計算書等の計算書類を定時株主総会に提出しまたは提供し、承認を受けなければならないこととされています(会社法 438)。したがって、上記要件のうち、(3) に記載している「業績連動指標の数値が確定した日」は、定時株主総会により計算書類が承認された日ということになります (法基通 9-2-20)。

　なお、会計監査人設置会社であって会社法 439 条の規定の適用を受ける場合には、取締役は計算書類の内容を定時株主総会に報告しなければならないこととされています。この場合にも、その計算書類の内容を定時株主総会に報告した日が「業績連動指標の数値が確定した日」となります。

税務上の留意点

1. 「業績連動指標の数値が確定した日」とは、定時株主総会により計算書類が承認された日をいいます。

2. なお、会計監査人設置会社において会社法439条の規定の適用を受ける場合には、取締役がその計算書類の内容を定時株主総会に報告した日が「業績連動指標の数値が確定した日」となります。

参照条文等

法人税法34条1項3号・5項、54条1項、54条の2第1項

法人税法施行令69条《定期同額給与の範囲等》9項〜19項

法人税基本通達9-2-20《業績連動指標の数値が確定した日》

会社法438条《計算書類等の定時株主総会への提出等》・439条

参考

国税庁ホームページ質疑応答事例法人税「業績連動指標の数値が確定した日（業績連動給与）」

第3章　非違事例

4.　平成 29 年度税制改正が株式交付信託に与える影響について

─《照会要旨》─

1.　上場会社である当社では、従来より役員らの士気向上・中長期的な業績向上を視野に入れたインセンティブプランとして、株式交付信託を導入しています。

　　その株式交付信託は、当社を委託者、信託銀行を受託者として、当社の全ての役員に対しその在任期間の業績の達成度等に応じてポイントを付与し、役員の退任時にそのポイントに応じた数の当社の株式を交付する仕組みの信託です。

2.　また、その株式交付信託は、税法上、当社の役員株式給付規程や信託契約の内容により、受託者である当社を唯一のみなし受益者とする受益者等課税信託と判断しています。

3.　平成 29 年税制改正により、このような株式交付信託に係る税務上の取扱いについて、影響を受ける点があれば教えてください。

回答要旨

1.　貴社の導入している株式交付信託は、いわゆる「退任時交付型の株式交付信託」であり、その交付される株式の権利確定日の時価に交付株数を乗じた金額がその役員に対する役員給与として取り扱われ、不相当に高額な部分を除き損金算入が認められるものです。

2.　税制改正後は、業績連動給与に該当する退職給与は、損金算入要件を満たす場合についてのみ損金算入が認められることになりました。

3.　また、役員の在任期間中に株式を交付する「在任時交付型の株式交付信託」については、改正前は損金算入が認められる規定がなかったところ、業績連動給与もしくは事前確定届出給与の要件を満たすものは、損金算入が認められることとなりました。

383

1 株式交付信託の概要

(1)「株式交付信託」とは、信託を通じて役員または従業員に自社株式を付与する目的で締結される信託契約のことで、下図に示したように会社を委託者、信託会社を受託者、役員等を株式の給付を受ける者（受給予定者）とし、①から④の流れで役員等に株式が付与される仕組みです。

■株式交付信託の仕組み

（出典：平成29年9月11日国税速報6476号より作成）

(2) 税法上は、委託者である会社をみなし受益者とする受益者等課税信託となるよう設計され、受益者等課税信託に該当する場合には、信託財産に属する資産および負債はその受益者が有するものとみなし、かつ、その信託財産に帰せられる収益および費用については、その受益者の収益および費用とみなして課税が行われます（法法12①）。

つまり、受益者等課税信託の受益者は、その信託で生じる取引をあたかも自身の取引とみなして、法人税法上の取扱いを判断する必要があります。

(3) 本件のように、委託者である会社がみなし受益者である受益者等課税信託に該当する株式交付信託に係る主な取引ごとの税務上の取扱いは次ページの表のようになるものと考えます。

なお、これらの取扱いのうち、平成29年度税制改正を受けて「信託から役員への株式給付[*]」時における「法人税法上の損金要件を満たすもの」であるか否かの判断について今後新たに検討を要することとなりました。

第3章　非違事例

取　　引	税務上の取扱い
信託の設定 （金銭信託時）	同一法人内の資金異動であり、課税関係は生じません。
信託における株式の取得	〔市場における購入の場合〕 自己株式の取得とみなされます。 〔委託者による自己株式処分の引受の場合〕 同一法人内の資金異動であり、課税関係は生じません。
信託に対する剰余金の配当	同一法人内の資金異動であり、その剰余金の配当はなかったものとされます。
信託で発生する収益	委託者（受益者）の収益とみなされます。
信託で発生する信託報酬その他の事務費用等	委託者（受益者）の費用とみなされます。
信託から役員への株式給付(*)	受益権確定時に法人から役員への株式の交付があったものとされます。 〔改正前〕 退職時に支給が確定するものについては、退職給与として損金算入（不相当に高額な部分は除きます。）。 〔改正後〕 ・事前確定届出給与・業績連動給与（業績連動型の役員退職給与を含みます。）として、法人税法上の損金算入要件を満たすものに限り、損金算入。 ・業績に連動しない役員退職給与は退職給与として損金算入（不相当に高額な部分を除きます。）。

2　税制改正の影響（退任時交付型）

（1）ご質問のように、役員の退任時にその業績への達成度に応じたポイントに相当する株式を交付するいわゆる退任時交付型の場合、改正前は交付される株式の権利確定日の時価に交付株式数を乗じた金額がその役員に対する退職給与として取り扱われ、不相当に高額な部分を除き損金算入が認められていました。

（2）しかしながら、平成29年度税制改正により「退職給与で業績連動給与に該当するもの」については、業績連動給与に係る損金算入要件（法法34①

385

三）を満たすものについてのみ、損金算入が認められることになりました。

つまり、役員に対して業績に連動して株式を交付する場合には、次に掲げる要件の全てを満たすことにより損金算入が認められることになります（法法34①三、法令69⑨～⑲）。

① 内国法人（同族会社にあっては、同族会社以外の法人との間にその法人による完全支配関係があるものに限ります。）が業務執行役員に対して支給する業績連動給与であること。

② 交付する株式が市場価格のある株式等（適格株式）であること

③ 他の業務執行役員の全てに対して次の④以降の要件を満たす業績連動給与を支給するものであること。

④ 交付される株式の数の算定方法が、利益、株価、売上高等一定の指標を基礎とした客観的なものであること。

⑤ 確定した数を限度としているものであり、他の業務執行役員に対して支給する業績連動給与に係る算定方法と同様のものであること。

⑥ 一定の日までに報酬委員会が決定をしていることその他の適正な手続を経ているものであること。

⑦ その内容が遅滞なく有価証券報告書に記載されていること。

⑧ 算定の指標とした数値が確定した日から2月を経過する日までに交付されるものであること。

⑨ 損金経理をしているものであること。

（3）業績に連動して支給される退職給与で業績連動給与の損金算入要件を満たすものだけについて損金算入が認められることとなるこの改正は、平成29年10月1日以後にその支給に係る決議等をする給与について適用されます（平29法4改正附14②）[注1]。

なお、本件に関する従来の株式交付信託制度によるものであっても、平成29年10月1日以後新たに就任する役員に対するものについては、業績連動給与の損金算入要件を満たしているか否かの判断が必要になるものと考えられます[注2]。

第3章　非違事例

（注1）退任時交付型の株式交付信託（業績連動給与に該当するもの）については、平成29年9月30日までに支給の決議等をしたものは、その決議等に基づき設定した信託が終了するまでは旧法が適用され損金算入が可能と考えられます（平成29年10月1日以後に追加で支給の決議等をしたものを除きます。）。

　　　また、平成29年10月1日以後に取締役会等において役員報酬の内容を決定する決議または決定をしたものは、業績連動給与の損金算入要件を充足すれば損金算入が可能であると考えられます[*]。

　　＊「「攻めの経営」を促す役員報酬～企業の持続的成長のためのインセンティブプラン導入の手引～（2019年3月時点版）」（経済産業省産業組織課）30頁。

（注2）既に給与の支給に係る決議が行われているもの（退職給与であれば、平成29年10月1日前の決議）に基づく新たな役員（平成29年10月1日以後選任）の取扱いについては、次の解説があります。

　　　「……その決議の内容が具体的な個別の者の給与額を定めず役位等により定められている場合において、これらの日以後に新たに役員に就任した者があるときは、その者の給与の支給に係る決議が形式的には一切されないことも考えられますが、その選任の決議がされたことをもってその者の給与の支給に係る決議がされたといえるため、改正後の制度が適用されると考えられます。」[*]

　　＊「平成29年度税制改正の解説」（財務省）315頁。

3　税制改正の影響（在任時交付型）

（1）役員の在任期間中に株式を交付する株式交付信託については、改正前は損金算入が認められる規定がなかったところ、平成29年税制改正後においては、制度設計次第で、役員の在任期間中に交付する株式についても、損金算入が認められることとなりました。

　　すなわち、従来の法人税法上、株式交付信託により株式を交付する場合において損金算入が認められるのは、退職給与として取り扱われる場合の

みであったところ、在任時に給与として交付する場合であっても、損金算入要件を満たす事前確定届出給与または業績連動給与に該当するときは、損金算入が認められることとなりました。

これは、事前確定届出給与にあっては、その損金算入要件を定めている法人税法34条1項2号において「確定した数の株式」等の文言が追加されたことによります。

なお、業績連動給与に係る損金算入要件と同様に、交付される株式は適格株式に限られること、その他の要件を満たす必要があることに留意する必要があります。

(2) 損金算入が認められることとなる事前確定届出給与または業績連動給与に係る改正は、平成29年4月1日以後にその支給に係る決議等をする給与について適用されます（平29法4改正附14①）。

税務上の留意点

1. 役員の在任期間中に株式を交付する株式交付信託については、改正前は損金算入が認められる規定がなかったが、平成29年税制改正後においては、制度設計次第で、役員の在任期間中に交付する株式についても、損金算入が認められることとなりました。

2. 株式交付信託については、業績連動給与に係る損金算入要件と同様に、交付される株式は適格株式に限られること、その他の要件を満たす必要があることに留意する必要があります。

参照条文等

法人税法12条《信託財産に属する資産及び負債並びに信託財産に帰せられる収益及び費用の帰属》・34条《役員給与の損金不算入》1項3号、平29法4改正附14①

法人税法施行令69条《定期同額給与の範囲等》9項〜19項

第3章　非違事例

参考

平成 29 年 9 月 11 日国税速報第 6476 号 28～31 頁

「「攻めの経営」を促す役員報酬～企業の持続的成長のためのインセンティブ
プラン導入の手引～（2019 年 3 月時点版）」（経済産業省産業組織課）30 頁

「平成 29 年度税制改正の解説」（財務省）315 頁

5. 譲渡制限付株式報酬制度の活用と税務上の留意点について

《質問要旨》

1. 当社（3月決算）は、国内に本店を有する内国法人です。

   設立当初よりその発行済株式のすべてをＡ社（外国法人、米国市場）に保有されています。

2. 当社ではいわゆる固定報酬制度に基づいた役員給与の支払が行われておりますが、親法人であるＡ社では経営者に適切なインセンティブを付与するため、譲渡制限付株式報酬制度が導入されています。

   当社でも同制度には魅力を感じており、役員の士気を高めるための有効な手段と考えていますが、日本における譲渡制限付株式報酬制度の税務上の取扱いについて、次の2点を教えてください。

   (1) 平成28年度および平成29年度の税制改正により役員給与の取扱いに関して見直しがされたと聞いていますが、譲渡制限付株式の付与に係る役員給与は損金の額に算入されますか。

   (2) 役員に付与される譲渡制限付株式がＡ社の株式であった場合、どのような取扱いになりますか。

回答要旨

　平成28年度および平成29年度の税制改正で役員給与の見直しが行われ、「攻めの経営」を促し、中長期的な企業経営を促進するため、事前確定届出給与の対象の追加や利益連動給与の範囲拡大の改正が行われています。

1. 平成28年度税制改正に基づいて説明しますと次のとおりです。

   (1) について

   　　譲渡制限付株式の付与に係る役員給与が、損金算入の要件を満たすためには、この株式が市場価格のある株式で（法法34①）、税法上の特定譲渡制限付株式（解説1（1）（注）参照)」に該当する必要があります。

また、損金算入時期については、この役員給与は給与等課税事由が生じた日、すなわち、譲渡制限が解除された日の属する事業年度の損金の額に算入されるため、留意する必要があります。

　詳細は、解説1（2）の会計処理例および1（3）の税務処理例で確認してください。

（2）について

　譲渡制限付株式については、役務の提供を受ける内国法人またはその関係法人が発行する譲渡制限付株式が対象とされていること（法法34①二・54①）から、自社の株式に限定されておらず、完全親法人の株式についても損金算入規定の適用対象となります。

　なお、譲渡制限付株式の付与を受けた役員はその付与について給与が発生することになることから、所得税の確定申告が必要となり、さらにその役員が勤務する会社は一定の法定調書を税務署へ提出する必要があります（解説1（6）参照）。

2．平成29年度税制改正の影響については、解説2を参照。

解説

1　平成28年度改正の税務上の留意点

（1）譲渡制限付株式報酬制度の概要

①　日本企業の役員報酬は依然として固定報酬中心であり、アメリカやイギリスと比較して、業績連動報酬や株式報酬の割合が低く、業績向上のインセンティブ効果が発揮されにくい状況にあります。

　加えて、リストリクテッド・ストックやパフォーマンス・シェアといった欧米で一般的に利用されている株式報酬の手法が発達していない状況にあります。

　今後、このような報酬体系の違いが、グローバルな経営人材を獲得する際の足かせとなる可能性があるため、海外を含めた機関投資家の要望のもと、一定の法整備が行われました。

② 平成 28 年度の税制改正では、特定譲渡制限付株式^(注)の付与が「届出不要」の事前確定届出給与として損金の額に算入されることとなり、日本企業の活用が期待されています。

譲渡制限付株式報酬制度は経営陣に株主目線での経営を促し、中長期の業績向上インセンティブを与えるなど、非常に有効な手段といわれています。

(注)次の①および②の要件を満たす株式を譲渡制限付株式といい、譲渡制限付株式のうち③および④を満たすものを特定譲渡制限付株式といいます（法法 34・54、所令 84）^(*)。

　① 一定期間の譲渡制限が設けられている株式であること

　② 法人により無償取得（没収）される事由（無償取得事由）として勤務条件または業績条件が達成されないこと等が定められている株式であること

　③ 役務提供の対価として役員等の生ずる債権の給付と引換えに交付される株式等であること

　④ 役務の提供を受ける法人またはその関係法人の株式であること

　＊「「攻めの経営」を促す役員報酬～企業の持続的成長のためのインセンティブプラン導入の手引～（2019 年 3 月時点版）」（経済産業省産業組織課）（以下「「攻めの経営」を促す役員報酬」（経産省））42 頁。

(2) 会計処理例

　① 会計処理の例は次のとおりです。

<前提事項>
- 払込金額・株式数：役員から報酬債権3,000万円の現物出資を受け、特定譲渡制限付株式300株を発行する。
- 期間：株式付与から譲渡制限解除までの期間は3年間とする。
- 譲渡制限解除の条件：譲渡制限期間中、勤務を継続すること。

株式付与(払込期日)
役員が報酬債権を現物出資し、会社が株式を交付

譲渡制限解除

対象勤務期間(＝譲渡制限期間)　　売却可能

<勤務条件を達成し、3年後、全ての株式の譲渡制限が解除された場合>　（単位：万円）

時系列	会計処理例
報酬債権付与及び株式発行時	前払費用等　3,000　／　資本金等　3,000
役務提供(1年目)	株式報酬費用　1,000　／　前払費用等　1,000
役務提供(2年目)	株式報酬費用　1,000　／　前払費用等　1,000
役務提供(3年目)	株式報酬費用　1,000　／　前払費用等　1,000

（出典：「攻めの経営」を促す役員報酬（経産省）52頁を基に作成）

② 特定譲渡制限付株式の交付後は、現物出資等をされた報酬債権相当額のうちその役員等が提供する役務として当期に発生したと認められる額を、対象勤務期間（＝譲渡制限期間）を基礎とする方法等の合理的な方法により算定し、費用計上（前払費用等の取崩し）することが考えられます。

(3) 税務処理例

① 税務処理の例は次のとおりです。

【前提事項】

➢ 払込金額・株式数：役員から報酬債権3,000万円の現物出資を受け、特定譲渡制限付株式300株を発行する（@10万円×300株）。
➢ 期間：株式付与から譲渡制限解除までの期間は3年間とする。
➢ 譲渡制限解除の条件：譲渡制限期間中、勤務を継続すること。ただし、当該期間の途中で会社都合により退任した場合、その時点で在任期間部分に該当する株式を譲渡制限解除し、将来分については無償取得する。
➢ 制限解除時の時価：2年後@12万円、3年後@13万円とする。

＜勤務条件を達成し、3年後、全ての株式の譲渡制限が解除された場合＞

時系列	会計（費用計上）	法人税（損金算入）	所得税（課税所得）
付与時	－	－	－
1年目	1,000万円	－	－
2年目	1,000万円	－	－
3年目	1,000万円	－	－
給与等課税額が生ずることが確定した日	－	3,000万円	3,900万円

＜2年後に会社都合退任し、2年分の株式の譲渡制限が解除され、残り1年分が無償取得された場合＞

時系列	会計（費用計上等）	法人税（損金算入）	所得税（課税所得）
付与時	－	－	－
1年目	1,000万円	－	－
2年目	1,000万円	－	－
退任時	1,000万円（*1)	2,000万円（*2)	2,400万円（*3)

(*1) 役員等から株式を無償取得することとなった部分（役員等から役務提供を受けられなかった部分）については、損失処理することなどが考えられます。
(*2) 給与等課税額が生じない部分（1,000万円）については、損金算入されません。
(*3) 12万円×（300株×2/3)

（出典：「攻めの経営」を促す役員報酬（経産省）59頁を基に作成）

② 　内国法人が個人から役務の提供を受ける場合において、その役務の提供に係る費用の額についてその対価として特定譲渡制限付株式を交付するときは、給与等課税事由が生じた日においてその役務の提供を受けたものとして、法人税法の規定が適用されます（法法54①）。

　そして、役員給与とされる株式報酬費用は、給与等課税事由が生じたとき（役員給与が所得税法上収入計上されるとき）に損金の額に算入され、

特定譲渡制限付株式が没収された場合など給与等課税事由が生じないときにはその株式報酬費用は損金の額に算入されないことになります。

なお、所得税法上の収入金額は、その特定譲渡制限付株式の譲渡制限が解除された日における価額とされています（所令84①）。

(4) 申告要件

内国法人が個人から役務の提供を受ける場合において、その役務の提供に係る費用の額についてその対価として特定譲渡制限付株式を交付するときは、その内国法人は、次に掲げる項目を記載した明細書を申告書に添付する必要があります（法法54③）。

① 特定譲渡制限付株式の1株当たりの交付の時の価額および交付数

② その事業年度において譲渡についての制限が解除されたものの数

③ その他その特定譲渡制限付株式または承継譲渡制限付株式の状況

(5) 適用除外

役員の過去の役務提供の対価として生ずる債権に係る債務を履行するために交付される譲渡制限付株式については、法人税法34条1項2号に規定する「特定譲渡制限付株式」に該当しないため、その譲渡制限付株式による給与の額は、同号に掲げる給与として損金の額に算入されないことになっています（法基通9-2-15の2）。

(6) 法定調書の提出義務

内国法人の役員が、その外国親法人が発行する株式を無償または有利な価額で取得することができる権利に基づきその外国親法人から株式の交付を受けた場合には、その内国法人は「外国親会社等が国内の役員等に供与等をした経済的利益に関する調書」を税務署へ提出することになっています（所法228の3の2）。

(7) 適用時期

平成28年度税制改正における法人税法54条の規定は、平成28年4月1日以後に交付に係る決議（決議がされない場合には交付）をする特定譲渡制限付株式等について適用されます（平28法15改正附24）。

2　平成 29 年度税制改正の税務上の留意点

平成 29 年度税制改正により、譲渡制限付株式については次のとおり変更されています。

なお、この改正は、平成 29 年 10 月 1 日以後適用されます。

(1) 損金算入時期の変更

　　損金算入時期について、「譲渡制限が解除された日の属する事業年度」から「譲渡制限が解除されることが確定した日の属する事業年度」に変わります。

(2) 付与対象株式の追加

　　付与対象株式として「役務の提供を受けた法人以外の法人が交付する株式」が追加されています。

(3) 非居住者に対する交付の取扱い

　　非居住者が課税される所得は一般的には給与所得等ではないと解されるため、給与等課税事由が生じないこととなり損金算入ができない取扱いとなっていたところ、この改正により非居住者を居住者とみなす法整備が行われ、法人側で損金算入が可能となりました。

(4) 業績連動給与の拡充

　　業績連動給与の定義に特定譲渡制限付株式による給与が加わりました（法法 34 ⑤）。

　　したがって、一定の手続要件をも満たせばその給与が業績連動給与として損金算入が可能となります。

税務上の留意点

譲渡制限付株式の付与に係る役員給与に関して、平成 28 年度税制改正および平成 29 年度税制改正における税務上の主な留意点は、次のとおりです。

1. 平成 29 年度税制改正

(1) 譲渡制限付株式の付与に係る役員給与について、損金算入の要件を満たすためには、この株式が市場価格のある株式で、税法上の特定譲渡制限付

株式に該当する必要があります。

(2) 損金算入時期については、この役員給与は給与等課税事由が生じた日、すなわち、譲渡制限が解除された日の属する事業年度の損金の額に算入されるため、留意する必要があります。

2. 平成 29 年度税制改正

(1) 損金算入時期について「譲渡制限が解除された日の属する事業年度」から「譲渡制限が解除されることが確定した日の属する事業年度」と変わります。

(2) 業績連動給与の定義に特定譲渡制限付株式による給与が追加されたことから、一定の手続要件を満たせば、その給与が損金算入可能となります。

参照条文等

法人税法 34 条《役員給与の損金不算入》1 項・5 項・54 条《譲渡制限付株式を対価とする費用の帰属事業年度の特例》1 項・3 項、平 28 法 15 改正附 24

所得税法 228 条の 3 の 2《外国親会社等が国内の役員等に供与等をした経済的利益に関する調書》

所得税法施行令 84 条 1 項《譲渡制限付株式の価額等》

法人税基本通達 9-2-15 の 2《過去の役務提供に係るもの》

参考

平成 29 年 6 月 5 日国税速報第 6463 号 36〜40 頁

「「攻めの経営」を促す役員報酬〜企業の持続的成長のためのインセンティブプラン導入の手引〜（2019 年 3 月時点版）」（経済産業省産業組織課）42 頁、51〜52 頁、59 頁

6. 「攻めの経営」を促す役員給与等に係る税制の整備

―――――――《照会要旨》―――――――

　平成29年度税制改正における役員給与税制の改正に当たって、株式交付信託やストック・オプションなど各役員給与類型について、役員給与全体として整合的な税制となるよう見直すとしていますが、「役員給与全体として整合的な税制となる」とはどういうことですか、教えてください。

回答要旨

　これまでは、インセンティブ報酬の中で、報酬類型によって損金算入の可否が異なっていましたが、今後は類型の違いによらず、一定要件を満たせば損金算入できるようになります。

　また、ストック・オプション、退職給与については、これまで法人税法34条《役員給与の損金不算入》1項の枠組みに入っていませんでしたが、平成29年度税制改正において役員給与全体で整合的な税制となるよう整理されました。

　このため、ストック・オプション、退職給与（業績連動給与に該当しないものを除きます。）についても、法人税法34条1項2号または3号に定められた一定の要件を満たした場合に損金算入できるようになります。

　なお、報酬の種類ごとの取扱いは次のとおりです。

第3章　非違事例

報酬の種類	報酬の内容	交付資産	損金算入可否	
			平成29年度改正前	平成29年度改正後
在任時				
特定譲渡制限付株式	一定期間の譲渡制限が付された株式を役員に交付。	株式	可能	可能（①類型）
株式交付信託	会社が金銭を信託に拠出し、信託が市場等から株式を取得。一定期間経過後に役員に株式を交付。	株式	不可	可能（①類型または②類型）
ストック・オプション（SO）	自社の株式を予め定められた権利行使価格で購入する権利（新株予約権）を付与。	新株予約権	可能	可能（①類型または②類型）
パフォーマンス・シェア（PS）	中長期の業績目標の達成度合いに応じて、株式を役員に交付。	株式	不可	可能（②類型）
パフォーマンス・キャッシュ	中長期の業績目標の達成度合いに応じて、現金を役員に交付。	金銭	可能（単年度で利益連動の場合のみ。一定の手続が必要。	可能（②類型）
ファントム・ストック	株式を付与したと仮想して、株式相当の現金を役員に交付。	金銭	不可	可能（②類型）
ストック・アプリシエーション・ライト（SAR）	対象株式の市場価格が予め定められた価格を上回っている場合に、その差額部分の現金を役員に交付。	金銭	不可	可能（②類型）
退職時				
退職給与	退職時に給付する報酬	金銭・株式・新株予約権	可能	可能（業績連動の場合は②類型の要件を満たすことが必要）

（注）上記表中における①類型および②類型は次のとおりです。
　①類型　⇒　一定の時期に確定した金額または数を交付する役員報酬をいい、原則として税務署への事前届出が必要となります（法法34①二）。
　②類型　⇒　業績（利益、売上高、株価等）に連動した金銭、株式等を交付する役員報酬をいい、報酬諮問委員会への諮問や有価証券報告書での開示等の手続が必要となります（法法34①三）。

税務上の留意点

　業績連動給与の導入に当たっては、上記の回答要旨を参考に会社に適した報酬の選択を検討することをお勧めします。

参照条文等

法人税法 34 条 1 項 2 号・3 号

参考

「「攻めの経営」を促す役員報酬～企業の持続的成長のためのインセンティブプラン導入の手引～」(2019 年 3 月時版)(経済産業省産業組織課) 29～30 頁 (Q1)

第3章　非違事例

7.　役員給与に関する平成 29 年度の税制改正の適用時期

――――《照会要旨》――――

　役員給与に関する平成 29 年度の税制改正はいつから適用されるか教え
てください。

回答要旨

1. 役員給与に関する平成 29 年度の税制改正は、原則として、平成 29 年 4 月 1
   日以後に支給または交付に係る決議（その決議が行われない場合には、その支給
   または交付）をする給与について新法が適用されます。

   　ただし、退職給与、譲渡制限付株式および新株予約権に係る改正について
   は、平成 29 年 10 月 1 日以後に支給または決議（その決議が行われない場合に
   は、その支給または交付）をする給与について新法が適用されます。

2. 経過措置の適用の判断基準となる支給に係る決議とは、報酬上限額等に関
   する株主総会決議や新株発行・自己株式処分の取締役会決議ではなく、株主
   総会または取締役会等における役員報酬の具体的な内容を決定する決議また
   は決定（以下「支給の決議等」）と考えられ、その決議等の実施日と施行日の前
   後関係によって、新旧どちらの法律が適用されるかが判断されます。

3. 例えば、株式交付信託については、次のような取扱いになります。

   (1) 在任時交付型の株式交付信託については、平成 29 年 4 月 1 日以後に支給
       の決議等をしたものは、損金算入要件を充足すれば損金算入が可能である
       と考えられます。

   (2) 退任時交付型の株式交付信託（業績連動給与に該当するもの）については、
       平成 29 年 9 月 30 日までに支給の決議等をしたものは、その決議に基づき
       設定した信託が終了するまでは旧法が適用され損金算入が可能であると考
       えられます（平成 29 年 10 月 1 日以降に追加で支給の決議等をしたものは除か
       れます。）。

また、平成29年10月1日以後に取締役会等において役員報酬の内容を
決定する決議または決定をしたものは、業績連動給与の損金算入要件を充
足すれば損金算入が可能であると考えられます。

（3）なお、既に導入済みの株式交付信託に新任役員が加わった場合には、そ
の選任の決議の時にその給与の支給の決議等がされたものとして、上記1.
および2.の適用関係の考え方に沿って損金算入の可否が判断されること
になります。

　　既に導入済みの株式交付信託の中で、予め役員の地位の変更があった場
合の支給額が定められている場合に、その地位の変更のあった役員に対す
る給与については、導入時の支給の決議をした時期によって適用関係を考
えることになります。

税務上の留意点

　平成29年度税制改正前あるいは改正後の法律の適用に当たっては、その役
員給与の支給または交付に係る決議（その決議が行われない場合には、その支給ま
たは交付）の日により、新旧いずれの法律が適用されるか適切に判断する必要
があります。

参照条文等

　法人税法34条《役員給与の損金不算入》、平29法4改正附14

参考

　「「攻めの経営」を促す役員報酬～企業の持続的成長のためのインセンティブ
プラン導入の手引～」（2019年3月時版）（経済産業省産業組織課）30～31頁（Q2）

第3章　非違事例

8. 平成 29 年度税制改正において、退職給与およびストック・オプションについて損金算入が認められる場合

――《照会要旨》――

退職給与およびストック・オプションに関して、平成 29 年度の税制改正前と改正後における取扱いの違いについて、教えてください。

回答要旨

1　退職給与について、損金算入が認められる場合

(1) 平成 29 年度の税制改正前において退職給与は、法人税法 34 条《役員給与の損金不算入》1 項の対象から除かれており、同条 2 項の過大役員給与に該当しない限り損金算入が可能でした。

(2) 平成 29 年度の税制改正により、法人税法 34 条 5 項の「業績連動給与」に該当する退職給与は、同条 1 項 3 号の各要件を満たす場合に限り損金算入が可能となります。

例えば、退職給与の算定に株価を参照している場合、株価が変動すると退職給与の額が変動するため同条 5 項の「業績連動給与」に該当することになります。

なお、法人税法 34 条 5 項の「業績連動給与」に該当しない場合、例えば、勤務期間×最終月額報酬×給付上率（功績倍率）に基づき算定される退職給与の場合には、改正前と同じ取扱い（上記 (1)）となります（法基通 9-2-27の 2）。

2　ストック・オプションについて、損金算入が認められる場合

(1) ストック・オプションの内容に応じて事前確定届出給与（法法 34 ①二）または業績連動給与（法法 34 ①三）に該当すれば、損金算入が可能となります。

また、退職給与であって、「業績連動給与」に該当しない場合には、これまで通り法人税法 34 条 1 項の対象外であることから、同条 2 項の過大役員給与等に該当しない限り損金算入が可能となります。

403

(2) これに対し、業績連動給与に該当する場合に、損金算入するためには、法人税法34条1項3号の要件を満たす必要があり、例えば、確定した数を限度としているものであることや、ストック・オプションを指標確定後一定期間内に交付すること（法法34①三ロ、法令69⑰）などが要件とされています。

(3) 非居住者の役員等に交付されたストック・オプションについては、その非居住者が居住者であるとしたときに給与所得等が生じた日において損金算入されることとされました。

(4) 実質的に役務提供の対価と認められる無償発行のストック・オプションについても、損金算入が可能であることが明確化されています（法法54の2①二）。

税務上の留意点

　退職給与およびストック・オプションについては、平成29年度税制改正前後において、上記《回答要旨》のとおり、その取扱いが異なっていることから、留意する必要があります。

参照条文等

　法人税法34条1項・2項・5項・54条の2《新株予約権を対価とする費用の帰属事業年度の特例等》第1項
　法人税法施行令69条《定期同額給与の範囲等》17項
　法人税基本通達9-2-27の2《業績連動給与に該当しない退職給与》

参考

　「「攻めの経営」を促す役員報酬～企業の持続的成長のためのインセンティブプラン導入の手引～」(2019年3月時版)(経済産業省産業組織課)31～32頁(Q3・4)

第3章　非違事例

9. 平成 29 年度税制改正後における事前確定届出給与と業績連動給与について

――――――《質問要旨》――――――

　法人税法上、役員給与については、恣意性を排除することが適正な課税を実現する観点から不可欠と考えられています。

　そのような考え方の下、事前確定届出給与は、事前の定めにより役員給与の支給時期・支給額に対する恣意性が排除されているものについて損金算入が認められ、業績連動給与は、適正性や透明性を担保することを条件に損金算入が認められると考えられます。

　そこで、事前確定届出給与および業績連動給与について、平成 29 年度税制改正後の内容を教えてください。

回答要旨

1　事前確定届出給与

（1）事前確定届出給与とは、法人税法 34 条《役員給与の損金不算入》1 項 2 号で定義されているもので、事前に金額または株式や新株予約権の交付数が確定しており、所定の時期に支給する給与のことをいいます。

（2）なお、一定の期間内に納税地の所轄税務署長にその確定した給与の届出を行うことが必要であるところ、一定の要件を満たす法人税法 54 条《譲渡制限付株式を対価とする費用の帰属事業年度の特例》1 項に規定する特定譲渡制限付株式または法人税法 54 条の 2《新株予約権を対価とする費用の帰属事業年度の特例等》第 1 項に規定する特定新株予約権による給与については、届出は必要ないことになっています（法法 34 ①二イ、法令 69 ③）。

（3）また、平成 28 年度税制改正で法人税法 34 条 1 項 2 号に位置付けられた特定譲渡制限付株式は事前に株式を交付することが前提とされていたところ、平成 29 年度税制改正では、事前に届出をした上で、事後に株式を交付するいわゆる事後交付型リストリクテッド・ストック[注]も、事前確定届出

405

給与として損金算入の対象となりました。

(注)事後交付型リストリクテッド・ストックとは、株主総会による役員選任後に予め交付株式数を定め、中期経営計画の計画終了時や継続勤務期間など一定期間経過後にその株式を役員に交付する給与をいいます。株式を交付する方法としては、交付に際して金銭債権の現物出資を行う方法や株式交付信託を通じて行う方法があります。

2　業績連動給与

(1) 業績連動給与とは、法人税法34条5項で定義され、業績連動指標を基礎に算定される給与のことをいいます。

(2) また、算定方法の内容が一定の報酬諮問委員会の諮問等を経て決定されていることや、有価証券報告書等に開示されていることなどの要件を満たせば損金算入することができ、業績連動指標を基礎として交付される額または数が決まる金銭、株式または新株予約権による給与に加えて、特定新株予約権または承継新株予約権による給与で、消滅される数が役務提供期間以外の事由できまるものがあります（法法34①三）。

(3) なお、勤務期間以外の事由（業績など）により無償取得される数が決まる特定譲渡制限付株式については、業績連動給与として損金算入の対象とはならないことに留意する必要があります。

税務上の留意点

　事前確定届出給与および業績連動給与については、平成28年度税制改正および平成29年度税制改正において、上記《回答要旨》のとおり、その取扱いが異なっていることから、留意する必要があります。

参照条文等

法人税法34条1項2号イ・3号・5項、54条1項、54条の2第1項
法人税法施行令69条3項《定期同額給与の範囲等》

第3章　非違事例

参考

「「攻めの経営」を促す役員報酬〜企業の持続的成長のためのインセンティブプラン導入の手引〜」（2019 年 3 月時版）（経済産業省産業組織課）32〜33、59〜60 頁（Q5・50）

10. 役員に対する株式報酬の損金算入について

――《質問要旨》――

　株式報酬には、事前交付型と事後交付型のものがあり、事前交付型とは、職務執行開始後速やかに譲渡制限の付いた株式を交付する形態のものをいい、事前交付型リストリクテッド・ストックが該当するとされ、また、事後交付型とは、職務執行期間が終了した後に株式を交付する形態のものをいい、事後交付型リストリクテッド・ストック、パフォーマンス・シェアが該当するとされています。

　そこで、株式報酬の損金算入に当たり、次の諸点について、教えてください。

1. 親会社の株式や非上場の株式会社の株式を役員給与として損金算入することは可能ですか。
2. 株式報酬の導入決議などに組織再編成が生じることを決定した場合には、損金算入するために、どのような対応が可能ですか。
3. 株式交付信託の税務上の取扱いについて。

回答要旨

1 《質問要旨 1》について

(1) 損金算入ができる株式報酬については、役員が職務に従事する法人またはその法人の関係法人^(注)の株式であり、かつ、その株式が市場価格のある株式または市場価格のある株式と交換される株式であるものに限定されています（法法 34 ①二ロ、三柱書き）。

　(注) 関係法人とは、役員が職務に従事する法人と支配関係のある法人（親会社等）で特定譲渡制限付株式の譲渡制限解除時や事後交付型リストリクテッド・ストックで株式を交付する時点などまで支配関係が継続することが見込まれる法人をいいます（法令 71 の 2）。

（2）また、市場価格があることの判定は、報酬決定時点（所定の時期に確定した数の株式を交付する旨の定めを行った時点）で行われるため、例えば、報酬決定時に非上場で市場価格がない場合には損金算入の対象となりません。

（3）なお、上場会社が非上場の種類株式として譲渡制限を付している株式を発行している場合があるところ、そのような場合において「市場価格のある株式と交換される株式」には、取得請求権の行使等により市場価格のある株式が交付される種類株式が該当することになります。

　　具体的には、上場会社がその役員に対して確定数の株式を役員給与として交付する場合や、上場会社の子会社がその役員に対して確定数の親会社の上場会社の株式を役員給与として交付する場合が考えられます。

2 《質問要旨2》について

（1）特定譲渡制限付株式の場合

　　特定譲渡制限付株式の場合は、予め契約などによって、その時点における権利関係を清算し、組織再編成後の法人で特定譲渡制限付株式を交付することもできます。

（2）事後交付型リストリクテッド・ストックの場合

　　事後交付型リストリクテッド・ストックの場合は、その組織再編成を契機として臨時改定事由が生じたことにより、その組織再編成前に期間按分した株式数に交付する株式数を変更する定めを行ったものと認められる場合には、臨時改定事由が生じた日から1月を経過する日までに、財務省令で定める事項を記載した「事前確定届出給与に関する届出書」を税務署長に提出する必要があります。

（3）パフォーマンス・シェアの場合

　　パフォーマンス・シェアの場合は、組織再編成が生じるまでの間の報酬額を按分して組織再編成前に交付できるよう、予め算定方法等を記載する方法が考えらます。

3 《質問要旨3》について

（1）法人税法上の受益者等課税信託に該当する株式交付信託では、税務上、

受益権が役員に帰属するまでの間、委託者である導入企業のみが受益者とみなされる者として、信託財産に属する資産および負債を有し、かつ信託財産に生じた収益および費用が帰属するものとみなされます。

　また、委託者である導入企業が信託財産として金銭を拠出した後、受託者（信託銀行等）が市場等から株式を取得しますが、税務上は委託者である導入企業において自社株式の取得として扱われます。

(2) 役員報酬規程（株式交付規程（規則）などの名称の場合もあります。）の定めるところに従い、役員にはその役位や会社業績達成度等の指標に基づきポイントが付与され、退任または一定の役務の提供後、役員報酬規程および信託契約の定めに従い、役員に株式が交付される権利が確定する日（以下「受益権確定日」）に、ポイントの累積数に応じた株式（および株式に代えて一定の金銭、以下「株式等」）の交付を受ける権利（以下「受益権」）を取得します。

(3) 受益権の取得により、役員は株式等の財産の交付を受けることができる財産上の利益を得ることになりますが、この財産上の利益は、役員の職務執行の対価であって、導入企業の役員報酬規程の定めるところに従い交付されるものであり、役員においては、退任時交付型の場合には、退職を基因として一時に支払われる報酬に該当するものとして、退職所得(所法30)、退任時交付型以外（在職時交付型）の場合には、給与所得（所法28）として取り扱われます。

　なお、税務上は、受益権確定日に信託財産である株式が役員に帰属することになることから、役員において、退職所得または給与所得として収入すべき日は受益権確定日となり、退職所得または給与所得の収入金額は、受益権確定日における株式の時価等の金額となります。

(4) 導入企業においては、役員に交付される株式が事前確定届出給与や業績連動給与または退職給与の損金算入要件を充足する場合には、受益権確定日の属する事業年度において損金の額に算入することができます。

第3章　非違事例

税務上の留意点

　役員に対する株式報酬の付与制度を導入するに当たっては、上記《回答要旨》
を踏まえて対応する必要があります。

参照条文等

　法人税法 34 条《役員給与の損金不算入》1 項 2 号ロ・3 号
　法人税法施行令 71 条の 2《関係法人の範囲》
　所得税法 28 条《給与所得》・30 条《退職所得》

参考

　「「攻めの経営」を促す役員報酬～企業の持続的成長のためのインセンティブ
　プラン導入の手引～」(2019 年 3 月時版) (経済産業省産業組織課) 33・38・39 頁
　(Q6・7・15・16)

411

11. 特定譲渡制限付株式の税制措置について

《質問要旨》
---

1. 特定譲渡制限付株式に関する税制措置の概要について教えてください。
2. 税制措置の対象となる特定譲渡制限付株式とはどのようなものか教えてください。
3. 損金算入の対象とされた特定譲渡制限付株式となる関係法人の株式とはどのようなものですか。
4. 特定譲渡制限付株式については、議決権、配当受領額があってもよいのですか。

回答要旨

1 《質問要旨1》について

(1) 法人から、その法人の役員または従業員等（以下「役員等」）に対して、その役員等による役務提供の対価として交付される一定期間の譲渡制限その他の条件が付されている株式（以下「特定譲渡制限付株式」）について、その役員等における所得税の課税時期については、譲渡制限期間中はその特定譲渡制限付株式の処分ができないこと等に鑑み、その特定譲渡制限付株式の交付日ではなく、譲渡制限解除日となることが平成28年度税制改正において明確化されました（所令84①）。

(2) 法人税については、平成29年度税制改正において、その法人において、その役員等における所得税の課税時期として給与等課税額が生ずることが確定した日にその役務提供を受けたものとされ、その役務提供に係る費用の額は、同日の属する事業年度において損金の額に算入することとされました（法法54①）。

(3) 平成29年度税制改正により、無償取得事由がなくなった後も譲渡制限が解除されない場合、所得税の課税時期と法人税の損金算入時期が異なるこ

ととなります。

(4) 役員給与として特定譲渡制限付株式が交付された場合には、原則として事前確定届出給与の要件に該当する特定譲渡制限付株式による給与の額は損金の額に算入されるところ、この特定譲渡制限付株式による給与のうち株式交付等のスケジュールに係る要件を満たすものについては、事前確定届出給与の届出が不要とされています。

(5) 対象となる株式は、適格株式（市場価格のある株式（役員が職務に従事する法人に加えて、関係法人の発行する株式を含みます。））のみとなります。

2 《質問要旨2》について

法人税法等および所得税法施行令等においてそれぞれ規定されており、具体的には、次の (1) および (2) の要件を満たす株式（以下「譲渡制限付株式」）であって、次の (3) および (4) の各要件を満たすものとされています。

(1) 一定期間の譲渡制限が設けられている株式であること[注1]

(2) 法人により無償取得（没収）される事由（無償取得事由）として勤務条件または業績条件が達成されないこと等が定められている株式であること[注2]

(3) 役務提供の対価として役員等に生ずる債権の給付と引換えに交付される株式等であること[注3]

(4) 役務提供を受ける法人またはその関係法人の株式であること[注3]

なお、役員給与として特定譲渡制限付株式が交付された場合には、事前確定届出給与の要件に該当する特定譲渡制限付株式による給与の額については、原則として損金の額に算入されます。

（注1）譲渡制限付株式の譲渡制限に関する要件とは、「譲渡（担保権の設定その他の処分を含む。）についての制限がされており、かつ、当該譲渡についての制限に係る期間（以下「譲渡制限期間」）が設けられていること（法令111の2①一、所令84①一）。」とされています。

なお、次の諸点について、留意する必要があります。

① この譲渡制限期間については、中期経営計画の対象期間のサイクルと一致させて3〜5年といった期間を設定すること等が考えられます。

② 役員給与は、一定期間の職務執行の対価であることから、中期経営計画の対象期間等にあわせて一定の役務提供期間が設定されていると考えられます。

③ 役務提供期間終了時点において譲渡制限が解除されることとなる特定譲渡制限付株式の数は定まっていると考えられますが、実際に譲渡制限が解除される日は役務提供期間終了後の一定の日とすることも考えられます。

　また、その一定の日は確定日ではなく、退任日など客観的な事由に基づき定まる日とすることも考えられます^(*)。

（*）業績連動給与以外の退職給与に該当する場合には、法人税法34条《役員給与の損金不算入》1項の対象外となります。

④ 譲渡制限の手法としては、種類株式を用いるほか、普通株式を用いた上で、法人とその役員等との契約において制限することが考えられます。

(注2) 譲渡制限付株式は、「法人が無償で取得することとなる事由（以下「無償取得事由」）が定められていることが要件とされています。

なお、次の諸点に留意する必要があります。

① この譲渡制限付株式として認められるために必要な無償取得事由は、役員等が「譲渡制限期間内の所定の期間勤務を継続しないこと」、「勤務実績が良好でないこと」といった「役員等の勤務の状況に基づく事由」または「法人の業績があらかじめ定めた基準に達しないこと」といった「法人の業績等の指標の状況に基づく事由」に限ることとされています（法令111の2①二、所令84①二）。

② 事前確定届出給与として損金算入が可能な特定譲渡制限付株式は「役務の提供期間に応じて」無償取得されるものに限ります（法法34①二・⑤）。

③ 無償取得の手法としては、種類株式を用いるほか、普通株式を用いた上で、法人とその役員等との契約において無償取得事由を定めること

が考えられます。

（注3）「特定譲渡制限付株式」となる譲渡制限付株式の対象範囲については、次のとおりです。

① 役務提供の対価として役員等に生ずる債権の給付と引換えにその役員等に交付される譲渡制限付株式のほか、その役員等に給付されることに伴ってその債権が消滅する場合のその給付された譲渡制限付株式のうち、役務の提供を受ける内国法人またはその関係法人が発行した譲渡制限付株式（＊）が対象とされています（法法34①二・54①、所令84①）。

　すなわち、その役員等に生ずる債権の現物出資と引換えに交付されるその役務の提供を受ける法人またはその関係法人の譲渡制限付株式や役員等に給付されることに伴ってその債権が消滅する場合のその給付された譲渡制限付株式が該当することになります。

（＊）関係法人の譲渡制限付株式が交付されるケースとしては、役員等が役務の提供を受ける法人に対する債権を、発行法人に対して現物出資し、その結果、その発行法人がその債権を取得することになることが考えられます。

　　また、役務の提供を受ける法人が役員等に対して負う債務について、その発行法人が債務引受けをした上で、その債務引受けによりその発行法人に対する債権となった債権を、役員等がその発行法人に対して現物出資することも考えられます。

② 役務の提供期間以外の事由により無償取得される株式数が変動する特定譲渡制限付株式については、事前確定届出給与として損金算入できません。ただし、譲渡制限付株式割当契約書等において禁固以上の刑に処せられた場合等に特定譲渡制限付株式の全てが没収される旨が規定されていることは、「役務の提供期間以外の事由により無償取得される株式数が変動する」には該当しないと考えられます。

3 《質問要旨3》について

（1）子会社の役員等に親会社の株式を交付するニーズがあることを踏まえ、その役務提供を受ける法人の関係法人の株式についても損金算入の対象とされています。

この関係法人とは、その交付の時点において、役務の提供を受ける法人との間で譲渡制限期間中において支配関係が継続すると見込まれている法人が該当します（法令71の2）。

（2）例えば、役務の提供を受ける法人（A法人）が役員等に対して負う債務について、その発行法人（B法人）が債務引受けをした上で、その債務引受けによりB法人に対する債権となった債権を、役員等がB法人に対して現物出資する場合、A法人において損金算入することになり、役員等に対する源泉徴収義務もA法人において生じると考えられます。

このような引受けについて、ストック・オプションで行った場合の課税関係も同様となります。

4 《質問要旨4》について

特定譲渡制限付株式については、議決権および配当受領権を有していてもよく、これらの有無は、税務上の取扱いに影響しないことになっています。

税務上の留意点

税制措置の対象となる「特定譲渡制限付株式」の導入に当たっては、譲渡制限付株式の譲渡制限の要件、譲渡制限付株式の無償取得（没収）の要件および「特定譲渡制限付株式」となる譲渡制限付株式の対象範囲ならびに損金算入の対象とされる特定譲渡制限付株式となる関係法人の株式、同株式の議決権、配当受領権の有無による税務上の取扱いに関する上記《回答要旨》を踏まえて対応する必要があります。

参照条文等

法人税法34条1項2号・5項・54条《譲渡制限付株式を対価とする費用の帰

属事業年度の特例》1 項

法人税法施行令 71 条の 2 《関係法人の範囲》・111 条の 2 《譲渡制限付株式の範囲等》第 1 項 1 号 2 号

所得税法施行令 84 条《譲渡制限付株式の価額等》1 項 1 号・2 号

参考

「「攻めの経営」を促す役員報酬〜企業の持続的成長のためのインセンティブプラン導入の手引〜」（2019 年 3 月時版）（経済産業省産業組織課）41〜44 頁（Q19・20・21・22・23・24・25）

12. 特定譲渡制限付株式による給与の法人税法上の取扱い

《質問要旨》

　特定譲渡制限付株式による給与に係る次の法人税法上の取扱いについて教えてください。

1. 役員に支給する「特定譲渡制限付株式による給与」の額はどのような場合に損金の額に算入できますか。

2. 「事前確定届出給与」に該当する「特定譲渡制限付株式による給与」となるための要件はどのようなものですか。

3. 「届出が不要となる事前確定届出給与」に該当するための株式交付等のスケジュールに係る要件とはどのようなものですか。

4. 当社の取締役の任期は2年ですが、その取締役の2年目の給与として新たに「特定譲渡制限付株式による給与」を支給する場合の事前確定届出給与としての取扱いはどのようになりますか。

5. 「特定譲渡制限付株式による給与」の額の損金算入時期および損金算入額についてはどのようになりますか。

6. 海外に居住する役員等に「特定譲渡制限付株式による給与等」を支給した場合についても、損金算入の対象となりますか。

7. 「特定譲渡制限付株式」の交付後、法人が組織再編成を行った場合にはどのようになりますか。

8. 「特定譲渡制限付株式」が無償取得（没収）された場合の法人税法上の税務処理はどのようになりますか。

9. 「特定譲渡制限付株式」に関する税制措置の適用関係はどのようになりますか。

第3章　非違事例

回答要旨

1　《質問要旨1》について

(1) 法人がその役員に対して支給する給与（役員給与）については、①定期同額給与、②事前確定届出給与および③業績連動給与のいずれかに該当するものの額は、その法人の各事業年度の所得の金額の計算上、原則として、損金の額に算入することとされています。

(2) 役員に支給する「特定譲渡制限付株式による給与」については、その特定譲渡制限付株式の交付までの手続等を踏まえると、上記（1）②の事前確定届出給与の要件を満たすことができると考えられ、その要件を満たす場合には事前確定届出給与に該当する「特定譲渡制限付株式による給与」となり、その支給額は損金の額に算入されます（**8** 11. 特定譲渡制限付株式の税制措置についてを参照）。

(3) なお、事前確定届出給与に該当するためには、納税地の所轄税務署長に「その役員の職務につき所定の時期に確定額を支給する旨の定めの内容に関する届出」をしていることが必要とされているところ、株式交付等のスケジュールに係る要件を満たす「特定譲渡制限付株式による給与」については、その届出は不要とされています（下記《回答要旨3》参照）。

2　《質問要旨2》について

「事前確定届出給与」に該当する「特定譲渡制限付株式による給与」となるための要件は、次のとおりです。

(1) 法人がその役員に支給する「特定譲渡制限付株式による給与」が事前確定届出給与に該当するためには、「その役員の職務につき所定の時期に確定した数の株式または確定した額の金銭債権に係る特定譲渡制限付株式を交付する旨の定め」に基づいて、「特定譲渡制限付株式による給与」が支給されることが必要となります（法法34①二）。

(2) 確定した額の金銭債権に係る特定譲渡制限付株式を交付する場合には、その役員の職務執行開始当初に、その役員の職務執行期間（将来の役務提供）に係る報酬債権の額（支給額）が確定し、所定の時期までにその役員による

419

その報酬債権の現物出資と引換えに特定譲渡制限付株式が交付されることが必要となります。

したがって、職務執行開始当初にその報酬債権の額（支給額）が確定せず、業績状況に応じて報酬債権の額（支給額）が決定する場合には、確定した額の金銭債権に係る特定譲渡制限付株式に該当しないことになります。

(3) また、所定の時期に確定した数の株式を交付する場合には、その役員の職務執行開始当初に付与する特定譲渡制限付株式の数が確定し、所定の時期までにその役員の報酬債権の現物出資と引換えにその確定した数の譲渡制限付株式が交付されることが必要となります。

(4) なお、勤務期間以外の事由により無償取得される株式数が変動する譲渡制限付株式は損金算入の対象とならないこととされています。

3 《質問要旨3》について

「届出が不要となる事前確定届出給与」の要件として、報酬決議および特定譲渡制限付株式の交付に係る期限が設けられています。

具体的には、職務の執行の開始の日（原則、定時株主総会の日）から1月を経過する日までに株主総会等(注1)の決議により取締役個人別の確定報酬額または確定数の株式についての定め(注2)がされ、その定めに基づいて交付されることが要件とされています（法令69③一）。

(注1) 株主総会の委任を受けた取締役会を含むものと解されます。

(注2) その決議の日からさらに1月を経過する日までに、その職務につきその役員に生ずる債権の額に相当する特定譲渡制限付株式または確定数の株式を交付する旨の定めに限ります。

4 《質問要旨4》について

(1) 事前確定届出給与としての取扱いについては、役員の任期が複数年の場合であっても、通常、定時株主総会をもって毎年職務執行開始日が到来するものと解されます。

したがって、例えば、2年目の任期に該当する役員に対して、新たに「特定譲渡制限付株式による給与」として特定譲渡制限付株式を交付する場合

であっても、2年目の職務執行開始日に該当する日（原則、2年目の定時株主総会の日）から所定の期限までに所定の要件（《回答要旨3》参照）を満たしているときは、「届出が不要となる事前確定届出給与（前述《回答要旨1》(3)参照)」に該当する「特定譲渡制限付株式による給与」となると考えられます。

(2) ただし、この場合の「特定譲渡制限付株式による給与」のうちに、1年目の職務執行期間に係る給与が含まれている場合には、職務執行開始日から1月を経過する日までに決議が行われている等の要件を満たさないことから、事前確定届出給与に該当しないことになります。

5 《質問要旨5》について

(1)「特定譲渡制限付株式による給与」の損金算入時期については、役員等に給与等課税額[注1]が生ずることが確定した日においてその法人がその役員等から役務提供を受けたものとして、その役務提供に係る費用の額（損金算入額）をその法人の同日の属する事業年度の損金の額に算入することとされています[注2]。

(2)「特定譲渡制限付株式による給与」の損金算入額については、確定した額の金銭債権に係る特定譲渡制限付株式を交付する場合[注3]には、原則として、その給与等課税額が確定した特定譲渡制限付株式の交付と引換えにその役員等により現物出資された報酬債権等の額とされています。

確定した数の特定譲渡制限付株式を交付する場合[注4]は、当初報酬の内容を決議した時点の株価を元に算定することとされています（法令71の3）。

(注1) 所得税法上の給与所得、事業所得、退職所得および雑所得に係る収入金額とすべき金額をいいます。

(注2) 役員の場合には事前確定届出給与に該当するものに限ります。

(注3) 確定した数の特定譲渡制限付株式を交付する場合で「届出が不要となる事前確定届出給与」に該当するものを含みます。

(注4) 「届出が不要となる事前確定届出給与」に該当するものを除きます。

6 《質問要旨6》について

平成28年度税制改正時点では、役員等が非居住者である場合は損金算入の対象となっていませんでしたが、平成29年度税制改正において、役員等が非居住者である場合には、その役員等が居住者であるとしたときに給与等課税額が生ずることが確定した日において、役務提供を受けたものとして、その役務提供に係る費用の額が損金算入されることとなりました（法法54①、法令111の2③）。

7 《質問要旨7》について

(1) 特定譲渡制限付株式を交付する法人を当事者とする合併または分割型分割(注1)が行われた場合に、その法人以外のその合併または分割型分割に係る法人が、その特定譲渡制限付株式に係る契約関係を承継し、「承継譲渡制限付株式」を交付する場合があります。

例えば、特定譲渡制限付株式を交付しているA社（消滅会社）とB社（存続会社）が合併し、その合併の対価としてその事前特定譲渡制限付株式を有するA社役員等に交付されるB社株式が譲渡制限付株式（一定期間の譲渡制限および無償取得事由といった条件が付されている株式）に該当する場合に、そのB社株式は「承継譲渡制限付株式」となります。

この場合には、その合併の日において課税関係は生じず、その役員等における給与等課税額が生ずることが確定した日においてその役員等から役務提供を受けたものとして、B社はその役員等の役務提供に係る費用の額を同日の属する事業年度において損金の額に算入することになります。

(2) なお、合併および分割型分割を含む組織再編成に際して、法人とその役員等との間のインセンティブ構造が大幅に変更されること等の理由から、その時点で特定譲渡制限付株式に関する権利関係を一旦清算(注2)し、必要に応じて再編後新たに再編後の法人の特定譲渡制限付株式を交付するといった実務上の工夫も考えられます。

(注1) 分割型分割とは、次に掲げる分割をいいます（法法2十二の九）。

① 分割により分割法人が交付を受ける分割対価資産（分割により分割

第3章　非違事例

承継法人によって交付される分割承継法人の株式（出資を含みます。）
その他の資産）の全てが分割の日において分割法人の株主等に交付さ
れる場合の分割または分割により分割対価資産の全てが分割法人の株
主等に直接交付される場合のこれらの分割

②　分割対価資産がない分割（以下「無対価分割」）で、その分割直前に
おいて、分割承継法人が分割法人の発行済株式等の全部を保有してい
る場合または分割法人が分割承継法人の株式を保有していない場合の
無対価分割

（注2）組織再編成時までの期間分の特定譲渡制限付株式について譲渡制限を解
除し、将来分の特定譲渡制限付株式については無償取得することをいい
ます。

8　《質問要旨8》について

　法人が役員等から株式を無償取得することとなった部分については、役員等
から役務の提供につき給与等課税額が生じないため、法人の各事業年度の所得
の金額の計算上、損金の額に算入されないことになります（法法54②）。

9　《質問要旨9》について

(1) 特定譲渡制限付株式に係る平成29年度税制改正の改正事項の多く[注1]は、
平成29年10月1日施行とされており、法人が平成29年10月1日以後に
その交付に係る決議[注2]をする特定譲渡制限付株式および特定譲渡制限付
株式に係る承継譲渡制限付株式については改正後の法律が適用されます。

(2) なお、事前確定届出給与として確定した数の特定譲渡制限付株式を支給
することについては、平成29年4月1日施行とされており、要件を満たす
特定譲渡制限付株式については10月までの間に交付決議されたものも損
金算入が可能となります。

（注1）市場価格のあるものに限定される、非居住者に対するものが損金算入の
対象に含まれる、没収数が変動するものが除外されるなどの改正をいい
ます。

（注2）その決議が行われない場合には、その支給または交付をいいます。

423

税務上の留意点

特定譲渡制限付株式による給与の法人税法上の取扱いに当たっては、上記の回答要旨に留意する必要があります。

参照条文等

法人税法 2 条《定義》12 の 9・34 条《役員給与の損金不算入》1 項 2 号・54 条《譲渡制限付株式を対価とする費用の帰属事業年度の特例》1 項 2 項

法人税法施行令 69 条《定期同額給与の範囲等》3 項 1 号・71 条の 3《確定した数の株式を交付する旨の定めに基づいて支給する給与に係る費用の額等》・111 条の 2《譲渡制限付株式の範囲等》第 3 項

参考

「「攻めの経営」を促す役員報酬〜企業の持続的成長のためのインセンティブプラン導入の手引〜」(2019 年 3 月時版)(経済産業省産業組織課)45〜48 頁(Q26・27・28・29・30・31・32・33・34)

第3章　非違事例

13. 特定譲渡制限付株式による給与の所得税法上の取扱い

─《質問要旨》─

特定譲渡制限付株式による給与に係る次の所得税法上の取扱いについて教えてください。

1. 「特定譲渡制限付株式」を交付された役員等の所得税の課税関係についてはどのようになりますか。

2. 「特定譲渡制限付株式」から生ずる配当金については、どのような取扱いになりますか。

3. 「特定譲渡制限付株式」の交付後に組織再編成があった場合、所得税法上の取扱いはどのようになりますか。

4. 「特定譲渡制限付株式」が無償取得（没収）された場合の所得税法上の税務処理はどのようになりますか。

回答要旨

1 《質問要旨1》について

（1）特定譲渡制限付株式については、譲渡制限期間中の処分が制限され、また、無償取得事由に該当した場合に没収される可能性があります。

　　このような点を踏まえ、特定譲渡制限付株式に関する所得税の課税時期については、その特定譲渡制限付株式の譲渡制限が解除された日における価額が、所得税法上の収入金額とすべき金額または総収入金額に算入すべき金額とされ[注]、その譲渡制限が解除された日が、その所得の収入すべき時期とされています（所令84①、所基通23～35共-5の4・5の3）。

　　(注)法人における損金算入額とその役員等の所得税の課税対象となる額とは一致しないことが想定されます。

（2）その役員等に給与所得等として課税された場合には、その法人に源泉徴収義務が生ずることになります。

425

(3) 譲渡制限付株式の交付に先だって付与される報酬債権には、課税関係は発生しません。

(4) 特定譲渡制限付株式等の譲渡制限が、その特定譲渡制限付株式等を交付された者の退職に基因して解除されたと認められる場合は、退職所得になるとされています（所基通 23〜35 共-5 の 2）。

2 《質問要旨 2》について

特定譲渡制限付株式から生ずる配当金がある場合には、通常の株式配当金と同様に、配当があった時点で配当課税されます。

3 《質問要旨 3》について

(1) 所得税法施行令 84 条《譲渡制限付株式の価額等》1 項の規定により、特定譲渡制限付株式を交付する法人に合併等の組織再編成があり、その特定譲渡制限付株式を有する役員等に対して新たに交付される株式に一定期間の譲渡制限および無償取得事由といった条件が付されている場合、新たに交付される株式について、その役員等に所得課税が生ずるのは、その譲渡制限が解除された日となります。

(2) なお、前記設問 14 の回答要旨 7 と同様、組織再編成に際して、その時点で特定譲渡制限付株式に関する権利関係を一旦清算(注)し、新会社で必要に応じて組織再編成後新たに新会社の特定譲渡制限付株式を交付するといった実務上の工夫も考えられます。

(注) 組織再編成時までの期間分の特定譲渡制限付株式について譲渡制限を解除し、将来分の特定譲渡制限付株式については無償取得することをいいます。

4 《質問要旨 4》について

特定譲渡制限付株式等を交付した法人が特定譲渡制限付株式等を無償で取得することとなった場合には、課税されません（所基通 23〜35 共-5 の 3）。

税務上の留意点

特定譲渡制限付株式による給与の所得税法上の取扱いに当たっては、上記の回答要旨に留意する必要があります。

第3章　非違事例

参照条文等

所得税法施行令 84 条 1 項

所得税基本通達 23〜35 共-5 の 2《特定譲渡制限付株式等の譲渡についての制限が解除された場合の所得区分》・23〜35 共-5 の 3《特定譲渡制限付株式等を交付された場合の所得の収入すべき時期》・23〜35 共-5 の 4《特定譲渡制限付株式等の価額》

参考

「「攻めの経営」を促す役員報酬〜企業の持続的成長のためのインセンティブプラン導入の手引〜」（2019 年 3 月時版）（経済産業省産業組織課）48〜49 頁（Q35・36・37・38）

14. 特定譲渡制限付株式を導入した場合の会計・税務の処理について

―――――《質問要旨》―――――

特定譲渡制限付株式を導入した場合の会計・税務の処理はどのようになりますか。

回答要旨

1　会計の処理

会計上の費用計上の時期および金額については、付与した報酬債権相当額のうち役員等が提供する役務として当期に発生したと認められる額を、対象勤務期間（譲渡制限期間）を基礎とする方法等の合理的な方法により算定し、対象勤務期間の各期に費用計上することが考えられます。

具体的な会計処理は、次の（1）～（3）のとおりとなります。

（1）法人が役員等に報酬債権を付与し、その役員等からその報酬債権の現物出資と引換えにその役員等に特定譲渡制限付株式を交付した場合には、その付与した報酬債権相当額を「前払費用等の適当な科目（以下「前払費用等」）」で資産計上するとともに、現物出資された報酬債権の額を会社法等の規定に基づき「資本金（および資本準備金）（以下「資本金等」）」として計上します(注)。

（注）特定譲渡制限付株式の付与について新株の発行ではなく自己株式の処分による場合には、自己株式の帳簿価額を減額し、自己株式の処分の対価（報酬債権相当額）と帳簿価額との差額である処分差額（「自己株式処分差益」または「自己株式処分差損」）を、その他資本剰余金として処理します。

また、処理の結果、その他資本剰余金の残高が負の値となった場合には、会計期間末において、その他資本剰余金を零とし、その負の値をその他利益剰余金（繰越利益剰余金）から減額します。

（2）特定譲渡制限付株式の交付後は、現物出資等をされた報酬債権相当額の

428

うちその役員等が提供する役務として当期に発生したと認められる額を、対象勤務期間（譲渡制限期間）を基礎とする方法等の合理的な方法により算定し、費用計上（前払費用等の取崩し）することが考えられます。

（3）なお、付与した報酬債権相当額のうち譲渡制限解除の条件未達により会社が役員等から株式を無償取得することとなった部分（役員等から役務提供を受けられなかった部分）については、その部分に相当する前払費用等を取崩し、同額を損失処理することが考えられます。

2　法人税法上の取扱い

法人税法上の損金算入時期および損金算入額については、役員等に給与等課税額が生ずることが確定した日において役員等から役務提供を受けたものとして、その役務提供に係る費用の額を同日の属する事業年度の損金の額に算入することとされています（設問11回答要旨1・2、設問12回答要旨1を参照）。

3　所得税法上の取扱い

所得税法上の所得税の課税時期および金額については、特定譲渡制限付株式の交付を受けた日ではなく、特定譲渡制限付株式の譲渡制限が解除された日において同日における特定譲渡制限付株式の価額で役員等に給与等として課税されます（設問13回答要旨1参照。）

4 上記 1～3 の具体的なケース

【前提事項】
➢ 払込金額・株式数：役員から報酬債権3,000万円の現物出資を受け、特定譲渡制限付株式300株を発行する（@10万円×300株）。
➢ 期間：株式付与から譲渡制限解除までの期間は3年間とする。
➢ 譲渡制限解除の条件：譲渡制限期間中、勤務を継続すること。ただし、当該期間の途中で会社都合により退任した場合、その時点で在任期間部分に該当する株式を譲渡制限解除し、将来分については無償取得する。
➢ 制限解除時の時価：2年後@12万円、3年後@13万円とする。

＜勤務条件を達成し、3年後、全ての株式の譲渡制限が解除された場合＞

時系列	会計（費用計上）	法人税（損金算入）	所得税（課税所得）
付与時	－	－	－
1年目	1,000万円	－	－
2年目	1,000万円	－	－
3年目	1,000万円	－	－
給与等課税額が生ずることが確定した日	－	3,000万円	3,900万円

＜2年後に会社都合退任し、2年分の株式の譲渡制限が解除され、残り1年分が無償取得された場合＞

時系列	会計（費用計上等）	法人税（損金算入）	所得税（課税所得）
付与時	－	－	－
1年目	1,000万円	－	－
2年目	1,000万円	－	－
退任時	1,000万円（*1）	2,000万円（*2）	2,400万円（*3）

(*1) 役員等から株式を無償取得することとなった部分（役員等から役務提供を受けられなかった部分）については、損失処理することなどが考えられます。
(*2) 給与等課税額が生じない部分（1,000万円）については、損金算入されません。
(*3) 12万円×（300株×2/3）

税務上の留意点

特定譲渡制限付株式を導入するに当たっては、同株式を導入した場合の会計および税務の処理について、上記 **回答要旨** に留意する必要があります。

第3章　非違事例

参照条文等

法人税法 34 条《役員給与の損金不算入》・54 条《譲渡制限付株式を対価とする費用の帰属事業年度の特例》

所得税法施行令 84 条《譲渡制限付株式の価額等》

所得税基本通達 23〜35 共-5 の 2《特定譲渡制限付株式等の譲渡についての制限が解除された場合の所得区分》・23〜35 共-5 の 3《特定譲渡制限付株式等を交付された場合の所得の収入すべき時期》・23〜35 共-5 の 4《特定譲渡制限付株式等の価額》

参考

「「攻めの経営」を促す役員報酬〜企業の持続的成長のためのインセンティブプラン導入の手引〜」(2019 年 3 月時版)(経済産業省産業組織課) 51・58 頁 (Q44・49)

15. 業績連動給与における算定指標について

《質問要旨》

　業績連動給与における算定指標に関して、次の諸点について、教えてください。

1. 業績連動給与の算定指標の範囲はどのようになっていますか。
2. 算定指標のうち「利益の状況を示す指標」とはどのようなものですか。
3. 算定指標のうち「株式の市場価格の状況を示す指標」とはどのようなものですか。
4. 算定指標のうち「売上高の状況を示す指標」とはどのようなものですか。また、同時に用いるとはどのようなことですか。

回答要旨

1 《質問要旨1》について

　業績連動給与において交付対象の資産として、金銭に加え、適格株式、適格新株予約権が対象となっているところ、業績連動給与の算定指標の範囲については、次のとおりとなっています。

(1)「利益の状況を示す指標」に加えて、「株式の市場価格の状況を示す指標」および「売上高の状況を示す指標」が新たに指標として追加されました。

　　なお、売上高の状況を示す指標については他の指標と同時に用いる場合のみ利用が可能となっています。

(2) 上場会社の完全子会社がその役員に業績連動給与を交付する場合には、上場会社の株式の市場価格の状況を示す指標や、上場会社が提出する有価証券報告書に記載される利益や売上高の状況を示す指標を用います（法規22の3⑥）。

(3) 指標の数値については、一事業年度における指標の数値ではなく、複数事業年度における指標の数値を用いることができるようになりました。

　　　　例えば、職務執行期間における将来のある時点の指標数値や、職務執行
　　　期間における一定期間の利益の平均額、職務執行期間における一定期間の
　　　ある時点での株価などが指標として認められます。

（4）なお、途中退任等の一定の事由が生じた事業年度のみ業績連動させずに
　　　一定数の株式を交付する旨を定めることが考えられるところ、このような
　　　定めを含む場合も業績連動給与に該当すると考えられます。

2　《質問要旨2》について

（1）「利益の状況を示す指標」（法法34①三）については、その範囲が次の①か
　　　ら⑤までの指標とされています（法令69⑩）。

　　①　利益の額（法令69⑩一）

　　　〔具体例〕

　　　⇒　営業利益、経常利益、税引前当期純利益、当期純利益、複数事業年
　　　　　度の累積利益　等

　　②　上記①の利益の額に、減価償却費、支払利息等の費用の額を加算し、
　　　　または受取利息等の収益の額を減算して得た額（法令69⑩二）

　　　〔具体例〕

　　　⇒　EBITDA　等

　　③　上記①または②の指標を次のイの数で除して得た額または同指標の次
　　　　のロからホまでの金額のうちに占める割合（法令69⑩三）

　　　　イ　発行済株式の総数

　　　　　＊　発行済株式からは、自己が有する自己の株式を除くこととされてい
　　　　　　ます。

　　　　ロ　売上高等の収益の額

　　　　ハ　支払利息等の費用の額

　　　　ニ　総資産の帳簿価額

　　　　ホ　自己資本の帳簿価額

　　　〔具体例〕

　　　⇒　EPS、売上高営業利益率、ROA、ROE　等

④　確定値に対する増加額または比率（法令 69 ⑩四）

　　自社または他社の前期、過去 3 期平均等、既に数値として確定した目標値との差分や比率などが対象となります。

〔具体例〕

　⇒　当期利益（前期比）、当期利益率（計画比）、営業利益率（前期他社比）、営業利益率（当期他社比）　等

⑤　上記①から④までの指標に準ずる指標（法令 69 ⑩五）

　　上記①から④までの指標を組み合わせて得た指標等が対象となります。

〔具体例〕

　⇒　EBIT、ROCE、ROIC、部門別営業利益、従業員一人当たり営業利益　等

(2) 次の事項に留意する必要があります。

①　上記 (1) ①の利益の額、上記 (1) ②の減価償却費、支払利息等の費用の額および受取利息等の収益の額ならびに上記 (1) ③のイからハまでの数または金額については、有価証券報告書に記載されるべき事項とされています。

②　上記 (1) の②から⑤は、利益に関する指標に限ります。

③　上記 (1) の①から⑤までの指標が自社の有価証券報告書に記載されるものに限ること(注)、およびその支給額の算定方法が上記 (1) の①から⑤までの指標を基礎とした客観的なものであり、その内容が有価証券報告書への記載等により開示されていること等の要件については、従来どおりとなっています。

(注) 同族会社にあっては完全支配関係のある会社の有価証券報告書に記載されるものに限ります。

第3章　非違事例

〔参考〕一般的に用いられる利益指標の例

(1) の区分	指標の例	算定方法の例
①	営業利益、経常利益、税引前当期純利益、当期純利益	
②	EBITDA（利払・税引・減価償却前当期利益）	税引前当期純利益＋減価償却費＋支払利息
③	EPS（一株当たり当期純利益）	普通株式に係る当期純利益／普通株式の期中平均株式数
	売上高営業利益率	営業利益／売上高
	ROA（総資産利益率）	当期純利益／（期首総資産＋期末総資産）÷2
	ROE（自己資本利益率）	当期純利益／（期首自己資本＋期末自己資本）÷2
④	当期純利益（前期比）	当期純利益－前期当期純利益
	当期利益率（計画比）	（当期純利益÷売上高）／（計画当期純利益÷計画売上高）
	営業利益率（前期他社比）	（営業利益÷売上高）／（前期他社営業利益÷前期他社売上高）
	営業利益率（当期他社比）	（営業利益÷売上高）／（当期他社営業利益÷当期他社売上高）
⑤	EBIT（利払・税引前当期利益）	税引前当期純利益＋支払利息－受取利息
	ROCE（使用資本利益率）	税引前当期純利益／（総資産－短期負債）
	ROIC（投下資本利益率）	（営業利益×（1－実効税率）／（（期首株主資本＋期首有利子負債）＋（期末株主資本＋期末有利子負債））÷2
	部門別営業利益	営業部門の営業利益

※　その他、利益に一定の調整を加えた「修正 ROE」、「平準化 EBITDA」や「潜在株式調整後 EPS」なども対象に含まれます。

435

3 《質問要旨3》について

（1）業績連動給与の支給額の算定方法に関する要件におけるその算定の基礎となる指標の一つである「株式の市場価格の状況を示す指標」（法法 34 ① 三）については、次のとおりとされました（法令 69 ⑪）。

① 所定の期間または所定の日における株式の市場価格またはその平均値（法令 69 ⑪一）

※ 内国法人またはその内国法人との間に完全支配関係のある法人の株式に限ります。

② 株式の市場価格を所定の時期の確定値または所定の期間の確定した平均値と対比した数値または比率（法令 69 ⑪二・五）

イ 株価増減額や騰落率（過年度比、計画比、他社比など）

ロ 株価インデックスとの対比した騰落率

※ 比較対象として参照した他社企業の株価や株価インデックスがある場合には、算定方法から報酬額を計算できるよう、例えば、企業名や株価インデックスの名称などを開示する必要があります。

〔具体例〕

⇒ TOPIX、日経平均株価、JPX 日経インデックス 400 等との対比

③ 株式の市場価格に発行済み株式総数を乗じた額（いわゆる時価総額）またはその増減率等（法令 69 ⑪三・五）

※ 内国法人またはその内国法人との間に完全支配関係のある法人の株式に限ります。

④ 株式の市場価格の増加額に支払配当額を加えた額のその市場価格に対する増加率等（法令 69 ⑪四・五）

※ 内国法人またはその内国法人との間に完全支配関係のある法人の株式に限ります。

〔具体例〕

⇒ TSR（Total Shareholders Return、株主総利回り）、相対 TSR（同業他社と比較した TSR。例えば、具体的に比較する会社名を明示することが必要。）等

⑤　上記①から④までを組み合わせて得た指標等

(2) なお、その支給額の算定方法が上記 (1) の①から⑤までの指標を基礎とした客観的なものであり、その内容が有価証券報告書への記載等により開示されていること等の要件については、従来の利益の状況を示す指標と同様となっています。

4　《質問要旨4》について

(1) 業績連動給与の支給額の算定方法に関する要件におけるその算定の基礎となる指標の一つである「売上高の状況を示す指標」(法法34①三) については、次のとおりとされました (法令69⑫)。

①　売上高

　〔具体例〕

　　⇒　セグメント (事業・地域など) 売上高、商品売上高　等

②　売上高から費用の額を減算して得た額

　〔具体例〕

　　⇒　酒税抜売上高 (売上高 − 租税公課)　等

③　売上高の確定額に対する増加額または比率

　〔具体例〕

　　⇒　増減額、騰落率、計画比、他社比　等

④　上記①から③に準ずる指標

(2) 上記 (1) ①から④の指標が自社の有価証券報告書に記載されるものに限ること[注]、その支給額の算定方法が、上記 (1) ①から④の指標を基礎とした客観的なものであり、その内容が有価証券報告書への記載等により開示されていること等の要件については、従来の利益の状況を示す指標と同様となっています。

　(注) 同族会社にあっては完全支配関係のある会社の有価証券報告書に記載されるものに限ります。、

(3) 売上高の状況を示す指標は、利益や株価の状況を示す指標と同時に用いる場合に限られています。

この「同時に用いる」とは、利益や株価の状況を示す指標と組み合わせて算定される場合（いわゆるかけ算の場合）や、売上高の状況を示す指標により算定される報酬と利益または株価の状況を示す指標により算定される報酬が両方用いられる場合（いわゆる足し算の場合）と考えられます。

税務上の留意点

業績連動給与の制度設計に当たっては、業績連動給与を交付する場合の算定指標について、上記《回答要旨》を踏まえて対応する必要があります。

参照条文等

法人税法 34 条《役員給与の損金不算入》1 項 3 号

法人税法施行令 69 条《定期同額給与の範囲等》10 項 11 項 12 項

法人税法施行規則 22 条の 3 第 6 項

参考

「「攻めの経営」を促す役員報酬～企業の持続的成長のためのインセンティブプラン導入の手引～」（2019 年 3 月時版）（経済産業省産業組織課）62～67 頁（Q59・60・61・62・63）

第3章　非違事例

16. 業績連動給与の損金算入要件について

──《質問要旨》──

　業績連動給与の損金算入に関して、次の諸点について、教えてください。

1. 業績連動給与として損金に算入したい場合、どのような要件を満たす必要がありますか。

2. 複数年に渡る業績連動給与の場合、算定方法を毎年開示する必要がありますか。また、役員の交代や追加があった場合には開示する必要がありますか。

3. 役員個人別の開示を行う必要がありますか。

4. 同族会社の場合、業績連動給与として損金算入することはできますか。

5. 業績連動給与として株式と金銭を組み合わせることができますか。

6. 役員間で異なる指標を採用することはできますか。

7. 支給額の算定方法に業績連動給与としての要件を満たす部分と満たさない部分とが混在する場合や業績連動給与部分と非業績連動給与部分を組み合わせる場合には、どのように取り扱われますか。

8. 業績連動給与において、代表取締役等の裁量により報酬額が変わるものは、損金算入の対象になりますか。

9. 連結財務諸表を提出している持株会社において、その連結財務諸表の指標を利益の状況を示す指標として用いることはできますか。

10. 病気により勤務を行っていない期間がある業務執行役員について、その期間等に応じて業績連動給与の一部を支給しなかったとしても、損金算入要件を満たしますか。また、不祥事等の非違行為により報酬を減額または支給しない場合はどうですか。

439

回答要旨

1 《質問要旨 1》について

(1) 内国法人^(注1)がその役員に上場株式等を交付する場合で、有価証券報告書に記載された利益、株価、売上高の指標を基礎として客観的に算定される給与であることとされています（前掲**9** 15. 業績連動給与における算定指標についてを参照）。

　また、職務執行期間開始日の属する事業年度開始から 3 月を経過する日までに、報酬諮問委員会の諮問等で、その算定方法に関する決定手続を経ることとされ、その算定方法の内容について有価証券報告書で開示することとされています（法法 34 ①三イ (2)(3)、法令 69 ⑬〜⑱）。

(2)「コーポレート・ガバナンス・システムに関する実務指針（CGS ガイドライン）」では、指名委員会等設置会社以外の会社についても、任意の指名委員会・報酬委員会の利用を検討すべきとの指針を示しています。

　これは、社長・CEO の指名の局面のみに委員会を利用するのではなく、報酬水準が適正であるかを検討するためにも活用すべきであるという主旨です。

　また、中長期的な企業価値向上に向けた報酬体系についての株主等の理解を促すため、企業に業績連動報酬や自社株報酬の導入状況やその内容について、積極的な情報発信としての開示を行うよう指針を示しています。

(3) 業績連動給与の損金算入要件の概要は次表のとおりです。

①	算定方法が指標に基づく客観的なものであること	
②	金銭の場合は確定額、株式または新株予約権の場合は確定数を限度とすること^(注1、2)	
③	他の業務執行役員と同様の算定方法を用いること	
④	算定方法を有価証券報告書等で開示していること	
⑤ 算定方法を適切な方法で決定していること^(注3)	⇒(1)指名委員会等設置会社の報酬委員会の決定であって次の要件を満たすもの ・委員の過半数がその法人の独立社外取締役であること ・業務執行役員の特殊関係者が委員でないこと ・委員であるその法人の独立社外取締役の全員が決議に賛成していること	
	⇒(2)指名委員会等設置会社以外の法人の株主総会の決議による決定	

440

⑤ 算定方法を適切な方法で決定していること(注3)	⇒(3)指名委員会等設置会社以外の法人の報酬諮問委員会の諮問等を経た取締役会の決議による決定であって次の要件を満たすもの ・委員の過半数がその法人の独立社外取締役または独立社外監査役であること ・業務執行役員の特殊関係者が委員でないこと ・委員であるその法人の独立社外取締役または独立社外監査役の全員が決議に賛成していること ・支給決議の対象役員が自己の業績連動給与の決定等に係る決議に参加していないこと
	⇒上記(1)〜(3)に準ずる手続
⑥ 一定期間までに交付または交付される見込みであること(注4、5)	⇒金銭による給与の場合 ・業績連動指標の数値が確定した日の翌日から1月を経過する日
	⇒株式または新株予約権による給与の場合 ・業績連動指標の数値が確定した日の翌日から2月を経過する日
	⇒金銭と株式または新株予約権を合わせた給与の場合 ・いずれか遅い日
	⇒特定新株予約権または承継新株予約権による給与で、無償取得されまたは消滅する新株予約権の数が役務の提供期間以外の事由により変動するものの場合 ・適正な手続の終了日の翌日から1月を経過する日（その日までに、新株予約権が交付または交付される見込みであることが要件である点に注意（権利行使後の株式交付ではありません。））
⑦ 損金経理をしていること（損金経理により引当金勘定に繰り入れた金額を取り崩す方法により経理していることを含みます。）	

(注1) 上記②の限度は、個人ごとではなく役位などごとに定めることも認められます（単年度分あるいは複数年度分のいずれも可となっています。）

(注2) 株式交付信託において、株式の交付を行うに当たり受託者が一部株式の換価処分を行い役員に金銭を交付する場合（前掲**7** 6. 事前確定届出給与としての株式報酬についてを参照）でも、株式数の上限のみで足ります。

(注3) 非同族会社の完全子法人の上表⑤の決定は、非同族会社の報酬委員会等における決定等の手続を経たその完全子法人の株主総会または取締役会の決議による決定とされています。

　　なお、非同族会社との間に完全支配関係がある法人の業績連動給与に係る適正手続要件については、「第2章　最近の税制改正の変遷　令和元年度税制改正」を参照。

(注4) 交付時期について、複数年度の途中で退任した場合も、複数年度終了まで

交付しないとすることも考えられます。

　　また、途中退任後速やかに交付することとした場合には、退任の直前の事業年度の数値等により退任時に指標が確定することを予め定め、その退任による指標確定日から一定期間内に交付することになります。

(注5) 単年度の業績連動指標の数値を複数年度にわたり累積した数値を用いて交付する株式の数が確定する場合における法人税法施行令69条《定期同額給与の範囲等》19項1号イ (2) の「業績連動指標の数値が確定した日」とは、指標の数値が最終的に確定した日、すなわち最終年度における業績連動指標の数値が確定した日になると考えられます。

2 《質問要旨2》について

(1) 損金算入の要件とされている有価証券報告書等における開示について、報酬期間が複数年にわたる場合、損金算入の要件を満たすためには開示は当初にしなければならないことになっています。

(2) 報酬期間の途中で役員の退任・子会社への異動や役位の変更等が生じた場合に報酬額が変更される場合にも、その算定方法を予め定めておけば当初の開示のみで構わないとされています。

(3) 報酬期間の途中で新任の役員が就任する場合は追加の開示が必要であるところ、当初の開示における算定方法が新任の役員にも適用されることとされている場合には、追加の開示は不要と考えられます。

3 《質問要旨3》について

役位などの属性ごとに報酬内容が具体的に決定されるような指標、支給金額・株数の確定した上限および算定方法について開示されることにより、個々の役員に支給する算定方法の内容が結果的に明らかになるのであれば、役員個人別の開示は不要となります（法基通9-2-19）。

4 《質問要旨4》について

業績連動給与の損金算入については、これまでは、非同族法人のみにしか認められていませんでしたが、今後は非同族法人による完全支配関係がある場合に限り、同族会社が支給する役員給与にも損金算入が認められるようになります。

例えば、同族会社でない上場ホールディングス会社の 100％子会社・孫会社が支給する役員給与が新たに対象となります。

この場合も、法人税法 34 条《役員給与の損金不算入》1 項 3 号の要件を満たす必要があります。

なお、有価証券報告書における開示については、その完全親会社において提出している有価証券報告書等において開示することが必要となります。

5 《質問要旨 5》について

株式交付分と金銭交付分に区分して算定方法等を定めることが可能となっています。

なお、株式を交付する業績連動給与において計算上交付する株式に端数が生じて金銭を交付する場合については株式交付分のみの算定方法等を定めることで足りると考えられます。

6 《質問要旨 6》について

（1）業績連動給与の支給額の算定方法に関する要件の一つとして「他の業務執行役員に対して支給する業績連動給与に係る算定方法と同様のものであること」があるが、この要件については、例えば、営業部門担当役員については営業利益率を指標とし、財務部門担当役員については ROE（自己資本利益率）を指標とする等、役員の職務の内容等に応じて有価証券報告書に記載されている指標を用いて合理的に定められている場合には、役員ごとに指標が異なることを妨げるものではないと解されています。

　なお、外国人役員等、報酬水準が他の役員と異なる場合でもその外国人役員等の職務の内容等に応じてその報酬基準額等が定められているのであれば、同様に考えることができます。

（2）居住者役員については株式、非居住者役員については同種の役員の株数に相当する金銭を交付することや、死亡による退任時については金銭により交付することを算定式に予め定めれば可能と考えられます。

　なお、株式交付信託では、交付する株式を役員に交付する時期に換価処分し、その売却代金を金銭により交付することを定めることも可能と考え

られます。

7 《質問要旨7》について

(1) 支給額の算定方法に業績連動給与としての要件を満たす部分と満たさない部分とが混在する場合は、業績連動給与としての要件を満たす部分を明示的に切り分けられるときには、業績連動給与としての要件を満たす部分については、業績連動給与に該当し、原則として損金算入ができると考えられます。

(2) 業績連動給与部分と非業績連動給与部分を組み合わせる場合には、業績連動部分の金額と固定部分の金額を別々に計算することができ、それぞれ業績連動給与、業績連動給与に該当しない退職給与または事前確定届出給与の要件を満たすものであれば、損金算入ができると考えられます。

8 《質問要旨8》について

代表取締役等の裁量により報酬額が変わる業績連動給与については、従来認められていた金銭による利益連動給与における取扱いと同様に、客観的な算定方法によらず、社長や役員の裁量により報酬額を確定するようなものは、恣意性が働く可能性を排除できないことから、業績連動給与として損金算入することはできないことになります。

9 《質問要旨9》について

金融商品取引法等に基づいて連結財務諸表を提出している持株会社が、利益の状況を示す指標としてその連結財務諸表の指標を用いることは、連結ベースでの利益の状況に基づき株主等から評価されていることなどから、一定の合理性があると考えられ、その連結財務諸表の指標を利益の状況を示す指標として用いることができます。

10 《質問要旨10》について

(1) 病気により勤務を行っていない期間がある場合に報酬を減額する算定方法を予め定めて開示していれば、損金算入ができると考えられます。

(2) 不祥事等の非違行為についても、病気の場合と同様に、その対象となる行為、減額する額または割合などの算定方法を予め定めて開示していれば

損金算入ができると考えられます。

　なお、非違行為があった場合にその責を負う役員の給与を減額または支給しない旨のみを予め定めている場合には、その算定方法の内容が確認できませんのでその役員の給与については損金算入できないことになります。

　しかし、非違行為のない他の業務執行役員に支給した給与については損金算入ができると考えられます。

税務上の留意点

　業績連動給与について損金算入可能かどうかの判断に当たっては、上記《回答要旨》を踏まえて対応する必要があります。

参照条文等

　法人税法 34 条《役員給与の損金不算入》1 項 3 号

　法人税法施行令 69 条 13 項～19 項

　法人税基本通達 9-2-19《算定方法の内容の開示》

参考

　「「攻めの経営」を促す役員報酬～企業の持続的成長のためのインセンティブプラン導入の手引～」（2019 年 3 月時版）（経済産業省産業組織課）67～72 頁（Q64・65・66・67・68・69・70・71・72・73）

　令和元年度税制改正の解説（財務省）269 頁

17. パフォーマンス・シェアの損金算入要件について

――――《照会要旨》――――

　パフォーマンス・シェアとは、中長期の業績目標の達成度合いに応じて、中期経営計画終了時等の将来に一定時期に株式を交付するもので、株式を交付する方法としては、交付に際して金銭債権の現物出資を行う方法や株式交付信託を通じて行う方法があります。

　そこで、パフォーマンス・シェアを業績連動給与として損金算入するに当たって、次の諸点について教えてください。

1．業績連動給与として損金算入するために、パフォーマンス・シェアではどのような要件を満たす必要がありますか。

2．パフォーマンス・シェアの損金算入時期と損金算入額はどうなりますか。

回答要旨

1　《質問要旨 1》について

（1）業績連動給与として損金算入するためのパフォーマンス・シェアでの要件については、用いることができる指標や開示等の手続については金銭を交付する場合と同じになります。

（2）パフォーマンス・シェア（株式）の交付時期については、業績連動指標の数値確定から 2 月を経過する日までに支給されることまたはその見込みがあることとされています。

　なお、金銭による給与は、業績連動指標の数値確定から 1 月を経過する日までに支給されることとされていますが、金銭と株式を合わせて支給する場合で職務執行期間が同じものについては、いずれか遅い時期が交付期限とされています。

（3）株式を交付する場合において会社法上、株主総会決議において、報酬総

額の上限を確定額で定めている場合には、株価上昇等によりその総額を超過しないように予め算定方法において報酬総額の上限額に基づく付与株式数の上限数を設ける必要があります。

このほか、株式報酬の納税資金確保のために金銭を一定割合交付しようとするときには、例えば、その予め定めた割合に応じて株式部分、金銭部分それぞれ算定方法を定めることも考えられます。

また、株式を交付した後に役員がその一部を売却することは損金算入との要件との関係では問題はないと考えます。

(4) 交付する株式数の算定方法として、利益の状況を示す指標により金銭額をまず算出した上で、一定時点の株価で除して交付する株式数を算出することも想定されます。

この場合、一定時点の株価として、例えば、定時株主総会開催後1月以内の新株発行または自己株式処分に関する決議の日の前日の株価を用いることもできると考えられます。

2 《質問要旨2》について

(1) 損金算入時期は、役員の報酬債務が確定する日[注]の属する事業年度となります。

(注)株式交付信託では、原則として受益権確定日の属する事業年度が損金算入時期になります。

(2) 損金算入額は、原則として、交付される株式数に役員の報酬債務が確定する日の株価を乗じた額となります。

(3) なお、業績連動給与に該当しない退職給与として交付する場合も、損金算入時期および損金算入額は上記(1)(2)と同様となります。

税務上の留意点

パフォーマンス・シェアについて、業績連動給与として損金算入するためには、上記《回答要旨》を踏まえて対応する必要があります。

参照条文等

法人税法 34 条《役員給与の損金不算入》1 項 3 号

参考

「「攻めの経営」を促す役員報酬～企業の持続的成長のためのインセンティブ
プラン導入の手引～」(2019 年 3 月時版) (経済産業省産業組織課) 72・73 頁 (Q74・
75・76)

第3章　非違事例

18. 同一役員に対して定期同額給与と業績連動給与を支払っている場合の取扱い

《質問要旨》

　役員給与制度では、役員に対して支給する給与のうち①定期同額給与、②事前確定届出給与、③業績連動給与のいずれにも該当しないものの額は、損金の額に算入しないこととされています（法法34）。

　このうち、③業績連動給与は、平成29年度税制改正において利益連動給与が改組されたものであり、複数年度の利益に連動したものや株価に連動したものの損金算入を認めるなど対象範囲が大幅に拡充されています。

　ところで、この業績連動給与は、役員に中長期的なインセンティブ効果またはリテンション効果を持たせること等を目的として拡充されたものですが、当社においては、業績連動給与を採用するに当たり、定期同額給与と組み合わせることとしました。

　この場合、固定部分（定期同額給与）と事績連動部分（業績連動給与）を合わせて支給している場合において、業績連動部分について損金算入要件を満たしていないことが判明した場合、固定部分（定期同額給与）を含めた取扱いについて教えてください。

回答要旨

　役員給与制度上、3種類の給与（上記《質問要旨》①②③）は、それぞれ別の制度であり、重複適用が認められます。

　役員給与の支給規定上で定期同額給与と業績連動給与それぞれを区分して定めを置いているのであれば、別のものとして損金算入の可否を判定することになります。

　要するに、業績連動部分について損金算入要件を満たさないこととなったとしても、定期同額給与部分についてまで損金不算入となることはないと考えます。

449

税務上の留意点

同一の役員に対して定期同額給与と業績連動給与を支給するに当たって、役員給与の支給規定上で定期同額給与と業績連動給与それぞれを区分して定めているのであれば、それぞれ別のものとして損金算入の可否を判定することに留意する必要があります。

参照条文等

法人税法 34 条《役員給与の損金不算入》

参考

平成 29 年 11 月 13 日付週刊税務通信 No. 3482　69 頁

9

役員賞与・賞与支払の事実

　売上除外をして請求人の役員らの各預金口座に振り込まれた金員は、請求人からの役員給与に該当し、事後に請求人に対し役員らの返還債務が発生した場合であっても、その金員につき役員らが現実に取得している限り、その各預金口座に振り込まれた時点で役員らの給与に該当するとした事例（平 18.6.1〜平 25.5.31 の各事業年度の法人税の各更正処分ほか・棄却・平成 27 年 7 月 1 日裁決）

《争点》

　本件各金員は、本件役員らに対する給与に該当するか否か。

裁決要旨

1　請求人の主張

（1）　請求人の役員ら名義の各預金口座に振り込まれた金員（本件各金員）は、本件役員らが廃棄処分予定の○○を販売していたものであり、本件役員らには、○○の販売代金が請求人の売上げになるという認識がなかった。

（2）　また、請求人は、○○販売の事実が判明した際に本件関与税理士の事務所において株主総会を開き、本件役員らの○○の売上げは、請求人へ返還する旨決議しています。

（3）　このことからすると、本件各金員は、請求人の意思決定の下に本件役員らへ支給されたとはいえないことから、本件各金員は給与に該当しません。

2　原処分庁の主張

（1）　所得税法 28 条《給与所得》1 項に規定する給与とは、雇用契約またはこ

れに類する関係において、非独立的労働ないし従属的労働の対価として他人から受ける報酬および実質的にこれに準ずる給付に係る所得であると解するのが相当であり、その判断に当たっては、給与支給者との関係において何らかの空間的、時間的な拘束を受け、継続的ないし断続的に労務の提供があり、その対価として支給されるものであるかどうかを重視すべきものと解されています。

(2) また、法人の役員は、その法人と委任関係にあり、法人に従属し、委任事務処理に関し善管注意義務を負っているものであるから、法人の役員に対し一定の利益がその法人から支給され、担税力を増加させたとみられる場合には、その支給が役員の立場を離れて全く無関係になされるなどの特段の事情がない限り、その法人の役員としての地位や仕事に対する見返りであり、空間的・時間的拘束、継続的ないし断続的な労務の対価とみることが相当と解されています。

(3) そうすると、本件役員らが、請求人の売上げに係る対価である本件各金員を私的用途等に支出していたことは、請求人から、本件役員らに対し一定の利益が支給され、本件役員らの担税力を増加させたとみるのが相当であり、また、本件役員ら名義の各預金口座への振込みは本件役員らの立場を離れて全く無関係になされたものであるなどの特段の事情があるとは認められません。

(4) したがって、本件各金員は、給与に該当します。

3 審判所の判断

(1) 法令解釈

所得税法28条1項は、給与所得となる給与等について、「俸給、給料、賃金、歳費及び賞与並びにこれらの性質を有する給与」と包括的に規定しており、この趣旨からすると、給与等には、雇用契約に限らず、これに類する委任契約などの原因に基づき提供した労務等の対価として、あるいは、労務等を提供する地位に基づいて支給されるものも含まれるものと解されています。

そして、法人の代表者等が法人経営の実権を掌握し、法人を実質的に支配している事情がある場合には、法人の代表者等が、その法人の事業活動を通じて得た利得は、給与支出の外形を有しない利得であっても、それが法人の資産から支出されたと認められる場合には、その利得は、法人の代表者等がその地位および権限に対して受けた給与等であると解されています。

(2) 当てはめ

　イ　本件役員らは、請求人の株式の○分の○ずつ保有し、株主総会において、本件役員らの決議の下に経営方針が決定されており、また、請求人の業務は、本件役員らの管理する請求人のハウスにおいて栽培され、本件役員らの判断によって選別および出荷された○○の売上げによって運営されています。

　ロ　これらのことから、請求人の業務は、本件役員らの意思決定により運営および管理されているといえ、本件役員らが法人経営の実権を掌握し、法人を実質的に支配していると認められます。

　ハ　本件各金員は、請求人の○○の販売に係る対価で請求人に帰属すべき資産であるにもかかわらず、本件役員らが管理して生活口座等として自由に利用し、かつ、本件各事業年度の貸借対照表の預金勘定に計上されていない本件各口座に振り込まれ、本件役員らが任意に処分できる状態になったことからすれば、本件各金員は、本件役員らが、請求人の事業活動を通じて得た利得であり、本件各口座に振り込まれた時点で本件役員らに帰属したといえ、その利得は、法人の代表者等がその地位および権限に対して受けた給与であると認められます。

　ニ　したがって、請求人に帰属すべき本件各金員は、本件各口座に振り込まれた各年月日において、本件役員らにそれぞれ帰属し、請求人から本件役員らに対する給与として支払われたものと認められます。

(3) 請求人の主張について

　請求人は、本件役員らは本件各金員について請求人の売上げになるとい

う認識がなかったのであり、平成25年11月6日の臨時株主総会で、貸付金として決議したことから、本件各金員は本件役員らに対する給与に該当しない旨主張します。

　しかしながら、所得税法は、納税者の認識にかかわらず、あくまで事実として発生した経済的利益状態に着目してこれを所得として課税対象としていることから、本件各金員が、本件各口座に振り込まれた時点で本件役員らに対する給与であることは、上記（2）のとおりであり、本件役員らの認識の有無が上記判断を左右するものではなく、また、たとえ経済的利益の原因となった事柄につき、事後に返還債務が発生した場合であっても、現実に経済的利益を取得した限り、その時点で給与に該当するというべきであり、この点に関する請求人の主張は採用できないということになります。

税務上の留意点

　役員に対する給与に該当するかどうかの判断に当たっては、次の諸点に留意する必要があります。

1. 所得税税法28条1項は、給与所得となる給与等について、「俸給、給料、賃金、歳費及び賞与並びにこれらの性質を有する給与」と包括的に規定しており、この趣旨からすると、給与等には、雇用契約に限らず、これに類する委任契約などの原因に基づき提供した労務等の対価として、あるいは労務等を提供する地位に基づいて支給されるものも含まれるものと解されています。

2. 法人の代表者等が法人経営の実権を掌握し、法人を実質的に支配している事情がある場合には、法人の代表者等が、その法人の事業活動を通じて得た利得は、給与支出の外形を有しない利得であっても、それが法人の資産から支出されたと認められる場合には、その利得は、法人の代表者等がその地位および権限に対して受けた給与等であると解されています。

3. 所得税法は、納税者の認識にかかわらず、あくまで事実として発生した経済的利益状態に着目してこれを所得として課税対象としていることから、納税

第3章　非違事例

者の認識の有無がその判断を左右するものではないと解されています。さらに、たとえ経済的利益の原因となった事柄につき、事後に返還債務が発生した場合であっても、現実に経済的利益を取得した限り、その時点で給与に該当することになります。

参照条文等

法人税法 34 条《役員給与の損金不算入》、所得税法 28 条

参考

平成 27 年 7 月 1 日裁決（裁決事例集 No. 100）

仙台高裁平成 16 年 3 月 12 日判決（税資 254 号順号 9593 号）

10

役員退職給与

> **1.** 代表取締役から代表権のない取締役会長への分掌変更は、実質的に退職したと同様の事情にあるといえず、退職慰労金は法人税法上の損金算入することができる退職給与に該当しないとされた事例
>
> （平成 22 年 6 月 1 日から平成 23 年 5 月 31 日までの事業年度の法人税の更正処分および過少申告加算税の賦課決定処分、平成 23 年 5 月分の源泉徴収に係る所得税の納税告知処分および不納付加算税の賦課決定処分・棄却・平成 29 年 7 月 14 日裁決）

―――《争点》―――

　本件金員が法人税法上損金算入することができる退職給与に該当するか否か。

事案の概要

1. この事案は、代表取締役が代表権のない取締役会長へ分掌変更したことに伴って甲社が支給した退職慰労金について、税務署長が、実質的に退職したと同様の事情にあるとは認められないから、退職給与ではなく損金に算入されない役員給与であるとして法人税の更正処分をするとともに、給与所得に該当するとして源泉所得税の納税告知処分を行ったものです。

2. 甲社は、審査請求において、当該金員は、退職給与ないし退職所得であるとして、原処分の全部の取消しを求めた。

　　甲社は、代表者乙が代表取締役社長を辞任し、代表権のない取締役会長となったことに伴い、分掌変更により役員の各業務に関する権限を他の役員等

に委譲し、仕事量、質および内容が大幅に縮小または変更されたため、請求人の役員としての地位または職務の内容が激変し、実質的に退職したと同様の事情にあったといえるから、本件金員は、法人税法上の退職給与に該当すると主張した。

3. 審判所は、分掌変更に伴い、乙の地位や職務につき相当程度の変動が生じたことは認められるものの、乙は分掌変更後も、甲社の経営ないし業務において主要な地位を占め、請求人の取締役として重要な決定事項に関与していたことが認められるから、乙は分掌変更により、役員としての地位または職務の内容が激変し、実質的に退職したと同様の事情にあるとはいえず、本件金員は、法人税法上の退職所得に該当しないと判断し、甲社の主張を認めなかった。

裁決要旨

審判所の判断は次のとおりです。

1 法令解釈

(1) 法人税法 22 条《各事業年度の所得の金額の計算》3 項 2 号および同法 34 条《役員給与の損金不算入》1 項ないし 3 項の各規定によれば、役員に対して支給する退職給与については、同項に規定する、事実を隠蔽し、または仮装して経理することによってその役員に支給されたものでなく、また、同条 2 項に規定する不相当に高額な部分の金額がない場合には、同法 22 条 3 項 2 号の規定に基づき、損金の額に算入されることになります。

　この役員に対して支給する退職給与とは、役員が会社その他の法人を退職したことにより支給される一切の給与をいうと解するのが相当であり、法人が退職給与や退職慰労金などといった名目で役員に対して支給した給与であっても、その役員に退職の事実がない場合には、その支給した給与は、原則としてその役員に対する臨時的な給与として取り扱われることとなるため、損金の額に算入されないこととなります。

(2) 法人の代表取締役の地位にあった者がその地位を辞任し、代表取締役以

外のその法人の取締役等の役員として引き続き従事している場合には、たとえ法人の代表権を喪失したとしても、その者は単に役員としての分掌が変更されたにすぎないのであるから、その法人を退職したということにはならないことになります。

もっとも、役員の分掌変更または改選による再任等がされた場合であっても、例えば、常勤取締役が経営上主要な地位を占めない非常勤取締役になったり、取締役が経営上主要な地位を占めない監査役になったりするなど、役員としての地位または職務の内容が激変し、実質的に退職したと同様の事情にあると認められる場合には、その分掌変更または改選による再任等に際しその役員に対し退職給与として支給した給与については、法人税法上も退職給与として取り扱うことができます。

なお、法人税基本通達 9-2-32《役員の分掌変更等の場合の退職給与》も同趣旨のものと解されています。

2 検討内容

(1) 乙は、平成 23 年 5 月、甲社の代表取締役を辞任し、代表権のない取締役会長となったにすぎないから、甲社を退職していないと認められます。

もっとも、役員としての地位または職務の内容が激変し、実質的に退職したと同様の事情にあると認められる場合には、その分掌変更等に際しその役員に対し退職給与として支給した給与については、法人税法上も退職給与として取り扱うことができることから、その事情の有無について次の(2) 以降において検討します。

(2) 甲社は、分掌変更に際して、各取引先に挨拶状を送付して乙が社長を辞任し会長に就任した旨を周知し、乙は、取引金融機関に対する連帯保証人の地位から離れています。

また、分掌変更後、乙が行っていた業務のうち、取引価格等の決定、金融機関との折衝および従業員の人事に関する権限を乙から他の役員や使用人に徐々に委譲しています。

以上によれば、分掌変更により乙の地位や職務につき相応の変動が生じ

たと認められます。

(3) しかし、乙は、分掌変更後も数年にわたって、甲社の3か所の事業所のうちのP事業所の操業継続に支障を及ぼすような騒音、振動トラブルの解決のために同事業所周辺の住民などに金員を支払うことを、甲社の代表取締役や取締役に相談することなく決定し、多額の住民対策費を支払っていた。

　このような事情からは、乙が分掌変更後も、甲社の事業に関する重要な意思決定およびその執行の一部を行っていたことが認められます。

(4) また、少なくとも、単発的に発生する流れ屑の購入取引にアドバイスしたほか、甲社の流れ屑の取引先である商社や製鉄メーカーの幹部に対する接待をも担当しており、甲社の営業面においても、相応の役割を果たしています。

(5) さらに、乙は分掌変更後も、丙と金融機関との利率等の条件交渉の場に立ち合い、自らの意見を述べることもあったのであり、金融機関との折衝の場面でも、一定の役割を果たしていたことがうかがわれます。

(6) 加えて、乙は分掌変更後も取締役会において、丙の代表取締役の任期満了に伴う代表取締役の選定および役員給与の変更について丙や丁と共に決定したり、経営会議において数千万円から1億円超にも及ぶ事業用資産の購入や丙や丁と共に決定したりしています。

(7) 乙と長年の公私にわたる関係がある古参の使用人であり、かつ元取締役のK所長の不正行為の基づく解雇の際には、丙や丁と共にこれを決定していたことが認められます。

(8) 　したがって、上記(2)から(7)からすると、乙は分掌変更後も引き続き甲社の事業および人事に関する重要な決定事項に関与していたことが認められます。

(9) これらの各事情からすると、乙は分掌変更後も甲社の経営上主要な地位を占めていたというべきであることから、乙は分掌変更により、役員としての地位または職務の内容が激変しておらず、実質的に退職したと同様の事情があったものとは認められないことになります。

したがって、本件金員は、法人税法上の退職給与に該当しないものと認められます。

　また、本件金員は、取締役としての稼働に対する対価として臨時的に支給されたものであるから、その収入に係る所得は、給与所得（賞与）と認めるのが相当と解されます。

3　結論

　本件金員は、乙に対する退職給与に該当せず、また、退職給与以外の損金算入役員給与に該当しないことも明らかであることから、損金の額に算入されず更正処分は適法となります。

　また、本件金員は、所得税法上退職所得ではなく給与所得として取り扱うべきであり納税告知処分は適法となります。

税務上の留意点

　本件においては、分掌変更後に役員としての地位または職務の内容が激変し、実質的に退職したと同様の事情にあったと認められるか否かが判断のポイントとなっています。

　したがって、形式的に報酬が激変したという事実があったとしても、実質的に退職したと同様の事情にない場合には、その支給した臨時的な給与を退職給与として損金算入できないことになります（法基通9-2-32）。

参照条文等

　法人税法22条3項2号・34条1項〜3項

　法人税基本通達9-2-32

参考

　平成29年7月14日裁決（裁決事例集No.108）

　平成30年4月2日付国税速報第6504号7〜9頁

　平成30年4月2日付週刊税務通信No.3501　6〜7頁

第3章 非違事例

2. 役員の分掌変更が行われた事業年度の翌事業年度に分割支給された役員退職給与が、分割支給年度における損金算入が認められた事例（東京地裁平成 27 年 2 月 26 日判決・確定）

―――《争点》―――

役員の分掌変更における退職給与の分割支給が損金として認められるか否か。

要旨

　原告（法人）は、分掌変更（代表取締役を辞任し、代表権のない非常勤取締役になり、給与も半額以下となった）した役員への退職慰労金について、資金繰りを踏まえ、取締役会において、「退職慰労金 2 億 5,000 万円（総額）を 3 年以内（終期）に分割支給する旨」を決議した後、分掌変更が行われた事業年度とその翌事業年度に分割支給し、（以下、翌事業年度支給分を本件第二金員）、それぞれの事業年度で損金経理し、損金算入していた。

　国側が、本件第二金員が役員退職給与に該当しないなどとして、法人税の更正処分等を行ったことで争われた。

　本件では、国側は、①法人税基本通達 9-2-28《役員に対する退職金の損金算入の時期》（以下「本件通達」）について、役員が法人を完全に退職した場合につき、例外的に支給年度損金経理を認めたものであり、役員が会社を退職していない本件事案において、本件通達ただし書に基づき支給年度経理処理をすることは許されないという旨、②役員退職給与を現実の支給時に費用として計上することを許容する会計処理の基準や確立した会計慣行はなく、公正処理基準に従ったものとはいえない旨主張した。

　これに対し、東京地裁は、①について、法人税法 34 条 1 項にいう「退職給与」とは、役員が会社その他の法人を退職したことによって初めて支給され、かつ、役員としての在任期間中における継続的な職務執行に対する対価の一部の後払いとしての性質を有する給与であると解すべきであり、役員としての地位また

461

は職務の内容が激変し、実質的に退職したと同様の事情にあると認められる場合に退職給与として支給される給与も、上記「退職給与」に含まれるものと解すべきである。そうである以上、本件通達における「退職した役員」、「退職給与」といった文言についても、実質的には退職したと同様の事情にあると認められる場合をも含むものと解すべきであることは明らかである。そして、本件役員が実質的に本件会社を退職したのと同様の事情にあることは、前記検討のとおりであるから、国側の主張を採用することはできないとした。

　また、東京地裁は、②について、公正処理基準は、企業会計原則のような特定の会計基準それ自体を指すものではなく、本件会計処理が特定の会計基準に依拠していないからといって、当然に公正処理基準に従ったものということができないわけではない。本件通達ただし書は、退職給与の額が確定した年度において、その退職給与を損金経理せず、現実に退職給与を支給した年度において、その支給額を損金経理するという会計処理を前提としていることは、その文言上、明らかである。そうである以上、本件通達ただし書はそのような会計処理を行う企業があるという実態を前提として規定されたものであると解される。そして、租税行政が法人税基本通達に依拠して行われているという実情を勘案すれば、企業が、法人税基本通達をもしんしゃくして、企業における会計処理の方法を検討することは、それ自体至極自然なことであるということができる。さらに、金融商品取引法が適用されない中小企業においては、企業会計原則を初めとする会計基準よりも、法人税法上の計算処理（税務会計）に依拠して企業会計を行っている場合が多いという実態があるものと認められ、少なくともそのような中小企業との関係においては、本件通達ただし書に依拠した支給年度損金経理は、一般に公正妥当な会計慣行の一つであるというべきであるとした。

税務上の留意点

　本件のように、法人が、資金繰りの都合により、役員退職給与を一時に支払えないケースは往々にしてあると考えられます。この判決により、分掌変更に

伴う役員退職給与の分割支給が行われた場合でも、法人税基本通達 9-2-28 た
だし書を根拠に、分割支給年度で損金算入が認められるケースがあることが初
めて明らかになったことになります。

　ただし、東京地裁は、「役員退職給与の「総額」と分割支給の「終期」があら
かじめ定められていない場合は、現実に支払われた金員が退職に基因して分割
支給されたものかの判断が通常困難になる」旨判示しています。すなわち、少
なくとも「総額」や「終期」をあらかじめ定めておき、その金員と退職との因
果関係を立証できなければ、役員退職給与と認められないケースがあることに
留意する必要があります。

参照条文等

　法人税法 34 条《役員給与の損金不算入》

　法人税基本通達 9-2-28

参考

　東京地裁平成 27 年 2 月 26 日判決（税資 265 号順号 12613 号）

　平成 27 年 8 月 24 日付国税速報第 6375 号　4～11 頁

　平成 27 年 6 月 15 日付週刊税務通信 No. 3364　6・7 頁

3. 会社の解散に伴う清算人への役員退職給与の支給

《質問要旨》

1. 当社は、業績も芳しくなく、事業承継をしようにも後継者がいないことから、解散することを検討しています。

   この解散時点で、その解散までの勤続期間に係る役員退職給与を支給して損金に算入したいところ、代表取締役が代表清算人になると、清算人も常勤の役員ということですから、解散した時点では役員を退職したことにはならないのではないかと考えました。

2. そこで、分掌変更等した場合には役員退職給与を支給して損金に算入できることから、代表取締役が代表清算人になった場合についても損金に算入できるのではないかと考え、その取扱いが定めれている法人税基本通達9-2-32を確認しましたが、そこには清算人になった場合のことが全く記載がありませんでした。

3. しかし、代表取締役と代表清算人とでは、その会社を代表するということでは同じでも、その職務内容は大きく変わると思われることから、退職給与を支給して損金に算入できるという取扱いがされてもよいかと考えますが、このことについての取扱い等を定めたものはないでしょうか。

回答要旨

1. 会社の解散に伴い代表取締役が代表清算人になった場合に代表取締役であった勤続期間に係る退職給与を支給した場合の法人税法上の取扱いについては、法人税基本通達9-2-32《役員の分掌変更等の場合の退職給与》の定めにはありませんし、他の法人税の通達にも定められておりません。

2. しかし、「引き続き勤務する者に支払われる給与で退職手当等とするもの」を定めた所得税基本通達30-2《引き続き勤務する者に支払われる給与で退職

第3章　非違事例

手当等とするもの》(6) に、引き続き清算人として清算事務に従事する役員にその解散前の勤続期間に係る退職手当等として支払われる給与を退職手当等として取り扱う旨の定めがあることから、法人税法上も退職給与として取り扱うことが相当であるという見解を、国税庁ホームページ質疑応答事例法人税「解散後引き続き役員として清算事務に従事する者に支給する退職給与」の回答において示しているところ、これを根拠として役員退職給与を支給し損金に算入する処理をすることができます。

　なお、上記所得税基本通達 30-2 の定めにおいては、法人税基本通達 9-2-32 に定める分掌変更等の場合の退職給与を別に定められています。つまり、清算人になることはそもそも分掌変更等には含まれないということですから、法人税基本通達 9-2-32 に清算人に関する定めはないということになります。

解説

1　法人税基本通達 9-2-32 の定め

(1)「役員の分掌変更等の場合の退職給与」を定めた法人税基本通達 9-2-32 においては、法人が役員の分掌変更または改選による再任に際して、①常勤役員が非常勤役員になったこと、②取締役が監査役になったこと、③分掌変更後における役員報酬がおおむね 50％以上減少したことなど実質的に退職したと同様の事情にあると認められる事実に基づき退職給与を支給した場合に、その支給額を退職給与として取り扱うことができる旨を定め、上記のいずれの場合もその支給を受ける役員が分掌変更等の後も実質的にその法人の経営上主要な地位を占めている場合にはこの取扱いはないとされており、次のとおり定められています。

> (役員の分掌変更等の場合の退職給与)
>
> 9-2-32　法人が役員の分掌変更又は改選による再任等に際しその役員に対し退職給与として支給した給与については、その支給が、例えば次に掲げ

465

るような事実があったことによるものであるなど、その分掌変更等により
りその役員としての地位又は職務の内容が激変し、実質的に退職したと
同様の事情にあると認められることによるものである場合には、これを
退職給与として取り扱うことができる。

(1)　常勤役員が非常勤役員（常時勤務していないものであっても代表権
を有する者及び代表権は有しないが実質的にその法人の経営上主要な
地位を占めていると認められる者を除く。）になったこと。

(2)　取締役が監査役（監査役でありながら実質的にその法人の経営上主
要な地位を占めていると認められる者及びその法人の株主等で令第71
条第1項第5号《使用人兼務役員とされない役員》に掲げる要件の全て
を満たしている者を除く。）になったこと。

(3)　分掌変更等の後におけるその役員（その分掌変更等の後においても
その法人の経営上主要な地位を占めていると認められる者を除く。）の
給与が激変（おおむね50％以上の減少）したこと。

(注) 本文の「退職給与として支給した給与」には、原則として、法人が
未払金等に計上した場合の当該未払金等の額は含まない。

(2) また、この通達に明記されている上記 (1) ①ないし③の事実については、
この通達上「例えば次に掲げるような事実があったことによるものである
など」として示されているとおり、「役員としての地位又は職務の内容が激
変し、実質的に退職したと同様に事情にある」という役員退職給与支給の
根拠となる事実であって、上記 (1) ①ないし③の事実についてだけの取扱
いを定めたものではないと考えられています。

　ただ、この上記 (1) ①ないし③の事実が例示であることは明らかですが、
納税者、課税庁の双方がこれを形式基準として硬直的に理解しているとこ
ろがあり、加えてこの例示以外に具体的にどのような場合があるのかにつ
いても明らかにされていない状況にあります。

(3) しかしながら、取締役から清算人に就任することについては、この法人

税基本通達 9-2-32 の取扱いの前提とされる「役員の分掌変更又は改選による再任」という範疇には含まれないことから、当然例示されるということはないということになります。

2　所得税基本通達 30-2 の定め

(1)「引き続き勤務する者に支払われる給与で退職手当等とするもの」を定めた所得税基本通達 30-2 においては、現に役員であるものに関して分掌変更等の場合にその分掌変更等の前における役員であった期間に係る退職手当等（同通達（3））と清算人に対するその解散前の勤続期間に係る退職手当等（同通達（6））の 2 つの取扱いが、次のとおり定められています（同通達（1）、（2）、（4）および（5）は省略しています。）。

（引き続き勤務する者に支払われる給与で退職手当等とするもの）

30-2　引き続き勤務する役員又は使用人に対し退職手当等として一時に支払われる給与のうち、次に掲げるものでその給与が支払われた後に支払われる退職手当等の計算上その給与の計算の基礎となった勤続期間を一切加味しない条件の下に支払われるものは、30-1 にかかわらず、退職手当等とする。

(3)　役員の分掌変更等により、例えば、常勤役員が非常勤役員（常時勤務していない者であっても代表権を有する者及び代表権を有しないが実質的にその法人の経営上主要な地位を占めていると認められる者を除く。）になったこと、分掌変更等の後における報酬が激変（おおむね50％以上減少）したことなどで、その職務の内容又はその地位が激変した者に対し、当該分掌変更等の前における役員であった勤続期間に係る退職手当等として支払われる給与

(6)　法人が解散した場合において引き続き役員又は使用人として清算事務に従事する者に対し、その解散前の勤続期間に係る退職手当等として支払われる給与

---

(2)　所得税基本通達 30-2 に退職手当等とする取扱いが定められていること

については、その身分の継続中においていわゆる退職金の打切り支給をした場合、その支給が一般的合理性を有すると認められる限り広く所得税法上の退職手当等として取り扱うことにするということではなく、勤務関係の性質や内容に重大な変動が生じたため従前の勤続期間についての退職給与を精算支給するものであるなど、従前の勤務関係が終止した場合と実質的に同視し得る場合や従前の勤続期間に対する退職給与の精算支給の必要性が生じた場合などの特別な場合に限ってその打切り支給したものを退職手当等として取り扱う趣旨と解されています（東京高裁昭和53年3月28日判決）。

3　清算人への就任

(1) 会社法においては、会社が株主総会の決議（会社法471三）または総社員の同意（会社法641三）を解散原因として解散した場合、株式会社も持分会社も清算をしなければならないこととされ（会社法475一・644一）、この清算事務に従事するため、通常、株式会社の場合は取締役が清算会社の清算人となり（会社法478①一、代表清算人については同法483④）、持分会社の場合は業務を執行する社員が清算持分会社の清算人となります（会社法647①一、代表清算人については同法655④）。

　清算株式会社および清算持分会社は、清算の目的の範囲内において、清算が結了するまでは存続するものとみなされ（会社法476・645）、通常の事業活動をすることはできないとされています。

(2) したがって、会社法上取締役から清算人に就任するということは、役員の分掌変更、改選による再任等ではないことは明らかですから、法人税基本通達9-2-32の取扱いの対象とはされないところ、その清算人の立場は取締役であったときと同じ役員ではあっても、その業務内容が清算事務に限定されるということからすれば、勤務関係の性質や内容に重大な変動が生じたため従前の勤務関係が終止した場合と実質上同視し得る場合に当たると理解することができ、所得税基本通達30-2（6）は、この観点から定められたものということができると考えます。

第3章　非違事例

4　役員給与の損金算入時期

（1）清算人就任時にその解散前の勤続期間に係る退職手当等として支給された給与を役員退職給与として損金の額に算入できる時期については、法人税基本通達9-2-28《役員に対する退職金の損金算入の時期》に定める原則により、その支給を決議した事業年度の損金とするか、同通達のただし書による実際に支払った日の属する事業年度において損金経理するかということになります。

（2）平成22年度税制改正において、清算所得課税が廃止になり、解散後も各事業年度の所得に対する法人税を課す、つまり通常所得課税とすることとされ（法法5）、清算中の事業年度において残余財産がないと見込まれるときには、いわゆる期限切れ欠損金額が利用できるようになりました（法法59③）。

　　したがって、解散事業年度と清算中の事業年度のどの事業年度において役員退職給与について損金の額に算入するのかが課税所得の計算上大きく影響することになったことから、例えば、清算中の事業年度に多額の債務免除を受けるというようであれば、法人税基本通達9-2-28のただし書の適用が有効になるということになります。

税務上の留意点

1.　会社の解散に伴い代表取締役が代表清算人になった場合に代表取締役であった勤続期間に係る退職給与を支給した場合の法人税法上の取扱いについては、法人税基本通達9-2-32のほか、他の法人税の通達にも定められておりません。

2.　しかし、「引き続き勤務する者に支払われる給与で退職手当等とするもの」を定めた所得税基本通達30-2（6）に、引き続き清算人として清算事務に従事する役員にその解散前の勤続期間に係る退職手当等として支払われる給与を退職手当等として取り扱う旨の定めがあることから、法人税法上も退職給与として取り扱うことが相当であるという見解を、国税庁ホームページ質疑応

469

答事例法人税「解散後引き続き役員として清算事務に従事する者に支給する退職給与」の回答において示しているところ、これを根拠として役員退職給与を支給し損金に算入する処理をすることができます。

　なお、上記所得税基本通達 30-2 の定めにおいては、法人税基本通達 9-2-32 に定める分掌変更等の場合の退職給与を別に定められています。つまり、清算人になることはそもそも分掌変更等には含まれないということですから、法人税基本通達 9-2-32 に清算人に関する定めはないということになります。

参照条文等

法人税法 5 条《内国法人の課税所得の範囲》・59 条《会社更生等による債務免除等があった場合の欠損金の損金算入》3 項

法人税基本通達 9-2-28・9-2-32

所得税基本通達 30-2

会社法 471 条《解散の事由》3 号・475 条《清算の開始原因》1 号・476 条《清算株式会社の能力》・478 条《清算人の就任》1 項 1 号・483 条《清算株式会社の代表》4 項・641 条《解散の事由》3 号・644 条《清算の開始原因》1 号・645 条《清算持分会社の能力》・647 条《清算人の就任》1 項 1 号・655 条《清算持分会社の代表》4 項

参考

平成 28 年 6 月 20 日付国税速報第 6416 号 23〜26 頁

国税庁ホームページ質疑応答事例　法人税「解散後引き続き役員として清算事務に従事する者に支給する退職給与」

東京高裁昭和 53 年 3 月 28 日判決

第3章　非違事例

4. 清算人への役員退職給与の支給等と詐害行為取消権

──《質問要旨》──

1. 当社は、債務超過の状態で、代表取締役が業務中に事故死し、先行きの業績回復の見込みもないことから解散する予定としています。

　その際、株主であり取締役で会社債権者でもある代表取締役の兄が清算人（以下「清算人」）に就任して、代表取締役の死亡に伴い役員退職給与の原資にと勧められて加入していた保険から支払われた保険金1億円について、2,000万円を代表取締役に対する退職給与および弔慰金とし、残りの8,000万円は、金融機関からの5,000万円と清算人からの2,000万円の会社債務の弁済に充て、2人の使用人の退職金（1人50万円程度）や諸経費の支払等をして、最後に残った金額については役員退職給与に関する定めはないが清算人の解散前の勤続期間に係る役員退職給与として支給し、解散事業年度の法人税の申告を済ませたいと考えています。

　これらのことは、当期の期末を待たずに近々に予定している株主総会において解散決議とともにきちんとした手続をすることとしています。

2. 当社の場合、解散事業年度に生じる法人税等について、結果的に支払えないことになった場合、清算人に第二次納税義務が課されることはないと思っていますがどうでしょうか。

　なお、清算人の解散前の勤続期間は20年、最終報酬月額は25万円であり、同人は設立当初から取締役として経理や税務申告等の事務方を担当してきました。

　また、清算人に支給できる退職給与については、最終的には保険金収入の残額から多くても200〜300万円であり、過大といわれるような金額にはならないと考えています。

471

回答要旨

1. ご質問の会社の法人税の申告状況等不明な点があるところ、死亡した代表取締役に対する退職給与および遺族への弔慰金は相当な金額であると仮定し、ご質問の中で示されていることを前提とした場合、清算人に国税徴収法39条《無償又は著しい低額の譲受人等の第二次納税義務》に規定する第二次納税義務が課されることはないと考えます。

2. しかしながら、清算人は、おそらく主要な株主であり、経理や税務申告を担当してきた取締役であって、会社債権者でもあるということからすれば、解散事業年度において保険金収入による法人税等の納税額が生じることについては十分認識しているものと考えられ、ご質問からもそのことが伺えることから、清算人は、解散事業年度の法人税等が滞納になることを承知の上で、強いて言えば、法人税等の納税をしないことを前提として、清算人自らの貸付金を回収し、更に最終的な保険金収入の残額を退職給与の名目で受領するというところ、このことについて国税通則法42条《債権者代位権及び詐害行為取消権》の規定により準用される民法424条の詐害行為取消権が行使されることになると考えます。

　要するに、納税者である会社が行うことになる清算人に対する債務の弁済と役員退職給与の支給が詐害行為に当たるとして、国が原告となって清算人を被告とする訴訟によりその行為の取消しを求め、これが認められた後、清算人から会社に返還されたその債務の弁済等に係る金員について、会社に通常の滞納処分が行われるということになります。

　したがって、ご質問の場合には、第二次納税義務は課されないものの、国の詐害行為取消権の行使により、清算人が解散事業年度に係る法人税等の負担をすることになると考えられます。

解説

1　民法の詐害行為取消権の準用

（1）詐害行為取消権については、債権者取消権ともいわれ、債権者を害する

ことを知りながら行われた債務者の法律行為（詐害行為）を取り消して債務者の財産を回復することを目的とする債権者の権利であり、民法 424 条に次のように規定されています。

第 424 条（詐害行為取消権）

　第 1 項　債権者は、債務者が債権者を害することを知ってした法律行為の取消しを裁判所に請求することができる。ただし、その行為によって利益を受けた者又は転得者がその行為又は転得の時において債権者を害すべき事実を知らなかったときは、この限りでない。

　第 2 項　前項の規定は、財産権を目的としない法律行為については、適用しない。

---

(2) この民法 424 条の規定については、国税通則法 42 条に「国税の徴収に関して準用する。」とあって、納付すべき金額の確定した国税について、国がその納税者に対して一般の債権債務関係における債権者と同様の立場となることから、特別の規定を設けることなく私債権についての民法の規定を準用することとされています。

2　国税における詐害行為取消権の行使

　国税債権についてその詐害行為取消権の行使をするに当たっては、民法 424 条を準用することから、次の要件を充足することが必要とされています。

(1) その納税者の行為が財産権を目的とする法律行為であること

　⇒　民法 424 条 2 項に「財産権を目的としない法律行為については、適用しない。」と明記されていることから、例えば、婚姻、養子縁組、離婚などの法律上の身分に係る行為は取消しの対象とされないことになります。

　　　ただし、相続の放棄のように財産の異動を伴う身分行為もあることから、これが取消しの対象とされるか否かは議論のあるところとなっています。

(2) 納税者のその法律行為により一般財産が減少して国税を完納できなくなること

⇒　一般財産の減少には積極財産の減少は当然として、消極財産を増加させることも含まれ、不動産または重要な動産の相当な対価による売却や一部の債権者と通謀して他の債権者を害することを承知で行った債務の弁済などは詐害行為になるとされています（東京高裁平成22年2月26日判決、通基通（徴）42条関係の6（1）（2））。

(3) 納税者がその法律行為により国税を害することを認識していること

⇒　国税を害することを知って、つまり納税者が悪意でその行為を行ったということであり、害することの認識さえあればよく、意図することまでの必要はないとされていますが、害する結果となることをその行為の当時に知っていなければ取消権は成立しないとされています（通基通（徴）42条関係の5）。

なお、この場合の悪意については国が立証することとなります。

(4) 納税者の法律行為により利益を受けた者（受益者または転得者）が国税を害することを認識していること

⇒　受益者等についても悪意のあることが必要とされますが、納税者と同様に害することの認識さえあればよく、意図することまでの必要はないとされています。

この場合に、受益者等が害することを知らなかった、つまり善意であるということについては、受益者等が立証しなければならないこととされています。

3　詐害行為取消権と国税徴収法39条の第二次納税義務との関係

(1) 詐害行為取消権を行使する場合には国が原告となって訴訟によることとなるところ、国税を害する全ての行為について訴訟を提起することは実務的に困難であることから、上記2の（3）や（4）のような悪意であることの要件がなく、納付通知による告知処分により租税債権を確保することができる第二次納税義務制度が国税徴収法に設けられ、一定の行為については、第二次納税義務を課すことによって簡易にして迅速に租税債権の実現を図ることとされました。

国税徴収法 39 条の第二次納税義務はその 1 つであり、その行為が無償または著しい低額の譲渡による場合について規定されています。

(2) 上記のような関係から、納税者（滞納者）の行った法律行為が詐害行為取消権の要件と国税徴収法に規定する第二次納税義務の成立要件の双方を満たす場合には、課税庁の判断によりいずれによることもできるとされ（徴基通 32 条関係の 31）、その行為が無償譲渡等の処分の場合には、原則としてまず国税徴収法 39 条の第二次納税義務の適用の可否について検討し、その適用がない場合に詐害行為取消権の行使の可否について検討することとされています（平成 29 年 3 月 3 日付徴徴 6-10 ほか 1 課共同「第二次納税義務関係事務提要の制定について」106）。

4　ご質問の検討

(1) ご質問について、次の 4 つの行為が納税者である法人の財産権を目的とし一般財産を減少させることとなる法律行為ということになります。

① 　代表取締役に対する退職給与および弔慰金 2,000 万円の支給

② 　金融機関に対する 5,000 万円と清算人に対する 2,000 万円の会社債務の弁済

③ 　2 人の使用人の退職金（1 人 50 万円程度）や諸経費の支払等

④ 　清算人の解散前の勤続期間に係る役員退職給与（多くて 200〜300 万円）の支給

(2) この上記（1）の 4 つの行為のうち、検討を要するのは、②の清算人に対する 2,000 万円の会社債務の弁済と④の清算人に対する解散前の勤続期間に係る役員退職給与の支給ということになります。

この清算人に係る 2 つの法人の行為ですが、これが国税徴収法 39 条の第二次納税義務の適用対象とされる無償または著しい低額の譲渡の行為に該当しないことから、専ら詐害行為取消権の行使についての検討をすることになります。

(3) 詐害行為取消権の行使によって保全されるべき債権については、原則として、その取消しの対象となる行為の前に発生していなければならないと

されていることから、詐害行為の時期と保全される債権の発生時期が問題
となるところ、詐害行為当時既にその債権成立の基礎となる事実が存在し、
かつ、近い将来債権が成立する高度の蓋然性が認められる場合にはその債
権も保全債権とされ[注]、納税者が、国税の成立前に、その成立を予測しな
がら悪意でした法律行為は、その国税について詐害行為となるとされてい
ます（通法 15 ②、通基通（徴）42 条関係の 7）。

(注) 東京高裁平成 22 年 2 月 26 日判決、東京地裁平成 22 年 4 月 21 日判決

(4) ご質問の場合には、1 億円の保険金収入があったことで、債権成立の基礎
となる事実が存在し、解散事業年度の法人税という債権が成立する高度の
蓋然性がある中で、法人の唯一の役員である清算人の判断により法人税が
納付できなくなることを承知の上で、清算人が自らの債権の回収を図り、
保険金収入の残額を役員退職給与の名目で受領するところ、この行為はま
さに法人が清算人と通謀して国税を害することを承知で行った債務の弁済
という詐害行為に当たることから（通基通（徴）42 条関係の 6 (2)）、国は、
悪意の受益者である清算人を被告としてその詐害行為の取消しと、目的財
産の返還を請求する訴えを起こすこととなる事案になります（通基通（徴）
42 条関係の 9 (1) イ）。

税務上の留意点

　法人の解散に当たっては、本件のように、保険金収入があったことにより、
解散事業年度の法人税という債権が成立する高度の蓋然性がある中、法人の唯
一の役員である清算人の判断により法人税が納付できなくなることを承知の上
で、清算人が自らの債権の回収を図り、保険金収入の残額を役員退職給与の名
目で受領する行為は、まさに法人が清算人と通謀して国税を害することを承知
で行った債務の弁済という詐害行為に該当するということに留意する必要があ
ります。

第 3 章　非違事例

参照条文等

国税通則法 15 条《納税義務の成立及びその納付すべき税額の確定》2 項・42 条

国税徴収法 39 条

国税通則法基本通達（徴）42 条関係《債権者の代位及び詐害行為の取消し》

の 5《詐害行為取消権・納税者の悪意》・6《債務の弁済等と詐害行為の成否》・

7《国税の成立前にした法律行為》・9《被告と訴えの内容》

国税徴収法基本通達 32 条関係の 31《第二次納税義務と詐害行為取消権との

関係》

民法 424 条

平成 29 年 3 月 3 日付徴徴 6-10 ほか 1 課共同「第二次納税義務関係事務提要

の制定について」106《詐害行為取消権と徴収法第 39 条との関係》

参考

平成 28 年 8 月 8 日付国税速報第 6423 号 18～21 頁

東京高裁平成 22 年 2 月 26 日判決

東京地裁平成 22 年 4 月 21 日判決

477

5. 功績倍率法と株式報酬

《質問要旨》

役員への退職給与の一部について、いわゆる功績倍率法を用いて計算した株式報酬を支給する場合、金銭支給の場合と同様に、原則損金算入の対象となりますか。

回答要旨

原則損金算入の対象となります。

解説

1. 役員給与の損金不算入制度における定期同額給与等の対象範囲から、役員への退職給与は除かれており、不相当に高額でなければ原則損金算入が認められます（法法34①）。

2. ただし、退職給与であっても、業績連動給与に該当するものについては、業績連動給与の損金算入要件（法法34①三等）に該当しない限り、損金算入することはできないことになっています。

   この点に関しては、多くの企業で採用されている、いわゆる功績倍率法を用いた退職給与については、業績連動給与に該当しないことから（法基通9-2-27の2）、原則損金算入の対象となります。

3. 功績倍率法については、金銭による退職給与を支給するケースで用いることが多いところ、株式報酬（交付株式数）の計算に用いることも可能とされています。

   したがって、功績倍率法を用いて計算した株式報酬であっても、基本的に、通常の金銭による退職給与と同様の取扱いとなります。

第3章　非違事例

税務上の留意点

　役員への退職給与の一部について、いわゆる功績倍率法を用いて計算した株式報酬を支給する場合、金銭支給の場合と同様に、原則損金算入の対象となるが、株式報酬の支給に当たっては、不相当に高額かどうかの検討は必要となります。

参照条文等

　法人税法 34 条《役員給与の損金不算入》1 項 3 号

　法人税基本通達 9-2-27 の 2《業務連動給与に該当しない退職給与》

参考

　令和元年 5 月 27 日付週刊税務通信 No. 3557　29 頁

6. 使用人が役員へ昇格したときまたは役員が分掌変更したときの退職金

《照会要旨》

　使用人が役員へ昇格したときまたは役員が分掌変更したときの退職金の取扱いについて、教えてください。

回答要旨

　法人が退職した役員に対して支給する退職金で、その役員の業務に従事した期間、退職の事情、その法人と同種の事業を営む法人でその事業規模が類似する法人の役員に対する退職金の支給状況などからみて相当と認められる金額は、原則として、その退職金の額が確定した事業年度において損金の額に算入します。

　なお、現実に退職はしていなくても、使用人が役員に昇格した場合または役員が分掌変更した場合の退職金については、それぞれ次によります。

1　法人の使用人が役員に昇格した場合の退職金

（1）法人の使用人が役員に昇格した場合において、退職給与規程に基づき、使用人であった期間の退職金として計算される金額を支給したときは，その支給した事業年度の損金の額に算入されます。

　　ただし、未払金に計上した場合には損金に算入されません。

（2）使用人兼務役員が、副社長や専務取締役など使用人兼務役員とされない役員となった場合において、使用人兼務役員であった期間の退職金として支給した金額は、たとえ使用人の職務に対する退職金として計算されているときであっても、その役員に対する退職金以外の給与となります。

　　ただし、その支給が次のいずれにも該当するものについては、その支給した金額は使用人としての退職金として取り扱われます。

①　過去において使用人から使用人兼務役員に昇格した者（使用人であった期間が相当の期間であるものに限ります。）であり、その昇格をした時に

使用人であった期間に係る退職金の支給をしていないこと。

② 支給した金額が使用人としての退職給与規程に基づき、使用人であった期間および使用人兼務役員であった期間を通算して、その使用人としての職務に対する退職金として計算され、かつ、退職金として相当な金額であると認められること。

(3) 法人が退職給与規程を制定または改正して、使用人から役員に昇格した者に退職金を支給することとした場合に、その制定等の時に既に使用人から役員に昇格している者の全員に使用人であった期間の退職金をその制定の時に支給して損金の額に算入したときは、その支給が次のいずれにも該当するものについては、その損金の額に算入することが認められます。

① 過去において、これらの者に使用人であった期間の退職金の支給をしていないこと。

この場合、中小企業退職金共済制度または確定拠出年金制度への移行等により、退職給与規程を制定または改正し、使用人に退職金を打切支給した場合でも、その支給に相当の理由があり、かつ、その後は過去の在職年数を加味しないこととしているときは、過去において、退職金を支給していないものとして取り扱われます。

② 支給した退職金の額が、その役員が役員となった直前の給与の額を基礎として、その後のベースアップの状況等を斟酌して計算される退職金の額として相当な金額であること。

2 役員が分掌変更した場合の退職金

例えば、次のように、分掌変更によって役員としての地位や職務の内容が激変して、実質的に退職したと同様の事情にある場合に退職金として支給したものは退職金として取り扱うことができます。

ただし、未払金に計上したものは、原則として退職金に含まれません。

(1) 常勤役員が非常勤役員になったこと

ただし、常勤していなくても代表権があったり、実質的にその法人の経営上主要な地位にある場合は除かれます。

（2）取締役が監査役になったこと

　　ただし、監査役でありながら実質的にその法人の経営上主要な地位を占めている場合や、使用人兼務役員として認められない大株主である場合は除かれます。

（3）分掌変更の後の役員の給与がおおむね 50％以上減少したこと

　　ただし、分掌変更の後においても、その法人の経営上主要な地位を占めていると認められる場合は除かれます。

税務上の留意点

　現実に退職はしていなくても、使用人が役員に昇格した場合または役員が分掌変更した場合の退職金については、上記回答要旨 1 および 2 の要件に該当したときに損金算入されることになります。

参照条文等

法人税法 34 条《役員給与の損金不算入》

法人税法施行令 70 条《過大な役員給与の額》

法人税基本通達 9-2-32《役員の分掌変更等の場合の退職給与》・9-2-35《退職給与の打切支給》・9-2-36《使用人が役員となった場合の退職給与》・9-2-37《役員が使用人兼務役員に該当しなくなった場合の退職給与》・9-2-38《使用人から役員となった者に対する退職給与の特例》

参考

国税庁ホームページタックスアンサー法人税「No. 5203 使用人が役員へ昇格したとき又は役員が分掌変更したときの退職金」

第3章　非違事例

7.　課税庁の調査による平均功績倍率の数にその半数を加えた数を超えない数の功績倍率により算定された役員退職給与の額は、不相当に高額な金額には該当しないとした地裁判決を取り消した事例

（東京高裁平成30年4月25日判決）（一部棄却・一部取消し、上告）

（原審：東京地裁平成29年10月13日判決（一部認容・一部棄却）

───《控訴の経緯と事案の概要》───

〔控訴の経緯〕

1.　役員退職給与の損金算入を巡る争いで、東京地裁が課税庁の調査による同種の事業を営む法人でその事業規模が類似する法人（以下「同業類似法人」）の平均功績倍率の数を1.5倍した功績倍率で算定された額までは法人税法34条《役員給与の損金不算入》2項に定める「不相当に高額な部分の金額」に該当しないなどとして納税者側の主張の一部を認めた訴訟の控訴審判決が平成30年4月25日に東京高裁で言い渡された。

2.　東京高裁は、地裁判決の納税者勝訴部分を取り消すとともに、課税庁の更正処分等の取り消しを求めていた納税者側の訴えを全面的に退け、処分を適法と判断した。

3.　この裁判は地裁判決を不服として課税庁側が控訴していた。

〔事案の概要〕

1.　平成20年10月に取締役を27年間（うち最後の5年間は代表取締役）務めた役員が死亡退職したため、同社の役員退職慰労金規程に基づき、株主総会の議決を経て、元取締役に4億2,000万円を支給した。

　　この金額を元取締役の最終月額報酬（240万円）と勤続年数（27年）で除して計算すると、功績倍率は6.49となります。

2.　その後、納税者が本件役員退職給与の全額である4億2,000万円を損金算入して確定申告をしたところ、所轄税務署長が本件役員退職給与のうち、同社の同業類似法人の平均功績倍率（3.26）を用いて算出した金額を上回る分は不相当に高額な部分に該当し、損金算入できないとし

483

て更正処分等を行い、これを不服とした納税者が訴訟を提起した。

3. 裁判で納税者は、役員退職給与として相当であると認められる金額を同業類似法人と比準して算定すべきであるとしても、その算定方法として、法令に算定方法に関する具体的な定めがない以上、最高功績倍率法等の納税者により有利な算定方法を採用すべきであるなどと主張した。

判決要旨

1. 東京地裁平成29年10月13日判決

(1) 平均功績倍率法は同業類似法人の抽出が合理的に行われ、かつ、その平均功績倍率法をその法人に適用することが相当と認められる限り、法令の趣旨に合致する合理的な方法であるとし、最高功績倍率法等の採用を求めた納税者の主張を退けた。

(2) しかし、平均功績倍率を少しでも超える功績倍率により算定された役員退職給与の額が直ちに不相当に高額な金額になると解することはあまりに硬直的な考え方であって、実態に即した適切な課税を行うとする法令の趣旨に反することになりかねないと指摘した。

それに加えて、平均功績倍率を少しでも超える功績倍率により算定された役員退職給与の額が直ちに不相当に高額な金額になるとすると、本件の同業類似法人とされた支給事例のうち2件は不相当に高額な金額の退職給与の支給をしていたということになりかねず、これらの支給事例が役員退職給与の損金算入額が争いなく確定し、支給事例としての一定の適格性が担保されている同業類似法人であるという本件平均功績倍率の算出の前提と矛盾することになるから不合理であるとした。

(3) 納税者には課税庁のように厳密に同業類似法人の役員退職給与の支給の状況を調査することは期待できないから、こうした点にも考慮し、役員退職給与として相当であると認められる金額は、事後的な課税庁の調査による平均功績倍率を適用した金額から相当程度の乖離を許容するのが妥当で、少なくとも課税庁の調査による平均功績倍率の数（本件では3.26）にそ

の半数を加えた数を超えない数（4.89）の功績倍率により算定された役員退職給与の額までは、役員退職給与として相当であると認められる金額を超えないとした。

2. 東京高裁平成30年4月25日判決

（1）平均功績倍率法は、その同業類似法人の抽出が合理的に行われる限り、本件の退職給与相当額を算定する方法として、法令の趣旨に「最も合致」する合理的な方法だと指摘し、課税庁の処分の取り消しを求めた納税者の請求には理由がないと判断した。

　　地裁判決中の納税者勝訴部分を取り消すとともに、納税者の主張を退けた。

（2）その上で、最高功績倍率法を採用すべきという立場からは平均功績倍率法を採用すると、本件の同業類似法人とされた支給事例のうち2件は不相当に高額な金額の退職給与の支給をしたことになりかねず、支給事例としての一定の適格性が確保されている同業類似法人の平均を算出するという平均功績倍率の算定の前提と矛盾することになるとの反論が考えられると説明した。

（3）しかし、平均功績倍率法は現に判断の対象となっている法人における退職給与額の相当性を判断するものであって、同判断のための資料となった同業類似法人の退職給与額の相当性を判断するものでないから、平均値よりも功績倍率の高い同業類似法人の退職給与額が直ちに不相当に高額であるということはできない。

　　したがって、このような功績倍率の高い同業類似法人の退職給与額がそれ自体相当であるか否かは、その法人を基準として同業類似法人を倍半基準によって抽出することによって判断されるから、抽出される同業類似法人が当然に異なってくるのであり、平均功績倍率もまた異なってくるところ、前記のような反論はこの点を看過しているとした。

（4）それよりも平均功績倍率法は、同業類似法人における功績倍率の平均値を算定することにより、同業類似法人間に通常存在する諸要素の差異やそ

の個々の特殊性を捨象して平準化された数値を導き出すことに意義がある
のだから、同業類似法人の中に算出された平均値より不相当に高い功績倍
率を用いた法人があったとしても、平均値を算定することの合理性は失わ
れず、したがって、前記の反論は不正確な前提に基づくもので失当である
とした。

東京高裁平成30年4月25日判決の要旨

東京高裁平成 30 年 4 月 25 日判決の要旨は、次のとおりです。

1. 法人税法 34 条《役員給与の損金不算入》2 項の趣旨は、法人の役員に対する退職給与等が法人の利益処分たる性質を有する場合があることから、法人所得の金額の計算上、一般に相当と認められる金額に限り必要経費として損金算入を認め、それを超える部分の金額については損金算入を認めないことによって、実態に即した適正な課税を行うことにある。

2. 就業規則等の規程により役員退職給与が算定されたとしても、その規程の内容自体やその適用の過程で考慮された事情が一般に相当と認められるとは限らず、一般に相当と認められる金額を超える部分の金額については法人所得の金額の計算上損金算入は認められない。

3. 法人税法施行令 70 条《過大な役員給与の額》2 号は、同業類似法人における役員に対する退職給与の支給の状況等を考慮すべき旨を規定しているが、役員退職給与の支給実績を調査したデータが掲載されている文献等は複数公刊・頒布されており、納税者はこれらの公刊物により同業類似法人における役員に対する退職給与の支給の状況を相当程度認識し得るということができることから、同号の規定が納税者に予測不可能な考慮要素を定めたものということはできない。

4. 役員退職給与の相当額を算定しようとする平均功績倍率法は、その同業類似法人の抽出が合理的に行われ、かつ、その平均功績倍率をその法人に適用することが相当と認められる限り、法人税法 34 条 2 項および法人税法施行令 70 条 2 号の趣旨に合致する最も合理的な方法というべきである。

第3章　非違事例

5. 平均功績倍率を算定することにより、同業類似法人間に通常存在する諸要素の差異やその個々の特殊性が捨象され、より平準化された数値が得られる一方、功績倍率の最高値は最高値に係る法人の特殊性等に影響されるものであって、指標としての客観性が劣るといわざるを得ない。

6. 法人税法施行令70条2号の役員退職給与の相当額の算定要素のうち、業務に従事した期間および退職の事情については、退職役員の個別事情として顕著であり、かつ、役員退職給与の適正額の算定に当たって考慮することが合理的であると認められることから、これらを考慮すべき個別事情として例示する一方、その他の必ずしも個別事情としては顕著とはいい難い種々の事情については、原則として同業類似法人の役員に対する退職給与の支給状況として把握するものとし、これを考慮することによって、役員退職給与の相当額に反映されるべきものとしたことにある。

解説・検討

1　検討の概要

　役員に対する退職給与の額のうち、不相当に高額な部分の金額は損金の額に算入しないとされている（法法34②）ところ、本件のように、退職給与の具体的な貢献度を評価・考慮等して法人が決議・支給した金額が、同業類似法人の役員退職給与の支給状況と比較して「不相当に高額な部分がある」として課税処分を受け、これを不服として訴訟になる場合があります。

　本件更正処分等は、この不相当に高額な部分の金額について平均功績倍率法を用いて算定したところ、原審は、退職した役員の具体的な貢献度等を考慮することが「実態に即した適正な課税」であるとして、「課税庁側の調査による平均功績倍率の数にその半数を加えた数を超えない数の功績倍率により算定された役員退職給与の額」を相当と判断したが、本件控訴審は、「同業類似法人の抽出が合理的に行われている限り」、「別途考慮して功労加算する必要はない」として原判決を取り消しました。

　したがって、原審と本件控訴審における判断の比較等を通して、役員退職給

487

与相当額の算定方法と平均功績倍率法のもとにおいて同業類似法人とは異なった支給額が認められる余地があるかどうかについて、次の2で検討します。

2 検討内容

(1) 役員退職給与相当額の算定方法

役員退職給与の額が不相当に高額な部分を含むか否かの判断は、①その役員のその法人の業務に従事した期間、②その退職の事情、③同業類似法人の役員退職給与の支給状況等に照らして行われる必要があります（法令70二）。

同業類似法人と比較する方法には、主に次の2つがあります。

① 功績倍率法

役員退職給与が支給されている同業類似法人を選定したうえで、その功績倍率（退職給与が役員の最終月額報酬に勤続年数を乗じた金額の何倍に当たるかというその倍率）にその役員の最終月額報酬および勤続年数を乗じて算出する方法です。

この方法には、さらに（イ）平均功績倍率法（同業類似法人の功績倍率の平均値を用いる方法）と（ロ）最高功績倍率法（同業類似法人の功績倍率の最高値を用いる方法）があります。

② 1年当たり平均額法

同業類似法人における退職した役員の勤続年数1年当たりの平均給与の額にその役員の勤続年数を乗じて相当な退職給与の額を算出する方法です。

(2) 原審と本件控訴審における判断の比較

原審と本件控訴審において判断が分かれた項目ごとに比較した内容は次のとおりです。

① 平均功績倍率法の評価

（イ）原審の判断

イ．同業類似法人間における平均功績倍率は、あくまでも同業類似法人間の通常存在する諸要素の差異やその個々の特殊性を捨象して平

準化した平均的な値であるにすぎず、本来役員退職給与がその退職役員の具体的な功績等に応じて支給されるべきものであることに鑑みると、平均功績倍率を少しでも超える功績倍率により算定された役員退職給与の額が直ちに不相当に高額な金額になると解することはあまりにも硬直的な考え方である。

　ロ．平均功績倍率を少しでも超える功績倍率により算定された役員退職給与の額が直ちに不相当に高額な金額になるとすると、支給事例によっては不相当に高額な金額の退職給与を支給していたことになりかねず、本件平均功績倍率の算出の前提と矛盾することになるから、この点でも不合理であるというべきである。

（ロ）本件控訴審の判断

　イ．平均功績倍率法は現に判断の対象となっている法人における退職給与額の相当性を判断するものであって、同判断のための資料となった類似法人における退職給与額の相当性を判断するものではないから、平均値よりも功績倍率の高い類似法人の退職給与額が直ちに不相当に高額であるということはできない。なぜなら、功績倍率の高い類似法人の退職給与額がそれ自体相当であるか否かは、その法人を基準として同業類似法人を倍半基準によって抽出することによって判断されるから、抽出される同業類似法人が当然に異なってくるのであり、平均功績倍率もまた異なってくるからである。

　ロ．平均功績倍率法は、同業類似法人における功績倍率の平均値を算定することにより、同業類似法人間に通常存在する諸要素の差異やその個々の特殊性を捨象して平準化された数値を出すことに意義があるのだから、類似法人の中に算出された平均値より不相当に高い功績倍率を用いた法人があったとしても、平均値を算定することの合理性は失われない。

②　同業類似法人の役員退職給与の支給状況の把握

（イ）原審の判断

法人税の納税者は、公刊物等を参酌することで「その内国法人と同
種の事業を営む法人でその事業規模が類似するものの役員に対する退
職給与の支給の状況」を相当程度まで認識することが可能であると解
されるものの、課税庁が行う通達回答方式のような厳密な調査は期待
し得べくもないことから、このような納税者側の一般的な認識可能性
の程度にも十分配慮する必要があり、役員退職給与として相当である
と認められる金額は、事後的な課税庁側の調査による平均功績倍率を
適用した金額からの相当程度の乖離を許容するものとして観念される
べきものと解される。

（ロ）本件控訴審の判断

　　TKC全国会発行の「月額役員報酬・役員退職金」によれば、売上高
が甲社の概ね同規模の製造業15社における会長又は社長の退職金の
功績倍率が平均して3.26であること、株式会社日本実業出版社発行
の「中小企業の「支給相場＆制度」完全データ」によれば、調査対象
企業の半数以上で「退職時の最終報酬月額×通算役員在任年数×功績
倍率」との算定方法が用いられていること、対象企業の社長（67社）の
功績倍率は平均して2.36であり、4.0以上の会社は4社のみ（6.0％）
であり、その最高値が5.0であること、太田貞夫・株式会社政経研究
所発行の「役員の退職慰労金」によれば、社長（集計46名）の功績倍率
は、平均して2.3であり、中位数が1.8であることがそれぞれ認められ
る。

③　法人に対する貢献度

（イ）原審の判断

　　本来、役員退職給与が当該役員の具体的な功績等に応じて支給され
るべきものであること等を考えると、少なくとも課税庁側の調査によ
る平均功績倍率の数にその半数を加えた数を超えない数の功績倍率に
より算定された役員退職給与の額は、当該法人における当該役員の具
体的な功績等に照らしその額が明らかに過大であると解すべき特段の

事情がある場合でない限り、法人税法施行令 70 条 2 号にいう「その退職した役員に対する退職給与として相当であると認められる金額」を超えるものではないと解するのが相当であるというべきである。

(ロ) 本件控訴審の判断

　　当該退職役員及び当該法人に対する個別事情であっても、法人税法施行令 70 条 2 号に例示されている業務に従事した期間及び退職の事情以外の種々の事情については、原則として、同業類似法人の役員に対する退職給与の支給の状況として把握されるべきものであり、同業類似法人の抽出が合理的に行われている限り、役員退職給与の適正額を算定するに当たり、これを別途考慮して功労加算する必要はないというべきであって、同業類似法人の抽出が合理的に行われてもなお、同業類似法人の役員に対する退職給与の支給の状況として把握されたとはいい難いほど極めて特殊な事情があると認められる場合に限り、これを別途考慮すれば足りるというべきである。

④　亡 A の甲社への貢献度の評価

　　上記③の判断のもとになったと思われる亡 A の甲社に対する貢献度とその評価についての裁判所の判断は次のとおりです。

(イ) 原審の判断

　　亡 A は、昭和 56 年に取締役に就任した後、甲の経理及び労務管理を任され、債務の弁済計画等を立て、不動産等を売却することなく、平成 9 年頃には 8 億円以上あった借金を平成 20 年頃までに完済することに貢献したこと、平成 15 年には三男の B が代表取締役に就任したこと、甲の売上金額は昭和 56 年頃には約 6 億 8,000 万円であったのが平成 15 年頃には 15 億円前後まで増加したことが認められる。

(ロ) 本件控訴審の判断

　　亡 A の役員在職中の功績は、甲の経理及び労務管理を担当して約 8 億円の債務完済に何らかの貢献をしたことが認められるが、これに関する亡 A の具体的貢献の態様及び程度は必ずしも明らかではなく、同

業類似法人の合理的な抽出結果に基づく本件平均功績倍率（公刊資料によって認められる数値に照らしても、有意なものと十分推認することができる。）によってなお、同業類似法人の役員に対する退職給与の支給の状況として把握されたとはいい難いほど極めて特殊な事情があったとまでは認められない。

3　検討結果

(1)　原審と本件控訴審における判断の比較を通して、役員退職給与相当額のあり方と平均功績倍率法による計算のもとにおいて同業類似法人とは異なった支給額が認められる余地があり、同業類似法人とは異なった支給額が認められる余地があるとしても、それを立証するための客観的証拠の必要性について言及しています。

(2)　役員退職給与相当額の判定に当たっては、その計算方法も含め、様々な問題があると考えられるところ、これについては、過去の裁判例や今後の同種の事件等を参考に判断していく必要があると考えます。

税務上の留意点

役員退職給与の適正額を算定するに当たり、退職した役員および法人に存する個別事情であっても、法人税法施行令70条2号に例示されている業務に従事した期間および退職の事情以外の種々の事情については、原則として、同業類似法人の役員に対する退職給与の支給状況として把握されるべきものであり、同業類似法人の抽出が合理的に行われている限り、これを別途考慮して功労加算する必要はないが、同業類似法人の役員に対する退職給与の支給の状況として把握されたとはいい難いほどの極めて特殊な事情があると認められる場合に限り、これを別途考慮すれば足りるとしています。

参照条文等

法人税法34条2項

法人税法施行令70条2号

平成31年2月11日付国税速報第6546号10〜17頁

平成30年5月14日付国税速報第6509号2・3頁

8. 役員退職給与支給後の事業年度に分掌変更退職役員に係る報酬支給額を増額改定した場合の分掌変更退職給与の取扱い

――――――《質問要旨》――――――

1. 当社では、昨年の定時株主総会において代表取締役が退任し、平取締役になりました。

   勤務は常勤から非常勤になることとなり、報酬は月額75万円から月額20万円に大幅に減額することになったことから、法人税基本通達に定めのある分掌変更による退職に該当するとして、当社の役員退職給与規程に基づき、いわゆる功績倍率法により算定した役員退職給与を株主総会決議を経て支給しました。

2. しかしながら、その後の当社内の実情を見ると、取引先や金融機関などにおける前代表取締役に対する信用やその人的つながりを抜きにしては、当社の事業がうまく進行しないことが退任後早い時期に表面化してきたことから、結果的に前代表取締役には、主要な取引先や金融機関との折衝をはじめとして、ほぼ退任前の代表取締役当時に近い勤務をしてもらうことになりました。

   そのため、現代表取締役から、今期の定時株主総会時に、退任時に減額している報酬月額を30万円増額して50万円とする増額改定をするようにしたいという意見が出されています。

3. 前代表取締役に対しては、分掌変更により実質的に退職したものとして役員退職給与を支給していることから、減額した報酬についてその1年後に増額改定した場合、その増額改定が問題とされるようなことにはならないでしょうか。

回答要旨

1. 増額改定については、定時株主総会における役員報酬の増額改定であることから、増額する改定事由について一切問われることはありません。した

第3章　非違事例

がって、ご質問の増額改定をすることについては、問題とされることはないと考えます。

2. ご質問の場合、問題とされるのは、前代表取締役に支給した分掌変更による役員退職給与ではないかと考えます。

前代表取締役について分掌変更した理由やその背景等は不明ですが、ご質問の中でいわれている事実関係を前提とした場合、その分掌変更後において実質的に退職したと同様の事情にあったといえるのかということが疑問として出てきます。

3. ご質問では、前代表取締役が退任して初めて同人の信用や人脈が事業に不可欠であることに気がついたようにいわれていますが、おそらくそのようなことは当初から想定できていたと思われ、だからこそ完全退職ではなく分掌変更退職という形を選択したのではないかとさえ推測してしまいます。

要するに、ご質問のような場合には、分掌変更退職後の役員報酬の増額改定の問題ではなく、分掌変更退職に該当するとして支給した役員退職給与の退職給与該当性の方が問題であり、今後税務調査の対象とされた場合には、役員退職給与のとしての損金算入が否認されることになる可能性が高いように考えます。

解説

1　役員報酬の増額改定

（1）定期同額給与支給額を事業年度途中で改定する場合、定時株主総会において行う通常改定の場合はその改定する理由について税法上何ら制限はないところ、臨時株主総会において行う改定の場合には、法定の臨時改定事由あるいは減額改定のみが認められる業績悪化改定事由のいずれかの改定事由に該当する必要があります。

（2）ご質問の場合、分掌変更後非常勤となった役員の給与について定時株主総会において改定するということですので、その改定することについて法定の改定事由に該当しなければならないというような制約がないことか

495

ら、そのこと自体が問題とされることにはならないと考えます。

2　役員の退職

(1)　法人税法の取扱いにおいて、役員の退職という場合には、完全退職と分掌変更退職の2つがあるといえます。ただし、完全退職と分掌変更退職という文言は説明の都合上便宜的に用いるもので、法令上このような区別がされているわけではありません。

(2)　完全退職については、役員が法人との委任関係を解消して法人から完全に離脱することになる場合であり、使用人が雇用関係を解消して法人から離脱する場合と同様の状況となるもので、通常いうところの退職、一般に理解されている退職に当たるものですから、この場合に退職したということについての疑義が生じることはないと考えます。当然、登記簿上も役員から抹消されることになります。

(3)　分掌変更退職とは、役員が分掌変更等によって役員としての地位や職務の内容が激変し、実質的に退職したと同様の事情にあるという場合に、税務上退職したものとして扱うというものです。

　　法人税基本通達9-2-32《役員の分掌変更等の場合の退職給与》の定め（退職所得として取り扱うことに関しては所得税基本通達30-2《引き続き勤務する者に支払われる給与で退職手当等とするもの》(3)の定め）を根拠とするものです。

　　役員としての地位や職務内容は変わりますが、登記簿上役員から抹消されるわけでもなく、役員であることに変わりがないことから、退職という取扱いがされることについては、一般に理解されにくいところではないかと考えます。

3　法人税基本通達9-2-32の定め

(1)　分掌変更退職の取扱いの根拠である法人税基本通達9-2-32の定めは、分掌変更等の結果を捉えて退職したものとして取り扱うことで、その役員に支給された退職給与の損金算入を認めることとされています。

　　そのためには、その分掌変更等によりその役員としての地位または職務

の内容が激変し、実質的に退職したと同様の事情にあると認められなければならず、同通達では、次のような事実があった場合がその実質的に退職したと同様の事情にあると認められ場合に該当するとされています。

① 常勤役員が非常勤役員になったこと。ただし、代表権を有する者および実質的に経営上主要な地位を占めている者は除かれます。

② 取締役が監査役になったこと。ただし、実質的に経営上主要な地位を占めている者および同族会社判定の株主グループに属して一定の株式を保有している役員（法人税法施行令71条《使用人兼務役員とされない役員》1項5号に掲げる要件の全てを満たしている者）は除かれます。

③ 分掌変更等の後における給与がおおむね50％以上減少したこと。ただし、実質的に経営上主要な地位を占めている者は除かれます。

なお、上記①ないし③は、実質的に退職したと同様の事情にあると認められる場合に当たる事実の例示であって、分掌変更退職とされるための要件ではないことから、いずれかの事実に該当すれば分掌変更退職として取り扱われるということではなく、加えていずれの例示にも実質的に経営上主要な地位を占めている者は除く等の縛りがあります。

(2) ご質問の場合、上記例示の①および③の事実に該当するという判断から、分掌変更退職として退職給与を支給して損金の額に算入したところ、分掌変更後の勤務実態等の事実は、前代表取締役が実質的に経営上主要な地位を占めている者に当たることを示していると思われることから、回答要旨のとおり、役員退職給与としての損金算入は難しいと考えます。

4 平成19年4月24日裁決

(1) 事案の概要

この裁決は、分掌変更退職に当たるとして支給した役員退職給与について、課税庁が実質的に退職したと同様の事情にないとしてその損金算入を否認したというものです。

(2) 請求人の主張

請求人は、代表取締役を辞任し代表権のない取締役となった者（以下「甲」

といい、その辞任を「本件分掌変更」といいます。）は、本件分掌変更後、①請求人とは別の会社の代表取締役の職務に従事しており請求人の取締役としては非常勤の状況にあること、②役員報酬は、80％以上も減額されていることおよび③その役員変更は、請求人の社内外に公表しているところ、甲氏は、本件分掌変更をもって、実質的に請求人を退職したと同様の事情にあるから、甲氏に対して支給した金員は、役員退職給与に該当する旨主張しました。

(3) 審判所の判断

審判所は、甲氏は本件分掌変更後も、①約3か月半の間請求人の稟議書の約4分の3について社長決裁欄に自署する方法で決裁していること、②請求人の売上の約3割を占める飲食事業については自ら指示を出し店長等の採用や審査等行っていることおよび③請求人の取引金融機関との間で資金調達に関する取引業務等に関わっていることなどから、甲氏は、本件分掌変更をもって実質的に請求人を退職したと同様の事情にあるとは認められないので、甲氏に支給した金員は、役員退職給与として取り扱うことはできず、甲氏に対する役員賞与とするのが相当と認められ、請求人の損金の額に算入することはできないと結論付けました。

(4) ご質問の場合も上記裁決と類似した事情にあるようで、分掌変更により退職給与を支給したといいつつ、質問の中でいわれていることは、分掌変更によりその役員としての地位または職務の内容が激変し、実質的に退職したと同様の事情にないことをすでに認めているに等しいわけですから、増額改定をすること自体は問題ないとしても、その増額改定した事実を課税庁が把握した場合には、そのことが税務調査の呼び水となるものと考えられます。

税務上の留意点

法人税基本通達9-2-32の定めは、分掌変更等の結果を捉えて退職したものとして取り扱うことで、その役員に支給された退職給与の損金算入を認めるこ

ととされていますが、そのためには、その分掌変更等によりその役員としての地位または職務の内容が激変し、実質的に退職したと同様の事情にあると認められなければならず、同通達では、①常勤役員が非常勤役員になったこと、②取締役が監査役になったことおよび③分掌変更等の後における給与がおおむね50％以上減少したことのような事実があった場合がその実質的に退職したと同様の事情にあると認められ場合に該当するとされています。

なお、上記①ないし③は、実質的に退職したと同様の事情にあると認められる場合に当たる事実の例示であって、分掌変更退職とされるための要件ではないことから、いずれかの事実に該当すれば分掌変更退職として取り扱われるということではなく、加えていずれの例示にも実質的に経営上主要な地位を占めている者は除く等の縛りがあることに留意する必要があります。

参照条文等

法人税法施行令 71 条 1 項 5 号

法人税基本通達 9-2-32

所得税基本通達 30-2

参考

平成 30 年 9 月 17 日付国税速報第 6526 号 15〜18 頁

平成 19 年 4 月 24 日裁決（非公開裁決）

9. 平均功績倍率等の算定のために抽出された同業類似法人における役員退職給与の規程の定めと役員退職給与支給額

―――――《質問要旨》―――――

1. 当社は、役員退職給与規程を定めていますが、来年の定時株主総会時に退職する役員について初めて適用することになることから、役員退職給与を支給した場合のその後の税務調査のことなどについて社内で検討しました。

その際、課税庁が調査時に役員退職給与の相当性を判断するに当たって抽出した同業類似法人の中に、役員退職給与規程を定めていない法人やその法人の役員退職給与規程の定めどおりではない多額のあるいは少額の退職給与の支給をしている法人が含まれていた場合、役員退職給与規程を定めていない法人は除かれ、役員退職給与規程を定めている法人によってその法人の役員退職給与規程により計算され支給される金額を基に、平均功績倍率等が算定されることになるだろうという疑問が出されました。

2. 実際には、抽出された同業類似法人の中に役員退職給与規程を定めていない法人や役員退職給与規程どおりでない金額を支給している法人がある場合、平均功績倍率等の算定はどのようにされているのでしょうか。

回答要旨

1. 課税庁は、調査法人の役員退職給与支給額の相当性についてその法人と同種の事業を営む法人でその事業規模が類似する法人（以下「同業類似法人」）の支給額等との比較により判断します。

その同業類似法人を抽出するに当たり、課税庁は、調査法人との類似性を担保するために具体的な抽出基準を設けますが、裁決事例等において確認している限りでは、「役員退職給与規程を定めている法人」を抽出基準に含んでいる事案がありません。

第3章　非違事例

2.　また、課税庁が調査において問題とするのは、あくまでも支給額の相当性であり、その役員給与の支給が架空の計上ではなく、支給額について株主総会決議等の確定手続が適法に行われている以上は、その役員退職給与支給額が、役員退職給与規程に基づいて計算されたものであるかどうか、もっといえば、役員退職給与規程の存在などということに関係なく支給されたものであっても構わないということになります。

この点は、調査法人だけでなく抽出された同業類似法人についても同じですから、「役員退職給与規程を定めている法人であること」がその抽出基準とされていないことも当然ということになります。

3.　したがって、ご質問にあるように、抽出された同業類似法人の中に役員退職給与規程を定めていない法人や役員退職給与規程により計算される金額と実際の支給額とが乖離している法人であったとしても、抽出された法人における実際の支給額に基づいて功績倍率が計算され、平均功績倍率等が算出されるということになります。

解説

1　役員退職給与規程と税務上の取扱い

（1）役員退職給与規程は、会社の役員に関するいろいろな規程の中でも役員報酬規程などとともに重要度の高い規程ですが、役員に関する規程を定めることについては、会社法にも税法にも何ら規定されていないことから、あくまでも会社が任意に取締役会決議等に基づいて制定するものであり、その重要度は会社と役員（死亡退職の場合の弔慰金に関する規程がある場合には役員の遺族も含まれます。）にとって、実務上の重要度が高いといえます。

（2）退職役員に対して役員退職給与を支給されるためには、退職給与を支給するという株主総会決議あるいはその委任を受けた取締役会決議が必要であり、その決議がない限り退職した役員に退職給与の請求権も発生しません。

そして、退職給与を支給するとした場合のその支給額についても、役員

501

退職給与規程の定めに基づいて計算された金額でなければならないという
ものではなく、株主総会決議等において具体的に確定した金額が支給金額
ということになります。

(3) 役員退職給与が支給され損金の額に算入された場合に税務上問題とする
のは、実際に支給されたその支給額の相当性であることから、役員退職給
与規程に基づくかどうかやそもそも規程があるかどうかは問題ではないと
いうことになります。

2 平成27年6月23日裁決

(1) 事案の概要

死亡退職役員に対する役員退職給与支給額の相当性が争われた事案で、
納税者側が最終月額報酬は賞与を加味して算定すべきであるという主張を
した事案です。

(2) 請求人の主張

請求人側は、支給した役員退職給与は従前から定められた役員退職給与
規程に基づくものであり、恣意的な金額ではなく租税回避を行ったもので
はない旨主張し、同業類似法人の抽出基準について、課税庁が役員退職給
与規程の有無を考慮していないことを課税庁の算定額が適正でない理由と
して挙げました。

(3) 審判所の判断

審判所は、法人税法34条《役員給与の損金不算入》2項は、役員退職給
与の額が同業類似法人の役員に対する退職給与の支給状況等に照らし、不
相当に高額な部分については損金の額に算入しない旨の規定であり、役員
退職給与が役員退職給与規程に基づいて支給されたか否かにかかわらず、
その額の不相当に高額な部分がある場合に同項の適用があるとして、納税
者側の主張を退けています。

3 平成19年11月15日裁決

(1) 事案の概要

この裁決は、役員の死亡により会社が受領した死亡保険金を原資とする

役員退職給与支給額等の支給事実と支給額の相当性に関する裁決です。

　この裁決では、課税庁も審判所も平均功績倍率法により調査法人の支給事実のある役員退職給与支給額の相当性を判断しているところ、抽出された同業類似法人の中に役員退職給与規程により計算される金額と支給額とが乖離している法人が含まれており、その取扱いが課税庁と審判所とで異なっています。

(2)　更正処分時の平均功績倍率の算出

　課税庁は、自ら設けた売上金額の倍半基準等の抽出基準に合致する4法人を同業類似法人として抽出し、次のようにその4法人の5件の支給事例における功績倍率により平均功績倍率を2.2と算出し、この数値に基づき相当な役員退職給与支給額を計算して不相当額を更正しました。

A法人	代表取締役の功績倍率	3.2
	取締役の功績倍率	2.2
B法人	代表取締役の功績倍率	1.9
C法人	代表取締役の功績倍率	1.7
D法人	取締役の功績倍率	2.0
平均功績倍率		2.2

(3)　審査請求において課税庁が主張した功績倍率

　納税者側は、代表取締役と取締役の功績倍率が同じというのは不自然で、裁判事例や裁決事例でも功績倍率が3.3〜3.6ということが定着している旨主張し、課税庁側は、上記(2)の4社5事例の功績倍率を検討した結果、功績倍率は次のとおり1.6となると主張しました。

A法人	代表取締役の功績倍率	1.1
	取締役の功績倍率	1.2
B法人	代表取締役の功績倍率	1.9
C法人	代表取締役の功績倍率	1.7
D法人	取締役の功績倍率	2.0
平均功績倍率		1.6

（4）裁決の判断における平均功績倍率の算出

　　審判所は、A法人が役員退職給与規程において代表取締役の功績倍率を3.2、取締役の功績倍率を2.2と定めているにもかかわらず、実際には資金繰りのため規定どおりではなく、代表取締役の功績倍率を1.1、取締役の功績倍率を1.2として退職給与を支給している事実を認定した上で、A法人については「資金繰りのために役員退職給与規程に定められた功績倍率より大幅に低率の功績倍率に基づいて退職給与を算定したとの特殊な事情があり、実際に支給された金額も他の3社に比べて大幅に低い」ことから、平均功績倍率を算定する同業類似法人から除外することが相当であるとして、A法人を除く3社3事例から次のとおり平均功績倍率は1.9になるという判断をしました。

B法人	代表取締役の功績倍率	1.9
C法人	代表取締役の功績倍率	1.7
D法人	取締役の功績倍率	2.0
平均功績倍率		1.9

（5）検討事項

①　上記（2）～（4）の流れにおいて、課税庁は、更正処分時の平均功績倍率の算出に当たって、A法人についてのみ役員退職給与規程の定めの功績倍率を用い、審査請求時においてはこれを改めてA法人についても実際の支給額による功績倍率を主張するという不自然な点があります。

②　審判所は、この課税庁の主張について裁決では一言も触れず、A法人に特殊事情があるとして同法人を除いて平均功績倍率を算出し更正処分を適法としました。

　　平均功績倍率法は、同業類似法人間に通常存する差異や個々の特殊性が捨象され、より平準化された数値が得られることから、最も法人税法令の趣旨に沿う合理的な方法とされていることからすれば、A法人を除く必要はなかったのではないかと考えます。

③　いずれにしても、役員に支給した退職給与の額をその役員の退職時に

おける最終報酬月額に勤続年数を乗じた金額で除した数値を功績倍率ということから、ご質問にあるような疑問が生じる余地はないと考えます。

税務上の留意点

1. 課税庁においては、調査法人の役員退職給与支給額の相当性を同業類似法人の支給額等との比較により判断するところ、その同業類似法人を抽出するに当たり、調査法人との類似性を担保するために具体的な抽出基準を設けますが、裁決事例等において確認している限りでは、「役員退職給与規程を定めている法人」を抽出基準に含んでいる事案がありません。

2. また、課税庁が調査において問題とするのは、あくまでも支給額の相当性であり、その役員給与の支給が架空の計上ではなく、支給額について株主総会決議等の確定手続が適法に行われている以上は、その役員退職給与支給額が、役員退職給与規程に基づいて計算されたものであるかどうかに関係なく支給されたものであっても構わないということになります。これは、調査法人だけでなく抽出された同業類似法人についても同じですから、「役員退職給与規程を定めている法人であること」がその抽出基準とされていないことも当然ということになります。

3. したがって、ご質問にあるように、抽出された同業類似法人の中に役員退職給与規程を定めていない法人や役員退職給与規程により計算される金額と実際の支給額とが乖離している法人であったとしても、抽出された法人における実際の支給額に基づいて功績倍率が計算され、平均功績倍率等が算出されるということになります。

参照条文等

法人税法 34 条 2 項

参考

平成 30 年 9 月 3 日付国税速報第 6524 号 17～20 頁

平成 27 年 6 月 23 日裁決（非公開裁決）

平成 19 年 11 月 15 日裁決（裁決事例集 No. 74-146 頁）

第3章　非違事例

10. 同業類似法人の平均功績倍率に基づく役員退職給与更正後に同一退職給与に係る最終報酬月額の是正による再更正の可否

――――《質問要旨》――――

1. 当社は、先日の税務調査において、損金算入していた前代表取締役に係る役員退職給与について、同業類似法人により算定された平均功績倍率を基に不相当な支給額（法法34②、法令70）があるとして更正処分を受けました。

2. その後に同業者とこの役員退職給与の更正処分のことについて話をした折に、役員報酬について何も指摘されなかったのかと問われました。

　その意味を聞いてみますと、功績倍率法で計算している場合には相当な報酬月額であることが前提とされていることから、相当な報酬であるということが確認されていないと改めてそのことが問題とされて再度調査を受けるということになるのではないかということでした。

3. 勤続年数以外の功績倍率法の計算要素である最終報酬月額と功績倍率については、同業類似法人との比較が行われ、その相当性が判断されることが先にあることから、その一方だけしか比較検討がされていないことになると確かに再度調査の対象とされる可能性があることになりますが、この点いかがでしょうか。

回答要旨

1. ご質問は、一旦調査が終了して更正決定等が行われた後に、再度その更正決定等が行われた事業年度を調査対象にできるのかという、いわゆる「再調査」の問題と考えます。

　この再調査に関しては、国税通則法74条の11《調査の終了の際の手続》第6項に再調査することができる要件が「新たに得られた情報に照らし非違があると認められるとき」と規定されていることから、この要件に該当する場合には、再調査が実施されることになります。

2. ご質問の場合には、役員退職給与について、その法人と同種の事業を営む法人でその事業規模が類似する法人（以下「同業類似法人」）により算定された平均功績倍率を基に相当な金額が算定され更正決定等により是正されたことから、改めてその計算の3要素の1つである役員報酬月額を取り上げて再調査の対象とすることができるのかということになるところ、新たな調査担当者によって、役員報酬月額を検討するための比較法人としての同業類似法人が抽出され、非違があると認められた場合には、再調査の対象とされることになる可能性は否定できないと考えます。

3. 「新たに得られた情報に照らし非違があると認められるとき」という法定要件が明記されていることから、要件を満たすと課税庁が判断をすれば、課税庁の裁量により再調査することができるということになります。

ご質問の場合などにおいて再調査対象とされたときには、納税者感情としては受け入れ難いことになると思われるところ、規定されている法定要件に関する通達および確認している裁決事例からすれば、そのように考えざるを得ないと考えます。

解説

1　再調査の要件を規定する国税通則法74条の11第6項

（1）平成23年12月の国税通則法の改正により税務調査手続が整備されたところ、その1つとして再調査の要件が国税通則法74条の11第6項に次のように規定されました（条文は、平成30年度税制改正後のもの）。

> 第1項の通知をした後又は第2項の調査（実地の調査に限る。）の結果につき納税義務者から修正申告書若しくは期限後申告書の提出若しくは源泉徴収等による国税の納付があった後若しくは更正決定等をした場合においても、当該職員は、新たに得られた情報に照らし非違があると認めるときは、第74条の2から第74条の6まで（当該職員の質問検査権）の規定に基づき、当該通知を受け、又は修正申告書若しくは期限後申告書の提出若しくは源

泉徴収等による国税の納付をし、若しくは更正決定等を受けた納税義務者に対し、質問検査等を行うことができる。

(2) 国税通則法には昭和37年の制定当初から、次のとおり、再更正の規定（国税通則法26条《再更正》）があります。

第26条 税務署長は、前2条又はこの条の規定による更正又は決定をした後、その更正又は決定をした後、その更正又は決定をした課税標準等又は税額等が過大又は過少であることを知ったときは、その調査により、当該更正又は決定に係る課税標準等又は税額等を更正する。

しかしながら、その前提となる調査、つまり再調査の規定がなかったことから、「再調査のあり方について、現行の運用上の取扱いを踏まえ、納税者の負担の軽減を図りつつ、適正公平な課税の確保を図る観点から」上記(1)の国税通則法74条の11第6項の規定が設けられました。

同規定にいう「新たに得られた情報に照らし非違があると認めるとき」とは、「例えば、税務当局が「納税者A」もX1〜X3の年分の所得税について調査を行い、これについて更正決定等をすべきと認められない旨の通知をしまたは納税者Aから修正申告書の提出等があった後に、他の「納税者B」に対する調査において、先の納税者Aの既調査年分（X1〜X3年分）の所得税について未把握の課税漏れが発見された場合などが、これに該当するものと考えられます。」と説明されています（「平成24年度税制改正の解説」（財務省）238頁）。

2 「新たに得られた情報」の意義

(1) 「新たに得られた情報」とは、先行する国税の実地の調査（以下「先行調査」）において質問検査等を行った職員が、その調査の終了時点、つまり更正決定等をすべきと認められない旨を記載した通知又は更正決定等をすべきと認めた額およびその理由等の調査結果の内容の説明を行った時点において有していた情報以外の情報をいうもの[注1]とされ、質問検査等を行っ

た職員、つまり調査担当者がその調査の終了前に変更となった場合には、その変更前後のいずれかの調査担当者が有していた情報以外の情報をいうとされています^(注2)。

(注1)「国税通則法7章の2（国税の調査）関係通達（法令解釈通達）」（平成24年9月12日付課総5-9ほか9課共同）（以下「調査関係通達」）の5-7（「新たに得られた情報」の意義）。

(注2) 調査関係通達5-7（注）。

(2) 先行調査の担当者がいかなる情報を有していたかについては、納税者にとって全く預りしらないことであり、再調査が実施された場合においても、調査することについてその理由が明らかにされないことから^(注)、再調査の名のもとに、先行調査の不十分な点を補完するための調査が行われたとしても、また、先行調査担当者において一旦了解されたはずのものが再度取り上げられたとしても、納税者側としてはどうしょうもないと言わざるを得ないと考えます。

(注) 国税庁「税務調査手続に関するFAQ（一般納税者向け）」の5. 再調査の問29の回答。

(3)「新たに得られた情報」について、いつ誰がどのようにして収集したものでなければならないなどの条件等が法令・通達に一切示されていないことから、再調査の要件が法定されたとはいえ、「納税者の負担の軽減を図りつつ、適正公平な課税の確保を図る」という運用について、これを具体的に担保するものがないように考えられます。

3 「新たに得られた情報に照らし非違があると認めるとき」の範囲

(1)「新たに得られた情報に照らし非違があると認めるとき」には、「新たに得られた情報から非違があると直接的に認められる場合のみならず、新たに得られた情報が直接的に非違に結びつかない場合であっても、新たに得られた情報とそれ以外の情報とを総合勘案した結果として非違があると合理的に推認される場合も含まれる」（調査関係通達5-8）ということから、「新たに得られた情報に照らして非違があると認める場合に該当するか否

かについて、法令および手続通達に基づき、個々の事案の事実関係に即してその適法性を適切に判断する」(注)とされていても、調査の実施に関する全てのことは課税庁の裁量にあるという実態は従前どおりであり、再調査の結果の非違の有無についても一切関係ないということになります。

(注)「調査手続の実施に当たっての基本的な考え方等について（事務運営指針）」（平成 24 年 9 月 12 日付課総 5-11 ほか 9 課共同）の 4 調査終了の際の手続（6）再調査の判定。

(2) 再調査は、あくまでも一旦終了した調査事案に係る同一税目、同一課税期間について改めて調査が実施されることから、調査が終了する前に改めて調査が行われることとなる調査の再開とは異なります（調査関係通達5-4）。

4　平成 28 年 6 月 27 日裁決

(1) 事案の概要

この裁決は、先行調査による、①法人税の青色申告の承認の取消処分、②平成 19 年 12 月期から平成 25 年 12 月期までの 7 期の法人税の各更正処分および重加算税の各賦課決定処分等が平成 27 年 3 月 17 日付でされた後に再調査により平成 25 年 12 月期に損金の額に算入した役員退職給与に不相当に高額な部分があるとして再更正処分等が平成 27 年 6 月 29 日付で行われたというものです。

(2) 請求人の主張

請求人は、請求人に対する当初調査（先行調査）においても元代表取締役に対する退職慰労金（本件役員退職給与）が問題とされているところ、税務署長所属の調査担当者は、国税通則法 74 条の 11 第 6 項に規定する再調査の要件である新たに得られた情報がないにもかかわらず、請求人に対する再調査（本件再調査）を行ったのであるから、本件再調査の手続には原処分の取消事由となる違法がある旨主張した。

(3) 課税庁の主張

課税庁は、国税通則法 74 条の 11 第 6 項に規定する「新たに得られた情

報に照らし非違があると認めるとき」に該当すると判断して調査したものであり、本件再調査の手続に違法はない旨主張しました。

（4）審判所の判断

審判所は、①先行調査は、平成26年12月9日に先行調査の調査担当者が調査結果の説明をして終了していること、②その後に本件役員退職給与の同業類似法人の選定基準を定め、同基準に基づき抽出把握した同業類似法人に関する情報に基づき平均功績倍率を算定したこと、③算定した平均功績倍率に照らせば、本件役員退職給与には損金の額に算入されない金額があると認めて再調査を行ったことを認定した上で、先行調査が終了した後に同業類似法人の平均功績倍率を把握し、それに照らして、非違があると認めたことになるから、国税通則法74条の11第6項に規定する「新たに得られた情報に照らし非違があると認めるとき」に該当すると判断して、本件再調査の手続に違法はないと結論付け、請求人が主張した先行調査において問題とされていた事項であるという点に関しては、「問題とされている事項であっても、それによって再調査の可否が左右されるものではない。」と退けました。

（5）検討結果

実際の再調査が上記（4）の裁決にあるような経過と判断により行われるということから、ご質問の場合のような同一科目、同一課税期間の一旦是正された同一勘定科目であっても、再調査の要件を満たすと課税庁が判断すれば、再調査の対象とされることになるといえると考えます。

税務上の留意点

1. 再調査に関しては、国税通則法74条の11第6項に再調査することができる要件が「新たに得られた情報に照らし非違があると認められるとき」と規定されていることから、この要件に該当する場合には、再調査が実施されることになります。

2. 役員退職給与について、同業類似法人により算定された平均功績倍率を基

に相当な金額が算定され更正決定等により是正されたことから、改めてその計算の3要素の1つである役員報酬月額を取り上げて再調査の対象とすることができるのかということになりますが、新たな調査担当者によって、役員報酬月額を検討するための比較法人としての同業類似法人が抽出され、非違があると認められた場合には、再調査の対象とされることになる可能性は否定できないと考えます。

参照条文等

法人税法34条《役員給与の損金不算入》

法人税法施行令70条《過大な役員給与の額》

国税通則法74の11⑥

国税通則法7章の2（国税の調査）関係通達（法令解釈通達）」（平成24年9月12日付課総5-9ほか9課共同）（以下「調査関係通達」）の5-7（「新たに得られた情報」の意義）

「調査手続の実施に当たっての基本的な考え方等について（事務運営指針）」（平成24年9月12日付課総5-11ほか9課共同）の4調査終了の際の手続（6）再調査の判定

参考

平成30年8月27日付国税速報第6523号6～9頁

平成24年度税制改正の解説（財務省）238頁

国税庁「税務調査手続に関するFAQ（一般納税者向け）」の5. 再調査の問29の回答

平成28年6月27日裁決（非公開裁決）

11. 役員退職給与を功績倍率法で算定する場合の「最終報酬月額」の意義

───《質問要旨》───

1. 当社の代表取締役が、体調がすぐれず退任することになりました。

   その退任する代表取締役は、当社の創業者で今日まで40年間、役員を務めてきました。

   当社が業界で少しは名の知れた企業になったのは、この代表取締役の功績によるところが大きいといえます。

2. その代表取締役に対して支給する退職給与の額については、当社の役員退職給与支給規程に基づき、功績倍率法を基礎として算定した金額とする予定です。

   その功績倍率法を適用する場合、「最終報酬月額」が問題になりますが、当社はここ数年、やや業績が低迷しているため、代表取締役が責任を感じて、2年ほど前に代表取締役の報酬月額を従来の金額の6割程度に減額しています。

   この減額後の報酬月額を基礎に功績倍率法により退職給与の額を算定しますと、代表取締役のこれまでの功績に報いる水準の額にならないと考えています。

   そこで、最終報酬月額は、減額前の報酬月額として退職給与の額を算定しようと思っていますが、認められるでしょうか。

3. この点に関して、平成29年度の法人税法の改正に伴って、法人税基本通達9-2-27の2が新設され「功績倍率法とは、役員の退職の直前に支給した給与の額を基礎として……」と明確に定められたことから、あくまで最終報酬月額は、現に代表取締役に支給している減額後の報酬月額を用いなければならないという意見がありますが、どうでしょうか。

第3章　非違事例

回答要旨

　適正な退職給与の額を算定するための功績倍率法の適用上、役員の報酬月額が減額または増額されている場合、その報酬月額が法人に対する功績の程度を反映しない不合理なものであるときは、最終報酬月額は、合理的な報酬月額に置き直してよいと考えます。

解説

1　役員に対する過大退職給与の損金不算入

(1) 法人税の課税上、法人が役員に対して支給する退職給与の額のうち、不相当に高額な部分の金額は、損金の額に算入されないこととなっています（法法 34 ②）。

(2) この場合の「不相当に高額な部分の金額」とは、その退職した役員の業務に従事した期間、退職の事情、その法人と同種の事業を営む法人でその事業規模が類似するもの（以下「同業類似法人」）の役員に対する退職給与の支給状況等に照らし、その役員に対する退職給与として相当であると認められる金額を超える場合の、その超える部分の金額をいいます（法令 70 二）。

　　これは、いくらまでの退職給与の額であれば、「相当であると認められる金額」すなわち適正な退職給与の額として損金算入が認められるかという基準を示しています。

2　適正な退職給与の額の算定方法

(1) 適正な退職給与の額をどのように算定するかについては、実務的には、多くの場合、①功績倍率法や② 1 年当たり平均額法に基づいて算定され、過大かどうかの判定が行われます。

(2) その「功績倍率法」は、次の算式によって適正な退職給与の額を算定する方法です。

　　　　　適正退職給与＝最終報酬月額×役員在職率×功績倍率[*]

515

$$(*)功績倍率 = \frac{同業類似法人の退職給与の額}{最終報酬月額 \times 在職年数}$$

これに対し、「1年当たり平均額法」とは、次の算式により適正な退職給与の額を算定する方法をいいます。

$$適正退職給与 = \frac{同業類似法人の役員の退職給与の額}{同業類似法人の役員の在職年数} \times 在職年数$$

判例では、功績倍率法の合理性を認めるケースが多くなっています（最高裁昭和60年9月17日判決・税資146号603頁等）が、1年当たり平均額法の合理性を認めたものもみられます（広島高裁平成4年3月31日判決・税資188号1128頁等）。

3 功績倍率法における「最終報酬月額」の意義

(1) 上記2のとおり、功績倍率法にあっては、「最終報酬月額」が適正な退職給与の額の算定要素の一つになっています。

これは、役員に支給する最終報酬月額は、退職間際にその役員の報酬が大幅に引き下げられたなどの特段の事情がない限り、報酬月額の最高水準を示し、役員の在職中における法人に対する功績の程度を最もよく反映しているとみられるからです（福岡高裁平成25年6月18日判決・税資263号順号12234等）。

(2) その「最終報酬月額」は、基本的には、その退職役員に対して在職中の最終月に支給した報酬の額をいいます。

しかし、ご質問のように、業績の悪化などにより一時的に役員の報酬月額を減額しているような場合、その減額後の報酬月額を最終報酬月額として退職給与の額を算定しますと、退職給与の額が過少になって、在職中の功績に応じた合理的なものにならないことが考えられます。

(3) そこで、現に支給した最終報酬月額が、必ずしもその役員の功績の程度を表さず、不合理なような場合、たとえば、減額前の報酬月額や過去の報

酬月額の平均額を最終報酬月額とすることができるかどうかが問題となります。

　この点に関して、実際支給している報酬月額は、その役員の功績を適正に反映したものとしては低額過ぎるとして、最終報酬月額は合理的な報酬月額に引き直してよいとした判例（高松地裁平成 5 年 6 月 29 日判決・税資 195 号 709 頁）があります。

　一方、報酬月額が低額で、適正な退職給与の額が算定できないということであれば、功績倍率法ではなく「1 年当たり平均額法」を採用するのが合理的であるという判例（札幌地裁昭和 58 年 5 月 27 日判決・行裁例集 34 巻 5 号 930 頁）もみられます。

4　通達改正による功績倍率法の定義と問題点

（1）平成 29 年度の法人税法の改正により、退職給与を含む包括的な「業績連動給与」の定義が設けられました（法法 34 ⑤）。

　この税制改正に伴って、法人税基本通達 9-2-27 の 2《業績連動給与に該当しない退職給与》が新設され、功績倍率法に基づいて支給する退職給与は、業績連動給与に該当しない旨が明らかにされました。

　その通達の(注)において、「功績倍率法」とは、役員の直前に支給した給与の額を基礎として、役員の法人の業務に従事した期間および役員の職務に応じた倍率を乗ずる方法により支給する金額が算定される方法をいうと定義されています。

（2）そこで、通達において明確に「役員の退職の直前に支給した給与の額を基礎として」と定義された以上、現に支給している報酬月額が減額され低額であっても、減額前の報酬月額に置き替えるようなことはできないのではないかという問題です。

　しかし、同通達の「役員の退職の直前に支給した給与の額」の趣旨は、そのような、かたくなな形式的なものではなく、合理的な報酬月額を前提にしているものと解されます。

　なぜなら、そのように解さなければ、逆に、退職給与の額を多くするた

517

め、役員の退職直前に支給する報酬月額を増額することも可能になり不合理な結果となります。

　もっとも、そのように、意図的に増額した報酬月額は法人に対する功績の程度を適切に反映せず、支給した退職給与の額は過大であるとして、過大な部分は損金不算入となるかもしれません。

　それは、法人が現に支給した退職給与の額が過大かどうかの結果論の議論ということになります。

(3) 退職給与の額を算定するための功績倍率法の適用に当たっては、支給する退職給与の額の算定上、役員の報酬月額が減額または増額されている場合、その支給額が法人に対する功績の程度を反映しない不合理なものであるときは、「最終報酬月額」は合理的な報酬月額に置き直してよいものと考えます。

　その場合の合理的な報酬月額としては、状況に応じて、減額または増額前の報酬月額や過去数年間の平均報酬月額、同業類似法人の報酬月額などが考えられます。

　最近の判例では、課税庁の同業類似法人の報酬月額の平均額によるべきであるとの主張に対し、同業類似法人の報酬月額の最高額を採用した事例があります（東京地裁平成 28 年 4 月 22 日判決・税資 266 号順号 12849、東京高裁平成 29 年 2 月 23 日判決、最高裁平成 30 年 1 月 25 日決定上告不受理）。

(4) ご質問のように、報酬月額が減額されている場合には、過少な退職給与しか支給できないこととなり、不合理な結果となってしまいます。

　なお、「1 年当たり平均額法」が合理的であるというのであれば、その方法の適用も検討してもよいと考えます。

税務上の留意点

　功績倍率法により適正な退職給与の額を算定する上において、役員の報酬月額が減額または増額されていることによって、その報酬月額が法人に対する功績の程度を反映しない不合理なものであるときは、その報酬月額は、合理的な

報酬月額に置き直してよいと考えます。

参照条文等

法人税法 34 条《役員給与の損金不算入》2 項・5 項

法人税法施行令 70 条《過大な役員給与の額》2 号

法人税基本通達 9-2-27 の 2

参考

平成 30 年 12 月 24 日付週刊税務通信 No. 3537　58〜60 頁

最高裁昭和 60 年 9 月 17 日判決（税資 146 号 603 頁）

広島高裁平成 4 年 3 月 31 日判決（税資 188 号 1128 頁）

福岡高裁平成 25 年 6 月 18 日判決（税資 263 号順号 12234）

高松地裁平成 5 年 6 月 29 日判決（税資 195 号 709 頁）

札幌地裁昭和 58 年 5 月 27 日判決（行裁例集 34 巻 5 号 930 頁）

東京地裁平成 28 年 4 月 22 日判決（税資 266 号順号 12849）

東京高裁平成 29 年 2 月 23 日判決

最高裁平成 30 年 1 月 25 日決定上告不受理

12. 権利行使期間が退職から 10 日間に限定されている新株予約権の権利行使益に係る所得区分および法人税法上の取扱いについて

――――《質問要旨》――――

1. 当社は、下記の《事実関係》に記載のとおり、平成 30 年 9 月 1 日に新株予約権（以下「本件新株予約権」）を発行しました。

2. 本件新株予約権は、役員退職慰労金制度廃止に伴う役員退職慰労金の過去積立未精算分に相当するものであります。

   また、本件新株予約権については、権利行使時の権利行使価額は 1 株当たり「1 円」とし、その付与対象者は、付与時に就任している役員で、その権利行使期間は、役員を退任した日の翌日から 10 日間に限定しております。

   このように、権利行使期間を短期間に限定したのは、本来、役員退職慰労金は役員が退任した場合、過去の労務の対価であるので、速やかに支給すべき性質のものと考えたためであります。

3. よって、本件新株予約権は現実に役員を退任しなければ権利行使できないものであり、しかも、上記 2 のとおり退任後極めて短期間に一括して権利行使をしなければならないことになっております。

4. 以上により、本件新株予約権の権利行使益に係る次の所得税法上および法人税法上の取扱いについて教えてください。

   （1）所得税法上、この権利行使益は、実質的に役員退職慰労金の対価としての性質を有しており、かつ、権利行使期間を役員退任後 10 日間に限っていることから、所得税法 30 条《退職所得》1 項に規定する「退職により一時に受ける給与」と考え、退職所得として差し支えないでしょうか。

   （2）法人税法上、平成 29 年度税制改正により、「退職給与」のうち「業績連動型の退職給与」については、業績連動給与の損金算入要件を充足しなければ損金不算入とされた（法法 34 ①かっこ書）ことから、本件

> 新株予約権の権利行使益は、業績に連動して権利行使できる数等が変
> 動する類型ではないため、「業績連動型の退職給与」に該当せず、「退職
> 給与」として原則損金算入して差し支えないでしょうか。

事実関係

1. 当社および当社の 100％子会社である IS㈱および㈱ OI（以下「子会社」）は、
   平成 28 年 8 月より役員退職慰労金の新規積立を停止しておりましたが、平
   成 30 年 9 月をもちまして役員退職慰労金制度を廃止しました。

   これに伴い、役員退職慰労金の過去積立未精算分につきましては、金銭で
   の支給は行わず、当社および当社子会社の役員（以下「対象者」）に対して、当
   社の普通株式を付与する「本件新株予約権を無償で付与する議案」を平成 30
   年 7 月 28 日開催の当社定時株主総会に付議し、会社法の施行に伴う関係法
   律の整備等に関する法律 64 条（商法の一部改正）の規定による改正前の商法
   280 条の 21 第 1 項（新株予約権の有利発行の決議）に定める特別決議を得てお
   ります。

   さらに、平成 30 年 8 月 27 日開催の当社取締役会において、本件新株予約
   権の発行に関する取締役会決議を得て、平成 30 年 9 月 1 日に本件新株予約
   権を発行いたしました。

2. 本件新株予約権は、権利行使時の権利行使価額を 1 株当たり 1 円とし、その
   権利行使期間は、発行日から 30 年以内において、役員を退任したときに、退
   任した日の翌日から 10 日を経過する日までに限り、一括して権利行使しな
   ければならないことになっております。

   本件新株予約権には、取締役会の承認を要する旨（会社法 236 ①六）の譲渡
   制限を定めるとともに、更に当社と対象者との間で締結した本件新株予約権
   割当契約書において、本件新株予約権の譲渡を禁止する旨の条項を定めてお
   ります。

回答要旨

ご質問のとおり、本件新株予約権の権利行使益については、業績に連動して権利行使できる数等が変動する類型ではないことから、「業績連動型の退職給与」に該当せず、「退職給与」として原則損金算入が認められると考えます。

解説

1 所得税法上の取扱い

(1) 上記の《事実関係》のとおり、平成30年9月1日に発行した本件新株予約権は、無償にて発行され、会社法の施行に伴う関係法律の整備等に関する法律64条（商法の一部改正）の規定による改正前の商法280条の21第1項に定める株主総会の特別決議を経て発行された所得税法施行令84条《譲渡制限付株式の価額等》2項1号に規定する新株予約権に該当します。

(2) 所得税基本通達23〜35共-6《株式等を取得する権利を与えられた場合の所得区分》(2) イにより、株式等を取得する権利を与えられた場合の所得区分は、上記所得税法施行令84条2項1号に掲げる権利を与えられた者がこれを行使した場合は、発行法人と権利を与えられた者との間の雇用契約またはこれに類する関係に基因してその権利が与えられたと認められるときは、所得税基本通達23〜35共-6(1)の取扱いに準ずるとされており、その(1)においては、給与所得とするとされています。ただし、退職後にその権利の行使が行われた場合において、例えば、権利付与後短期間のうちに退職を予定している者に付与され、かつ、退職後長期間にわたって生じた株式の値上がり益に相当するものが主として供与されているなど、主として職務の遂行に関連を有しない利益が供与されていると認められるときは、雑所得とするとされています。

(3) 退職所得とは、退職手当、一時恩給その他の退職により一時に受ける給与およびこれらの性質を有する給与（以下「退職手当等」）に係る所得をいうものとされ（所法30①）、退職手当等とは、本来退職したことに基因して一時に支払われることとなった給与をいうものとして取り扱われています

（所基通 30-1）。

(4) 本件新株予約権は、現実に退任しなければ権利行使することができず、また、退任後極めて短期間に一括して権利行使をしなければなりません。

　　したがって、本件新株予約権について課税関係が生じるのは、退任後の権利行使時（本件新株予約権を割り当てられた時に就任していた会社の役員を退任した日の翌日から 10 日間）であることから、本件新株予約権の権利行使益は、所得税法 30 条 1 項に規定する「退職により一時に受ける給与」と認められ、退職所得として課税されるものと考えます。

2　法人税法上の取扱い

(1) 法人税法上の「退職給与」の定義については、特段法令で規定されていないところ、所得税法上の「退職所得」が「退職により一時に受ける給与」とされていること（所法 30 ①）や、過去の裁判で「役員が会社その他の法人を退職したことによって支給され、かつ、役員としての在任期間中における継続的な職務執行に対する対価の一部の後払いとしての性質を有する給与」と解すべきこととされていることなどから、本件新株予約権、いわゆる 1 円ストック・オプションも、退任後の一定期間内に限り権利行使できる点等を踏まえれば、法人税法 34 条《役員給与の損金不算入》1 項かっこ書の「退職給与」に該当すると考えます。

(2) 平成 29 年度税制改正では、「退職給与」のうち「業績連動型の退職給与」については、業績連動給与の損金算入要件を充足しなければ、損金不算入とされました（法法 34 ①かっこ書、平成 29 年 10 月 1 日以後の支給決議分から適用されます。）。

　　この本件新株予約権、いわゆる 1 円ストック・オプションは、業績に連動して権利行使できる数等が変動する類型ではないため、「業績連動型の退職給与」には該当せず、「退職給与」として原則損金算入が認められると考えます。

(3) ストック・オプションを対価とする費用は、「所得税の給与等課税事由が生じた日（権利行使日）の属する事業年度」に損金の額に算入することがで

きますが、平成29年度税制改正により、交付の対象となるストック・オプションが「特定新株予約権」とされています。

この「特定新株予約権」とは、権利の譲渡についての制限その他特別の条件が付されている新株予約権（譲渡制限付新株予約権）で、次の①および②にいずれかに該当するものをいいます。

① その譲渡制限付新株予約権と引換えにする払込みに代えて役務提供の対価としてその交付を受ける個人に生ずる債権をもって相殺されること（相殺構成）

② その譲渡制限付新株予約権が実質的に役務提供の対価と認められるものであること（無償発行決議によるもの、他社の新株予約権を付与するもの）

(4) 平成29年度税制改正前は、法令上、上記（3）①のいわゆる相殺構成のみが同特例の対象とされていました。

しかし、「平成19年3月13日付課法2-3ほか1課共同「法人税基本通達等の一部改正について」（法令解釈通達）の趣旨説明」の法人税基本通達9-2-59《役務の提供の対価として発行される新株予約権》の【解説】4で上記（3）②のいわゆる無償発行決議によるストック・オプションも同特例の対象となる旨が示されており、平成29年度税制改正では、無償発行決議によるストック・オプションも同特例の対象となることが法令上明確にされています。

本件新株予約権のいわゆる1円ストック・オプションは、「無償発行」決議によるストック・オプションであることから、上記（3）②の「特定新株予約権」に該当すると考えます。

したがって、本件新株予約権、いわゆる1円ストック・オプションは、「所得税の給与等課税事由が生じた日（権利行使日）の属する事業年度」に、「特定新株予約権の交付された時の価額（付与時に役員から払い込まれた金銭がないため「付与時の時価」）」に相当する額を損金の額に算入できることになります（法法54の2①、法令111の3③）。

第3章　非違事例

税務上の留意点

　国税庁ホームページ平成16年11月2日付文書回答事例「権利行使期間が退職から10日間に限定されている新株予約権の権利行使益に係る所得区分について」を参考に設計された1円ストック・オプションであれば、平成29年度税制改正後も、法人税法34条1項かっこ書の「退職給与」に該当し、さらに「特定新株予約権」にも該当するため、「所得税の給与等課税事由が生じた日（権利行使日）の属する事業年度」に、「特定新株予約権の交付された時の価額（付与時に役員から払い込まれた金銭がないため「付与時の時価」)」に相当する額を損金の額に算入できることになります。

参照条文等

　所得税法30条1項

　所得税法施行令84条《譲渡制限付株式の価額等》2項

　所得税基本通達23〜35共-6・30-1《退職手当等の範囲》

　法人税法34条1項・54条の2《新株予約権を対価とする費用の帰属事業年度の特例等》

　法人税法施行令111条の3《譲渡制限付新株予約権の範囲等》

　法人税基本通達9-2-59

参考

　平成29年11月6日付週刊税務通信No.3481　2〜3頁

　国税庁ホームページ平成16年11月2日付文書回答事例「権利行使期間が退職から10日間に限定されている新株予約権の権利行使益に係る所得区分について」

525

13. 同族会社における法人税基本通達 9-2-32 の例示（3）の報酬減額事実該当性の判定

《質問要旨》

1. 当社は、次の定時株主総会において、病気治療を要することとなった現代表取締役甲が非常勤取締役となる分掌変更を行って役員退職給与を支給し、同人の妻乙が新たに役員となって代表取締役に就任するということを検討しています。

   その際には、実質的に退職したと同様の事情にあるとして認めてもらえるように法人税基本通達 9-2-32《役員の分掌変更等の場合の退職給与》に例示されている事実に合致するよう甲は非常勤取締役となった上で報酬額を現在の半分（おおむね 50％以上の減少）とする予定です。

2. 新たに代表取締役と就任する乙の報酬については、役員としての経験もないことから、突然に前任者と同額にした場合には、過大不相当な役員報酬という指摘を受けるおそれがありますので、半減する甲代表取締役の報酬相当額とすることとし、2 人の報酬を合わせたところで、代表取締役が生計を維持するための収入金額の総額は従前どおりとなるようにしたいと考えています。

3. このようにすることで、法人税基本通達 9-2-32 に例示されている（1）と（3）の事実に該当することになることから、既に取締役として経験を積んでいる長男丙に経営を一切任せることにすれば、分掌変更による役員退職給与の支給に関しては問題ないものと考えますし、併せて、新たに代表取締役に就任する妻乙の報酬についても問題にされることはないと思いますが、いかがでしょうか。

   なお、取締役である長男丙への事業承継については、令和 5 年（2023年）3 月末までに特例事業承継計画を提出して事業承継税制の特例の適用を受けたいと考えています。

第3章　非違事例

回答要旨

1. 基本的には問題がないようですが、同族会社という点に着目してみますと、必ずしも問題がないとは言えないことがあるように考えられます。

　それは、法人税基本通達9-2-32の例示（3）の役員給与半減の事実があったとみるのかどうかということです。

　すなわち、ご質問の場合には、現代表取締役甲の役員給与を半減しても、生計を一にする妻乙を新たに役員として代表取締役に就任させてその半減した金額相当分を妻乙の役員給与とするということから、実質的に役員給与半減の事実はないともみることができるわけであり、同族会社において極めて恣意的な役員人事と給与額の決定をしているという印象を強く与える結果になってしまうことになります。

2. そこで、基本的には分掌変更により実質的に退職したと同様の事情にあるといえるかどうかは、その分掌変更した役員ごとに判断されるべきであると考えるところ、その分掌変更した役員が退職したと同様の事情にあるかどうかという事実が重要であって、分掌変更後に取締役である後継者の長男丙に一切を任せて実際経営との関わりがないということであれば、役員人事や役員給与についての恣意性がないように思いますし、新たに代表取締役に就任する妻乙の給与については別途その相当性を判断すべきであると考えます。

3. なお、ご質問のような事案において、実質的に役員給与が半減していないということで分掌変更による退職給与の支給を認めなかった裁判例がありますし、実質的な給与半減の事実というようなことで判断すべきではないと判示した裁判例もあります。

解説

1　実質判定要素としての役員給与半減の事実

（1）「役員の分掌変更等の場合の退職給与」について定めて法人税基本通達9-2-32には、次のように定められています。

527

その支給が、例えば次に掲げるような事実があったことによるものなど、その分掌変更等によりその役員としての地位又は職務の内容が激変し、実質的に退職したと同様の事情にあると認められることによるものである場合には、これを退職給与として取り扱うことができる。

その事実の1つとして役員給与の激変が次のように例示されています。

（3）分掌変更等の後におけるその役員（その分掌変更等の後においてもその法人の経営上主要な地位を占めていると認められる者を除く。）の給与が激変（おおむね50％以上の減少）したこと。

（2）分掌変更の場合に実質的に退職したと同様の事情にあるかどうかの判定要素として役員給与（役員報酬）の減額が定められたのは、地位または職務内容の激変があれば当然に役員給与の減額も連動してあるはずであり、そうでなければ、地位または職務内容の激変があったといいつつ役員給与の額が変わらないということであれば、その支給額は過大不相当な金額ということになるのであって、この役員給与半減の事実は、単なる形式基準ではなく、実質的に退職したと同様の事情にあるということについての実質判定をする重要な判定要素の1つになるということによるものです。

　この役員給与減額の事実についても他の例示の事実と同様、その事実があるということだけで実質的に退職したと同様の事情にあるということにはならないところ、役員登記の変更と併せて形式基準を充たすことで、役員退職給与としての取扱いが受けられるという誤解が根強くあるように考えます。

2　実質的給与半減の事実を判断要素とした裁判例

　実質的給与半減の事実とは、分掌変更後において、その分掌変更した役員に対して支給される給与が名実ともに半減しているかどうかであり、その分掌変更後役員に就任した分掌変更役員と生計を一にする配偶者等に支給される給与を合計して給与半減の事実の有無を判定するというものです。

第3章　非違事例

　実質的給与半減の事実によって給与半減の事実を否定した裁判例は次のとおりです。

(1)　事案の概要

　　甲社は、A が代表取締役から非常勤の平取締役となり、役員給与が月額210 万円から月額 100 万円に半減したことにより、実質的に退職したと同様に事情にあるとして A に退職給与 1 億 4 千万円を支給し、損金の額に算入した。この A の分掌変更により A の前妻で経理担当であった C の死亡後に A の妻となった B が後継の代表取締役となったが、B は経営には全く関わらないにもかかわらず、月額 110 万円の役員給与が支給された。

　　なお、甲社は、A が 100％の株式を保有する同族会社であり、甲社が A に分掌変更による役員退職給与の支給をした背景には、C の死亡によって甲社に多額の保険金収入があったという事情があります。

(2)　東京地裁平成 17 年 2 月 4 日判決（納税者控訴）

　　この判決では、A は、代表取締役を辞任した後も常勤の取締役として従前どおり代表取締役の業務を行い、経営の中心であって、分掌変更によって非常勤の取締役になるつもりは全くなく、単に従前の役員給与を A と妻の B とに分割して受領するつもりであると認められ、甲社もまた多額の保険金収入があることから、A に退職給与を支給したもので、A には分掌変更によって退職したと同様の事情を認めることはできないと判示しています。

(3)　東京高裁平成 17 年 9 月 29 日判決においては、控訴人（納税者）の請求には理由がないとして退けられています。

(4)　最高裁平成 18 年 3 月 16 日決定においては、上告不受理となっています。

3　実質的給与半減の事実を判断要素とすべきではないとした裁判例

　実質的給与半減の事実を判断要素とすべきではないとした裁判例は、次のとおりです。

(1)　事案の概要

　　乙社は、A が代表取締役から常勤の平取締役となり、役員給与が月額 95 万円から月額 45 万円に半減したことにより、また A の父である C が取締

529

役から常勤の監査役となり、役員給与が月額20万円から8万円に減少したことにより、A、Cともに実質的に退職したと同様の事情にあるとして、Aに5千万円、Cに2千万円の役員退職給与を支給し、損金の額に算入した。

このAの分掌変更によりAの妻で3か月前に乙社の取締役となったBが後継の代表取締役となり、役員給与も月額20万円から45万円とされたが、実態はAが分掌変更後も経営に当たっていた。

なお、乙社は、A、B、Cで100%の株式を保有する同族会社（Cが40%を保有する筆頭株主）であり、乙社がAおよびCに分掌変更による役員退職給与の支給をした背景には、乙社に満期による1億円の保険金収入があったという事情があります。

(2) 京都地裁平成18年2月10日判決（納税者控訴）

この判決では、Aの役員給与は、月額95万円から月額45万円となり、形式的には通達に定める給与半減の事実は存在しているところ、乙社は同族会社であり、Aの役員給与が減額されたことに代わってBの役員給与が月額20万円から月額45万円に増額され、両者の役員給与を併せると月額90万円となって、従前のAの役員給与額と大差なく、Aが分掌変更後も乙社の経営に当たっていることからしても、実質的に退職したと同様の事情があると認めることはできないと判示しています。

なお、乙社には多額の保険金収入があり、役員退職給与の支給がない場合あるいは支給しても損金算入が認められない場合には、多額の法人税を納付しなければならないことから、分掌変更による役員退職給与を支給した疑いもあるとしています。

(3) 大阪高裁平成18年10月25日判決（納税者上告）

この判決では、Aは、分掌変更後も常勤の取締役として乙社の経営上重要な地位を占めていたのであるから、実質的に退職したと同様の事情にあると認めることはできないと判示しています。

なお、1審判決が、Aに対する役員給与額をBに対する役員給与額と合算して、通達に定める給与半減の事実に関する判断をしている点は、乙社

第3章　非違事例

が控訴理由で指摘するとおり相当とはいえず、給与半減の事実に関する判断は、夫婦や家族単位でするべきではなく、退職給与が支給される役員のみでなされるべきであると判示しています。

(4) 最高裁平成19年3月13日決定では、上告棄却・上告不受理となっています。

税務上の留意点

基本的には分掌変更により実質的に退職したと同様の事情にあるといえるかどうかは、その分掌変更した役員ごとに判断されるべきであると考えるところ、その分掌変更した役員が退職したと同様に事情にあるかどうかという事実が重要であって、分掌変更後に取締役である後継者に一切を任せて実際経営との関わりがないということであれば、役員人事や役員給与についての恣意性がないように考えられます。

なお、新たに代表取締役に就任する役員の給与については別途その相当性を判断すべきであると考えます。

参照条文等

法人税基本通達9-2-32

参考

平成31年2月25日付国税速報第6548号21～24頁

東京地裁平成17年2月4日判決

東京高裁平成17年9月29日判決

最高裁平成18年3月16日決定・上告不受理

京都地裁平成18年2月10日判決

大阪高裁平成18年10月25日判決

最高裁平成19年3月13日決定上告棄却・上告不受理

14. 黄金株保有役員に対する分掌変更による退職給与支給の可否

―――――《質問要旨》―――――

1. 当社は、多くの中小企業者と同様に事業承継すべき時期を迎えており、現代表取締役の長男（取締役）を後継者として準備を進めることとし、まずは代表権の引継ぎを行い、経営者としての自覚と覚悟が備わったところで、現代表取締役が保有する当社株式の全株を贈与したいと考えています。

   したがって、令和5年（2023年）3月末までに特例承継計画を策定・提出して贈与税の納税猶予制度の適用を受けることとしています。

2. ところで、当社は、種類株式の一つである拒否権付種類株式、いわゆる黄金株を発行しており、現代表取締役が保有しています。

   代表権の引継ぎは、分掌変更の形で、現代表取締役が非常勤の取締役となるなど法人税基本通達9-2-32《役員の分掌変更等の場合の退職給与》に定められてところに従い、実質的に退職したと同様の事情にあるように事実関係を整えることとしていますが、この分掌変更の時点で黄金株を保有したままということになることから、このことによって、分掌変更時の退職給与の支給が認められないことになるのではないかと心配しています。

   問題がないようであれば、次の定時株主総会において分掌変更による代表取締役の交代を早速実行したいのですが、大丈夫でしょうか。

回答要旨

1. 法人税基本通達9-2-32には、分掌変更による実質的に退職したと同様の事情にあると認められる場合の事実について3つの例示があり、そのいずれにおいても「その法人の経営上主要な地位を占めていると認められる者を除く」と明記されているところ、拒否権付種類株式いわゆる黄金株を保有している

ということが直ちにここにいう経営上主要な地位を占めているということには当たらないと考えられることから、その黄金株を保有していることのみをもって分掌変更による退職給与の支給が拒否されることにはならないのではないかと考えます。

2. ただし、実質的に退職したと同様の事情にあるかどうかについては、事実認定の問題となるところ、分掌変更後多少なりとも経営に関与している事実があって税務調査において指摘され、分掌変更による退職給与の支給が是否認の俎上に上がったときには、黄金株を保有していることが、退職給与の支給を否認する判断材料の一つとして働くであろうことは否定できないと考えます。

3. なお、事業承継税制において、黄金株に関しては、贈与税の納税猶予制度の認定要件に第一種特例経営承継受贈者（後継者）以外の者が保有していないことと規定され（中小企業における経営の承継の円滑化に関する法律施行規則6条1項7号リ）、相続税の納税猶予制度の認定要件には第一種特例経営承継相続人（後継者）以外の者が保有していないことと規定されている（同施行規則6条1項8号チ）ことから、ご質問の場合においても株式の贈与時には黄金株を含む所要の株式を確実に後継者に移転する必要があります。

解説

1 種類株式制度における拒否権付種類株式

(1) 黄金株といわれる拒否権付種類株式とは、会社法108条《異なる種類の株式》1項8号において次のように規定されています。

> 株主総会（取締役会設置会社にあっては株主総会又は取締役会、……）において決議すべき事項のうち、当該決議のほか、当該種類の株式の種類株主を構成員とする種類株主総会の決議があることが必要とするもの

これは株式会社が発行することができる普通株式とは内容の異なる株式の一つです。

(2) 会社法上は、株式に関する原則として、株主は、その株式の内容および保有数に応じて平等に取り扱われ（会社法 109 ①）、その保有株式数に応じて議決権を行使でき（会社法 308 ①）、配当を受領し（会社法 454 ③）、会社解散時には残余財産の分配を受けることができるとされています（会社法 504 ③）。

しかし、この原則だけでは、会社経営、会社支配、事業承継等の各場面における各種多様な株主の求めに応えきれないことから、会社法には、内容の異なる複数の種類の株式を発行することができる種類株式制度が設けられ、会社法 108 条 1 項に次の 4 区分 9 種類の株式を発行することができる旨規定されています。

① 優先目的種類株式（劣後を目的とすることもできます。）

　（イ）剰余金配当優先種類株式

　　　⇒　普通株式より優先的に配当を受ける権利ある株式

　（ロ）残余財産分配優先種類株式

　　　⇒　残余財産の分配を優先的に受ける権利ある株式

② 制限目的種類株式

　（ハ）議決権制限種類株式

　　　⇒　株主総会決議事項の議決権行使に制限ある株式

　（ニ）譲渡制限種類株式

　　　⇒　株式の譲渡に発行会社の承諾を必要とする株式

③ 取得目的種類株式

　（ホ）取得請求権付種類株式

　　　⇒　株主が発行会社に買い取ることを請求できる株式

　（ヘ）取得条項付種類株式

　　　⇒　一定事由の発生を条件に発行会社が取得できる株式

　（ト）全部取得条項付種類株式

　　　⇒　株主総会決議で発行会社が全部を取得できる株式

④ 支配目的種類株式

　（チ）拒否権付種類株式（黄金株）

第3章　非違事例

　　　　　⇒　株主総会・取締役会において決議すべき事項について種類
　　　　　　　株主総会において承認しない（＝拒否する）ことができる株式
　（リ）取締役・監査役選任種類株式
　　　　　⇒　種類株主総会決議で取締役・監査役を選任できる株式

2　黄金株の保有と退職事実

（1）黄金株の保有

①　黄金株すなわち拒否権付種類株式については、上記1のとおり、株主
総会・取締役会において決議すべき事項を種類株主総会（会社法321・322）
において承認しない（＝拒否する）ことができることから、事業承継を行
う場合に、1株保有しておきさえすれば、他の全ての株式を後継者に贈
与しても、重要事項の最終決定権を持っていることになるため、後継者
に対する影響力、発言力を堅持できるといわれています。

②　黄金株を発行する場合には、拒否権付種類株式を発行する旨、拒否権
付種類株式保有株主による種類株主総会において決議を要する事項、発
行可能株式総数等を定款に具体的に定めなければならないことから（会
社法108②八）、株主総会の特別決議により定款変更をする必要がありま
す（会社法309②十一、466）。

　　この場合、種類株主総会において決議を要する事項として通常定めら
れるものとしては、①特定の定款変更、②重要な財産の処分、③会社の
組織再編行為、④株式の譲渡承認、⑤減資、⑥事業譲渡、⑦解散、⑧役
員の選任・解任、⑨多額の借財等いろいろありますが、会社の存続等に
直接関係する重要事項になることから、黄金株保有者がその影響力、発
言力を示すことができる場面は、その決議を要する事項として定款に定
められた事項を決議する種類株主総会においてということになります。

（2）退職事実の判断

　　分掌変更において支給された給与が役員退職給与に当たるか否かについ
ては、株主総会等においてその支給を決議した時点において、退職事実と
して実質的に退職したと同様の事情にあるかどうかが問題とされるとこ

535

ろ、その判断は、その分掌変更した役員が分掌変更後において役員として業務の執行や業務の決定に関わっているかどうか、つまり経営に関与しているかどうかによって行われることになることから、拒否権付種類株式保有株主として種類株主総会において決議権を有しているかどうかとは直接的には関係ないものと考えます。

なお、黄金株の税務上の評価については、中小企業庁からの照会に対して拒否権を考慮せず普通株式として評価する旨国税庁から回答されています（中小企業庁事業環境部長からの「相続等により取得した種類株式の評価について（照会）」に対する国税庁課税部長の平成 19 年 2 月 26 日付回答）。

3 東京地裁平成 20 年 6 月 27 日判決

この判決は、筆頭株主である役員の分掌変更時に役員退職給与の支給を認容した裁判事例です。なお、事案の概要等は次のとおりです。

（1）事案の概要

この事案は、分掌変更により代表取締役から監査役となった筆頭株主（35％所有）である役員甲に対して分掌変更時に支給された 4,500 万円の役員退職給与該当性が争われたものですが、経営に関与していないということが事実としてありさえすれば、株式の保有割合は関係ないということが明確に判示されています。

（2）被告（課税庁）の主張

課税庁は、甲が、①取締役を退任後も監査役でありかつ筆頭株主であること、②約 15 年にわたり代表取締役を務めていたこと、③現在の代表取締役の父であることなどから、長年の経験を活かし、また、その所有する株式を通じて、会社の経営に影響を与え得るため、引き続き経営上主要な地位を占めており、実質的に退職したと同様の事情にあるとは認められないという主張をしました。

（3）判示要旨

① 裁判所は、分掌変更時に役員に支給される給与が退職給与として損金算入できるかどうかは、その役員が実質的に退職したと同様に事情にあ

第3章　非違事例

ると認められるか否かを、具体的な事情に基づいて判断する必要がある
として、甲は、胆のう摘出手術を受けたことを機に代表取締役を退任、
取締役も辞任して監査役に就任し、その後は会社業務を行わなくなった
ことを認定した上で、実質的に退職したと同様に事情にあると認められ
ると判断しました。

② 甲が筆頭株主であることについては、甲は、役員としてはおろか、従
業員としても一切の業務を行っていない状態になったのであって、仮に、
甲が筆頭株主として会社に対して何らかの影響を与え得るとしても、そ
れは、飽くまで株主の立場からその議決権等を通じて間接的に与え得る
にすぎず、役員の立場に基づくものではないから、株式会社における株
主と役員の責任、地位および権限等の違いに照らすと、株式保有割合の
状況は、甲が実質的に退職したと同様の事情にあると認めることの妨げ
とはならない旨判示しました。

③ 甲が約15年にわたり代表取締役を務めており、現在の代表取締役の
父であるとしてもそのような事情は甲が会社の経営に影響を与え得る可
能性を抽象的に示すものにすぎず、実際に甲がそのような立場で経営に
関与していることは何らうかがわれないのであるから、甲が経営上主要
な地位を占めていることを示すものと評価することはできないとして、
課税庁の主張を全て否定しました。

④ 課税庁の退職給与の支給は多額の補償金等の取得により発生する高額
の納税義務を回避するためのものである旨の主張に対しては、退職給与
を支給することとした1つの動機があることが強くうかがわれるとしな
がらも、そのような動機があったとしても、甲が実質的に退職したと同
様の事情にあると認められるという判断を左右しないというべきである
として明確に排斥しました。

税務上の留意点

1. 法人税基本通達9-2-32には、分掌変更による実質的に退職したと同様の事

情にあると認められる場合の事実について 3 つの例示があり、そのいずれに
おいても「その法人の経営上主要な地位を占めていると認められる者を除く」
と明記されているが、拒否権付種類株式いわゆる黄金株を保有していると
いうことが直ちにここにいう経営上主要な地位を占めているということには当
たらないと考えられることから、その黄金株を保有していることのみをもっ
て分掌変更による退職給与の支給が拒否されることにはならないのではない
かと考えます。

2. ただし、実質的に退職したと同様の事情にあるかどうかについては、事実認
　定の問題となるところ、分掌変更後多少なりとも経営に関与している事実が
　あって税務調査において指摘され、分掌変更による退職給与の支給が是否認
　の俎上に上がったときには、黄金株を保有していることが、退職給与の支給を
　否認する判断材料の一つとして働くであろうことは否定できないと考えます。

参照条文等

法人税基本通達 9-2-32

会社法 108 条・109 条《株主の平等》・308 条《議決権の数》・309 条《株主総
会の決議》・321 条《種類株主総会の権限》・322 条《ある種類の種類株主に損
害を及ぼすおそれがある場合の種類株主総会》・454 条《剰余金の配当に関す
る事項の決定》・466 条《定款の変更》・504 条《残余財産の分配に関する事項
の決定》

中小企業における経営の承継の円滑化に関する法律施行規則 6 条

参考

平成 31 年 3 月 11 日付国税速報第 6550 号 14〜17 頁

東京地裁平成 20 年 6 月 27 日判決

中小企業庁事業環境部長からの「相続等により取得した種類株式の評価につ
いて（照会）」に対する国税庁課税部長の平成 19 年 2 月 26 日付回答

第3章　非違事例

15. 分掌変更役員に係る「実質的に退職したと同様の事情」の存在時期

──《質問要旨》──

1. 当社は、代表取締役が高齢のため事業承継を急ぐ必要があるところ、当社株式の1株当たりの相続税評価額はそれほど高くないため、事業承継税制の特例を活用するまでもないことから、次の定時株主総会において分掌変更により現代表取締役が非常勤の取締役に退き、役員報酬も現在の3分の1ほどに減額することとし、半年前に当社に入社した長女の配偶者を後継の代表取締役とすることを検討しています。

　現代表取締役が保有している当社株式については、分掌変更による役員退職給与を支給することによって、1株当たり相続税評価額がさらに下がったところで、全株式を贈与することとすれば問題ないと考えています。

2. 分掌変更による退職給与を支給した場合には、税務調査の対象とされて実質的に退職していないという指摘を受けて、退職給与として認められないのではないかと心配しているところです。

　特に当社の場合には、代表取締役の交代を優先することにより、具体的な事務の引継ぎ等については代表取締役交代後になることから、その代表取締役交代後当分の間は、実際のところ分掌変更どおりに非常勤取締役になることは難しいと想定されます。

3. ただ、定時株主総会において交代しますので、遅くともその事業年度末までには引継ぎ等を終了することになるため、事業年度末に分掌変更が実現できていればよいのではないかと考えられますが、退職給与の支給についていかがなものでしょうか。

回答要旨

1. 株主総会において代表取締役を退任し非常勤取締役になるとしても、実際

その次の日から完全に職務内容が変わって経営との関わりがなくなるだろうということは容易に想像され、ご質問にあるような事務の引継ぎ等の時間が必要なことも理解できます。

　しかしながら、事務の引継ぎ等に時間を要するとしても、分掌変更により実質的に退職したと同様の事情にあるということで役員退職給与を支給するということである以上は、その退職給与の支給を決議した時点、すなわち、役員退職給与支給債務の確定の時点で実質的に退職したと同様の事情が存在しなければならないことになるものと考えます。

2.　税務調査においては、その役員退職給与の支給を決議した時点において実質的に退職したと同様の事情が存在していたか否かの判断は、その後の経営との関わりの有無等の事実関係によって行われることになることから、実質的に退職したと同様の事情は、その退職給与の支給決議をした事業年度終了の日までに存在すればよいのではないかという考え方もありそうです。

　しかしながら、そもそも退職給与は、株主総会決議等に基づき、退職の事実あるいは退職したと同視し得る事情の存在を前提に支給されるものであるということからすれば、その考え方は成り立たないと考えます。

3.　ご質問の場合、半年前に入社した長女の配偶者を後継の代表取締役にするということであり、事務の引継ぎ等のその実態は、代表取締役に就任させた後における後継経営者教育であると考えられ、同人が後継者としてどれだけの資質、経験を有しているかは不明であるところ、代表取締役として会社の業務の決定をし、執行することができるようになるまでには相当の時間を要するであろうと思われ、その間の経営は分掌変更後も現代表取締役が継続せざるを得ないでしょうから、分掌変更により実質的に退職したと同様の事情にある（法基通9-2-32）ということでの退職給与の支給は難しいものと考えます。

第3章　非違事例

解説

1　事業承継に伴う役員退職給与の支給

(1) 平成30年度税制改正により、従来からある事業承継税制において指摘されていた使い勝手の良くない部分をほぼ全て是正したともいえる事業承継税制の特例が創設されました。

　　制度が活用され事業承継が進展していくことになれば、先代経営者の完全離脱退職あるいはご質問にあるような分掌変更による役員退職給与の支給が増加し、課税庁との間でその支給額の相当性を巡る問題も増加することが想定されます。

(2) ご質問の場合は、この創設された事業承継税制の特例も従来の事業承継税制も適用することなく、巷間知られているところの役員退職給与を支給することによってその会社の株式の1株当たりの相続税評価額を下げ、その下がったところで株式を贈与するという手法による事業承継を行うということですが、どのような方法により事業承継を行うにしても役員退職給与を支給することになれば、会社法上の手続は当然として、法人税法において役員退職給与としての損金算入が認められるためには、その役員について退職の事実が存在した上でその支給金額が相当であることが必要となります。

(3) 特に、先代経営者については、事業承継税制を適用する場合でも代表権さえ有しなければ役員に留まってもよいことから、事業承継時において分掌変更による退職給与の支給をする場合には、支給金額の相当性以前に実質的に退職したと同様の事情にあるかどうかが問題となりますので、その事情の存在こそが重要となります。

(4) なお、事業承継税制を適用する場合、後継者はその贈与の日まで引き続き3年以上その会社の役員でなければなりませんので（中小企業における経営の承継の円滑化に関する法律施行規則6条1項7号ト(4)）、ご質問の代表取締役の交代を優先したような場合には、いずれの制度においても後継者要件を欠くことになると考えます。

541

2 役員退職給与における債務の確定

(1) 役員退職給与を支給した場合、その支給額は、法人税法 22 条《各事業年度の所得の金額の計算の通則》3 項に規定される「損金の額に算入すべき金額」の「当該事業年度の販売費、一般管理費その他の費用（償却費以外の費用で当該事業年度終了の日までに債務の確定しないものを除く。）の額」（同項2 号）に当たるものと考えられます。

　この法人税法 22 条 3 項 2 号に規定される「費用の額」については、特に定義はされていないものの、同項 1 号に規定される「原価の額」を含むもので、その括弧書にあるとおりその事業年度終了の日までに債務の確定しないものは除かれることとされています。

　その債務が確定しているかどうかは、法人税基本通達 2-2-12《債務の確定の判定》の定めにより判定することとされ、次の 3 つの要件の全てを満たす場合に、その債務が確定しているものとされて損金の額に算入されることになります。

① その事業年度終了の日までにその費用に係る債務が成立していること

② その事業年度終了の日までにその債務に基づいて具体的な給付をすべき原因となる事実が発生していること

③ その事業年度終了の日までにその金額を合理的に算定することができるものであること

(2) ご質問において、「事業年度末までに」というのは、上記の法人税基本通達 2-2-12 の 3 要件のいずれにもその「事業年度終了の日までに」とあることを意識してのことかと思われますが、役員退職給与については、会社法上の手続として株主総会において役員の退職あるいは分掌変更が承認され、併せて退職給与を支給することとその支給額の決議（具体的な支給金額を取締役会に委任した場合には取締役会決議）がされることによって、その時点で上記 3 要件の全てが満たされることになるわけですから、不正計算によって支給されたものでなく、不相当に高額な金額でない限りは損金の額に算入されることになり、そもそも「事業年度末までに」ということでは

第3章　非違事例

ないと考えられます。

（3）したがって、分掌変更の場合において退職給与を支給し損金の額に算入するということであれば、その分掌変更の株主総会決議時点において実質的に退職したと同様の事情にある必要があることになり、その時点において実質的に退職したと同様の事情にあったかどうかの判定は、その分掌変更後の経営との関わり状況の事実によって行われることになります。

3　平成 26 年 10 月 16 日裁決およびその後の訴訟事案

今回のご質問とは論拠は異なりますが、参考になるものとして納税者側が「実質的に退職したと同様の事情」は事業年度末までに具備されていればよいはずだとの主張をした事案を紹介します。

（1）平成 26 年 10 月 16 日裁決

① 請求人の主張

請求人側は「代表取締役から取締役相談役に分掌変更した時点では「実質的に退職したと同様の事情」として十分な事情が認められなかったとしても、法人税法が事業年度の所得に課税するという期間税の構造を採用していることから、「実質的に退職したと同様の事情」は、事業年度末までに具備されればよい。」として更正処分を受けた事業年度末までに「実質的に退職したと同様の事情」が具備されていた旨主張しました。

② 審判所の判断

審判所は、役員に対して支給する退職給与については、事実を隠蔽または仮装して支給されたものではなく、不相当に高額な部分の金額がない場合には、法人税法 22 条 3 項の規定に基づき損金の額に算入されることになるとした上で、役員に対して支給する退職給与とは、役員が会社その他の法人を退職したことより支給される一切の給与をいうのであり、退職の事実またはこれと実質的に同様といえる事実に基因して支払われる金員をいうのであるから、納税者側の主張はその前提を欠くものであるとの判断を示してその主張を認めませんでした。

（2）東京地裁平成 29 年 1 月 12 日判決（納税者控訴）

① 納税者の主張

納税者側は「実際、代表取締役の退任と同時に後任の社長に引継ぎ行うことなく一時に会社を去ることなど通常はあり得ないのであり、一定期間にわたって引継ぎを行うことが不可欠である。」として、審査請求時と同様に実質的に退職したと同様の事情は事業年度末までに具備されれば足りる旨主張しました。

② 裁判所の判断

裁判所は、法人税法 22 条 3 項 2 号は、一般管理費を損金の額に算入できるか否かについて債務の確定を基準としており、支給した金員が退職給与に該当するか否かについても、その金員の支払債務が確定した時を基準として判断すべきで、実質的に退職したと同様の事情にあると認められるか否かについて代表取締役を退任した後の事情を斟酌するにしても、退職給与に該当するか否かの判断において事実上参酌されるものにすぎないと判示して納税者の主張を退けました。

（3）東京高裁平成 29 年 7 月 22 日判決（納税者上告）

納税者側は控訴しましたが、高裁は地裁判決を支持して控訴を棄却しました。

なお、この事案は現在上告および上告受理申立てがなされています。

税務上の留意点

1. 役員退職給与の支給を決議した時点において実質的に退職したと同様の事情が存在していたか否かの判断は、その後の経営との関わりの有無等の事実関係によって行われることになることから、実質的に退職したと同様の事情は、その退職給与の支給決議をした事業年度終了の日までに存在すればよいのではないかという考え方もありそうです。

2. しかしながら、事務の引継ぎ等に時間を要するとしても、分掌変更により実質的に退職したと同様の事情にあるということで役員退職給与を支給すると

いうことである以上は、その退職給与の支給を決議した時点、すなわち、役員退職給与支給債務の確定の時点で実質的に退職したと同様の事情が存在しなければならないことになるものと考えます。

参照条文等

法人税法 22 条 3 項 2 号

法人税基本通達 2-2-12・9-2-32《役員の分掌変更等の場合の退職給与》

中小企業における経営の承継の円滑化に関する法律施行規則 6 条

参考

平成 30 年 12 月 3 日付国税速報第 6537 号 23〜26 頁

平成 26 年 10 月 16 日裁決（非公開裁決）

東京地裁平成 29 年 1 月 12 日判決

東京高裁平成 29 年 7 月 22 日判決

16. 分掌変更による退職給与支給後も建設業法上の経営業務の管理責任者として届け出ている取締役に対する退職給与支給額の損金算入の可否

――――《質問要旨》――――

1. 当社は、建設業を営む同族会社です。

　先日の定時株主総会において代表取締役が退任し、非常勤の平取締役になり、報酬も月額 100 万円から 50 万円に減額しましたので、実質的に退職したものとして役員退職給与を支給しました。

2. しかしながら、建設業においては、建設業の許可を得てこれを維持するためには建設業法の規定により経営業務の管理責任者が必要であることから、他に適任者がいないこともあって、分掌変更後も前代表取締役をその管理者として届け出ています。

3. このような届出をしている場合、分掌変更により退職したものとして前代表取締役に支給した役員退職給与が法人税法上認められないということはないでしょうか。

4. なお、前代表取締役は、退任後 100％保有していた当社株式の全てを、4 年前に事業を承継するためにサラリーマンを辞めて帰省し、当社の取締役に就任した同人の長男である後任の代表取締役に贈与しています。

　また、分掌変更による減額後の前代表取締役の報酬月額は、まだ建設業の経験の浅い後任の代表取締役と同額にしています。

回答要旨

1. 建設業の許可基準を満たすために退任した前代表取締役を経営業務の管理責任者として届け出ているというだけで、直ちに法人税法上認められないということにはならないと考えます。

2. 一方、法人税基本通達 9-2-32《役員の分掌変更等の場合の退職給与》に例示されている実質的に退職したと同様の事情にあると認められることとなる事実に該当するよう、代表取締役から非常勤の平取締役になって報酬月額を半

546

第3章　非違事例

分に減額したとしても、その役員がその分掌変更等の後においてもその会社の経営上主要な地位を占めている場合には、退職したと同様の事情にあるとは認められないことから、その役員に退職給与として支給した金員は、法人税法 34 条《役員給与の損金不算入》に規定する損金の額に算入できる役員給与のいずれにも該当しない、いわゆる役員賞与を支給したものとして、損金不算入となります。

3.　ご質問の場合は、事業承継を意図した分掌変更のようですが、ご質問の内容からすれば、父親である前代表取締役が経験の浅い長男の現代表取締役を名実ともに支えているということのようであり、そのことが報酬額を現代表取締役と同額としていることや、常勤の取締役が要件とされる経営業務の管理責任者として届け出ていることにも現れていると考えられ、最終的には税務調査において事実認定の問題となるとしても、前代表取締役が分掌変更等の後において経営上主要な地位を占めていると指摘される可能性は高いと考えます。

解説

1　分掌変更等の場合の退職給与

（1）役員の分掌変更または改選による再任用等によりその役員の地位または職務内容が激変し、退職したと同様の事情にあると認められるとき、例えば、①常勤役員が非常勤役員になった、②取締役が監査役になった、③分掌変更等の後の給与がおおむね 50％以上減少したというような場合に、その分掌変更等の後にその役員が経営上主要な地位を占めていないならば、その分掌変更等に際して退職給与として支給した給与を法人税法上も退職給与として取り扱うこととされています（法基通 9-2-32）。

（2）ご質問の場合もこの通達の取扱いを考慮して、代表取締役が非常勤の取締役になり、役員報酬を半分に減額するなど同通達に例示されている退職したと同様の事情にあると認められることになる事実に合わせた対応をしているところ、その取扱いが認められるかどうかの判断は、通達に示され

547

た形式的側面からだけではなく、その役員が経営上主要な地位を占めてい
ないかどうかという実質的側面から検討されることになることから、ご質
問の場合については、前記回答要旨3に記載したように考えられます。

2　建設業法7条に規定する経営業務の管理責任者

(1)　建設業法7条《許可の基準》に規定する経営業務の管理責任者について
は、同条が規定する4つの建設業許可要件の1つであり、これが要件とし
て規定された理由は、建設業は一品ごとの受注生産であり、契約金額が多
額の上、請負者が長期間瑕疵担保責任を負うという他の産業とは異なる特
性を有していることから、適正経営の確保を図るため、建設業の経営につ
いて一定期間の経験を有した者が最低でも1人は必要であるとされたこと
によるものです。

　このため、建設業の許可を受けようとする者が法人の場合には、常勤の
役員（株式会社・有限会社の場合は取締役）が許可を受けようとする建設業に
関し、5年以上経営業務の管理責任者としての経験を有していることとさ
れています。

　例えば、許可を取得した後に経営業務の管理責任者が退職し、後任が不
在となった場合には、要件欠如ということになって許可の取消し（建設業
法29①一）になります。

(2)　ご質問の場合、前代表取締役を経営業務の管理責任者として届け出なけ
ればならない理由は上記（1）のとおりです。

3　経営業務の管理責任者として届け出たことについて

(1)　前述2のとおり、経営業務の管理責任者の存在は、建設業の許可を得て
それを維持していく上で極めて重要な意味を持っており、常勤の役員であ
る必要があるところ、本件では、分掌変更により非常勤役員になったとし
ながら、その一方で経営業務の管理責任者として届け出たということは、
会社が自ら非常勤役員になったことを否定しているという見方もできま
す。

(2)　法人税法には役員の定義はありますが、「常勤」、「非常勤」については、

何ら規定がなく、「常勤役員」、「非常勤役員」の文言が、特に定義されることもなく、法人税基本通達9-2-12《定期同額給与の意義》、9-2-32《役員の分掌変更等の場合の退職給与》において用いられています。

　さらに、法人税確定申告書に添付しなければならない「役員報酬手当等及び人件費の内訳書」においては、役員について各人別に「常勤」、「非常勤」の区別をして、「常・非」のいずれかに○を付すようなっています。また、「法人事業概況説明書」の「4　期末従業員等の状況」の（1）の最初に「常勤役員」と印字されています。

　このように通達等に用いられてはいますが、法人税法においてはその意味内容が明確ではありません。

(3)「役員のうち常勤であるもの」について、国土交通省の「建設業許可事務ガイドラインについて」平成13年4月3日付国総建第97号の【第7条関係】1. 経営業務の管理責任者について（第1号）の（2）において、次のように定められています。

> 「役員のうち常勤であるもの」とは、いわゆる常勤役員をいい、原則として本社、本店等において休日その他勤務を要しない日を除き一定の計画のもとに毎日所定の時間中、その職務に従事している者がこれに該当する。なお、建築士事務所を管理する建築士、宅地建物取引業者の専任の取引主任者等の他の法令で専任を要するものと重複する者は、専任を要する営業体及び場所が同一である場合を除き「常勤であるもの」には該当しない。
>
> 　なお、「役員」には、執行役員、監査役、会計参与、監事及び事務局長等は含まれない。

(4) 上記のとおり、国土交通省通達に常勤の役員についての定めがあるところ、現実問題として、常勤の役員としての常勤性と経験が証明されなければ意味がないことになります。

　そこで、大臣許可か知事許可かの区分によって、知事許可の場合は各都道府県によってそれぞれ異なる部分があるものの、役員の常勤性の確認資

料として、次に掲げる資料の提出等をしなければならないこととされています。

現在の常勤を確認するもの
① 住民票の写し（原本）（抄本で可。発行後３か月以内のもの。本籍地の記載は不要）
② 健康保険被保険者証の写し（社会健康保険証・国民健康保険証・後期高齢者医療被保険者証）
③ 国民健康保険など、事業所名が印字されていない場合は常勤を確認するため、②に加えて次の順でいずれかの資料が必要です。
（イ）健康保険・厚生年金保険被保険者標準報酬決定通知書の写しまたは健康保険・厚生年金保険被保険者資格取得確認及び標準報酬決定通知書の写し（原本提示）
（ロ）住民税特別徴収税額通知書（徴収義務者用）の写し（原本提示）
（ハ）法人税確定申告書（受付印押印のもの）の表紙（別表１(1)）と役員報酬明細書（役員報酬手当等及び人件費の内訳書）の写し
（ニ）その他、常勤が確認できるもの
過去の経営経験を確認するもの
④ 役員および経験年数を証明するもの
（イ）法人の役員にあっては、登記事項証明書、履歴事項全部証明書、閉鎖登記簿謄本等（期間分）
（ロ）建設業法施行令３条に規定する使用人にあっては、期間分の建設業許可申請書および変更届出書の写し（原本提示）
⑤ 建設業法７条１号イまたはロの期間を証明するものとして次のいずれかの書類
（イ）建設業許可通知書の写し
（ロ）業種内容が明確にわかる工事請負契約書、工事請書、注文書、請求書等の写し（期間通年分の原本提示）
（ハ）大臣特認の場合はその認定証の写し（原本提示）

　なお、常勤性の確認資料には、必須ではないものの、役員報酬明細書（役員報酬手当等及び人件費の内訳書）がありますので、経営業務の管理責任者として届け出た役員については必ず「常・非」欄は「常」に○が付されていなければならないことになります。

(5) 同一役員について、建設業法の書類上は常勤の役員とし、法人税法の書類上は非常勤の役員とすることについては、提出先によって異なる利益の決算書を示すに等しく不適切なことですが、仮にそのようなことであったとしても、そのことのみをもって分掌変更による退職給与の支給が否認されることにならないと考えます。

　なお、ご質問の場合のように、他に適任者がいないためやむなく前代表

取締役を経営業務の管理責任者として届け出たもので、届出は名義を借りたに過ぎないということであっても、前代表取締役に支給された退職給与について、その退職給与性を否定されることになる経営上主要な地位を占めていることの判断材料の1つとして、重視されるであろうことは容易に想像できます。

4　平成28年3月31日裁決（裁決事例集No. 102）

(1)　この裁決では、課税庁が、代表取締役就任前に業務委託契約書に署名押印している事実を、法人税法施行令7条2号《役員の範囲》に規定する「会社の経営に従事しているもの」に該当する根拠の1つとして主張したことに対し、審判所は、「当時代表取締役でなかったEが代表取締役として署名、押印した書面があるからといって、代表者でないものが契約当事者になっているというにすぎず、その契約内容も重要な業務に係るものとはいえないから」その契約書をもって「経営に従事したことを裏付けるものとまでは認めがたい。」とし、他の課税庁の主張事実によっても経営従事を認めることはできないという判断をしています。

(2)　要するに通常の場合においては、1つの提出書面、作成書類だけで退職事実が否定されたり、経営従事が認定されたりはしないということがいえると考えます。

税務上の留意点

1.　建設業の許可基準を満たすために退任した前代表取締役を経営業務の管理責任者として届け出ているというだけで、直ちに法人税法上認められないということにはならないと考えます。

2.　一方、法人税基本通達9-2-32に例示されている実質的に退職したと同様の事情にあると認められることとなる事実に該当するよう、代表取締役から非常勤の平取締役になって報酬月額を半分に減額したとしても、その役員がその分掌変更等の後においてもその会社の経営上主要な地位を占めている場合には、退職したと同様の事情にあると認められないことから、その役員に退

職給与として支給した金員は、法人税法 34 条に規定する損金の額に算入できる役員給与のいずれにも該当しない、いわゆる役員賞与を支給したものとして、損金不算入となります。

参照条文等

法人税法 34 条

法人税法施行令 7 条 2 号

法人税基本通達 9-2-12・9-2-32

建設業法 7 条

建設業許可事務ガイドラインについて（平成 13 年 4 月 3 日付国総建第 97 号の【第 7 条関係】）

参考

平成 30 年 7 月 16 日付国税速報第 6518 号 40〜43 頁

平成 28 年 3 月 31 日裁決（裁決事例集 No. 102）

第3章 非違事例

17. 代表者相当の取締役に係る退職給与支給額の相当性判断のための比較法人選定基準

――――《質問要旨》――――

1. 当社の実質的経営者は、取締役である現代表取締役の母であり、同人は、創業者である夫の亡き後10年にわたって当社を維持発展させてきましたが、次の定時株主総会において、取締役を退任し、完全に退職する予定です。

　そこで、当社としては、その功労を反映した相応の役員退職給与、すなわち、代表取締役並みの退職給与を支給することとしたいと考えています。

2. 仮に、後々の税務調査において、今回支給することとするこの役員退職給与が問題とされるような場合、その支給金額の相当性を判断するために、比較のための法人として同業種で事業規模の類似する法人が選定されるようになるようですが、その場合には、当社のように登記上代表取締役でなくても実質的には代表取締役としての職務に従事してきたことがその比較法人を選定する際の基準とされることになるのでしょうか。

3. なお、現代表取締役は、父である前代表取締役の入院に伴い12年前に勤務していた会社を辞めて全く畑違いの当社に入社して取締役となり、その父の死亡後に取締役から代表取締役に就任しています。

回答要旨

1. ご質問にあるような登記上取締役であるが実質的には代表取締役に相当するということが、同業種で事業規模の類似する法人（以下「同業類似法人」）の具体的選定基準とされることはないと考えます。

2. この同業類似法人との比較をすることによって、その役員退職給与支給額の相当性の判断を行うことについては、法人税法施行令70条《過大な役員給

553

与の額》2号に規定されているところ、その同業類似法人の選定基準等に関しての規定や定めはないことから、具体的にどのような選定基準を設けるかは、調査事案ごとに課税庁側が決定しているということになります。

3. その課税庁が設ける選定基準については、その調査事案に応じた選定基準としての合理性が必要とされる以上の制約はないことから、合理的であるとされるための必要最低限の同業類似法人の選定基準を設定すれば足りることになります。

4. したがって、役員に関する選定基準としては、実際の調査事案において通常設けられる合理性があるとされている「取締役に対して退職給与を支給した法人であること」という基準で足り、これ以外にご質問にあるような取締役個人に関する個別事情が基準として設定されることはないと考えます。

解説

1 相当性判断のための同業類似法人の選定基準

（1）相当性判断のための同業類似法人の選定基準については、課税庁側の専権事項であり、裁決事案で確認したところでは、主な選定基準として次の事項がほぼ共通して設定されています。

　① 事業内容……調査対象法人と日本標準産業分類上同一分類に属する法人であること。

　② 事業規模……売上金額が調査対象事業年度の売上金額の半分以上2倍以内の法人であること。

　③ 選定地域……調査対象法人と同一の税務署管内、同一の国税局管内等の類似する経済地域に所在する法人であること。

　④ 退職時期……調査対象事業年度およびその事業年度の前後の事業年度の期間中において役員退職給与を支給している法人であること。

　⑤ 役職区分……調査対象法人の退職役員と同じ役職の役員に退職給与を支給している法人であること。

⑥　退職事由……調査対象法人の退職役員と同じ退職事由（普通退職また
　　　　　　は死亡退職）の役員に退職給与を支給している法人であ
　　　　　　ること。

（2）比較する法人について類似性を強く求めて条件設定を厳密にすること
　　は、選択の幅を狭めて比較に必要な複数の同業類似法人の把握を困難にす
　　ることから、上記（1）のような程度の基準が設定されているものと考えら
　　れます。

　　　したがって、ご質問にあるような代表取締役に相当する業務を行ってい
　　る取締役であるというような個別性の強い事項は、選定基準とするには、
　　適切でないということになります。

2　平成28年6月27日裁決

（1）事案の概要

　　　この裁決は、役員退職給与額の相当性の判断対象とされる役員の役職と
　　比較するために選定される同業類似法人の役員の役職は同じでなければな
　　らないことを明確に示したものです。

　　　問題とされたのは、退職した取締役に対して支給された2億円の退任慰
　　労金と7千万円の功労金の合計2億7千万円の役員退職給与であり、2億
　　円については、退職した取締役の最終報酬月額を100万円、役員勤続年数
　　を25年、功績倍率を8倍として計算されたもので、7千万円はその退任慰
　　労金の35％を功労加算したものです。

（2）納税者側の主張

　　　納税者側は、この2億7千万円の役員退職給与額の相当性について、①
　　退職した取締役は、設立以降終始一貫して実質的な支配権を有し、事業規
　　模の拡大など、会社運営上の重要な企画に当たっており、会社を成長させ
　　た功績を評価したものであること、②25年として計算した役員勤続年数
　　は、正しくは26年とすべきであったこと、③途中一時取締役を退任してい
　　る期間があるが、その期間はみなし役員に当たることなどを主張しました。

（3）課税庁側の主張

これに対して役員退職給与額を不相当とする課税庁側は、同業類似法人の選定基準について、日本標準産業分類の同分類に属し、売上金額が倍半基準内であり、同一国税局および隣接する4国税局管内に所在する法人で、「普通退職した代表取締役に対して退職給与を支給した法人であること」と設定して7法人を抽出し、その同業類似7法人の代表取締役に対する1年当たりの退職給与額の平均額を算出して役員勤続年数26年を乗じ、いわゆる1年当たり平均額法により相当額を6,250万円と算定、支給額との差額2億750万円について不相当な金額に当たると主張しました。

(4)　審判所の判断

①　上記双方の主張に対して、審判所は、まず、課税庁が1年当たり平均額法を用いて相当額が算定したことを合理的とした上で、①業種、②事業規模、③選定地域の基準について合理性があるとし、④役職および退職事由等については、「退職役員の役職を代表取締役として選定したことについては、合理性を認めることはできない。」としましたが、その④の点を除いて合理的であると結論付けました。

　そして、納税者および課税庁の双方が役員勤続年数を26年とする点について、その26年には約7年8か月の役員でなかった期間が含まれていることを指摘し、納税者側のみなし役員の主張について「経営に従事していたと認めるに足りる証拠資料はない」と退け、役員勤続年数は、正しくは再度取締役に就任した後の10年とすべきであり、課税庁の認定には誤りがあるとしました。

②　事案そのもの結論としては、同業類似法人の代表取締役に支給された退職給与を基にした1年当たり平均額に、勤続年数を26年として相当額が算定され更正処分が行われ、結果的に課税庁が役員退職給与相当額を過大に算定していることから、審判所において改めて同業類似法人を調査した上で、役員退職給与相当額を算定するまでもなく、少なくとも課税庁の相当とする算定額を超える金額は過大不相当な金額になるとして、課税処分は適法であるとしました。

第3章　非違事例

税務上の留意点

　課税庁が設定する役員退職給与支給額の相当性判断に当たっての選定基準については、通常合理性があるとされている「取締役に対して退職給与を支給した法人であること」という基準で足りることから、取締役個人に関する個別事情を基準として設定されることはないことに留意する必要があります。

参照条文等

　法人税法施行令70条2号

参考

　令和元年5月13日付国税速報第6558号16～19頁

　平成28年6月27日裁決（非公開裁決）

18. 同一年度中に退職と再就任をした役員に支給した退職給与の損金算入の可否

《質問要旨》

1. 当社は、本年の定時株主総会において代表取締役が退任・退職し、代わって専務取締役が代表取締役に就任しました。

　しかし、その後の経済環境の変化に伴い、経営状況が急速に悪化したことから、その立て直しのために退職した前代表取締役に再度経営に当たってほしいという全株主からの強い要請があり、退職から半年後に開催された臨時株主総会において退職した前代表取締役が改めて取締役に就任することになりました。

　この背景には、定時株主総会における役員退職時点において、分掌変更という形で、代表取締役を交代してもよかったところを本人が退職を希望したために全株主がしかたなく同意したということがあります。

2. この退職と改めての取締役就任については、会社法上の手続をとっていますので問題はないと思いますが、結果的に退職と取締役への再就任を同一事業年度中に行ったことになることから、退職時に支給した役員退職給与についてそのまま損金算入が認められるかどうか不安に思っています。

　このような場合の役員退職給与の取扱いについてはどのようになるのでしょうか。

3. なお、退職から取締役再就任までの半年の間に出社等をしたことはなく、経営に関わることは一切ありませんでした。

　また、当社は、同族会社ではありますが、親族株主による同族会社ではなく、再就任した取締役は従来から株主ではありません。

【回答要旨】

1. 前代表取締役の退職が事実であれば、適正な手続を経た役員退職給与の支

第3章　非違事例

給について問題はなく、支給金額が相当でありさえすれば損金算入について
も認められることになると考えます。

2. ご質問の場合、退職後半年しか経過していないということですが、会社法上
の手続を経ての取締役就任であれば、その就任が退職した事業年度中のこと
で、結果的に退職と取締役への再就任が同一事業年度中に行われたとしても、
その同一事業年度中であることを理由に、退職した事実が否定されることは
ありませんので、問題はないものと考えます。

解説

1　役員の退職と役員退職給与

(1)　会社と役員の関係は、従業員のような雇用関係ではなく、委任の関係に
あることから、役員の退職とは、役員自身の死亡、その勤務する会社の解
散、役員としての任期の満了等による委任の終了または役員の辞任および
解任等による委任の解除により、その勤務する会社の役員ではなくなるこ
とをいうものとされ、その退職に際して支給されることとなる役員退職給
与とは、その名義のいかんにかかわらず、委任の終了または委任の解除等
による役員の退職に基因して支給される一切の臨時的な給与とされていま
す。

(2)　この役員の退職や役員退職給与に関しては、所得税や法人税に関する法
令や通達に特に定義はありません。

(3)　しかし、所得税法30条《退職所得》1項は、退職所得について、「退職手
当、一時恩給その他の退職により一時に受ける給与」（以下「退職により一時
に受ける給与」）および「これらの性質を有する給与」に係る所得と規定し
ています。

　　そして、「退職により一時に受ける給与」に該当するためには、①勤務関
係の終了という事実によってはじめて給付されること、②従来の継続的勤
務に対する報償あるいはその間の労務の対価の後払いの性質を有するこ
と、③一時金として支払われること、の要件を備えることが必要であると

559

し、また、「これらの性質を有する給与」に該当するためには、それが形式的には上記①～③の各要件の全てを備えていなくても、実質的にみてこれらの要件の要求するところに適合し、課税上、「退職により一時に受ける給与」と同一に取り扱うことを相当とするものであることを必要とするとされています（最高裁昭和58年9月9日第二小法廷判決ほか）。

　これはあくまでも個人に支給された金員についての所得税における所得区分に関するものでしかありません。

(4) 会社が役員退職給与を支給する段階では、法人税の問題としては、①その役員退職給与の支給をするための手続要件である株主総会等における支給決議があること、②実質要件である退職の事実があることの2つの要件を満たして支給されたものについて、その支給額の相当性が問題とされることから、この退職給与の支給についての要件を1つでも欠くことになれば、その支給額については、その支給額の相当性の判断を待つまでもなく損金不算入になるということになります。

2　手続要件である株主総会における支給決議

(1) 役員退職給与については、株主総会またはその委任を受けた取締役会においてその支給額等についての決議がない限りは、役員退職給与規程があったとしても支給されることはなく、退職した事実があってもその退職役員について退職給与請求権が生じることもありません。

　この役員退職給与については、会社法上明確に規定されているわけではありませんが、旧商法269条の時代から報酬に含まれることとされており、この点については最高裁の判決等において繰り返し確認されてきていることから、会社法361条《取締役の報酬等》1項の規定による株主総会等の決議が必須不可欠となっています（最高裁昭和39年12月11日第二小法廷、昭和44年10月28日第三小法廷、昭和56年5月11日第二小法廷、平成22年3月16日第三小法廷（退職年金に関して）の各判決）。

(2) この退職給与支給決議については、原則としてその支給決議の日の属する事業年度がその退職給与支給額の損金算入時期となることから（法基通

第3章　非違事例

9-2-28)、決議をしたその具体的な日が明らかでなければなりません。

(3) その役員退職給与の支給決議の有無と支給決議の日については、会社法上その作成と備置きが義務付けられている株主総会議事録や取締役会議事録（株主総会において委任があった場合）によって確認されるところ、会社の規模にかかわらず、一人会社であったとしてもこれらの議事録が手続的要件を満たすための重要な証拠書類になるということですから、その都度適切に作成しておく必要があります。

ご質問の場合、この手続要件を満たすことについては、問題ないと考えます。

3 実質要件である退職の事実

(1) どのような事実をもって退職したといえるかについては、会社との関わりが一切なくなるということがはっきりすることなのでしょうが、役員自身が死亡したという場合はともかく、それ以外の場合はどの程度会社との関わりがなくなったのかについては事実認定によることになるところ、退職したとはいえ法人税法施行令7条《役員の範囲》1号に規定する「使用人以外の者でその法人の経営に従事しているもの」に該当するような場合、例えば、経営上の相談に応じ、営業に関する報告を聞くなど相談役や顧問というような立場で、法人の経営に実質的に従事していると認められる事実がある（法基通9-2-1）ような場合には、実質要件である退職の事実は否定されることになります。

(2) なお、手続要件である株主総会における支給決議とその決議に係る重要な証拠書類となる株主総会議事録の作成については、社内において容易に行うことができることから、裁決事例には、利益調整を図るために、開催されていない株主総会について議事録を作成して役員退職給与を損金の額に算入し、これを調査により是正されて重加算税を賦課された事案があります。

(3) ご質問の場合は、退職から取締役再就任までの半年の間に出社等したことはなく、経営に関わるようなことは一切なかったということですから、

561

この点も問題はないと考えます。

4　平成 16 年 4 月 23 日裁決（非公開裁決）

（1）事案の概要

　　この裁決は、役員の退職と役員再就任が同一事業年度中に行われたため、支給された役員退職給与が問題とされた事案です。

　　事案は、法人である一人株主の変更に伴って辞任した取締役が、その辞任の翌日に、新しい株主の要請に応じて取締役に就任したというもので、株式譲渡前に開催された臨時株主総会において旧株主により辞任及び退職給与の支給が承認された後、その翌日に開催された株式譲渡後の臨時株主総会において新株主により取締役に選任されその就任を受諾したというものです。

（2）原処分庁の主張

　　原処分庁は、請求人の取締役が、一旦辞任した翌日に再度取締役に就任しており、その取締役の勤務関係は継続していることから、たとえ辞任したとしても退職したとは認められず、同人に対する役員退職慰労金名目の金員は、役員賞与に該当するとして、損金不算入としました。

（3）審判所の判断

　　審判所は、次のように判断し、勤務関係が継続しているという原処分庁の主張を退け、本件金員が役員退職給与であることを認めました。

①　役員退職給与とは、役員の退職により支払われる臨時的な給与であり、法人があらかじめ定めた退職給与規程に基づくものかどうかを問わず、また、その支出の名義いかんにかかわらず、役員の退職に基因して支払われる一切の給与をいうものと解されている。

②　そして、取締役の退職とは、役員と法人との委任関係が形式的にだけでなく、実質的にみても解消されたとみることができるような事実が存する場合をいうものと解される。

③　本件においては、取締役が、株主の変更に伴い自らの意思で辞任を申し出、株主総会で辞任の承諾がなされた後に、新株主からの突然の取締

役就任要請によって、再度取締役に就任していることからすれば、請求人と取締役との関係は、一度は完全な解消があったというべきであるから、その委任関係の解消は、決して形式だけのものではなく、実質的にもなされたものとみることができる。

④　したがって、取締役は、辞任により一旦請求人を退職したものと認めるのが相当であり、本件金員は、役員退職給与であると認められるから、原処分を取り消すのが相当である。

(4) この事案は、法人である一人株主の変更という事実関係の下において、役員退職の翌日に役員に再就任したという特異な事例であるところ、形式要件と実質要件を満たす限りは、役員退職給与の支給自体は問題がないことを明らかにした事例ということができます。

なお、一度退職した役員が再度役員に就任する、あるいは分掌変更による退職とされた役員が再度代表取締役に復帰するというようなことは、事例としては珍しいことではないと考えます。

税務上の留意点

1. 前代表取締役の退職が事実であれば、適正な手続を経た役員退職給与の支給について問題はなく、支給金額が相当でありさえすれば損金算入についても認められることになると考えます。

2. 同一事業年度中に退職と再就任をした役員について、退職後半年しか経過していないということですが、会社法上の手続を経ての取締役就任であれば、その就任が退職した事業年度中のことで、結果的に退職と取締役への再就任が同一事業年度中に行われたとしても、その同一事業年度中であることを理由に、退職した事実が否定されることはありませんので、問題はないものと考えます。

参照条文等

法人税法施行令7条1号

所得税法 30 条 1 項

法人税基本通達 9-2-1《役員の範囲》・9-2-28《役員に対する退職金の損金算入の時期》

会社法 361 条 1 項

参考

平成 30 年 6 月 18 日付国税速報第 6514 号 39〜42 頁

最高裁昭和 58 年 9 月 9 日第二小法廷判決

最高裁昭和 39 年 12 月 11 日第二小法廷、昭和 44 年 10 月 28 日第三小法廷、昭和 56 年 5 月 11 日第二小法廷、平成 22 年 3 月 16 日第三小法廷（退職年金に関して）の各判決

平成 16 年 4 月 23 日裁決（非公開裁決）

税研 178 号（2014 年 11 月 VOL. 30-No. 4）102・103 頁

第3章　非違事例

19. 功績倍率法による役員退職給与算定の重要な計算要素である功績倍率の意義

《質問要旨》

1. 決算説明会で、平成29年度税制改正において役員退職給与についての法人税法の改正があったと聞きましたが、大企業に関係する改正であり、中小企業については関係のない改正ということでした。

　ただ、この改正があったことによる法人税基本通達の改正において、功績倍率法が初めて通達に明記されたということであり、そのことには意義があるということでした。

2. この功績倍率法というのは、役員退職給与の課税処分を巡る裁判等を通じて形成確立されてきたものであり、会社が役員退職給与規程の中に取り込んでいったことで役員退職給与の計算方法として一般的なものになっていったようで、これが法人税基本通達に明記されたことにより、役員退職給与の計算方法として公式に認められたということに意味があるということのようです。

3. この功績倍率法における最も重要な計算要素であると思われる「功績倍率」とは、そもそもどのようなものとして理解すればよいのでしょうか。

回答要旨

1. 功績倍率法という文言が初めて法人税基本通達9-2-27の2《業績連動給与に該当しない退職給与》に明記されたところ、計算方法として記載されたということであり、功績倍率については同通達に「役員の職責に応じた倍率」とされていることから、会社が役員退職給与規程に功績倍率として役位別に定めたものがそれに当たることを示したということになります。

2. この功績倍率は、課税庁が役員退職給与の適正額を算定し、過大退職給与額を是正するための決め手として用いてきたものですが、後記解説の2に記載

のとおり、裁判での功績倍率に関する課税庁の主張に変遷がみられ、税務上、その意味内容について規定できる性質のものでないことから、今回の通達のような定めになったものと思われ、基本的に会社が会社法上の手続を踏んで自由に定めることができるものであるという理解でよいと考えます。

解説

1 法人税基本通達に明記された「功績倍率法」

（1）平成29年度の法人税関係法令の改正に対応した法人税基本通達等の一部改正通達（「法人税基本通達等の一部改正について（法令解釈通達）」平成29年6月30日付課法2-17他1課共同）が発出されました。

　　この改正において、ご質問にもあるとおり、次の（2）のように新設された法人税基本通達の中において「功績倍率法」という文言が初めて用いられ、その柱書においてその意義が明記されたことです。

（2）法人税基本通達9-2-27の2に記載されている功績倍率法に係る内容は次のとおりです。

（業績連動給与に該当しない退職給与）

9-2-27の2　いわゆる功績倍率法に基づいて支給する退職給与は、法34条第5項《業績連動給与》に規定する業績連動給与に該当しないのであるから、同条第1項《役員給与の損金不算入》の規定の適用はないことに留意する。

　　（注）本文の功績倍率法とは、役員の退職の直前に支給した給与の額を基礎として、役員の法人の業務に従事した期間及び役員の職責に応じた倍率を乗ずる方法により支給する金額が算定される方法をいう。

（3）上記（2）のとおり、注書には役員退職給与の計算のための3要素について、次のように記載されています。

　①　最終報酬月額……「役員の退職の直前に支給した給与の額」

　②　勤続年数……「役員の法人の業務に従事した期間」

③　功績倍率……「役員の職責に応じた倍率」

しかしながら、いずれもその具体的な内容に関しては触れられていません。

2　判決文に見る功績倍率

功績倍率とは、そもそもどのようなものとされ、どのように変化していったのかなどについて、次の判例でみていきます。

(1)　東京地裁昭和46年6月29日判決

①　判決（抜粋）の内容は次のとおりです。

> 退職金として、同人退職時の給料＋8万円に勤務年数12年5か月と功績倍率3.0を乗じて得た金額650万円を同人に支給することとし、……損金に算入した。

> 「ところで、被告は、aの役員功績倍率2.1は実際に支給した退職金の額を従業員支給方式による退職金の額で除した数値に、……11社の役員退職金の支給実例を勘案して決定したというが、役員に対する退職金の算定にあたり、従業員支給方式による退職金の額を参酌すること、合理的でなく、……支給した退職金650万円のうち480万円を超える部分を過大退職金としてその損金算入を否認したことは、違法であるというべきである。」(第二原告の請求原因(一)過大退職金170万円の損金算入否認の違法性について)

②　この原告の主張に記載されている内容から、被告課税庁は、役員に実際に支給した退職金の額を従業員支給方式により計算した退職金の額で除して功績倍率を算定しているということがわかります。

このことは次の(2)に記載の本件の控訴審判決において明確になります。

(2)　東京高裁昭和49年1月31日判決（前記(1)の控訴審、課税庁控訴）

①　判決（抜粋）の内容は次のとおりです。

「控訴人は、当時被控訴会社と同業種の……会社で、……役員退職金が支払われた事例を含めて12例集め、……そのうち被控訴会社を除いた3社につき退職役員に支給した退職金の額と従業員に対する退職金支給算式（退職時の給与月額×勤務年数）によって算定した退職金の額とを比較し、前者の後者に対する倍率（役員功績倍率）を計算したところ、平均約2.1倍となったので、右2.1倍をもって適正な役員功績倍率であると認定し、被控訴会社が適用した前記役員功績倍率は過大であるとし、右平均倍率によって算定した金480万円をもって前記aに対する退職金として相当な額であると認定したことが認められる。」（理由二（一）退職金170万円の損金算入否認の適否について）

② 上記は、判決の理由において述べられているものであるところ、「役員功績倍率」について、前者「退職役員に支給した退職金の額」の後者「従業員に対する退職金支給算式（退職時の給与月額×勤務年数）によって算定した退職金の額」に対する倍率であるいうことが明確に示されています。

(3) 東京地裁昭和49年12月13日判決

① 判決（抜粋）の内容は次のとおりです。

一般に損金に算入すべき適正な役員退職給与額は、次の算式で求められる。

退職給与額＝最終報酬月額×勤務年数×功績倍率

右の功績倍率とは役員の法人に対する功績の度合いを示すものである……。

「法人の役員退職給与金の算定にあたっては、役員の功績が考慮されるものであり、右功績は客観的には、営業規模、経営成績、財政状態などに顕著に現れるものであるところ、その営業規模、経営成績、財政状態などは、法人

第3章　非違事例

の総資産価額、自己資本額、売上金額、公表利益金額及び利益積立金増加額の5つの各要素が主に影響を持つものである。そこで、前記比較法人を母集団として、右の5つの要素と1年当たりの退職金との間の相関関係を示す相関係数（各要素が退職金の額にどの程度影響するかを示す統計学上の数値）を求め、……」（第二当事者の主張二請求原因に対する被告の認定及び主張4原告における適正な役員退職給与額について（イ））

② ここでは、前述（1）、（2）のような従業員支給算式により計算した金額との比較によるものが、功績倍率ではなく、「功績倍率とは役員の法人に対する功績の度合いを示すもの」であり、その功績は、法人の総資産価額、自己資本額、売上金額、公表利益金額および利益積立金増加額の5つの各要素が主に影響を持つ営業規模、経営成績、財政状態などに顕著に現れるものであるということが課税庁によって主張されています。

(4)　東京地裁昭和51年5月26日判決

① 判決（抜粋）の内容は次のとおりです。

「当該退職役員の退職給与金額が退職時における月額報酬に勤続年数を乗じて算出した金額にいかなる倍率（以下これを「功績倍率」という。）を乗じたものであるかを求め、これを同一会社の他の退職役員ないし同業種規模の法人の退職役員について算定した功績倍率と比較することによって、当該役員の退職給与金額の相当性を判断することは……合理的というべきである。」（第三請求原因に対する被告の否認及び主張　二被告の主張1本件更正の適法性（その一）（四））

② この判決では、上記（3）の判決のような相関係数を求めるというようなことはせず、功績倍率がどのようなであるかにも触れず、単に乗じた倍率としかいっていません。

3　法人税基本通達9-2-27の2の定めの功績倍率

(1)　判決でいう功績倍率とは、次の東京地裁平成25年3月22日判決で示さ

569

れているようになると考えます。

> 「役員退職給与の額を、その退職役員の最終月額報酬に勤続年数を乗じた額で除して得た倍率」（第2事案の概要 2争いのない事実等 (4) 役員退職給与の適正額の算定方法)

(2) 法人税基本通達9-2-27の2にいう「役員の職責に応じた倍率」とは、役員退職給与規程に功績倍率として役位別段階的に会社が定めたもの等を指し、その倍率を想定して通達に定められたものと思われますので、巷間言われているような代表取締役は何倍までというようなことはないことになります。本来的に功績倍率はそれぞれの会社が会社法上の手続により定めたものということであり、課税庁は、それを用いて調査法人の功績倍率の適否の判定を課税庁が選定した複数の同業類似法人の功績倍率の平均値または最高値により行い、調査法人の支給した役員退職給与額の相当性を判断するということになります。

税務上の留意点

1. 功績倍率法という文言が初めて法人税基本通達9-2-27の2に明記され、その計算方法として記載されたということであり、功績倍率については同通達に「役員の職責に応じた倍率」とされていることから、会社が役員退職給与規程に功績倍率として役位別に定めたものがそれに当たることを示したということになります。

2. この功績倍率は、課税庁が役員退職給与の適正額を算定し、過大退職給与額を是正するための決め手として用いてきたものですが、裁判での功績倍率に関する課税庁の主張に変遷がみられ、税務上、その意味内容について規定できる性質のものでないことから、今回の通達のような定めになったものと考えられ、基本的に会社が会社法上の手続を踏んで自由に定めることができるものであるという理解でよいと考えます。

第3章　非違事例

参照条文等

法人税基本通達 9-2-27 の 2

「法人税基本通達等の一部改正について（法令解釈通達）」平成 29 年 6 月 30 日
付課法 2-17 他 1 課共同

参考

平成 30 年 5 月 21 日付国税速報第 6510 号 17〜20 頁

東京地裁昭和 46 年 6 月 29 日判決

東京高裁昭和 49 年 1 月 31 日判決

東京地裁昭和 49 年 12 月 13 日判決

東京地裁昭和 51 年 5 月 26 日判決

東京地裁平成 25 年 3 月 22 日判決

20. 過大な役員退職給与の支給と国税徴収法 39 条の第二次納税義務

《質問要旨》

1. 会社が役員退職給与を支給した後、資金繰りが苦しくなって法人税を滞納した場合に、その支給した役員退職給与の金額に問題があるという見方もできます。

　その法人税の滞納の原因が、過大な役員退職給与を支給したことにあるということであれば、その過大な役員退職給与の支給を受けた役員から滞納となった法人税を徴収するということもありそうです。

2. 仮に、上記のようなことがあるとすれば、実際に、過大な役員退職給与の支給を受けた役員が、その退職給与の支給をした会社の法人税を負担する場合があるのでしょうか。

回答要旨

1. 国税徴収法 39 条《無償又は著しい低額の譲受人等の第二次納税義務》の適用を受ける場合、過大な役員退職給与の支給を受けた役員が、その退職給与の支給をした会社の滞納した法人税を負担することとなる場合があります。

2. しかし、例えば、役員退職給与を支給した会社について実施された法人税に係る税務調査の結果、過大な役員退職給与の支給額があるとされ、その会社がその調査により納付することとなった法人税を滞納した場合に、直ちに国税徴収法 39 条の適用があるということではなく、その会社の財産について滞納処分を実施しても徴収不足となる場合で、その不足することが、その国税の法定納期限の 1 年前の日以後に、その会社が行った「無償又は著しく低い額の対価による譲渡（担保の目的でする譲渡を除きます。）、債務の免除その他第三者に利益を与える処分」（以下「無償譲渡等の処分」）に基因すると認められるときに適用されることになります。

3. したがって、過大な役員退職給与の支給が、国税徴収法 39 条に規定する無

第3章　非違事例

償譲渡等の処分に当たり、その過大な役員退職給与の支給をした会社に係る国税の徴収不足の原因となっているという場合においてのみ、その過大な役員退職給与の支給を受けた役員が第二次納税義務を負うということになります。

4.　高額な役員退職給与を支給してその会社が法人税を滞納するということになれば、その高額な役員退職給与の支給を受けた役員が第二次納税義務者となる可能性があるということを認識しておく必要があります。

解説

1　国税徴収法に規定する第二次納税義務制度

(1)　国税に関する法令については、①国税通則法のように手続に関して規定するもの、②所得税法、法人税法のように課税標準や税額の計算に関して規定するもの、③国税徴収法のように国税の徴収に関して規定するものの3つに区分することができます。

(2)　一般に調査という場合には、①の国税通則法に規定する調査手続に基づいて、②の各実体法の規定に則って適正な課税標準、税額を確定することとなるところ、その税務調査において納付すべき税額が確定されても、実際にその税額が国庫に入ってこなければ、絵に描いた餅に過ぎないということになることから、その収納を実現するための手続と手段が③の国税徴収法に規定されています。

(3)　第二次納税義務制度は、その収納実現の手段の一つとして規定されているものであり、具体的には、本来の納税者の財産について差押え、公売等の滞納処分を行っても、その本来の納税者について徴収すべき国税に不足すると認められる場合に、その本来の納税者と一定の関係があるものに対して、補充的、第二次的に納税義務を負わせる制度とされています。

この第二次納税義務制度については、国税徴収法33条ないし39条および41条において、次の11種類のものが規定されています。

①　合名会社等の社員の第二次納税義務（徴法33）

573

② 清算人等の第二次納税義務（徴法 34）

③ 同族会社の第二次納税義務（徴法 35）

④ 実質課税額等の第二次納税義務（徴法 36 一）

⑤ 資産の譲渡等を行った者の実質判定による課税額の第二次納税義務（徴法 36 二）

⑥ 同族会社等の行為または計算の否認等による課税額の第二次納税義務（徴法 36 三）

⑦ 共同的な事業者の第二次納税義務（徴法 37）

⑧ 事業を譲り受けた特殊関係者の第二次納税義務（徴法 38）

⑨ 無償または著しい低額の譲受人等の第二次納税義務（徴法 39）

⑩ 人格のない社団等の財産の名義人の第二次納税義務（徴法 41 ①）

⑪ 人格のない社団等から財産の払戻し等を受けた者の第二次納税義務（徴法 41 ②）

2 無償または著しい低額の譲受人等の第二次納税義務

(1) 上記 1（3）の法定された 11 種類の第二次納税義務のうち、過大な役員退職給与の支給があるとされた場合において適用されることとなるのが、⑨の国税徴収法 39 条に規定する「無償又は著しい低額の譲受人等の第二次納税義務」ということになります。

(2) この国税徴収法 39 条に規定する第二次納税義務の成立要件に関して、過大な役員退職給与の支給があるとされた場合について当てはめると次のようになることから、この要件の全てに該当するとき、過大な役員退職給与の支給を受けた役員は、その役員退職給与の支給をした会社の滞納する法人税等の国税について、第二次納税義務を負う第二次納税義務者となります。

① その会社の財産について滞納処分を実施しても徴収すべき国税に不足すると認められること。

② 滞納国税の法定納期限の 1 年前の日以後に、その財産について無償譲渡等の処分に当たる過大な役員退職給与の支給が行われていること。

第3章　非違事例

③　上記①の徴収すべき国税に不足することとなるが、上記②の過大な役員退職給与の支給をしたことに基因すると認められること。

④　過大な役員退職給与の支給により受けた利益が現に存在すること。

　　ただし、その滞納会社が同族会社で、過大な役員退職給与の支給を受けた役員がその同族会社判定の基礎となった株主または社員等その同族会社の特殊関係者である場合には、その過大な役員退職給与の支給により受けた利益があること。

(3) なお、上記（2）③の「基因すると認められる」とは、その過大な役員退職給与の支給がなかったならば、現在の徴収不足が生じなかったであろうという場合をいい（国税徴収法基本通達 39 条関係の 9）、その基因関係の判定については、滞納国税の法定納期限の 1 年前の日以後に無償譲渡等の処分に当たる過大な役員退職給与の支給が行われているときには、その支給と徴収不足との間に基因関係があるものとするとされています（平成 29 年 3 月 3 日付徴徴 6-9 ほか 1 課共同「第二次納税義務関係事務提要の制定について」（事務運営指針）通達（以下「事務提要制定通達」といいます。）100（2）イ）。

3　過大な役員退職給与の支給と国税徴収法 39 条の適用に関する裁判例

(1) 上記 2（3）のとおり、事務提要制定通達によれば、滞納国税の法定納期限の 1 年前の日以後に無償譲渡等の処分に当たる過大な役員退職給与の支給が行われているときには、その支給と徴収不足との間に基因関係があるものとされています。

(2) 上記（1）の基因関係の判定の前に、過大な役員退職給与の支給が無償譲渡等の処分に当たるかどうかの判断をされなければならないところ、この判断は、法人税法における役員退職給与支給額の相当性の判定とは別に、国税徴収法の観点から行われることになります。

(3) この点に関しては、第二次納税義務を課すことの可否が争われた裁判の東京地裁平成 9 年 8 月 8 日判決において、次のように判示されています。なお、この判決文中の法人税法 36 条《過大な役員退職給与の損金不算入》は平成 18 年度税制改正前のものです。

575

右のとおり、法人税法 36 条との関係では、平均功績倍率法を利用して役員退職給与の金額の相当性を判断することが合理的であるとしても、国税徴収法 39 条との関係では、実際に支給された退職金の金額が平均功績倍率法によって求めた相当とされる退職金の金額を超えていれば、その超える部分について無償又は著しく低額の対価による財産の処分があったと直ちにいうのは妥当ではなく、平均功績倍率法によって求めた相当とされる退職金の金額と実際に支給された退職金の金額の乖離の程度に加えて、当該役員の職務又は功労の内容、程度、勤務年数のほか当該退職金が支給されるに至った具体的事情等をも考慮し、その退職金の支給が無償又は著しく低額の対価による財産の処分に該当するか否かを判断するのが相当である。

4　第二次納税義務者とされた場合の徴収手続

前記 3（3）の判決に示されたところに従って判断された結果、第二次納税義務者とされた場合の徴収手続は次のようになります。

（1）納付通知書による告知

　⇒　第二次納税義務者に対して納付すべき税額が納付通知書により告知されます（徴法 32 ①）。

（2）納付の期限

　⇒　上記（1）の納付通知書を発する日の翌日から起算して 1 月を経過する日が納付の期限となります（徴令 11 ④）。

（3）納付催告書による督促

　⇒　上記（2）の期限までに第二次納税義務者が完納しない場合には、その納付の期限から 50 日以内に納付催告書により第二次納税義務者に対して督促されます（徴法 32 ②）。

（4）第二次納税義務者の財産に対する差押え

　⇒　上記（3）の納付催告書を発した日から起算して 10 日を経過した日の翌日以後に差押えをすることができることとなります（徴法 47 ③）。

（5）第二次納税義務者の財産の換価

第3章　非違事例

⇒　第二次納税義務者の財産については、原則として主たる納税義務者に
先行して換価されることはありませんし（徴法 32 ④）、不服申立てがあっ
た場合や訴えが提起された場合には換価が制限されます（通法 105 ①、徴
法 90 ③）が、必要に応じて最終的には実施されることとなる場合があり
ます。

税務上の留意点

1. 過大な役員退職給与の支給が、国税徴収法 39 条に規定する無償譲渡等の処
分に当たり、その過大な役員退職給与の支給をした会社に係る国税の徴収不
足の原因となっているという場合においてのみ、その過大な役員退職給与の
支給を受けた役員が第二次納税義務を負うということになります。
2. 高額な役員退職給与を支給してその会社が法人税を滞納するということに
なれば、その高額な役員退職給与の支給を受けた役員が第二次納税義務者と
なる可能性があるということを認識しておく必要があります。

参照条文等

法人税法 36 条《過大な役員退職給与の損金不算入》（平成 18 年度税制改正前）
国税通則法 105 条《不服申立てと国税の徴収との関係》1 項
国税徴収法 32 条《第二次納税義務の通則》・33 条《合名会社等の社員の第二
次納税義務》・34 条《清算人等の第二次納税義務》・35 条《同族会社の第二次
納税義務》・36 条《実質課税額等の第二次納税義務》・37 条《共同的な事業者
の第二次納税義務》・38 条《事業を譲り受けた特殊関係者の第二次納税義務》・
39 条・41 条《人格のない社団等に係る第二次納税義務》・47 条《差押の要件》・
90 条《換価の制限》
国税徴収法施行令 11 条《第二次納税義務者に対する納付通知書等の記載事項》
国税徴収法基本通達 39 条関係の 9《基因すると認められるとき》
平成 29 年 3 月 3 日付徴徴 6-9 ほか 1 課共同「第二次納税義務関係事務提要
の制定について」（事務運営指針）通達 100（2）イ

577

平成27年11月23日付国税速報第6388号13～16頁
東京地裁平成9年8月8日判決

第3章　非違事例

21. 同業類似法人として選定された法人のうち算出された平均功績倍率を超える功績倍率で役員退職給与を支給している法人の扱い

《質問要旨》

1. 平均功績倍率を計算するためには、法人税調査で役員退職給与の支給額が問題とされている法人と同業種で事業規模が類似する法人が複数選定されることになりますが、その複数選定された法人の各役員退職給与支給額の功績倍率の平均値を算出するということですので、選定された法人の中には当然にその算出された平均功績倍率を超えて支給している法人が存在するということになります。

2. 当社においては、前事業年度に役員退職給与規程に定める功績倍率法による役員退職給与の支給をしていることから、全国で行われている法人税調査の中で当社がある法人についての同業種で事業規模を類似する法人に選定されて、当社が知らないところで、算出された平均功績倍率を超える功績倍率で役員退職給与を支給する法人になっているかもしれません。

3. 仮に、当社がそのような法人になったとした場合、算出された平均功績倍率を超えていることは明らかですので、同業種で事業規模が類似する法人に選定されたことを契機に不相当な役員退職給与を支給しているとして、修正申告を求められるようなことになるのでしょうか。

回答要旨

1. 課税庁によって同業種で事業規模が類似する法人（以下「同業類似法人」）として選定された法人については、現在調査において退職給与支給額の相当性が問題とされている法人のその退職役員に係る退職給与相当額を算出するために、その税務調査を行っているその課税庁が設定した一定の条件に合致するとして選定されたに過ぎないところ、その同業類似法人として選定された法人の中に、その選定された複数の法人によって算出された平均功績倍率を

超える功績倍率により退職給与を支給している法人があったとしても、そもそもその同業類似法人として選定された法人における役員退職給与支給額が問題とされているわけではないことから、算出された平均功績倍率を超えているということでその法人の支給している役員退職給与額が不相当とされることはないと考えます。

2. 同業類似法人として選定された法人のうち、その算出された平均功績倍率を超える功績倍率の役員退職給与を支給している法人について、その支給額の相当性を問題とするということであれば、別途その法人を調査対象として、その法人の所轄税務署長が選定の条件を設定し、その法人の同業類似法人を選定して相当性の判定を行うことになることから、事業規模を測定する場合の重要な指標とされている売上金額に係る倍半額の範囲の設定、日本標準産業分類による同業種の範囲の設定や抽出地域の設定等の全てがその支給額の相当性が問題とされている法人を基準にして行われることになります。

3. したがって、同業類似法人として選定された法人は、いずれも支給した役員退職給与額が相当であるとして選定されたわけではないことから、算出された平均功績倍率を超える功績倍率で役員退職給与を支給している法人だけでなく算出された平均功績倍率よりも低い倍率により支給している法人についても相当額か否かの問題は残されているということになります。

このことは、平均功績倍率法だけでなく最高功績倍率法の場合であっても同じであり、これらの判定方法の弱点ということになると考えます。

解説

1　平均功績倍率法

（1）法人税基本通達に明記された「功績倍率法」

① 平成 29 年度の法人税関係法令の改正に対応した法人税基本通達等の一部改正通達（「法人税基本通達等の一部改正について（法令解釈通達）」平成 29 年 6 月 30 日付課法 2-17 他 1 課共同）が発出されました。

この改正において、ご質問にもあるとおり、次の②のように新設され

第3章 非違事例

た法人税基本通達の中において「功績倍率法」という文言が初めて用いられ、その柱書においてその意義が明記されたことです。

② 法人税基本通達9-2-27の2の内容は次のとおりです。

（業績連動給与に該当しない退職給与）

9-2-27の2 いわゆる功績倍率法に基づいて支給する退職給与は、法34条第5項《業績連動給与》に規定する業績連動給与に該当しないのであるから、同条第1項《役員給与の損金不算入》の規定の適用はないことに留意する。

(注) 本文の功績倍率法とは、役員の退職の直前に支給した給与の額を基礎として、役員の法人の業務に従事した期間及び役員の職責に応じた倍率を乗ずる方法により支給する金額が算定される方法をいう。

③ 上記②のとおり、注書には役員退職給与の計算のための3要素について、次のように記載されています。

（イ）最終報酬月額……「役員の退職の直前に支給した給与の額」

（ロ）勤続年数……「役員の法人の業務に従事した期間」

（ハ）功績倍率……「役員の職責に応じた倍率」

しかしながら、いずれもその具体的な内容に関しては触れられていません。

(2) 判決文に見る功績倍率

東京地裁平成25年3月25日判決においては、被告課税庁が平均功績倍率法を用いたことについて、裁判所は、役員退職給与の適正額の算定方法としては「一般に、平均功績倍率法、1年当たり平均額法及び最高功績倍率法がある。」とした上で、平均功績倍率法が役員退職給与額の相当性判定方法としていかに優れた方法であるかについて、次にように判示しています。なお、判決文中の「法36条」および「施行令72条」は平成18年度税制改正前のものです。

581

平均功績倍率法は、同業類似法人の役員退職給与の支給事例における平
　均功績倍率に、当該退職役員の最終月額報酬及び勤続年数を乗じて算定す
　る方法であるところ、①最終月額報酬は、通常、当該退職役員の在職期間中
　における報酬の最高額を示すものであるとともに、退職の直前に大幅に引
　き下げられたなどの特段の事情がある場合を除き、当該退職役員の在職期
　間中における法人に対する功績の程度を最もよく反映しているものである
　こと、②勤続年数は、施行令72条が明文で規定する「当該役員のその内国
　法人の業務に従事した期間」に相当すること、③功績倍率は、役員退職給与
　額が当該退職役員の最終月額報酬に勤続年数を乗じた金額に対し、いかな
　る倍率になっているかを示す数値であり、当該退職役員の法人に対する功
　績や法人の退職給与支給能力など、最終月額報酬及び勤続年数以外の役員
　退職給与の額に影響を及ぼす一切の事情を総合評価した係数であるという
　ことができるところ、同業類似法人における功績倍率の平均値を算定する
　ことにより、同業類似法人間に通常存在する諸要素の差異やその個々の特
　殊性が捨象され、より平準化された数値が得られるものといえることから
　すれば、このような最終月額報酬、勤続年数及び平均功績倍率を用いて役員
　退職給与の適正額を算定する平均功績倍率法は、その同業類似法人の抽出
　が合理的に行われる限り、法36条及び施行令72条の趣旨に最も合致する
　合理的な方法というべきである。

2　平均功績倍率法が合理的な方法であるための前提条件

（1）平均功績倍率法が役員退職給与の相当性を判定する方法として優れて合
　　理的な方法であることは、上記1（2）の判決文のとおりであるが、この平
　　均功績倍率法が合理的な方法であるためには、その判決文にもあるように、
　　次の2つの仮定的前提があります。なお、この2つのことは、最高功績倍
　　率法を用いる場合においても同様となります。

　①　最終月額報酬が、通常の場合、その退職役員の在職期間中における報
　　酬の最高額であるとともに、在職期間中における法人に対する功績の程

第3章　非違事例

度を最もよく反映しているものであること。

②　同業類似法人の抽出が合理的に行われているものであること。

(2)　上記（1）①については、上記1（2）の判決文において「退職の直前に大幅に引き下げられたなどの特段の事情がある場合を除き」という条件が付されているところ、報酬額の変動の推移については、その支給する法人内において確認できることから、その退職役員の在職期間中における報酬の最高額であるかどうかは容易に判断でき、最高額であれば、その退職役員の在職期間中における法人に対する功績の程度を最もよく反映しているものと確定的に理解されることとなります。

(3)　上記（1）②については、この同業類似法人の抽出に関しては、100％課税庁の裁量によるもので、よほど不合理とされるような事実がない限り、訴訟等においてその合理性は認められています。

　　ただ、まれにではありますが、合理性がないとされるものがあります。

　　最近の例で、役員報酬に関して、原処分庁（課税庁）の同業類似法人の抽出に合理性がないとした平成24年7月4日付裁決（非公開裁決）があります。

　　その裁決要旨は、次のとおりですが、この事例は同業類似法人の抽出が100％課税庁の裁量によるものであり、これが結論を左右することを如実に示しています。

　　原処分庁は、請求人の役員に支給された給与の額が、請求人の納税地を管轄する税務署及び隣接する税務署の管内に納税地を有し、請求人と同規模同業種である法人の役員の中から抽出した請求人の役員と職務内容が類似すると思われる同等の地位にある者の給与の平均額を超えることから、当該超える金額は法人税法第34条《役員給与の損金不算入》第2項に規定する不相当に高額な部分の金額に当たる旨主張する。

　　しかしながら、原処分庁の類似法人の抽出方法は、請求人の所轄税務署に隣接する複数の税務署のうち、一つの税務署管内の法人を抽出しておらず、そのことに合理性は認められない。そこで、当審判所において、類似法人を

583

抽出し直し、当該類似法人における対象役員の平均給与額を算定したところ、当該平均給与額は請求人の役員の給与の額を上回ったことから、請求人の役員に支給された給与の額に不相当に高額な部分の金額はない。

3　同業類似法人の抽出条件

(1) 同業類似法人の抽出は、100％課税庁の裁量によることとなるところ、抽出条件として設定される主なものは、次の4つとなります。

　　そのいずれについても、回答要旨に記載したとおり、役員退職給与支給額の相当性が問題とされている法人を基準にして設定されることになることから、ご質問にあるようなことにはならないということになります。

① 抽出地域

　⇒ 通常、調査対象法人と同一の税務者または国税局管内とされています。

② 業種区分

　⇒ 通常、日本標準産業分類の中分類または小分類によることとなります。

③ 対象年度

　⇒ 通常、退職の日の前後1年以内に終了した事業年度とされています。

④ 売上金額

　⇒ 通常、調査対象法人の売上金額の2分の1以上2倍以内とされています。

(2) 上記（1）の抽出条件の中には、相当な役員報酬月額であることが確認された法人であることや相当な役員退職給与支給額であることが確認された法人であることは含まれておりませんので、抽出される同業類似法人については、その抽出に関する限り、上記2（1）②のことについては満たしているものとされるということになります。

　　したがって、そもそも役員退職給与額の相当性に問題とされることになるのは同族会社であり、同業類似法人として抽出されるのも同族会社で

あって、その抽出された同族会社の功績倍率の平均値を求め、それによって調査対象同族会社の支給した役員退職給与額の相当性を判断するということになりますから、平均功績倍率法が上記1（2）のとおり優れた方法であるとしても、その合理性には、自己矛盾が内在しているように考えられます。

税務上の留意点

同業類似法人として選定された法人は、いずれも支給した役員退職給与額が相当であるとして選定されたわけではないことから、算出された平均功績倍率を超える功績倍率で役員退職給与を支給している法人だけでなく算出された平均功績倍率よりも低い倍率により支給している法人についても相当額か否かの問題は残されているということになります。

このことは、平均功績倍率法だけでなく最高功績倍率法の場合であっても同じであり、これらの判定方法の弱点ということになります。

参照条文等

旧法人税法 36 条

旧法人税法施行令 72 条

法人税基本通達 9-2-27 の 2

「法人税基本通達等の一部改正について（法令解釈通達）」平成 29 年 6 月 30 日付課法 2-17 他 1 課共同

参考

平成 28 年 2 月 8 日付国税速報第 6398 号 17〜20 頁

平成 24 年 7 月 4 日付裁決（非公開裁決）

22. 分掌変更に伴う役員退職給与に係る分割支払と支払時損金経理

《質問要旨》

1. 役員退職給与を支給することができるのは、その退職給与の支給を受ける役員が実際に退職した場合に限られるところ、代表取締役が非常勤の取締役となって、役員報酬をそれまでの半分以下にするなど大幅に引き下げた場合には、その時点で退職給与を支給することができます。

   ただし、この場合にはその時に支給することとした退職給与の全額を支払わなければならないことが条件とされているということであり、多額の退職給与を支給することとした場合には、その支給原資の確保も必要になります。

2. ところが、役員が実際に退職していなくても支給できる退職給与について、全額を支払わなくても分割して支払っても問題がないという判決がでました。

   このような退職給与の支払を認めることについては、法律ではなく通達による取扱いのようですから、このような判決が出たといってもその裁判の事案限りという場合やその判決自体今後覆る可能性もあると考えられます。

3. 当社において、代表取締役甲を乙（息子）に交代することを考えており、甲が非常勤の取締役となり報酬も半分にして後見的立場で経営を見守り、軌道に乗ったところで完全に身を引くことにして、その代表取締役交代時に支給する甲への退職給与の資金手当を思案していたところですので、全額を支払うのではなく分割して支払えるということであれば資金繰りの目処も立ちます。

4. 実際に退職しない代表取締役交代時に退職給与を分割して支払う場合、税務上問題はないのでしょうか。

第3章　非違事例

回答要旨

1. 東京地裁平成27年2月26日判決において、「役員の分掌変更等の場合の退職給与」の取扱いを定める法人税基本通達9-2-32《役員の分掌変更等の場合の退職給与》の定めに基づいて支給することとした役員退職給与について、「役員に対する退職給与の損金算入の時期」について定める法人税基本通達9-2-28《役員に対する退職金の損金算入の時期》のただし書にある取扱いの適用のあることが確認されました。

　なお、この判決については、課税庁側は控訴しなかったことから、確定しています。

2. ご質問にあるような形で代表取締役を交代する場合において、その交代が実質的に退職したと同様に事情にあると認められるものであって、その代表取締役交代時に支給することとした役員退職給与の支払について、資金繰り等の実情に合わせて分割して支払うこととし、その支払った日の属する事業年度にその支払った額について損金経理することを選択したときには、その経理は認められることになります。

　この場合、特に、分掌変更に伴い支給する役員退職給与を分割して支払うことについての株主総会等における所要の決議とその議事録の作成を行っておく必要があります。

解説

1 法人税基本通達9-2-32の取扱い

（1）法人税基本通達9-2-32については、分掌変更によって実質的に退職したと同様の事情にある場合には、退職給与を支給できるという取扱いを定めたものであり、代表取締役が非常勤の取締役となるなどして経営上主要な地位を占めることなく、役員給与の支給額も大幅に引き下げて分掌変更前の50％未満となったような場合に認められることとされています。

（2）法人税基本通達9-2-32には、役員の分掌変更または改選による再任に際して、次のような事実に基づき退職給与を支給した場合に、その支給額を

法人税法上退職給与として扱う旨定められています。

① 常勤役員が非常勤役員になったこと

② 取締役が監査役になったこと

③ 分掌変更後における役員報酬がおおむね 50% 以上減少したこと

(3) 上記 (2) ①ないし③は例示であって、分掌変更によってその役員の地位または職務の内容が激変し、退職したと同様の事情にあると認められる場合であればよいというところ、上記 (2) ①にはかっこ書で「常時勤務しないものであっても代表権を有する者及び代表権を有しないが実質的にその法人の経営上主要な地位を占めていると認められる者を除く。」とあり、また、上記 (2) ②および③には「その法人の経営上主要な地位を占めていると認められる者を除く。」とあって、上記 (2) ①ないし③の事実が形式的に存在した場合に、そのことだけでその支給した金員が退職給与として取り扱われるということではなく、その形式的事実に加えて経営上主要な地位を占めていないという実質的事実関係があってはじめてその取扱いが認められることとされています。

(4) したがって、その分掌変更後において、採用、人事異動、給与査定などの人事上の決定や取引先の選定、新規契約などの営業上の決定、設備等の取得、修繕などの会計上の決定等の経営に係る重要事項の意思決定に関わっている場合には、経営上主要な地位を占めていることとなることから（平成 26 年 10 月 16 日裁決）、そのような場合には、その退職給与として支給した金員は退職給与としての取扱いがされない結果、法人税法 34 条《役員給与の損金不算入》の規定によりその支給額の全額が損金不算入とされます。

(5) ご質問における「全額を支払わなければならないということが条件とされている」という点については、通達本文の注書において「退職給与として支給した給与」には未払金等に計上したものを含まないといっていることと思われるが、その注書には「原則として」とあることから、資金繰り等の理由による一時的な未払金等への計上については許容されることとされています。

第3章　非違事例

　なお、平成19年3月13日付課法2-3ほか1課共同「法人税基本通達等の一部改正について」（法令解釈通達）の趣旨説明9-2-32の解説3ただし書は、次のとおりです。

> 　ただし、役員退職給与という性格上、その法人の資金繰り等の理由による一時的な未払金等への計上までも排除することは適当ではないことから、「原則として、」という文言を付しているものである（このような場合であっても、その未払いの期間が長期にわたったり、長期間の分割支払いとなっているような場合には本通達の適用がないことは当然であろう。）。

2　法人税基本通達9-2-28のただし書に定める取扱い

(1) 法人税基本通達9-2-28のただし書においては、「役員に対する退職給与の損金算入の時期」を定めており、退職給与の損金算入について、その支給する退職給与を分割支払する場合には、その支払った時に支払った額について損金経理をすれば、その支払った事業年度における損金算入を認めることとされています。

(2) 役員退職給与の損金算入時期については、その支給額が具体的に確定する日の属する事業年度が原則ですから、その支給額の確定が、株主総会決議による場合にはその総会決議の日が属する事業年度であり、取締役会決議による場合にはその取締役会決議の日が属する事業年度に損金の額に算入されることになります（法基通9-2-28本分）。

　しかし、例えば、株主総会決議を経る前に取締役会決議により役員退職給与規程に基づく退職給与を現に支払った場合や株主総会決議により退職給与支給額が確定したにもかかわらず、役員であることを理由に、決算や資金繰りの都合で費用処理も支払も翌事業年度としなければならない法人の実態があることから、上記の原則に固執することなくこれらの実態に即した取扱いとするため、実際に支払った日の属する事業年度において損金経理した場合にも損金算入を認めることがただし書において定められています。

なお、この場合の損金経理については、選択的に損金算入時期を支払時の事業年度とする経理処理をした意思表示の方法ということになります。

3　上記1および2の2つの法人税基本通達の取扱いの関係

(1) 課税庁側の説明では、法人税基本通達9-2-28のただし書に定める取扱いは、同通達本文書き出しの「退職した役員に対する退職給与」の文言から、実際に退職した場合の取扱いを定めたものとされ、分掌変更等によってその役員の地位または職務の内容が激変し、退職したと同様の事情にあると認められる場合の役員退職給与については適用がないものとされてきました。

　しかしながら、上記通達本文書き出しの「退職した役員に対する退職給与」から「分掌変更等によって退職したと同様の事情にあると認められる役員に対する退職給与」を除くこととはされておりません。

　また、法人税基本通達9-2-28の注書においては、「未払金等に計上した場合」には「退職給与として支給した給与」には含まれないことが明記されているものの、分割支払する場合の金員を「退職給与として支給した給与」に含まれないとはされていません。

(2) 上記(1)の取扱いから、「分掌変更等によって退職したと同様の事情にあると認められる役員に対する退職給与」を分割支払して選択的に損金算入時期を支払時の事業年度とする経理処理をすることとし、実際に支払った日の属する事業年度において損金経理した場合にも損金算入が認められるということになります。

　このことが東京地裁平成27年2月26日判決において明確にされたことになります。

税務上の留意点

1. 分掌変更等の場合の退職給与の支給がある場合には、税務調査においてまず問題とされるのは、その分掌変更等において退職したと同様の事情にあると認められる場合にあたるかどうかであり、支給金額の確定手続や損金算入

時期、その支給額の相当性等については、その次の問題になります。

2. 分掌変更等による退職給与について、分割支払することとして実際に支払った日の属する事業年度に損金経理した場合には、その損金算入は認められることになります。

　この場合、その分掌変更等による退職給与の支給決議において、①支給総額、②分割支払する旨とその分割支払とする理由、③各支払時期^(注)および④各支給時期における支払金額が明確に決定されることが必要であり、それらのことを記載した議事録を作成しておくことが必須と考えます。

　(注) 退職年金（法基通 9-2-29）と指摘されないようにその支払は支給決議からおおむね 3 年以内に終了すべきと考えます。

参照条文等

法人税基本通達 9-2-28・9-2-29《退職年金の損金算入の時期》・9-2-32
平成 19 年 3 月 13 日付課法 2-3 ほか 1 課共同「法人税基本通達等の一部改正について」（法令解釈通達）の趣旨説明 9-2-32 の解説 3 ただし書

参考

平成 28 年 2 月 22 日付国税速報第 6400 号 13〜16 頁
東京地裁平成 27 年 2 月 26 日判決
平成 26 年 10 月 16 日裁決（非公開裁決）

23. 実際の退職に伴う役員退職給与を支給した事業年度の確定申告と税務調査

《質問要旨》

1. 同業者に対する税務調査において、前代表者が事故で亡くなって会社が受け取った保険金のほとんどを退職給与として支給したことが問題とされたということでした。

   手続的にも問題もなく、計算根拠もきちんとしていたということでしたが、ほかの会社との比較で退職給与としては支給額が多すぎるということで修正されたようです。

2. 当社も、代表取締役が実際に退職したことに伴い、役員退職給与を支給し損金算入した法人税の確定申告書を提出したばかりです。

   退職給与を支給していたという理由で、調査されることになるのでしょうか。

回答要旨

1. 実際の退職に伴う役員退職給与の支給があることだけでは調査の対象とされることはないと考えます。

2. 役員退職給与に係る課税処分を巡る争いの事案から、実際の退職に伴う役員退職給与の支給がある場合において、調査対象とされることとなる可能性が高くなるのは、その役員退職給与の支給原資となった多額の収入金額がある場合が考えられます。

   要するに、その役員退職給与の支給原資となる収入がその退職給与の支給を受ける役員の死亡に伴う保険金収入であったり、土地等の固定資産を売却したことによる譲渡収入であったりというように、その役員退職給与を支給することができるだけの見合いの収入がある場合に、それらの金額が多額であることから、その支給した役員退職給与について、その支給額の相当性を確認する必要があるということで、税務調査の対象とされていることが考え

第3章　非違事例

られます。

　ただし、これも必ずということではなく、裁判事例からみた一般的な事象
です。

解説

1　国税通則法74条の9と調査の理由

（1）平成23年12月の税制改正において国税通則法が改正され、税務手続に
　　関する規定が整備されています。

（2）この税務調査手続の規定のうち、国税通則法74条の9《納税義務者に対
　　する調査の事前通知等》には、国税局や税務署の調査を担当する職員が納
　　税義務者の事業所等に臨場して実地の調査を行う場合には、原則として、
　　予め電話等により、納税義務者（法人の場合は代表者）または税務代理権限
　　証書が提出されている税理士等の税務代理人に対して、実地調査を行う旨
　　を始めとする次の11項目の法定通知事項を事前通知することとされてい
　　ます（通法74の9①、通令30の4①）。

①　実地の調査を行う旨

②　調査開始日時

③　調査開始場所

④　調査の目的

⑤　調査の対象となる税目

⑥　調査の対象となる期間

⑦　調査の対象となる帳簿書類その他の物件（国税に関する法令の規定によ
　　り備付けまたは保存をしなければならないこととされているものである場合
　　にはその旨）

⑧　調査の相手方である納税義務者の氏名および住所または居所

⑨　調査を行う職員の氏名および所属官署（その職員が複数であるときは、
　　代表する者の氏名および所属官署）

⑩　調査開始日時または調査開始場所の変更に関する事項

593

⑪　事前通知事項以外の事項について非違が疑われることとなった場合には、その事項に関し調査を行うことができる旨

(3) 上記（2）の 11 項目の中には、「調査の対象とした理由」という項目がありませんが、上記の④は「調査の理由」ではなく「調査の目的」とされていることから、例えば、「提出された申告書の記載内容を確認するため」というようなことが告げられることで足りるとされ、具体的に法人税等の申告書から調査担当者が抱いた疑問点や確認したいことが告げられるということではないとされています（通令 30 の 4 ②、国税庁ホームページ「調査手続に関する FAQ（一般納税者向け）」問 18 回答）。

(4) 調査を受ける側としては、どのような理由で調査対象とされたのかが一番知りたいところですが、調査着手時にも終了時にもこの点は調査担当者から明らかにされることはないところ、結局は、調査官が調査開始から何を重点的に調べているのかを見極め、推測するしか手立てはないということになります。

(5) ご質問にある同業者の場合も、役員退職給与の支給に関することを中心に調査が行われたことからの推測であり、過大役員退職給与について修正申告したことによる結果論ということになります。

2　多額の支給原資収入と役員退職給与支給額の裁判事案

実際の退職に伴う役員退職給与の支給と税務調査の関係については、次のような役員退職給与に係る課税処分を巡る裁判事例から、ただ単に役員退職給与の支給があるということで調査対象とされるということではなく、多額の支給原資収入があることにより役員退職給与支給額も多額になっている場合に調査対象とされていることが、各裁判事例の示した役員退職給与支給額の支給原資収入金額に対する割合などを通観した場合の印象としていえるように考えられます。

(1) 長野地裁昭和 62 年 4 月 16 日判決事例

代表取締役の業務上の死亡による保険金収入 9,515 万円を原資に、慰労金として 7,929 万円を支給、同支給額の原資収入に対する割合 83.3%。

第3章　非違事例

（2）高松地裁平成 5 年 6 月 29 日判決事例

　　創業者取締役の死亡による保険金収入 5,067 万円を原資に、退職給与 3,500 万円および慰労金 500 万円の合計 4,000 万円を支給、同支給額の原資収入に対する割合 78.9％

（3）福島地裁平成 8 年 3 月 18 日判決事例

　　代表取締役の業務上の死亡による保険金収入 1 億 5,000 万円を原資に、退職給与として 9,100 万円を支給、同支給額の原資収入に対する割合 60.6％

（4）大分地裁平成 21 年 2 月 26 日判決事例

　　代表取締役の死亡により受領した保険金の合計額 2 億 7,200 万円を原資として退職給与 2 億 6,100 万円（支給名目は、退職慰労金 1 億 9,950 万円、功労金 5,985 万円、特別功労金 165 万円）および慰労金 900 万円の合計 2 億 7,000 万円を支給、同支給額の原資収入に対する割合 99.2％

（5）岡山地裁平成 21 年 5 月 19 日判決事例

　　代表取締役の業務中の事故死により受領した生命保険金等 2 億 1,034 万円を原資として退職給与 1 億 4,000 万円および慰労金 2,000 万円の合計 1 億 6,000 万円を支給、同支給額の原資収入に対する割合 76.0％

（6）熊本地裁平成 25 年 1 月 16 日判決事例

　　代表取締役の死亡により受領した保険金の合計額 1 億 8,818 万円を原資として退職給与 1 億円および慰労金 300 万円の合計 1 億 300 万円を支給、同支給額の原資収入に対する割合 54.7％

税務上の留意点

役員退職給与の支給と税務調査の関係については、次のように考えられます。

1. 上記解説 2 の 6 つの裁判事案は、いずれも代表取締役の死亡に伴い多額の保険金収入があった事案であります。

　　裁判までに至らず審査請求や再調査の請求（異議申立て）の段階で終了した事案、調査官の勧奨に応じて修正申告で終了した事案など多額の保険金収入

を役員退職給与の支給原資とした法人の調査事案は多くあると考えられることから、役員退職給与支給額が過大不相当とされた上記解説2の裁判事案と同様の調査事案は少なくないと考えられます。

2. この多額の保険金収入を役員退職給与の支給原資とした法人の調査事案については、役員向けの保険商品が多様化し、役員の死亡保険金が大型化してきた頃から多くなってきたのではないかと推測されます。

　この役員を被保険者とする大型保障保険に加入する動機、目的は、まさに役員退職給与の支給原資とすることにあるところ、代表取締役の死亡により多額の保険金収入が実現した場合には、その保険金収入は役員の生命の代償であり、遺族のその後の生活資金とされるべきものであることから、その法人が受領した保険金収入をそのまま、あるいはできるだけ多く退職給与として支給したというのは、退職給与支給額の決定をするに当たって当然の思いだろうと理解することができるところです。

3. しかしながら、そもそも保険金収入と役員退職給与支給額とはひも付きの関係ではなく、両者は切り離して考えるべきことは、上記解説2の判決においても判示されているところ、保険金収入を原資として役員退職給与を支給し、その保険金収入に残りがある場合には、その残額は当然に法人の資金として法人のために使用されなければならないということであり、当事者間においてどのように理由付けをして支給したかはともかく、決算書上多額の保険金収入と多額の役員退職給与支給額がある場合には、調査する側としてはどうしてもそこに関心を持たざるを得ず、税務調査の対象とされる蓋然性が高くなることになると考えます。

4. このことは、保険金収入がある場合に限ったことではないところ、多額の臨時的収入を原資として役員退職給与を支給する場合には、税務調査を受けることを想定しておく必要があるということになります。

5. なお、分掌変更等に伴う役員退職給与の支給がある場合には、実際の退職の場合と異なり、退職給与支給額の相当性を問題とする前に実質的に退職したと同様の事情があるかどうかが問題とされることから、その事実確認の必要

性から、調査対象となる可能性は相対的に高くなると考えられます。

参照条文等

国税通則法 74 条の 9

国税通則法施行令 30 条の 4 《調査の事前通知に係る通知事項》

参考

平成 28 年 3 月 14 日付国税速報第 6403 号 13〜16 頁

国税庁ホームページ「調査手続に関する FAQ（一般納税者向け）」問 18 回答

長野地裁昭和 62 年 4 月 16 日判決

高松地裁平成 5 年 6 月 29 日判決

福島地裁平成 8 年 3 月 18 日判決

大分地裁平成 21 年 2 月 26 日判決

岡山地裁平成 21 年 5 月 19 日判決

熊本地裁平成 25 年 1 月 16 日判決

24. 民間調査データによる功績倍率を基に支給した役員退職給与支給額の相当性

─── 《質問要旨》 ───

1. 役員退職給与支給額の相当性については、法人税法施行令70条《過大な役員給与の額》2号にその判断基準が示されているところ、これは課税庁が実際に支給された役員退職給与額について調査をするときに適用するものであり、役員退職給与支給額の計算に関する規定は、法人税法等にも会社法にもないようです。

2. そこで、具体的な役員退職給与支給額の計算をするために役員退職給与支給規程を定めて、その支給額の計算方法を功績倍率法によるとき、問題となる役位別の倍率などを入手可能な民間の調査データを基として定めた場合に、その役員退職給与規程により支給した退職給与額については、その後の税務調査において、相当な役員退職給与支給額であるとして認められるのでしょうか。

3. また、国税庁が公表している統計の中には功績倍率等に関するものはないようですから、結局、民間のデータに頼らざるを得ないところ、多くの法人が同じ民間のデータにより功績倍率を定めて実際に支給すれば、結果的に、そのことが社会通念上相当な功績倍率による役員退職給与支給額が形成されることにもなり、課税庁側もこれを尊重して認めていかざるを得なくなるのではないかと考えますが、いかがでしょうか。

回答要旨

1. 役員退職給与支給額の計算に関して利用することのできる民間のデータについては、社内において役員給与規程を定める場合や実際の支給額を計算する場合において参考にするということでは、役員退職給与を支給する会社側にとって極めて有用であり、社内的には十分にその根拠として使用できるものと考えます。

第3章 非違事例

2. しかしながら、税務調査においては、そのようなデータを基に支給している
からといって、その支給した役員退職給与額が、結果的に相当と認められる
ということはあっても、無条件に相当とされることはないと考えます。

課税庁はあくまでも法人税法施行令70条2号に規定する判断基準により
支給額の相当性を判断するところ、そもそも民間の調査データに限らず、国
の統計資料に基づいて支給した役員退職給与額であっても、その支給額に相
当性が認められることにならないことになります。

3. また、確かに、多くの法人が同じ民間のデータを基に功績倍率を定めて支給
することとすれば、その結果、社会通念上相当な功績倍率が形成されるとい
うことも考えられないことではないところ、役員退職給与支給額において問
題とされる相当性は、社会通念上のことではなく、その支給を受けるその役
員個人に対する支給額として相当であるかどうかということですので、仮に
社会通念上基準となる功績倍率の数値が形成されたとしても、それは個別の
調査事案における税務上の判断基準にはなり得ないことになります。

解説

1 役員退職給与支給額の相当性の判断

(1) 法人税法施行令70条2号において役員退職給与支給額の相当性につい
て「当該役員のその内国法人の事務に従事した期間、その退職の事情、そ
の内国法人と同種の事業を営む法人でその事業規模が類似するものの役員
に対する退職給与の支給状況に照らし」判断することが規定されています。

しかしながら、この基準は、課税庁が税務調査において、損金の額に算
入された役員退職給与額の是否認について判断するためのものであり、こ
の規定によって相当な役員退職給与額の計算ができるものではないことは
ご質問の中でも言われているところ、役員退職給与を支給する側としては、
自らが定める役員退職給与規程に基づいて、そこに定められている功績倍
率法等により計算した金額を会社法上の手続を的確に行った上で支給し、
これを支給する側における相当な金額として損金の額に算入するしかない

599

ことになります。

（2）このようにして損金の額に算入した役員退職給与が損金として最終的に認められるかどうか、つまり相当な役員退職給与支給額であったと評価されるかどうかは、その損金算入事業年度に係る確定申告後の税務調査を待たなければ判明しないことになりますから、国税通則法 70 条《国税の更正、決定等の期間制限》に規定する更正の除斥期間が経過するまでの間、役員退職給与を支給したということによって納税者は安心できない状態に置かれることになります。

（3）したがって、役員退職給与を支給する側においては、できるだけ確定申告後の税務調査において金額の相当性が問題とされることのないように、支給する段階においてその相当性を事前に確保するため、入手可能な範囲で役員退職給与に関する調査データを参考にして役員退職給与を支給しようとすることになります。

2　参考にすることができる調査データの有無

　　国による役員給与に関する調査データについては、次の 3 つがありますが、結論的には役員退職給与支給額に関して利用できるものはないと考えます。

（1）民間給与実態統計調査報告

　　国税庁が役員を含む給与所得者に対する 1 年間の給与の支給総額[注]について、毎年調査し公表しているものです。

　　しかし、退職給与に関しては調査対象とされていないことから、本件において参考になりません。

　　(注) 給料・手当および賞与の合計額で、給与所得控除前の収入金額であり、通勤手当等の非課税分を含まない金額です。

（2）民間企業における役員報酬（給与）調査

　　人事院が国家公務員の給与について行う人事院勧告に関して、「国家公務員指定職俸給表の適用を受ける職員の給与を総合的に検討するための資料を得ること」を目的として実施しているものです。

　　なお、この調査結果については、人事院勧告の参考資料の中で調査の概

要が示される以外は公表されていません。

　また、平成25年度実施調査まで行われていた役員退職慰労金に関する調査については、その結果は全く公表されておらず、平成26年度実施調査からはこの調査は廃止されています。

(3) 民間企業における役員退職慰労金制度の実態に関する調査

　総務省人事・恩給局が国家公務員の退職手当制度の総合的な検討を行う参考とするため、継続的に実施しているものです。

　調査結果は公表されていますが、表題のとおり「制度の実態」に関する調査であって、具体的な支給金額算定のための資料となるものではありません。

3　民間の調査データを証拠とした裁判例とその調査データ

　次の裁判例において、課税庁側が課税処分の適法性の主張をするための間接的な証拠として民間の調査データを提出しています。

(1) 東京地裁昭和55年5月26日判決

　被告課税庁は、比較法人7法人により得られた功績倍率の平均値1.9および最高値3.0という数値について、次のとおり主張しました。

> 　右数値は本件更正処分当時の全上場1,603社の実態調査の結果から算出される功績倍率の平均が社長3.0、専務2.4、常務2.2、平取締役1.8、監査役1.6であるところからみて相当な基準といえるものである。

　この実態調査というものが昭和47年6月20日現在で株式会社Sが行ったものであり、課税庁が主張した数値は、調査した全上場会社1,603社および非上場会社101社（合計1,704社）のうち「最終報酬月額と在任期間の積に一定の数値を乗じて退職給与金額を算出する方式」を採用している154社から得られたものでした。

(2) 岡山地裁平成元年8月9日判決

　被告課税庁の相当な退職給与の額の判断過程における平均功績倍率法の合理性について、裁判所は、被告課税庁が証拠として提出した株式会社S

の調査結果(注)に基づき、合理性があると認定しています。

(注)昭和 58 年 1 月現在で証券取引所に上場、非上場の会社合計約 2,000 社を対象に調査し、回答を得た 202 社のうち 59 社が功績倍率法を採用していたことによります。

(3) 岡山地裁平成 18 年 3 月 23 日判決

被告課税庁は、本件役員退職給与支給額に係る功績倍率が 73.9 倍（退職給与支給額 3,500 万円、最終報酬月額 43 万 7,000 円、在任期間 13 か月）であることについて、株式会社 N が平成 14 年 11 月現在で上場会社 2,000 社を対象に行った調査における常勤役員の功績倍率の最高が 6.3 倍であり、同様に平成 10 年 1 月現在で行った調査における常勤役員の功績倍率の最高が 9.6 倍であることから、本件役員退職給与支給額には不相当に高額な部分が含まれているとし、他の事情等と併せてその全額を損金不算入にすべきであると主張しました。

4　納税者側主張の民間の調査データと裁判所の評価

(1) 東京地裁平成 25 年 3 月 22 日判決事案においては、納税者側が民間の調査データを証拠として、次のように主張しました。

> 本件 G データは会社規模別に全国 7,320 社、8,454 人の役員に係る退職金データを基礎とするものであるから、原告の所在地を管轄する国税局管内の法人であるという抽出基準のみによって抽出されたデータと比較して、より合理性のあるデータであるといえる。

(2) この判決は、上記 (1) の納税者側の主張に対して、次のように応え、この G データに対する評価をしています。

> 本件 G データ同業類似法人についてみても、そもそも G データは、税理士および公認会計士からなる任意団体である G が各会員に対して実施したアンケートの回答結果から構成されており、その対象法人は G の会員が関与しているものに限られている上、原告が用いた抽出基準は、その抽出対象

第3章　非違事例

地域について何ら限定することなく全国としており、また、基幹の事業についても「日本標準産業分類・大分類・Ｅ―製造業」とするのみであって、中分類の存在を考慮しておらず、被告が用いた抽出基準に比べ、その対象地域および業種の類似性の点において劣るものと言わざるを得ない。

税務上の留意点

1. 役員退職給与の支給に関する調査データを入手してそれを基に役員退職給与を支給したとしても、税務との関係においては、事前にその支給額の相当性を確保することは困難であるように考えられます。
2. 上記解説4（2）の判決における裁判所の指摘（評価）については、課税庁が証拠として提出したデータについてもいえるのではないかと考えられます。

参照条文等

法人税法施行令70条2号

国税通則法70条

参考

平成28年3月21日付国税速報第6404号13〜16頁

東京地裁昭和55年5月26日判決

岡山地裁平成元年8月9日判決

岡山地裁平成18年3月23日判決

東京地裁平成25年3月22日判決

603

25. 事業承継のために贈与する株式の価額引下げを目的とする役員退職給与の支給

《質問要旨》

1. 当社は同族会社であり、現在、事業承継について検討しています。

   後継者には、現在の代表取締役が所有している自社株を引き継がなければならないことから、思案していたところ、同じように事業承継を考えている同業者から、株価を引下げて後継者に生前贈与することにすればいいのではないかと言われました。

2. その株価引下げのための方法は、代表取締役自らが退職してしかるべき金額の役員退職給与を支給することであり、この場合の退職は、会社から完全に身を引いてしまう退職ではなく、非常勤取締役や監査役として会社に留まってもよいということでした。

3. 役員退職給与の支給が株価引下げ策になるとはどのようなものなのか、また、仮にこの株価引下げ策を実行するとした場合、同族会社については特別な規定があるとも聞いていますが、役員退職給与を支給するという目的からして、後日、税務上問題とされることはないのでしょうか。

回答要旨

1. 同族会社の株式については、「取引相場のない株式」として「財産評価基本通達」に従って評価することとなり、ご質問の場合には同族株主が取得することから、その評価方法は、その評価する株式の発行会社の規模に応じて決定され、原則として大会社の場合には類似業種比準方式、小会社の場合には純資産価額方式、中会社の場合にはこれらの併用方式によることとなります。

2. 役員退職給与の支給が株価引下げ策として利用できるというのは、役員退職給与を支給することとして損金算入することにより、評価額の計算に当たって類似業比準方式の場合は利益金額と簿価純資産価額を、純資産価額方式の場合には純資産価額をそれぞれ減少させることができますので、このことが

第3章　非違事例

結果的に株式の評価額を引き下げることになるからということになります。

3. この株価引下げ策として役員退職給与を支給することについては、ご質問は
その動機の点が問題とされ、おそらく同族会社の行為計算否認の適用対象と
なるのではないかということでしょうが、実施している会社も少なくなく、こ
の方法を実施することで税務上問題となることはないと考えられています。

　　ただ、税務上問題にされることがあるとすれば、その役員退職給与の支給
に当たって実質的に退職したと同様の事情にあるかどうかという事実関係と
その支給額がその役員に対する退職給与額として相当な金額であるかどうか
ということが問題と考えます。

4. なお、実際に株価の引下げ効果が現れるのは、役員退職給与を支給した翌事
業年度中に行う株式の贈与時における価額評価ということになります。

解説

1　事業承継のための株式移転

（1）事業を承継するということは、後継者に代表取締役の役職を引き継がせ
るという形式的な面だけでなく、株式を保有させることによって経営支配
権を取得させるという実質が伴わなければ意味がなく、その支配権も安定
したものであることが必要ですから、後継者には、特別決議が可能な議決
権数の3分の2以上を保有すること（会社法309②）となるように株式を取
得させなければならないことになります。

（2）現在の代表取締役がこの3分の2以上を保有している場合には、それを
後継者へ譲渡もしくは贈与することで済みますが、株式の3分の1以上が
他の親族、従業員、取引先等に分散している場合には、その株式を買い取
るなどして後継者の手元に集中させる必要があります。

　　いずれにしても、後継者が株式を取得するに当たっては、その株式の評
価額が問題となるところ、取得する側の経済的負担を軽くするため低い評
価額となるように、ご質問にあるような評価額の引下げ策を講ずることに
なります。

605

2　取引相場のない株式の評価

(1) 株式の評価については、各実体法には規定がない上、税務上評価方法として統一されたものはないことから、相続税・贈与税、法人税、所得税の各税務において問題となるところ、その具体的な評価方法は、相続税・贈与税に関しては財産評価基本通達に、法人税に関しては法人税基本通達に、所得税に関しては所得税基本通達にそれぞれ定めがあります。

(2) 同族会社の株式の評価については、相続税・贈与税においては「取引相場のない株式」(評基通178以下) として、法人税においては「上場有価証券以外の株式」(法基通9-1-13) として評価方法が定められており、所得税の場合には、売買実例のあるものかどうかにより評価する (所基通23～35共-9(4)) こととされているところ、法人税および所得税に関しては、それぞれの基本通達の定めにより評価することが難しい場合には、一定の要件のもとで、財産評価基本通達に定める「取引相場のない株式」に係る評価方法により評価することができることとされていることから (法基通9-1-14、所基通59-6)、実務における同族会社の株式の評価方法としては、結果的に財産評価基本通達に定める「取引相場のない株式」の評価方法によることになります。

3　財産評価基本通達に定める「取引相場のない株式」の評価方法

(1) 財産評価基本通達においては、同族株主が取得したその同族会社の株式の評価について、原則として、原則的評価方法によって評価することとされており、その株式を発行した会社の規模に応じて、大会社の場合は類似業種比準方式、小会社の場合には純資産価額方式、中会社の場合はこれらの併用方式によって評価することになります。

　　ただし、納税者の選択により、大会社および中会社が純資産価額方式を、小会社が併用方式を選択することができますので、結果的に純資産価額方式が会社の規模に関係なく、共通した評価方法ということになります (評基通179)。

(2) この場合の大会社、中会社、小会社という会社規模区分は、従業員数70

人以上の会社はその業種に関係なく大会社とされ、従業員数が 70 人未満の会社は、業種を「卸売業」、「小売・サービス業」、「卸売業、小売・サービス業以外」の 3 つに区分した上、それぞれについて定められた総資産価額（帳簿価額）、従業員数および売上高の基準により決定されます（評基通 178）。

(3) 原則的評価方法のうち、

① 類似業種比準方式は、類似業種の株価等を基に、その評価する株式発行会社の 1 株当たりの配当金額、利益金額、簿価純資産価額の 3 つを比準して評価する方法であり（評基通 180 ないし 184）、

② 純資産価額方式は、会社の総資産や負債を原則として相続税の評価に洗い替えて、その評価した資産の価額から負債や評価差額に対する法人税額等相当額を差し引いた残りの金額で評価する方法です（評基通 185 ないし 188-6）。

(4) なお、類似業種の株価については、国税庁から「平成○○年分の類似業種比準価額計算上の業種目及び業種目別株価等について」という法令解釈通達により公表されているところ、ここでの業種目は、業種に関する他の税務における取扱いと同様に、日本標準産業分類に基づいており、類似業種の株価等は、原則として東京、名古屋、福岡、札幌の各証券取引所に株式を上場している全ての会社を標本会社として計算されています（「類似業種比準価額計算上の業種目及び類似業種の株価等の計算方法等について（情報）」平成 29 年 6 月 13 日付資産評価企画官情報 4 号、資産課税課情報 12 号）。

4　株価の引下げ策

(1) 上記 3 の類似業種比準方式および純資産価額方式の計算要素、計算構造から、その株式評価額を引き下げようとした場合の方法としては、その方式に応じて次の 3 つの方法が考えられます。

① 類似業種比準方式による利益金額を引き下げる

⇒ 具体的には、臨時多額の損失を計上するということであり、ご質問の役員退職給与を支給するというのもこのためということになります。

② 類似業種比準方式における純資産価額を引き下げる

⇒ 具体的には、含み損を抱える資産の売却や不良債権の処理をすることで簿価純資産額を引き下げます。

③ 純資産価額方式における純資産価額を引き下げる

⇒ 具体的には、含み益のある資産を分離する（例えば、適格企業組織再編により子会社を設立して含み益のある土地等をその子会社に保有させる。）などの方策をとることで、純資産価額を引き下げます。

(2) ただし、いずれの方法によるにしても、行き過ぎた節税策であってはならないことは言うまでもありません。

なお、上記3に記載のとおり、類似業種比準方式と純資産価額方式は選択可能ですので、両方の方式を計算してみてどちらか低い株価を評価額とすることができます。

また、類似業種比準方式における類似業種の株価等は、金融商品取引所に株式を上場している全ての会社を対象にしていることから、上場会社の株価の上昇に伴い、今後業績の好転がみられない中小企業がこの方式で株式の評価をした場合には、実態とはかけ離れた高い評価額になることも考えられます。

税務上の留意点

株価引下げを目的とする役員退職給与の支給に当たって、次の事項に留意する必要があります。

1. もし仮に税務上否認されることになると、法人税法132条《同族会社等の行為又は計算の否認》の適用が考えられます。

しかし、役員退職給与を支給するという株価引下げ策については、いわゆる租税回避行為とされるものではなく、節税のための法人成りのように、そのような方策を採ることは特異なことではないことから、その方法自体、「複数の文献が株価引下げ策として役員退職給与を支給することを紹介しており、多数の税理士や公認会計士が、自らのウェブサイトにおいて、同様の方

第3章　非違事例

策を紹介している」（東京地裁平成27年2月26日判決）ところ、役員退職給与を支給することとした動機の点をとらえて税務上問題とされることはないと考えます。

2. もっとも、そのような動機については、表面上役員退職給与を決議した議事録に記載するようなことではなく、結果論として推測されるようなことに過ぎないことから、それよりむしろ、その役員退職給与を支給することについて実質的に退職したと同様の事情にあるかどうかという事実関係とその役員退職給与支給額が相当な金額であるかどうかということに注視すべきと考えます。

参照条文等

法人税法132条

法人税基本通達9-1-13《上場有価証券等以外の株式の価額》・9-1-14《上場有価証券等以外の株式の価額の特例》

所得税基本通達23～35共-9《株式等を取得する権利の価額》(4)・59-6《株式等を贈与等した場合の「その時における価額」》

財産評価基本通達178《取引相場のない株式の評価上の区分》・179《取引相場のない株式の評価の原則》・180《類似業種比準価額》・181《類似業種》・181-2《評価会社の事業が該当する業種目》・182《類似業種の株価》・183《評価会社の1株当たりの配当金額等の計算》・183-2《類似業種の1株当たりの配当金額等の計算》・184《類似業種比準価額の修正》・185《純資産価額》・186《純資産価額計算上の負債》・186-2《評価差額に対する法人税額等に相当する金額》・186-3《評価会社が有する株式等の純資産価額の計算》・187《株式の割当てを受ける権利等の発生している株式の価額の修正》・188《同族株主以外の株主等が取得した株式》・188-2《同族株主以外の株主等が取得した株式の評価》・188-3《評価会社が自己株式を有する場合の議決権総数》・188-4《議決権を有しないこととされる株式がある場合の議決権総数等》・188-5《種類株式がある場合の議決権総数等》・188-6《投資育成会社が株主である場合の同族

609

株主等》

会社法 309 条《株主総会の決議》2 項

「類似業種比準価額計算上の業種目及び類似業種の株価等の計算方法等について（情報）」平成 29 年 6 月 13 日付資産評価企画官情報 4 号、資産課税課情報 12 号

参考

平成 28 年 4 月 25 日付国税速報第 6409 号 14～17 頁

東京地裁平成 27 年 2 月 26 日判決

第3章　非違事例

26. 外形標準課税における役員退職給与の取扱い

《質問要旨》

1. 当社は、近く増資により資本金が1億円を超えることとなる予定です。

　　資本金の額が1億円を超えると法人税の税率が変わるなど、中小企業ではなくなるということで、いろいろと国税の取扱いが変わることは承知していますが、地方税のことについては、よくわかっていませんでした。

2. そこで、地方税について、資本金が1億円を超える会社で経理事務を担当している友人にその増資の話をして尋ねたところ、法人事業税が外形標準課税になることを教えられ、付加価値割の計算に関して役員退職給与の支給がある場合に特に注意するように言われました。

　　友人の会社は先日県税事務所から事業税の調査を受け、特別損失として経理していた役員退職給与が付加価値割の計算に含まれていなかったことから、修正申告をしたということでした。

3. 当社では、増資後も役員の交代が予定され、役員退職給与を間違いなく支給することになることから、役員退職給与の外形標準課税における具体的な取扱いや留意すべき点等について教えてください。

回答要旨

1. 資本金1億円を超える法人に係る法人事業税については、法人税の場合と同じ事業年度を計算期間として、①各事業年度の付加価値額を課税標準とする付加価値割、②各事業年度の資本金等の額を課税標準とする資本割および③各事業年度の所得を課税標準とする所得割の合計額とされています。

　　このうち、①の付加価値割の課税標準である付加価値額については、報酬給与額、純支払利子、純支払賃借料の合計額の収益配分額と単年度損益によって計算されるところ、その収益分配額の大部分を占めるのが報酬給与額であることから、役員退職給与の支給がある場合に注意しなければならないのは、

611

この報酬給与額の計算に関してのこととなります。

2. 上記1.の注意点とは、第1に報酬給与額に役員退職給与支給額を含めなければならないことであり、第2にこの場合の報酬給与額に含める役員退職給与支給額は、法人税の所得金額の計算上損金の額に算入される金額に限られています。

3. まず、第1の点については、ご質問にあるように特別損失として経理している場合や引当金を取り崩して支払ったものを損金の額に算入した場合などについて報酬給与額に含めることを忘れないようにすることで社内的に対処可能となります。

　　次に、第2点目については、支給する役員退職給与額がその役員の退職給与額として相当な金額でなければならないことから、この点は社内的には如何ともし難く税務調査を待つほかなく、役員退職給与支給規程に則り正当な手続を経て相当額を支給したとしても、その申告後にその役員退職給与を支給した事業年度に係る法人税の調査において、支給額が過大不相当とされて損金不算入額が生じた場合には、その時点で事業税についても是正しなければならないことになります。

解説

1　外形標準課税の付加価値額の計算における報酬給与額

（1）付加価値割の課税標準である付加価値額については、報酬給与額、純支払利子、純支払賃借料の合計額である収益配分額と単年度損益によって計算される（地法72の14）ところ、その収益配分額の大部分は報酬給与額であることから、役員退職給与支給額はこの報酬給与額の計算に関係することになります。

（2）この報酬給与額については、地方税法72条の15《報酬給与額の算定の方法》にその算定方法が規定され、次の金額の合計額とされています。

　①　法人が各事業年度においてその役員または使用人に対する報酬、給料、賃金、賞与、退職手当その他これらの性質を有する給与として支出する

金額の合計額（地法 72 の 15 ①一）

②　法人が各事業年度において確定給付企業年金に係る規約に基づいて加入者のために支出する掛金その他の法人が役員または使用人のために支出する一定の掛金等の合計額（地法 72 の 15 ①二）

　なお、上記①および②の金額については、いずれも「当該事業年度の法人税の所得の金額の計算上損金の額に算入されるもの」およびその事業年度において支出されたもので棚卸資産、有価証券、固定資産または繰延資産に係るものに限るとされています（地法 72 の 15 ①本文かっこ書、地令 20 の 2 の 2）。

(3) ここにいう報酬給与額とは、雇用関係またはこれに準ずる関係（例えば、法人と役員との委任関係等）に基づいて提供される労務の対価として役員または使用人に対して支払われるものをいい、その支給形態や支給名称を問わず[注1]、原則として、所得税において給与所得または退職所得とされるもので[注2]、法人税の所得金額の計算上損金の額に算入されるものということになります。

(注1)「地方税法の施行に関する取扱いについて（道府県税関係）」平成 22 年 4 月 1 日付総税都 16 号各都道府県知事宛総務大臣通知（以下「取扱通知」といいます。）4 の 2 の 1、4 の 2 の 2

(注2) 取扱通知 4 の 2 の 3

　なお、取扱通知 4 の 2 の 1、4 の 2 の 2 および 4 の 2 の 3 については、次のとおりです。

2　報酬給与額の算定

4 の 2 の 1　法第 72 条の 15 第 1 項に規定する報酬給与額とは、雇用関係又はこれに準ずる関係に基づいて提供される労務の提供の対価として支払われるものをいうのであり、定期・定額で支給されるものと不定期・業績比例で支給されるものとを問わず、また、給料、手当、賞与等その名称を問わないものであること（法 72 の 15 ①）。

4の2の2　報酬給与額の対象となる役員又は使用人には、非常勤役員、契約社員、パートタイマー、アルバイト又は臨時雇いその他名称を問わず、雇用関係又はこれに準ずる関係に基づき労務の提供を行う者の全てが含まれるものであること（法72の15①）。

4の2の3　4の2の1の報酬給与額とは、原則として、所得税において給与所得又は退職所得とされるものをいい、所得税において事業所得、一時所得、雑所得又は非課税所得とされるものは報酬給与額とはならないものであること。ただし、いわゆる企業内年金制度に基づく年金や、死亡した者に係る給料・退職金等で遺族に支払われるものについては、その性格が給与としての性質を有すると認められることから、所得税において給与所得又は又は退職所得とされない場合であっても、報酬給与額として取り扱うものとすること（法72の15①）。

2　事業税の課税標準の計算と法人税法との関係

(1)　上記1の地方税法72条の15第1項本文かっこ書の「当該各事業年度の法人税の所得の計算上損金の額に算入されるもの」のほか、単年度損益の算定の方法について規定する同法72条の18《単年度損益の算定の方法》には「各事業年度の益金の額から損金の額を控除した金額とするものとし、この法律又は政令で特別の定めをする場合を除くほか、当該各事業年度の法人税の課税標準である所得の計算の例によって定め」とあり、また、所得割の課税標準の算定方法に規定する同法72条の23《所得割の課税標準の算定の方法》にも同じ文言の規定があって、これらはいずれも法人税法の規定によって計算等することを明らかにしています。

　このように法人税の所得計算の例によることを原則とする趣旨は、「国の税務署と地方自治体の双方が重複調査を行い、異なる所得計算をすることを避けるとともに、納税者に対しても、同一の申告に基づいて納税することを可能とすることにある」（横浜地裁平成21年8月26日判決、東京高裁平成22年1月27日判決）とされています。

第3章　非違事例

（2）したがって、法人税法の規定による報酬給与額に算入することとなる役員退職給与支給額は、損金不算入とされる不相当に高額な金額部分を除く金額ということになるところ、役員退職給与の支給時点においては、自己否認しない限りその支給額は全額損金の額に算入して申告されていることから、後の法人税の調査においてその支給額について一部損金不算入額が生じた場合に、その損金不算入額が生じたことによる単年度損益の増加と雇用安定控除額（地法72の20）がある場合の同控除額の減少に伴って付加価値額が増加することとなったときに、その事業年度に係る事業税について是正することになります。

　　なお、このことは役員退職給与についてだけでなく、法人税の調査により役員報酬について過大不相当とされる金額が生じた場合においても同様ということになります。

税務上の留意点

　役員退職給与の支給がある場合には、上記解説のとおり、法人税の所得の計算上損金の額に算入される支給額について報酬給与額に含めなければならないところ、実務上、次のような諸点に留意する必要があります。

1　経理処理に関する留意事項

　ご質問にもあるように役員退職給与支給額を特別損失として経理処理したために報酬給与額に含めなかったというようなことのほかに、経理処理に関して次に留意する必要があります（地法72の15①）。

（1）未払経理した役員退職給与支給額

　　株主総会の支給決議により支給額が確定した事業年度において未払金に計上した場合であっても、損金の額に算入した以上は報酬給与額に含めることとします。

（2）役員退職給付引当金の取り崩しによる支給

　　法人税申告書別表四で減算した役員退職給付引当金取崩額は、その事業年度の報酬給与額に含めることとします。

615

なお、役員退職給付引当金に繰り入れた法人税申告書別表四で加算した金額は、その繰り入れた事業年度においては、損金の額に算入されていないことから報酬給与額に含めないことになります。

2　死亡退職役員の退職給与等に関する事項

　取扱通知4の2の3のただし書において、「死亡した者に係る給料・退職金等で遺族に支払われるものについては、その性格が給与としての性質を有すると認められることから、所得税において給与所得または退職所得とされない場合であっても、報酬給与額として取り扱うものとすること。」とされているところ、この定めから、相当な金額の役員退職給与支給額は報酬給与額に含まれ、相当な金額の弔慰金(注)は報酬給与額に含まれないことになります。

　（注）相当な金額の弔慰金については、業務上死亡の場合は死亡時報酬月額の3年分、業務外死亡の場合は死亡時報酬月額半年分とされています。

3　出向役員の退職給与に関する留意事項

（1）出向先法人が同法人において役員となっている出向者のその出向期間中に係る退職給与の負担額を出向元法人に支出した場合、その支出額は、出向先法人の報酬給与額には含まれないこととされています。

（2）出向者の退職給与その他これに類するものについては、その退職給与その他これに類するものの形式的支払者（退職給与等を直接支給する者）の報酬給与額とされることとされています（取扱通知4の2の14）。

　なお、取扱通知4の2の14については、次のとおりです。

　4の2の14　法人の役員又は使用人が他の法人に出向した場合において、当該出向した役員又は使用人（以下4の2の14において「出向者」という。）の給与（退職給与その他これに類するものを除く。以下4の2の14において同じ。）については、当該給与の実質的負担者の報酬給与額とし、出向者の退職給与その他これに類するものについては、当該退職給与その他これに類するものの形式的支払者の報酬給与額とするものであるが、その具体的取扱いに当たっては、次の諸点に留意すること。（法72の15）

第3章　非違事例

(1)　出向者に対する給与を出向元法人（出向者を出向させている法人を
いう。以下4の2の14において同じ。）が支給することとしているた
め、出向先法人（出向元法人から出向者の出向を受けている法人をいう。
以下4の2の14において同じ。）が自己の負担すべき給与に相当する
金額（経営指導料等の名義で支出する金額を含む。以下4の2の14に
おいて「給与負担金」という。）を出向元法人に支出したときは、当該給
与負担金は、出向先法人における報酬給与額として取り扱うものとし、
当該給与負担金に相当する額は、出向元法人の報酬給与額として取り
扱わないものとすること。

(2)　出向元法人が出向先法人との給与条件の較差を補てんするため出向
者に対して支給した給与（出向先法人を経て支給した金額を含む。）は、
当該出向元法人における報酬給与額として取り扱うものとすること。
したがって、例えば、出向先法人が経営不振等で出向者に賞与を支給す
ることができないため出向元法人が当該出向者に対して支給する賞与
の額は、当該出向元法人における報酬給与額となるものであること。

(3)　出向先法人が、出向元法人に対して、出向者に支給すべき退職給与
その他これに類するものの額に充てるため、あらかじめ定めた負担区
分に基づき、当該出向者の出向期間に対応する退職給与の額として合
理的に計算された金額を定期的に支出している場合には、その支出す
る金額は当該出向先法人の報酬給与額として取り扱わないものとする
こと。

　　ただし、出向元法人が確定給付企業年金契約等を締結している場合
において、出向先法人があらかじめ定めた負担区分に基づきその出向
者に係る掛金、保険料等（過去勤務債務等に係る掛金及び保険料等を含
む。）の額を出向元法人に支出したときは、当該支出した金額は当該出
向先法人の報酬給与額として取り扱うものとすること。

(3)　出向者の退職給与その他これに類するもの以外の給与については、その

617

給与の実質的負担者の報酬給与額とされています。

参照条文等

地方税法 72 条の 14《付加価値割の課税標準の算定の方法》・72 条の 15・72 条の 18・72 条の 20《収益分配額のうちに報酬給与額の占める割合が高い法人の付加価値割の課税標準の算定》・72 条の 23

地方税法施行令 20 条の 2 の 2《法 72 条の 15 第 1 項の政令で定める金額》

「地方税法の施行に関する取扱いについて（道府県税関係）」平成 22 年 4 月 1 日付総税都 16 号各都道府県知事宛総務大臣通知

参考

平成 28 年 8 月 22 日付国税速報第 6424 号 13～16 頁

横浜地裁平成 21 年 8 月 26 日判決

東京高裁平成 22 年 1 月 27 日判決

第3章　非違事例

27. 社会保険料額の負担軽減のため役員の報酬月額を引き下げた場合の役員退職給与支給額および弔慰金額の計算

――――――――《質問要旨》――――――――

1. 当社では、代表取締役ほか役員の給与について、全員の毎月の報酬支給額、つまり定期同額給与を10万円とし、毎年6月と12月に役員ごとに金額の異なる事前確定届出給与を支給することとし、年間の給与の合計額としては、それぞれの役員について従来どおりの金額の役員給与を支給することに変更したいと考えています。

　このように役員の給与の支給方法を変更する理由は、「社会保険料の会社負担を軽減するため」です。

　このことを実行する場合、事前確定届出給与に関する届出書の「⑤事前確定届出給与につき定期同額給与による支給としない理由及び事前確定届出給与の支給時期を付表の支給時期とした理由」欄にも社会保険料の負担軽減のためであることを明記して所轄税務署長に届出をします。

2. ところで、当社は数年前に役員退職給与規程を整備し、退職給与の算定方法として功績倍率法とすることを規定し、併せて弔慰金について業務上死亡の場合は死亡時報酬月額の3年分、それ以外の場合は6か月分とすることを規定しているところ、毎月の給与支給額を10万円と低くしてしまった場合には、この10万円を退職時、死亡時の報酬月額として退職給与や弔慰金を計算しなければならないことになり、現在の役員退職給与規程のままでは計算上当然に退職給与も弔慰金もその支給額が少額となってしまいます。

3. そこで、この役員給与の支給方法の変更に合わせて役員退職給与規程も改正することとなり、退職給与については、変更前の役員報酬月額による支給額に相当する金額となるように功績倍率の数値を現行よりも大きくし、功労加算金の加算割合も引き上げる改正をすることになりましたが、弔慰金の3年分と6か月分についてはそのような改正するわけに

619

はいかないだろうと考えています。

　後の税務調査で問題となるようなことは避けたいと考えており、どのような改正をしたらよいでしょうか。

回答要旨

1. 一般に、功績倍率法による役員退職給与支給額の計算および死亡退職の場合の弔慰金額の計算は、退職時の報酬月額を基に行うことが役員退職給与規程等において定められているものと考えられますが、これらの計算の基礎となるこの報酬月額については、その役員に対する定時株主総会から次の定時株主総会までの1年間の任期期間に係る報酬とされる金額の12分の1の金額と考えられるところ、定期同額給与として支給される金額のほかに事前確定届出給与としての支給額が株主総会において承認されている場合には、報酬年額となる定期同額給与支給額と事前確定届出給与支給額の合計額を12分の1した金額になると考えられます。

2. そのように考えますと、役員給与の支給方法をご質問のように変更することに合わせて役員退職給与規程を変更するということであれば、現行の役員退職給与規程において退職時報酬月額あるいは死亡時報酬月額と規定されている部分について、退職時あるいは死亡時における「役員報酬年額の12分の1の金額」とすることにより、従来どおりの金額が算定されることとなり、計算上の問題は解決されることになると考えます。

3. なお、ご質問にあるような功績倍率の数値を大きくすることや功労加算金の加算割合を引き上げるという改正については、どのように定めるかは会社の自由ではあっても、一般的な数値とかけ離れた数値等が定められることになり、適切でないように考えます。

解説

1　役員退職給与規程の定めと税務上の取扱い

（1）役員退職給与規程においてどのような功績倍率の数値を定め、功績倍率

第3章　非違事例

法による役員退職給与額の計算をして支給することとしても、そのこと自体が税務上問題とされることはないと考えます。

　すなわち、役員に対する退職給与額をどのように計算することとするのか、どのように定めるのかについては、全く会社の自由ですから、課税庁がコメントする立場にはないということになります。

(2)　役員退職給与について課税庁が問題視するのは、その役員退職給与の支給が株主総会等の決議によるものであるのかどうかという手続の適正性と実際に支給された役員退職給与額がその支給を受けた役員に対する退職給与額として相当な金額であるかどうかという支給金額の相当性であるところ、役員退職給与規程にどのような功績倍率の数値を定めているかについて、直接的に課税庁が問題とすることはないと考えます。

(3)　いわゆる功績倍率法は、その支給金額の相当性の判断に当たって課税庁が用いる相当な役員退職給与額を算定する方法の一つで、次のとおり法人税基本通達 9-2-27 の 2《業績連動給与に該当しない退職給与》の（注）に定めがあります。

①　平成 29 年度の法人税関係法令の改正に対応した法人税基本通達等の一部改正通達（「法人税基本通達等の一部改正について（法令解釈通達）」平成 29 年 6 月 30 日付課法 2-17 他 1 課共同）が発出されました。

　この改正において、次の②のように新設された法人税基本通達の中において「功績倍率法」という文言が初めて用いられ、その柱書においてその意義が明記されたことです。

②　法人税基本通達 9-2-27 の 2 の内容は次のとおりです。

（業績連動給与に該当しない退職給与）

9-2-27 の 2　いわゆる功績倍率法に基づいて支給する退職給与は、法第 34 条第 5 項《業績連動給与》に規定する業績連動給与に該当しないのであるから、同条第 1 項《役員給与の損金不算入》の規定の適用はないことに留意する。

（注）本文の功績倍率法とは、役員の退職の直前に支給した給与の額を基礎として、役員の法人の業務に従事した期間及び役員の職責に応じた倍率を乗ずる方法により支給する金額が算定される方法をいう。

③　上記②のとおり、注書には役員退職給与の計算のための3要素について、次のように記載されています。

（イ）最終報酬月額……「役員の退職の直前に支給した給与の額」

（ロ）勤続年数……「役員の法人の業務に従事した期間」

（ハ）功績倍率……「役員の職責に応じた倍率」

　しかしながら、いずれもその具体的な内容に関しては触れられていません。

（4）弔慰金については、社会通念上相当な金額であることが損金算入の要件とされているところ、遺族が受け取るものであることから、相続税の取扱いである相続税法基本通達3-20《弔慰金等の取扱い》の定めにより、業務上死亡の場合は死亡時報酬月額の3年分、それ以外の場合は6か月分の金額を支給するのであれば、実務上弔慰金等として法人税の取扱いにおいて損金算入が認められています。

　したがって、弔慰金に関しては、役員退職給与規程等において、相続税法基本通達3-20の定めに従った規定をしていることが一般的であり、その役員給与支給額の相当性の問題とは別に、後の税務調査において問題とされることのないためには適切な定めということができると考えます。

　なお、相続税法基本通達3-20の内容は次のとおりです。

（弔慰金等の取扱い）

3-20　被相続人の死亡により相続人その他の者が受ける弔慰金、花輪代、葬祭料等（以下「弔慰金等」という。）については、3-18及び3-19に該当すると認められるものを除き、次に掲げる金額を弔慰金等に相当する金額として取扱い、当該金額を超える部分の金額があるときは、その超える部分に相当する金額は退職手当金等に該当するものとして取扱うものとす

第3章　非違事例

る。

（1）　被相続人の死亡が業務上の死亡であるときは、その雇用主等から受ける弔慰金等のうち、当該被相続人の死亡当時における賞与以外の普通給与（俸給、給料、賃金、扶養手当、勤務地手当、特殊勤務地手当等の合計額をいう。以下同じ。）の3年分（遺族の受ける弔慰金等の合計額のうち 3-23 に掲げるものからなる部分の金額が3年分を超えるときはその金額）に相当する金額

（2）　被相続人の死亡が業務上の死亡でないときは、その雇用主等から受ける弔慰金等のうち、当該被相続人の死亡当時における賞与以外の普通給与の半年分（遺族の受ける弔慰金等の合計額のうち 3-23 に掲げるものからなる部分の金額が3年分を超えるときはその金額）に相当する金額

2　社会保険料の負担軽減と役員給与の支給方法の変更

（1）社会保険料の会社負担を軽減するために役員給与の支給方法を変更することについては、現行のどの法令においてもこれを規制するようなものはないことから、役員給与の支給方法を変更して社会保険料の負担軽減を図ることの是非はともかくとして、そのようにすることについて税務が介入する余地はないと考えます。

（2）また、株主総会において決議・承認された役員給与について、それぞれの役員に対していくらを定期同額給与として支給するか、いくらを事前確定届出給与として支給するかなどのその支給方法については会社の自由であり、会社法の範疇の問題であって、このことに関しても税務が介入する余地はないと考えます。

（3）ただし、①毎月の支給額が定期同額給与に当たるか否か、②その金額変更、この場合は減額改定ですが、これが法人税法に定められた改定事由によるものかどうか、③事前確定届出給与に関する定めが適切に行われ、事前確定届出給与に関する届出書が期限までに提出されているかどうかなど

623

の手続的な面とそれぞれの給与支給額の相当性については、専ら法人税法の問題になると考えます。

したがって、ご質問の場合の定期同額給与の減額改定については、臨時改定事由、業績悪化改定事由によることはできないことから、定時株主総会におけるいわゆる通常改定によってのみ行うことができることになります。

3　役員退職給与額の算定方法

(1) 課税庁の用いる功績倍率法については、退職時の報酬月額はその退職した役員の会社に対する功績等が最も反映された結果の金額であるという前提に立っているものと考えます。

この点については、相応の任期を終えて退職する場合などはそのような見方もできますが、事故等により任期半ばで死亡退職したような場合にもそのようにいえるのかどうかは疑問であり、また、中小の会社においては、会社の資金手当のために役員報酬を低く抑えていることは珍しいことではないことから、課税庁のような見方をすることは、役員退職給与支給額の相当性を判断するための一つの割り切りとは理解しても、硬直的に過ぎる嫌いがあるように考えます。

(2) 課税庁の硬直的な姿勢が如実に現れた判例として、高松地裁平成5年6月29日の判決事案は、死亡時の報酬月額が5万円であったことをとらえてその金額を基に計算した役員退職給与と弔慰金の金額を相当として更正処分をした例ですが、この判決では、5万円という報酬月額は死亡した役員の功績を適正に反映したものとしては低額に過ぎるとして裁判所により相当な報酬月額が認定され課税庁の処分は維持されませんでした。

(3) ただ、東京地裁昭和46年6月29日判決においては、次のように判示しており、役員の功績については、人の評価に関わる「算数的正確さをもって客観的に測定しうべき基準がない」ことですから、課税庁のように一定の姿勢を貫くことも必要なことと考えられます。

第3章　非違事例

　おもうに、法人の所得の算定にあたり、或る支出が損金として益金からの控除の許されるのは、当該支出が収益をうるために必要な経費であることによるのである。したがって、経済取引において一般に収益をうるために必要な経費として認められるものであるかぎり、それを損金に算入することができるのは当然であるというべく、この点について、役員退職給与とその他の支出とでその取扱いを異にすべき理由はない。法人税法および同法施行令が役員退職給与について特に前記のごとき規定を設けたのは、役員退職給与の損金性を決定する尺度たる当該役員の会社に対する貢献度が、各事案によつて異なるものであるといえ、これを算数的正確さをもつて客観的に測定しうべき基準がないために、その判断が主観的にながれ易く、個々具体的な退職給与金額には多分に益金処分としての性格を有する支出の含まれている事例が少なくないことから、役員退職給与の損金算入を認めるにあたつては、実態に即した適正な課税と租税負担の公平を期する見地から、法人の行為計算のみにとらわれることなく、その合理性の検討について特に注意を喚起せんとするにとどまり、損金としての要件を具備する役員退職給与であつても、当該事案における特殊事情をすべて捨象して同業種、同規模の他の会社の役員退職給与の支給金額をこえる部分の損金算入をすべて否定せしめんとする趣旨に出たものではないと解すべきである。

税務上の留意点

　ご質問の場合、回答要旨に記載したとおり、その役員の定時株主総会から次の定時株主総会までの1年間の報酬が定期同額給与支給額と事前確定届出給与支給額の合計額からなるということであれば、退職した年においてはその合計額を12分の1した金額が役員退職給与額や弔慰金額の計算をする場合の基礎となる金額ということになることから、この金額に勤続年数および功績倍率を乗じることを役員退職給与規程に定めることになると考えます。

　なお、役員退職給与規程に基づいて支給されたとしても100％損金算入が認

625

められるということではないことに留意する必要があります。

参照条文等

　法人税基本通達 9-2-27 の 2

　相続税法基本通達 3-20

参考

　平成 28 年 9 月 12 日付国税速報第 6427 号 4～7 頁

　高松地裁平成 5 年 6 月 29 日判決

　東京地裁昭和 46 年 6 月 29 日判決

第3章　非違事例

28. 法人成り後に役員となった青色事業専従者であった者に係る個人事業当時勤続期間に対応する役員退職給与の損金算入の可否

────《質問要旨》────

1. 当社は法人成り後6年になります。

　　代表取締役は個人事業当時の事業主、取締役は個人事業当時に青色事業専従者であったその事業主の妻と長男であり、使用人はその大部分が個人事業当時からの引き続きの勤務者という人員構成です。

　　この度、その個人事業当時からの使用人のうち2名が退職することとなるのを機に、取締役である妻も退職することを考えています。

2. 当社は法人成りの際に、使用人に関しての退職給与規程、役員に関しての役員退職給与規程を整備しており、いずれの規程においても法人成りの時点で退職給与を支給していないことを踏まえて、退職給与額の計算に当たっては、個人事業当時の勤続期間を含めて計算する旨を定めております。

3. この退職給与規程を定める時に、法人成りした後ある程度の期間を過ぎて退職する場合には、個人事業当時の勤続期間分を含めて退職給与を支給しても法人の損金として認められると聞いています。

4. 今回、法人成り後6年目にして初めて退職給与を支給することとなるところ、今回の取締役と使用人2名の退職給与については、それぞれの退職給与規程の定めどおりに個人事業当時の勤続期間分を含めて退職給与を支給することとしても全額損金として認められることでよいでしょうか。

　　なお、役員退職給与支給額については、一般的な功績倍率法により計算する旨役員退職給与規程に定めてあります。

回答要旨

1. 法人税基本通達9-2-39《個人事業当時の在職期間に対応する退職給与の損

627

金算入》には、法人成りした後相当期間経過後に個人事業当時から引き続き在職する使用人が退職して退職給与を支給した場合にその支給した退職給与の額を損金の額に算入すると定められています。

2. ご質問の場合、法人成り後6年目ということは、上記1.の通達にいう相当期間経過後に該当するものと考えられ、この通達に定める取扱いの適用によって、使用人2名に係る退職給与支給額に関しては損金の額に算入されるものと考えます。

　一方、個人事業当時の勤続期間に係る青色事業専従者であった役員に関しては、個人事業当時に退職給与が支払われたとしてもその個人事業主の事業所得の計算上必要経費に算入することができなかったものであり、そもそもこの通達の適用対象とはならないことから、青色事業専従者であった期間に対応する退職給与を支給した場合には、その部分については結果的に功績倍率法の計算における役員勤続年数の誤りにより算出された過大な役員退職給与額に該当することになり、損金不算入とされることになります。

解説

1　法人成りと退職給与

（1）個人事業者が個人事業を廃業して法人を設立し、従来の事業を継続するいわゆる法人成りの場合には、経営の主体は個人から全く別人格の法人に変わるところ、この個人事業廃業時に使用人に対してそれまでの個人事業主に雇用されていた期間に係る退職給与が支払われる場合には、この時点において使用人に支払われる退職給与は、その個人事業主の廃業した年分の事業所得の計算上必要経費に算入されることになります。

　これは、納税者が個人から法人に変わり、適用される税法も所得税法から法人税法に変わることから、この個人事業廃業時点において全てが清算される必要があるということになります。

（2）ところが、実態としては、個人事業当時の使用人がそのまま法人成り後も引き続き同一の事業に従事することから、雇用主が廃業した個人から法

第3章　非違事例

人に変わったということ、すなわち退職と新規雇用という法的変更に対する認識が十分でないせいか、個人事業廃業時点において退職給与が支払われることはほとんどないようです。

そのような実態を踏まえて、昭和44年5月の現行の法人税基本通達の制定にあたり、9-2-27《個人事業当時の在職期間に対応する退職給与の損金算入》が定められ、平成19年3月の通達改正により現在は9-2-39となり、定めの内容は全く変わっていません。

2　個人事業当時勤務期間に対応する退職給与の取扱い

(1)　法人税基本通達9-2-39《個人事業当時の在職期間に対応する退職給与の損金算入》は、次のとおり定められています。

> 9-2-39　個人事業を引き継いで設立された法人が個人事業当時から引き続き在職する使用人の退職により退職給与を支給した場合において、その退職が設立後相当期間経過後に行われたものであるときは、その支給した退職給与の額を損金の額に算入する。

(2)　この通達の趣旨については、福島地裁平成4年10月19日判決において次のように判示しています。なお、判決文中の国税通則法の条文は現在70条1項です。

> 　個人事業主が使用人に対し個人事業の廃業時点でその在職期間分の退職給与を支払っている事例は稀であり、法人が個人経営時の在職期間に対応する分もまとめて退職給与を支給する事例が多いという実情に鑑み、法人設立後相当期間の経過後（一般的には、個人事業主の最終年分の所得税について、国税通則法70条2項1号による減額更正ができなくなる5年の経過を想定していると解されている。）には、本来個人事業主の事業所得の計算上必要経費に算入すべき（本来法人の損金の額に算入できない）額を、便宜、法人の損金の額に算入することを許容しようというものであると解される。

判決は続けて、上記のことは、

629

> 「法人成り」の場合に、個人経営時から引き続き在職する役員に対する退職
> 給与のうち、損金又は必要経費として認められる部分については別異に解
> する理由はない。

として、法人成り後役員となった使用人に係る退職給与についても法人税
基本通達 9-2-39 の適用が認められると判示しています。

3　青色事業専従者および青色事業専従者給与

(1) ご質問において、退職を考えているという代表者の妻である役員は、個
人事業当時に青色事業専従者であったというところ、この青色事業専従者
には、その年の 12 月 31 日現在で 15 歳以上である青色申告者と生計を一
にする配偶者その他の親族で、その年を通じて 6 月を超える期間（一定の
場合には事業に従事することができる期間の 2 分の 1 を超える期間）その青色
申告者の営む事業に専ら従事している者が該当するものとされ、その青色
事業専従者に支払われる給与については、①あらかじめ納税地の所轄税務
署長に対してその提出期限までに「青色事業専従者給与に関する届出書」
が提出されており、②その「青色事業専従者給与に関する届出書」に記載
された金額の範囲内で記載された方法により支払われた給与で、③その支
払を受けた青色事業専従者の労務の対価として相当であると認められる金
額の給与であれば、その支払金額を青色事業専従者給与としてその青色申
告者の支払年分の所得金額の計算に係る必要経費に算入することができる
とされています（所法 56・57、所令 164・165、所規 36 の 4）。

(2) この青色事業専従者給与として必要経費に算入された金額は、その青色
事業専従者の支払を受けた年分の給与所得に係る収入金額とされることが
所得税法 57 条 1 項《事業に専従する親族がある場合の必要経費の特例等》
に明記されています。

(3) ご質問の場合の役員に対する個人事業当時の勤続期間に対応する退職給
与の取扱いについては、青色事業専従者に対しては給与所得に係る収入金
額とされる青色事業専従者給与の支給が所得税法上事業所得の計算に係る

必要経費の特例として認められているものの、退職所得に係る収入金額とされる退職給与（退職手当等）についてはこれを支給しても支給した事業主の事業所得の計算上必要経費として認められない（所法56）ことから、「本来個人事業主の事業所得の計算上必要経費に算入すべき（本来法人の損金の額に算入できない）額を、便宜、法人の損金の額に算入算入することを許容しようというもの」であるとされる法人税基本通達9-2-39の適用はないことになります。

　なお、上記2の（2）に記載した福島地裁平成4年10月19日判決においても青色事業専従者であった者にこの基本通達の適用がない旨判示されています。

（4）したがって、個人事業当時に青色事業専従者であった役員に対してその個人事業当時の勤続期間と法人成り後の役員勤続期間とを合わせて功績倍率法における勤続期間として退職給与額を計算し、個人事業当時の勤続期間に対応する退職給与を支給した場合には、結局のところ勤続年数の誤りによって過大な役員退職給与を支給したことになり、個人事業当時の勤続期間に対応する退職給与額の部分が損金不算入とされることになります。

　なお、このことは個人事業当時に事業主が白色申告者であった場合の事業専従者に対して法人成り後個人事業当時の勤続期間に対応する退職給与を支給した場合においても同様の取扱いとなります。

4　退職所得控除の計算の基礎となる勤続年数

（1）ご質問の退職給与の支給を受ける役員および2人の使用人については、その退職給与額が支給した法人において損金の額に算入されるかどうかに関係なく、退職所得とされる退職手当等の収入金額を受給したことになることから、退職所得の金額を計算することになります。

（2）その計算において、個人事業当時の勤続期間と法人成り後の役員勤続期間とを合わせて勤続期間とすることによりその退職給与支給額が計算されている場合の退職所得控除額の計算の基礎となる勤続年数については、国税庁ホームページ源泉所得税に関する質疑応答事例「個人事業当時の期間

を通算して退職給与を支給する場合の勤続年数」の回答において、「退職給与規程等に個人事業当時からの期間を含めた勤続期間を基礎として退職金を計算する旨が定められており、それに従って計算した退職金を支払うのであれば、原則として、個人事業当時の勤続期間を含めて勤続年数を計算することができます。」とあることから、ご質問の場合には、この取扱いによることができることになります。

　ただし、ここでも青色事業専従者であった場合については、取扱いが異なり、定めの有無にかかわらず、個人事業当時の勤続期間を退職所得控除額の計算の基礎となる勤続年数に含めることはできないこととされています。

（3）なお、ご質問の場合の役員に対する退職給与については、その役員の役員等勤続年数が5年以下でないことから、特定役員退職手当等には該当しないことになります（所法30④）。

税務上の留意点

　法人成り後に役員となった青色事業専従者であった者に係る個人事業当時の勤続期間に対応する退職給与については、上記解説のとおり、使用人とは取扱いが異なることに留意する必要があります。

参照条文等

国税通則法70条1項《国税の更正、決定等の期間制限》

所得税法30条《退職所得》・56条《事業から対価を受ける親族がある場合の必要経費の特例》・57条

所得税法施行令164条《青色事業専従者給与の判定基準等》・165条《親族が事業に専ら従事するかどうかの判定》

所得税法施行規則36条の4《青色専従者給与に関する届出書の記載事項等》

法人税基本通達9-2-39

第3章　非違事例

参考

平成28年9月12日付国税速報第6427号8〜11頁

国税庁ホームページ源泉所得税に関する質疑応答事例「個人事業当時の期間を通算して退職給与を支給する場合の勤続年数」

福島地裁平成4年10月19日判決

29. 退職後、みなし役員に該当する場合の役員退職時支給役員退職給与の取扱い

《質問要旨》

1. 当社では、次の定時株主総会において現代表取締役が代表だけでなく取締役も退任し、監査役にも就任しないで役員から完全にはずれることにして、相応の役員退職給与を支給することとし、取締役3年目になる現代表者の長女を後継者として代表取締役に就任させたいと考えています。

2. ただし、長女は会社経営についてまだ半人前ということで、周囲に補佐できる人材もいないことから、経営者として安心して任せられることができるようになるまでの間は現代表者が役員退職後も補佐役として経営を支えざるを得ないため、現代表者が保有する当社の全株式の引継ぎについても、経営を任せられるようになった時点で行うことにしたいと考えています。

3. 現代表者が全株式を保有したままとはいえ、登記簿上抹消して完全に役員を退任することであれば、分掌変更等による場合のように実質的に退職したと同様の事情にあるかどうかという次元のことではないことから、役員退職給与を支給することについて税務上何ら問題がないと考えますがいかがでしょうか。

回答要旨

1. 登記簿上の役員からは完全に退くということであり、その限りにおいては、役員を退職したことになることから、相当の役員退職給与を支給することとしても何ら問題となることはないようにみえるところ、問題は全株式を保有したままの状態において退職後も経営に直接関わるということだろうと考えられます。

　それは、取締役にも監査役にも就任せず表面上は役職から離れて会社法上の役員でなくなることにはなるところ、法人税法上の役員であるみなし役員

第3章　非違事例

に該当するのではないかということが考えられます。

2. ご質問の場合には、補佐役として経営を支えるということからして、現代表
者は会社法上の役員を退職したとしても、会社の全株式を保有して経営に直
接的に関わることになるので、みなし役員に該当することになると考えられ、
法人税法上は役員を退職した事実はないことになり、退職給与の支給はでき
ないことになります。

したがって、仮に役員退職給与を支給した場合、法人税法上はその全額が
損金不算入とされ、所得税法上は賞与が支給されたものとして課税されるこ
とになると考えます。

なお、この場合、株式を全部後継者に移転していたとしても、実質的に会
社の経営に従事するということであれば、みなし役員に該当することになり
ます。

解説

1　法人税法上の役員

(1) 法人税法2条15号《定義》において役員について、次のように規定して
います。

> 十五　役員　法人の取締役、執行役、会計参与、監査役及び清算人並びにこ
> れら以外の者で法人の経営に従事している者のうち政令で定めるものを
> いう。

これを受けて法人税法施行令7条《役員の範囲》では、次のように規定
しています。

635

（役員の範囲）

第7条　法第2条第15号（役員の意義）に規定する政令で定める者は、次に掲げる者とする。

一　法人の使用人（職制上使用人としての地位のみを有する者に限る。次号において同じ。）以外の者でその法人の経営に従事しているもの

二　同族会社の使用人のうち、第71条第1項第5号イからハまで（使用人兼務役員とされない役員）の規定中「役員」とあるのを「使用人」と読み替えた場合に同号イからハまでに掲げる要件のすべてを満たしている者で、その会社の経営に従事しているもの

　すなわち、上記規定では、「これら以外の者で法人の経営に従事している者のうち政令で定めるもの」として、①使用人以外の者でその会社の経営に従事している者（法令7一）と②同族会社における一定の要件を満たす特定の使用人でその会社の経営に従事している者（法令7二）が規定されています。

(2)　この政令に規定されている上記（1）①および②の会社の経営に従事している者がいわゆる「みなし役員」といわれる者であり、税務上は会社法上の役員と同じ取扱いをすることとされています。

　なお、上記（1）①の者については、法人税基本通達9-2-1《役員の範囲》で次のとおり定められています。

（役員の範囲）

9-2-1　令第7条第1号《役員の範囲》に規定する「使用人以外の者でその会社の経営に従事しているもの」には、相談役、顧問その他これらに類する者でその法人内における地位、その行う職務等からみて他の役員と同様に実質的に法人の経営に従事していると認められるものが含まれることに留意する。

　この場合、必ずしも相談役や顧問というような肩書がなければならない

ということではなく、会社法上の役員でもなく使用人でもないという立場にあって実質的に法人の経営に従事している者が該当することになります。

また、上記（1）②の者については、同族会社の使用人についての規定であり、3株主グループで50％超の株式保有割合となる場合のいずれかの株主グループに属し、その属する株主グループの株式保有割合が10％を超え、その使用人自身も5％を超える株式を保有している場合（法令71①五イからハまでの読み替え）にその使用人を特定使用人といい、この特定使用人が経営に従事している場合にみなし役員に該当することになります。

2 会社法上の役員から法人税法上の役員への変更

(1) 法人税においてみなし役員に関する規定が設けられている理由は、株主と役員が同一であり共通の利害を有する同族会社の場合、登記簿に役員として記載された者だけについて、税務上の規制の対象にしていたのでは適正な課税を実現することが困難であることから、役員としての登記がされていない者であっても、実質的に会社の経営に従事している者を税務上は役員とみなして、税務上の規制の対象とすることとしたものであり、同族会社に対する規制制度の一つとみることができます。

(2) ご質問のような場合には、通常、前代表取締役が平取締役あるいは監査役になるなどし、また、役員給与も半分以上減額するなどして、分掌変更等による役員退職給与の支給が行われる場合が多いのではないかと考えられるところ、実際このようなことをした場合には、この分掌変更等の場合の役員退職給与の損金算入を認める要件である実質的に退職したと同様の事情があるかどうかについて税務調査の対象とされ、事実認定の結果、役員給与の支給が認められない場合が多く、課税庁の判断を巡って争いになる事案も少なくないと考えられます。

ご質問においては、このことを危惧され、実際に退職することとして、後継者を補佐する形にするということですので、これはまさに会社の経営に直接携わっていると言わざるを得ず、結局は、会社法上の役員が法人税法上の役員に代わっただけであって、税務上は役員を退職した事実は存在し

ないことになることから、この時点で役員退職給与を支給した場合には損
金算入は認められないものと考えます。

このことは、ご質問の場合においては株式の保有をどうしているかは関
係ないと考えます。

また、前代表者が株式を全部移転した上で行った場合に使用人という身
分になったという主張があるかもしれませんが、そのような主張は通らな
いと考えます。

3 東京地裁昭和53年5月25判決（東京高裁昭和55年10月25日判決（控訴審）、最高裁昭和57年1月22日判決（上告審））の内容

(1) この裁判は、会社法上の役員を退任した際に支給された役員退職給与が
みなし役員に対する賞与と認定されたことで争われた事案です。

この事案の場合には、役員賞与に当たると認定されたこと自体について
は直接争点とされず、認定された賞与に源泉徴収義務はないとして、源泉
所得税告知処分等の取消しを求めて提訴されましたが、その訴えは認めら
れず、その後の控訴審、上告審でも棄却されています。

(2) この1審の判決において、判決文は次のとおりですが、役員退職給与か
賞与かの判断は、その受給者が法人税法上の役員を退職したといえるかど
うかによって結論付けられると判示しています。

> 役員に対する金銭の給付が退職金であるか、賞与であるかは、要するに当
> 該役員が、役員たる職を退職したことに伴い当該給付を受けたものといえ
> るかどうかに帰すべきものであるところ、……本件給付が役員賞与に該当
> するかそれとも退職給与であるかの判定は、本件受給者が、法人税法2条
> 15号及び同法施行令7条2号の規定により法人税法上の役員に当たるかど
> うか、すなわち、「同族会社であることについての判定の基礎となった株主
> 等……であるものでその会社の経営に従事しているもの」に該当するかどう
> かの客観的な事実関係によって決せられるべきものであったと認められる。

なお、判決文中の法人税法施行令7条は昭和45年改正前のものです。

第3章　非違事例

税務上の留意点

　役員退職給与の支給に当たっては、功績倍率の数値や支給する金額の多寡に関する相当性だけではなく、みなし役員の該当性についても併せて検討する必要があるということを認識しておくべきであり、みなし役員に該当するかどうかの判断に当たっては、次の 1. ないし 3. に掲げる会社の経営に従事していることの具体的な判断基準に留意する必要があります。

1. 同族会社の取締役等であった者に係る役員退職給与については、役員の分掌変更等の場合には実質的に退職したと同様の事情にあるかどうかが問題とされ、役員を実際に退職した場合にはその退職後において実質的に会社の経営に従事している事実がないか、すなわちみなし役員に該当するかどうかが問題とされることになって、いずれの場合においても税務上厳しいチェックを受けることになります。

2. ところで、このみなし役員に該当するかどうかを判断する場合に一番問題となるその会社の経営に従事しているということの判断基準ですが、このことについては法令、通達等において示されたものはないところ、裁決事例において示された内容を参考にしますと、結果として、その会社の重要事項（取引先の選定、取引価額の決定、資金調達、人事等）についての意思決定に具体的にどのように関わったのかの事実認定によることとなり、取引先等との折衝の有無、稟議書等の決裁印などの一つ一つの事実の積み重ねにより判断されることになります。

　それらの事実は、当然のことながら会社側において容易に確認できることではあるが、会社はあくまでも退職給与を支給するということであって、会社が自ら判断し、その支給した役員退職給与を損金不算入として自己否認するなどということはないことから、通常の場合、みなし役員の問題は、税務調査の場面で調査官から指摘されて初めて意識することになります。

3. なお、その経営への関わりの程度については、廃止された特殊支配同族会社税制における「法人の業務を主宰している役員」（業務主宰役員）のように、事業計画の策定、多額の融資契約の実行、人事権の行使等に際しての意思決定

について最も中心的に関わっている必要はなく、これらの意思決定に何らか
の形で関わっているということでありさえすれば、みなし役員に該当するこ
とになるものと考えます。

参照条文等

法人税法 2 条 15 号

法人税法施行令 7 条・71 条《使用人兼務役員とされない役員》1 項 5 号イ〜
ハ

法人税基本通達 9-2-1

参考

平成 28 年 9 月 19 日付国税速報第 6428 号 9〜12 頁

東京地裁昭和 53 年 5 月 25 判決（一審）

東京高裁昭和 55 年 10 月 25 日判決（控訴審）

最高裁昭和 57 年 1 月 22 日判決（上告審）

第3章　非違事例

30. 合併無効判決の確定と合併時退職役員の地位および支給した役員退職
給与

――――――《質問要旨》――――――

1. 当社では、経営の効率化を図るために子会社を吸収合併することを検討しています。

　その際、役員の数も減らして費用の削減を図ることもこの合併の大きな目的の一つですので、子会社の役員についてはごく一部の者を除いて合併を機に退職してもらうことになるが、その子会社の役員の中にはこのことについて納得していない者もいるようで、合併実施後に想定される事態について検討しているところです。

2. 具体的には、吸収合併の無効を主張する訴えが提起された場合のことを検討しており、万が一にも合併の無効判決が出て確定したような場合にどのようになるかということが中心です。

　特に子会社を退職することとなる役員については、役員退職給与規程に基づいて相応の役員退職給与を支給することとしているところ、合併無効判決が確定した場合、その判決に基づいてまた元の役員の地位に戻るのかどうか、支給した役員退職給与が返還されることになるのかどうかなど、通常経験したことのないことが検討課題となっています。

3. 当社としては、手続等について怠りなく実行し、吸収合併無効の訴えが提起されても対応できるようにしておくつもりですが、危機管理の一環として教示願います。

回答要旨

1. 法人税法には組織再編税制について詳細に規定されているが、同法をはじめ税務に関する各実体法および手続法ならびに法令解釈通達および事務運営指針のいずれにも合併無効判決が確定した場合の取扱いに関する規定および定めがないことから、合併無効の訴えを規定する会社法を根拠とすることと

なります。

2. 会社法においては、合併無効の判決が確定した場合には、その判決において無効とされた行為、または取り消された行為は、将来に向かってその効力を失い（会社法839）、その確定判決は、第三者に対してもその効力を有する（会社法838）と規定されていることから、税務の取扱いについては、この規定に従うことになります。

3. 上記2の会社法の規定によれば、ご質問にある合併時の退職役員については、その合併時に退職したという事実は覆らないことから、その退職役員が元の役員の地位に戻ることも支給した役員退職給与を返還されることもないことになり、その退職役員の退職した年の所得税に関しても何ら変更されることはないということになります。

4. 一方、会社の組織に関しては、合併無効判決の確定によって新たに会社の分割が行われることから、この分割に関する税務については、法人税法に規定する企業組織再編税制によることとなるものと考えられます。

解説

1 吸収合併無効の訴え

（1）ご質問の吸収合併については、新設合併とともに会社法が規定する合併形態の一つであり、「会社が他の会社とする合併であって、合併により消滅する会社の権利義務の全部を合併後存続する会社に承継させるものをいう。」と定義されています（会社法2二十七）。

この吸収合併は、登録免許税の関係や消滅する会社の持つ許認可等が使える利点などから、新設合併よりも多く利用されているようです。

（2）この吸収合併については、株式会社と持分会社のいずれも存続会社または消滅会社と行うことができる（会社法749・751）が、特例有限会社を存続会社とする吸収合併はできないこととされています（会社法の施行に伴う関係法律の整備等に関する法律2・3・37）。

（3）吸収合併の手続に関しては、会社法749条《株式会社が存続する吸収合

併契約》、同法 751 条《持分会社が存続する吸収合併契約》等に規定される
法定事項を記載した合併契約書による合併契約の締結（会社法 748）、合併
契約書面等の備置きおよび閲覧（会社法 794）、株主総会における吸収合併
契約の承認決議（会社法 795）等が法定されているところ、その吸収合併の
手続に違法な点がある場合には、会社の組織に関する行為の無効の問題と
して、次に掲げる出訴期間、当事者等においてのみ主張できるとされてい
ます（会社法 828）。

① 出訴期間

　⇒ 合併契約書に記載の吸収合併の効力発生日から 6 か月以内（会社法
828 ①七）

② 原告

　⇒ 吸収合併の効力発生日において消滅する会社の株主等（株主、取締役
または清算人をいいます。以下同じ。）もしくは社員等（社員または清算人
をいいます。以下同じ。）または存続する会社の株主等、社員等、破産管
財人もしくは吸収合併について承認をしなかった債権者（会社法 828
②七）

③ 被告

　⇒ 吸収合併後存続する会社（会社法 834 七）

④ 管轄

　⇒ 被告となる会社の本店所在地を管轄する地方裁判所（会社法 835 ①）

2　吸収合併無効判決の効力等

(1) 通常、法律行為が無効とされた場合には、その行為は最初からなかった
ものとされるところ、上記 1 の吸収合併無効の訴えが認められてその判決
が確定した場合には、吸収合併効力発生日から吸収合併無効確認訴訟の判
決確定までの間に、吸収合併存続会社の事業活動において形成されるあら
ゆる法律関係について、取引の安全と法的安定性を確保するため、次の規
定のとおり、その確定判決の効力は、訴訟の当事者だけでなく第三者に対
しても及ぶことから（会社法 838）、その無効は、吸収合併時に遡及しないこ

ととされています（会社法839）。

> （認容判決の効力が及ぶ者の範囲）
> 第838条　会社の組織に関する訴えに係る請求を認容する確定判決は、第三者に対してもその効力を有する。
> （無効又は取消しの判決の効力）
> 第839条　会社の組織に関する訴え……に係る請求を認容する判決が確定したときは、当該判決において無効とされ、又は取り消された行為……は、将来に向かってその効力を失う。

(2)　この結果、吸収合併存続会社から吸収合併消滅会社が分離されて復活することになるが、このことは新たに会社の分割が行われることになることから、このときにおける税務に関しては、企業組織再編税制によることになるものと考えます。

　この点については、上記（1）会社法制定前の旧商法110条「合併ヲ無効トスル判決ハ合併後存続スル会社又ハ合併ニ因リテ設立シタル会社、其ノ社員及ビ第三者ノ間ニ生ジタル権利義務ニ影響ヲ及ボサズ」の規定に関するものですが、大阪地裁平成14年5月31日判決は、次のように判示しています。

> 　商法110条は、合併無効判決の遡及を一般的に否定した規定であり、合併後の取引行為が介在するか否かを問わず、合併無効判決が確定した場合には、合併は将来に向かって無効となり、いわば新たに会社の「分割」が行われることになると解するのが相当である。

3　吸収合併時の役員退職給与

(1)　吸収合併時の役員退職給与については、吸収合併無効判決の効力は遡及しないことが上記2のとおり会社法に明確に規定されていることから、合併時の役員の退職とその際の役員退職給与の支給について何ら変更されることはないことになります。

したがって、退職した役員が元の役職に戻ることもなく支給した退職給与が返還されることもないことになります。

(2) この点については、上記2（2）記載の大阪地裁の控訴審である大阪高裁平成14年12月26日判決において、次のように判示されており、退職した役員が当然に復職することはないことになります。

> 復活した消滅会社の取締役・監査役については、合併当時の取締役・監査役が当然に復職するのではなく、復活後新たに選任がされるまでの間は、合併無効判決確定時における存続会社又は新設会社の取締役・監査役が消滅会社の取締役・監査役としての権利義務を有すると解されている。

(3) なお、この合併時に退職する役員に対する退職給与については、合併契約書に「役員の退職慰労金」として、その内容に応じて例えば次のような文章で記載されます。文中の甲は吸収合併存続会社、乙は吸収合併消滅会社となります。

> イ　甲の役員に就任しない乙の役員を対象とするもの
> 　　第○○条（役員の退職慰労金）
> 　　　　乙は、乙の取締役または監査役のうち、吸収合併に際して甲の取締役または監査役に就任しなかった者に対して、乙の退職慰労金規程に基づき、第○条に定める乙の株主総会の承認により退職慰労金を支給する。
> ロ　甲の役員に就任するしないにかかわらず乙の役員を対象とするもの
> 　　第○○条（役員の退職慰労金）
> 　　　　乙は、乙の取締役または監査役に対し、吸収合併に際して甲の取締役または監査役に就任するか否かにかかわらず、乙の退職慰労金規程に基づき、第○条に定める乙の株主総会の承認により退職慰労金を支給する。
> ハ　甲の役員に就任しない甲および乙の役員を対象とするもの

第○○条（役員の退職慰労金）

　　甲および乙は、甲および乙の取締役または監査役のうち、吸収合併に際して甲の取締役または監査役に就任しなかった者に対し、甲、乙それぞれの退職慰労金規程に基づき、第○条に定めるそれぞれの帰属株主総会の承認により退職慰労金を支給する。

4　吸収合併無効判決の確定と更正の請求

（1）国税通則法 23 条《更正の請求》2 項 1 号には、次のとおり、更正の請求ができる旨規定されていることから、合併無効判決が確定した場合に更正の請求ができるのではないかという疑問が生じます。

　　その申告、更正又は決定に係る課税標準等又は税額等の計算の基礎となった事実に関する訴えについての判決（判決と同一の効力を有する和解その他の行為を含む。）により、その事実が当該計算の基礎としたところと異なることが確定したとき　その確定した日の翌日から起算して 2 月以内

（2）この点に関しては、上記 3（2）に記載した大阪高裁平成 14 年 12 月 26 日判決において、旧商法 110 条につき次のとおり判示し、合併無効判決が確定した場合の国税通則法 23 条の適用を否定しています。

　　いったん合併が行われると、合併が有効にされたことを前提に多数の法律関係が積み重ねられるものであり、民法の一般原則のとおり遡及効を認めると、取引の安全を害し、いたずらに法律関係の混乱を招くおそれがあることから、合併無効判決が確定しても、従前の権利義務には影響がないとして、合併無効判決の遡及効を制限しているものと解される。そして、租税法上、課税関係における合併無効判決の効力に関する規定はないが、私法上の効力と別異に解すべき理由はなく、課税関係においても、合併無効判決の効力は遡及しないと解するのが相当である。

第3章　非違事例

税務上の留意点

　吸収合併時の役員退職給与については、吸収合併無効確認訴訟が提起され、吸収合併無効の判決が確定した場合でも、その吸収合併無効の効力は遡及しないことが会社法に明確に規定されていることから、合併時の役員の退職とその際の役員退職給与の支給について何ら変更されることはないことに留意する必要があります。

参照条文等

国税通則法 23 条 2 項 1 号

会社法 2 条《定義》27 号・748 条《合併契約の締結》・749 条・751 条・794 条《吸収合併契約等に関する書面等の備置き及び閲覧等》・795 条《吸収合併契約等の承認等》・828 条《会社の組織に関する行為の無効の訴え》・834 条《被告》・835 条《訴えの管轄及び移送》・838 条・839 条

会社法の施行に伴う関係法律の整備等に関する法律 2 条《旧有限会社の存続》、3 条《商号に関する特則》、37 条《合併等の制限》

参考

平成 28 年 9 月 19 日付国税速報第 6428 号 13～16 頁

大阪地裁平成 14 年 5 月 31 日判決

大阪高裁平成 14 年 12 月 26 日判決

647

31. ストック・オプション制度の導入による過大役員退職給与問題の回避

《質問要旨》

1. 当社では、近く株式を公開する予定にしており、その株式公開にあわせてストック・オプション制度を導入することを検討しています。

2. ストック・オプション制度については、役員と会社の双方の課税関係に複雑なところがあり、その内容如何によっては、役員退職給与制度を廃止して導入した場合であっても、役員側では退職給与として所得税が課税されるとは限らず、また、会社側ではこのストック・オプションに関して損金算入ができる場合とできない場合があることのようです。

3. ただ、そのような複雑なところがある一方で、この制度によった場合には、金銭等により役員退職給与を支給したときに過大な役員退職給与の損金不算入の心配をしなくて済むのではないかということもあって、導入の是非についての結論を出しかねているところです。

4. 役員退職給与制度を廃止してストック・オプション制度を導入した場合、税務調査において過大役員退職給与の損金不算入の問題を回避することができる利点について教えてください。

回答要旨

1. 役員の役務提供の対価として付与されたストック・オプションの権利行使により得られる経済的利益に対する所得税の課税関係については、そのストック・オプションが税制適格の場合には非課税とされ、税制非適格の場合にはそのストック・オプションの内容に応じて給与所得または退職所得として課税されることになります。

なお、退職後権利行使したからといって、単純に退職所得とされるわけではないようです。

2. 一方、法人税においては、税制非適格ストック・オプションの場合に権利付

第3章 非違事例

与された役員に給与等課税事由が生じて給与所得または退職所得として課税される時、そのストック・オプションを付与した法人は、その役員から役務提供を受けたものとされ、付与時におけるそのストック・オプションの公正な評価額とされる金額を役員報酬または役員退職給与として経理処理することとなることから、この経理処理する金額のうちその権利行使した役員に対する役員給与として相当な金額が損金算入されることになります（法法54の2、法令111の3）。

3. したがって、税制適格ストック・オプション制度を導入することにすれば、法人税法上の損金算入額が生じませんので、結果的に過大役員退職給与の問題だけでなく過大役員報酬の問題をも回避することができることになると考えられます。

解説

1 ストック・オプションに関する所得税の取扱い

(1) ストック・オプションについては、株式会社が取締役、執行役または使用人に対して、一定数の自社株式を予め定められた価額（権利行使価額）で一定期間（権利行使期間）内に購入することができる権利（新株予約権等）を付与するものであり、株価が上昇すれば、役員または使用人等は、その値上がり分の利益を得ることができます。

このストック・オプションの付与が一般的に認められるようになったのは、平成9年5月の商法の改正によってであり、その際にはこのストック・オプション制度の意義として、①取締役または使用人の業績向上へのインセンティブとして機能すること、②株主重視の経営の一層の定着に資すること、③資金力のないベンチャー企業の人材確保などにも資すること、ということがいわれているが、最近は役員退職金制度を廃止してこの制度を導入する会社が多くなっているようです。

(2) 税務においては、この平成9年の商法改正に合わせて平成10年の税制改正において租税特別措置法29条の2《特定の取締役等が受ける新株予約権

649

等の行使による株式の取得に係る経済的利益の非課税等》の規定が改組され、株式取得に係る経済的利益に所得税を課さない特例がいわゆる「税制適格ストック・オプション」として整備されました。

(3) この税制適格ストック・オプションの対象となる一定の要件に該当するストック・オプションとは、次に掲げる要件（⑦および⑧については、特定従事者^(注)に限ります。）の全てを満たす特定新株予約権をいいます（措法29の2①）。

① 新株予約権の行使は、付与決議の日後2年を経過した日からその付与決議の日後10年を経過する日までの間に行わなければならないこと。

② 新株予約権の権利行使価額の年間の合計額が1,200万円を超えないこと。

③ 新株予約権の1株当たりの権利行使価額は、その付与会社の株式の付与契約の締結時における1株当たりの価額以上であること。

④ 新株予約権については、譲渡をしてはならないこととされていること。

⑤ 新株予約権の権利行使に係る株式の交付が、その交付のために付与決議がされた会社法等に定める事項に反しないで行われるものであること。

⑥ 特定株式は、その付与会社と金融商品取引業者等との間であらかじめ締結される株式の振替口座簿への記載等または管理等信託に関する取決めに従い、一定の方法により、取得後直ちに、その付与会社を通じて、その金融商品取引業者等の振替口座簿に記載もしくは記録を受け、またはその金融商品取引業者等の営業所等に保管の委託もしくは管理等信託がされること。

⑦ 契約を締結した日からその新株予約権の行使の日までの間において国外転出（国内に住所および居所を有しないこととなることをいいます。）する場合には、その国外転出をする時までにその新株予約権に係る契約を締結した株式会社にその旨を通知しなければならないこと。

⑧ 認定社外高度人材活用新事業分野開拓計画につきその新株予約権行使

第3章　非違事例

の日以前に認定の取消しがあった場合には、その新株予約権に係る契約
を締結した株式会社は、速やかに、その新株予約権を与えられた者にそ
の旨を通知しなければならないこと。

(注)「特定従事者」とは、中小企業等経営強化法13条に規定する認定新規中小
企業者等に該当する株式会社が同法に規定する認定社外高度人材活用新事
業分野開拓計画[*1]に従って行う社外高度人材活用新事業分野開拓に従事す
る社外高度人材[*2]で、取締役および使用人等以外の者[*3]をいいます。

(*1) 新株予約権の行使の日以前に認定の取消しがあったものを除きます。

(*2) 認定社外高度人材活用新事業分野開拓計画に従って新株予約権を与え
られた者に限ります。

(*3) その認定社外高度人材活用新事業分野開拓計画の実施時期の開始等の
日から新株予約権の行使の日まで引き続き居住者であること等の要件
を満たす者に限ります。

(4) 一方、上記(3)の特例の適用対象とならない「税制非適格ストック・オ
プション」については、株式取得に係る経済的利益について所得税が課さ
れ、役員等が権利行使時において取得した株式の時価と権利行使価額(払
込金額)との差額(経済的利益)について、原則給与所得とされ(所基通
23〜35共-6(3)ただし書)、権利付与者である発行法人においては、その役
員等が権利を行使した時点で所得税の源泉徴収義務が生じることになりま
す(所法183)。

(5) なお、当初「税制非適格ストック・オプション」であるものの契約内容を
変更して「税制適格ストック・オプション」とすることはできないことと
されています(国税庁ホームページ質疑応答事例所得税「ストック・オプション
契約の内容を税制非適格から税制適格に変更した場合」)。

2　ストック・オプションに関する法人税の取扱い

(1) ストック・オプションに関する税務上の処理は、個人から受ける役務の
提供の対価として新株予約権を発行した場合に、その個人においてその役
務の提供について所得税法等の規定による給与等課税事由[注]が生じた日

651

において役務提供を受けたものとして法人税法の規定を適用することになります（法法54の2①）。

(注)給与等課税事由とは、給与所得、事業所得、退職所得および雑所得の金額に係る収入金額とすべき金額または総収入金額に算入すべき金額を生ずべき事由をいいます（法令111の3②）。

(2) 平成29年度税制改正により、この特例対象となる新株予約権が役務の提供を受けた法人が発行した新株予約権に限定されないこととなり、譲渡制限付新株予約権(注1)であって、一定の要件に該当する特定新株予約権(注2)が交付された場合に特例に対象とされることとなりました(注3)。

(注1)譲渡制限付新株予約権とは、所得税法施行令84条《譲渡制限付株式の価額等》2項に規定する権利の譲渡についての制限その他特別の条件が付されているものをいいます（法令111の3①）。

(注2)特定新株予約権とは、次の要件に該当する譲渡制限付新株予約権をいいます（法法54の2①）。

① 交付される譲渡制限付新株予約権と引換えにする払込みに代えて役務の提供の対価としてその個人に生ずる債権と相殺されること。

② ①のもののほか、交付される譲渡制限付新株予約権が実質的に役務の提供の対価と認められるものであること。

(注3)平成29年10月1日以後に譲渡制限付新株予約権の交付に係る決議（決議がない場合には交付）をするその譲渡制限付新株予約権について適用されます（平29法4改正附15）。

(3) したがって、その役務の提供に係る費用の額は、会計上が権利確定日以前に費用計上するのに対して、税務上はその新株予約権が行使された日の属する事業年度に損金として認識することになります。

(4) なお、その個人において特定の取締役等が受ける新株予約権の行使による株式の取得に係る経済的利益の非課税等の特例制度の適用を受ける場合は、法人のその役務の提供を受けたことによる費用の額またはその役務の全部もしくは一部の提供を受けられなかったことによる損失の額は、損金

の額に算入されないこととなります（法法 54 の 2 ②）。

3　ストック・オプションに関する会計上の処理

　　ストック・オプションに関する会計上の処理については、「ストック・オプ
ションに関する会計基準」（企業会計基準 8 号）に次のとおり示されています。

（1）権利確定日以前

　　ストック・オプションを付与し、これに応じて企業が従業員等から取得
するサービスは、その取得に応じて費用として計上し、対応する金額を、
ストック・オプションの権利の行使または失効が確定するまでの間、貸借
対照表の純資産の部に新株予約権として計上する。

（2）権利確定日後

　　ストック・オプションが権利行使され、これに対して新株を発行した場
合には、新株予約権として計上した額のうち、その権利行使に対応する部
分を払込資本に振り替える。

**4　税制非適格ストック・オプションについて、それが退職所得に該当するか
否かの判定に当たっての留意点**

（1）上記 1 の税制非適格ストック・オプションにおける権利行使に係る経済
的利益については原則給与所得とされるところ、発行法人の役員に対して
その者の退職に基因してその株式を取得する権利が与えられたと認められ
るときは退職所得とされます（所基通 23〜35 共-6（3）ただし書）。

（2）次に掲げる内容のストック・オプションについて、その権利行使益は退
職所得として課税される旨、国税庁から回答されています（国税庁ホーム
ページ事前照会に対する文書回答事例、平成 16 年 11 月 2 日東京国税局審理課長
回答「権利行使期間が退職から 10 日間に限定されている新株予約権の権利行使
益に係る所得区分について」）。

①　役員退職慰労金制度の廃止に伴い、役員退職慰労金の過去積立未清算
分について金銭での支給は行わず、取締役、監査役、子会社の取締役に
対して無償で普通株式の新株予約権を付与すること。

②　権利行使価額を 1 株当たり 1 円とし、その権利行使期間は、新株予約

権の発行日から 30 年以内において役員を退任したときに、退任した日の翌日から 10 日間に限り、一括して権利行使しなければならないこと。

③　この新株予約権には取締役会の承認を要する旨の譲渡制限のほか割当契約書において譲渡禁止条項を定めること。

(3) 上記の内容であれば、勤務関係の終了という事実によってはじめて給付され、従来の継続的な勤務に対する報償ないしその間の労務の対価の一部の後払の性質を有し、一時金として支払われるものに当たることから、退職により一時に受ける給与になること（所法 30 ①、最高裁昭 58・9・9 第二小法廷判決）とされています。

5　ストック・オプションを発行法人に譲渡した場合の所得区分

(1) 税制非適格ストック・オプションにおいて、その権利を行使せずに、発行法人に譲渡した場合には、その譲渡の対価の額からその権利の取得価額を控除した金額について、その発行法人の権利の付与目的、権利を付与された者と発行法人との関係等に応じて事業所得、給与所得、退職所得、一時所得または雑所得とみなして課税されます（所法 41 の 2）。

その具体的な所得区分については所得税基本通達 23-35 共-6《株式等を取得する権利を与えられた場合の所得区分》の取扱いに準ずることとされていることから（所基通 41 の 2-1）、役員がその付与された権利を行使せずに発行法人に譲渡した場合の所得区分は、同通達 (3) の定めにより、通常の場合は役員たる地位に基づいて付与されたものであることから給与所得とされ、退職に基因してその権利が付与されたものであるとされる上記 4 のような場合は退職所得とされることになります。

(2) 発行法人においては、給与等課税事由を生ずべき所得である給与所得、事業所得、退職所得および雑所得とされるときに役務の提供を受けたものとされ（法法 54 の 2、法令 111 の 3）、その役務提供費用について損金算入の可否が判断されることになります。

第 3 章　非違事例

税務上の留意点

　ストック・オプションについては、税制適格、税制非適格により所得税の取扱いが異なるところ、税制非適格ストック・オプションの場合に権利付与された役員に給与等課税事由が生じて給与所得または退職所得として課税される時、そのストック・オプションを付与した法人は、その役員から役務提供を受けたものとされ、付与時におけるそのストック・オプションの公正な評価額とされる金額を役員報酬または役員退職給与として経理処理することとなることから、この経理処理する金額のうちその権利行使した役員に対する役員給与として相当な金額が損金算入されることになります（法法 54 の 2、法令 111 の 3）。

　したがって、税制適格ストック・オプション制度を導入することにすれば、法人税法上の損金算入額が生じませんので、結果的に過大役員退職給与の問題だけでなく過大役員報酬の問題をも回避することができることになると考えます。

参照条文等

　所得税法 30 条《退職所得》1 項・41 条の 2《発行法人から与えられた株式を取得する権利の譲渡による収入金額》・183 条《源泉徴収義務》

　所得税法施行令 84 条

　所得税基本通達 23〜35 共-6・41 の 2-1《発行法人から与えられた株式を取得する権利を発行法人に譲渡した場合の所得区分》

　法人税法 54 条の 2《新株予約権を対価とする費用の帰属事業年度の特例等》

　法人税法施行令 111 条の 3《譲渡制限付新株予約権の範囲等》

　租税特別措置法 29 条の 2

　「ストック・オプションに関する会計基準」（企業会計基準 8 号）

参考

　平成 28 年 10 月 24 日付国税速報第 6433 号 31〜34 頁

　国税庁ホームページ事前照会に対する文書回答事例　平成 16 年 11 月 2 日付東京国税局審理課長回答「権利行使期間が退職から 10 日間に限定されてい

る新株予約権の権利行使益に係る所得区分について」

国税庁ホームページ質疑応答事例所得税「ストック・オプション契約の内容を税制非適格から税制適格に変更した場合」

最高裁昭 58 年 9 月 9 日第二小法廷判決

令和元年版図解譲渡所得（一財大蔵財務協会）579〜585 頁

2018 年 5 月税研 199 号 Vol. 34-No. 1　77〜83 頁

第3章 非違事例

32. 消費税の課税対象となることもある現物引渡しによる役員退職給与の 支給

《質問要旨》

1. 役員給与、使用人給与に関係なく給与等の人件費については、通勤手当を除いて、消費税は不課税であるところ、給与を現物で支給する場合、例えば、土地建物を役員退職給与として引き渡した場合や役員に贈与した場合に消費税の課税対象とされることから、留意する必要があります。

2. 当社においては、定時株主総会において退職する役員に対して、現在その役員に社宅として貸与しているマンションを退職給与の一部として引き渡すこととしており、そのような場合の会社の法人税と役員の所得税の取扱いについて具体的な検討を進めているところ、消費税の関係については考えておりませんでした。

3. 将来、役員退職給与の過大支給ということで、税務調査において指摘されることのないように、その支給額について会社法の手続を経て慎重に決定しなければならないことや、引き渡すマンションの評価額を適正に算出しなければならないところ、役員退職給与としてマンションを引き渡す場合に、消費税の課税対象とされることのないようにするため、特別に留意することがありますか。

回答要旨

1. マンションという現物を引き渡すことで役員退職給与の支給額の全部または一部に充てる場合、消費税との関係で留意しなければならないことは、その役員退職給与について株主総会等の支給決議の内容、決め方ではないかと考えます。

　それは、そのマンションの引渡しが役員退職給与の支給決議内容どおりのものとして行われたものかどうかによって、消費税の課税か不課税かの結論が異なることによるものです。

657

2. 具体的には、その支給決議が役員退職給与の全部または一部として社宅マンションを引き渡すことを内容としている場合には、その引渡しは役員退職給与そのものの支給をしたことになることから消費税は不課税となるところ、現金によって役員退職給与を支給することを決議していた場合において、その現金の全部または一部の支払に代えて社宅マンションが引き渡される場合には、その引渡しは代物弁済を行ったことになることから、この場合の社宅マンションの引渡しは対価を得て資産の譲渡が行われたものとされ、消費税法上課税取引とされることになります（消法2①八）。

したがって、消費税の課税取引とされないためには、明確に役員退職給与の全部または一部として社宅マンションを引き渡すことを決議内容とする必要があります。

解説

1　消費税の課税対象

(1) 消費税の課税対象とされる取引は、「国内取引」と「輸入取引」に限定され、このうち課税対象とされる国内取引は、次の4つの要件の全てを満たす取引とされています（消法2①八・4①、消令2③）。

① 国内において行われた取引であること。

② 事業者が事業として行った取引であること。

③ 対価を得て行われた取引であること。

④ その取引が資産の譲渡、資産の貸付け、役務の提供であること。

すなわち、国内取引として消費税の課税対象となるものは、国内において事業者が行った資産の譲渡等に該当するものということになります。

(2) この資産の譲渡等とは、「事業として対価を得て行う資産の譲渡および貸付けならびに役務の提供」のことをいうものとされているところ、代物弁済、負担付贈与、金銭以外の資産の出資（現物出資）等の行為についてもこの資産の譲渡等に含むこととされています。

これら資産の譲渡等に含むこととされている代物弁済、負担付贈与、金

第3章　非違事例

銭以外の資産の出資（現物出資）等の行為については、一般的には資産を譲渡したというようには考えないものであるが、消費税においては、これらの行為についても資産の譲渡等に当たるものとされ、その資産の譲渡等とされたものが課税資産の譲渡等に当たるものであれば、課税取引となり課税売上げとなります。

(3) 給与等については、労務という役務の提供に対する対価として支払われるものであるところ、消費税法2条《定義》の課税仕入れの定義規定において、役務の提供の範囲から「所得税法に規定する給与等を対価とする役務の提供を除く」ことが明記されており[注]、役員給与、使用人給与に関係なく、原則としてすべて不課税取引とされ、通勤手当だけが「その通勤に通常必要と認められる部分の金額」について、課税仕入れに係る支払対価に該当するものとされています（消基通11-2-2）。

(注) 消費税法2条1項12号に規定され、過去の労務の提供を給付原因とする退職給与もこれに該当します（消基通11-1-2）。なお、法人税法上損金の額に算入されるかどうかは関係ありません。

2　資産の譲渡等に含まれる代物弁済

(1) ご質問では、役員退職給与として社宅マンションを引き渡すということですので、この場合に課税取引となるのは、上記1の消費税の課税対象とされるものからして、本来の現金による退職給与の支給に代えて社宅マンションが給付されることとなる代物弁済に該当するときのみとなります。

(2) 代物弁済とは、民法482条《代物弁済》に次のとおり規定されており、既存の債務について債務者が債権者の同意を得て本来約定されていた給付とは異なる代わりの給付をすることによりその債務を消滅させることいいます（消基通5-1-4前段）。

（代物弁済）

482条　債務者が、債権者の承諾を得て、その負担した給付に代えて他の給付をしたときは、その給付は、弁済と同一の効力を有する。

659

この代物弁済という行為が消費税において資産の譲渡等に含まれること
とされるのは、その代わりの給付をするところにおいて資産の譲渡が行わ
れ、その資産の譲渡代金によってその債務の弁済が行われたものと認識す
ることによるものです。

(3) しかし、「例えば、いわゆる現物給与とされる現物による給付であっても、
その現物の給付が給与の支払に代えて行われるものではなく、単に現物を
給付することとする場合のその現物の給付は、代物弁済に該当しないこと
に留意する。」(消基通 5-1-4 後段) との定めがあり、消費税の課税対象とさ
れない場合のことが例示されています。

3 社宅マンションを役員退職給与とする支給決議

(1) 上記 2 のとおり、ご質問の場合において消費税の課税対象となるかどう
かは、その行為が代物弁済に該当するかどうかによって判断されることに
なることから、消費税の課税対象とされないためには、社宅マンションを
引き渡すことが消費税法基本通達 5-1-4 《代物弁済の意義》に例示されて
いる「単に現物を給付することとする場合のその現物の給付」に該当すれ
ばよいことになります。

すなわち、民法 482 条の「その負担した給付に代えて他の給付をしたと
き」に該当しないようにすることですから、役員退職給与の給付としてそ
の役員が居住する社宅マンションを引き渡すことが本来の債務となるよう
に役員退職給与の支給決議をする必要があります。

そうすることによって、その社宅マンションの引渡しは本来約定されたと
おりの給付が行われたことになることから、代物弁済に該当しないことに
なり、役員に退職給与を支給しただけの不課税取引ということになります。

(2) 一方、役員退職給与の支給決議において現金を給付することとしていた
場合に、会社の資金繰りの都合等により、役員退職給与の支払者である会
社が受給者である役員の同意を得て、その現金の給付に代えて社宅マン
ションを現物給付した場合には、この代物弁済に該当することになること
から、消費税の課税対象ということになります。

第3章　非違事例

　　この場合、資産の譲渡等の対価の額は、その代物弁済により消滅する債
　務の額ということになります（消令45②一）。

　　ただし、消費税の課税対象とされる場合であっても、社宅マンションの
　土地部分については非課税となります（消法6①別表1一）。

(3)　したがって、ご質問の場合に消費税の課税対象とされないためには、役
　員退職給与の全部または一部として社宅マンションを引き渡すことを役員
　退職給与の支給決議において明確に決議内容としておくことが必要となり
　ます。

　　なお、社宅マンションを現物給付した場合でも所得税の源泉徴収が必要
　になることから、現金支給額がないかまたは現金支給額があっても少額な
　場合には、納付する所得税相当額について退職役員に現金での負担を求め
　る等の手当てが必要となります。

4　役員に対する資産の贈与あるいは低額譲渡

(1)　消費税について、役員給与との関係で留意すべき事項として、資産を役
　員に贈与あるいは低額譲渡した場合に、消費税の課税対象とされることが
　あり、その資産については時価により譲渡があったものとされます（消法4
　⑤二・28①ただし書および③、消基通10-1-1（注））。

(2)　消費税においては、贈与は対価がないことから不課税が原則であり（消
　基通5-1-2）、また、通常の取引の場合における課税資産の譲渡等の対価の
　額はその資産の譲渡等に係る対価の額として取引当事者間で合意授受する
　こととした金額であるところ（消基通10-1-1）、これが役員に対する資産の
　贈与あるいは低額譲渡の場合には、時価による譲渡があったものとされる
　こととなり、消費税において時価が問題となる数少ない場面の一つとなっ
　ています（消基通5-3-5）。

(3)　一方、法人税の取扱いにおいては、会社が役員に資産を贈与あるいは低
　額譲渡した場合には、いずれもその資産の時価との差額が役員に対する経
　済的利益の供与とされ、その差額相当額の役員給与を支給したものとされ
　ることから（法法34④、法基通9-2-9(1)(2)・9-2-11(1)）、上記3までの社

661

宅マンションの引渡しによる役員退職給与の支給が消費税の課税取引とされる場合と同様に、この経済的利益の供与の場合も役員給与と消費税が関係してくることになります。

（4）役員に対して社宅マンションを引き渡すという行為面だけをとらえてみると、そのことが代物弁済に該当しない場合であっても、その社宅マンション引渡しは役員に対する資産の贈与、すなわち、消費税法4条《課税の対象》5項2号に規定するみなし譲渡に該当することとなり、結果的に課税取引とされるのではないかという疑問が考えられます。

しかしながら、みなし譲渡とされるのは、その資産の贈与が上記（3）に記載したとおり、経済的利益の供与として役員給与とされる場合ですので、その社宅マンションの引渡しを受けた役員に退職という事実があり、その引渡しが役員退職給与の支給決議内容に従って行われたものである以上は、その引渡しを贈与ととらえる余地はないことになり、消費税の課税取引とされる心配はないということになります。

税務上の留意点

役員退職給与の支給に当たって、その支給決議が役員退職給与の全部または一部として社宅マンション（現物）を引き渡すことを内容としている場合には、その引渡しは役員退職給与そのものの支給をしたことになることから消費税は不課税となるが、現金によって役員退職給与を支給することを決議していた場合において、その現金の全部または一部の支払に代えて社宅マンションが引き渡される場合には、その引渡しは代物弁済を行ったことになることから、この場合の社宅マンションの引渡しは対価を得て資産の譲渡が行われたものとされ、消費税法上課税取引とされることになります。

したがって、消費税の課税取引とされないためには、明確に役員退職給与の全部または一部として社宅マンション（現物）を引き渡すことを決議内容とする必要があります。

第3章　非違事例

参照条文等

法人税法 34 条《役員給与の損金不算入》4 項

法人税基本通達 9-2-9《債務の免除による利益その他の経済的な利益》・
9-2-11《継続的に供与される経済的利益の意義》

消費税法 2 条 1 項 8 号 12 号・4 条 1 項 5 項 2 号・6 条《非課税》1 項別表 1
一・28 条《課税標準》1 項 3 項

消費税法施行令 2 条《資産の譲渡等の範囲》3 項・45 条《課税資産の譲渡等及
び課税仕入れに係る消費税の課税標準の額》2 項 1 号

消費税法基本通達 5-1-2《対価を得て行われるの意義》・5-1-4・5-3-5《役員
に対する無償譲渡》・10-1-1《譲渡等の対価の額》・11-1-2《給与等を対価とす
る役務の提供》・11-2-2《通勤手当》

民法 482 条

参考

平成 28 年 10 月 31 日付国税速報第 6434 号 25 ～ 28 頁

663

33. 社葬費用と認められない支出と役員退職給与等との関係

《質問要旨》

1. 創業者である前代表取締役の取締役会長（90歳）が昨年末入院して以来小康状態にあります。医師によると回復は望めず、高齢でもあり、相応の準備を検討しています。社葬を行うことを考えています。

　　役員の間では、葬儀の形式について、関係者の負担が1回で済むようにするため、全体を社葬としつつ遺族と会社が合同で葬儀を行うのもよいのではという意見も出ています。

2. 税務上のことを考えた場合に、社葬として実際に葬儀等を行った事実があれば会社が負担した費用は損金の額に算入できるのか、その場合に具体的にどこまでの費用が社葬費用になるのか、また、そもそも社葬を行うこと自体について、税務上の制約はあるのかなどわからないことが多くあります。

3. 亡くなった場合には、会社法上の手続を経て当社の社内規程による役員退職給与と弔慰金を支給しますが、将来、税務調査において、仮に、社葬費用として損金に算入した金額が問題とされ、社葬費用として認められなかった場合、その認められない金額については、亡くなった役員に対する役員退職給与とみなされるようなことになるのでしょうか。

　　なお、現在の代表取締役は会長の長男であり、会長の妻はすでに亡くなっています。

回答要旨

1. 社葬費用に関する税務上の取扱いについては、法人税基本通達9-7-19《社葬費用》に定めがあり、会社が役員または使用人が死亡したため社葬を行い、その費用を負担した場合に、その社葬を行うことが社会通念上相当と認められるときには、社葬のため通常要すると認められる部分の金額について損金

第3章　非違事例

算入できる旨定められています。

2. 具体的には、社会通念上相当と認められる場合としては、死亡した役員または使用人が会社に対して顕著な功績がある者である場合や、その死亡が業務上の死亡の場合が一般的に該当するものと理解され、社葬費用として通常要すると認められるものとしては、相続税の取扱いにおいて葬式費用として認められるもの（相基通13-4）であって、かつ、火葬費用や戒名料のような通常遺族が負担すべきとされる費用以外の費用になると考えられます。

3. 会社が社葬費用として損金算入したものが税務調査において是正される場合には、その費用等の内容に応じて、喪主が負担すべきもので喪主がその会社の役員である場合には同人に対する給与とされて損金不算入とされ、喪主が役員でない場合には同人に対する贈与とされて寄附金課税の対象とされることになると考えられます。また、会社負担が認められる場合であっても交際費課税の対象とされる場合もあり得ると考えます。

4. いずれにしても、社葬という葬儀に係る費用として支出されたものである以上は、亡くなった役員に対する役員退職給与とされることにはならないものと考えます。

解説

1　法人税基本通達9-7-19の定め

(1) 社葬費用に関する法人税法上の取扱いについては、法人税基本通達9-7-19の定め以外はないところ、内容は次のとおりとなっています。

（社葬費用）

9-7-19　法人が、その役員又は使用人が死亡したため社葬を行い、その費用を負担した場合において、その社葬を行うことが社会通念上相当と認められるときは、その負担した金額のうち社葬のために通常要すると認められる部分の金額は、その支出した日の属する事業年度の損金の額に算入することができるものとする。

665

（注）会葬者が持参した香典等を法人の収入としないで遺族の収入とした
ときは、これを認める。

(2) この通達の定めは、社葬を行う場合のことや社葬費用について具体的に
定めたものではなく、不確定概念規定の典型的なものであり、社葬費用の
損金算入の要件として次の2点が定められています。

① 社葬を行うことが社会通念上相当と認められること。

② 負担した金額は社葬のために通常要すると認められる部分の金額であ
ること。

(3) この通達の注書において、香典の収益の計上に関する特別な取扱いとし
て、会葬者が持参した香典等について会社の収入としないで遺族の収入と
したときは、これを認めることとしています。

これは、社葬を行ってその費用を会社が負担する以上、会葬者が持参し
た香典等は当然に会社の収入として計算すべきものであるという考え方
と、会葬者が持参した香典等は故人の冥福を祈るために持参されたもので
あることから、遺族に対する弔慰金等として遺族の収入とし、会社の収入
とするまでもないという考え方があり、社会通念上からすれば、後者の考
え方を採ることが常識的であろうということによるものと考えられます。

2 「社会通念上相当と認められるとき」とは

(1) 上記1 (2) ①の「社会通念上相当」とは、極めて不確定な要件であるが、
社葬を行うことについて一般に理解の得られる役員または使用人からすれ
ば、その会社において中興の祖とされるような功績があり、社会的にも認
知されている役員の場合とか、殉職したような人の場合が容易に想定され、
殉職以外の場合には、会社への具体的な貢献、功労等を含めて総合的に判
定されることになると考えられます。

したがって、例えば、創業者で現代表取締役の非役員の妻が亡くなった
場合に、創業以来会社の繁栄を陰で支えた内助の功があるというような理
由で社葬とすることは、社会通念上相当とはいえないということで異論の

第3章　非違事例

ないところかと考えます。

(2) 役員退職給与規程を定めて弔慰金の規定を設けている会社は多いと考えますが、社葬に関しての内規を整備している会社は少ないと考えます。

　社葬を行うことは稀なことでしょうが、内規の一つとして「社葬規程」を整備しておくことも必要なことではないかと考えます。

　ただ、役員退職給与規程と同じようにこの社葬規程があるというだけで損金算入が認められることにはならないとは思いますが、社内的根拠としての意味はあると考えます。

3　「通常要すると認められる部分の金額」の範囲

(1) 上記1(2)②の要件では、社葬を執り行う上で「通常要すると認められる」費用について損金算入を認めるというわけですが、具体的にどのような費用がそれに該当するかなどの点について明らかになっておりません。

　しかしながら、この費用に関しては相続税法基本通達13-4《葬式費用》(以下「葬式費用通達」)に次の定めがあり、これを参考にすべきものと考えます。

(葬式費用)

13-4　法第13条第1項の規定により葬式費用として控除する金額は、次に掲げる金額の範囲内のものとする。

　(1) 葬式若しくは葬送に際し、又はこれらの前において、埋葬、火葬、納骨又は遺がい若しくは遺骨の回送その他に要した費用(仮葬式と本葬式とを行うものにあっては、その両者の費用)

　(2) 葬式に際し、施与した金品で、被相続人の職業、財産その他の事情に照らして相当程度と認められるものに要した費用

　(3) (1)又は(2)に掲げるもののほか、葬式の前後に生じた出費で通常葬式に伴うものと認められるもの

　(4) 死体の捜索又は死体若しくは遺骨の運搬に要した費用

667

なお、葬式費用に該当しないものとして、相続税法基本通達13-5《葬式費用でないもの》において、次のとおり定められています。

> （葬式費用でないもの）
>
> 13-5　次に掲げるような費用は葬式費用として取り扱わないものとする。
>
> 　(1)　香典返れい費用
>
> 　(2)　墓碑及び墓地の買入費並びに借入料
>
> 　(3)　法会に要する費用
>
> 　(4)　医学上又は裁判上の特別の処置に要した費用

(2)　判例においては、税務に関するものではありませんが、名古屋高裁平成24年3月29日判決では、次のように判示されており、「葬儀費用」と「葬式費用」という文言の違いはあるものの、上記（1）の相続税法基本通達13-4の定めと同じ内容のことが判示されています。

> 　葬儀費用とは、死者の追悼儀式に要する費用及び埋葬等の行為に要する費用（死体の検案に要する費用、死亡届に要する費用、死体の運搬に要する費用及び火葬に要する費用等）と解される

(3)　上記（1）の葬式費用通達および上記（2）の判例も葬式費用または葬儀費用について、その範囲を示したものに過ぎないものであることから、個別具体的な支出がその費用に該当するかどうかの判断は、結局は、社会通念に従って行わざるを得ないということになります。

　したがって、例えば、日本においてはまだ一般的とはいえないエンバーミング（遺体衛生保全）に係る費用については、これが海外で死亡した死体の搬送に当たって行われたというような場合であれば、上記（1）の葬式費用通達(4)の死体の運搬に要した費用に含まれるという理解も可能であり、葬式費用に該当するように考えられますが、そのような事情にない場合において社会通念上通常葬式に伴う費用といえるかどうかということになりますと、そこまではいえないのではないかと考えます。

668

（4）一般的に葬儀に係る費用と認識できる費用であれば、ここにいう「通常要すると認められる」費用に該当することになりそうですが、社葬費用として損金の額に算入できる費用となりますと、遺族が負担すべき費用は当然除外されることから、結局は、上記（1）の葬式費用通達の定める範囲内の費用であって、火葬費用や戒名料のような通常遺族が負担すべき費用以外の費用になるものと考えます。

4　損金の額に算入した社葬費用が是正される場合の取扱い

（1）葬儀費用は誰が負担すべきなのかについて、前述3（2）の名古屋高裁平成24年3月29日判決において、次のように判示しています。

> 亡くなった者が予め自らの葬儀に関する契約を締結するなどしておらず、かつ、亡くなった者の相続人や関係者の間で葬儀費用の負担について合意がない場合においては、追悼儀式に要する費用については同儀式を主宰した者、すなわち、自己の責任と計算において、同儀式を準備し、手配等して挙行した者が負担し、埋葬等の行為に要する費用については亡くなった者の祭祀承継者が負担するものと解するのが相当である。

また、同判決は、

> 葬儀費用は、相続開始後に生じた債務であるから、相続人であるからといって、ただちに葬儀費用を負担すべきものとは解されず、……

とも判示しています。

（2）そこで、上記（1）の判決を踏まえて、会社が損金の額に算入した社葬費用の一部について遺族が負担すべきものとして是正されることとなる場合の取扱いについては、ご質問の場合、次のようになるものと考えられます。

①　喪主が代表取締役等の役員の場合

その是正される費用は、喪主が役員であれば同人に対する給与とされて損金不算入ということになります。

②　喪主が役員でない場合

その是正される費用は、喪主に対する贈与とされ、寄附金課税の対象とされることになります。

(3) なお、次の裁決事例のように、会社の費用とされる場合でも支出した社葬費用の一部が交際費等に該当するとされ、損金不算入とされる金額が生じる場合があります。

昭和60年2月27日裁決（要旨）〔裁決事例集 No. 29-111 頁〕

　請求人の前代表者の死亡による社葬費用を法人の損金に算入することは妥当であるが、葬儀に引続き場所をホテルに移して行った「おとき」は、死者に対する追善供養を目的とする法会の一環であり、主として請求人の取引先の者に飲食を供したものであるから、それに係る費用を社葬費用に当たるものとみることはできない。

　したがって、「おとき」に係る費用のうち、取引先の者を対象とするものは交際費等、また現代表者の親族、友人を対象とするものは現代表者個人の負担とするのが相当である。

税務上の留意点

1. 社葬費用に関する税務上の取扱いについては、法人税基本通達9-7-19に定めがあり、会社が役員または使用人が死亡したため社葬を行い、その費用を負担した場合に、その社葬を行うことが社会通念上相当と認められるときには、社葬のため通常要すると認められる部分の金額について損金算入できる旨定められています。

2. 具体的には、社会通念上相当と認められる場合としては、死亡した役員または使用人が会社に対して顕著な功績がある者である場合や、その死亡が業務上の死亡の場合が一般的に該当するものと理解され、社葬費用として通常要すると認められるものとしては、相続税の取扱いにおいて葬式費用として認められるもの（相基通13-4）であって、かつ、火葬費用や戒名料のような通常遺族が負担すべきとされる費用以外の費用になると考えられます。

第3章　非違事例

3. なお、社葬という葬儀に係る費用として支出されたものである以上は、亡く
　なった役員に対する役員退職給与とされることにはならないものと考えます。

参照条文等

　法人税基本通達 9-7-19

　相続税法基本通達 13-4・13-5

参考

　平成 28 年 11 月 21 日付国税速報第 6437 号 33〜36 頁

　法人税基本通達逐条解説（九訂版）（税務研究会出版局）1010・1011 頁

　名古屋高裁平成 24 年 3 月 29 日判決

　昭和 60 年 2 月 27 日裁決（裁決事例集 No. 29-111 頁）

34. 更正処分における役員退職給与支給額の相当額の計算に係る理由附記の程度

――――《質問要旨》――――

　役員退職給与支給額について、税務調査により更正処分を受ける場合、相当な役員退職給与の金額の計算根拠について、どの程度の理由附記がされるのでしょうか。

回答要旨

1. 青色申告の更正処分については、従来から法人税法130条《青色申告書等に係る更正》2項の規定に基づき、理由を附記すべきこととされているところ、平成23年12月の国税通則法の改正によって、白色申告であっても更正の理由が附記されることとなりました。

　　ただし、この白色申告の場合の理由附記については、法人税法ではなく、行政手続法8条《理由の提示》および14条《不利益処分の理由の提示》に基づいて行われるものとなっています。

2. 理由附記については、青色申告、白色申告の別なく全ての更正処分について行われることとなるところ、役員退職給与支給額の相当額の計算に関する理由附記の記載の程度については、国税通則法の改正によって変わるところはなく、従来から青色申告の更正処分であってもそうであったように、選定された同業種で事業規模が類似する法人（以下「同業類似法人」）について法人名等が具体的に記載されるということはありません。

3. これは、課税処分における理由附記制度の趣旨目的が課税庁の恣意の抑制と納税者の不服申立ての便宜にあるとされ、その附記された理由の記載内容がこの理由附記制度の趣旨目的に適うものであれば足りるとされていることによるものであり、選定された同業類似法人の法人名等を具体的に記載して明らかにしなくても、役員退職給与額の相当額の計算に係る附記理由として、

672

理由附記制度の趣旨目的に反するものではないことによるものです。

解説

1 国税通則法の改正と理由附記

（1）平成 23 年 12 月の税制改正において国税通則法が改正され、税務手続に関する規定が整備されました。

この改正の趣旨は、税務調査手続の透明性と納税者の予見可能性を高めるということにあります。

（2）この国税通則法改正前の理由附記については、①青色申告に係る更正処分、②異議決定、③裁決、④青色申告の承認の取消処分および⑤更正の請求に対する更正をすべき理由がない旨の通知処分のついてのみ実施されていたことから、全ての処分（申請に対する拒否処分および不利益処分）について理由を附記することとされたということは、従来の状況を根底から変え、加算税の賦課決定処分のほか、消費税の更正処分や白色申告者に対する推計による更正処分についても理由が附記されることとなりました。

（3）国税通則法には、全ての処分について理由を附記するという条文はなく、国税通則法 74 条の 14《行政手続法の適用除外》第 1 項において、適用除外とする行政手続法の規定から同法 8 条および 14 条を除くと規定することにより行われることとなったものです。

（4）したがって、現行の理由附記に関して、青色申告に係る処分の理由附記については従来通り所得税法および法人税法の規定により行われ、これ以外の白色申告に係る処分、加算税の賦課決定処分等の理由附記については行政手続法を根拠に行われるということになります。

（5）行政手続法は、平成 5 年 11 月に行政手続に関する一般法として制定された法律であり、その 1 条にその目的等が次のとおり規定され、行政運営における公正の確保と透明性の向上を図ることによって国民の権利利益を保護することとし、そのためには行政上の意思決定について、その内容および過程が国民にとって明らかでなければならないとされています。

673

（目的等）

第1条　この法律は、処分、行政指導及び届出に関する手続並びに命令等を定める手続に関し、共通する事項を定めることによって、行政運営における公正の確保と透明性（行政上の意思決定について、その内容及び過程が国民にとって明らかであることをいう。第46条〔地方公共団体の措置〕において同じ。）の向上を図り、もって国民の権利利益の保護に資することを目的とする。

2　処分、行政指導及び届出に関する手続並びに命令等を定める手続に関しこの法律に規定する事項について、他の法律に特別の定めがある場合は、その定めるところによる。

2　理由附記の趣旨目的

(1) 理由附記の趣旨目的については、青色申告の更正処分や青色申告の承認の取消し処分を巡る争いの中において、最高裁昭和38年5月31日第二小法廷判決を始まりとして「処分庁の判断の慎重・合理性を担保としてその恣意を抑制するとともに、処分の理由を相手方に知らせて不服の申立に便宜を与える」ものであるということが確立されています。

すなわち、課税庁に対しては、更正処分権の濫用を防止して、その権限行使を慎重ならしめ、課税権の適正かつ公平な運用の実現を図ることにあり、課税処分のもう一方の当事者である納税者に対しては、課税庁からその処分の理由を知らせることによって、その処分に対する不服申立てをすべきか否かについて、その決断をするための判断資料の提供を受けることにあるということであり、その理由について処分を受ける納税義務者側が推知できると否とにかかわらず附記しなければならないものとされています。

(2) したがって、この理由附記を欠く課税処分等がされた場合、あるいは、理由附記はされているがその理由附記が不十分である場合には、そのいずれの場合であっても、瑕疵のある違法な取り消されるべき行政処分というこ

とになります。

3　理由附記の程度

(1) 現在課税庁においては理由附記を欠く課税処分等を行うことはないところ、問題とされるのは、その記載された理由が理由附記として十分かどうかということ、すなわち、理由附記の程度ということになります。

(2) この理由附記の程度についても、多くの裁判例を通じて判例として確立されており、更正処分に係る理由附記については、更正に係る勘定科目とその金額の記載だけでは足りず、帳簿書類の記載以上に信憑力のある資料を示して処分の具体的根拠を明らかにすることが必要とされ（最高裁昭和54年4月19日第一小法廷判決ほか）、帳簿書類の記載自体を否認することなしに更正をする場合においては、更正通知書記載の更正の理由が、そのような更正をした根拠について帳簿記載以上に信憑力のある資料を適示するものではないとしても、理由附記程度の趣旨目的を充足する程度に具体的に明示するものである限り、更正理由の附記として欠けるところはないとされています（最高裁昭和60年4月23日第三小法廷判決）。

4　裁判例に見る附記理由の実例

(1) 最近の裁判例において、役員退職給与額の相当額の計算に係る附記理由が争点とされたものとしてその理由書が確認できるものとして、岡山地裁平成21年5月19日判決（確定）があり、更正の理由書には、過大役員退職給与の損金不算入額の計算に係る「役員退職給与の適正額」として次のような理由が附記されています。

1　役員退職給与の適正額

　役員退職給与の適正額を算出するに当たっては、平均功績倍率方式が合理的と認められるので、本件退職金のうち適正と認められる額（以下「適正退職金の額」といいます。）は、類似法人の役員に対する退職給与の支給の状況から把握された平均功績倍率、前代表者の最終報酬月額及び勤続年数を乗じた金額である 21,750,000 円となります。

---

①	平均功績倍率	2.9 倍
②	最終報酬月額	500,000 円
③	勤続年数	15 年
④	適正退職金の額（①×②×③）	21,750,000 円

　なお、この平均功績倍率2.9について、「類似法人の役員に対する退職給与の支給の状況から把握された」と記載されているだけです。

（2）上記（1）の記載について、裁判所は次のように判示しています。

> 　更正処分は、退職給与についてその帳簿記載を覆すことなくそのまま肯定した上で、不相当に高額な部分の損金算入を否認したものであり、平均功績倍率に最終報酬月額と勤続年数とを乗じる算式を示してその金額の根拠を明らかにしているのであるから、原告は、平均功績倍率を採用することの妥当性やこの率の求め方を争点として不服を申し立てればよいことを容易に知ることができ、恣意の抑制と不服申立ての便宜という理由附記制度の趣旨目的を充足する程度に具体的に明示されているということができる。よって、理由附記に平均功績倍率を2.9としたことの資料が適示されていないとしても、法の要求する理由附記として欠けるところはない。

税務上の留意点

　理由附記の程度については、次のとおりであり、これを踏まえて対応する必要があります。

1. 理由附記については、青色申告、白色申告の別なく全ての更正処分について行われることとなるところ、役員退職給与支給額の相当額の計算に関する理由附記の記載の程度については、国税通則法の改正によって変わるところはなく、従来から青色申告の更正処分であってもそうであったように、選定された同業類似法人について法人名等が具体的に記載されるということはありません。

第 3 章　非違事例

2.　これは、課税処分における理由附記制度の趣旨目的が課税庁の恣意の抑制
　　と納税者の不服申立ての便宜にあるとされ、その附記された理由の記載内容
　　がこの理由附記制度の趣旨目的に適うものであれば足りるとされていること
　　によるものであり、選定された同業類似法人の法人名等を具体的に記載して
　　明らかにしなくても、役員退職給与額の相当額の計算に係る附記理由として、
　　理由附記制度の趣旨目的に反するものではないことによるものです。

参照条文等

法人税法 130 条
行政手続法 1 条・8 条・14 条
国税通則法 74 条の 14

参考

平成 27 年 6 月 22 日付国税速報第 6367 号 37 〜 40 頁
最高裁昭和 38 年 5 月 31 日第二小法廷判決
最高裁昭和 54 年 4 月 19 日第一小法廷判決
最高裁昭和 60 年 4 月 23 日第三小法廷判決
岡山地裁平成 21 年 5 月 19 日判決（確定）

35. 死亡退職役員が創業者である場合における相当な役員退職給与額

《質問要旨》

1. 当社の役員退職給与規程においては、他の会社と同様に功績倍率法により退職給与額を算定しているほか、その退職給与額の30％を上限とする功労加算金を支給することができる旨を定めています。

　さらに、当社の規程においては、上記の功労加算金とは別に、特に功労顕著な役員に対して「特別功労加算金」を支給することができる旨の条項があります。

　この「特別功労加算金」の支給条項については、創業者が退職する場合のことを想定して定められたということであり、功労加算金のように支給金額の上限が定められていないことから、取締役会で金額を決議して株主総会の承認を受けさえすれば、会社の状況において支給可能な金額の範囲内でいくらでも支給することができることとなります。

2. そこで、仮に、創業者役員に対してこの「特別功労加算金」を含む多額の退職給与を支給することとした場合、役員退職給与規程の定めに基づいて、会社法の手続を経て支給され、退職役員が現在の会社の礎を築いた創業者であるという明確な理由があるところ、法人税法上の役員給与の取扱いにおいても、この創業者である役員に対する退職給与であることを踏まえて、創業者であるということが重視されてその役員退職給与支給額の相当性が判定評価され、損金算入が認めれられることがしかるべきと考えますがいかがでしょうか。

回答要旨

1. 役員退職給与支給額の相当性の判定は、その役員退職給与の支給を受けた役員ごとに、その役員がその退職給与を支給する内国法人の業務に従事した期間、その退職の事情、その内国法人と同種の事業を営む法人でその事業規

第3章　非違事例

模が類似するもの（以下「同業類似法人」）の役員に対する退職給与の支給の状況に照らして行われることになります（法令70二）。

　この法令上に列挙された判定要素事項の中には、その役員が創業者であるかどうかということは明記されていないので、相当性判定のための同業類似法人の選定に当たって創業者であることが必ずしも考慮されることにはならないことになります。

　また、通達等においても、特に創業者であることを理由として他の役員とは異なる多額の退職給与の支給を認めるというような取扱いもないことになっています。

2.　したがって、退職給与支給額の相当性判定に当たって、基本的に創業者であることが重視されることはないということになります。

　支給する側の思いはともかくとして、創業者も他の役員も原則同じ判定要素に基づくことになることから、創業者であれば多額の退職給与の支給ができると安易に考えることは危険ということになります。

　ただし、創業者であるということを全く考慮してはならないということではないことから、次の解説の裁判例のように、課税庁が選定した同業類似法人をさらに絞り込むに当たって創業者であることを条件としたものや退職給与支給額について裁判所が創業者を考慮して判断を示したものもあります。

解説

1　役員退職給与支給額の相当性の判定要素

（1）役員退職給与支給額の相当性の判定基準を規定する条項は、不相当役員退職給与支給額の損金不算入を規定する法人税法施行令70条《過大な役員給与の額》2号のみとなっています。

　　ここに示されている判定基準は、極めて抽象的であり、不確定概念規定と言われているところ、課税実務上は、この条文によって実施されていることになります。

　　次の3項目がその抽象的規定に掲げられた基本的な判定要素になります。

679

① その役員のその内国法人の業務に従事した期間

② その退職の事情

③ その内国法人と同種の事業を営む法人でその事業規模が類似するものの役員に対する退職給与の支給の状況

なお、条文上は上記ハの最後に「等」とあることから、上記3要素以外にも判定要素とされるものがあると考えられるが、具体的にそのことについて明らかにした規定、定めはありません。

(2) 上記3要素のうち①はみなし役員期間を含む役員としての勤続年数であり、②は死亡退職であるかどうかというようなことであるようです。

判定要素として最も重要なものは、③の同業類似法人の役員給与の支給状況ということになります。

したがって、課税庁がこの同業類似法人の選定範囲をどのように設定して比較法人とする同業類似法人を抽出したのかが不相当な役員退職給与の支給であったかどうかの結論を左右することになります。

2 同業類似法人の選定範囲

(1) 同業種の範囲

実際に営む事業の業種目が日本標準産業分類の同じ分類項目に属するものであれば同業種の法人とされているところ、複数の比較法人が抽出できるかどうかにより事案に応じて中分類、小分類、細分類のどの段階で抽出するかの違いがあります。

例えば、後記3(1)の裁判例の場合には細分類の段階で31社を抽出していますが、同3(3)の裁判例の場合には中分類の段階で4社を抽出しています。

(2) 事業規模類似とされる範囲

事業規模をあらわす数値として最も重視されるのは、売上金額ということになります。

一般に倍半基準といって判定対象法人の売上金額の0.5倍以上2倍以下の範囲内であれば事業規模が類似するとされているところ、必ずしもその

範囲内に限定されるものではなく、事案に応じてその範囲が個別に設定されています。

　例えば、後記3（1）の裁判例の場合には「2億円を超え、40億円以下のもの」であり、同3（3）の裁判例の場合には「1,000万円を超え1億円未満のもの」というように、倍半基準による設定ではないことになっています。

3　創業者であることについてふれた裁判例

　裁判例の中には、同業類似法人の中から比較法人の抽出に当たって創業者であることを条件として設定した裁判例（1）や創業者であることの主張に対して事業の実績評価を踏まえて肯定的な判断を示した裁判例（2）、逆に否定的判断を示した裁判例（（3）および（4））があります。

　裁判例は次のとおりです。

（1）高松地裁平成5年6月29日判決

　　同業類似法人として選定された31社の中から、①同族会社であること、②退職役員が創業者であること、③退職役員が死亡により退職したことの3条件に合致する6社を抽出して比較法人としたことについて、判決では次のように判示し、創業者であることを比較法人絞込みのための条件としたことを認めています。

> これらの条件は原告と類似する法人を抽出するための基準として合理的であるということができる。

（2）大分地裁平成21年2月26日判決

　　「功績倍率の相当性を検討するに当たり、創業者としての功績を全く考慮しないでよいことにはならないというべきである。」とした上で次のように判示しています。

> 創業者として好業績の法人である原告を維持発展させた A の功績はきわめて大きいものといえるところ、このような事情は、創業者であること等を比較法人の抽出条件とはしない平均倍率の算出過程では考慮されるものではないが、役員退職給与額に相当の影響を及ぼし得る事情と考えられる。

(3) 福島地裁平成 8 年 3 月 18 日判決

　課税庁の用いた比較法人抽出基準について「いずれも原告の実績を反映させていることが明らかである。」とした上で、

> 原告はさらに様々な抽出基準の設定を求めているが、創業者としての功績は後記のとおり最終報酬月額に最大限反映されていると解せられ……これらについての抽出基準を設けずとも合理性を欠くものではない。

との判断を示し、「後記のとおり」とある最終報酬月額に関しては、退職にいたるまでの報酬額が「月額 1 万円から 5 万円前後で推移していたのが退職前の 3 か月にあってはいきなり月額 50 万円の上昇していることが認められ、その金額の推移からすれば」死亡した役員の「原告に対する功績が最終報酬月額に最大限に反映されていると考えられる。」としています。

(4) 岡山地裁平成 21 年 5 月 19 日判決

　比較法人の抽出基準に創業者社長であることが考慮されていないという原告の主張について、創業者社長であることが功績倍率を定めるのに必要な事項ではなく、比較法人の抽出に当たって考慮する必要はないと一蹴した上で、営業損益が赤字であったことに事実を示して、次のように判示しています。

> 亡乙の生前の原告の損益状況が上記のとおりである以上、客観的にみて、亡乙にさしたる功績があるとは認めないことは上記のとおりであるし、創業社長であることや創業以来死亡するまで原告の代表取締役の地位にあったことは、原告の損益状況を離れて、それ自体を功績と認めるべきでは

第3章　非違事例

> ない。

なお、課税庁は、次のように主張しています。

> 　役員退職給与の支給事例において、創業者社長が業務中の事故により死亡退職した事例自体、極めて稀であり、かつ、その他の基準も満たす比較法人を抽出することは不可能に近く、比較法人の数の確保の観点から、そのような抽出基準を設けることは合理的ではない。

税務上の留意点

1. 役員退職給与支給額の相当性の判定は、その役員退職給与の支給を受けた役員ごとに、その役員がその退職給与を支給する内国法人の業務に従事した期間、その退職の事情、その内国法人と同種の事業を営む法人でその事業規模が類似するもの（以下「同業類似法人」）の役員に対する退職給与の支給の状況に照らして行われることになります。

　この法令上に列挙された判定要素事項の中には、その役員が創業者であるかどうかということは明記されていないので、相当性判定のための同業類似法人の選定に当たって創業者であることが必ずしも考慮されることにはならないことになります。

2. 創業者であるということについては、同業類似法人の抽出段階においては、多くは考慮されないということであり、その理由として、上記解説 3 (3) の裁判例によると、創業者として業績は最終報酬月額に反映されているという、役員退職給与額相当性判定方法の中心をなす功績倍率法の基本的な考え方にあるとされているところ、役員退職給与の支給段階において創業者としての功績をあえて言及するのではなく、毎期相当な報酬月額の支給をしておくことが重要となってきます。

683

参照条文等

法人税法施行令 70 条 2 号

参考

平成 27 年 5 月 25 日付国税速報第 6363 号 37〜40 頁

高松地裁平成 5 年 6 月 29 日判決

大分地裁平成 21 年 2 月 26 日判決

福島地裁平成 8 年 3 月 18 日判決

岡山地裁平成 21 年 5 月 19 日判決

第3章　非違事例

36. 逓増定期保険契約に関する権利を役員退職給与として支給した場合の取扱い

―――《質問要旨》―――

1. 当社は、12月決算の株式会社ですが、次の定時株主総会時に代表取締役が退任し退職することになりました。

　　そこで、役員退職給与について、代表取締役を被保険者とし当社が契約者および受取人となっている逓増定期保険の契約者名義等を変更して退職給与の一部とし、差額を現金で支給する予定でいます。

　　支給する退職給与額については、当社の役員退職給与規程の定めにより計算される金額とし、会社法に規定された所定の手続を経て支給します。

2. この保険契約を退職給与の一部として支給する場合、その評価額は、その給付時点の解約返戻金相当額と配当金の金額の合計額となるところ、今回名義変更等する逓増定期保険契約については、もともとその代表取締役の退職給与の支給原資とするために契約していたものであり、当初予定していた時期よりも早く退職することとなったことから、その保険契約をそのまま退職給与の一部として支給するものです。

3. ところで、この逓増定期保険については、解約返戻率が最高となる時期を当初の退職予定時期に合わせて契約していたところ、退職時の解約返戻金相当額で役員に退職給与の一部として支給した場合、支給後には間違いなく解約返戻金が増加することになることから、退職後に解約することによって役員にさらなる利益をもたらすことになります。

4. そうすると、退職した役員は、役員勤続年数が短くなって当初退職予定時よりも計算上減少した金額以上の、すなわち、株主総会決議に基づき役員退職給与として支給された金額以上のものを最終的には得ることができるところ、このようなことになっても税務上問題とされることはないのでしょうか。

685

ただ、退職後は、本人が保険料を負担し、解約した時点で所得税が課されることにはなりますが、疑問は払拭できないでいるところです。

回答要旨

1. 法人が契約者および受取人で退職する役員を被保険者とする生命保険契約について、その契約者等を退職する役員等に変更して退職する役員の退職給与の一部として支給する場合、その保険契約に係る権利の評価額については、その支給時においてその契約を解除したとした場合に支払われることとなる解約返戻金と配当金の合計額とされています（所基通 36-37）。

2. この評価額により退職給与額の一部として支給した後において、その契約を解除してその役員であった受給者が株主総会決議に基づく役員退職給与額以上の金額を得ることになっても、その増加した金額部分は受給者本人が退職後に負担した保険料に相当する部分ということになることから、その増加する部分があることを捉えて不相当な金額というような見方をすることはないと考えます。

3. 保険契約を退職給与の一部として支給された受給者の解約後の所得税の申告における一時所得の金額は、解約返戻金と配当金の合計額から退職給与額の一部とされた保険契約の評価額と退職後の保険料負担額の合計額を控除することにより計算されることになります（所法 34②、所令 183②・④三、所基通 34-4）。

解説

1　法人税法における役員退職給与

　法人税法において役員退職給与が問題とされるのは、次に掲げる支給額の相当性（1）と損金算入の時期（2）ということになります。

（1）支給額の相当性については、法人税法施行令 70 条《過大な役員給与の額》2 号に、次のような判断基準が示され、実際問題としてこの抽象的な表現による基準によって相当な退職給与額を計算することはできないことか

ら、法人は、自らが定める役員退職給与規程に基づいて、そこに定められている功績倍率法等により計算した金額を会社法上の手続を経て支給し、これを相当な金額として損金の額に算入することにしています。

> 当該役員のその内国法人の業務に従事した期間、その退職の事情、その内国法人と同種の事業を営む法人でその事業規模が類似するものの役員に対する退職給与の支給の状況等に照らし、その退職した役員に対する退職給与として相当であると認められる金額を超える場合におけるその超える部分の金額

(2) 損金算入の時期については、法人税基本通達 9-2-28《役員に対する退職金の損金算入の時期》に、次のとおり定められており、役員退職給与額が具体的に確定した日がいつであるかによります。

> （役員に対する退職金の損金算入の時期）
> 9-2-28　退職した役員に対する退職給与の額の損金算入の時期は、株主総会の決議等によりその額が具体的に確定した日の属する事業年度とする。ただし、法人がその退職給与の額を支払った日の属する事業年度においてその支払った額につき損金経理をした場合には、これを認める。

(3) 以上のことから、法人税法において支給額の相当性が問題とされることとなる役員退職給与額は、株主総会の決議等により支給され損金の額に算入された金額というところ、生命保険契約に関する権利についてその支給時点の評価額により退職給与額の一部として支給した場合においてもその評価額による金額を含む退職給与支給額以外に相当性の判定対象とされる金額はないことになります。

　このことは、例えば、土地を退職給与の一部として支給した場合において、受給者がその後その土地を譲渡して多額の譲渡益を得たとしても、それは受給者個人の所得税の課税問題ということになると同じということになります。

2 生命保険契約に関する権利の評価

(1) 役員退職給与額の一部として生命保険契約に関する権利を支給すること
とする場合、対保険会社との関係においては、その保険の契約者を被保険
者である役員に変更し、死亡保険金の受取人をその役員の遺族に変更する
ことになるところ、この名義変更については、保険契約上の権利の全てを
法人から役員個人に譲渡するものとされ、その譲渡する価額とされる評価
額については、所得税基本通達36-37《保険契約に関する権利の評価》にお
いて、次のように定められています。

（保険契約等に関する権利の評価）

36-37　使用者が役員又は使用人に対して支給する生命保険契約若しくは損
害保険契約又はこれらに類する共済契約に関する権利については、その
支給時において当該契約を解除したとした場合に支払われることとなる
解約返戻金の額（解約返戻金のほかに支払われることとなる前納保険料
の金額、剰余金の分配額等がある場合には、これらの金額との合計額）に
より評価する。

---

(2) したがって、上記1のとおり、この評価額による金額を含む退職給与支
給額が相当性の判定対象とされる金額ということになります。

　　なお、この評価方法については、相続税に係る財産評価基本通達214《生
命保険契約に関する権利の評価》にも同様の定めがあります。

3 一時所得の計算における控除できる保険料等

(1) 逓増定期保険については、いわゆる「掛捨ての保険」であるところ、比較
的短期間で解約返戻率が最高となる時期を予め設定して契約することがで
きることから、役員退職給与の資金調達に利用されます。

　　予定されたとおりに役員が退職すれば、そこで保険契約を解除して解約
返戻金等を退職給与に充てればよいのですが、ご質問のように退職の時期
が早まったような場合には、保険契約を解除しないで保険契約自体を権利
として支給した方が退職する役員にとって有利になることから、ご質問の

第3章　非違事例

ような疑問が生じることになります。

（2）退職後に解約返戻率が最高となったところで保険契約を解除した場合の所得税の課税については、支払を受ける解約返戻金等は、生命保険契約等に基づく一時金であり一時所得になることから、その所得金額は、その支払を受けた一時金収入からその収入を得るために支出した金額および特別控除額（最高50万円）を控除して計算することになります。

（3）この場合、問題となるのが、退職給与として保険契約が支給されるまでの間の保険料は会社が支出していることから、「その収入を得るために支出した金額」の範囲ということになります。

　　すなわち、その支出額の全額を損金の額に算入してきたか2分の1を保険積立金として資産に計上してきたかはともかくとして、会社が支出した金額があることは間違いないことから、この会社が支出した金額までを含めて控除できるかどうかということです。

（4）このことに関しては、保険の種類は異なりますが、節税効果を謳う養老保険契約の満期保険金に係る一時所得の計算を巡って、必要経費等として控除できる金額の範囲について、法人が損金の額に算入した金額である保険料の総額であるのか、役員または使用人本人が負担したこととなる給与課税を受けたものに限定されるかについて、2件の事件が裁判となりました。

　　これらの事件の控訴審である福岡高裁の①平成21年7月29日判決においては、必要経費等として控除できる金額の範囲を法人が損金の額に算入した金額である保険料の総額とし、②平成22年12月21日判決においては、役員または使用人本人が負担したこととなる給与課税を受けたものに限るとして、高等裁判所段階での判断が分かれたところ、①判決の事件については、最高裁平成24年1月13日第二小法廷判決により、②判決の事件については、最高裁平成24年1月16日第一小法廷判決により、いずれも役員または使用人本人が負担したこととなる給与課税を受けたものに限るとする判断が示され決着しました。

689

(5) 税制面においては、上記（4）の最高裁判決を待たずに平成23年度税制改正において、満期返戻金に係る一時所得の計算上必要経費等として控除することができる保険料は、満期保険金を受領した役員または使用人本人が負担したこととなる給与課税を受けたものに限るとされました（所令183②・④三、所基通34-4）。

(6) 以上のことから、ご質問の場合の一時所得の金額は、退職所得として課税された保険契約の評価額と退職後に本人が支払った保険料負担額の合計額を控除することにより計算されることになることから、現行制度上法人と個人を通じて課税が適切に行われていくということになります。

税務上の留意点

1. 法人が契約者および受取人で退職する役員を被保険者とする生命保険契約について、その契約者等を退職する役員等に変更して退職する役員の退職給与の一部として支給する場合、その保険契約に係る権利の評価額については、その支給時においてその契約を解除したとした場合に支払われることとなる解約返戻金と配当金の合計額とされています。

2. 保険契約を退職給与の一部として支給された受給者の解約後の所得税の申告における一時所得の金額は、解約返戻金と配当金の合計額から退職給与額の一部とされた保険契約の評価額と退職後の保険料負担額の合計額を控除することにより計算されることになります。

参照条文等

法人税法施行令70条2号

法人税基本通達9-2-28

所得税法34条《一時所得》2項

所得税法施行令183条《生命保険契約等に基づく年金に係る雑所得の金額の計算上控除する保険料等》2項・4項3号

所得税基本通達34-4《生命保険契約等に基づく一時金又は損害保険契約等に

基づく満期返戻金等に係る所得金額の計算上控除する保険料等》・36-37

財産評価基本通達 214

参考

平成 27 年 3 月 2 日付国税速報第 6352 号 25〜28 頁

福岡高裁平成 21 年 7 月 29 日判決

福岡高裁平成 22 年 12 月 21 日判決

最高裁平成 24 年 1 月 13 日第二小法廷判決

最高裁平成 24 年 1 月 16 日第一小法廷判決

37. 譲渡制限期間の満了日を「退任日」とする場合の特定譲渡制限付株式の該当性および税務上の取扱い

――――《質問要旨》――――

1. 当社は、取締役（業務執行取締役に限ります。）および監査役（社外監査役を除き、取締役と併せて「本件取締役等」といいます。）へのインセンティブを目的として、従前から支給している月額報酬とは別枠の譲渡制限付株式報酬制度（以下「本件制度」）の導入を予定しています。

2. 本件制度に基づき、当社は、本件取締役等に譲渡制限および譲渡制限に係る期間（以下「本件譲渡制限期間」）を設けた普通株式（以下「本件株式」）を交付しますが、譲渡制限期間の満了日は、○月○日といった確定した日付ではなく取締役等の退任日とします。

3. このような本件譲渡制限期間の定めを付した本件株式であっても、所得税法施行令84条《譲渡制限付株式の価額等》1項および法人税法54条《譲渡制限付株式を対価とする費用の帰属事業年度の特例》1項に規定する特定譲渡制限付株式に該当するものと解してよろしいでしょうか。

4. 本件取締役等が本件株式の交付を受け、その譲渡制限が解除されたことにより、本件取締役等において生ずる所得は、所得税法上、退職所得に該当し、当社が本件取締役等から受ける役務の提供に係る費用の額については、法人税法上、本件取締役等の退任日の事業年度の退職給与として損金の額に算入してよいか教えてください。

回答要旨

1. 本件株式は、所得税法施行令84条1項および法人税法54条1項に規定する特定譲渡制限付株式に該当すると考えられます。

2. 本件取締役等において生ずる所得は、所得税法上、退職所得に該当し、当社が本件取締役等から受ける役務の提供に係る費用の額については、法人税法上、本件取締役等の退任日の事業年度の退職給与として損金の額に算入する

第3章　非違事例

こととなります。

概要

本件制度の概要は次のとおりです。

1　本件株式の交付について

　当社は、将来の役務提供の対価として本件取締役等に生ずる金銭報酬債権（以下「本件金銭報酬債権」）と引換えに、本件取締役等に本件株式を交付します。

2　本件株式の割当ておよび現物出資財産の給付について

　当社は、毎年1回、取締役会の決議を経て、本件取締役等に対し、月額報酬を基礎として算定した数の本件株式を割り当て、本件取締役等は本件金銭報酬債権のうち、割り当てられた株数に応じた債権を現物出資財産として給付します。

3　本件株式の譲渡制限について

　本件制度の導入に当たり、当社と本件取締役等との間で締結する譲渡制限付株式割当契約により、本件取締役等は、本件金銭報酬債権の給付期日から本件取締役等を退任（退任と同時に再任する場合を除きます。）する日までの間（本件譲渡制限期間）、本件株式について譲渡、担保権の設定その他の処分をすることができません。

　なお、当社は、本件株式の交付に係る取締役会の決議の直前の定時株主総会の日から翌年の定時株主総会の日までの間（以下「本件役務提供期間」）、本件取締役等が継続して本件取締役等の地位にあることを条件として、本件譲渡制限期間が満了した時点において本件取締役等が保有する本件株式の全部について、その時点で譲渡制限を解除します。

　ただし、本件取締役等が本件役務提供期間中に取締役会が正当と定める事由により本件取締役等を退任した場合は、本件譲渡制限期間満了時点（退任直後の時点）をもって、本件役務提供期間の開始日を含む月からその退任の日を含む月までの月数を12で除した数に、本件取締役等が保有する本件株式の数を乗じた数の本件株式について譲渡制限を解除します。

693

4　無償取得事由について

　当社は、本件譲渡制限期間が満了した時点において、譲渡制限が解除され
ていない本件株式の全部について、その時点の直後の時点をもって、当然に
これを無償で取得します。

　また、本件取締役等が本件役務提供期間中に禁錮以上の刑に処せられた、
または本件譲渡制限期間中に当社の事業と競業する業務に従事等したと取締
役会が認めた等の事由に該当した場合には、当社は本件株式の全部を当然に
無償で取得します。

解説

1　関係法令

（1）特定譲渡制限付株式について

　　特定譲渡制限付株式とは、内国法人が個人から役務の提供を受ける場合
において、その役務の提供に係る費用の額につき譲渡制限付株式であって、
その役務の提供の対価としてその個人に生ずる債権の給付と引換えにその
個人に交付されるものその他その個人に給付されることに伴ってその債権
が消滅する場合のその譲渡制限付株式をいいます（所令 84 ①、法法 54 ①）。

　　なお、ここでいう譲渡制限付株式とは、次に掲げる要件に該当する株式
をいいます（所令 84 ①、法令 111 の 2 ①）。

①　譲渡についての制限がされており、かつ、その譲渡についての制限に
　　係る期間（以下「譲渡制限期間」）が設けられていること。

②　個人から役務の提供を受ける内国法人またはその株式を発行し、もし
　　くはその個人に交付した法人がその株式を無償で取得することとなる事
　　由（注）が定められていること。

（注）その株式の交付を受けたその個人が譲渡制限期間内の所定の期間勤務を継
　　　続しないこともしくはその個人の勤務実績が良好でないことその他のその
　　　個人の勤務の状況に基づく事由またはこれらの法人の業績があらかじめ定
　　　めて基準に達しないことその他のこれらの法人の業績その他の指標の状況

694

第3章　非違事例

に基づく事由に限られます。

(2) 退職所得について

　退職所得とは、退職手当、一時恩給その他の退職により一時に受ける給
与およびこれらの性質を有する給与（以下「退職手当等」）に係る所得をいい
（所法30①）、退職手当等とは、本来退職しなかったとしたならば支払われ
なかったもので、退職したことに基因して一時に支払われることとなった
給与をいいます。

　したがって、退職に際しまたは退職後に使用者等から支払われる給与で、
その支払金額の計算基準等からみて、他の引き続き勤務している者に支払
われる賞与等と同性質であるものは、退職手当等に該当しないこととされ
ています（所基通30-1）。

(3) 特定譲渡制限付株式の譲渡についての制限が解除された場合の所得に係
る所得区分

　特定譲渡制限付株式の譲渡についての制限が解除された場合の所得に係
る所得区分については、特定譲渡制限付株式が、その特定譲渡制限付株式
を交付した法人との間の雇用契約またはこれに類する関係に基因して交付
されたと認められる場合は、給与所得に該当するとされています。

　ただし、特定譲渡制限付株式の譲渡制限が、その特定譲渡制限付株式を
交付された者の退職に基因して解除されたと認められる場合は、退職所得
に該当することとされています（所基通23〜35共-5の2(1)）。

(4) 譲渡制限付株式を対価とする費用の帰属事業年度の特例

　内国法人が個人から役務の提供を受ける場合において、その役務の提供
に係る費用の額につき、上記(1)の特定譲渡制限付株式をその個人に交付
したときは、その個人において、その役務の提供につき所得税法その他所
得税に関する法令の規定によりその個人の同法に規定する給与所得、事業
所得、退職所得および雑所得の金額に係る収入金額とすべき金額または総
収入金額に算入すべき金額（以下「給与等課税額」）が生ずることが確定した
日において、その役務の提供を受けたものとして、法人税法の規定を適用

695

することとされています（法法 54 ①、法令 111 の 2 ③）。

（5）退職給与の損金算入

　　内国法人がその役員に対して支給する退職給与で法人税法 34 条《役員給与の損金不算入》5 項に規定する業績連動給与に該当しないものの額は、法人税法上、損金の額に算入することとされています（法法 34 ①）。

2　本件への当てはめ

（1）特定譲渡制限付株式の該当性について

　　上記解説 1（1）①のとおり、特定譲渡制限付株式については、譲渡についての制限がされており、かつ、その譲渡についての制限に係る期間が設けられていることが要件とされています。

　　ところで、特定譲渡制限付株式による給与は、事前に職務執行のための期間を定め、その期間に属する職務執行の対価に相当する特定譲渡制限付株式が交付されるものであるところ、通常は、その期間は、特定譲渡制限付株式に係る譲渡が制限されることからすると、その譲渡制限期間の末日は確定した日付になるものと考えられます。

　　しかしながら、法人税法施行令 111 条の 2《譲渡制限付株式の範囲等》1 項 1 号は、「当該譲渡についての制限に係る期間」と規定されており、譲渡制限期間の末日は必ずしも確定した日付である必要はなく、本件取締役等の退任日など客観的な事由に基づき定まる日としても、その期間の末日が定められている以上、同号の要件を満たすものと考えられます。

　　この点について、本件株式は、上記本件制度の概要 3 のとおり、本件取締役等が退任する日までの間を本件譲渡制限期間として設定していることから、本件株式は、上記解説 1（1）①の要件を満たすと考えられます。

　　また、上記本件制度の概要 3 および 4 のとおり、本件取締役等が本件役務提供期間中に退任した場合には、一定の数の本件株式は、譲渡制限が解除されず、無償取得される等、本件株式には無償取得事由が定められており、これらの事由は、上記解説 1（1）②の「個人の勤務の状況に基づく事由」に該当するところ、同②の要件も満たし、上記本件制度の概要 1 のと

おり、当社は役務提供の対価として本件取締役等に生ずる本件金銭報酬債権の給付と引換えに本件取締役等に対して本件株式を交付することから、本件株式は、上記解説1（1）の特定譲渡制限付株式に該当すると考えられます。

（2）退職所得および退職給与の該当性について

　上記解説1（3）のとおり、所得税法上、特定譲渡制限付株式の譲渡制限がその特定譲渡制限付株式を交付された者の退職に基因して解除されたと認められる場合の所得に係る所得区分は、退職所得に該当するとされているところ、本件株式は、本件取締役等の退任日に譲渡制限が解除され、また、退任と同時に再任する場合には、譲渡制限が解除されないことから、本件取締役等の退職に基因して解除されるものと考えられます。

　したがって、本件取締役等において、本件株式の譲渡制限が解除されたことにより生ずる所得は退職所得に該当することとなり、また、法人税法上の退職給与は、所得税法30条《退職所得》における退職手当等と同義であると考えられることから、当社が本件取締役等から受ける役務の提供に係る費用の額については退職給与に該当すると考えられます。

（3）損金算入時期について

　上記解説1（4）のとおり、内国法人が個人から役務の提供を受ける場合において、その役務の提供に係る費用の額につき特定譲渡制限付株式が交付されたときは、その個人において、その役務の提供につき給与等課税額が生ずることが確定した日の属する事業年度に、その役務の提供に係る費用の額を損金の額に算入することとなります。

　この点について、上記本件制度の概要3のとおり、本件株式の譲渡制限は、本件取締役等の退任によって解除されることから、本件取締役等の退任日（本件株式の譲渡制限が解除される日）に給与等課税額（上記（2）の退職所得）が生ずることが確定します。

　そして、上記本件制度の概要2のとおり、本件制度は、本件取締役等の月額報酬を基礎として算定した数の本件株式を本件取締役等に対して交付

するものであり、当社の業績等により交付される株式の数が変動するのもではないことから、本件取締役等の役務提供に係る費用の額は、業績連動給与に該当しない退職給与に該当するものと考えられます。

　したがって、本件取締役等の役務提供に係る費用の額は、本件取締役等の退任日の属する事業年度において、退職給与として損金の額に算入することとなると考えられます。

税務上の留意点

1. 特定譲渡制限付株式による給与は、事前に職務執行のための期間を定め、その期間に属する職務執行の対価に相当する特定譲渡制限付株式が交付されるものであるから、通常は、その期間は特定譲渡制限付株式に係る譲渡が制限されることからすれば、その譲渡制限期間の末日は確定した日付になるものと考えられます。

　しかしながら、法人税法施行令111条の2第1項1号は、「当該譲渡についての制限に係る期間」と規定され、譲渡制限期間の末日は必ずしも確定した日付である必要はなく、取締役等の退任日など客観的な事由に基づき定まる日としても、その期間の末日が定められている以上、同号の要件を満たすものと考えられます。

2. 所得税法上、特定譲渡制限付株式の譲渡制限が交付された者の退職に基因して解除された場合の所得に係る所得区分が、退職所得に該当するとされています。

3. 内国法人が個人から役務の提供を受ける場合、役務の提供に係る費用の額について特定譲渡制限付株式が交付されたときは、個人において役務の提供につき給与等課税額が生ずることが確定した日の属する事業年度に、役務の提供に係る費用の額を損金の額に算入することとなります。

　また、本件株式の譲渡制限は、取締役等の退任によって解除されることから、取締役等の退任日（株式の譲渡制限が解除される日）に給与等課税額（退職所得）が生ずることが確定することとなります。

したがって、この制度は、取締役等の月額報酬を基礎として算定した数の株式を取締役等に対して交付するもので、法人の業績等により交付される株式の数が変動するものではないことから、取締役等の役務提供に係る費用の額は、業績連動給与に該当しない退職給与に該当することとなります。

4.　取締役等の役務提供に係る費用の額は、取締役等の退任日の属する事業年度において、退職給与として損金の額に算入することとなります。

参照条文等

法人税法 34 条、54 条

法人税法施行令 111 条の 2

所得税法 30 条

所得税法施行令 84 条

所得税基本通達 23〜35 共-5 の 2《特定譲渡制限付株式等の譲渡についての制限が解除された場合の所得区分》、30-1《退職手当等の範囲》

参考

国税庁ホームページ文書回答事例法人税令和元年 6 月 25 日

令和元年 7 月 15 日付税のしるべ第 3371 号「特定譲渡制限付株式で退職給付に該当―譲渡制限期間の満了日を退任日―」

11 役員の死亡退職に係る弔慰金

1. 弔慰金の支給に関する定めとしての適否

《質問要旨》

1. 当社では、役員退職給与規程の中に役員が任期中に死亡退職した場合の弔慰金の支給について、次のように定めています。

> 第○条　役員が任期中に死亡したときは、弔慰金として次の金額を支給する。
>
> 　　業務上の死亡の場合……死亡時報酬月額の 36 か月分
>
> 　　その他の死亡の場合……死亡時報酬月額の 6 か月分

2. この当社の役員退職給与規程は、A 生命保険会社から役員退職給与の支給原資とするための生命保険契約を勧められた折に、その生命保険会社から提供された社内規程のサンプルを参考にして制定したものです。

3. 弔慰金に関してはこの 1 条の定めしかありませんが、このような定めで大丈夫でしょうか。

回答要旨

1. 弔慰金に関する社内規程の定めとしては、ご質問にあるような定めで大丈夫ということになります。

2. 弔慰金の支給に関する定めをどのような規程にするか、その弔慰金の支給金額等をいくらにするかなどの内容をどのように定めるのかについては、いずれもこれを定める法人の自由裁量の範疇のことであり、その規程が法人内においてしかるべき機関決定等を経た上で制定されさえすれば問題とされる

700

第3章　非違事例

ことにはならないと考えます。

　したがって、社内における支給根拠としての定めとしてはこれで大丈夫ということになります。

3.　ご質問にある「大丈夫」ということが税務、つまり、法人税の取扱いに関してということであれば、その定められた支給原因別の弔慰金の支給金額が、死亡退職役員に対する弔慰金額として社会通念上相当な金額であるかどうかということになります。

　この点について、ご質問にある定めの「業務上の死亡の場合……死亡時報酬月額の 36 か月分」、「その他の死亡の場合……死亡時報酬月額の 6 か月分」という基準に関しては、相続税法基本通達 3-20《弔慰金等の取扱い》の定めを踏まえて定められているものと考えられますので、このような定めであれば弔慰金の支給根拠としては税務上大丈夫ということができます。

4.　ただし、この定めに基づき実際に支給した金額が、法人税の取扱いにおいてそのまま損金とされるかどうかは、また別の問題ということを十分に承知しておくことが必要となります。

解説

1　役員に関する各種社内規程の整備

（1）役員の場合には、使用人と異なり、そもそも労働基準法上の労働者ではないところ、就業規則(注)が適用されないことから、就業規則において記載すべきとされる給与や退職に関する事項等の基本的なことについて、役員は空白の状態ということになっています。

　そこで、役員に関しては各種の社内規程を設け、社内的な取扱いを書面によって明確にした上で、内外にそのことを明らかにすることにより、公正な処遇と紛争の防止等が図られています。

（注）労働基準法 89 条《作成及び提出の義務》により常時 10 人以上の労働者を使用する使用者に対して就業規則の作成と所轄労働基準監督署長への提出が義務付けられているものです。

(2) 役員に関する各種社内規程として設けられるものとしては、「役員規程」、「役員倫理規程」、「取締役会規程」、「役員報酬規程」、「役員報酬・賞与規程」、「役員退職給与規程」、「役員退職慰労金規程」、「役員慶弔見舞金規程」、「役員弔慰金支給規程」、「役員定年規程」など組織や身分の関して様々なものがあります。

　これらの規程の整備に関しては、会社法等の法令において何らの義務も規制もないことから、全くの任意に必要な規程を設ければよいことになります。

　したがって、上記の規程のほかに、例えば、「役員生命保険規程」、「役員出張旅費規程」、「役員海外出張旅費規程」、「役員交際費規程」などが制定されています。

2 税務対応との関係における社内規程の存在

(1) 上記1 (2) に示したような規程の存在は、公正な処遇と紛争の防止等を図るという会社・株主・役員という3者間の関係においてばかりでなく、税務対応との関係においても重要な意味を持っています。

　すなわち、これらの諸規程は、社内的な支給の根拠となるだけでなく、税務調査の場面においても支給の根拠となるものとなっています。

　特に、法人税における役員に関わる費用の調査において、具体的には、役員報酬、役員退職給与、役員を被保険者とする支払生命保険料、役員の旅費、交際費等々の損金算入に関して、その規程の有無が結論を左右することになる場合もあります。

(2) 相続税に関しての定めである相続税法基本通達3-19《退職手当金等の判定》は、次のとおりです。

（退職手当金等の判定）

3-19　被相続人の死亡により相続人その他の者が受ける金品が退職手当金等に該当するかどうかは、当該金品が退職給与規程その他これに準ずるものの定めに基づいて受ける場合においてはこれにより、その他の場合

においては当該被相続人の地位、功労等を考慮し、当該被相続人の雇用主

等が営む事業と類似する事業における当該被相続人と同様の地位にある

者が受け、又は受けると認められる額等を勘案して判定するものとする。

　この通達のように、その支給される金品が実質上退職手当金等であるか

どうかの判定に当たっては、その金品が退職給与規程その他これに準ずる

ものの定めに基づいて支給される場合においてはそれにより行うと明確に

定めているものもあり、予め整備されている規程に基づいて行われたこと

を税務上も尊重するという姿勢が示されている取扱いもあります。

(3) しかしながら、例えば、法人税の税務調査において役員給与の支給額が

問題とされた場合には、その支給の根拠となる規程があり、その定めに基

づいて支給されたものであることが議事録などともにその規程を証拠書類

として示すなどにより釈明されたとしても、そのことにより直ちにはその

支給額の損金算入が認められることにはならないということになる可能性

があります。

　この理由として、その支給に関する事実関係の真実性は当然として、そ

の支給金額の相当性が別途全く税務の観点から判定され、それにより損金

算入の是否認が判断されることにあります。このことは認識しておく必要

があります。

税務上の留意点

　ご質問の弔慰金の支給に関する定めは、回答要旨にも記載したとおり、相続

税法基本通達 3-20 の定めを踏まえたものであるところ、同通達は、被相続人（退

職役員）の死亡によって相続人（死亡退職役員の遺族）等が受けた弔慰金、花輪

代、葬祭料等で、退職手当金等に該当するかどうかが明らかでない部分の金額

について、退職手当金等に該当しない部分の金額として相続税の課税対象とし

ない金額の上限を定めたものであることから、当然のことながら、法人税の損

金算入額に関するものではないことになります。

したがって、役員退職給与規程における弔慰金に関する条項の規程内容を相続税法基本通達 3-20 の定めに基づいて行っているとしても、そのことが法人税における弔慰金支給額の損金算入を保証するということにはならないことから、弔慰金支給額が法人税法上損金として認められるかどうかは、原則論としてはあくまでもその弔慰金の額が死亡した役員に対する支給額として社会通念上相当な金額かどうかにより判断されることになるということになります。

参照条文等

　相続税法基本通達 3-19・3-20
　労働基準法 89 条

参考

　平成 27 年 7 月 27 日付国税速報第 6372 号 4〜6 頁

第3章　非違事例

2.　弔慰金の支給に関する定めの整備等に当たっての留意事項

――《質問要旨》――

　新たに弔慰金の支給に関する社内規程を整備する場合や、現在ある弔慰金関係の規程を改正する場合にどのようなことに留意すればよいでしょうか。

回答要旨

1.　弔慰金の支給に関する規程または定めをどのように整備し、あるいは今ある定めをどのように変更するか、これらは全て会社の自由であり、社内規程の制定変更に関して何ら法的な義務も規制もありません。

2.　弔慰金の支給に関する一般的な定め方については、「第1章　2　役員給与　6.役員の死亡退職に係る弔慰金の税務上の取扱い」に記載したとおり、いろいろな方法があることから、それらの組み合わせによって整備すればよく、弔慰金の支給の根拠として必要な事項が定められていれば足りことになるところ、支給金額については、前記1.の質問にあるような定めにすることがよいのではないかと考えます。なお、現在ある定めを変更する場合も同様ということになります。

3.　前記1.の質問にあるような定めが相続税法基本通達3-20《弔慰金等の取扱い》を踏まえたものであるところ、この相続税の非課税枠としての業務上死亡の場合死亡時報酬月額の3年分、業務外死亡の場合同半年分という金額基準については、これが結果的に、法人税における損金算入枠として機能しているという事実があるということを理解しておく必要があります。

4.　したがって、ことさら税務の観点から定めの内容を決定するということについて抵抗がないのであれば、弔慰金の支給金額については、相続税法基本通達3-20の定めに従って業務上死亡の場合死亡時報酬月額の3年分、業務外死亡の場合同半年分の弔慰金額を支給する旨の定めをしておくことが望ましいことになります。

705

ただし、この場合、あくまでも相当な役員報酬月額であることを前提とする損金の額に算入される弔慰金の支給上限額であるということを認識しておくことも必要となります。

5. なお、固定した金額を定めるということではなく、経済状況等の変化に対応できるように定めたいということであれば、支給金額について弾力条項を設けておけばよいのではないかと考えます。

解説

1　役員に関する社内規程整備に当たっての留意事項

（1）新たに役員に関する社内規程を整備する場合や既にある役員関係の規程の見直しをする場合には、全体的なこととしては特に次の2つの事項に留意する必要があると考えます。

①　適用対象を明確にした定めとすること

（イ）会社法において役員と規定されているのは取締役、会計参与、監査役であるところ（会社法329①かっこ書）、具体的な適用関係を明確にするためには、その規程が常勤役員だけに適用されるのか、非常勤役員も適用対象にするのか、使用人兼務役員にはどのように適用されるのかなどについてきちんと定めておく必要があります。

（ロ）法人税法においては、税務の観点からの規制をするために使用人兼務役員だけでなく、「みなし役員」に関する規定があることから、同族会社の場合は特にこのみなし役員に対して適用されることとなる場合も想定しておく必要があると考えます。

②　常識的な社会通念に即した内容の定めとすること

（イ）役員に関する個々の社内規程において定める内容が法令等に反するものではないことは当然であるところ、特定の役員ということでなくても、ことさらに役員に対して経済的な利益を与えることとなるような定めをしないことが必要と考えます。

（ロ）特に役員給与に関する定めにおいては、法人税法上役員給与は原則

損金不算入であることを念頭に、その法人の所在する地域等の実態等も踏まえて、具体的な金額を定めることなども必要ではないかと考えます。

（2）なお、社内規程については、前記 1 の質問のように、生命保険会社等からサンプルが提供され、それを参考にして制定される場合が少なくないところ、そのサンプルに記載されているとおりの金額などにしますと、巷間形成され実態として存在しない功績倍率 3.0 安全神話のようなことにもなることから、安易にサンプルのとおりにしないということにも留意すべきであると考えます。

2　有利な弔慰金支給金額の定め方

（1）役員であるか使用人であるかを問わず、退職給与や弔慰金の課税に関しては、これを受け取る側と支給する側の双方に税制上有利となるような取扱いが制度化されています。

　　しかしながら、これが役員の退職にかかわるものである場合には、その役員退職給与については、その内国法人と同種の事業を営む法人でその事業規模が類似するものの支給状況等と比較して不相当に高額でないことが支給する法人の損金算入の要件（法法 34 ②、法令 70 二）とされ、死亡退職に係る弔慰金については、社会通念上相当な金額であることが、受け取る側の相続税の非課税、支給する側の単純損金算入の要件とされています。

（2）この弔慰金に係る社会通念上相当な金額をいくらでみるのかということについては、業務上死亡退職の場合は死亡時報酬月額の 3 年分、業務外死亡退職の場合は同半年分という相続税を非課税とする金額計算の基準が相続税法基本通達 3-20 に定められており、この基準が相続税の非課税枠としてだけではなく、法人税においても弔慰金の損金算入額を計算するに当たって用いられているということがあることから、結果的に、この相続税法基本通達 3-20 に定められる金額を支給することとする定めを置くほうが税務上は間違いなく有利であるということになると考えます。

（3）相続税法基本通達 3-20 は、次のとおりです。

（弔慰金等の取扱い）

3-20　被相続人の死亡により相続人その他の者が受ける弔慰金、花輪代、葬祭料等（以下「弔慰金等」という。）については、3-18及び3-19に該当する場合を除き、次に掲げる金額を弔慰金等に相当する金額として取扱い、当該金額を超える部分の金額があるときは、その超える部分に相当する金額は退職手当金等に該当するものとして取扱うものとする。

(1)　被相続人の死亡が業務上の死亡であるときは、その雇用主等から受ける弔慰金等のうち、当該被相続人の死亡当時における賞与以外の普通給与（俸給、給料、賃金、扶養手当、勤務地手当、特殊勤務地手当等の合計額をいう。以下同じ。）の3年分（遺族の受ける弔慰金等の合計額のうち3-23に掲げるものからなる部分の金額が3年分を超えるときはその金額）に相当する金額

(2)　被相続人の死亡が業務上の死亡でないときは、その雇用主等から受ける弔慰金等のうち、当該被相続人の死亡当時における賞与以外の普通給与の半年分（遺族の受ける弔慰金等の合計額のうち3-23に掲げるものからなる部分の金額が半年分を超えるときはその金額）に相当する金額

(4)　上記通達の定めに関して、通達において相続税の非課税枠、法人税の損金算入枠となる金額基準を定めることについては、租税法律主義の建前からは問題視すべきことと考えられ、更には社会通念上相当な金額を結果的にこの通達により創出しているようにも見えるところ、相続税額を軽減するとともに法人に事務処理の便宜を与えることとなるなど、この定めがあることおよびこの定めに従うことが納税者となる遺族および法人に不利に働くことにはならないと理解できることから、こと弔慰金に関しては、この「3年・半年基準」ともいえる相続税法基本通達3-20の定めを大いに活用すべきであるということになります。

3　「3年・半年基準」の定めではなかった場合の取扱い

(1)　支給金額については、業務上死亡の場合死亡時報酬月額の3年分、業務

上死亡の場合同半年分という計算基準を定める場合と、業務上死亡の場合いくら、業務外死亡の場合いくらというように具体的な固定金額を定める場合とがあります。

(2) 支給した弔慰金が相続税の非課税枠と法人税の損金算入枠のそれぞれの取扱いを受けるためには、弔慰金の支給について定める社内規程において、「3年・半年基準」が明記されていることが必要となります。

したがって、死亡事由を業務上と業務外に区分して具体的な固定金額を定めていた場合には、その定めに従って支給した後に、相続税法基本通達3-20に「3年・半年基準」があるからといって、税務調査等においてその通達基準により計算した金額までが弔慰金として認容されないということであり、更正の請求により訂正をすることなどは論外ということになります。

税務上の留意点

役員が死亡により退職した場合には、役員退職給与と弔慰金とが支給されることになるところ、会社法上も税務上もその支給の根拠が明確であることが必要であることから、きちんと規程が整備され、その中に税務上の基準に従った内容の定めがされることが望ましいということになります。

また、弔慰金の支給に関する規程の整備をする場合や現在ある規程そのものやその規程内容を見直す場合には、相続税法基本通達3-20の定めを踏まえた内容の規程にすることが望ましいと考えます。

参照条文等

法人税法34条《役員給与の損金不算入》2項

法人税法施行令70条《過大な役員給与額》2号

相続税法基本通達3-20

会社法329条《選任》1項かっこ書

参考

平成27年7月27日付国税速報第6372号7～9頁

3. 法人税における相続税法基本通達 3-20 の定めの存在

《質問要旨》

弔慰金の支給金額については、相続税法基本通達 3-20 の定めを踏まえて業務上の死亡による退職の場合は死亡時報酬月額の 3 年分、業務外の死亡による退職の場合には同半年分という金額計算の基準を社内規程に定めておけば問題がないということのようですが、法人税においても本当にこの定めでよいのでしょうか。

上記基準も法令ではなく基本通達に定められていることから、これがそのまま法人税の取扱いにおいて適用されると思えないのですがいかがでしょうか。

回答要旨

1. 通達は、実体法ごとにその法令に解釈適用に関して定めたものであり、法人税基本通達に定めがない取扱いについて、相続税法基本通達に定めがあるからといってこれを法人税の処理に当たって適用するというようなことはないと考えます。

2. しかしながら、法人税の調査実務において、弔慰金に関して相続税法基本通達 3-20《弔慰金等の取扱い》の定めを準用した処理が行われ、あるいは法人税の課税処分を争った判決において、相続税法基本通達 3-20 の定めを合理的として弔慰金の額が認定されるなどがあり、この通達が法人税においても機能しているという実情があることから、前記「2. 弔慰金の支給に関する定めの整備等に当たっての留意事項」の質問でも記載したとおり、この相続税法基本通達 3-20 の定めを踏まえて業務上の死亡による退職の場合は死亡時報酬月額の 3 年分、業務外の死亡による退職の場合には同半年分という金額計算の基準を社内規程に定めておけば、その規程に基づいて支給された弔慰金については、法人税においてもとりあえずは形式的な取扱いとして問題な

第3章　非違事例

いということができます。

解説

1　通達の定め

(1) 税務に関する通達については、国税庁長官が発出する税務部内職員に対する命令であり、法令と異なり納税者はその命令、すなわち通達されたことについて従う義務は法的には全くないことになります。

　現実問題としては、各実体法に関する具体的取扱いを法令解釈通達や事務手続、事務運営について定めた事務運営指針が国税庁から公表されることによって、それらに定められた取扱いとは異なる処理をしていた場合や定められた手続によっていない場合には、税務調査等において是正されることになることは明らかであることから、結局は、納税者も通達の定めを確認した上で、通達に沿った処理を選択実行することによって、事後の課税庁との不必要な接触を回避しようとする結果、通達の公表が実務的な法的安定性と予測可能性をもたらしていることは事実ですし、また、当然のことですが、法令を超える通達はあり得ず、納税者に不利益に働くこととなることは定められていないことからしても、その存在を否定することはできないものとなっていると言わざるを得ないと考えます。

(2) ご質問にある相続税法基本通達 3-20 も相続税の課税対象としない部分の金額について定めたものであって、それも、社会通念上というような不確定概念といわれる定め方ではなく、業務上と業務外に支給事由を区分して具体的に金額算定ができる定めであることから、納税者にとってはわかりやすく、非課税枠が設定されたものとなっています。

2　法令解釈通達の準用

(1) 各実体法に関する具体的取扱いを定めた法令解釈通達には、全体の基本的取扱いを網羅的に定めた文字どおりの基本通達と特定の分野等に係る取扱いを定めた個別通達とがあります。

　発出者は国税庁長官ですが、通達は実体法ごとにその事務処理を担当す

711

る部局の上から下への縦の流れの中で伝えられその取扱い等が実施される
ことになることから、例えば、①所得税基本通達の定めを法人税において
も同様に取り扱うこととするということであれば、その旨を法人税基本通
達の中で定めておく必要があることになり、②法令上同じ文言であってそ
の取扱いの内容が同じであってもそれぞれ実体法ごとの基本通達の中に同
じ内容の定めを置くことになります。

(2) 上記①の場合の例としては、「課税しない経済的利益」について定めた所
得税基本通達 36-21《課税しない経済的利益……永年勤続者の記念品等》
ないし 36-30《課税しない経済的利益……使用者が負担するレクリエー
ションの費用》の取扱いによっている場合の取扱いについて定める法人税
基本通達 9-2-10《給与としない経済的な利益》や「財産評価基本通達の
178 から 189-7 まで《取引相場のない株式の評価》の例によって算定した
価額」と定める法人税基本通達 9-1-14《上場有価証券等以外の株式の価額
の特例》、短期前払費用の取扱いについて定める消費税法基本通達 11-3-8
《短期前払費用》などがあります。

　　また、上記②の場合の例としては、「生計を一にする」について定めた所
得税基本通達 2-47《生計を一にするの意義》と法人税基本通達 1-3-4《生
計を一にすること》および同通達 9-2-41《生計を一にすること》や平成 26
年 12 月 19 日付で同時に改正された「時の経過によりその価値の減少しな
い資産」について定めた所得税基本通達 2-14《美術品等についての減価償
却資産の判定》と法人税基本通達 7-1-1《美術品等についての減価償却資
産の判定》など多数のものがあります。

(3) 一方で、個人事業者の家事消費等という同じ行為について定めているも
のでありながら、所得税基本通達 39-1《家事消費又は贈与等した場合の棚
卸資産の価額》および同通達 39-2《家事消費等の総収入金額算入の特例》
と消費税法基本通達 10-1-18《自家消費等における対価》のように、前者は
「通常他に販売する価額のおおむね 70%」、後者は「通常他に販売する価額
のおおむね 50%」というように定めてあり数値が異なるものもあります。

712

第3章　非違事例

(4) 以上のようなことから、実体法ごとに定められた法令解釈通達を異なる
法令の取扱いや処理において単純に準用するようなことはないと考えま
す。

3　相続税法基本通達3-20の基準により支給した弔慰金の取扱い

(1) 上記2までの取扱いからすれば、相続税法基本通達3-20の基準により支
給した弔慰金について法人税における取扱いは何も定められていないこと
から、そのまま単純に損金算入というわけにはいかないように考えられま
す。

(2) しかしながら、この点に関しては、国税庁ホームページ質疑応答事例所
得税の「贈与税の対象とならない弔慰金等」の回答要旨は、次のとおりと
なっていいます。

> 相続税法基本通達3-20により弔慰金等に相当する金額として取り扱われ
> たものについては、個人からのものにあっては相続税法基本通達21の3-9
> 《社交上必要と認められる香典等の非課税の取扱い》により、また、法人か
> らのものにあっては、所得税基本通達9-23《葬祭料、香典等》により課税さ
> れないと解して差し支えありません。

さらに、同回答要旨の最後には、次のように記載されています。

> この通達により弔慰金等として取り扱ったものについては、社会通念上
> 相当と認められる範囲内のものであると考えられます。

この回答は、弔慰金を受け取った側の贈与税と所得税の課税についての
ものであるところ、この相続税法基本通達3-20により弔慰金等として取
り扱われたものは社会通念上相当な金額とされ、「法人からのものにあっ
ては」として課税されないことが明らかにされていることから、支払った
側においてもその金額は社会通念上相当な金額であったとされることにな
ります。

(3) そうすると、相続税法基本通達3-20により弔慰金等として取り扱われた

713

その金額は、「第1章 2 役員給与 6. 役員の死亡退職に係る弔慰金の税務上の取扱い（4）削除された法人税における取扱通達」において記載した昭和34年8月通達にいう退職給与金として取り扱わない適正な金額に該当することになると考えられます。

この結果、弔慰金支給額に係る社会通念上相当な金額が、その是非はともかくとして、相続税法基本通達3-20によって形成され、根拠付けられているということになり、所得税の質疑応答事例における回答とはいえ、国税庁の公式見解として、弔慰金の支給額を相続税法基本通達3-20の定めによることが、法人税においても妥当するのものとして理解することができるものと考えます。

したがって、回答要旨2.に記載したように、相続税法基本通達3-20の定めを踏まえた規程に基づいて支給された弔慰金については、法人税においても損金の額に算入されることについて、形式的な取扱いとしては問題がないということになると考えます。

4 相続税法基本通達3-20の定めによる法人税の課税処分の例

弔慰金の金額について相続税法基本通達3-20の定めを準用して認定している法人税の課税処分や判決としては次のようなものがあります。

（1）更正処分の例

N税務署長が平成17年8月31日付の法人税の更正処分に係る更正通知書の附記理由に次のとおり記載されています。

---

2 弔慰金の適正額

弔慰金の適正額を算出するに当たっては、前代表者は業務中の事故による死亡を原因として退職されていますので、相続税法基本通達3-20《弔慰金等の取扱い》(1)を準用するのが合理的と認められているので、本件弔慰金のうち適正と認められる額（以下「適正弔慰金の額」といいます。）は、最終報酬月額の3年分に相当する額である18,000,000円となります。

第3章　非違事例

（2）裁判例

　　大分地裁平成 21 年 2 月 26 日判決（確定）において、被告課税庁が「弔慰
　金の相当な金額については、相続税法基本通達 3-20 の取扱いに準じて判
　断するのが合理的であり、……」と主張していることを受け、判決ではこ
　の主張に沿って「相続税法基本通達 3-20 の取扱いに準じて判断すると、そ
　の 6 か月分 900 万円が弔慰金として相当な額となり、全額損金算入が認め
　られる。」と判示しています。

税務上の留意点

　弔慰金の支給金額については、相続税法基本通達 3-20 の定めを踏まえて業
務上の死亡による退職の場合は死亡時報酬月額の 3 年分、業務外の死亡による
退職の場合には同半年分という金額計算の基準を社内規程に定めておけば、そ
の規程に基づいて支給された弔慰金については、法人税においてもとりあえず
は形式的な取扱いとして問題ないということができます。

参照条文等

　法人税基本通達 1-3-4・7-1-1・9-1-14・9-2-10・9-2-41

　相続税法基本通達 3-20・21 の 3-9

　財産評価基本通達 178〜189-7

　所得税基本通達 2-14・2-47・9-23・36-21〜36-30・39-1・39-2

　消費税法基本通達 10-1-18・11-3-8

参考

　平成 27 年 7 月 27 日付国税速報第 6372 号 10〜13 頁

　国税庁ホームページ質疑応答事例所得税「贈与税の対象とならない弔慰金等」

　大分地裁平成 21 年 2 月 26 日判決（確定）

715

4. 業務上の死亡か否かに関する税務における判断基準等

《質問要旨》

1. 弔慰金の支給に関しては、相続税法基本通達3-20の定めにおいて、その支給原因となる死亡について、これを業務上の死亡と業務外の死亡とに区分して支給する金額に差を設けているところ、弔慰金の支給をしなければならない事態が生じた場合には、その役員の死亡が業務上のものか業務外のものかを判断しなければなりません。

2. 勤務時間中の職場における事故死というような場合はわかりやすいところ、出張先で倒れて急死したような場合に、昨今、社会問題となっている過労死かどうかというようなことになると素人が判断するのは難しいと考えられます。

3. その役員の死亡が業務上のものか業務外のものかにより、弔慰金の支給金額も異なっており、法人税と相続税に関わることであることから、税務上の判断基準というものがあるのかどうか、また、業務上死亡かどうかについて、どのように判断することになるのでしょうか。

回答要旨

1. 弔慰金の支給に係る業務上か業務外かの税務上の判断基準については、労災認定の場合のような具体的な基準が、法人税および相続税のどちらの関係法令および通達等にもありません。

　　ただ、どのような場合を業務上の死亡というのかについては、相続税法基本通達3-22《「業務上の死亡」の意義》に定めがあり、同通達3-20に定める「業務」とは、その亡くなった人に「遂行すべきものとして割り当てられた仕事」をいい、「業務上の死亡」とは、「直接業務に基因する死亡又は業務と相当因果関係があると認められる死亡」をいうものとすることが明らかにされています。

第3章　非違事例

2. この「直接業務に起因する死亡又は業務と相当因果関係があると認められる
死亡」ということについては、労働基準法および労働者災害補償保険法の労働
災害認定判断における「業務遂行性」、「業務基因性」と同様の内容のことを
いっていることになりますが、税務において業務上か否かの判断を行う場合
には、税務独自の基準というものがないことから、第一次判断権を持つ会社に
おいても事後に法人税または相続税の調査を行う課税庁においてもともに、
その労働災害認定に係る判断基準等を参考にして行うことになると考えます。

解説

1　税務における業務上死亡か否かの判断基準

（1）役員の死亡が業務上の死亡であるか否かの判断については、相続税法基
本通達3-20《弔慰金等の取扱い》の定めに従った役員の死亡に係る弔慰金
支給規程を定めているかどうかにかかわらず、あるいは弔慰金の支給に関
する定めがない場合においても、弔慰金を支給する場合の金額決定のポイ
ントとなります。

（2）この判断は、支給決定時までに行わなければならないところ、その第一
次判断権を持つ会社側は、その判断の根拠について、遺族、株主はもちろ
んのこと事後の税務調査時の課税庁に対してもきちんと説明できるように
しておく必要があります。

（3）しかしながら、この判断をどのようにするのかについては、税務に関す
る法令、通達等に具体的な判断基準等は示されてはいません。

唯一業務上云々について定めているのが相続税法基本通達3-22《「業務
上の死亡」等の意義》であって、そこには「業務」および「業務上の死亡」
の意義が次のように定められています。

> 「業務」とは、当該被相続人に遂行すべきものとして割り当てられた仕事
> をいい、「業務上の死亡」とは、直接業務に起因する死亡又は業務と相当因
> 果関係があると認められる死亡をいう

この通達の定義する「直接業務に起因する死亡又は業務と相当因果関係があると認められる死亡」という業務上死亡の概念は、労働災害認定に係る判断基準とされる「業務遂行性」、「業務起因性」と同じ内容のことを表現しているものと理解することができます。

(4) そうすると、税務における業務上の死亡か否かの判断は、明確な基準が示されている労働基準法と労働者災害補償保険法に係る法令、通達等を拠り所にして行うことになることから、それらの法令、通達等の規定または定めについて、極めて技術的にはなるものの、そのような基準があるということだけでなく、税務に関わる大事な基準という認識をもって、少なくとも基本的なことについては、具体的に知っておく必要があると考えます。

2　労働基準法および労働者災害補償保険法の労働災害認定基準等

(1) 労働災害に関しては、労働基準法および労働者災害補償法の2つの法律があり、労働者を保護する制度が確立されています。

　　この保護の対象となる労働者は、労働基準法9条《定義》に次のように規定されています。

> 　　この法律で「労働者」とは、職業の種類を問わず、事業又は事務所（以下「事業」という。）に使用される者で、賃金を支払われる者をいう。

　　この法制上は、原則として取締役等の役員は、この補償制度の対象とされていないことから、税務における業務上か否かの判断に当たっては、この労働基準法および労働者災害補償保険法の労働災害認定基準等を拠り所とすることになります。

(2) ご質問の社会問題化している過労死に関して、特に役員の場合に業務上か否かをどのように判断するかについては、一般に、労働災害において業務上と認められるためには、業務遂行性を前提として業務起因性が認められなければならない、すなわち、その業務と死亡との間に因果関係がなければならないということになります。

(3) これを役員の過労死について相続税法基本通達3-22の定めに沿ってみ

ていくと、その役員が遂行すべきものとして割り当てられた仕事を行っていたという状態にあった中で、その行っていた業務が発症原因となり、その発症原因によって発症し、その発症によってその役員が死亡したという因果関係がなければならないということになります。

したがって、例えば、役員が会社内で脳出血等により倒れて死亡したとしても、業務との因果関係が立証されなければ、過労死として業務上の死亡にはならないということであり、自宅で倒れても業務との因果関係があると立証されるのであれば、過労死として業務上の死亡とされる場合もあるということになります。

(4) このような事態が生じた場合にどのように因果関係を立証するのかということに関しては、厚生労働省からその認定要件として次の3つのことが示されています（「脳血管疾患及び虚血性心疾患等（負傷に起因するものを除く。）の認定基準について」平成13年12月12日付基発第1063号）。

---

① 異常出来事遭遇要件
　⇒ 発症直前から前日までの間において、極度の緊張状態等の強度の精神的負荷がかかる異常な出来事に遭遇したこと。
② 短期間過重業務要件
　⇒ 発症前おおむね1週間の短期間に、通常と比較して過重な身体的、精神的負荷が生じる不規則な勤務や精神的緊張を伴う業務、出張の多い業務等の特に過重な業務に従事したこと。
③ 長期間過重業務要件
　⇒ 発症前おおむね1か月ないし6か月の間において、上記②と同様の特に過重な業務に従事したことにより著しい疲労が蓄積されたこと。

役員についても、上記のいずれかに該当することが立証されるのであれば、過労死として業務上の死亡に係る弔慰金を支給することができることになるが、いずれにしても、第一次判断権を有する会社は、主観に流され

ることなく、客観的な資料、証拠に基づいて、遺族、株主、課税庁に対して十分な説明ができる適正な判断を行う必要があります。

(5) なお、過労死については、平成22年5月施行の労働基準法施行規則別表1の2の改正において、同別表1の2第8号に次のとおり明記され補償対象の例示疾病とされました。

> 長期間にわたる長時間の業務その他血管病変等を著しく憎悪させる業務による脳出血、くも膜下出血、脳梗塞、高血圧性脳症、心筋梗塞、狭心症、心停止（心臓性突然死を含む。）若しくは解離性大動脈瘤又はこれらの疾病に付随する疾病

また、平成26年11月1日に施行された過労死等防止対策推進法2条《定義》で過労死について次のとおり定義され、国を挙げて大きな社会問題であり社会的損失である過労死等の防止対策を推進することとされました。

> この法律において、「過労死等」とは、業務における過重な負荷による脳血管疾患若しくは心臓疾患を原因とする死亡若しくは業務における強い心理的負荷による精神障害を原因とする自殺による死亡又はこれらの脳血管疾患若しくは心臓疾患若しくは精神障害をいう。

3 業務上の死亡としたことが税務調査において否認された場合

(1) 業務上であるのか業務外であるのかについては、使用人の場合は労災認定等のこともあり、労働基準監督署の判断が示されることなどによって、結論が出せるということもあると考えられます。

しかしながら、役員の場合には、原則として労災の適用される労働者に当たらないことから、そのようなことは期待できないところ、専ら、弔慰金を支給する会社側の判断によることとなります。

(2) そうすると、業務上と判断して損金算入した弔慰金について、税務調査で問題とされることが想定されます。

例えば、過労死であるような場合において、会社が内部の判断だけで業

務上として死亡した役員の報酬月額の3年分の弔慰金を支給し、会社の法人税の申告も相続人の相続税の申告も済ませていた場合に、事後の税務調査においてその処理の適否が確認され、その結果、役員の死亡に係る弔慰金の支給が過大と判断される場合があるということになります。

　税務調査の結果、業務上とした判断が覆され、弔慰金支給額に過大支給額部分があるという指摘がされた場合には、その過大支給額部分とされた金額は、相続税法基本通達3-20の本文にもあるように弔慰金ではなく役員退職給与として支給したものとされることになります。

4　業務上の死亡か否かについて判断した裁決事例

(1)　相続税の事案で、役員の出張先における会議中の急死について、請求人が業務上の死亡と主張したことを判断した裁決です。

　昭和57年8月13日付の裁決で、裁決要旨は次のとおりであるところ、審判所が上記2の労働災害認定基準等による判定の場合と同様の事実確認等を行った上で、業務外の死亡とする判断をしています。

　乳業会社の専務取締役であった被相続人が、業界代表として会議に出席中死亡したことについて、被相続人がとりわけ強度の精神的緊張、興奮を強いられたものとは推測できないことから、同会議への出席が死亡の起因とは認められず、また、被相続人の死亡前約4か月間の業務が被相続人にとって肉体的、精神的に過重な負担となり、それにより過度の疲労、心労が蓄積していたとも認められないので、結局、被相続人は業務の遂行に直接起因して健康を害し又は潜在していた疾病が発症して死亡したものとは認められないので、被相続人の死亡は、業務上の死亡に該当しない。

　したがって、弔慰金の額は被相続人の死亡当時における普通給与の半年分に相当する金額と認定するのが相当である。

---

(2)　すなわち、上記の裁決要旨において否定されていることを逆に立証できれば、業務上の死亡と認定されることから、社内の記録等により死亡した役員の勤務実態等の事実をきちんと押さえた上で業務上の死亡か否かの判

断をすることが重要ということになります。

税務上の留意点

　役員の死亡退職に係る弔慰金の支給に関して業務死亡か否かの判断に当たっては、上記2の労働基準法および労働者災害補償保険法の労働災害認定基準等を参考にして、社内の記録等により死亡した役員の勤務実態等の事実をきちんと押さえた上で業務上の死亡か否かの判断をすることが必要となります。

　また、役員の場合には、不可抗力によるものか本人の過失によるものかにかかわらず業務中の事故死というような明らかな場合は別として、過労死的なこととなると、役員は自ら時間管理等をしなければならないことから、業務記録等の客観的な証拠となるものがなければ、その死亡と業務との因果関係の立証が極めて難しいのではないかと考えられるところ、役員は万一の場合に備えて、その死亡事由が業務上であるかどうかの立証材料となりうるような何らかの記録を自ら残す努力をしておくことが必要であると考えます。

参照条文等

　相続税法基本通達 3-20・3-22

　労働基準法 9 条

　労働基準法施行規則別表 1 の 2 第 8 号

　過労死等防止対策推進法 2 条

　「脳血管疾患及び虚血性心疾患等（負傷に起因するものを除く。）の認定基準について」平成 13 年 12 月 12 日付基発第 1063 号

参考

　平成 27 年 8 月 24 日付国税速報第 6375 号 13〜17 頁

　昭和 57 年 8 月 13 日裁決

第3章　非違事例

5.　相続税法基本通達 3-20 の定めによる弔慰金支給額の損金算入が否認される場合

――――《質問要旨》――――

　相続税法基本通達 3-20 の定めを踏まえた規程に基づいて支給された弔慰金は、法人税の取扱いにおいて損金算入が認められることになるということのようですが、基本的にそのようにして支給された弔慰金については、支給額が過大であるというようなことで否認されることはないと理解してよいのでしょうか。

　もしも弔慰金支給額が過大とされ損金算入額の一部が否認される場合があるとすれば、どのような場合になるのでしょうか。

回答要旨

1.　支給された弔慰金が相続税法基本通達 3-20《弔慰金等の取扱い》の定めを踏まえた規程に基づいていたものであっても、その弔慰金支給額の全額について無条件に法人税の取扱いにおいて損金算入が認められるということの保障にはならないと考えます。

2.　相続税法基本通達 3-20 の定めを踏まえた規程による弔慰金支給額が過大とされるその損金算入額の一部が否認される場合としては、次に掲げる 3 つの場合が考えられます。

　(1)　前記「4.　業務上の死亡か否かに関する税務における判断基準等」のご質問の回答要旨に記載したように、業務上の死亡として支給した場合において、後にその判断が覆されて業務外の死亡とされた場合

　(2)　業務上または業務外のいずれの事由による支給であっても、死亡退職役員の死亡時報酬月額そのものが過大な報酬額とされた場合

　(3)　その弔慰金支給額に関して、上記 (1) および (2) の指摘を同時に受けた場合

3.　上記 3 つのうち (1) の場合については、前述「4.　業務上の死亡か否かに関

723

する税務における判断基準等」のご質問の回答要旨に記載したとおりですが、問題となることが多いのは（2）の場合になります。

　それは、死亡時退職役員に対する役員退職給与支給額の相当性が検討されることにより、相続税法基本通達3-20の定めを踏まえた規程に基づく弔慰金の支給がある場合には、必然的に影響を受けることになる関係にあるからということになります。

　したがって、相続税法基本通達3-20の定めを踏まえた規程に基づく弔慰金の支給額が損金の額に算入されるためには、死亡退職役員の死亡時役員報酬月額がそもそも役員報酬として相当な金額であるという前提条件を認識しておく必要があります。すなわち、相続税法基本通達3-20の定める「3年・半年基準」によっていれば大丈夫と考えることは単なる安全神話に過ぎないということを肝に銘ずる必要があります。

解説

1　弔慰金に関する税務調査の視点

　死亡退職役員に係る弔慰金の金額自体が税務調査の対象とされるのは、相続税の調査の場合か法人税の調査の場合ということになります。

　ただし、調査税目が異ればその調査における弔慰金額に対する視点も同じではないことになります。

　具体的には次のように異なっているということができると考えます。

（1）相続税の調査の場合

　　①　相続税法における弔慰金は、相続税法基本通達3-20の定めにより、相続税が非課税とされるものであり、その支給額から相続税の課税対象とされるその実質が退職手当金とされるものを除いて、業務上死亡の場合は普通給与の3年分相当額、業務外死亡の場合は同半年分相当額までを上限として、弔慰金にこの上限額を超える金額がある場合にはこれを退職手当金に含むと定められていることから、その上限額まではいわば無条件に非課税とされ、一方、その実質が退職手当金に当たるかどうかの

判定については、相続税法基本通達 3-19《退職手当金等の判定》において、被相続人の死亡により支給された金額が退職給与規程等の定めに基づいている場合にはこれにより、そうでない場合には類似事業者における支給額等を勘案して判定するとされています。

② これは、退職手当金とされる金額は、被相続人の死亡により支給された金額から上記の上限額を控除した金額とするということになることから、弔慰金に関する税務調査の視点は、専ら、業務上の死亡として弔慰金が支給された場合の、その業務上とした判断の適否のみになるものと考えられます。

(2) 法人税の調査の場合

① 法人税において弔慰金は、通常同時期に死亡退職役員に対して支給される役員退職給与とともに損金の額に算入されることとなる支出であることから、その役員退職給与と併せて弔慰金に関する調査が行われるところ、役員退職給与に関する調査が中心であり、弔慰金に関しては付随的に行われることになります。

したがって、役員退職給与および弔慰金に関する調査の視点としては、①その支給額決定の事実の有無、②その支給額の損金算入時期の適否、③その支給額の算定の基礎とされた死亡退職役員の死亡時役員報酬月額の金額の相当性の3点になるものと考えられます。

② 上記3点のうち最も重点的に調査されることとなるのは、3番目のその支給額の算定の基礎とされた死亡退職役員の死亡時役員報酬月額の金額の相当性であるところ、これは相続税法基本通達 3-20 の定めからは全く表れてこないことから、法人税の調査においては、相続税法基本通達 3-20 の定めを踏まえた規程による弔慰金支給額であっても、その支給額が過大とされその損金算入額の一部が否認される場合があるということになります。

2 相当な役員報酬月額の判定

(1) 役員退職給与額の算定方法として一般的な功績倍率法と弔慰金額の算定

方法とに共通して含まれる計算要素は、役員報酬月額となっています。

(2) 通常の場合、役員退職給与と弔慰金とは同一事業年度において費用計上されることから、法人税の調査においては、まず役員退職給与支給額についてその相当性を調査検討され、その結論が得られれば、弔慰金については業務上の死亡か否かの確認あるいは検討だけで終了することになります。

(3) 計算要素である最終役員報酬月額であり死亡時役員報酬月となる支給額が相当な役員報酬月額であるかどうかについては、法人税法施行令70条《過大な役員給与の額》1号に規定する実質基準（同号イ）と形式基準（同号ロ）とによって判定されることになります。

このうち形式基準については、一般に株主総会等において高額な役員報酬支給限度総額が定められている結果、法人税調査においてこの基準により不相当な役員報酬額とされる場合はほとんどありません。

実質基準による場合が問題であって、その役員に対して支給した報酬額が相当な役員報酬額であるかどうかについて、①その「役員の職務の内容」、②その報酬支給法人の「収益及びその使用人に対する給与の支給の状況」、③その報酬支給法人と「同種の事業を営む法人でその事業規模が類似するものの役員に対する給与の支給の状況」および④「等」に照らして判定するところ、①および②はともかく、その報酬支給法人において報酬額の決定および支給時のいずれの時点においても認識することのできない③および④の判定要素を含んでいることから、法人税調査において是正を求められることとなる場合は、ほとんど全てがこの実質基準によって不相当な支給額あると認定された場合になります。

(4) したがって、役員退職給与の相当性を問題とする税務調査の場合には、第一段階として役員報酬の相当性の判定が行われ、第二段階として上記(3)の実質基準と同じような同業の事業を営む法人でその事業規模が類似するもの（以下「同業類似法人」）による功績倍率の検討が行われることになります。

(5) 弔慰金については、第一段階の役員報酬の相当性の結論が出れば後は業

務上か否かの問題だけであるが、現在のところ、法人税の事案で弔慰金の
支給に関して業務上か否かの判断を巡って争われた事案は確認できていま
せん。

3 弔慰金と退職手当、役員報酬月額等との関係について判示している裁判例

(1) 大分地裁平成20年12月1日判決（確定）において、弔慰金と退職手当、
相続税法基本通達3-20、報酬月額等との関係について、次のように判示し
ています。

> ところで、弔慰金は、役員・従業員の死亡を原因として雇用主から遺族に
> 対して支払われるものであるから、社会通念上相当な額の弔慰金等につい
> ては、法人税法上、退職手当等とは別に取り扱って別途損金算入を認めるの
> が相当であるものの、社会通念上相当な金額を超える部分に相当する金額
> は、法人税法上、退職手当等に該当すると解するのが相当である。そして、
> 証拠（乙5）によれば、相続税法基本通達3-20が、相続人等が被相続人の雇
> 用主等から受ける弔慰金等のうち、当該被相続人の死亡当時における賞与
> 以外の普通給与の半年分を弔慰金等として取り扱い、当該金額を超える部
> 分に相当する金額は退職手当金等に該当するものとして取り扱うと定めて
> いることが認められることに鑑みれば、死亡時の報酬月額が適正役員報酬
> 月額であれば、死亡時の報酬月額の6か月を弔慰金として支給するという原
> 告の役員退職給与規程は社会通念上相当な額の弔慰金を算定する方式であ
> るといえる。

(2) この判決の事案は、判決に記載されている前提とした事実関係では、被
相続人である前代表者の死亡原因はがん等による病死であり、業務上の死
亡であるか否かに関しては争点となっていないことから、上記判示におい
ては、死亡時報酬月額の半年分相当額を弔慰金として支給することについ
てのみ触れているが、①社会通念上相当な額の弔慰金等は、法人税法上、
退職手当等とは別に損金算入を認めるのが相当であること、②社会通念上
相当な額を超える金額部分は、法人税法上、退職手当等に該当すると解さ

727

れること、③相続税法基本通達 3-20 の定めに鑑み死亡時の報酬月額が適正役員報酬月額であれば、死亡時報酬月額の 6 か月を弔慰金として支給するという役員退職給与規程は社会通念上相当な額の弔慰金を算定する方式であることというように、法人税における弔慰金と退職手当、役員報酬月額等との関係について明確に述べられています。

4 死亡時役員報酬月額が低額と思われる場合

(1) 死亡退職役員の死亡時役員報酬月額が相当な金額、すなわち、上記 3 の大分地裁判決にいう適正役員報酬月額ということであれば、相続税法基本通達 3-20 の定めを踏まえた退職給与規程等により算定された弔慰金額は、法人税法における取扱いにおいて、社会通念上相当な金額の弔慰金であるという取扱いを受けることとなります。

また、弔慰金に関する規程がない場合や規程があってもそれが相続税法基本通達 3-20 の定めを踏まえたものではない場合においても、支給した弔慰金額について直接的に社会通念上相当な金額の弔慰金であるかどうかの検討が行われることにはなるものの、結果として、死亡時役員報酬月額が相当な金額であるとされる限りは、相続税法基本通達 3-20 の定めに沿った課税処分が行われています。

(2) 死亡時役員報酬月額が低額な場合の問題点として、死亡時役員報酬月額が適正役員報酬月額でない場合で、役員報酬月額が不相当高額な金額でない場合、すなわち、役員報酬月額が低額な金額である場合、ただ単純にその低額な金額を基にして相続税法基本通達 3-20 の定める基準に当てはめ、その 3 年分または半年分しか弔慰金として認められないのかということです。

この問題を考えるに当たっては、どのような金額の場合に役員報酬月額として低額な金額というのかという前段階の問題があります。

このことは、現行の法人税調査において、役員退職給与額の不相当高額な部分の金額を算定する際に通常用いられている功績倍率法による場合には、その退職時の役員報酬月額にその退職役員のその退職法人における功績等が最大限反映されているという前提に立っているということと大いに

第3章　非違事例

関係のあることであり、退職時の役員報酬月額をそのようにとらえてしまったのでは、その低額な金額のままで相当な弔慰金額が計算されることになってしまうという結論になってしまうと考えます。

(3) 実際の例として、高松地裁平成5年6月29日判決（確定）は、役員退職給与支給額、弔慰金支給額の相当性について争われたものであるところ、弔慰金に関することについては、次のとおりです。

① 事実関係は、次のとおりです。

> (イ) 死亡時退職取締役の死亡時の役員報酬月額は5万円であったこと。
>
> (ロ) 原告会社は、役員退職給与として3,500万円、弔慰金として500万円支給したこと。
>
> (ハ) 被告課税庁は、平均功績倍率法により相当な役員退職給与額を計算することとして、同業類似法人6社を抽出し、その役員退職給与の支給状況等から平均功績倍率を1.4と計算して、この数値と役員報酬月額5万円および役員在職年数2年を基に相当な役員退職給与額を14万円と算出したこと。
>
> 　また、弔慰金については、業務外死亡ということで、5万円の6か月分である30万円が相当としたこと。
>
> (ニ) 被告課税庁は、5万円という役員報酬月額について、死亡した取締役が法人設立から死亡するまで入退院を繰り返していることから、常勤して業務に当たったとは認めがたいとし、死亡した創業者である取締役の原告会社に対する貢献度、功績を反映したものであるとしていること。

② 裁判所の判断は、次のとおりです。

> (イ) 役員報酬月額5万円は、死亡した取締役の功績を適正に反映したものとしては低額過ぎるので、死亡した取締役の原告会社設立前の前身となる法人の時代の役員報酬月額が68万円であったこと、原告会社設立後の現代表取締役や他の取締役の役員報酬月額が75万円（後に90万円）、60

万円（後に 75 万円）であることを考慮し、退院中は仕入先や銀行と交渉したことや代表取締役を指導したことなどの事実が認められることから、適正役員報酬月額は 41 万 2,500 円と認定するのが相当である。

(ロ) 役員退職給与相当額、弔慰金相当額については、適正役員報酬月額と認定した 41 万 2,500 円を基に、それぞれ 115 万 5,000 円、247 万 5,000 円と認定することができる。

(4) 上記裁判例からは、課税庁は積極的には役員報酬月額の相当額について同業類似法人との比較検討等により報酬の金額を引き上げることはしないことが分かります。

　その死亡した役員の業務や功績についてマイナス評価だけをして、低額と思われる金額であってもそのまま相続税法基本通達 3-20 の定めの基準にあてはめて弔慰金額を計算するということから、税務調査の際には認識しておく必要があります。

税務上の留意点

1. 相続税法基本通達 3-20 の定めを踏まえた規程に基づく弔慰金の支給額が損金の額に算入されるためには、死亡退職役員の死亡時役員報酬月額が役員報酬として相当な額であるという前提条件を認識しておく必要があります。

2. 役員退職給与の相当性を問題とする税務調査の場合には、第一段階として役員報酬の相当性の判定が行われ、第二段階として同業類似法人による功績倍率の検討が行われることになります。

3. 最終報酬月額にその退職役員の功績等が最大限反映されているという見方を否定はできないところ、全てがそうではないということもまた事実としてあることから、法人すなわち支給する側においては、できるだけ適正に、また、納得のできる役員報酬額を支給することが必要なことと考えます。

第 3 章　非違事例

参照条文等

法人税法施行令 70 条 1 号

相続税法基本通達 3-19・3-20

参考

平成 27 年 8 月 24 日付国税速報第 6375 号 17〜22 頁

大分地裁平成 20 年 12 月 1 日判決（確定）

高松地裁平成 5 年 6 月 29 日判決（確定）

6. 税務調査により弔慰金支給額が過大とされた場合の相続税と法人税の相互の関係

《質問要旨》

　弔慰金が税務調査の対象とされるのは、相続税の調査と法人税の調査のいずれかの場合であるところ、相続税の調査において弔慰金額が過大とされた場合、そのことは既に申告済の法人税についてどのように影響することとなるのでしょうか。

　また、これとは逆に法人税の調査において弔慰金額が過大とされその一部が損金不算入とされた場合に、そのことは相続税の申告にどのように影響することとなるのでしょうか。

回答要旨

1. 相続税の調査は、相続税法および国税通則法に基づき実施され、法人税の調査は、法人税および国税通則法に基づいて実施されます。

　　それぞれ調査の根拠法はもちろんその調査の目的も調査の対象も異なることから、ご質問にあるような調査の場合、例えば、相続税の調査において、業務上死亡とした判断が否定されて弔慰金支給額が過大であるとの指摘があり、相続税調査上非違事項とされ是正すべきとされたということがあったとしても、このことが他の税目である法人税に直接的に影響し、その弔慰金支給額が損金の額に算入されている事業年度の法人税の確定申告について、相続税調査上の非違事項を理由として直ちに課税庁から是正を求められるようなことはないと考えます。

2. 法人税の調査の場合に、その非違事項の内容に応じて、消費税、源泉所得税、印紙税についても併せて是正されることがあるところ、この場合の調査は、同一の納税義務者に対して法人税、消費税、源泉所得税、印紙税について4税目同時に、いわゆる同時調査として実施されるものとなります。

3. これに対して、法人税と相続税ということになりますと、そもそも納税義務

第3章　非違事例

者が異なるところ、当然それぞれ別々に調査が行われることになります。ただし、総合特別調査官による調査の場合は例外的に実施されることになります。

4. したがって、上記1の例において、弔慰金を支給した事業年度の法人税の申告内容について是正するということであれば、その弔慰金を支給した法人が自主的に修正申告をする場合以外は、別途日を改めて、法人税調査担当職員により法人税の調査を実施した上でなければ是正することはできないということになっています。

　この場合の法人税の調査に当たっては、先に実施された相続税の調査において弔慰金額が過大とされ是正されたことが、法人税調査担当部門に情報として連絡されていることから、当然にそのことが参考とされることになります。

　ただし、このようにして法人税調査が実施されても、先行する相続税の調査により弔慰金の過大支給額部分とされた金額がそのまま法人税の損金不算入額とされるわけではなく、その弔慰金の過大支給額部分は退職給与となることから、その金額を含む役員退職給与について相当額の判定が行われ、その結果、役員退職給与として不相当金額部分があるとされて初めて損金不算入額が生じることになります。

5. 一方、法人税の調査において業務上死亡とした判断が否定されて弔慰金支給額が過大とされ、結果的にその一部が損金不算入とされた場合には、そのことによって弔慰金支給額そのものが変更されることになるわけではないことから、損金不算入額が生じたこと自体が相続税の申告に影響することはないが、業務上死亡に該当しないと認定されたことは相続税の申告にも影響することになります。

解説

1　法人税の調査と相続税の調査の関係

（1）税務調査は、各実体法の規定に従い正しく課税標準、税額等が計算され

ているか等についての確認を行うために国税通則法に規定する各税目に係る質問検査権（通法74の2〜74の6）を行使して実施されるものであり、納税義務者ごとに行われることになります。

したがって、同一の納税義務者に対する調査であれば、法人税の調査における消費税、源泉所得税、印紙税同時調査のように複数税目の調査も可能であるが、納税義務者が異なる税目の場合には同時調査は行うことはできないと考えます。

例えば、前代表取締役の死亡退職に係る役員退職給与と業務上の死亡とする弔慰金の支給額が損金算入された事業年度について法人税の調査があり、弔慰金に関して会社が業務上とした判断が否定された場合において、現代表取締役等その法人の役員が相続人であり、業務上死亡の弔慰金として相続税の申告を済ませていた場合で、その現代表取締役等その法人の役員に対して、業務上の死亡に該当しないことを説明した場合であっても、その法人税の調査結果に基づき併せて相続税の申告内容を是正するすることはできないことになります。

この場合、相続人である現代表取締役等その法人の役員が、法人税の調査結果として業務上の死亡に該当しないことの説明を受けたことにより、自主的に相続税の是正をすることは構わないと考えます。

(2) なお、法人税・所得税・相続税等の複数税目が関わる調査を同時一元的に実施するため、全国の大規模税務署に設置されている総合特別調査官による調査の場合には、上記（1）の場合とは異なり、納税義務者が異なる税目についての横断的同時調査が行われます。

これは、調査を受ける側の負担の軽減と効率的な調査を行うために事案に応じて実施されるものです。

2　弔慰金支給額に過大支給額部分があるとされた場合の取扱い

(1) 会社が業務上の死亡と判断して最終月額報酬の3年分の金額の弔慰金を支給し、法人税、相続税の申告がともにされた後に税務調査により業務外の死亡と認定された場合、その支給した弔慰金額の6分の5相当額が弔慰

金としては過大支給額となります。

(2) 相続税の調査において過大支給額部分があるとされた場合には、その過大支給額部分は非課税とされる弔慰金ではなくなり、相続税法基本通達3-20《弔慰金等の取扱い》本文の定めにより退職手当金等に該当するものとして取り扱われることから、課税される相続財産が増加することとなるため、相続税額を再計算して新たに納付税額が生ずることとなる場合には、修正申告するか更正処分を受けることになります。

(3) 一方、先行する相続税の調査の有無にかかわらず、法人税の調査において業務上死亡したことが否認されて過大支給額部分があるとされた場合には、過大支給額とされる弔慰金支給額の6分の5相当額は、そのことにより損金不算入とされるわけではなく、その過大支給額部分の金額は役員退職給与を支給したものとされて、その過大支給額部分の金額と役員退職給与として損金算入された金額の合計額が死亡退職役員に対する実質的な役員退職給与支給額となることから、この金額について相当な役員退職給与額であるかどうかの検討がされることになります。

その相当性検討の結果、不相当高額部分とされる金額があるとされた場合に、その不相当高額部分の金額について損金不算入とされることになります。

この場合に役員退職給与額の一部が損金不算入とされても、そのことにより相続税において申告済みの退職手当金額が変更されることになるわけではないことから、業務上死亡に該当しないと認定されたことだけが相続税の申告に影響することになります。

3 弔慰金の法人税と相続税に関する裁決例

弔慰金を巡る法人税と相続税の関係を理解する上で、参考になる2つの裁決例は次のとおりです。

いずれも相続税の審査請求事案で業務上死亡かどうかは争点ではないものの、死亡退職役員に係る退職給与（退職手当金）および弔慰金について、法人税および相続税の申告後にその支給金額を変更して相続税の更正の請求を

行ったが認められなかったという事案です。

（1）平成8年2月27日裁決（裁決事例集 No. 51-504 頁）

　　①　事実関係は、次のとおりです。

> （イ）8月決算法人である有限会社 K 社は、平成4年3月10日に死亡した代
> 　　表取締役に対し、同年6月9日開催の臨時社員総会において「弔慰金」1
> 　　億400万円を支給することを決議し、同年8月12日に相続人に支払って
> 　　いること（裁決には記載されていないところ、役員退職給与規程等の制定
> 　　されていないものと考えられます。）。
>
> （ロ）支払時の経理処理は次のとおりであること。
>
> 　　（借方）退職金 104,000,000 円／（貸方）普通預金 104,000,000 円
>
> （ハ）K 社は、平成4年11月18日から19日ころに行われた平成4年8月期
> 　　の法人税の調査において、弔慰金として支給した1億400万円のうち相
> 　　当な役員退職給与額は3,000万円であり7,400万円が過大な役員退職給
> 　　与に該当するとの指摘を受けたことから、同年11月24日に法人税の修
> 　　正申告書を提出していること。
>
> （ニ）一方、相続人は、平成4年12月11日に、支払を受けた1億400万円か
> 　　ら相続税法基本通達 3-20 の定めに基づく198万円（この金額は裁決には
> 　　記載されていないところ、死亡時報酬月額33万円の半年分と考えられま
> 　　す。）を控除した1億202万円を退職手当等と記載した相続税の申告書を
> 　　提出したこと。
>
> （ホ）その後、相続人は、平成5年6月24日に、平成4年11月24日開催の
> 　　K 社の臨時社員総会において、支給額1億400万円が6,000万円に訂正変
> 　　更されたとして相続税の更正の請求をしたこと。

　　②　審判所の判断は、次のとおりです。

> （イ）被相続人の死亡後3年以内に支給が確定したものが退職手当金等に該
> 　　当するものであるところ、「一般に、法人の役員の退職手当金等は、株主

第3章　非違事例

総会等の支給決議に基づき、取締役会等において具体的な支給額が決議されるのが通例であるから、取締役会等において支給額が決議されることにより、具体的な受給権が相続人等に発生すると解するのが相当である。」

（ロ）平成4年11月24日開催のK社の臨時社員総会において、支給額1億400万円が6,000万円に訂正変更されたことの証拠として提出された同臨時社員総会議事録は、K社の出資者の意志に基づき真正に作成されたものと認めることはできず、他に変更決議がされたことを認めるに足る証拠資料は存しない。

（ハ）平成4年4月9日の社員総会決議および支給額1億400万円の計算に明白、重大な錯誤があったと認めるに足る証拠資料もないから、退職手当金等の額は、1億400万円から弔慰金等の額198万円を控除した1億202万円と認められ、更正をすべき理由がないとした処分は適法である。

(2) 平成20年8月6日裁決（裁決事例集No.76-1頁）

① 事実関係は、次のとおりです。

（イ）5月決算法人である株式会社D社は、平成16年12月○日に死亡した同社の代表取締役に対し、平成17年5月30日開催の臨時株主総会において「退職金の額255,000,000円」、「弔慰金の額15,000,000円」を支給することを決議していること。

なお、この時点では役員退職慰労金規程は制定されていないこと。

（ロ）D社は、平成17年7月31日の定時株主総会において承認された上記（イ）の退職金および弔慰金の記載のある決算書類に基づく平成17年5月期の法人税確定申告書を平成17年8月1日に提出していること。

（ハ）相続人は、退職手当金の額を2億5,500万円と記載した相続税の申告書を法定申告期限内に提出していること。

（ニ）D社は、退職金の一部として、平成18年4月20日までの間において、1億3,732万5千円を支払い、弔慰金1,500万円を支払っていること。

737

（ホ）D社は、退職金の支給額を1億5,232万5千円とする訂正決議をした
として、2億5,500万円との差額1億267万円5千円を平成18年5月期
において前期損益修正益として計上した法人税の確定申告書を平成18年
7月31日に提出したこと。

（ヘ）その後、請求人は、被相続人に係る退職金の算定根拠に誤りがあり、適
正でなかったため退職金額が相続税の法定申告期限後に減額されたとし
て、更正の請求をしたこと。

② 審判所の判断は、次のとおりです。

（イ）更正の請求について規定する国税通則法23条《更正の請求》1項1号
は、「期限内申告書に反映されなかった瑕疵、すなわち法定申告期限にお
いて存在しながら表面化しなかった瑕疵（いわゆる原始的瑕疵）がある場
合を対象としていると解される。」

（ロ）被相続人の死亡後3年以内に支給が確定したものが退職手当金等に該
当するものであるところ、平成17年5月30日開催の臨時株主総会は有
効に成立しており、支給決議を無効ならしめるような事由は認められな
いので、被相続人に係る退職金および弔慰金を支給することならびにそ
の額は、この支給決議により確定したとするのが相当である。

（ハ）相続人の主張は、「後から顧みると本件退職金は過大というものであっ
て採用することはできない。」

（ニ）D社が1億267万5千円を平成18年5月期において前期損益修正益と
して計上したとしても、D社と相続人との間に上記（ロ）の支給決議によ
り債権債務関係が成立しており、このD社の債務については、その支給
決議を無効または取消すべきとする事情が認められない以上、D社側の
一方的な事情で債務の額を減額することはできず、相続人の債務免除の
意思表示があって初めて減額が可能となるものであるから、債務免除の
意思表示があったとすれば、いったん有効に確定した退職金を遡及的に
減額するのではなく、新たな法律行為によって相続人がD社の退職金支

払義務の一部を免除したものであると解するのが相当である。

　したがって、D社が1億267万5千円を平成18年5月期において前期損益修正益として計上したとしても、被相続人に係る退職手当金の額が2億5,500万円であることに影響を及ぼすものではない。

税務上の留意点

1.　相続税の調査において、業務上死亡とした判断が否定されて弔慰金支給額が過大であるとの指摘があり、相続税調査上非違事項とされ是正すべきとされたということがあったとしても、このことが他の税目である法人税に直接的に影響し、その弔慰金支給額が損金の額に算入されている事業年度の法人税の確定申告について、相続税調査上の非違事項を理由として直ちに課税庁から是正を求められるようなことはないと考えます。

2.　弔慰金を支給した事業年度の法人税の申告内容について是正するということであれば、その弔慰金を支給した法人が自主的に修正申告をする場合以外は、別途日を改めて、法人税調査担当職員により法人税の調査を実施した上でなければ是正することはできないということになっています。

3.　法人税調査が実施されても、先行する相続税の調査により弔慰金の過大支給額部分とされた金額がそのまま法人税の損金不算入額とされるわけではなく、その弔慰金の過大支給額部分は退職給与となることから、その金額を含む役員退職給与について相当額の判定が行われ、その結果、役員退職給与として不相当金額部分があるとされて初めて損金不算入額が生じることになります。

4.　一方、法人税の調査において業務上死亡とした判断が否定されて弔慰金支給額が過大とされ、結果的にその一部が損金不算入とされた場合には、そのことによって弔慰金支給額そのものが変更されることになるわけではないことから、損金不算入額が生じたこと自体が相続税の申告に影響することはないが、業務上死亡に該当しないと認定されたことは相続税の申告にも影響することになります。

参照条文等

相続税法基本通達 3-20

国税通則法 23 条 1 項 1 号・74 条 2《当該職員の所得税等に関する調査に係る
質問検査権》・74 条 3《当該職員の相続税等に関する調査に係る質問検査権》・
74 条の 4《当該職員の酒税に関する調査に係る質問検査権》・74 条の 5《当該
職員のたばこ税等に関する調査に係る質問検査権》・74 条の 6《当該職員の航
空機燃料税等に関する調査に係る質問検査権》

参考

平成 27 年 9 月 7 日付国税速報第 6377 号 8〜12 頁

平成 8 年 2 月 27 日裁決（裁決事例集 No. 51-504 頁）

平成 20 年 8 月 6 日裁決（裁決事例集 No. 76-1 頁）

第3章　非違事例

7. 弔慰金または退職給与名義での支給額のみの場合の取扱いと、社葬をしない場合の葬儀費用の一部負担の是非

《質問要旨》

　役員の死亡退職の場合は「弔慰金を支給する。」という規程に基づいて「弔慰金」の支給があるのみで退職給与の支給がない場合または「退職給与（弔慰金を含む。）を支給する。」という規程に基づいて「退職給与」の支給があるのみで弔慰金の支給がない場合において、それぞれその支給額を損金算入した事業年度について法人税の調査を受けた場合、その「弔慰金」または「退職給与」支給額についてはどのような取扱いになるのでしょうか。

　また、役員については適用ないが、労働基準法80条《葬祭料》において同法79条《遺族補償》に規定する遺族補償とは別に葬祭料の支払を義務付けていることから、例えば、本来社葬を行うべき死亡退職役員について社葬を行わない場合においては、弔慰金のほかに遺族に対してその死亡退職役員に係る葬儀費用の一部を葬祭料として負担しても、その負担額の損金算入が認められることになると考えますがいかがでしょうか。

回答要旨

1. 法人税法上役員退職給与されるものは、その支給名義如何にかかわらず、死亡退職の場合も含めて、およそ役員の退職に伴い支給されることとなる一切の金品になることから、全額を弔慰金名義で支給しても、社会通念上相当とされる弔慰金の額を超える部分の金額が役員退職給与とされ、弔慰金を含む金額を退職給与名義で支給した場合には、弔慰金として社会通念上相当とされる金額を除く金額が役員退職給与とされて、それぞれその役員退職給与の金額とされた金額について相当な役員退職給与額であるかどうかが検討されることになります。

　　この場合における社会通念上相当な弔慰金の額については、相続税法基本通達3-20《弔慰金等の取扱い》の定めによることとなります。

741

2. 社葬を行わないことによる葬儀費用負担額の損金算入については、通達および国税庁ホームページの質疑応答事例の回答にもないところ、法人税法の取扱いにおいても社会通念上相当な弔慰金の額とされる金額基準を定める相続税法基本通達 3-20 の定めにおいては、「弔慰金、花輪代、葬祭料等」を「弔慰金等」として定めていることから、普通給与の 3 年分または半年分という金額には葬祭料も含むことになるので、弔慰金とは別に葬祭料を支出した場合には、その支出金額は弔慰金の一部として損金算入の適否が判断されることになるものと考えます。

3. 社葬を行うことと弔慰金または葬祭料の支給をすることは全く別の趣旨のことと考えられることから、社葬の有無と葬祭料の負担とを結び付けることは適切ではないと考えます。

解説

1 役員退職給与と弔慰金

　弔慰金であれば相続税法上非課税とされ、法人税上損金算入されることから、死亡退職役員に係る支給額の全額について弔慰金として支給すれば、支給を受ける遺族も支給をする法人もともに有利ということになるところですが、そうはならないと考えます。

　すなわち、その死亡退職役員に係る支給額については、その支給名義の如何にかかわらず、社会通念上相当な弔慰金の額を超える金額部分は、弔慰金ではなく役員退職給与を支給したものとされることから、単純に損金算入とされないことになります。

　一方、これとは逆に弔慰金を含むとしながらも全額を退職給与として支給した場合、あるいは全額が退職給与として支給されるのみである場合に、その全額について退職給与としての相当性が検討されるのかということについては、この点と社葬費用の負担に関して、次の 2 に記載する裁判例があります。

第3章　非違事例

2　葬儀費用負担を認めた福島地裁平成8年3月18日判決

（1）事実関係は、次のとおりです。

　　原告法人が代表取締役の事故死による死亡退職に係る退職給与について臨時社員総会において9,100万円支給する決議を行い、その事業年度の法人税確定申告書に添付された損益計算書の特別損失に同金額を計上して申告したところ、被告課税庁が死亡役員に対する役員退職給与の相当額は3,065万円であり、これを超える6,035万円は過大な役員退職給与に該当するとして更正処分を行った事案です。

　　なお、この課税庁が相当額とした3,065万円は、同業類似法人の役員退職給与支給状況等から算出した1,265万円に、弔慰金の支給がなく、事故死であることなどを考慮して1,800万円（死亡時報酬月額50万円の3年分相当額）を加算したものとなります。

（2）裁判所の判断は、次のとおりです。

①　法人税法上の役員退職給与とは、あらかじめ定められた退職給与規程の存否や支給名目の如何にかかわらず、役員の退職に起因して支給される一切の職務執行の対価としての給与というべきものであるから、弔慰金等と外形的区分が明らかでない場合には、とりあえずその全額が役員退職給与に該当すると解するのが相当である。

②　役員の死亡退職によって支払われる金員等のうち、その性質が福利厚生費や葬祭料などの費用といえる社会通念上相当な弔慰金、香典等や社葬費用については、別個区分して支出している場合には退職給与として取り扱うべきではなく、区分して支出されていても実質が退職給与の一部と認められる場合には退職給与に含め、さらに区分されず一括して支給されていても、その実質が弔慰金、香典や社葬費用の一部負担等の金額が含まれていると認めることができる場合には、その実質に応じて退職給与と区別してその損金性の評価をすべきである。

③　役員等が業務上の事故により死亡退職した場合には、退職給与だけで

743

なく弔慰金等が給付されることは社会生活における一種の慣行として是認されており、その弔慰金等の性質は、事故の原因や態様によっては、単に弔意を示すだけのものにとどまらず、損害賠償や慰謝料の意味合いが含まれている場合が往々にしてあるため、支給された金員のその名目如何にかかわらず、その事故の原因や態様その他の諸事情を勘案して適正な金額の損金算入を認めるべきである。

本件の場合の事故死は、代表取締役の過失行為によるものであるから、損害賠償や慰謝料といった性質の給付金を支給する理由はないので、純然たる弔慰金的性質の限度で損金性を認めることができ、その金額については相続税法基本通達 3-20 に定める普通給与の 3 年分という基準によって判断することに合理性を否定すべき理由はないので、本件の場合 1,800 万円について損金算入を認めることができる。

④　退職給与として損金算入した 9,100 万円に含まれるとする葬儀費用の負担額 100 万円については、現実に社葬に付さなかったとしても会社として弔意を示し、その葬儀費用の一部を相当な金額の範囲内で負担することは社会通念に照らして自然であり、単にその個別的な会計処理がなされていないという形式的な理由をもって損金性を排斥すべき理由はない。

⑤　以上のことから、役員退職給与として相当な金額は、同業類似法人の役員退職給与支給状況等から算出した 1,265 万円に、相当な弔慰金額 1,800 万円および相当な葬儀費用負担金額 100 万円を加えた 3,165 万円となる。

3　葬儀費用負担を認めた仙台高裁平成 10 年 4 月 7 日判決（控訴審）および労働基準法 79 条、80 条等

（1）上記 2 の裁判の控訴審判決においては、福島地裁判決を支持した上で、相続税法基本通達 3-20 に定める「弔慰金等」のうちには、葬祭料を含むものであるから弔慰金等のほかに葬祭料の金額を加算することに問題があるとしながらも、労働基準法上は遺族補償（同法 79 条）のほかに葬祭料の支

払が義務付けられており（同法 80 条）、事故死による退職であるという事情を考慮すると、葬儀費用の一部負担額を加算することは相当であるとし、その加算額については、労働基準法上平均賃金の 60 日分とされていることからして、100 万円としたことは相当であるとしました。

なお、労働基準法の既定は次のとおりです。

（遺族補償）

第 79 条　労働者が業務上死亡した場合においては、使用者は、遺族に対して、平均賃金の千日分の遺族補償を行わなければならない。

（葬祭料）

第 80 条　労働者が業務上死亡した場合においては、使用者は、葬祭を行う者に対して、平均賃金の 60 日分の葬祭料を支払わなければならない。

---

(2) また、別の裁判において、納税者側が、上記の仙台高裁平成 10 年 4 月 7 日判決が、葬儀費用負担を認めていることを根拠に、業務中の死亡事故であるから葬儀費用の一部として 160 万円を退職給与部分に加算すべきであると主張したところ、その主張が退けられた裁判例があります。

それは、前記「3. 法人税における相続税法基本通達 3-20 の定めの存在」（710 ページ）の解説の 4（1）に記載した N 税務署長の更正処分の取消しを求めた事案で、岡山地裁平成 21 年 5 月 19 日判決（確定）は、その争点の一つとされた「弔慰金相当額にさらに葬祭料相当額を加算すべきか否か」について、仙台高裁平成 10 年 4 月 7 日判決が退職金に葬祭料相当額 100 万円を加算することを許容した判断をしたことを確認した上で、次のように判示して、その事案においては加算を認めない判断をしています。

しかしながら、相続税法基本通達 3-20 の「弔慰金等」には葬祭料も含まれていることは同判決のいうとおりであるし、労働基準法 79 条、80 条による遺族補償と葬祭料は、平均賃金の 1060 日分であるのに対し、同基本通達の「弔慰金等」は、賞与以外の普通給与の 3 年分、すなわち、1 年を 365 日

とすると 1095 日分であって、上記平均賃金の 1060 日分を上回っていることは被告の主張（省略）するとおりである。

そうすると、前記のとおり、さしたる功績があったとはいえない亡乙に対し、労働基準法による遺族補償と葬祭料を上回る本件弔慰金 1,800 万円を損金の額に算入することを認めた本件更正処分は相当であり、その上にさらに葬儀費用相当額を加算した損金算入を認めるべき何らの根拠もない。

4 弔慰金だけを支給した場合の「退職手当金等受給者別支払調書」の提出義務

相続税の課税対象とされない弔慰金等であれば、「退職手当金等受給者別支払調書」（相法 59 ①）の提出対象とならないところ、弔慰金等の名目で相続人に支給されるものでも、実質上、退職金に代えて支払われるものであると認められる場合は、みなし相続財産（退職手当金）とされ支払調書の提出対象となります。

これは、国税庁ホームページ質疑応答事例法定調書「弔慰金名目での支給がある場合の「退職手当金等受給者別支払調書」の提出義務」において、その支払に係る名義にとらわれることなく、その支払われた金額の実質によるという姿勢が明確に示されています。

5 弔慰金と社葬

(1) 法人税基本通達 9-7-19《社葬費用》について

① 法人が社葬を行いその費用を負担したときには、その費用を支出した日の属する事業年度の損金の額に算入するという定めであるが、その定めの中にも「その社葬を行うことが社会通念上相当と認められるときは」という不確定概念による条件が付されています。

② その負担が認められる費用について「社葬のために通常要すると認められる部分の金額」と定められていることから、ここにも不確定概念による条件が付されています。

③ 香典に関する取扱いについて、法人が社葬費用を負担して損金の額に算入しても、その社葬の際に会葬者が持参した香典については、法人の

収入とせず遺族の収入としてもよいということで、費用収益対応の原則の例外的取扱いが明確に示されています。

(2) ご質問にあるような社葬を行わない場合には葬祭料負担を認められるべきという考え方ですが、これは、弔慰金の支給に関して、相続税法基本通達 3-20 において、業務上の死亡か否かだけの判定で支給金額が決定されることとなる定めが置かれており、法人税においてもこの定めが事実上機能しているために、弔慰金について極めて明確な限度額が設けられているに等しい現状があるところ、少しでも多くの金額を支給したいとする場合には、花輪代だけでは金額的に少額であることから、葬祭料として負担することでその目的を達成したいということではないかと考えます。

この場合、上記（1）の法人税基本通達 9-7-19 の社葬に関する不確定概念による条件のように、すなわち、「第1章 2 役員給与 6. 役員の死亡退職に係る弔慰金の税務上の取扱い（4）削除された法人税における取扱通達」において記載した昭和 34 年 8 月通達の「五一」の定めの「当該葬祭料又は弔慰金の額のうち適正な金額は」というように、弔慰金の支給に関しても法人税基本通達において、不確定概念があってもよいように考えます。

税務上の留意点

1. 法人税法上役員退職給与とされるものは、その支給名義如何にかかわらず、死亡退職の場合も含めて、およそ役員の退職に伴い支給されることとなる一切の金品になることから、全額を弔慰金名義で支給しても、社会通念上相当とされる弔慰金の額を超える部分の金額が役員退職給与とされ、弔慰金を含む金額を退職給与名義で支給した場合には、弔慰金として社会通念上相当とされる金額を除く金額が役員退職給与とされて、それぞれその役員退職給与の金額とされた金額について相当な役員退職給与額であるかどうかが検討されることになります。

2. 社葬を行わないことによる葬儀費用負担額の損金算入については、法人税法の取扱いにおいても社会通念上相当な弔慰金の額とされる金額基準を定め

る相続税法基本通達 3-20《弔慰金等の取扱い》の定めにおいては、「弔慰金、花輪代、葬祭料等」を「弔慰金等」として定めていることから、普通給与の3年分または半年分という金額には葬祭料も含むことになるので、弔慰金とは別に葬祭料を支出した場合には、その支出金額は弔慰金の一部として損金算入の適否が判断されることになるものと考えます。

3. 役員退職給与と弔慰金とを支給する場合には、規程の有無にかかわらず、支給決議段階においてはきちんとそれぞれの金額を区分して決議し、経理処理の段階においてそれぞれ別の勘定科目で仕訳するなどして、それぞれの支給金額とその根拠が明確に第三者にわかるようにしておくべきであるということであり、税務調査を受け指摘された場合には、それらの事実を基に国税通則法の調査手続規定を理解したしっかりとした対応をする必要があります。

参照条文等

法人税基本通達 9-7-19

相続税法 59 条《調書の提出》1 項

相続税法基本通達 3-20

労働基準法 79 条・80 条

参考

平成 27 年 9 月 7 日付国税速報第 6377 号 13〜17 頁

国税庁ホームページ質疑応答事例法定調書「弔慰金名目での支給がある場合の「退職手当金等受給者別支払調書」の提出義務」

福島地裁平成 8 年 3 月 18 日判決

仙台高裁平成 10 年 4 月 7 日判決

岡山地裁平成 21 年 5 月 19 日判決（確定）

【参考文献】

1．書籍等

・税務大学校講本　法人税法（平成 31 年度（2019 年度）版）（73〜81 ページ）

・令和元年版　図解法人税（一般財団法人大蔵財務協会）

・法人税基本通達逐条解説（九訂版）（税務研究会出版局）

・令和元年版　法人税決算と申告の実務（一般財団法人大蔵財務協会）

・平成 30 年度版　法人税便覧（税務研究会）

・平成 29 年版　所得税基本通達逐条解説（一般財団法人大蔵財務協会）

・平成 30 年版　図解所得税（一般財団法人大蔵財務協会）

・令和元年版　図解譲渡所得（一般財団法人大蔵財務協会）

・平成 29 年版　図解会社法（一般財団法人大蔵財務協会）

・平成 24 年度税制改正の解説（財務省）

・平成 27 年度税制改正の解説（財務省）

・平成 28 年度税制改正の解説（財務省）

・平成 29 年度税制改正の解説（財務省）

・令和元年度税制改正の解説（財務省）

2．専門誌等

＜国税速報＞

・平成 27 年　3 月　2 日付国税速報第 6352 号　25〜28 頁

・平成 27 年　5 月 25 日付国税速報第 6363 号　37〜40 頁

・平成 27 年　6 月 22 日付国税速報第 6367 号　37〜40 頁

・平成 27 年　6 月 29 日付国税速報第 6368 号　9〜19 頁

・平成 27 年　7 月 27 日付国税速報第 6372 号　4〜6 頁

・平成 27 年　7 月 27 日付国税速報第 6372 号　7〜9 頁

・平成 27 年　7 月 27 日付国税速報第 6372 号　10〜13 頁

・平成 27 年　8 月 24 日付国税速報第 6375 号　4〜11 頁

・平成 27 年　8 月 24 日付国税速報第 6375 号　17〜22 頁

- 平成 27 年 9 月 7 日付国税速報第 6377 号 8〜12 頁
- 平成 27 年 9 月 7 日付国税速報第 6377 号 13〜17 頁
- 平成 27 年 11 月 23 日付国税速報第 6388 号 13〜16 頁
- 平成 28 年 2 月 8 日付国税速報第 6398 号 17〜20 頁
- 平成 28 年 2 月 22 日付国税速報第 6400 号 13〜16 頁
- 平成 28 年 3 月 14 日付国税速報第 6403 号 13〜16 頁
- 平成 28 年 3 月 21 日付国税速報第 6404 号 13〜16 頁
- 平成 28 年 4 月 25 日付国税速報第 6409 号 14〜17 頁
- 平成 28 年 6 月 20 日付国税速報第 6416 号 23〜26 頁
- 平成 28 年 8 月 8 日付国税速報第 6423 号 18〜21 頁
- 平成 28 年 8 月 22 日付国税速報第 6424 号 13〜16 頁
- 平成 28 年 9 月 12 日付国税速報第 6427 号 8〜11 頁
- 平成 28 年 9 月 19 日付国税速報第 6428 号 9〜12 頁
- 平成 28 年 9 月 19 日付国税速報第 6428 号 13〜16 頁
- 平成 28 年 9 月 22 日付国税速報第 6427 号 4〜7 頁
- 平成 28 年 10 月 24 日付国税速報第 6433 号 31〜34 頁
- 平成 28 年 10 月 31 日付国税速報第 6434 号 25〜28 頁
- 平成 28 年 11 月 21 日付国税速報第 6437 号 33〜36 頁
- 平成 29 年 6 月 5 日付国税速報第 6463 号 36〜40 頁
- 平成 29 年 9 月 11 日付国税速報第 6476 号 28〜31 頁
- 平成 30 年 3 月 12 日付国税速報第 6501 号 12〜15 頁
- 平成 30 年 4 月 2 日付国税速報第 6504 号 7〜9 頁
- 平成 30 年 4 月 23 日付国税速報第 6507 号 25〜28 頁
- 平成 30 年 5 月 14 日付国税速報第 6509 号 2〜3 頁
- 平成 30 年 5 月 21 日付国税速報第 6510 号 17〜20 頁
- 平成 30 年 6 月 18 日付国税速報第 6514 号 39〜42 頁
- 平成 30 年 7 月 16 日付国税速報第 6518 号 40〜43 頁
- 平成 30 年 8 月 27 日付国税速報第 6523 号 6〜9 頁
- 平成 30 年 9 月 3 日付国税速報第 6524 号 17〜20 頁

- 平成 30 年　9 月 17 日付国税速報第 6526 号　15〜18 頁
- 平成 30 年 10 月 22 日付国税速報第 6531 号　9〜12 頁
- 平成 30 年 12 月　3 日付国税速報第 6537 号　23〜26 頁
- 平成 31 年　2 月 11 日付国税速報第 6546 号　10〜17 頁
- 平成 31 年　2 月 25 日付国税速報第 6548 号　21〜24 頁
- 平成 31 年　3 月 11 日付国税速報第 6550 号　14〜17 頁
- 令和 元 年　5 月 13 日付国税速報第 6558 号　16〜19 頁
- 令和 元 年　5 月 27 日付国税速報第 6560 号　14〜15 頁

＜週刊税務通信＞
- 平成 27 年　6 月 15 日付週刊税務通信 No. 3364　6〜7 頁
- 平成 29 年　5 月 29 日付週刊税務通信 No. 3459　8〜9 頁
- 平成 29 年 11 月　6 日付週刊税務通信 No. 3481　2〜3 頁
- 平成 29 年 11 月 13 日付週刊税務通信 No. 3482　69 頁
- 平成 30 年　4 月　2 日付週刊税務通信 No. 3501　6〜7 頁
- 平成 30 年 12 月 24 日付週刊税務通信 No. 3537　58〜60 頁
- 平成 31 年　2 月　4 日付週刊税務通信 No. 3542　46〜47 頁
- 平成 31 年　4 月　8 日付週刊税務通信 No. 3551　55 頁
- 令和 元 年　5 月 27 日付週刊税務通信 No. 3537　29 頁
- 令和 元 年　5 月 27 日付週刊税務通信 No. 3557　23〜35 頁
- 令和 元 年　9 月 16 日付週刊税務通信 No. 3572　14〜18 頁

＜税研＞
- 2014 年 11 月税研 178 号 Vol. 30-No. 4　102〜103 頁
- 2018 年　5 月税研 199 号 Vol. 34-No. 1　77〜83 頁
- 2019 年　5 月税研 205 号 Vol. 35-No. 1　110 頁

＜その他＞
- 令和元年 7 月 15 日付税のしるべ第 3371 号

・「「攻めの経営」を促す役員報酬～企業の持続的成長のためのインセンティブ
  プラン導入の手引～」（2019年3月時点版）（経済産業省産業組織課）

3．裁決事例
・昭和57年 8月13日裁決
・昭和60年 2月27日裁決（裁決事例集 No.29-111頁）
・平成 8年 2月27日裁決（裁決事例集 No.51-504頁）
・平成 9年12月10日裁決（裁決事例集 No.54-141頁）
・平成15年 2月13日裁決（裁決事例集 No.65）
・平成16年 4月23日裁決（非公開裁決）
・平成19年 4月24日裁決（非公開裁決）
・平成19年11月15日裁決（裁決事例集 No.74-146頁）
・平成20年 8月 6日裁決（裁決事例集 No.76-1頁）
・平成23年 1月25日裁決（裁決事例集 No.82）
・平成24年 7月 4日裁決（非公開裁決）
・平成26年 3月 6日裁決（裁決事例集 No.94）
・平成26年10月16日裁決（非公開裁決）
・平成27年 6月23日裁決（非公開裁決）
・平成27年 7月 1日裁決（裁決事例集 No.100）
・平成27年 7月28日裁決（裁決事例集 No.100）
・平成28年 3月31日裁決（裁決事例集 No.102）
・平成28年 6月27日裁決（非公開裁決）
・平成29年 4月25日裁決（裁決事例集 No.107）
・平成29年 7月14日裁決（裁決事例集 No.108）

4．裁判例
・仙台高裁平成16年3月12日判決（税資254号順号9593号）
・東京地裁平成27年2月26日判決（税資265号順号12613号）
・東京高裁平成22年2月26日判決

- 東京地裁平成 22 年 4 月 21 日判決
- 東京高裁平成 30 年 4 月 25 日判決
- 東京地裁平成 29 年 10 月 13 日判決
- 最高裁昭和 60 年 9 月 27 日判決（税資 146 号 603 頁）
- 広島高裁平成 4 年 3 月 31 日判決（税資 188 号 1128 頁）
- 福岡高裁平成 25 年 6 月 18 日判決（税資 263 号順号 12234 号）
- 高松地裁平成 5 年 6 月 29 日判決（税資 195 号 709 頁）
- 札幌地裁昭和 58 年 5 月 27 日判決（行裁例集 34 巻 5 号 930 頁）
- 東京地裁平成 28 年 4 月 22 日判決（税資 266 号順号 12849 号）
- 東京高裁平成 29 年 2 月 23 日判決
- 最高裁平成 30 年 1 月 25 日決定上告不受理
- 東京地裁平成 17 年 2 月 4 日判決
- 東京高裁平成 17 年 9 月 29 日判決
- 最高裁平成 18 年 3 月 16 日決定上告不受理
- 京都地裁平成 18 年 2 月 10 日判決
- 大阪高裁平成 18 年 10 月 25 日判決
- 最高裁平成 19 年 3 月 13 日決定上告棄却・上告不受理
- 東京地裁平成 20 年 6 月 27 日判決
- 東京地裁平成 29 年 1 月 12 日判決
- 東京高裁平成 29 年 7 月 22 日判決
- 最高裁昭和 58 年 9 月 9 日第二小法廷判決
- 最高裁昭和 39 年 12 月 11 日第二小法廷判決
- 最高裁昭和 44 年 10 月 28 日第三小法廷判決
- 最高裁平成 22 年 3 月 16 日第三小法廷判決
- 東京地裁昭和 46 年 6 月 29 日判決
- 東京高裁昭和 49 年 1 月 31 日判決
- 東京地裁昭和 49 年 12 月 13 日判決
- 東京地裁昭和 51 年 5 月 26 日判決
- 東京地裁平成 25 年 3 月 22 日判決

・東京地裁平成 9 年 8 月 8 日判決

・東京地裁平成 27 年 2 月 26 日判決

・長野地裁昭和 62 年 4 月 16 日判決

・高松地裁平成 5 年 6 月 29 日判決

・福島地裁平成 8 年 3 月 18 日判決

・大分地裁平成 21 年 2 月 26 日判決

・岡山地裁平成 21 年 5 月 19 日判決

・熊本地裁平成 25 年 1 月 16 日判決

・東京地裁昭和 55 年 5 月 26 日判決

・岡山地裁平成元年 8 月 9 日判決

・岡山地裁平成 18 年 3 月 23 日判決

・東京地裁平成 25 年 3 月 22 日判決

・東京地裁平成 27 年 2 月 26 日判決

・東京高裁昭和 53 年 3 月 28 日判決

・横浜地裁平成 21 年 8 月 26 日判決

・東京高裁平成 22 年 1 月 27 日判決

・高松地裁平成 5 年 6 月 29 日判決

・東京地裁昭和 46 年 6 月 29 日判決

・福島地裁平成 4 年 10 月 19 日判決

・東京地裁昭和 53 年 5 月 25 日判決

・東京高裁昭和 55 年 10 月 25 日判決

・最高裁昭和 57 年 1 月 22 日判決

・大阪地裁平成 14 年 5 月 31 日判決

・大阪高裁平成 14 年 12 月 26 日判決

・最高裁昭和 58 年 9 月 9 日第二小法廷判決

・名古屋高裁平成 24 年 3 月 29 日判決

・最高裁昭和 36 年 5 月 31 日第二小法廷判決

・最高裁昭和 54 年 4 月 19 日第一小法廷判決

・最高裁昭和 60 年 4 月 23 日第三小法廷判決

参考文献

・岡山地裁平成 21 年 5 月 19 日判決
・大分地裁平成 21 年 2 月 26 日判決
・福島地裁平成 8 年 3 月 18 日判決
・岡山地裁平成 21 年 5 月 19 日判決
・福岡高裁平成 21 年 7 月 29 日判決
・福岡高裁平成 22 年 12 月 21 日判決
・最高裁平成 24 年 1 月 13 日第二小法廷判決
・最高裁平成 24 年 1 月 16 日第一小法廷判決
・大分地裁平成 21 年 2 月 26 日判決
・大分地裁平成 20 年 12 月 1 日判決
・仙台高裁平成 10 年 4 月 7 日判決
・東京地裁平成 17 年 12 月 16 日判決（平成 15 年（行ウ）第 427 号）

索　引

【あ】

1 年当たり平均額法　488
一定の適正な手続　41, 52
隠蔽、仮装経理等により支給する役員給
　与　94
売上高の状況を示す指標
　　　　　　45, 176, 432, 437

【か】

外貨で支払う役員報酬　293
会計参与　6, 223
外形標準課税の付加価値額　612
会長　6, 7
確定した額を限度　370
確定申告書の提出期限の延長の特例
　　　　　　　　　　　　185
過大な使用人給与　95
過大な役員給与の判定基準　87
過大役員給与　249
過大役員給与の判定基準　249
合併無効判決の確定　641
株式交付信託　383, 409
株式の市場価格の状況を示す指標
　　　　　　　174, 432, 436
株式報酬　361, 408, 478
株主グループ　7, 220
関係法人　408
監査等委員会設置会社　212
監査法人　6
監査役　6, 223
監査役会設置会社　212

監事　6, 223
客観的な算定方法の内容の開示　57
給与等課税額　113
給与等課税事由　118, 149
業績悪化改定事由　28, 295, 300, 303
業績連動給与
　　39, 174, 269, 275, 370, 406, 449
業績連動給与のうち損金の額に算入され
　るもの　41
業績連動給与の算定指標の範囲　432
業績連動給与の損金算入要件　439
業績連動指標の数値が確定した日　59
業績連動指標の数値が確定した日　379
業務執行役員　7, 182
業務上か業務外かの税務上の判断基準
　　　　　　　　　　　　716
拒否権付種類株式　534
組合長　7
経済的利益　99, 232
経済的利益の供与　232
建設業法上の経営業務の管理責任者
　　　　　　　　　　　　546
源泉税等の額　28, 168
現物引渡し　657
権利行使期間　520
功績倍率の意義　565
功績倍率法　478, 488, 580
香典　76
個人事業当時勤続期間に対応する役員退
　職給与　627
個人事業当時の在職期間に対応する退職
　給与　70
顧問　6

【さ】

最高功績倍率法　488
最終報酬月額　514
詐害行為取消権　471
定めどおりに支給　340
算定方法の内容の開示　374
事業年度途中から支給を開始した役員報酬　327
事後交付型リストリクテッド・ストック　361，365，409
市場価格の状況を示す指標　44
事前確定届出給与　31，255，260，265，274，337，354，405
事前確定届出給与に関する届出書　337，347
事前確定届出給与の見直し　168
事前交付型リストリクテッド・ストック　361
執行役　6，223
執行役員　23
実質的に退職したと同様の事情　539
支配目的種類株式　534
支払の事実　451
社会保険料額の負担軽減　619
出向先法人が支出する給与負担金　103
取得目的種類株式　534
承継譲渡制限付株式　147，160
承継譲渡制限付株式の交付を受けた場合　160
譲渡制限付株式　111，145，188
譲渡制限付株式の意義　158
譲渡制限付株式報酬制度　390
譲渡制限付株式を対価とする費用の帰属事業年度の特例　143

使用人が役員となった場合の退職給与の損金算入の時期　74
使用人兼務役員　16，224，229
使用人兼務役員に係る給与　91
使用人兼務役員になれない役員　17
職務執行期間の中途で支給　344
職務を執行する期間の開始の日　49
所有割合　7，220
人格のない社団等における代表者または管理人　7
新株予約権　184，190
新株予約権の権利行使益　520
申告期限の延長に伴う役員給与の各種期限の延長　273
ストック・オプション　403
制限目的種類株式　534
清算人　6，223，464，471
税理士法人　6
税理士法人の社員　226
総会議事録がない場合の定期同額給与　335
増額改定　305，494
葬儀費用の一部負担　741
創業者　678
総裁　7
相談役　6

【た】

退職慰労金　456
退職給与　63，184，403
退職給与の分割支給　461
退職給与を打切支給した場合の損金算入の時期　73
退職年金の損金算入の時期　72
第二次納税義務　572
多額の支給原資収入と役員退職給与支給

額　594
弔慰金　76
弔慰金支給額が過大　732
弔慰金支給額の損金算入　723
弔慰金等の取扱い　710
弔慰金の支給に関する規程　705
弔慰金の支給に関する定め　700
定期給与　28
定期給与の額の改定　318
定期給与の増額改定に伴う一括支給額
　　　284
定期同額給与
　　28，254，259，264，274，277，449
定期同額給与の見直し　168
逓増定期保険契約　685
転籍、出向者に対する給与等　103
同族会社　10
同族会社の使用人　219
同族会社の判定基準　11
特殊関係使用人　95
特殊の関係　182
特定譲渡制限付株式
　　146，409，412，418，425，428，692
特定譲渡制限付株式の意義　158
特定譲渡制限付株式の交付を受けた場合
　　　157
独立社外取締役　52
取締役　6，223
取締役・監査役選任種類株式　535
の判定基準　249

【は】────────────

パフォーマンス・シェア　409，446
比較法人選定基準　553
被合併法人の役員に対する退職給与　68
ファントム・ストック　362

副会長　7
副組合長　7
複数回の改定　311
副総裁　7
副理事長　7
分割型分割　422
分割支払と支払時損金経理　586
分掌変更　456，480
分掌変更による役員退職給与　495
平均功績倍率等の算定　500
平均功績倍率法　488
平成29年度の税制改正の適用時期
　　　401
報酬委員会　52，182，200
報酬減額事実該当性　526
報酬諮問委員会　52，54，183，200

【ま】────────────

みなし役員　634
みなす役員　7
持分会社　7

【や】────────────

役員が使用人兼務役員に該当しなくなっ
　　た場合の退職給与　69
役員給与　26
役員賞与　451
役員退職給与支給額の相当性　678
役員に対する歩合給　287
役員の子の授業料を一括して支出
　　　290
役員の範囲　219
役員の分掌変更等の場合の退職給与　65
役員の分掌変更に伴う増額改定　281
役員への社宅貸与　239

優先目的種類株式　　534

【ら】

利益の状況を示す指標
　　　　　　　　　　43，177，432，433
利益連動給与　　257，262
理事　　6，223
理事長　　7
理由附記の程度　　672
臨時改定事由　　28，277，330
臨時改定事由の範囲　　323

■ 著者紹介 ■

山形 富夫（やまがた とみお）

税理士（山形富夫税理士事務所）
宮城県出身　明治大学商学部商学科・中央大学法学部法律学科卒
昭和44年、仙台国税局に採用後、東京国税局などで主に所得税関係の事務に携わる。
平成14年　税務大学校教育第二部教授
平成15年　国税不服審判所審判官
平成18年　東京国税局課税第一部資料調査第一課長
平成20年　東京国税不服審判所横浜支所長
平成21年　千葉東税務署長
平成22年　芝税務署長
平成23年　税理士登録

【著書】

「Q&A　所得税　控除適用の可否判断」／新日本法規出版㈱
「［新版］税理士必携　誤りやすい申告税務詳解　Q&A」（共著）／㈱清文社
「所得税・資産税関係　税務特例利用の手引」（共著）／新日本法規出版㈱
「譲渡所得課税をめぐる費用認定と税務判断」／㈱清文社
「税務の基礎からエッセンスまで　主要地方税ハンドブック」／㈱清文社

詳解
役員報酬・役員給与課税の非違事例100選

2019年12月10日　発行

著　者　　山形　富夫　ⓒ

発行者　　小泉　定裕

発行所　　株式会社 清文社

東京都千代田区内神田1−6−6（MIFビル）
〒101-0047　電話 03（6273）7946　FAX 03（3518）0299
大阪市北区天神橋2丁目北2−6（大和南森町ビル）
〒530-0041　電話 06（6135）4050　FAX 06（6135）4059
URL http://www.skattsei.co.jp/

印刷：亜細亜印刷㈱

■著作権法により無断複写複製は禁止されています。落丁本・乱丁本はお取り替えします。
■本書の内容に関するお問い合わせは編集部までFAX（03-3518-8864）でお願いします。
■本書の追録情報等は、当社ホームページ（http://www.skattsei.co.jp/）をご覧ください。

ISBN978-4-433-61149-1